Saskia Gießen / Hiroshi Nakanishi

Besser im Job mit Excel

Zusatzinformationen zum Produkt

Zu diesem Produkt, wie zu vielen anderen Produkten des Franzis Verlags, finden Sie unter **www.buch.cd** Zusatzmaterial zum Download.

Tragen Sie für dieses Produkt im Eingabefeld den Code **60462-8** ein.

Besser im Job mit

Excel

Bibliografische Information der Deutschen Bibliothek

Die Deutsche Bibliothek verzeichnet diese Publikation in der Deutschen Nationalbibliografie;
detaillierte Daten sind im Internet über http://dnb.ddb.de abrufbar.

Produktmanagement: Dr. Markus Stäuble
Autoren: Saskia Gießen und Hiroshi Nakanishi
Lektorat: Ulrich Dorn
Satz: DTP-Satz A. Kugge, München
art & design: www.ideehoch2.de
Druck: M.P. Media-Print Informationstechnologie GmbH, 33100 Paderborn
Printed in Germany

ISBN 978-3-645-60462-8

Vorwort

»Besser im Job mit Excel« – dieser Titel beschreibt genau das Ziel des Buchs.

Excel ist aus den Unternehmen nicht mehr wegzudenken. Der Einsatzbereich reicht von einer einfachen Summe über ein Kassenbuch bis hin zu komplexen Unternehmensanalysen.

Das Buch ist für alle Anwender gedacht, die für ihre Arbeiten Excel nutzen und den Umgang mit Excel in der Schule, an der Uni oder in einem Seminar gelernt bzw. sich selbst beigebracht haben.

Es soll Ihnen dabei helfen, Ihre Arbeiten mit Excel zu optimieren und neue Vorgehensweisen kennenzulernen. Am schnellsten verinnerlichen Sie unsere Beispiele, wenn Sie sie direkt an Ihrem Computer ausprobieren.

In unseren Seminaren erfahren wir von unseren Teilnehmern, dass es häufig die kleinen Tipps und Tricks am Rande sind, die später in der Praxis viel Zeit sparen. Und schnell gilt man bei anderen Kollegen als Experte, wenn man hilfreiche Schritte, Funktionen und Befehle kennt. Vieles, was vorher manuell bearbeitet wurde, geht dann mit einigen »Shortcuts« schneller und bequemer.

Dabei sind Grundlagen zur Datenbearbeitung, zur Formatierung sowie zum Sortieren und Filtern Voraussetzung für die komplexeren Themen, wie Diagrammerstellung, der `SVERWEIS` und die Datenanalyse mit Pivot. Die beiden zuletzt genannten Excel-Themen sind heute schon obligatorisch für den Job.

Wir wünschen Ihnen viele Aha-Effekte beim Lesen und Stöbern.

Saskia Gießen und Hiroshi Nakanishi, Köln im Herbst 2016

Inhaltsverzeichnis

1 Highlights der Datenerfassung mit Excel

Es ist so einfach: Erfassen Sie Ihre Daten in den gewünschten Zellen. Aber Excel bietet Ihnen noch so viel mehr. In diesem Kapitel haben wir die Highlights der Dateneingabe für Sie zusammengefasst.

Zu diesem Produkt, wie zu vielen anderen Produkten des Franzis Verlags, finden Sie unter *www.buch.cd* Zusatzmaterial zum Download. Tragen Sie für dieses Produkt im Eingabefeld den Code **60462-8** ein.
In der Datei *Kapitel 1.xlsx* finden Sie alle Beispiele dieses Kapitels und können unsere Übungen mitmachen.

1.1 Zahlen und Texte erfassen

Wenn Sie einen Wert in eine Zelle eingeben möchten, klicken Sie in die gewünschte Zelle und schreiben. In Excel versteht man unter dem Begriff »Wert« alles, was Sie in eine Zelle eingeben können: Zahlen, Texte, Formeln, Datumswerte – kurz alles, was die Tastatur hergibt. Während Sie Ihre Werte erfassen, kommuniziert Excel mit Ihnen an zwei verschiedenen Stellen. Zum einen erkennen Sie in der Statusleiste unten links, was Sie gerade machen bzw. was Excel von Ihnen erwartet:

Bereit – Excel ist bereit, Ihre Eingabe in die Zelle aufzunehmen.

Eingeben – Sie sind gerade beim Eingeben eines Werts in eine Zelle.

Bearbeiten – Sie sind dabei, einen Zellinhalt zu verändern.

Bild 1.1: Die Infos in der Statusleiste.

Zum anderen richtet Excel die Zellinhalte innerhalb jeder Zelle aus. Zahlen, Formelergebnisse und Datumswerte werden rechtsbündig und Texte werden linksbündig in der Zelle ausgerichtet. Sie erkennen nach jeder Dateneingabe, ob Excel Sie verstanden hat. Sollte einmal eine Zahl nicht rechtsbündig angezeigt werden, kontrollieren Sie zuerst, ob die Schuld bei der Formatierung liegt. Wenn nicht, kontrollieren und korrigieren Sie Ihre Eingabe.

Tipp
Sie können nach Ihrer Eingabe einen Text auch rechtsbündig in der Zelle ausrichten. Die Schalter *Linksbündig ausrichten*, *Zentriert* und *Rechtsbündig ausrichten* sind Ein- bzw. Ausschalter. Das bedeutet: Wenn Sie eine Zahl linksbündig gestaltet haben und sie wieder rechtsbündig angezeigt werden soll, klicken Sie erneut auf die Schaltfläche *Linksbündig ausrichten*.

Die folgende Abbildung zeigt Zahlen, Texte und Datumswerte in einem Tabellenblatt.

	A	B	C	D	E	F
1						
2		ZAHLEN		TEXTE		DATUM
3		55,77		Hund		26.05.2016
4		123,4		Monat		27.05.2016
5		12		Freitag		28.05.2016
6		-66		Mittag		29.05.2016

Bild 1.2: Excel richtet zu Beginn Ihre Eingaben innerhalb der Zelle aus.

Sollten Sie aus Versehen in einer Zahl anstelle des Dezimalkommas einen Punkt erfasst haben, kann Ihre Zahl folgendermaßen aussehen:

FEHLEINGABE	KORREKT
88.22	88,22
↑	↑
Punkt anstelle des Kommas	Dezimal-komma

Bild 1.3: Ein Punkt an der falschen Stelle, und Excel erkennt fälschlicherweise Text.

Im nächsten Abschnitt wird beschrieben, wie Sie Zellinhalte korrigieren. Wenn Sie allerdings einmal eine Zahl als Text erfassen möchten, lesen Sie den übernächsten Abschnitt »Zahlen als Texte erfassen«.

Tipp
Wenn Sie ein Datum erfassen, müssen Sie den Punkt als Trennzeichen zwischen den Elementen Tag, Monat und Jahr nutzen. Sollte Ihnen der Griff zur Taste mit dem Punkt zu aufwendig sein, nutzen Sie auf dem numerischen Ziffernblock Ihrer Tastatur die Taste [-].Ein Datum kann während der Eingabe so aussehen:

24-12-2016

Nach Drücken der Enter-Taste wandelt Excel das für Sie um:
24.12.2016
Das aktuelle Tagesdatum erhalten Sie mit der Tastenkombination Strg+..

1.1.1 Korrekturen durchführen

Wenn Sie einen Fehler in einer Zelle finden, sollten Sie ihn korrigieren. Excel bietet Ihnen drei Korrekturmöglichkeiten an. Aus dem Punkt, den Sie in der vorherigen Abbildung gesehen haben, soll ein Komma gemacht werden. Dieses Beispiel steht exemplarisch für alle Zellen mit Fehlern.

Erste Möglichkeit – Löschen Sie den Zellinhalt, indem Sie auf die Taste Entf drücken. Erfassen Sie die Zahl erneut.

Zweite Möglichkeit – Markieren Sie die Zelle und klicken Sie in die Bearbeitungsleiste. Entfernen Sie den Punkt, erfassen Sie das Komma und bestätigen Sie mit Enter.

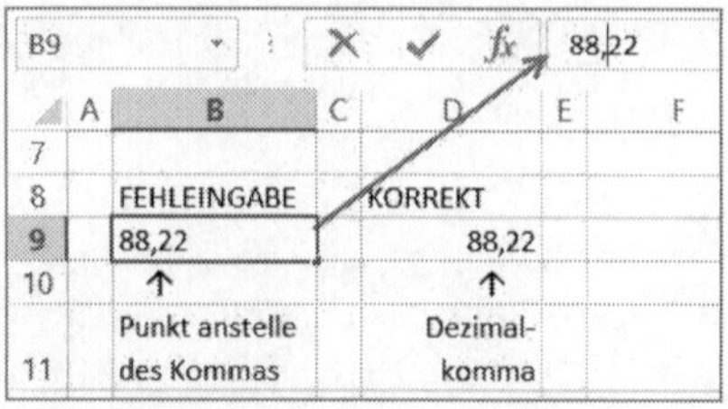

Bild 1.4: Die Korrektur über die Bearbeitungsleiste.

Dritte Möglichkeit: Doppelklicken Sie in die Zelle mit dem Fehler. Der Cursor erscheint in der Zelle, und Sie können beginnen, Ihre Korrekturen einzugeben.

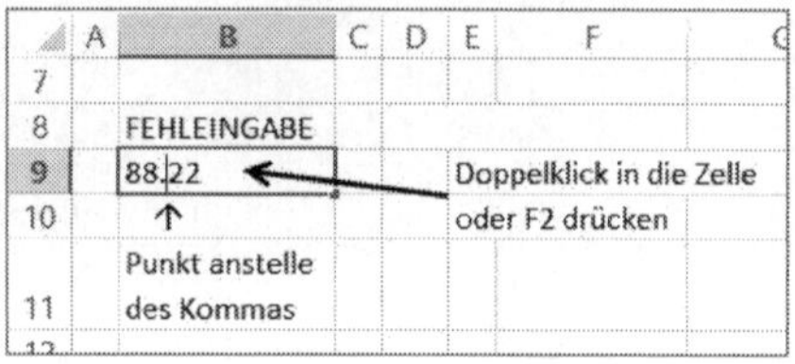

Bild 1.5: Die Korrektur direkt in der Zelle.

Tipp
Eine Alternative zum Doppelklick bietet die Taste F2. Sie müssen nur noch den Cursor an die richtige Stelle bringen und dann die Korrektur durchführen.

1.1.2 Zahlen als Texte erfassen

Was passiert, wenn Sie die Abteilungsnummer *3.4* in eine Zelle eingeben und `Enter` drücken? Sie erleben eine Überraschung, denn Excel macht aus Ihrer Eingabe ein Datum.

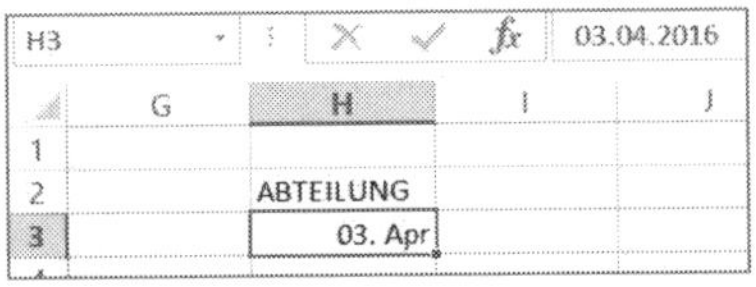

Bild 1.6: Ursprünglich wurde 3.4 in die Zelle eingegeben.

Wenn Sie möchten, dass Excel Ihre Eingabe nicht interpretiert, geben Sie als erstes Zeichen den Apostroph ein. In der Bearbeitungsleiste können Sie ihn erkennen, in der Zelle wird er allerdings nicht angezeigt, und er wird auch nicht gedruckt.

Bild 1.7: Manchmal soll Excel Ihre Eingabe einfach nur anzeigen.

1.1.3 Eingegebene Werte wiederholen

Stellen Sie sich vor, Sie erfassten eine Liste mit Adressen. Einige der Personen wohnen in derselben Stadt. Dann müssen Sie die Städtenamen nicht immer wiederholen. Mit der Tastenkombination `Strg`+`U` kopieren Sie den Inhalt der Zelle darüber in die aktive Zelle.

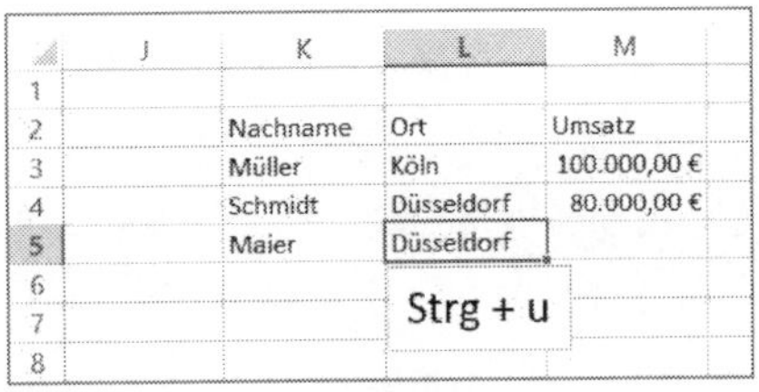

Bild 1.8: Diese beiden Tasten kopieren den Zellinhalt der Zelle darüber.

> **Tipp**
> Mit der Tastenkombination `Strg`+`R` kopieren Sie den Inhalt der Zelle links daneben in die aktive Zelle.

Excel hält allerdings noch eine weitere schöne Überraschung für Sie bereit: die Dropdown-Auswahlliste. Dieser Befehl klappt nur, wenn Sie bereits Textwerte in den Zellen darüber erfasst haben. Klicken Sie mit der rechten Maustaste in die Zelle und wählen Sie den Befehl *Dropdown-Auswahlliste*, alternativ können Sie auch [Alt]+[↓] drücken. Sie erhalten für die Zelle ein Listenfeld mit allen Werten, die über der Zelle stehen.

Bild 1.9: Diese Werte stehen über der aktuellen Zelle.

Sie müssen nur noch den gewünschten Wert mit einem Klick auswählen. Alternativ können Sie den Eintrag mit den Pfeiltasten auswählen und [Enter] drücken.

> **Hinweis**
> Im vorletzten Abschnitt dieses Kapitels erfahren Sie, wie Sie sich eigene Drop-down-Listen erstellen.

1.1.4 Schnell viele Zellen befüllen

Im Job herrscht meist ziemlicher Zeitdruck. Schnelles, effizientes Arbeiten ist daher immer hilfreich. Stellen Sie sich vor, Sie würden gern mehrere Zellen mit dem gleichen Wert befüllen.

1. Markieren Sie die gewünschten Zellen.
2. Erfassen Sie den Wert.
3. Drücken Sie zur Bestätigung [Strg]+[Enter].

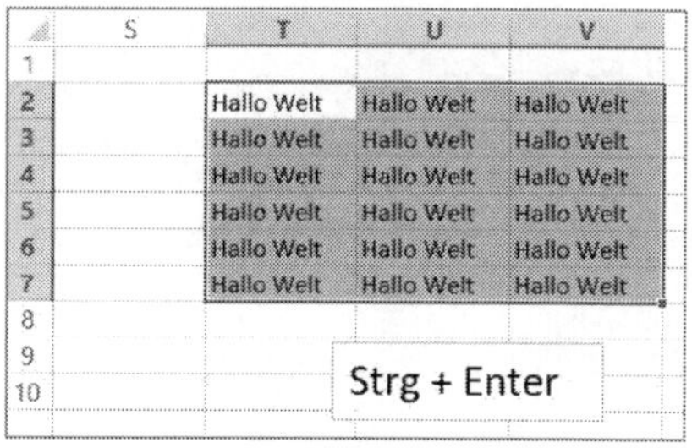

Bild 1.10: Werte schnell in alle markierten Zellen übertragen.

Mit [Strg]+[Enter] kopieren Sie einen eingegebenen Wert in alle markierten Zellen.

Hinweis
Diese kleine Übung beantwortet die Frage, warum beim Markieren mehrerer Zellen eine Zelle nie hervorgehoben ist. In der vorherigen Abbildung ist das die Zelle *T2*. Dies ist die aktive Zelle innerhalb der Markierung. Wenn Sie nach dem Markieren direkt den Wert erfassen, schreiben Sie ihn in diese aktive Zelle. Erst die Tastenkombination [Strg]+[Enter] kopiert den Wert in alle markierten Zellen.

1.1.5 Eine Tabelle bequem befüllen

Wenn Sie Werte in einer kleinen Tabelle erfassen, müssen Sie darauf achten, dass der Cursor in der richtigen Zelle steht. Die folgende Abbildung zeigt das Dilemma: Man muss ständig auf den Bildschirm schauen, sonst rutscht ein Text in die falsche Zelle.

❶ Aktivieren Sie das Tabellenblatt *Eine Tabelle bequem befüllen.*

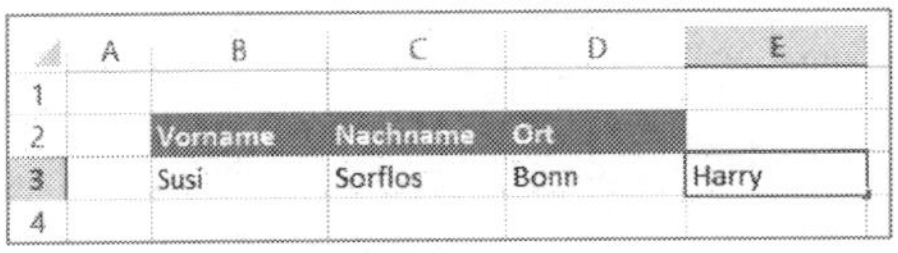

Bild 1.11: Das Problem: Wenn man nicht aufgepasst, schreibt man außerhalb der Tabelle.

❷ Aber auch hier bietet Ihnen Excel eine Lösung: Markieren Sie die Zellen, in denen Sie Werte erfassen möchten. Geben Sie den ersten Wert ein und drücken Sie [Tab]. Am Ende der Zeile gelangt der Cursor durch Drücken von [Tab] zielsicher in die nächste Zeile der Markierung.

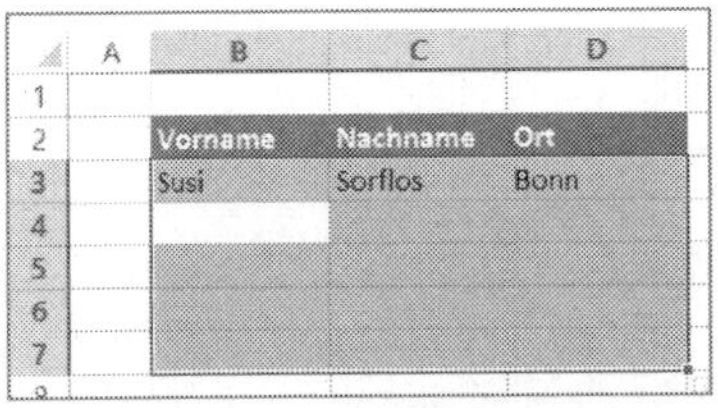

Bild 1.12: Innerhalb der Markierung schreiben.

Tipp
Wenn Sie innerhalb der Markierung [Enter] drücken, rutscht der Cursor nach unten bis ans Ende der Markierung und dann nach oben in die nächste Spalte. Ein Mausklick oder ein Druck auf eine der Pfeiltasten hebt die Markierung wieder auf.

1.2 Zellen in einer Tabelle markieren

Möchten Sie Zellen bearbeiten, müssen Sie sie vorher markieren. Dies können Sie mit der Maus durchführen. Allerdings gibt es auch gute Gründe, Zellen mit der Tastatur zu markieren. Bei umfangreichen Tabellen ist das Markieren mit Tastenkombinationen einfach schneller.

> **Tipp**
> Wenn Sie in Excel 2013 oder 2016 einige Zellen markieren, erscheint die Schaltfläche *Schnellanalyse*. Diese wird im nächsten Abschnitt beschrieben.

1.2.1 Mehrere Zellen markieren

Mit einem Klick markieren Sie eine Zelle. Wenn Sie dann die linke Maustaste festhalten und ziehen, markieren Sie auch die angrenzenden Zellen. Wenn Sie beim Markieren die Strg-Taste festhalten, können Sie Zellen markieren, die nicht beieinanderliegen.

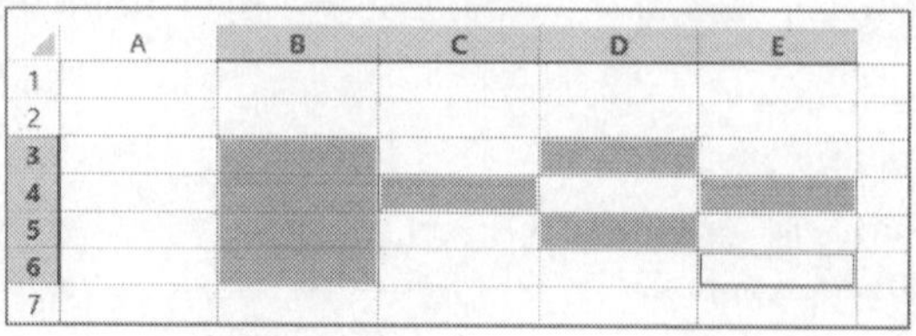

Bild 1.13: Mit der Strg-Taste können nicht zusammenhängende Zellen markiert werden.

1.2.2 Eine ganze Tabelle markieren

Jedes Tabellenblatt besteht aus 1.048.576 Zeilen und 16.384 Spalten. Das sind über 17 Milliarden Zellen. Wenn Sie sie mit einem Klick markieren möchten, klicken Sie links neben Spalte *A* und über Zeile *1* auf das graue Feld.

Möchten Sie allerdings nur die von Ihnen erstellte Tabelle markieren, klicken Sie einmal in diese Tabelle und drücken die Tastenkombination Strg+Umschalt+*. Excel markiert dann alle Zellen bis zur ersten leeren Zeile und ersten leeren Spalte.

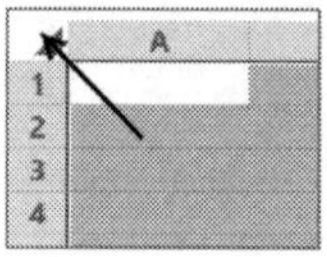

Bild 1.14: Mit einem Klick 17 Milliarden Zellen markieren.

1.2.3 Eine Zeile oder eine Spalte markieren

Um eine ganze Zeile zu markieren, klicken Sie auf die Zeilennummer vor dieser Zeile. Wenn Sie dabei mit gedrückter linker Maustaste nach unten oder oben ziehen, markieren Sie auch die angrenzenden Zeilen. Mit gedrückter Strg-Taste können Sie sogar Zeilen markieren, die nicht hintereinanderliegen. Für die Spalten gilt dies analog.

Wenn Sie den Inhalt einer Spalte markieren möchten, markieren Sie die erste Zelle und drücken Strg+Umschalt+↓. Excel markiert in der Spalte bis zur ersten leeren Zelle. Für Zeilen müssen Sie die Tastenkombination Strg+Umschalt+→ drücken.

Tipp
Im Anhang dieses Buchs finden Sie weitere Tipps und Tastenkombinationen zum Markieren Ihrer Zellen.

1.3 Methoden, markierte Zellen zu analysieren

Wenn Sie in Excel 2013 und Excel 2016 ein paar Zellen markieren, erscheint die Schaltfläche *Schnellanalyse.*

❶ Aktivieren Sie das Tabellenblatt *Schnellanalyse.*

❷ Mit einem Klick auf diese Schaltfläche unterbreitet Excel Ihnen mehrere Angebote, die markierten Zellen zu analysieren.

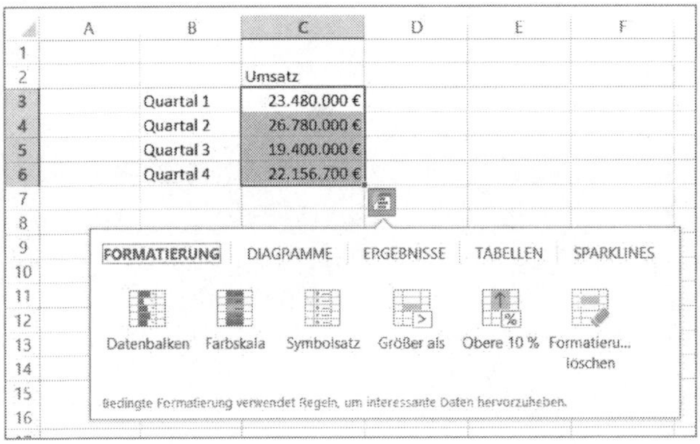

Bild 1.15: Die Befehle zur Analyse der markierten Zellen.

❸ Mit den Befehlen der ersten Zeile wählen Sie die Art der Analyse, beispielsweise *Diagramme*, mit einem Klick aus.

Excel bietet Ihnen anschließend mehrere Befehle zum gewählten Thema an. Das Highlight liegt darin, dass Sie nicht klicken müssen, sondern sich erst einmal einen Überblick verschaffen können, indem Sie die Maus über den Befehlen schweben lassen. Dank der LiveVorschau erkennen Sie, was Sie erhalten, wenn Sie den Befehl auswählen. In diesem Beispiel wurde die Kategorie *Ergebnisse* aktiviert, und es wurde auf den Befehl *Summe* gezeigt.

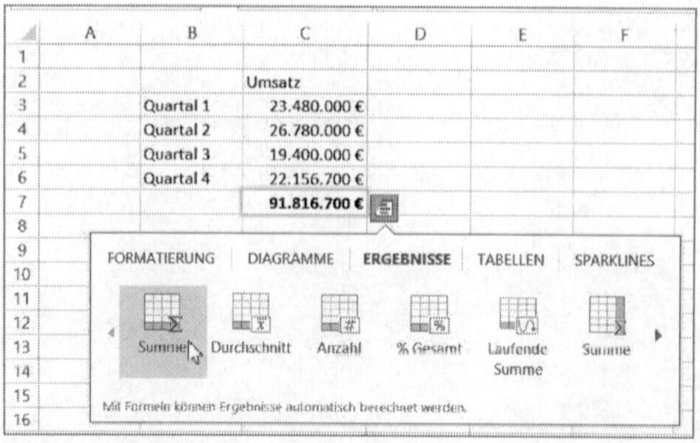

Bild 1.16: Die Vorschau auf die Summe der markierten Zellen.

❹ Mit einem Klick wird dieser Befehl ausgeführt und die Schnellvorschau geschlossen.

1.3.1 Die Schnellanalyse deaktivieren

Manchmal ist die Fülle von Schaltflächen schon eine Herausforderung. In der nächsten Abbildung wurde zuerst automatisch ausgefüllt, und anschließend wurden diese Zellen erneut markiert. Wenn Sie die Schaltfläche *Schnellanalyse* nicht benötigen, können Sie sie deaktivieren.

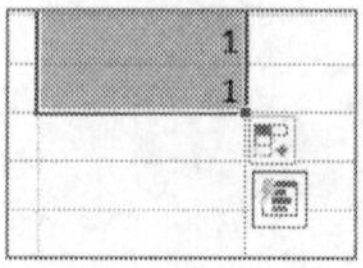

Bild 1.17: Die Schaltflächen Auto-Ausfülloptionen (oben) und Schnellanalyse (unten).

❶ Wählen Sie die Befehlsfolge *Datei/Optionen* und lassen Sie die erste Kategorie *Allgemein* aktiviert.

❷ Entfernen Sie den Haken im Feld *Optionen für Schnellanalyse anzeigen.*

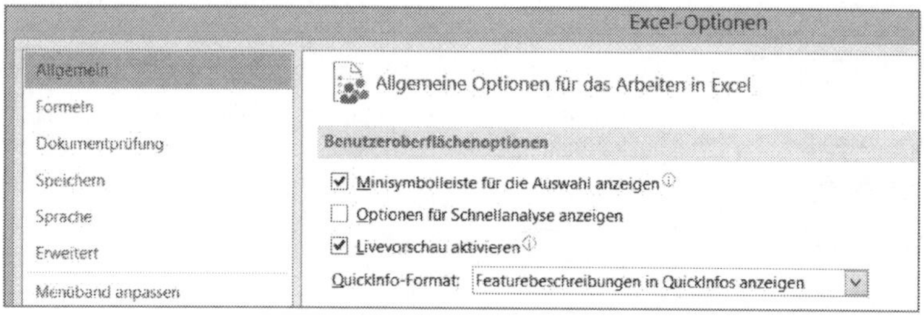

Bild 1.18: Die Schaltfläche Schnellanalyse deaktivieren.

1.4 Bestimmte Werte automatisch auffüllen

Einige Werte, die Sie vielleicht immer wieder eingeben, können Sie auch von Excel erfassen lassen.

❶ Geben Sie in eine Zelle das Wort *Montag* ein.

❷ Zeigen Sie mit der Maus in die rechte untere Ecke dieser Zelle.

❸ Sobald der Mauszeiger zu einem schlanken Kreuz wird, ziehen Sie mit gedrückter Maustaste den Zellinhalt nach unten.

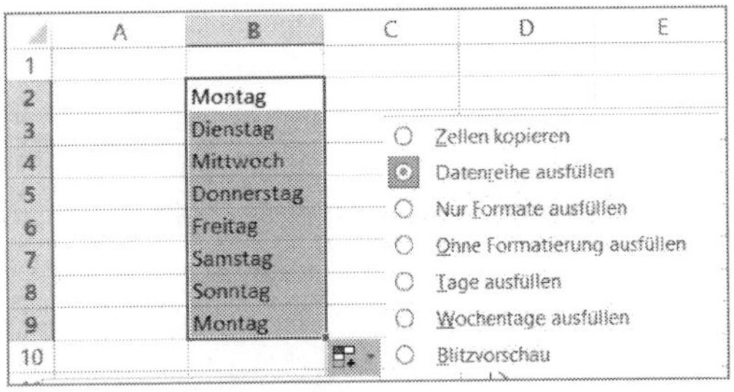

Bild 1.19: Der Befehl AutoAusfüllen kann die Wochentage auffüllen.

Excel füllt Ihnen automatisch die Wochentage so weit auf, wie Sie gezogen haben.

> **Tipp**
> Sie können den Zellinhalt in alle vier Richtungen auf Ihrem Tabellenblatt ziehen. Begonnen wird aber immer in der unteren rechten Ecke der ersten Zelle. Außerdem können Sie mit jedem beliebigen Wochentag beginnen.

Nachdem Sie die Maustaste losgelassen haben und Excel die Zellen ausgefüllt hat, sehen Sie den kleinen Schalter *Auto-Ausfülloptionen*. Mit diesem Schalter und dem Befehl *Wochentage ausfüllen* entfernt Excel die Wochenenden aus Ihrer Liste.

Excel kennt die zweistelligen Wochentage, wie etwa *Di* für Dienstag. Außerdem können Sie Monatsnamen sowie dreistellige Monatsnamen, beispielsweise *Jan*, nutzen.

Wenn Sie eine Auflistung von Zahlen wünschen, geben Sie die erste Zahl ein und ziehen sie nach unten. Zu Beginn kopiert Excel diese Zahl. Klicken Sie auf die Schaltfläche *Auto-Ausfülloptionen* und wählen Sie den Befehl *Datenreihe ausfüllen.*

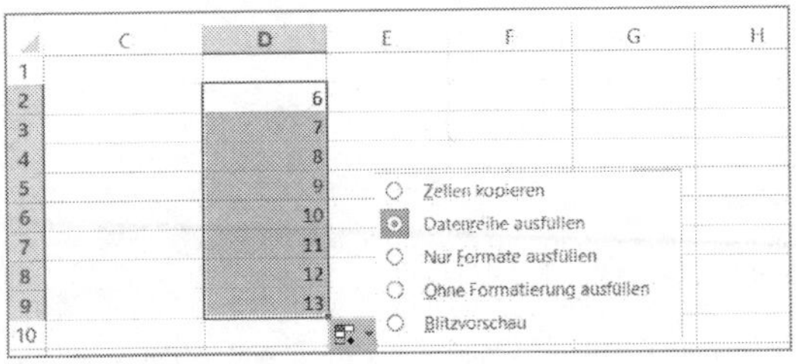

Bild 1.20: Excel kann für Sie zählen.

Sie können mit jeder Zahl beginnen und wieder in alle vier Richtungen ziehen. Excel erhöht automatisch immer um eins. Wenn Sie einen anderen Wert wünschen, führen Sie die folgenden Schritte durch:

1. Erfassen Sie den ersten und den zweiten Wert.
2. Markieren Sie beide Zellen und ziehen Sie an der rechten unteren Ecke der Markierung nach unten.

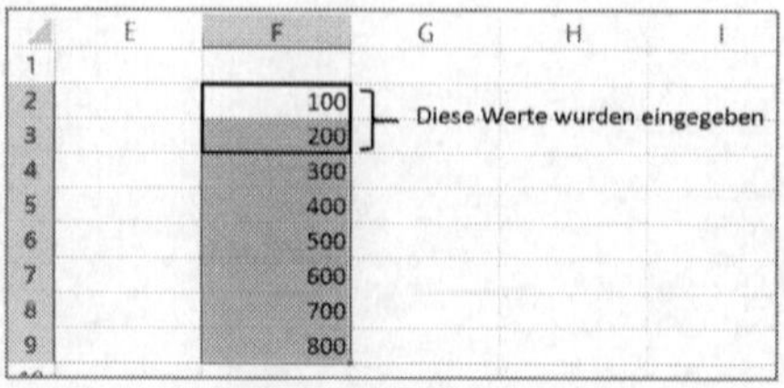

Bild 1.21: Den Abstand der Werte selbst bestimmen.

Tipp
Ziehen Sie doch einmal ein Datum nach unten und klicken Sie auf die Schaltfläche *Auto-Ausfülloptionen.* Excel bietet Ihnen dann eine schöne Auswahl an Befehlen, um das Datum weiterzuführen.

1.4.1 Individuelle Listen zum AutoAusfüllen anlegen

Stellen Sie sich vor, Sie arbeiteten immer mit einer Liste von Städten. Dazu öffnen Sie eine Mappe, in der Sie die Städte bereits erfasst haben, kopieren die Liste und fügen sie in die aktuelle Mappe ein. Das ist viel zu viel Arbeit. Es geht kürzer.

1. Öffnen Sie die Mappe mit den Städten und markieren Sie die Zellen.
2. Wählen Sie *Datei/Optionen* und markieren Sie die Kategorie *Erweitert.*
3. Blättern Sie bis ganz nach unten und klicken Sie auf die Schaltfläche *Benutzerdefinierte Listen bearbeiten.*
4. Klicken Sie im Fenster *Benutzerdefinierte Listen* auf die Schaltfläche *Importieren.*

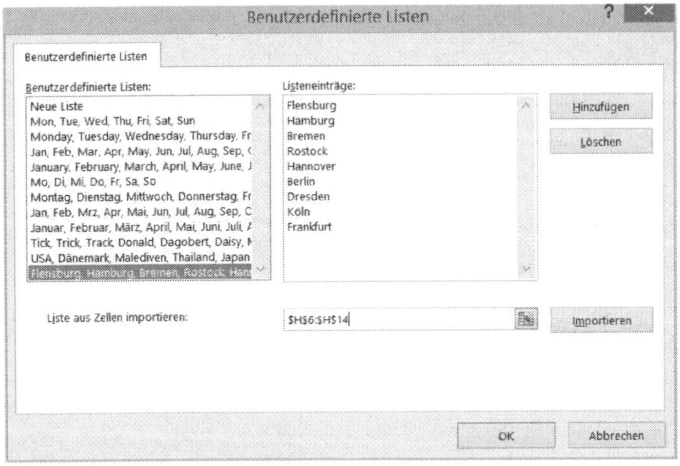

Bild 1.22: Im Fenster Benutzerdefinierte Listen sehen Sie alle Listen.

> **Tipp**
> Wenn Sie keine fertige Liste haben, lassen Sie den Eintrag *Neue Liste* aktiviert und erfassen im Feld *Listeneinträge* Ihre Liste. Drücken Sie hinter jedem Eintrag [Enter].

❺ Nachdem Sie zweimal mit *OK* bestätigt haben, steht Ihnen diese Liste ab sofort in allen Mappen zur Verfügung. Geben Sie zu Testzwecken einen der Begriffe ein und ziehen Sie ihn nach unten oder nach rechts.

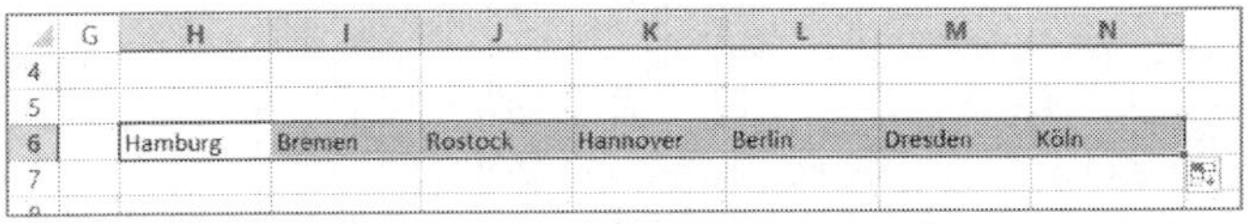

Bild 1.23: Die neue Liste arbeitet einwandfrei.

> **Tipp**
> Die benutzerdefinierten Listen können auch zum Sortieren genutzt werden. Das wird in Kapitel 4, »Listen sicher und schnell bearbeiten«, beschrieben.

1.5 Tabellenzeilen und Spalten einfach tauschen

Haben Sie sich nicht auch schon einmal gewünscht, eine Tabelle ganz schnell zu drehen, also Zeilen und Spalten ganz einfach zu vertauschen? Excel kann Ihnen diesen Wunsch erfüllen.

Stellen Sie sich vor, Sie hätten von einem Kollegen die folgende Tabelle erhalten:

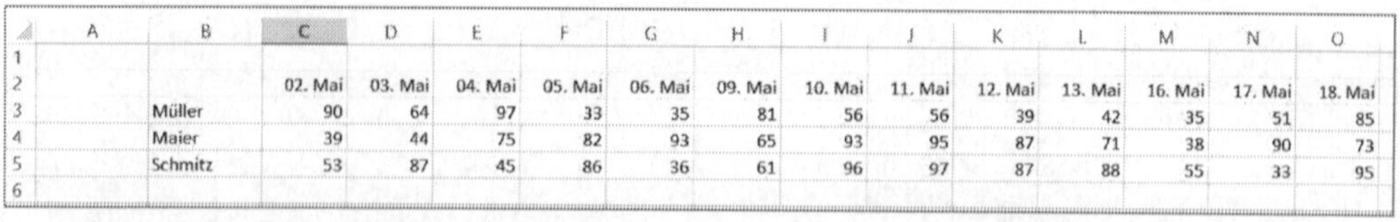

	A	B	C	D	E	F	G	H	I	J	K	L	M	N	O
1															
2			02. Mai	03. Mai	04. Mai	05. Mai	06. Mai	09. Mai	10. Mai	11. Mai	12. Mai	13. Mai	16. Mai	17. Mai	18. Mai
3		Müller	90	64	97	33	35	81	56	56	39	42	35	51	85
4		Maier	39	44	75	82	93	65	93	95	87	71	38	90	73
5		Schmitz	53	87	45	86	36	61	96	97	87	88	55	33	95
6															

Bild 1.24: Die Tabelle ist recht unglücklich aufgebaut.

Hier müssen Sie immer nach rechts blättern, wenn Sie die Werte am Monatsende sehen möchten. Das ist Ihnen zu arbeitsintensiv?

❶ Markieren Sie die ganze Tabelle am besten mit der Tastenkombination [Strg]+[Umschalt]+[*].

❷ Kopieren Sie die Tabelle mit der Tastenkombination [Strg]+[C].

❸ Klicken Sie in die Zelle, ab der Sie die Tabelle einfügen möchten, beispielsweise *B7*.

❹ Drücken Sie die Tastenkombination [Strg]+[V]. Klicken Sie direkt im Anschluss auf die Schaltfläche *Einfügeoptionen* und auf den Befehl *Transponieren*.

Sofort werden die Monate untereinander und die Namen nebeneinander gezeigt. Sie können die Ursprungstabelle nun löschen.

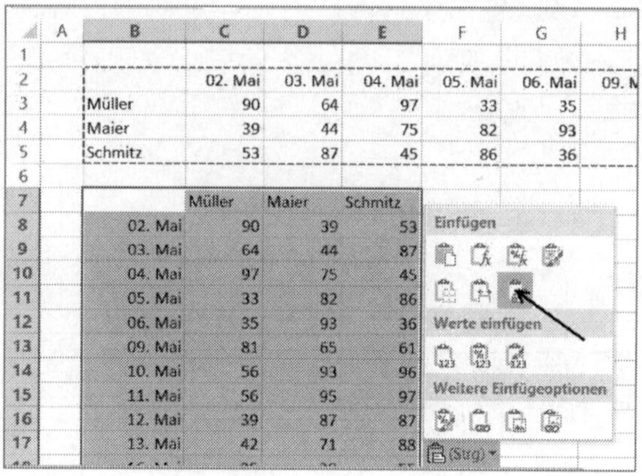

Bild 1.25: Die Tabelle ist gedreht.

Tipp
Probieren Sie doch einmal Folgendes aus: Klicken Sie nach dem Einfügen nicht auf die Schaltfläche *Einfügeoptionen*, sondern drücken Sie [Strg]. Damit öffnen Sie die Auswahl an der Schaltfläche. Wenn Sie noch ein [T] für Transponieren eintippen, benötigen Sie Ihre Maus nicht mehr.

1.6 Einfache Drop-down-Listen für die Kollegen

Angenommen, Sie erstellen eine Tabelle für Ihre Kollegen und möchten die Eingabe von Daten so einfach wie möglich gestalten. Dann fertigen Sie doch Drop-down-Listen an, über die Ihre Kollegen die Werte auswählen können.

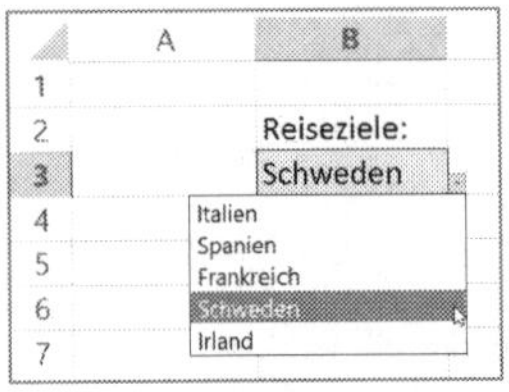

Bild 1.26: Das Ziel: eine selbst erstellte Auswahlliste.

1. Markieren Sie die Zelle, in der Sie die Auswahl der Werte beginnen möchten.
2. Starten Sie die Befehlsfolge *Daten/Datenüberprüfung.*
3. Wählen Sie im Feld *Zulassen* den Eintrag *Liste.*
4. Erfassen Sie die Werte im Feld *Quelle.* Trennen Sie die Werte mit einem Semikolon.

Bild 1.27: Die Werte im Feld *Quelle* erscheinen gleich in der Liste.

5. Bestätigen Sie mit *OK.*

Jetzt steht Ihnen und Ihren Kollegen die eingegebene Liste zur Verfügung.

1.6.1 Datenliste auf einem anderen Blatt

Angenommen, Sie haben bereits auf einem Tabellenblatt eine Liste mit Städten, die Sie in Ihr Drop-down-Feld übernehmen möchten.

1. Markieren Sie auf dem Tabellenblatt *Dropdown* eine Zelle, in der Sie gleich die Städte auswählen möchten.
2. Starten Sie die Befehlsfolge *Daten/Datenüberprüfung.*

❸ Wählen Sie im Feld *Zulassen* den Eintrag *Liste*.

❹ Klicken Sie ins Feld *Quelle*, anschließend auf das Tabellenblatt *Hilfsdaten* und markieren Sie die Zellen *A2* bis *A13*.

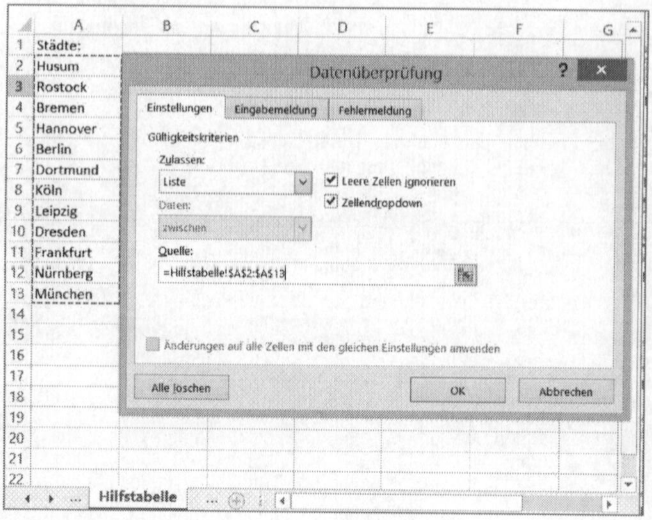

Bild 1.28: Die Daten für den Drop-down liegen auf einem anderen Tabellenblatt.

❺ Bestätigen Sie mit *OK*.

Jetzt steht Ihnen auch in dieser Zelle eine Drop-down-Auswahl zur Verfügung.

Bild 1.29: Das Drop-down-Feld holt sich die Werte aus einem anderen Tabellenblatt.

1.6.2 Werte aus einer Umsatzliste holen

Stellen Sie sich vor, Sie benötigten eine Liste Ihrer Produkte. Ihnen steht allerdings nur eine riesige Umsatzliste zur Verfügung, in der die Produktnamen mehrfach vorkommen.

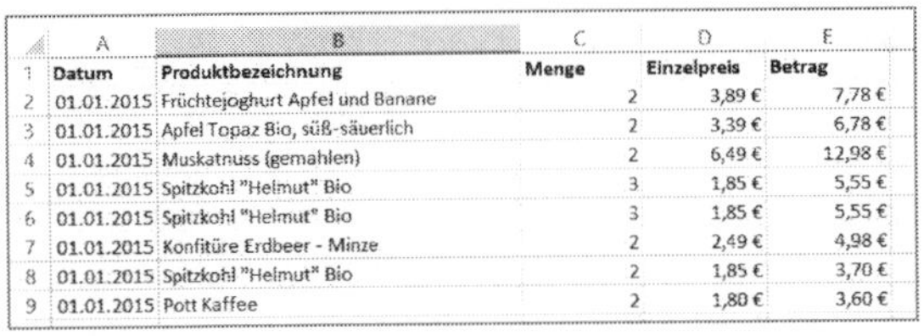

	A	B	C	D	E
1	Datum	Produktbezeichnung	Menge	Einzelpreis	Betrag
2	01.01.2015	Früchtejoghurt Apfel und Banane	2	3,89 €	7,78 €
3	01.01.2015	Apfel Topaz Bio, süß-säuerlich	2	3,39 €	6,78 €
4	01.01.2015	Muskatnuss (gemahlen)	2	6,49 €	12,98 €
5	01.01.2015	Spitzkohl "Helmut" Bio	3	1,85 €	5,55 €
6	01.01.2015	Spitzkohl "Helmut" Bio	3	1,85 €	5,55 €
7	01.01.2015	Konfitüre Erdbeer - Minze	2	2,49 €	4,98 €
8	01.01.2015	Spitzkohl "Helmut" Bio	2	1,85 €	3,70 €
9	01.01.2015	Pott Kaffee	2	1,80 €	3,60 €

Bild 1.30: Die Umsatzliste mit den mehrfach vorkommenden Produkten.

Sie brauchen eine Liste mit allen Produktnamen.

❶ Aktivieren Sie das Tabellenblatt *Umsatzliste*, markieren Sie Spalte *B* und kopieren Sie mit [Strg]+[C].

❷ Wechseln Sie auf das Tabellenblatt *Hilfstabelle* und fügen Sie die Kopie in einer leeren Spalte mit [Strg]+[V] wieder ein.

❸ Lassen Sie die Markierung stehen und wählen Sie *Daten/Duplikate entfernen.*

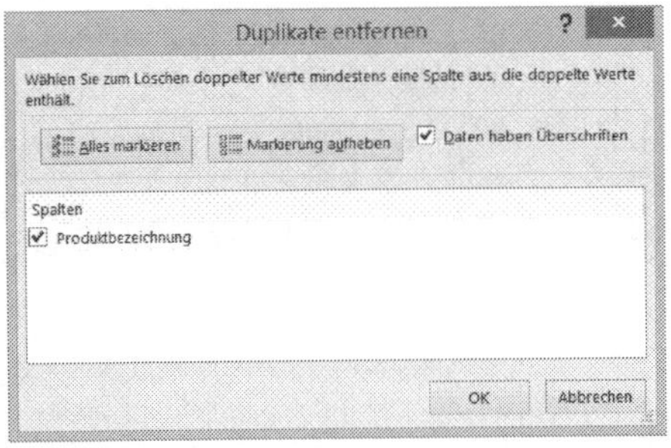

Bild 1.31: Das Fenster zum Entfernen aller Duplikate.

❹ Bestätigen Sie mit *OK.*

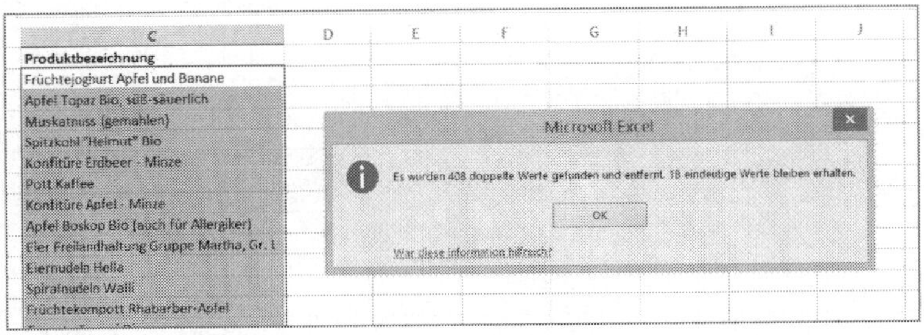

Bild 1.32: 18 eindeutige Werte bleiben übrig.

❺ Bestätigen Sie nochmals mit *OK.*

Jetzt haben Sie eine Liste, aus der Sie eine Drop-down-Liste erstellen können.

❻ Aktivieren Sie auf dem Tabellenblatt *Dropdown* eine Zelle, in der Sie die Produkte auswählen möchten.

❼ Starten Sie die Befehlsfolge *Daten/Datenüberprüfung*. Wählen Sie im Feld *Zulassen* den Eintrag *Liste*.

❽ Klicken Sie ins Feld *Quelle*, anschließend auf das Tabellenblatt *Hilfsdaten* und markieren Sie die Zellen mit den Produkten.

❾ Bestätigen Sie mit *OK*.

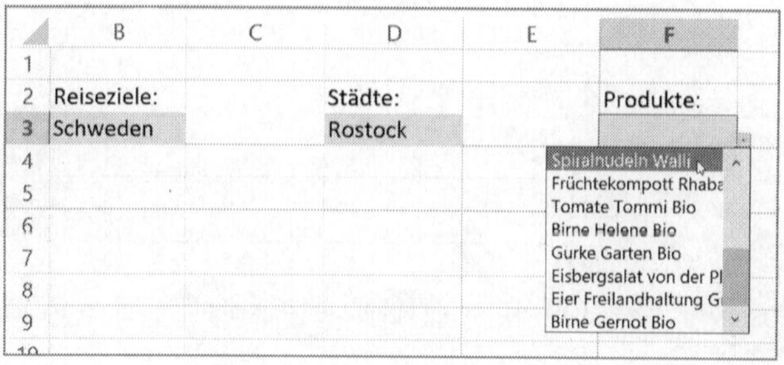

Bild 1.33: Die Auswahl der Produkte.

1.7 Begriffe in Datenlisten suchen und ersetzen

Angenommen, Sie suchen nach einem Begriff in Ihrer Tabelle. Bei großen Datenlisten kann es unter Umständen recht lange dauern, bis Sie einen Treffer landen. Beim Suchen sollten Sie daher immer den Excel-Befehl *Suchen* nutzen.

1.7.1 Nach einem Wert suchen

Im ersten Beispiel wird in einer Tabelle nach dem Wort *Hamburg* gesucht. Dabei werden alle Zellen gefunden, in denen dieser Begriff steht, auch wenn er ein Teil des Zellinhalts ist.

Tipp
Wenn Sie nur einen Teil Ihrer Tabelle durchsuchen möchten, markieren Sie ihn. Wenn Sie nichts markieren, wird immer das gesamte Tabellenblatt durchsucht.

❶ Aktivieren Sie das Tabellenblatt *Suchen 1* und wählen Sie die Befehlsfolge *Start/Suchen & Auswählen/Suchen*.

❷ Geben Sie den Suchbegriff ein, in diesem Beispiel *Hamburg*, und klicken Sie auf die Schaltfläche *Alle suchen*.

In der folgenden Abbildung wurden zur besseren Übersicht alle Zellen, in denen das Wort *Hamburg* steht, eingefärbt. Alle Zellen, in denen das Wort *Hamburg* gefunden wurde, werden im unteren Teil des Fensters aufgelistet. Mit einem Klick auf eine Trefferzeile springen Sie sofort in die entsprechende Zelle.

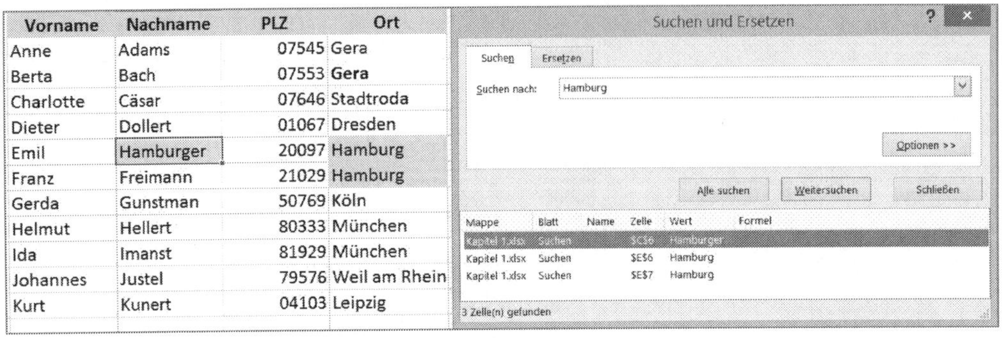

Bild 1.34: Alle Treffer werden im Fenster aufgelistet.

> **Tipp**
> Wenn Sie alle Einträge im Fenster markieren, werden auch alle entsprechenden Zellen auf Ihrem Tabellenblatt markiert. Drücken Sie im Fenster *Suchen und Ersetzen* die Tastenkombination [Strg]+[A]. Damit markieren Sie alle Einträge im Fenster und damit auch alle gefundenen Zellen. Wenn Sie das Fenster schließen, bleiben die Zellen markiert, und Sie können sie bequem alle auf einmal bearbeiten.

1.7.2 Nur 100 % Übereinstimmung

Im oberen Beispiel wird auch der Inhalt von Zelle *C6* gefunden, obwohl dort das Wort *Hamburger* steht. Wenn Sie alle Zellen finden möchten, in denen nur das Wort *Hamburg* vorkommt, müssen Sie eine Option setzen.

1. Klicken Sie im Fenster *Suchen und Ersetzen* auf die Schaltfläche *Optionen.*
2. Aktivieren Sie die Option *Gesamten Zellinhalt vergleichen.*

Bild 1.35: Nur ganze Zellinhalte vergleichen.

Tipp
Sie können aus dem Fenster in Ihr Tabellenblatt klicken, wenn Sie beispielsweise einige Zellen markieren oder eine Zelle einfärben möchten.

1.7.3 Nach einem * suchen

Stellen Sie sich vor, Sie suchen nach einem * in Ihren Zellen. Das * ist allerdings auch das Platzhalterzeichen für jeden Text.

❶ Geben Sie in das Feld *Suchen nach* die Tilde und einen Stern ein: ~*.

Das Zeichen ~ heißt Tilde und weist Excel in diesem Beispiel an, dass * nicht als Platzhalterzeichen zu interpretieren ist, sondern dass danach gesucht werden soll. Sie erhalten die Tilde mit der Tastenkombination [AltGr]+[+].

Tipp
»AltGr« steht für alternative Gravierung.

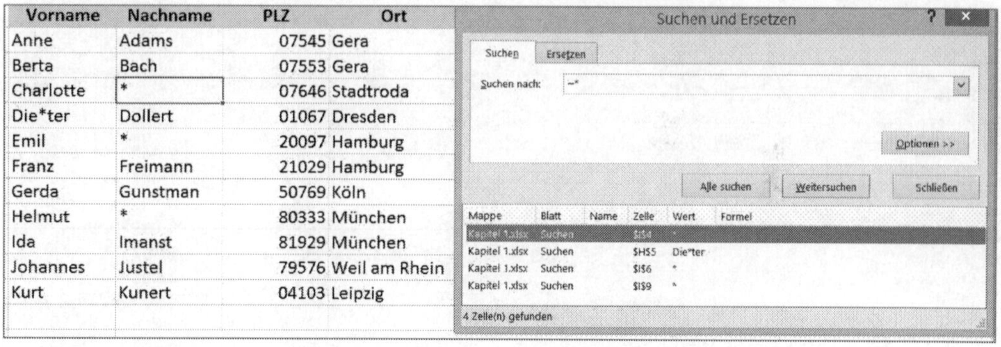

Bild 1.36: Die Suche nach den Sternchen *.

❷ Die Suche nach dem Fragezeichen *?* funktioniert analog. Das *?* ist das Platzhalterzeichen für genau ein Zeichen, egal ob Ziffer, Sonderzeichen oder Buchstabe.

1.7.4 Ein Format durch ein anderes ersetzen

Excel kann nach Formaten suchen und, wenn Sie es wünschen, ein Format durch ein anderes ersetzen. Stellen Sie sich vor, Ihre Unternehmensfarbe sei Blau. Sie haben viele Zellen in diesem Blau eingefärbt. Jetzt wurde entschieden, die Unternehmensfarbe in Gelb zu ändern. Das heißt für Sie und für Excel, Blau durch Gelb zu ersetzen.

Tipp
Wenn Sie mit den Designfarben arbeiten, versuchen Sie zuerst, das neue Design anzuwenden. Lesen Sie dazu in Kapitel 2, »Die Darstellung von Zahlen optimieren«, den Abschnitt » Vorgegebene und eigene Designs nutzen «.

1. Aktivieren Sie das Tabellenblatt *Suchen 2* und öffnen Sie das Fenster *Suchen und Ersetzen.*
2. Klicken Sie auf den Schalter *Optionen*, um die erweiterten Befehle zu sehen.
3. Klicken Sie auf die Schaltfläche *Format* und stellen Sie im Fenster *Zellen formatieren* das Format ein, nach dem Sie suchen, in diesem Beispiel die blaue Hintergrundfarbe.

Tipp
Wenn Sie über den Listenpfeil an der Schaltfläche *Format* den Befehl *Format von Zelle wählen* starten, erscheint an Ihrem Mauszeiger eine Pipette. Mit einem Klick auf eine Zelle mit der gesuchten Gestaltung überträgt Excel das gewählte Format in das Fenster. Leider klappt das Suchen über diesen zugegeben sehr eleganten Befehl nicht reibungslos. Deshalb sei er hier nur als Tipp aufgeführt.

Vorname	Nachname	PLZ	Ort
Anne	Adams	07545	Gera
Berta	Bach	07553	**Gera**
Charlotte	Cäsar	07646	Stadtroda
Dieter	Dollert	01067	Dresden
Emil	Hamburger	20097	Hamburg
Franz	Freimann	21029	Hamburg
Gerda	Gunstman	50769	Köln
Helmut	Hellert	80333	München
Ida	Imanst	81929	München

Bild 1.37: Das Format, nach dem gesucht werden soll.

Excel merkt sich jetzt das Format, nach dem gesucht wird.

4. Aktivieren Sie das Register *Ersetzen.*
5. Klicken Sie auf die neu hinzugekommene Schaltfläche *Format* und stellen Sie die gewünschte Farbe ein.
6. Klicken Sie auf die Schaltfläche *Alle ersetzen.*

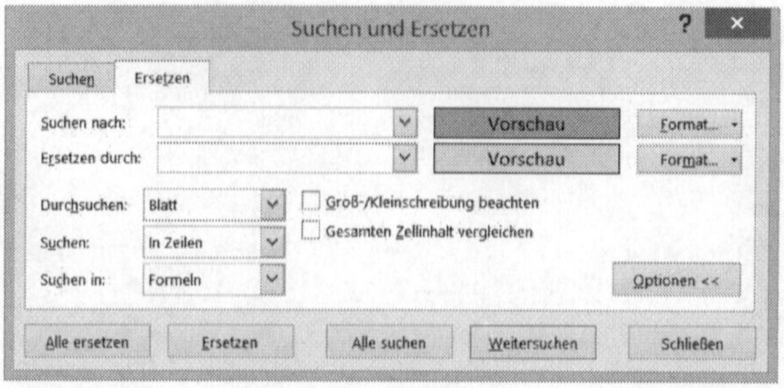

Bild 1.38: Das erste Format wird durch das zweite ersetzt.

Wenn alles reibungslos läuft, wird Ihnen mitgeteilt, wie oft das neue Format zugewiesen wurde.

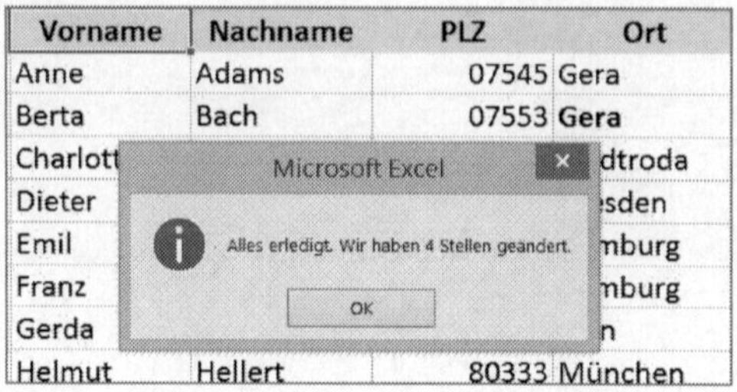

Bild 1.39: Das neue Format wurde in diesem Beispiel vier Mal zugewiesen.

1.7.5 Innerhalb von Formeln suchen

Angenommen, Sie möchten wissen, in welchen Zellen die Funktion SVERWEIS steht. Auch diese Fragestellung kann Ihnen der Befehl *Suchen* beantworten.

❶ Aktivieren Sie das Tabellenblatt *Suchen 3*.

Excel findet alle Zellen, in denen der Begriff *sverweis* steht, inklusive aller Formeln.

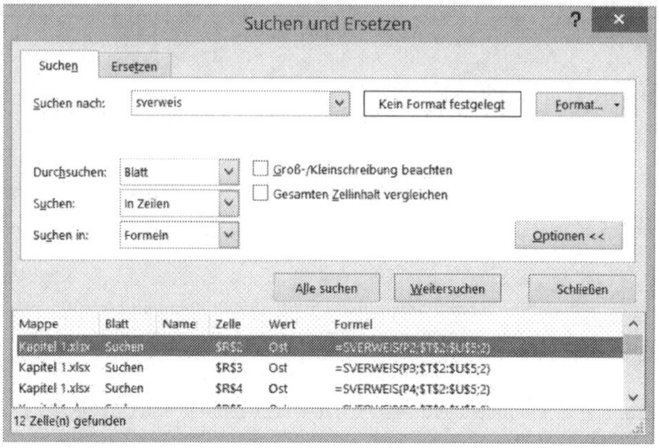

Bild 1.40: Nach Funktionsnamen innerhalb von Formeln suchen.

Tipp
Wenn Sie die ganze Excel-Mappe durchsuchen möchten, wählen Sie im Feld *Durchsuchen* den Eintrag *Arbeitsmappe.*

1.8 Unvollständige Produktlisten schnell auffüllen

Angenommen, Sie erhalten eine Liste, die nicht ganz vollständig ist. Im aktuellen Beispiel fehlen einige Produktbeschreibungen. Ihre Aufgabe ist es jetzt, die Bezeichnung aus Zelle *B2* in die Zellen *B3* bis *B7* zu füllen. Natürlich könnten Sie dies mit einem Doppelklick auf das Ausfüllkästchen in Zelle *B2* erledigen. Wenn es sich aber um Hunderte von Bezeichnungen handelt, ist das zu viel Arbeit.

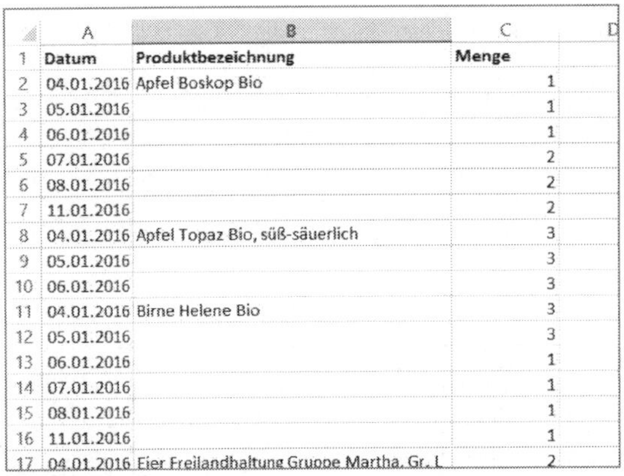

	A	B	C	D
1	Datum	Produktbezeichnung	Menge	
2	04.01.2016	Apfel Boskop Bio	1	
3	05.01.2016		1	
4	06.01.2016		1	
5	07.01.2016		2	
6	08.01.2016		2	
7	11.01.2016		2	
8	04.01.2016	Apfel Topaz Bio, süß-säuerlich	3	
9	05.01.2016		3	
10	06.01.2016		3	
11	04.01.2016	Birne Helene Bio	3	
12	05.01.2016		3	
13	06.01.2016		1	
14	07.01.2016		1	
15	08.01.2016		1	
16	11.01.2016		1	
17	04.01.2016	Eier Freilandhaltung Gruppe Martha, Gr. L	2	

Bild 1.41: In dieser Produktliste fehlen Werte.

Excel bietet Ihnen auch hier eine sehr elegante Lösung, Werte aus den Zellen darüber zu übernehmen.

❶ Markieren Sie die ganze Tabelle.

❷ Wählen Sie die Befehlsfolge *Start/Suchen & Auswählen/Inhalte auswählen.*

❸ Aktivieren Sie die Option *Leerzellen.*

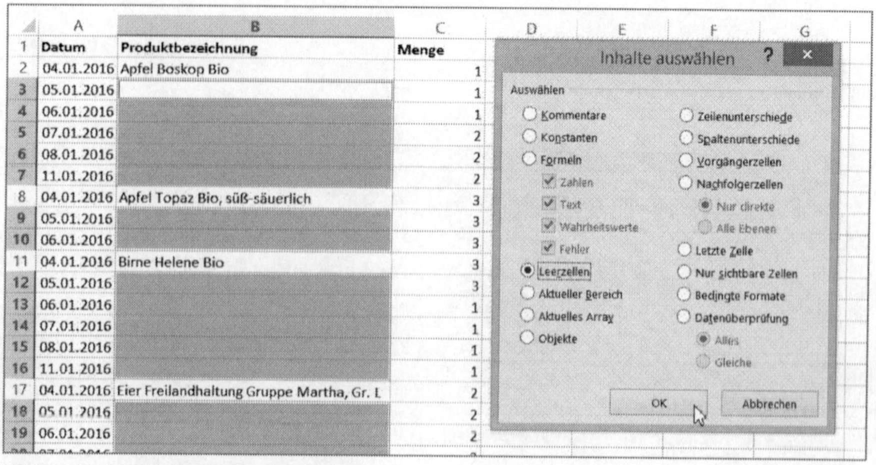

Bild 1.42: Nur leere Zellen markieren.

❹ Bestätigen Sie mit *OK*.

Jetzt sind alle leeren Zellen im von Ihnen gewünschten Bereich markiert.

> **Wichtig**
> Sie dürfen jedoch nicht mit der Maus klicken oder eine der Pfeiltasten drücken, denn damit würden Sie die Markierung aufheben.

❺ Geben Sie ein Gleichheitszeichen = ein.

❻ Drücken Sie die Taste [↑].

Eine von den markierten Zellen ist die aktive Zelle. Im aktuellen Beispiel ist es die Zelle *B3*. In diese Zelle schreiben Sie die Formel, die sich den Inhalt der Zelle darüber holt.

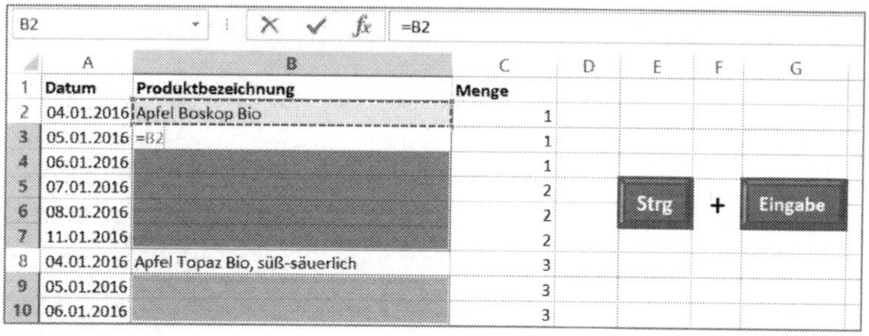

Bild 1.43: Die Formel, um sich den Inhalt der Zelle darüber zu holen.

❼ Drücken Sie [Strg]+[Enter].

Mit [Strg]+[Enter] kopieren Sie die Formel in alle markierten Zellen.

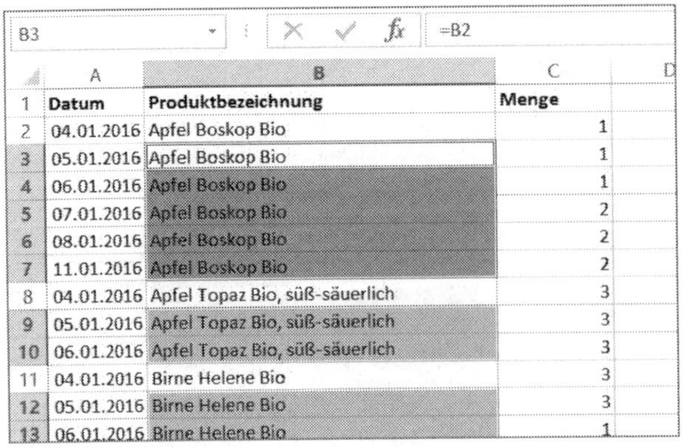

	A	B	C
1	Datum	Produktbezeichnung	Menge
2	04.01.2016	Apfel Boskop Bio	1
3	05.01.2016	Apfel Boskop Bio	1
4	06.01.2016	Apfel Boskop Bio	1
5	07.01.2016	Apfel Boskop Bio	2
6	08.01.2016	Apfel Boskop Bio	2
7	11.01.2016	Apfel Boskop Bio	2
8	04.01.2016	Apfel Topaz Bio, süß-säuerlich	3
9	05.01.2016	Apfel Topaz Bio, süß-säuerlich	3
10	06.01.2016	Apfel Topaz Bio, süß-säuerlich	3
11	04.01.2016	Birne Helene Bio	3
12	05.01.2016	Birne Helene Bio	3
13	06.01.2016	Birne Helene Bio	1

Bild 1.44: Jetzt ist die Liste komplett.

Wenn Sie sich genau an diese sieben Schritte halten, können Sie Lücken in Ihren Tabellen auffüllen.

2 Die Darstellung von Zahlen optimieren

In der Datei *Kapitel 2.xlsx* finden Sie alle Beispiele.

2.1 Die Excel-Arbeitsumgebung anpassen

In Ihrem Excel-Alltag verwenden Sie die Symbolleiste für den Schnellzugriff und das Menüband mit allen Befehlen regelmäßig. Was liegt da näher, als sich beide Elemente an Ihre Bedürfnisse anzupassen?

Sie können Ihre tägliche Arbeit beschleunigen, indem Sie sich die Befehle, die Sie häufig brauchen, entweder in die Symbolleiste für den Schnellzugriff bringen, oder Sie legen sich ein eigenes Register mit den Befehlen an.

Bild 2.1: Die Symbolleiste für den Schnellzugriff und das Menüband.

Tipp
Alle in diesem Kapitel beschriebenen Vorgänge gelten übrigens auch für Word und PowerPoint.

2.1.1 Die Symbolleiste für den Schnellzugriff anpassen

Stellen Sie sich vor, Sie müssten häufig neue Arbeitsmappen anlegen und würden die Tastenkombination [Strg]+[N] nicht kennen. Dann müssen Sie mindestens dreimal klicken: *Datei/Neu/Leere Arbeitsmappe*. Das sind viele Klicks. Fügen Sie stattdessen das Icon *Neu* in Ihre Symbolleiste für den Schnellzugriff ein und starten Sie den Befehl einfach mit einem Klick.

1. Klicken Sie auf das kleine Dreieck hinter dem letzten Schalter in Ihrer Symbolleiste für den Schnellzugriff.

❷ Wählen Sie den Befehl *Neu.* Ab jetzt steht Ihnen über das gerade gewählte Icon der Befehl *Neu* mit einem Klick zur Verfügung.

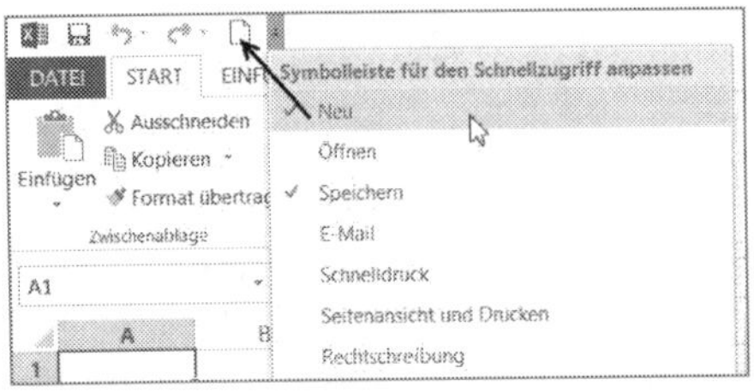

Bild 2.2: Den Befehl Neu als Icon in die Symbolleiste für den Schnellzugriff bringen.

Sehen Sie sich die anderen Befehle in der Schnellauswahl ebenfalls einmal an. Vielleicht ist hier auch einer dabei, den Sie häufig brauchen. In dieser kleinen Liste finden Sie allerdings nicht alle Excel-Befehle.

Stellen Sie sich vor, Sie müssten häufig die Gitternetzlinien ein- und wieder ausblenden. Den Befehl finden Sie im Register *Ansicht.* Gewinnen Sie Zeit, indem Sie auch dieses Icon in den Schnellzugriff legen.

❸ Klicken Sie mit der rechten Maustaste auf den gewünschten Befehl und wählen Sie den Befehl *Zu Symbolleiste für den Schnellzugriff hinzufügen.* Sofort wird der Befehl als Icon nach oben übernommen.

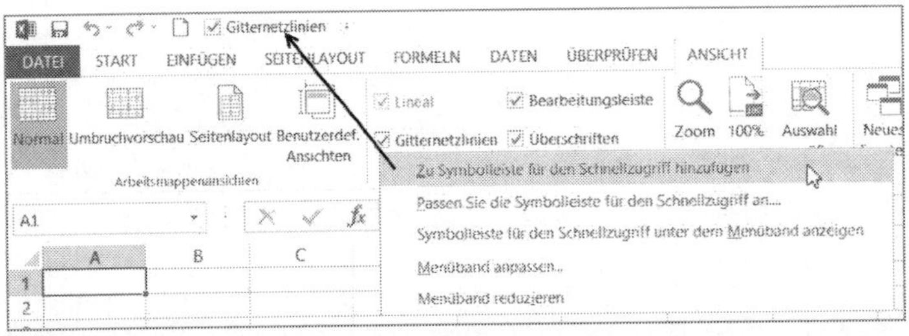

Bild 2.3: Einen Befehl aus dem Menüband in die Symbolleiste für den Schnellzugriff bringen.

Tipp
Um ein Icon wieder zu entfernen, klicken Sie mit der rechten Maustaste darauf und wählen den Befehl *Aus Symbolleiste für den Schnellzugriff entfernen.*

Wenn Sie ein Icon aufnehmen möchten, das Sie nicht im Menüband gefunden haben, oder die Reihenfolge der Icons ändern wollen, führen Sie die folgenden Schritte durch.

❶ Klicken Sie auf das kleine Dreieck hinter dem letzten Schalter in Ihrer Symbolleiste für den Schnellzugriff.

❷ Wählen Sie den Eintrag *Weitere Befehle.*

❸ Wählen Sie im Feld *Befehle auswählen* den Eintrag *Häufig verwendete Befehle.*

❹ Markieren Sie den gewünschten Befehl und klicken Sie auf die Schaltfläche *Hinzufügen.*

❺ Führen Sie Schritt 4 so lange aus, bis Sie alle gewünschten Befehle nach rechts übernommen haben.

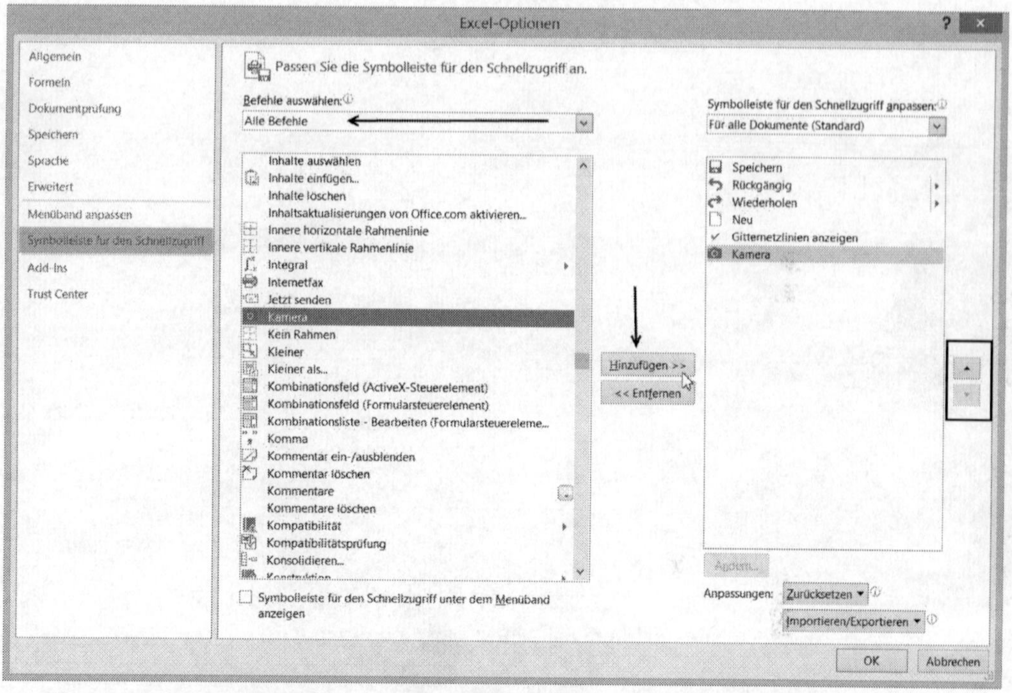

Bild 2.4: Die Symbolleiste für den Schnellzugriff an Ihre Bedürfnisse anpassen.

❻ Um die Reihenfolge zu ändern, markieren Sie ein Icon und wählen über die Pfeilschaltflächen *Nach oben* bzw. *Nach unten* die gewünschte Position.

❼ Bestätigen Sie mit *OK.* Ab jetzt wird bei jedem Starten von Excel die von Ihnen angepasste Symbolleiste für den Schnellzugriff angezeigt.

Sie können Ihre Einstellungen auch sichern. Lesen Sie dazu den letzten Abschnitt »Alle Einstellungen sichern« in diesem Kapitel.

2.1.2 Symbole nur für eine Datei

Stellen Sie sich vor, Sie arbeiteten mit einer Excel-Mappe, in der Sie immer die gleichen Befehle benötigten. Diese Befehle brauchen Sie aber in keiner anderen Excel-Mappe. Wäre es nicht schön, sich Befehle nur für eine Mappe in die Symbolleiste für den Schnellzugriff zu holen? Das ist möglich.

❶ Öffnen Sie die Excel-Mappe und klicken Sie auf das kleine Dreieck hinter dem letzten Schalter in Ihrer Symbolleiste für den Schnellzugriff.

❷ Wählen Sie den Eintrag *Weitere Befehle.*

❸ Wählen Sie im Feld *Symbolleiste für den Schnellzugriff anpassen* das gewünschte Dokument aus.

❹ Wählen Sie im Feld *Befehle auswählen* den Eintrag *Alle Befehle.*

❺ Markieren Sie die gewünschten Icons und klicken Sie jeweils auf die Schaltfläche *Hinzufügen.*

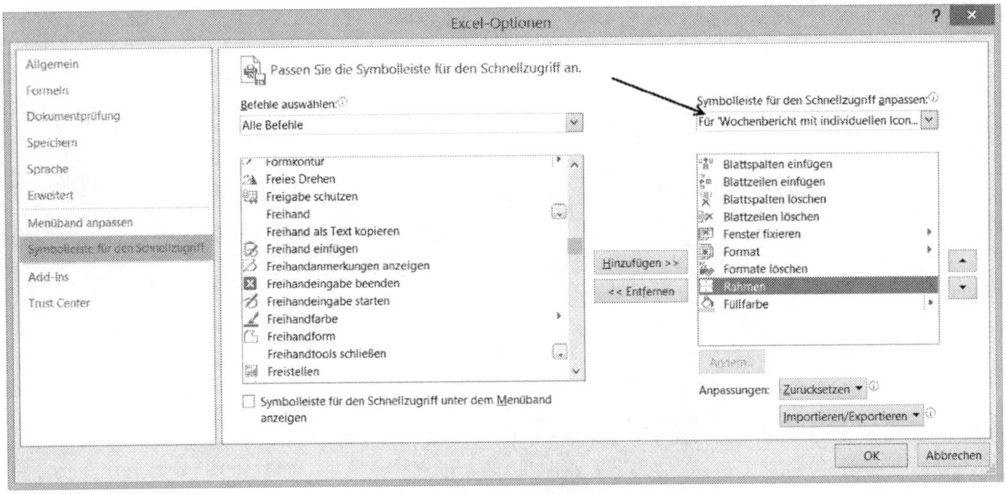

Bild 2.5: Die Symbole sind nur für die aktuelle Excel-Mappe gedacht.

❻ Bestätigen Sie mit *OK.*

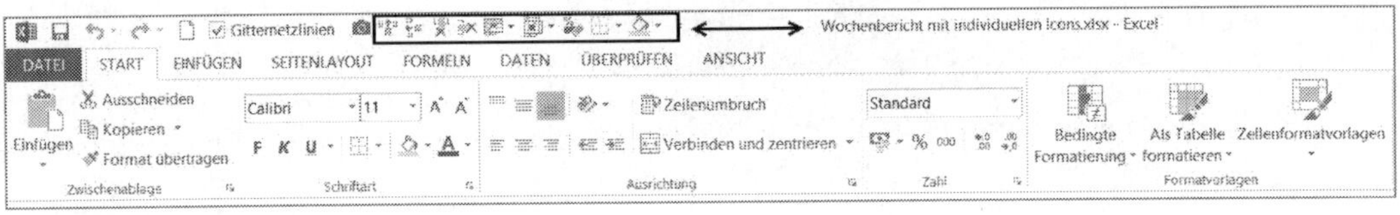

Bild 2.6: Die Symbole für die aktuelle Mappe.

Wenn Sie diese Mappe schließen, sind die individuellen Icons ebenfalls weg.

2.1.3 Das Menüband anpassen

Auch das Menüband können Sie an Ihre Wünsche anpassen.

❶ Wählen Sie die Befehlsfolge *Datei/Optionen/Menüband anpassen.* Im rechten Teil des Fensters sehen Sie alle Hauptregister.

Tipp
Lassen Sie sich das Register *Entwicklertools* immer anzeigen. Es enthält einige nützliche Befehle, wie beispielsweise die Steuerelemente oder den Makrobereich, die beide in diesem Buch Verwendung finden.

Bild 2.7: Die Register für Ihre tägliche Arbeit in Excel.

Um sich ein eigenes Register anzulegen, führen Sie die folgenden Schritte durch:

❷ Klicken Sie auf die Schaltfläche *Neue Registerkarte.*

❸ Klicken Sie mit der rechten Maustaste auf den Eintrag *Neue Registerkarte (Benutzerdefiniert)* und wählen Sie den Befehl *Umbenennen.*

❹ Erfassen Sie den gewünschten Namen.

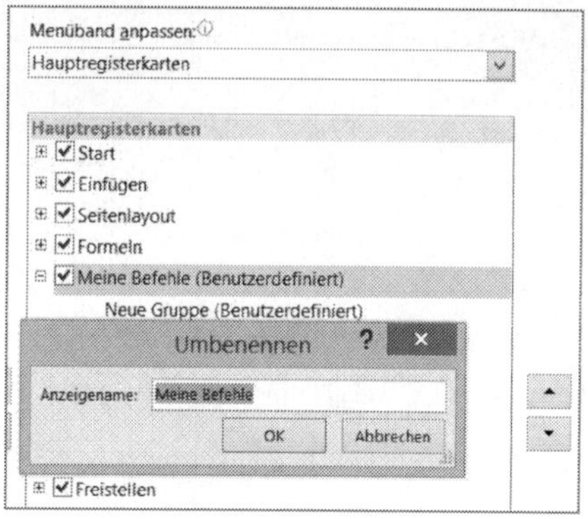

Bild 2.8: Geben Sie Ihrem Register einen Namen.

Alle Befehle auf einer Registerkarte sind noch einmal in Gruppen unterteilt. Sie haben bereits eine Gruppe erhalten. Benennen Sie diese Gruppe mit einem Rechtsklick erst einmal um. Beachten Sie, dass Sie noch kein Icon auswählen können.

5. Fügen Sie mit einem Klick auf die Schaltfläche *Neue Gruppe* gegebenenfalls weitere Gruppen ein und benennen Sie diese um.

6. Markieren Sie eine Ihrer Gruppen und fügen Sie aus der Liste *Alle Befehle* die gewünschten Icons ein.

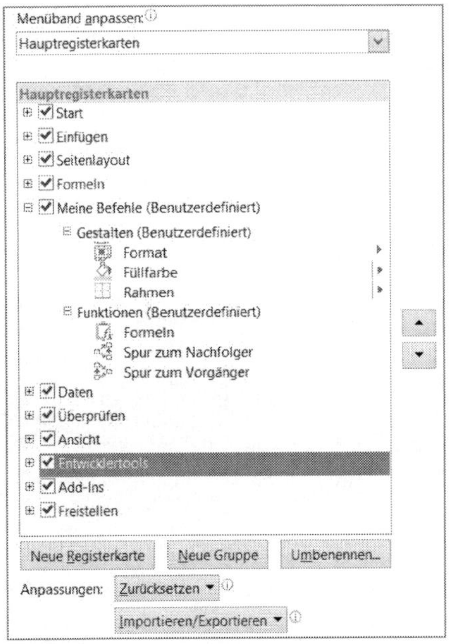

Bild 2.9: Die Befehle in Ihrem Register.

7. Bestätigen Sie mit *OK*. Im Fenster *Excel-Optionen* können Sie nun über die Pfeilschaltflächen *Nach oben* bzw. *Nach unten* die Position Ihres Register verändern.

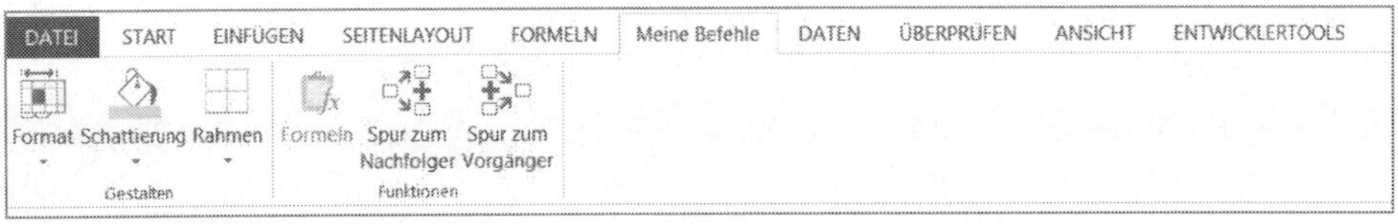

Bild 2.10: Ihr eigenes Register.

2.1.4 Alle Einstellungen sichern

Wenn Sie Ihre Einstellungen richtigerweise sichern möchten, führen Sie die folgenden Schritte durch:

1. Wählen Sie die Befehlsfolge *Datei/Optionen/Menüband anpassen.*

2. Klicken Sie auf die Schaltfläche *Importieren/Exportieren.*

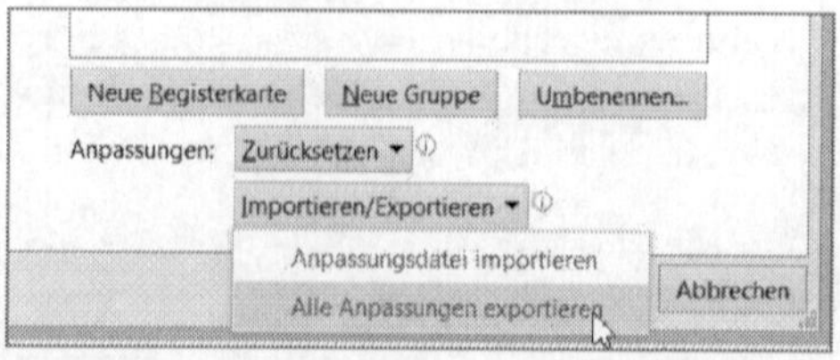

Bild 2.11: Ihre Einstellungen sichern.

❸ Geben Sie der Datei einen Namen.

Damit haben Sie alle Einstellungen zur Symbolleiste für den Schnellzugriff und zum Menüband gesichert.

Diese besondere Datei mit der Endung *exportedUI* können Sie auch Kollegen geben, damit diese die gleiche Excel-Oberfläche verwenden. Zuvor erstellte Änderungen werden durch Ihre Datei überschrieben.

Sollte Ihr Excel neu installiert werden, haben Sie zu Beginn nur die Standardeinstellungen. Über die Befehlsfolge *Datei/Optionen/Menüband anpassen/Importieren/Exportieren* können Sie mit dem Befehl *Importieren* Ihre Einstellungen wiederherstellen.

Tipp
Mit einem Klick auf die Schaltfläche *Zurücksetzen* setzen Sie alle Ihre Änderungen mit einem Schritt wieder zurück in den Zustand nach der Excel-Installation.

2.2 Mit etwas Farbe sehen Tabellen besser aus

Mit ein bisschen Farbe und ein paar Rahmen kann jede Tabelle gut aussehen.

	1 Quartal	2 Quartal	3 Quartal	4 Quartal	Gesamt
Ottas	949.725,00 €	838.783,00 €	827.811,00 €	1.000.472,00 €	3.616.791,00 €
Gustall	759.780,00 €	715.859,00 €	618.734,00 €	813.934,00 €	2.908.307,00 €
Bach	741.162,50 €	685.414,50 €	629.620,50 €	796.866,50 €	2.853.064,00 €
Dollert	422.100,00 €	375.169,00 €	313.717,00 €	494.168,00 €	1.605.154,00 €
Waldert	329.615,00 €	238.834,00 €	225.087,00 €	404.540,00 €	1.198.076,00 €
Schneider	379.890,00 €	263.344,00 €	254.636,00 €	457.965,00 €	1.355.835,00 €
Adam	545.212,50 €	503.380,50 €	423.553,50 €	605.911,50 €	2.078.058,00 €
Maier	216.025,00 €	104.391,00 €	105.705,00 €	273.756,00 €	699.877,00 €
Justel	763.297,50 €	707.814,50 €	656.472,50 €	822.566,50 €	2.950.151,00 €
Niebers	654.255,00 €	538.291,00 €	523.269,00 €	715.935,00 €	2.431.750,00 €
Züllick	257.737,50 €	181.493,50 €	140.050,50 €	326.495,50 €	905.777,00 €
Igas	763.297,50 €	646.250,50 €	640.907,50 €	823.652,50 €	2.874.108,00 €
Huber	817.375,00 €	699.143,00 €	712.053,00 €	869.600,00 €	3.098.171,00 €
Essert	424.587,50 €	317.904,50 €	324.066,50 €	478.614,50 €	1.545.173,00 €
Gesamt	8.024.060,00 €	6.816.072,00 €	6.395.683,00 €	8.884.477,00 €	30.120.292,00 €

Bild 2.12: Die Ausgangstabelle ohne Farben und Rahmen.

Die Beschriftung der Werte soll hervorgehoben werden. In diesem Beispiel soll der Inhalt der Zellen in Spalte *B* und Zeile *2* durch eine dunkle Füllfarbe und eine helle Schriftfarbe hervorgehoben werden. Die Werte sollen durch waagerechte Linien voneinander getrennt werden.

❶ Aktivieren Sie das Tabellenblatt *Zellenformate*.

❷ Markieren Sie die Zellen *B2* bis *B17*, halten Sie anschließend die [Strg]-Taste gedrückt und markieren Sie auch die Zellen *C2* bis *G2*. Lassen Sie die [Strg]-Taste wieder los.

❸ Aktivieren Sie das Register *Start* und wählen Sie im Feld *Füllfarbe* die gewünschte Farbe aus.

❹ Wählen Sie im Feld *Schriftfarbe* die passende Farbe aus. Klicken Sie zusätzlich auf die Schaltfläche *Fett*.

❺ Markieren Sie die Zahlenwerte von *C3* bis *G17*, klicken Sie mit der rechten Maustaste in die Markierung und wählen Sie den Befehl *Zellen formatieren*. Alternativ können Sie die Tastenkombination [Strg]+[1] drücken.

❻ Aktivieren Sie das Register *Rahmen*, markieren Sie die gepunktete Linie und wählen Sie eine Farbe aus.

❼ Klicken Sie auf die Schaltfläche *Waagerechte Rahmenlinie innen* und bestätigen Sie mit *OK*.

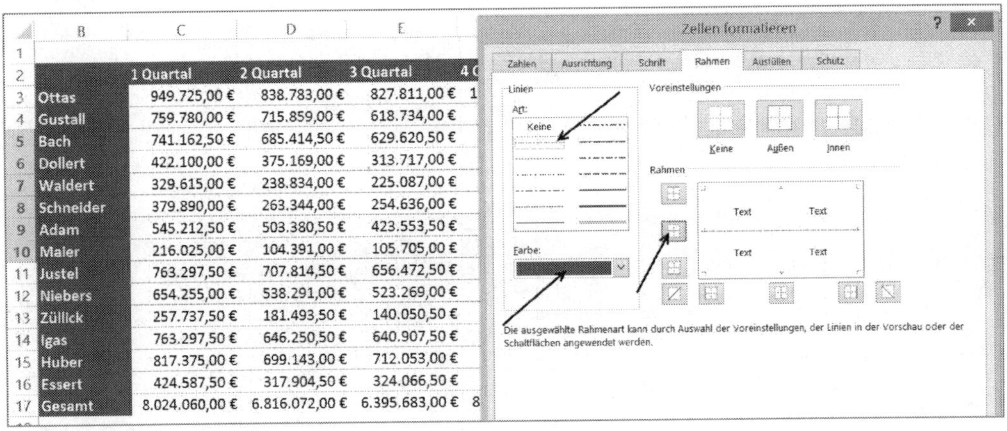

Bild 2.13: Die Linien zwischen den Zahlenwerten.

Wenn Sie die untere Zeile – die mit den Gesamtsummen – hervorheben möchten, markieren Sie nur diese Zellen.

❽ Öffnen Sie wieder das Fenster *Zellen formatieren*, wählen Sie diesmal auf der Registerkarte *Rahmen* eine etwas dickere Linie aus und klicken Sie auf die Schaltflächen *Rahmenlinie oben* und *Rahmenlinie unten*.

Für die letzte Spalte können Sie ähnlich verfahren. Markieren Sie die gewünschten Zellen, in diesem Beispiel die letzte Spalte.

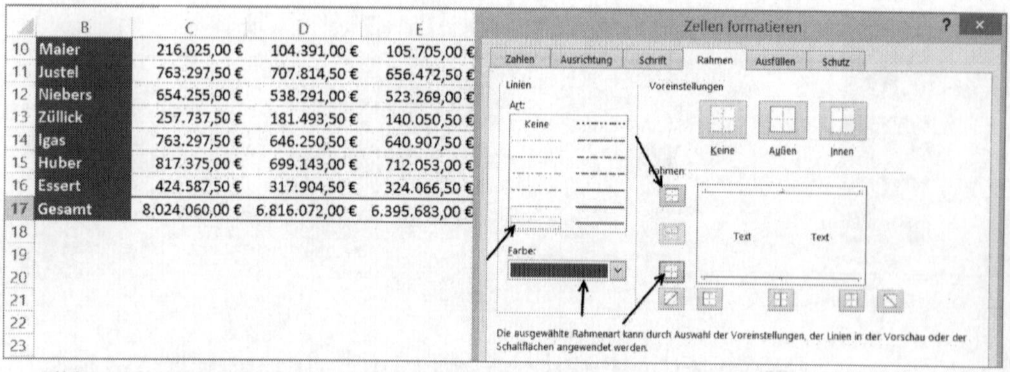

Bild 2.14: Die Rahmen um die Zeilenergebnisse.

❾ Öffnen Sie erneut das Fenster *Zellen formatieren*, wählen Sie diesmal auf der Registerkarte *Rahmen* eine etwas dickere Linie aus und klicken Sie auf die Schaltflächen *Rahmenlinie links* und *Rahmenlinie rechts.*

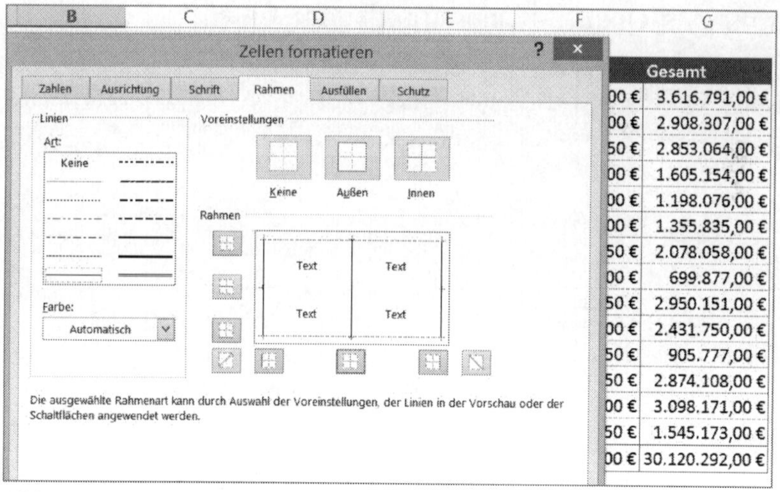

Bild 2.15: Die Rahmen um die Spaltenergebnisse.

Die Rahmen grenzen die Zeile und die Spalte mit den Summen deutlich ab. Durch die ganze Gestaltung wirkt die Tabelle übersichtlicher, und man schaut lieber darauf.

	1 Quartal	2 Quartal	3 Quartal	4 Quartal	Gesamt
Ottas	949.725,00 €	838.783,00 €	827.811,00 €	1.000.472,00 €	3.616.791,00 €
Gustall	759.780,00 €	715.859,00 €	618.734,00 €	813.934,00 €	2.908.307,00 €
Bach	741.162,50 €	685.414,50 €	629.620,50 €	796.866,50 €	2.853.064,00 €
Dollert	422.100,00 €	375.169,00 €	313.717,00 €	494.168,00 €	1.605.154,00 €
Waldert	329.615,00 €	238.834,00 €	225.087,00 €	404.540,00 €	1.198.076,00 €
Schneider	379.890,00 €	263.344,00 €	254.636,00 €	457.965,00 €	1.355.835,00 €
Adam	545.212,50 €	503.380,50 €	423.553,50 €	605.911,50 €	2.078.058,00 €
Maier	216.025,00 €	104.391,00 €	105.705,00 €	273.756,00 €	699.877,00 €
Justel	763.297,50 €	707.814,50 €	656.472,50 €	822.566,50 €	2.950.151,00 €
Niebers	654.255,00 €	538.291,00 €	523.269,00 €	715.935,00 €	2.431.750,00 €
Züllick	257.737,50 €	181.493,50 €	140.050,50 €	326.495,50 €	905.777,00 €
Igas	763.297,50 €	646.250,50 €	640.907,50 €	823.652,50 €	2.874.108,00 €
Huber	817.375,00 €	699.143,00 €	712.053,00 €	869.600,00 €	3.098.171,00 €
Essert	424.587,50 €	317.904,50 €	324.066,50 €	478.614,50 €	1.545.173,00 €
Gesamt	8.024.060,00 €	6.816.072,00 €	6.395.683,00 €	8.884.477,00 €	30.120.292,00 €

Bild 2.16: Das Ergebnis kann sich sehen lassen.

2.3 Zahlenwerte benutzerfreundlich darstellen

Zahlen werden durch geschickte Formatierung, beispielsweise durch den Einsatz von Tausenderpunkten, lesbarer. Excel bietet Ihnen eine Auswahl fertiger Zahlenformate an. Sie können selbstverständlich auch eigene Zahlenformate erstellen.

2.3.1 Große Zahlen mit Tausenderpunkt darstellen

Große Zahlen sollten immer mit Tausenderpunkten dargestellt werden. Der kürzeste Weg, den markierten Zellen den Tausenderpunkt und zwei Dezimalstellen zuzuweisen, führt über die Tastenkombination [Strg]+[Umschalt]+[!].

	Ohne Formate	Zahlenformat
Ottas	949725	949.725,00
Gustall	0	0,00
Bach	41162,5	41.162,50
Dollert	1422100	1.422.100,00
Waldert	-300	-300,00
Schneider	2379890	2.379.890,00

[Strg] + [⇧] + [!]

Bild 2.17: Das Zahlenformat mit Tausenderpunkt und zwei Dezimalstellen.

> **Tipp**
> Sollte Ihnen dieses Format nicht zusagen, drücken Sie die Tastenkombination [Strg]+[Umschalt]+[&]. Damit haben die Zellen wieder das Standardformat.

2.3.2 Der Euro im Währungs- und im Buchhaltungsformat

Wenn Sie Ihren Zellen ein Euroformat zuweisen möchten, stehen Ihnen zwei Formate zur Verfügung: das Währungsformat und das Buchhaltungsformat.

Sie erhalten beide Formate über das Register *Start* im Listenfeld *Zahlenformat.*

Beide haben zwei Nachkommastellen, den Tausenderpunkt und das Eurozeichen, und dennoch sind sie unterschiedlich.

Wenn in einer Zelle eine *0* steht, erscheint beim Buchhaltungsformat ein Strich. Bei negativen Zahlen steht beim Buchhaltungsformat das Minuszeichen ganz links in der Zelle.

	Ohne Formate	Währung	Buchhaltung
Ottas	949725	949.725,00 €	949.725,00 €
Gustall	0	0,00 €	- €
Bach	41162,5	41.162,50 €	41.162,50 €
Dollert	1422100	1.422.100,00 €	1.422.100,00 €
Waldert	-300	-300,00 €	- 300,00 €
Schneider	2379890	2.379.890,00 €	2.379.890,00 €
	Feld: Zahlenformat	Währung	Buchhaltung
		oder Strg + ⇧ + $	

Bild 2.18: Die beiden Formate Währung und Buchhaltung.

Ein weiterer Unterschied besteht in der Position des Eurozeichens. Beim Währungsformat steht es direkt am rechten Zellenrand. Sie sollten in einer Tabelle nur eines der beiden Formate einsetzen.

> **Tipp**
> Das Währungsformat erhalten Sie mit der Tastenkombination [Strg]+[Umschalt]+[$].

2.3.3 Eigenes Zahlenformat für Millionenwerte anlegen

Wenn Sie große Zahlen in Ihrer Tabelle haben und es nicht so sehr auf die genaue Zahl ankommt, beispielsweise bei Beschriftungen in Diagrammen, legen Sie sich ein eigenes Zahlenformat an. In der folgenden Abbildung sind drei Muster zur Darstellung von großen Zahlen definiert.

		Muster: 0,0..	Muster: 0..	Muster: 0,0.. "in Mio. €"
	1 Quartal	€ in Mio.	€ in Mio.	1 Quartal
Ottas	949.725,00 €	0,9	1	0,9 in Mio. €
Gustall	3.759.780,00 €	3,8	4	3,8 in Mio. €
Bach	1.741.162,50 €	1,7	2	1,7 in Mio. €
Dollert	1.422.100,00 €	1,4	1	1,4 in Mio. €
Waldert	2.329.615,00 €	2,3	2	2,3 in Mio. €
Schneider	2.379.890,00 €	2,4	2	2,4 in Mio. €

Bild 2.19: Drei Beispiele zur Darstellung von Millionenwerten.

1. Markieren Sie die Zellen mit den großen Zahlen.
2. Klicken Sie mit der rechten Maustaste in die Markierung und wählen Sie den Befehl *Zellen formatieren.*
3. Aktivieren Sie das Register *Zahlen* und anschließend die Kategorie *Benutzerdefiniert.*
4. Erfassen Sie im Feld *Typ* das gewünschte Muster. Im Bereich *Beispiel* erkennen Sie bereits das Ergebnis.

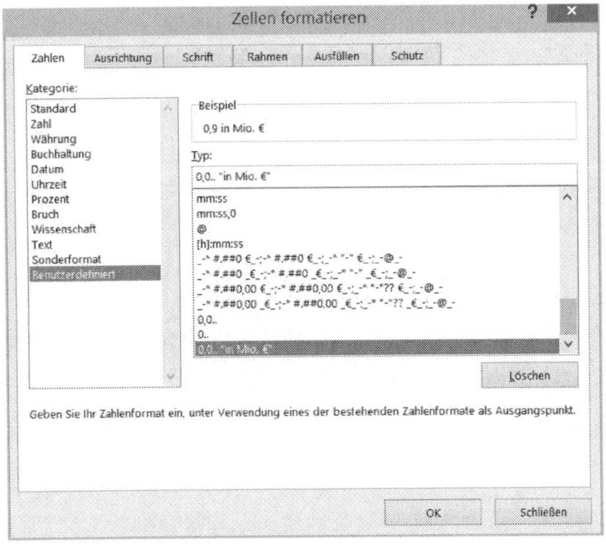

Bild 2.20: Im Fenster *Zellen formatieren* legen Sie eigene Zahlenformate an.

Nachdem Sie auf *OK* geklickt haben, steht Ihnen das Format in dieser Mappe zur Verfügung.

2.3.4 Tausenderwerte verkürzt darstellen

Wenn Sie Tausenderwerte verkürzt darstellen möchten, nutzen Sie die folgenden Muster:

		Muster: 0,0.	Muster: 0.	Muster: 0,0. "in Tsd. €"
	1 Quartal	**€ in Tsd.**	**€ in Tsd.**	
Ottas	949.725,00 €	949,7	950	949,7 in Tsd. €
Gustall	659.780,00 €	659,8	660	659,8 in Tsd. €
Bach	741.162,50 €	741,2	741	741,2 in Tsd. €
Dollert	422.100,00 €	422,1	422	422,1 in Tsd. €
Waldert	329.615,00 €	329,6	330	329,6 in Tsd. €
Schneider	1.079.890,00 €	1079,9	1080	1079,9 in Tsd. €

Bild 2.21: Drei Beispiele zur Darstellung von Tausenderwerten.

Auch legen Sie die Formate, wie oben beschrieben, im Fenster *Zellen formatieren* an.

2.3.5 Zahlenformat für Kilogramm darstellen

Wenn Sie viel mit Einheiten, wie beispielsweise Kilogramm oder Liter, arbeiten müssen, können Sie sich das folgende Zahlenformat anlegen:

		Muster: #.##0,00 "kg"	Muster: 0,00 "kg"
	Kilogramm		
Ottas	3456,88	3.456,88 kg	3456,88 kg
Gustall	6789,1	6.789,10 kg	6789,10 kg
Bach	1325	1.325,00 kg	1325,00 kg
Dollert	3355,77	3.355,77 kg	3355,77 kg
Waldert	345,77	345,77 kg	345,77 kg
Schneider	1234567,77	1.234.567,77 kg	1234567,77 kg

Bild 2.22: Das Zahlenformat für Kilogramm.

Der Code #.## steht für jede Zahl größer gleich 1.000. Der oder die Tausenderpunkte werden angezeigt.

2.3.6 Postleitzahlen mit führenden Nullen auffüllen

Excel hat gewissen Schwierigkeiten, führende Nullen darzustellen. In diesem Beispiel wurden die Daten importiert, und die führenden Nullen sind bei den Postleitzahlen verloren gegangen.

Vorname	Nachname	PLZ	Ort
Anne	Adams	7545	Gera
Berta	Bach	7553	Gera
Charlotte	Cäsar	7646	Stadtroda
Dieter	Dollert	1067	Dresden
Emil	Essert	20097	Hamburg
Franz	Freimann	21029	Hamburg
Gerda	Gunstman	50769	Köln
Helmut	Hellert	80333	München
Ida	Imanst	81929	München
Johannes	Justel	79576	Weil am Rhein
Kurt	Kunert	4103	Leipzig
Lisa	Lustig	96155	Buttenheim

Bild 2.23: Bei einigen Städten fehlt eine Null bei der Postleitzahl.

Mithilfe der Zahlenformate können Sie die Null auffüllen.

1. Markieren Sie die Zellen mit der Postleitzahl.
2. Öffnen Sie das Fenster *Zellen formatieren.*
3. Aktivieren Sie die Kategorie *Sonderformate* und anschließend den Eintrag *Postleitzahl.*

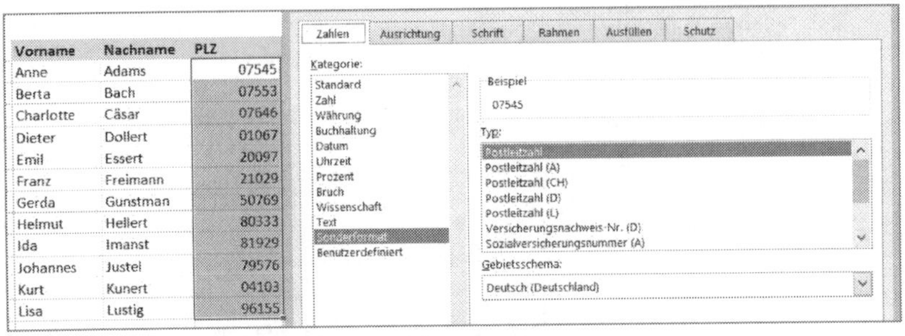

Bild 2.24: Excel kann Ihre Postleitzahlen reparieren.

❹ Nachdem Sie mit *OK* bestätigt haben, füllt Ihnen Excel die fehlenden Nullen auf.

Tipp
Stellen Sie sich vor, Sie brauchen, beispielsweise für Ihre Vorgangsnummern, die achtstellig sind, ebenfalls das Auffüllen fehlender Nullen. Aktivieren Sie im letzten Schritt die Kategorie *Benutzerdefiniert* und geben Sie acht Nullen ins Feld *Typ* ein.

2.3.7 Eigene Zahlenformate in andere Zellen übertragen

Sie können mit dem Befehl *Format übertragen* das Format von einer Zelle auf eine andere Zelle übertragen.

❶ Markieren Sie die Zelle mit dem gewünschten Format.

❷ Aktivieren Sie das Register *Start* und klicken Sie auf die Schaltfläche *Format übertragen.*

An Ihrem Mauszeiger erscheint nun ein kleiner Pinsel.

❸ Klicken Sie auf die Zelle bzw. Zellen, die das Format erhalten sollen. Diese Zellen können auch in einer anderen Mappe sein.

Damit verschwindet der Pinsel wieder von Ihrem Mauszeiger.

Tipp
Wenn Sie doppelt auf die Schaltfläche *Format übertragen* klicken, können Sie das Format auch mehrfach übertragen.
Mit einem erneuten Klick auf die Schaltfläche *Format übertragen* legen Sie den Pinsel wieder ab, Sie können dazu aber auch die Taste [Esc] drücken.

2.4 Werte in einer Zelle deutlich hervorheben

In diesem Abschnitt erfahren Sie, wie Sie Zellinhalte in Formelemente bringen. Damit heben Sie einen Wert in einer Zelle deutlich hervor. Die folgende Abbildung zeigt die einfachste Variante: der Inhalt einer Zelle in einem Formelement. Sobald sich der Inhalt der Zelle ändert, ändert sich auch der Inhalt des Formelements.

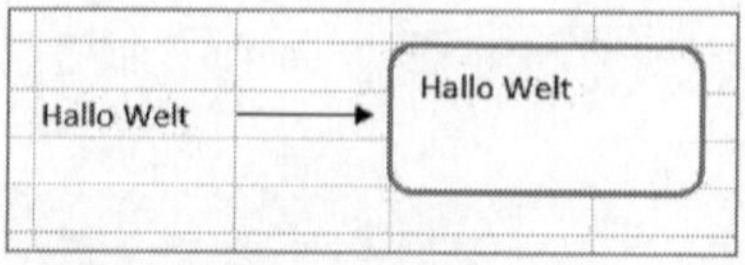

Bild 2.25: Ein Zellenwert in einem Formelement.

2.4.1 Zellinhalt in ein Formelement bringen

Die einfachste Variante ist, den Inhalt einer Zelle direkt in einem Formelement darzustellen.

1. Erfassen Sie einen Wert in einer Zelle.
2. Wählen Sie die Befehlsfolge *Einfügen/Formen.* Aktivieren Sie ein Element und ziehen Sie die gewünschte Größe auf Ihrem Tabellenblatt auf.
3. Lassen Sie das Formelement markiert und klicken Sie in die Bearbeitungsleiste.
4. Erfassen Sie ein = und klicken Sie auf die Zelle, deren Inhalt Sie übernehmen möchten.
5. Drücken Sie zur Bestätigung [Enter].

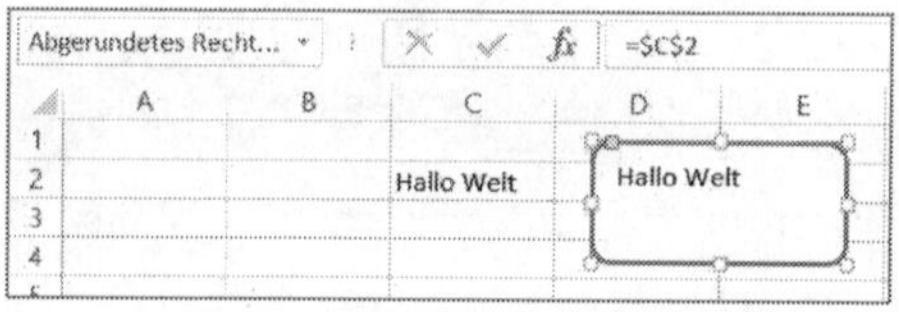

Bild 2.26: Der Wert einer Zelle in einem Formelement.

Wenn Sie jetzt den Inhalt in Zelle *C2* ändern, ändert sich auch der Inhalt im Formelement.

2.4.2 Mehrere Zellinhalte in ein Formelement bringen

Wenn Sie den Inhalt mehrerer Zellen in ein Formelement bringen möchten, benötigen Sie eine Hilfszelle. In diesem Beispiel soll der Inhalt der Zellen *C6* und *C7* in einem Formelement präsentiert werden.

1. Klicken Sie in eine leere Zelle, beispielsweise *D6.*
2. Erfassen Sie die folgende Formel und drücken Sie [Enter]:

```
=C6 & " " & C7
```

3. Zeichnen Sie wieder ein Formelement, lassen Sie es markiert und klicken Sie erneut in die Bearbeitungsleiste.
4. Erfassen Sie ein = und klicken Sie auf die Zelle, deren Inhalt Sie übernehmen möchten.
5. Drücken Sie zur Bestätigung [Enter].

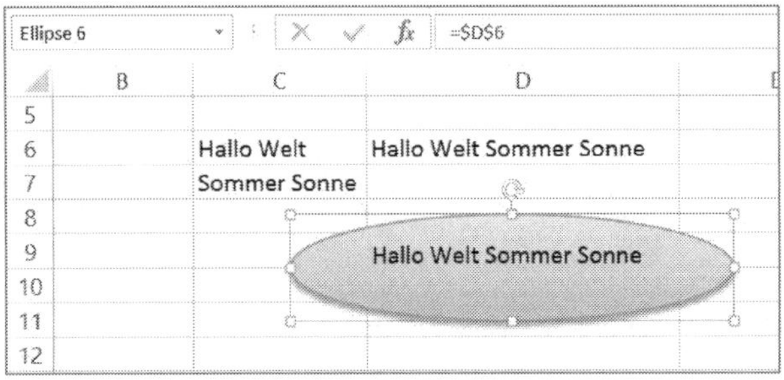

Bild 2.27: Den Inhalt von zwei Zellen mit einem Leerzeichen in das Formelement übernehmen.

Mit einem *&* verbinden Sie Elemente. Mit der Formel *=A1 & A2* hängen Sie den Inhalt von *A2* direkt an den Inhalt der Zelle *A1* an. Wenn Sie ein Leerzeichen wünschen, muss die Formel erweitert werden:

```
= A1 & "    & A2
```

Mehrere Zellinhalte mit Zeilenumbruch

In diesem Beispiel soll der Inhalt von zwei Zellen mit einem Zeilenumbruch in ein Formelement übernommen werden. Dabei ist der Zeilenwechsel nur im Formelement zu sehen. Auch hier benötigen Sie wieder eine Hilfszelle.

1. Klicken Sie in eine leere Zelle und erfassen Sie die folgende Formel:

```
=C7 & ZEICHEN(10) & C8
```

   Die Funktion `ZEICHEN(10)` fügt den Zeilenumbruch in das Formelement ein.

2. Übernehmen Sie jetzt, wie oben beschrieben, den Inhalt der Zelle in ein neues Formelement.

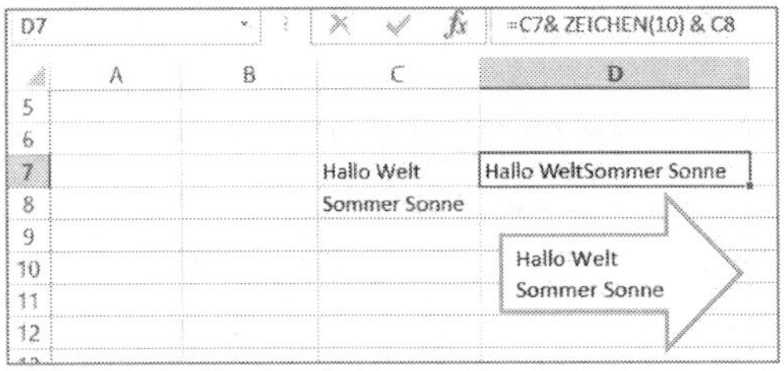

Bild 2.28: Den Inhalt mehrerer Zellen mit Zeilenumbruch ins Formelement bringen.

2.4.3 Mehrere Zellen, ein Formelement, ein Zahlenformat

Wenn Sie mehrere Zellinhalte in ein Formelement bringen möchten und eine Zelle mit einer formatierten Zahl dabei ist, übernimmt Excel das Zahlenformat nicht automatisch. Die folgende Abbildung zeigt das Dilemma: Die Verbindung mit dem & übernimmt keine Zahlenformate.

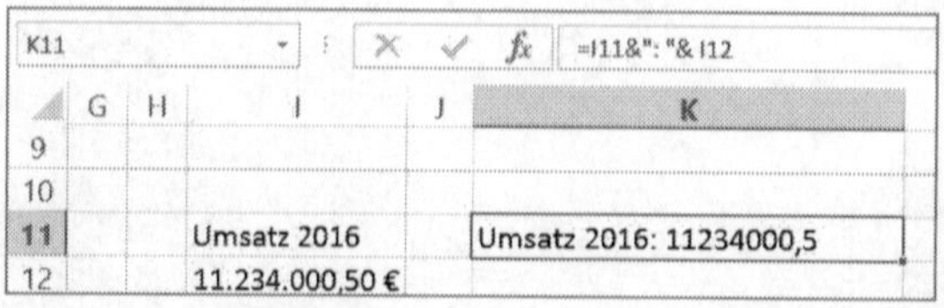

Bild 2.29: Das Zahlenformat ist verloren gegangen.

Die Funktion TEXT hilft Ihnen, Zahlenformate darzustellen.

❶ Erfassen Sie in einer leeren Zelle die folgende Formel:

```
=I11&": "& TEXT(I12;"#.##0,00 €")
```

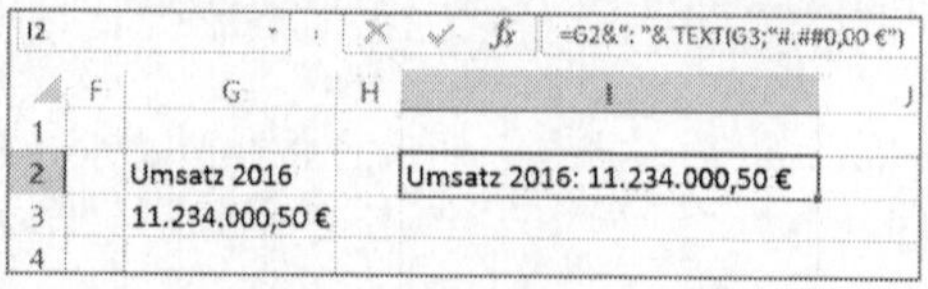

Bild 2.30: Dank der Funktion TEXT wird das Zahlenformat angezeigt.

❷ Jetzt können Sie den Inhalt von Zelle *I2* wie oben beschrieben in ein Formelement bringen.

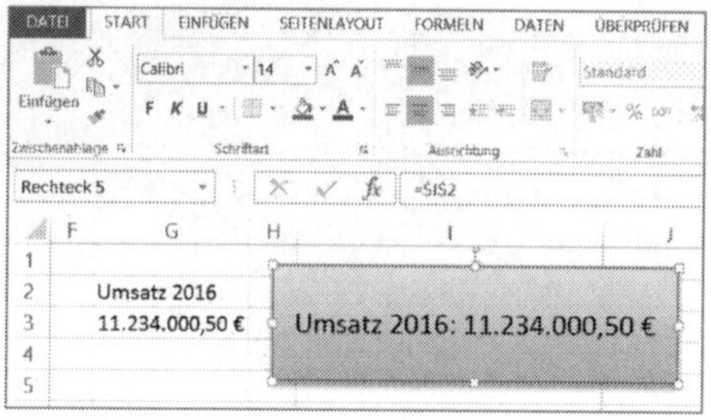

Bild 2.31: Ein Formelement mit dem Inhalt zweier Zellen und ein Zahlenformat.

Sie haben gesehen, dass Sie Ihre Zahlen durch Formelemente hervorheben können.

Tipp
Jetzt können Sie das Formelement auf die Zellen ziehen, die den Inhalt zeigen.

2.5 Vorgegebene und eigene Designs nutzen

Wenn Sie im Register *Start* auf die Schaltfläche *Schriftfarbe* oder *Füllfarbe* klicken, erhalten Sie eine Farbpalette. Unter anderem gibt es dort auch eine Palette mit dem Titel *Designfarben.*

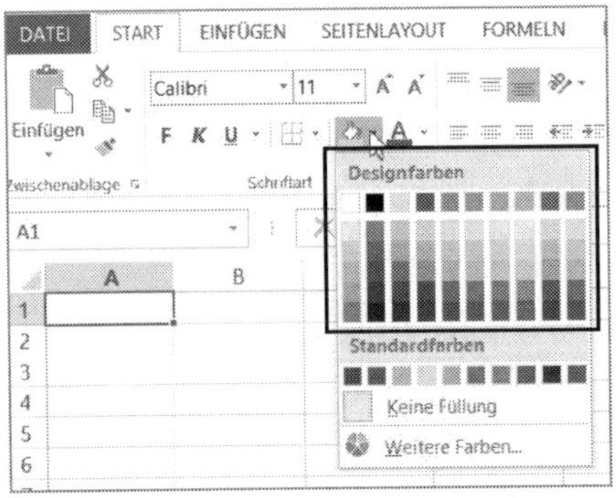

Bild 2.32: Die Designfarben.

Wenn Ihnen der Farbenmix nicht gefällt oder Sie sich Ihr eigenes Design erstellen möchten, führen Sie die folgenden Schritte durch:

❶ Aktivieren Sie das Register *Seitenlayout* und klicken Sie auf die Schaltfläche *Farben.* Wählen Sie das gewünschte Farbmuster aus.

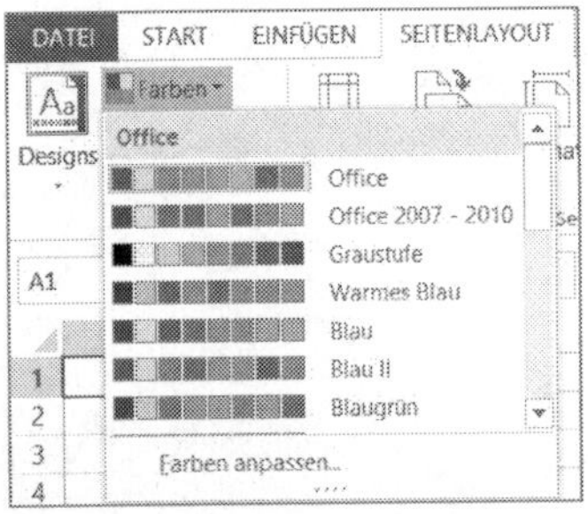

Bild 2.33: Die Auswahl der mitgelieferten Designfarben (Excel 2013).

❷ Wenn Sie Ihre eigene Farbpalette erstellen möchten, klicken Sie auf die Schaltfläche *Farben anpassen.*

❸ Wählen Sie Ihre Farben aus.

> **Tipp**
> Die Farben *Text/Hintergrund – dunkel 1* und *Text/Hintergrund – hell 1* sollten Sie nicht ändern, da standardmäßig immer schwarze Schrift auf weißem Grund benötigt wird.

❹ Geben Sie Ihrer Farbpalette im Feld *Name* einen Namen.

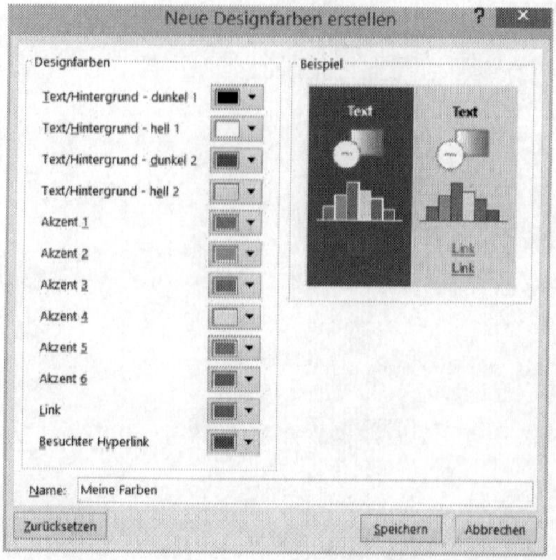

Bild 2.34: Ihre eigenen Designfarben.

Nachdem Sie mit *OK* bestätigt haben, steht Ihnen diese Palette innerhalb der aktuellen Mappe zur Verfügung.

Wenn Sie diese Palette speichern, steht sie in allen Excel-Mappen bereit.

❺ Wählen Sie die Befehlsfolge *Seitenlayout/Designs/Aktuelles Design speichern.*

❻ Geben Sie Ihrem Design einen Dateinamen und ändern Sie nicht den Pfad.

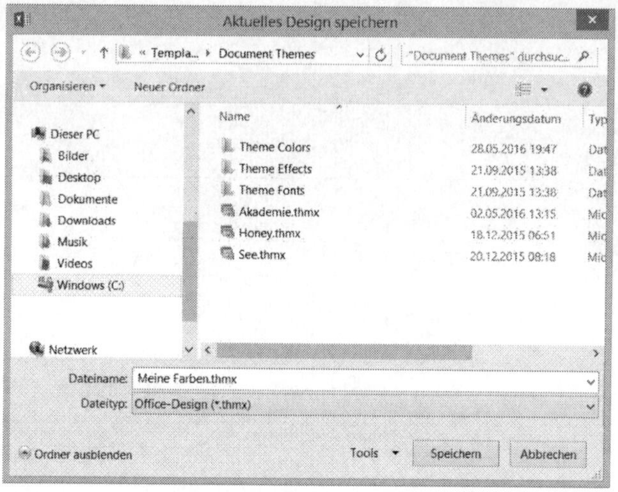

Bild 2.35: Ein Design speichern.

In der aktuellen Arbeitsmappe steht Ihnen die Palette automatisch zur Verfügung.

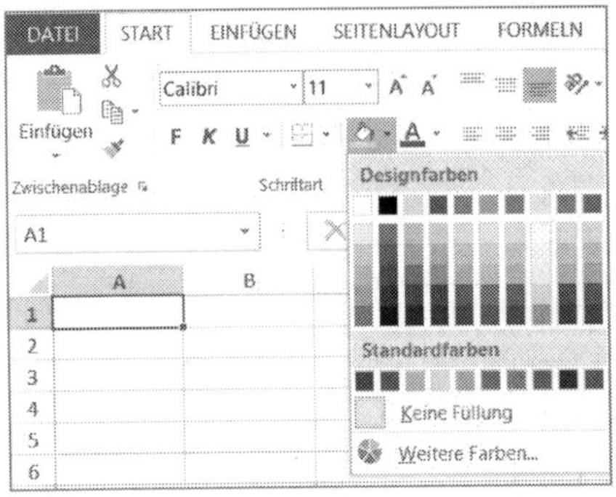

Bild 2.36: Die neue Farbpalette.

In einer neuen Mappe müssen Sie die Farben mit *Seitenlayout/Farben* wählen.

Tipp
Die von Ihnen angelegte Farbpalette steht Ihnen auch in Word und PowerPoint zur Verfügung.

3 Mappen und Tabellenblätter bearbeiten

Eine Excel-Mappe besteht mindestens aus einem Tabellenblatt. Weniger geht nicht. Aber mehr. Viel mehr. Sie können sehr viele Tabellenblätter in eine Excel-Mappe einfügen. Auch weit über 1.000 Stück! Das ist der Grund dafür, dass Tabellenblätter ein eigenes Kapitel erhalten.

Öffnen Sie die Arbeitsmappe *Kapitel 3*, wenn Sie die Beispiele durcharbeiten möchten.

3.1 Basis einer Tabelle: Zeilen und Spalten

Jede Excel-Tabelle besteht aus 1.048.576 Zeilen und 16.384 Spalten. Überall da, wo sich eine Spalte und eine Zeile treffen, befindet sich eine Zelle. Das macht über 17 Milliarden Zellen. Keine Sorge, Sie müssen sie nicht alle befüllen. Aber es beruhigt, dass Excel Sie nicht im Stich lässt, auch wenn Sie einmal sehr viele Daten unterbringen müssen.

3.1.1 Zeilen oder Spalten schnell verschieben

Die schnellste Möglichkeit, eine Spalte oder eine Zeile zu verschieben, bietet die Taste `Umschalt`.

❶ Aktivieren Sie das Tabellenblatt *Spalte verschieben.*

Im aktuellen Beispiel sind die Adressdaten etwas durcheinandergeraten. Die Postleitzahl steht hinter dem Ort. Sie wünschen aber die korrekte Reihenfolge.

❷ Markieren Sie die ganze Spalte *G* und zeigen Sie auf den Rand der Markierung.

Bild 3.1: Eine Spalte verschieben.

❸ Wenn sich der Mauszeiger in einen schwarzen Vierfachpfeil und einen weißen Pfeil verwandelt, halten Sie zusätzlich die linke Maustaste gedrückt.

❹ Ziehen Sie die Spalte nun an die gewünschte Position. Während des Ziehens sehen Sie einen grauen Balken, der die aktuelle Position anzeigt.

❺ Wenn der Balken die gewünschte Position erreicht hat, lassen Sie zuerst die Maustaste und danach die `Umschalt`-Taste los.

Über diese Variante können Sie auch mehrere markierte Spalten gleichzeitig verschieben. Das Verschieben von Zeilen erfolgt analog.

3.1.2 Fehlende Zeilen oder Spalten einfügen

Manchmal hat man eine Tabelle erstellt und bemerkt dann, dass eine oder mehrere Zeilen oder Spalten fehlen. Glücklicherweise können Sie in Excel Ihre Tabellen schnell erweitern.

❶ Aktivieren Sie das Tabellenblatt *Spalte einfügen – löschen* und markieren Sie die Spalte, vor der Sie eine neue leere Spalte wünschen.

❷ Drücken Sie die Tastenkombination `Strg`+`+`.

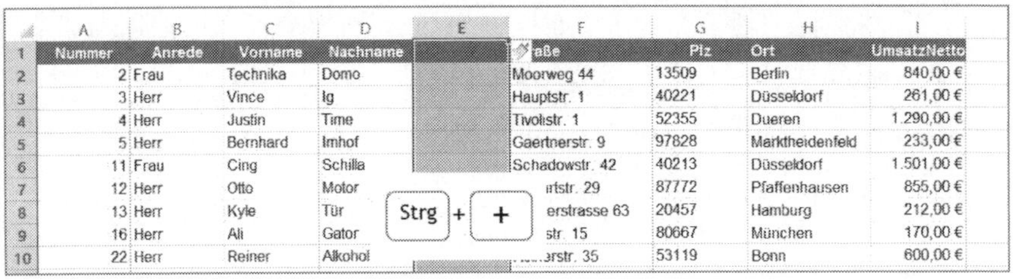

Bild 3.2: Eine neue leere Spalte einfügen.

Als Ergebnis wird eine neue leere Spalte vor der ehemals markierten Spalte eingefügt. Alle folgenden Spalten werden nach rechts verschoben. Das Einfügen von Zeilen erfolgt analog.

Tipp
Wenn Sie mehrere Spalten markiert haben, fügt dieser Befehl genau die markierte Anzahl von Spalten ein.

3.1.3 Zeilen oder Spalten aus einer Tabelle entfernen

Selbstverständlich können Sie Zeilen oder Spalten aus Ihrer Tabelle entfernen.

❶ Markieren Sie die Spalte oder Zeile und drücken Sie die Tastenkombination [Strg]+[-].

Es erfolgt keine Warnung. Die Spalte bzw. Zeile ist gelöscht.

❷ Alternativ können Sie auch hier das Kontextmenü der rechten Maustaste nutzen und den Befehl *Zellen löschen* wählen. Wenn Sie den Rechtsklick nicht auf einem Zeilen- oder Spaltentitel ausgeführt haben, erscheint ein kleines Fenster.

Hier müssen Sie angeben, ob Sie die markierte Zeile oder Spalte entfernen möchten.

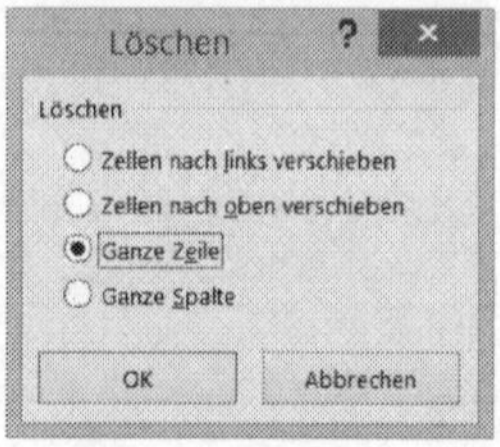

Bild 3.3: Das Löschen-Fenster.

Tipp
Wenn Sie beispielsweise eine Spalte löschen möchten und sich nicht sicher sind, ob der Inhalt dieser Spalte in einer Formel auf dem aktuellen Tabellenblatt verwendet wird, markieren Sie die ganze Spalte und drücken [Alt]+[Umschalt]+[&]. Markiert Excel jetzt Zellen, greifen diese markierten Zellen auf die Spalte zu, die Sie löschen möchten. Entfernen Sie diese Spalte, können die Formeln einen Fehler melden bzw. ein falsches Ergebnis liefern. Entscheiden Sie, was dann zu tun ist.

3.1.4 Weniger wichtige Informationen ausblenden

Manchmal erhält man eine Tabelle, in der es wichtige und weniger wichtige Informationen gibt. Blenden Sie die Informationen aus, die Sie bei Ihrer Arbeit nicht benötigen.

❶ Aktivieren Sie das Tabellenblatt *Spalten ausblenden* und markieren Sie die Spalten, die Sie ausblenden möchten, in diesem Beispiel die Spalten *F* und *G*.

❷ Klicken Sie mit der rechten Maustaste in die Markierung und wählen Sie den Befehl *Ausblenden*.

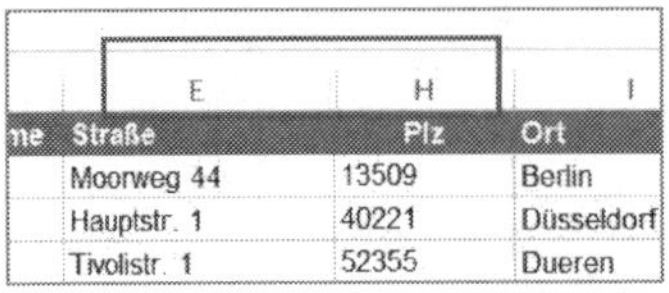

Bild 3.4: Die Lücke bei den Buchstaben weist auf ausgeblendete Spalten hin.

Sofort werden diese Spalten nicht mehr angezeigt. Sie erkennen nur anhand der Lücke bei den Spaltentiteln, dass nicht alle Spalten sichtbar sind.

❸ Um die Spalten wieder einzublenden, stehen Ihnen verschiedene Varianten zur Verfügung.

Zeigen Sie mit der Maus an die Stelle, an der die Spalten fehlen. Wenn der Mauszeiger zu einem schwarzen Doppelpfeil wird, ziehen Sie mit gedrückter linker Maustaste den Rahmen auf.

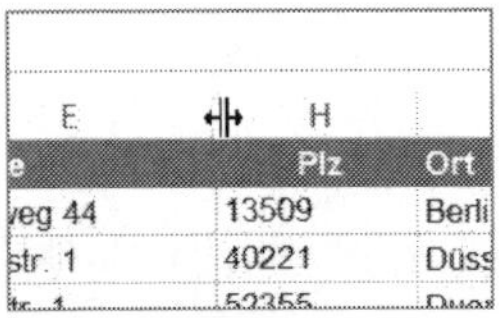

Bild 3.5: Eine Spalte wieder einblenden.

Der Nachteil bei dieser Aktion liegt darin, dass Sie es mit jeder Spalte einzeln machen müssen. Möchten Sie mehrere Spalten in einem Schritt einblenden, markieren Sie zu Beginn die umliegenden Spalten. Wenn Sie jetzt mit der Maus ziehen, werden alle Spalten auf einmal eingeblendet. Alternativ können Sie im Kontextmenü der rechten Maustaste den Befehl *Einblenden* wählen.

Tipp
Wenn Sie von einem Kollegen eine Tabelle erhalten, in der viele Spalten ausgeblendet sind, und sind Ihnen die oben beschriebenen Schritte zu mühsam, markieren Sie die ganze Tabelle, indem Sie oben links neben dem Spaltentitel *A* und über der Zeilennummer *1* klicken. Klicken Sie anschließend mit der rechten Maustaste auf einen Spaltentitel und wählen Sie den Befehl *Einblenden*. Damit sind alle Spalten eingeblendet. Führen Sie diesen Schritt analog für gegebenenfalls ausgeblendete Zeilen durch.

Das Ein- und Ausblenden von Zeilen geschieht analog.

3.1.5 Möglichkeiten, Spaltenbreite und Zeilenhöhe zu ändern

Wenn Sie die Breite einer Spalte ändern möchten, stehen Ihnen wieder mehrere Alternativen zur Verfügung.

❶ Aktivieren Sie das Tabellenblatt *Spaltenbreite ändern* und bewegen Sie den Mauszeiger zwischen die Spaltentitel *E* und *F*.

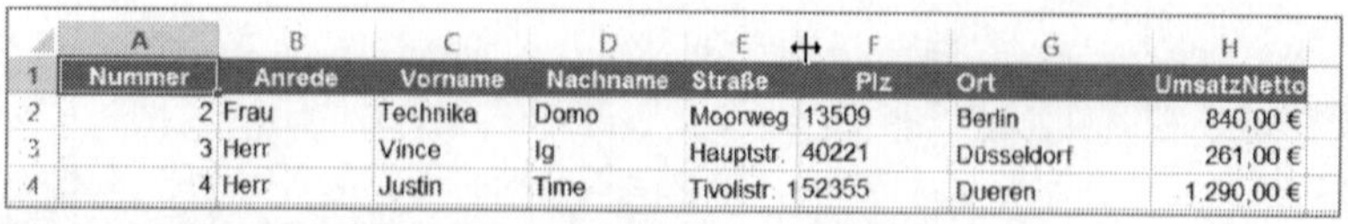

	A	B	C	D	E	F	G	H
1	Nummer	Anrede	Vorname	Nachname	Straße	Plz	Ort	UmsatzNetto
2	2	Frau	Technika	Domo	Moorweg	13509	Berlin	840,00 €
3	3	Herr	Vince	Ig	Hauptstr.	40221	Düsseldorf	261,00 €
4	4	Herr	Justin	Time	Tivolistr. 1	52355	Dueren	1.290,00 €

Bild 3.6: Die Breite der Spalte E ändern.

❷ Wenn der Mauszeiger zu einem schwarzen Doppelpfeil wird, halten Sie die linke Maustaste gedrückt und ziehen den Rahmen bis zur Wunschbreite auf.

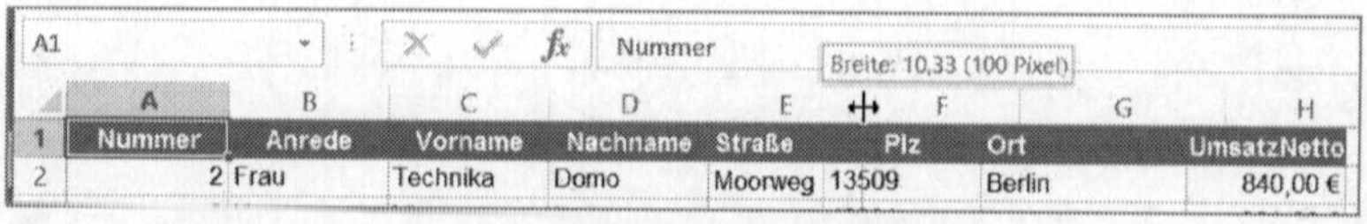

	A	B	C	D	E	F	G	H
1	Nummer	Anrede	Vorname	Nachname	Straße	Plz	Ort	UmsatzNetto
2	2	Frau	Technika	Domo	Moorweg	13509	Berlin	840,00 €

Bild 3.7: Die Breite der Spalte durch Ziehen verändern.

Während des Ziehens erkennen Sie die durchschnittliche Anzahl der Zeichen, die in die Spalte passen.

Tipp
Wenn Sie an dieser Stelle einen Doppelklick durchführen, passt Excel die Spaltenbreite an den breitesten Eintrag in der Spalte an.

Die Breite in Zentimetern einstellen

Was ist, wenn Sie eine genaue Einstellung in Zentimeter wünschen? Auch dann gibt es eine Lösung: Wechseln Sie die Seitenlayoutansicht.

❶ Aktivieren Sie das Tabellenblatt *Spaltenbreite ändern cm.*

❷ Wählen Sie die Befehlsfolge *Ansicht/Seitenlayout*, um in die Seitenlayoutansicht zu gelangen.

❸ Klicken Sie in die Spalte *E.*

❹ Aktivieren Sie das Register *Start*, klicken Sie auf die Schaltfläche *Format* und wählen Sie den Befehl *Spaltenbreite.*

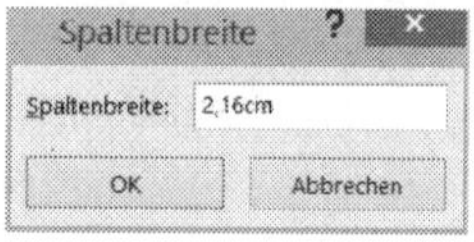

Bild 3.8: Die Breite der Spalte in Zentimetern.

❺ Jetzt können Sie die Breite der Spalte millimetergenau eingeben.

Wenn Sie die Breite exakt erfasst haben, können Sie wieder zurück in die Normalansicht wechseln.

Mit der Befehlsfolge *Start/Format/Zeilenhöhe* können Sie analog die Höhe der Zeilen in Zentimetern einstellen.

3.2 Blatt für Blatt durch Arbeitsmappen navigieren

Eine Arbeitsmappe kann aus einem oder aus mehreren Tabellenblättern bestehen. Das Navigieren durch die Tabellenblätter hat sich in den vergangenen Jahren etwas verändert.

In den neuen Excel-Versionen (2013 und 2016) sind die Schaltflächen *Erstes Tabellenblatt anzeigen* und *Letztes Tabellenblatt anzeigen* verschwunden.

Diese Schalter sind in Excel 2010 aktiv, wenn Sie aufgrund der Menge der Tabellenblätter nicht alle sehen. In Excel 2013 und in Excel 2016 weisen Sie drei Punkte darauf hin, dass es noch mehr Tabellenblätter gibt. Sie müssen die Strg-Taste festhalten und auf die Schaltfläche klicken, wenn Sie beispielsweise das letzte Tabellenblatt sehen möchten.

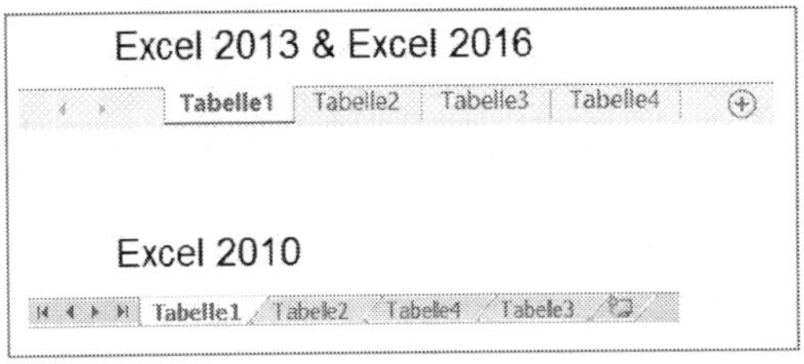

Bild 3.9: Die Tabellenregister der verschiedenen Excel-Versionen.

Mit der Tastenkombination Strg+Bild↓ gelangen Sie zum nächsten Tabellenblatt. Mit Strg+Bild↑ wird das vorherige Tabellenblatt aktiviert.

Tipp
Mit einem Rechtsklick auf eine der Navigationsschaltflächen erhalten Sie die Liste aller Tabellenblätter. Mit einem Klick gelangen Sie aus dieser Liste heraus auf das gewünschte Tabellenblatt.

3.2.1 Neues Tabellenblatt in die Arbeitsmappe einfügen

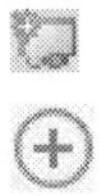

Es ist kinderleicht, ein neues Tabellenblatt einzufügen, nutzen Sie dazu die Schaltflächen unten bei den Tabellenregistern. Alternativ können Sie die Tastenkombination Umschalt+F11 nutzen.

Das Ergebnis ist bei allen Excel-Versionen identisch, es wird ein neues leeres Tabellenblatt eingefügt. Allerdings gibt es auch hier einen kleinen Unterschied: die Position des neues Blatts.

Wenn Sie in Excel 2013 bzw. Excel 2016 auf die Schaltfläche klicken, wird das Tabellenblatt vor dem aktuellen Tabellenblatt eingefügt. Excel 2010 fügt nach einem Klick auf die Schaltfläche das neue Tabellenblatt immer ans Ende der Liste ein.

3.2.2 Die Reihenfolge der Tabellenblätter bestimmen

Sie können die Reihenfolge der Tabellenblätter selbst bestimmen. Ziehen Sie das Tabellenblatt an die gewünschte Position.

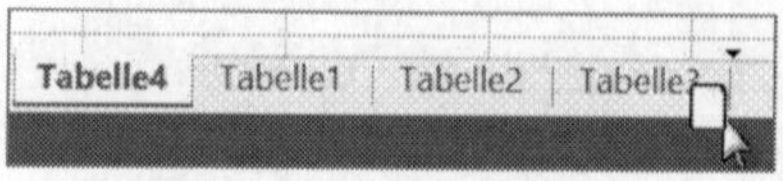

Bild 3.10: Ein Tabellenblatt verschieben.

Dabei leistet Ihnen das kleine schwarze Dreieck gute Dienste. Wenn Sie die Maustaste loslassen, rutscht die markierte Tabelle an die Stelle, die das schwarze Dreieck kennzeichnet.

3.2.3 Wege, ein Tabellenblatt umzubenennen

Es gibt mehrere Wege, einem Tabellenblatt einen neuen Namen zu geben.

❶ Doppelklicken Sie auf das Register oder klicken Sie mit der rechten Maustaste auf das Register und wählen Sie den Befehl *Umbenennen*.

❷ Geben Sie den neuen Namen ein und drücken Sie [Enter].

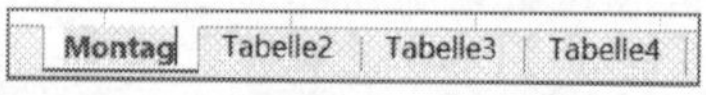

Bild 3.11: Einem Tabellenblatt einen neuen Namen geben.

Bei der Namensgebung müssen Sie allerdings mehrere Dinge beachten.

Jeder Tabellenblattname darf innerhalb der Arbeitsmappe nur einmal vorkommen.

Wenn Sie einen Namen ein zweites Mal erfassen, erscheint der folgende Hinweis:

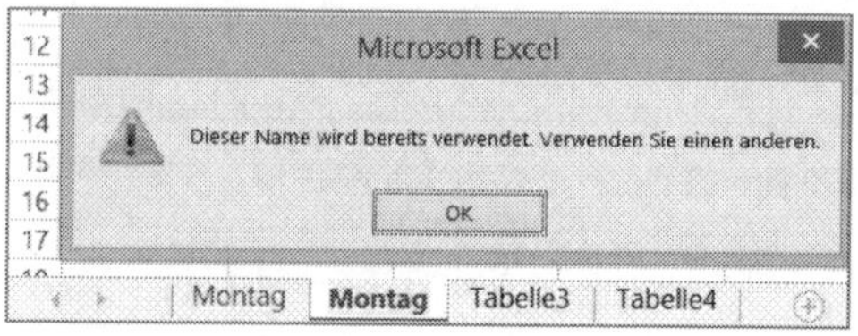

Bild 3.12: Ein Tabellenblattname darf in einer Arbeitsmappe nur einmal vorkommen.

Bestätigen Sie diesen Hinweis mit *OK* und geben Sie einen neuen Namen ein oder drücken Sie [Esc], um den vorherigen Namen zu erhalten.

Keinen Namen zu vergeben ist ebenfalls nicht erlaubt.

Wenn Sie keinen Tabellenblattnamen angeben, erscheint der folgende Hinweis. Hier sehen Sie auch die Zeichen, die im Tabellenblattnamen nicht erlaubt sind bzw. gar nicht eingegeben werden können.

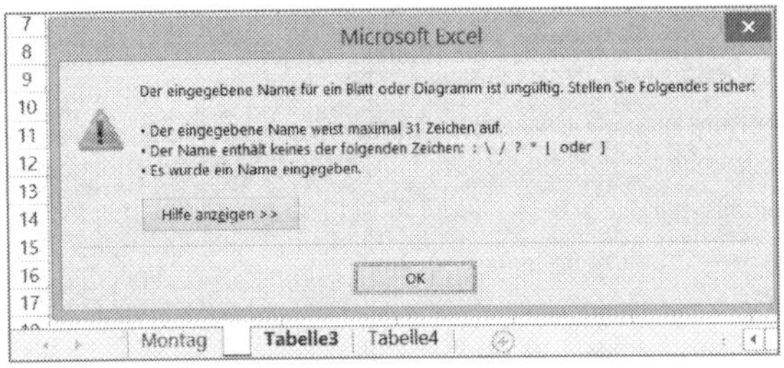
Microsoft Excel
Der eingegebene Name für ein Blatt oder Diagramm ist ungültig. Stellen Sie Folgendes sicher:
• Der eingegebene Name weist maximal 31 Zeichen auf.
• Der Name enthält keines der folgenden Zeichen: : \ / ? * [oder]
• Es wurde ein Name eingegeben.
Hilfe anzeigen >>
OK
Montag
Tabelle3
Tabelle4

Bild 3.13: Der Tabellenblattname muss aus mindestens einem Zeichen bestehen.

> **Tipp**
> Die Obergrenze für einen Tabellenblattnamen sind 31 Zeichen. Sie können danach nichts weiter eingeben.

3.2.4 Nicht mehr benötigte Tabellenblätter löschen

Wenn Sie ein Tabellenblatt nicht mehr benötigen, können Sie es löschen.

1. Klicken Sie mit der rechten Maustaste auf den Namen des Tabellenblatts und wählen Sie den Befehl *Löschen.*

   Sie werden darauf hingewiesen, dass Sie das Löschen eines Tabellenblatts nicht mehr rückgängig machen können.

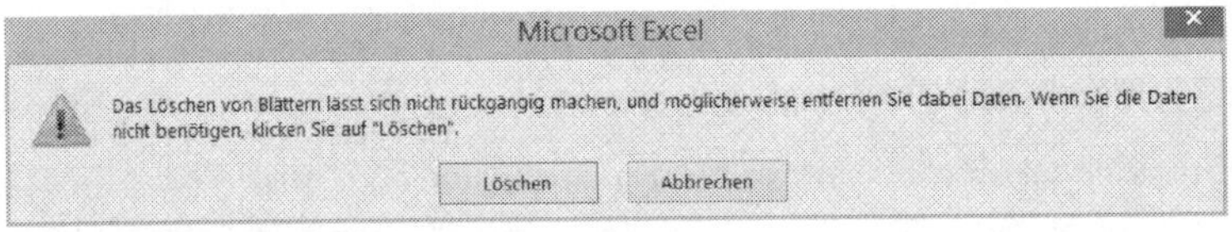
Microsoft Excel
Das Löschen von Blättern lässt sich nicht rückgängig machen, und möglicherweise entfernen Sie dabei Daten. Wenn Sie die Daten nicht benötigen, klicken Sie auf "Löschen".
Löschen
Abbrechen

Bild 3.14: Ein Tabellenblatt löschen.

2. Klicken Sie auf die Schaltfläche *Löschen.* Damit sind das Blatt und alle Inhalte verschwunden.

Wenn das Tabellenblatt leer ist, erscheint der oben gezeigte Hinweis nicht.

3.2.5 Übersichtliche Arbeitsmappen durch Registerfarben

Wenn in Ihrer Arbeitsmappe viele Tabellenblätter sind, können Sie leicht den Überblick verlieren. Damit Ihnen das nicht passiert, arbeiten Sie am besten mit Registerfarben.

Weisen Sie Tabellenblättern mit gleichen Themen identische Farben zu. Einer unserer Kunden setzt das folgende Farbschema ein:

Tabellen mit Ergebnissen haben eine grüne Registerfarbe, Tabellen mit Daten haben eine blaue Farbe, und die Tabellen mit Hilfsdaten haben eine braune Registerfarbe.

❶ Um die Registerfarbe zu ändern, klicken Sie mit der rechten Maustaste auf das gewünschte Register, zeigen auf den Befehl *Registerfarbe* und wählen die gewünschte Farbe aus.

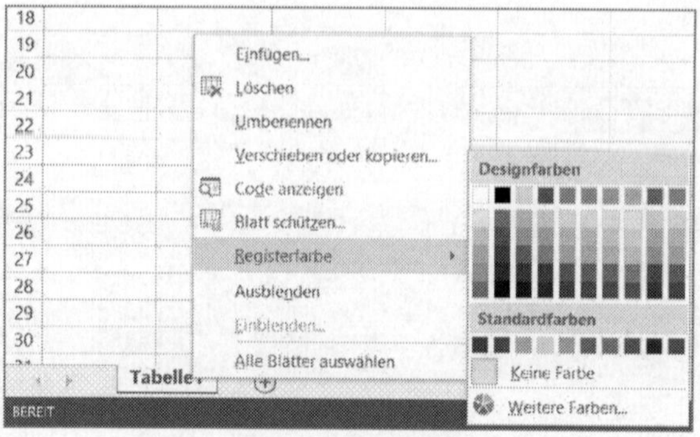

Bild 3.15: Die Farbe des Tabellenregisters ändern.

3.3 Methoden, Tabellenblätter zu vervielfältigen

Wenn Sie ein Tabellenblatt vervielfältigen möchten, bietet Ihnen Excel zwei Alternativen an. Zum einen können Sie alle 17 Milliarden Zellen markieren, kopieren und auf einem neuen Tabellenblatt einfügen, oder Sie kopieren in wenigen Schritten das ganze Tabellenblatt. Der Vorteil der zweiten Variante ist, dass alle Einstellungen, wie Spaltenbreite und Druckoptionen, mit kopiert werden. Diese Variante wird im Folgenden beschrieben.

3.3.1 Kopie eines Blatts in die aktuelle Mappe einfügen

Im ersten Beispiel wird eine Kopie des Tabellenblatts in die aktuelle Mappe eingefügt.

Öffnen Sie die Arbeitsmappe *Umsatz 2016.xlsx.*

❶ Führen Sie einen Rechtsklick auf dem Tabellenblattregister durch, das Sie kopieren möchten. In diesem Beispiel ist es das Tabellenblatt *1 Quartal.*

❷ Wählen Sie den Befehl *Verschieben oder kopieren.*

❸ Aktivieren Sie die Option *Kopie erstellen.*

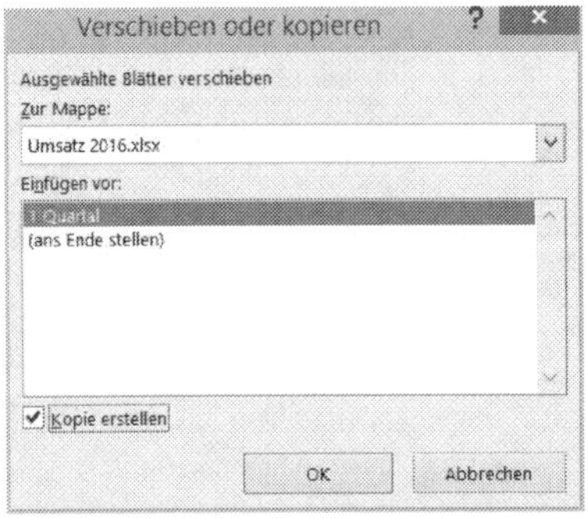

Bild 3.16: Ein Tabellenblatt kopieren.

> **Tipp**
> Wenn Sie mehrere Tabellenblätter in Ihrer Mappe haben, können Sie im Bereich *Einfügen vor* entscheiden, an welcher Position das neue Tabellenblatt eingefügt werden soll.

❹ Nachdem Sie mit *OK* bestätigt haben, wird eine Kopie des Tabellenblatts eingefügt. Als Name wird der des kopierten Tabellenblatts verwendet und eine *(2)* angehängt.

Mit einem Doppelklick auf den Namen des Tabellenblatts können Sie einen anderen Namen eingeben.

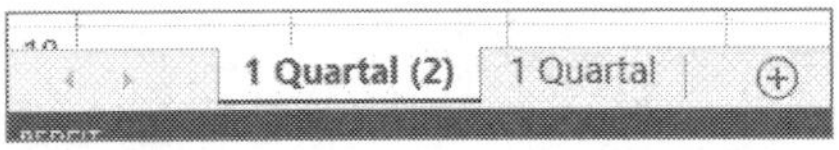

Bild 3.17: Die Kopie des Tabellenblatts.

> **Tipp**
> Wenn es mal schnell gehen soll – hier die kurze Variante: Zeigen Sie mit der Maus auf das Tabellenblattregister, das Sie kopieren möchten. Halten Sie die `Strg`-Taste gedrückt. Ziehen Sie die Maus an die Stelle, an der Sie die Kopie des Blatts einfügen möchten. Sobald Sie das schwarze Dreieck an der gewünschten Position sehen, lassen Sie zuerst die Maustaste und zum Schluss die `Strg`-Taste los.

3.3.2 Tabellenblätter in eine neue Arbeitsmappe kopieren

Stellen Sie sich vor, Sie hätten in einer Mappe mehrere Tabellenblätter erstellt. Nun bittet Sie ein Kollege, ihm ein Tabellenblatt aus Ihrer Mappe zur Verfügung zu stellen.

❶ Klicken Sie mit der rechten Maustaste auf das Tabellenregister des gewünschten Blatts und wählen Sie den Befehl *Verschieben oder kopieren.*

❷ Aktivieren Sie den Haken bei *Kopie erstellen.*

❸ Wählen Sie im Feld *Zur Mappe* den Eintrag *(neue Arbeitsmappe).*

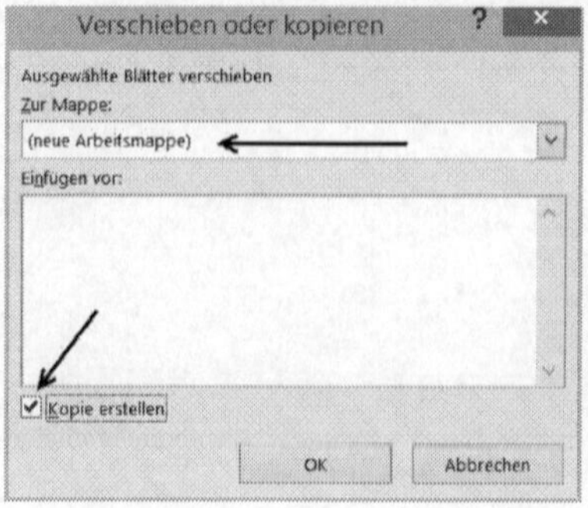

Bild 3.18: Ein Tabellenblatt in eine andere Mappe kopieren.

❹ Nachdem Sie mit *OK* bestätigt haben, erzeugt Excel eine neue Mappe und fügt eine Kopie des ausgewählten Tabellenblatts ein. Diese neue Arbeitsmappe können Sie speichern und Ihrem Kollegen zur Verfügung stellen.

3.4 Mit Hyperlinks durch komplexe Mappen steuern

Stellen Sie sich vor, Sie hätten eine komplexe Mappe mit vielen Tabellenblättern erstellt.

Das Navigieren über die Tabellenregister ist Ihnen zu mühsam. Also erzeugen Sie ein Tabellenblatt mit Hyperlinks, über die Sie direkt auf ein Tabellenblatt springen.

Öffnen Sie die Arbeitsmappe *Steuertabelle.xlsx.*

Die folgende Abbildung zeigt ein Muster:

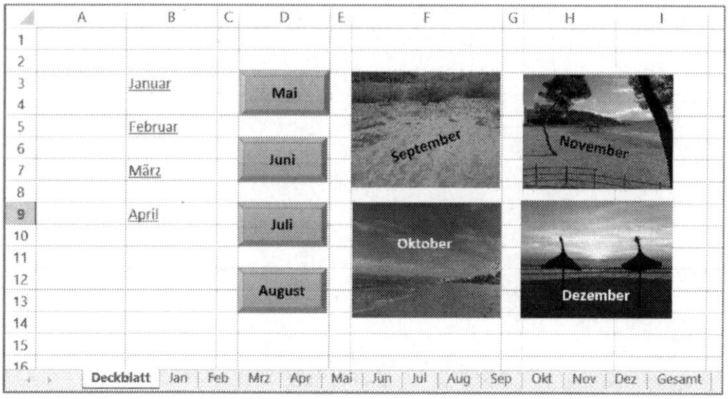

Bild 3.19: Beispiele für Hyperlinks auf einem Tabellenblatt.

3.4.1 Steuerung über Texte

Im ersten Beispiel soll die Steuerung über einen Text in einer Zelle erfolgen.

❶ Markieren Sie die Zelle, in der Sie den Hyperlink erstellen möchten.

❷ Wählen Sie die Befehlsfolge *Einfügen/Link* bzw. *Hyperlink* (Excel 2010).

❸ Aktivieren Sie im Feld *Link zu* den Eintrag *Aktuelles Dokument.*

Im Feld rechts daneben sehen Sie alle Tabellenblätter.

❹ Markieren Sie das Tabellenblatt, auf das Sie springen möchten.

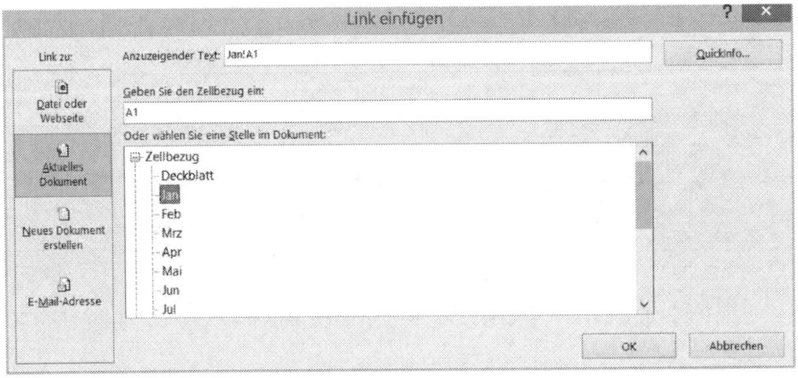

Bild 3.20: Den Link zum Tabellenblatt erstellen.

❺ Bestätigen Sie mit *OK.* In der markierten Zelle steht nun der Hyperlink. Den Text hat Excel automatisch generiert. Sie können ihn ändern.

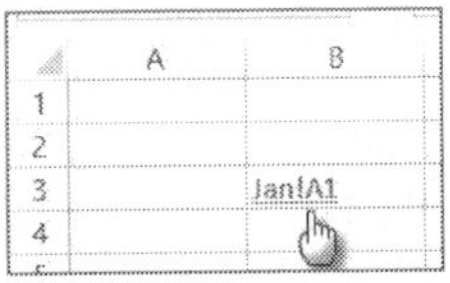

Bild 3.21: Der Link auf dem Deckblatt zum Tabellenblatt Jan.

❻ Mit einem Klick auf diesen Link gelangen Sie direkt auf das Tabellenblatt *Jan* in die Zelle *A1.*

3.4.2 Hyperlink bearbeiten

Wenn Sie einen Hyperlink bearbeiten oder entfernen möchten, klicken Sie mit der rechten Maustaste in die Zelle.

Bild 3.22: Einen Hyperlink bearbeiten.

Mit dem Befehl *Hyperlink bearbeiten* öffnen Sie das gleichnamige Fenster, in dem Sie unter anderem den anzuzeigenden Text ändern können.

Tipp
Sie können direkt beim Erstellen des Hyperlinks im Fenster *Link einfügen* in das Feld *Anzuzeigender Text* den Text eingeben, der als Link gezeigt werden soll.

3.4.3 Ein Schalter als Hyperlink

Die Schalter, die Sie in der ersten Abbildung in diesem Kapitel gesehen haben, sind Formelemente.

1. Aktivieren Sie das Register *Einfügen* und klicken Sie auf die Schaltfläche *Formen.*

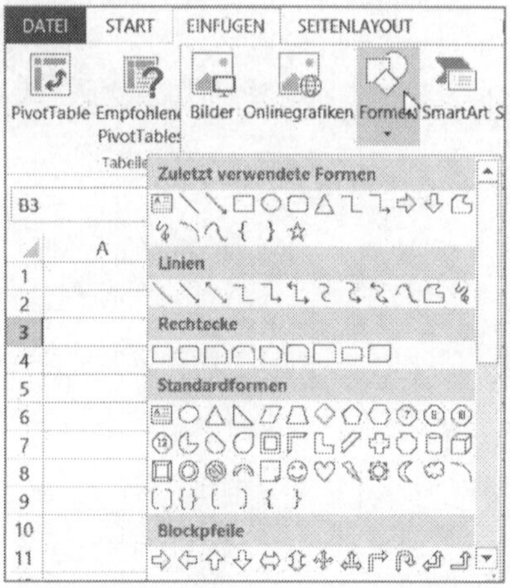

Bild 3.23: Das Auswahlfeld für die Formelemente.

2. Wählen Sie in der Kategorie *Standardformen* den Schalter *Rahmen* aus.
3. Ziehen Sie den gewünschten Rahmen auf.

Tipp
Wenn Sie beim Ziehen mit der Maus die [Alt]-Taste festhalten, lässt sich das Formobjekt besser innerhalb von Zellen positionieren.

4. Solange das Objekt markiert ist, können Sie die Beschriftung sofort erfassen.
5. Mit einem Rechtsklick auf das Objekt und den Befehl *Hyperlink* weisen Sie den Hyperlink zu.

   Mit einem Klick in eine Zelle verlassen Sie die Bearbeitung des Objekts. Wenn Sie jetzt mit der Maus darauf zeigen, erkennen Sie das Ziel.

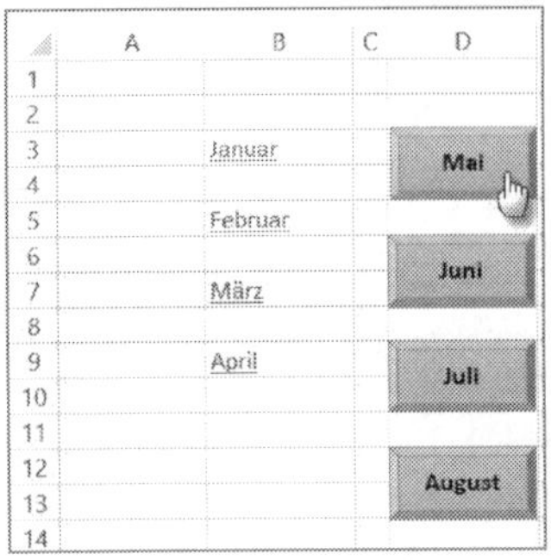

Bild 3.24: Die Formelemente können auch als Hyperlink dienen.

3.4.4 Ein Foto als Hyperlink

Auch ein Foto oder ein ClipArt kann als Sprungbrett für einen Hyperlink dienen.

❶ Sie fügen Fotos über die Befehlsfolge *Einfügen/Bilder* ein.

❷ Nachdem Sie Position und Größe angepasst haben, klicken Sie mit der rechten Maustaste auf das Bild und wählen den Befehl *Hyperlink.*

❸ Wählen Sie das Tabellenblatt aus, auf das Sie springen möchten.

Bild 3.25: Fotos können auch Hyperlinks beinhalten.

Die Texte in den Bildern sind Textfelder. Diese können Sie den Hyperlinks ebenfalls zuweisen. Alternativ können Sie die zwei Elemente, Bild und Textfeld, zu einem verschmelzen. Markieren Sie beide Elemente mit gedrückter `Umschalt`-Taste, klicken Sie mit der rechten Maustaste in die Markierung und wählen Sie den Befehl *Gruppieren/Gruppieren.*

3.5 Wasserzeichen als Copyright-Vermerk

Excel bietet Ihnen die Möglichkeit, ähnlich wie Word, Bilder als Wasserzeichen in den Hintergrund Ihres Tabellenblatts zu bringen.

Öffnen Sie die Arbeitsmappe *Steuerung.xlsx.*

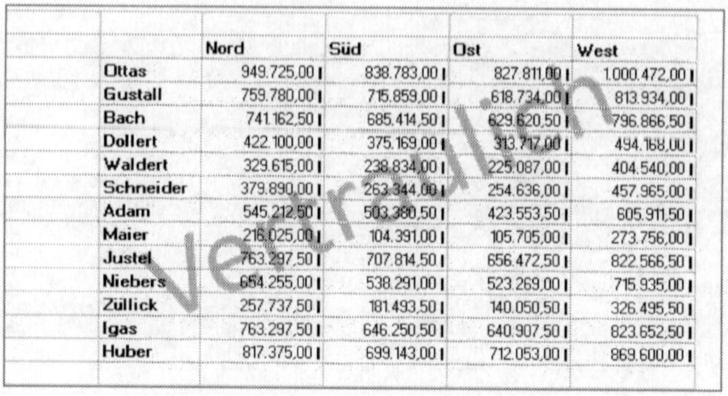

	Nord	Süd	Ost	West
Ottas	949.725,00	838.783,00	827.811,00	1.000.472,00
Gustall	759.780,00	715.859,00	618.734,00	813.934,00
Bach	741.162,50	685.414,50	629.620,50	796.866,50
Dollert	422.100,00	375.169,00	313.717,00	494.168,00
Waldert	329.615,00	238.834,00	225.087,00	404.540,00
Schneider	379.890,00	263.344,00	254.636,00	457.965,00
Adam	545.212,50	503.380,50	423.553,50	605.911,50
Maier	216.025,00	104.391,00	105.705,00	273.756,00
Justel	763.297,50	707.814,50	656.472,50	822.566,50
Niebers	654.255,00	538.291,00	523.269,00	715.935,00
Züllick	257.737,50	181.493,50	140.050,50	326.495,50
Igas	763.297,50	646.250,50	640.907,50	823.652,50
Huber	817.375,00	699.143,00	712.053,00	869.600,00

Bild 3.26: Das Ziel: eine Grafik als Hintergrundbild.

In diesem Beispiel gehen wir davon aus, dass das Wasserzeichen bereits fertig ist. Es kann, wie in diesem Beispiel, ein Text oder ein Bild sein.

Tipp
Die Textgrafik können Sie in PowerPoint erstellen. Nutzen Sie dazu den Befehl *Textfeld* oder *WordArt.* Klicken Sie zum Schluss mit der rechten Maustaste auf das Element und wählen Sie den Befehl *Als Grafik speichern.* Diese Grafik können Sie anschließend als Hintergrundbild in Excel einfügen.

3.5.1 Wasserzeichen einfügen

Die Tabelle in Excel ist fertiggestellt, und das Wasserzeichen steht Ihnen als Bilddatei zur Verfügung.

1. Wechseln Sie in die Ansicht *Seitenlayout.* Den Befehl finden Sie im Register *Ansicht.* Alternativ können Sie unten rechts in der Statusleiste auf die gleichnamige Schaltfläche klicken.

2. Klicken Sie in den mittleren Kasten der Kopfzeile.

Die Kopfzeile besteht, wie die Fußzeile auch, aus drei Bereichen. Wenn Sie in einen Bereich klicken, wird das Register *Entwurf* im Bereich *Kopf- und Fußzeilentools* angezeigt. Auf dieser Registerkarte finden Sie alle Befehle, die Sie zur Bearbeitung der Kopf- und Fußzeilen benötigen.

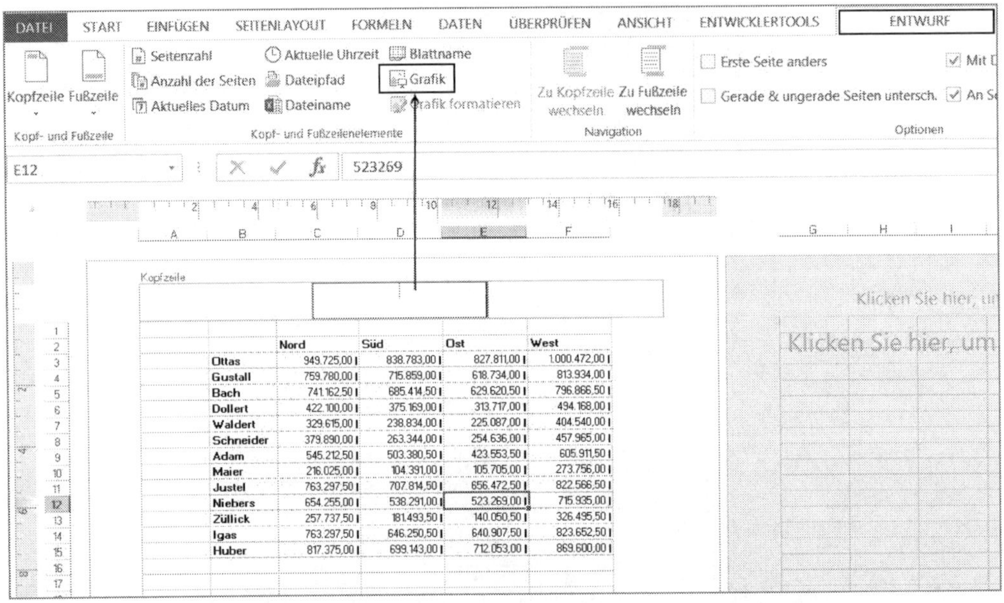

Bild 3.27: Eine Grafik in die Kopfzeile einfügen.

❸ Aktivieren Sie das Register *Entwurf* und klicken Sie auf die Schaltfläche *Grafik*.

❹ Klicken Sie auf *Durchsuchen* und wählen Sie die gewünschte Grafik aus.

❺ Klicken Sie einmal ins Tabellenblatt.

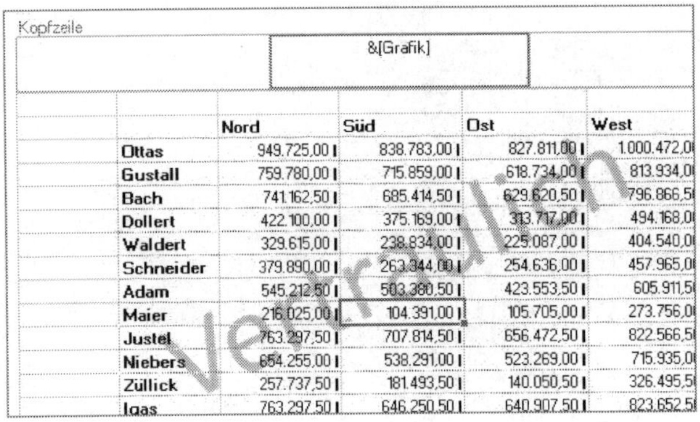

Bild 3.28: Die Grafik wird über die Kopfzeile eingefügt.

Tipp
Wenn die Grafik weiter unten auf dem Tabellenblatt erscheinen soll, klicken Sie in der Kopfzeile vor den Platzhalter *&[Grafik]* und drücken mehrfach `Enter`. Damit schieben Sie die Grafik nach unten. Klicken Sie zwischendurch immer wieder in das Tabellenblatt, um die Position der Grafik zu kontrollieren.

Die Grafik wird auf allen Seiten Ihres Tabellenblatts angezeigt. Sie erkennen das bei kleineren Tabellen, wenn Sie in der Seitenlayoutansicht auf eine andere Seite klicken. Sie entfernen die Grafik über die Kopfzeile, indem Sie den Platzhalter *&[Grafik]* entfernen.

4 Listen sicher und schnell bearbeiten

Sie arbeiten häufig oder ausschließlich mit umfangreichen Listen? Dann sollten Sie sich dieses Kapitel unbedingt genauer ansehen. Sie erhalten wertvolle Tipps zum Thema »Sortieren und Filtern«. Dabei werden neben den besonderen Techniken zum Sortieren nach selbst erstellten Regeln auch die Don'ts zum Thema Sortieren erläutert.

Im Abschnitt Filtern erfahren Sie, wie Sie nach Sonderzeichen filtern, beispielsweise nach dem *. Außerdem stellen wir anhand eines Praxisbeispiels die Änderung von Daten aufgrund eines Filterergebnisses vor.

4.1 Durch die Stromschnellen der Sortierung

Das Thema Sortieren ist in Excel sehr wichtig. Mit einem Klick können Sie Ihre Daten beispielsweise alphabetisch sortieren oder auch vollkommen durcheinanderbringen. Sollten Sie bereits einige Horrorgeschichten zum Thema Sortieren gehört haben, lesen Sie diesen Abschnitt. Wir führen Sie durch die Stromschnellen der Sortierung.

Öffnen Sie die Mappe *Sortieren.xlsx*.

4.1.1 Einfache Sortierung nach Verkäufernamen

Im ersten Beispiel soll nach Verkäufernamen sortiert werden.

1. Aktivieren Sie das Tabellenblatt *Sortieren 1* und markieren Sie die ganze Tabelle, jedoch ohne die Überschrift.

Bild 4.1: Hier soll gleich nach den Verkäufernamen sortiert werden.

❷ Aktivieren Sie das Register *Daten* und klicken Sie auf die Schaltfläche *Von A bis Z sortieren.*

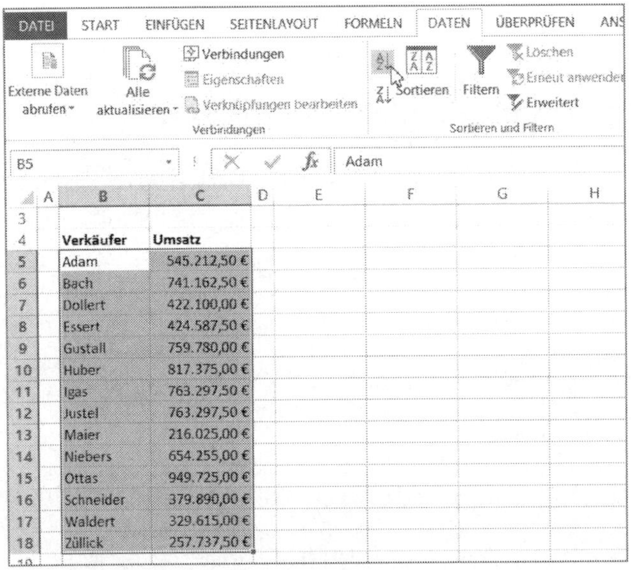

Bild 4.2: Die sortierte Tabelle.

Excel sortiert automatisch alle markierten Zellen nach der ersten Spalte. Daneben steht Ihnen eine weitere Alternative zur schnelleren Sortierung im Kontextmenü der rechten Maustaste zur Verfügung.

❶ Klicken Sie mit der rechten Maustaste in die markierten Zellen und wählen Sie die Befehlsfolge *Sortieren/Von A bis Z sortieren.* Auch hier sortiert Excel nach der ersten Spalte.

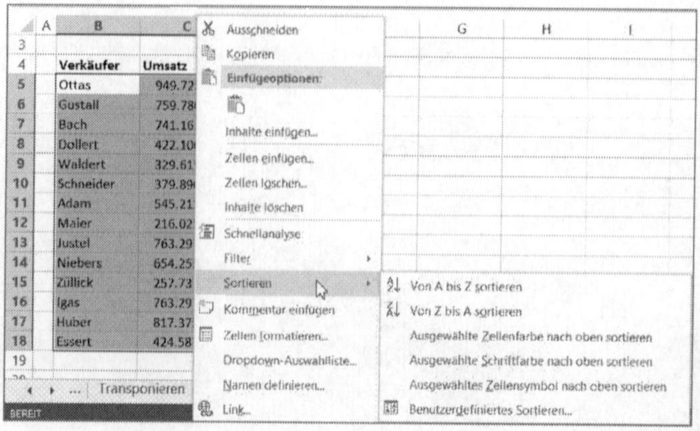

Bild 4.3: Das schnelle Sortieren mit der rechten Maustaste.

4.1.2 Leere Tabellenzellen einfach nach unten sortieren

Wenn Sie in Ihrer Tabelle leere Zeilen haben und sortieren möchten, kann Excel beim Sortieren dafür sorgen, dass die leeren Zeilen nach unten rutschen.

❶ Aktivieren Sie das Tabellenblatt *Sortieren 2* und markieren Sie wieder Ihre ganze Tabelle inklusive der leeren Zeilen.

Bild 4.4: Eine Liste mit leeren Zeilen.

❷ Starten Sie einen der oben beschriebenen Befehle zum Sortieren.

	A	B	C	D
4		Verkäufer	Umsatz	
5		Adam	545.212,50 €	
6		Bach	741.162,50 €	
7		Dollert	422.100,00 €	
8		Essert	424.587,50 €	
9		Gustall	759.780,00 €	
10		Huber	817.375,00 €	
11		Igas	763.297,50 €	
12		Justel	763.297,50 €	
13		Maier	216.025,00 €	
14		Niebers	654.255,00 €	
15		Ottas	949.725,00 €	
16		Schneider	379.890,00 €	
17		Waldert	329.615,00 €	
18		Züllick	257.737,50 €	
19				
20				
21				

Bild 4.5: Die leeren Zeilen werden nach unten gepackt.

Excel sortiert die leeren Zeilen jetzt nach unten. Somit können Sie den Befehl *Sortieren* nutzen, um leere Zeilen aus einer Liste zu entfernen.

4.1.3 In einer Liste nicht nach der ersten Spalte sortieren

Wenn Sie in einer Liste nach einer Spalte sortieren möchten, die nicht ganz links steht, müssen Sie den Befehl *Benutzerdefinierte Sortierung* nutzen.

❶ Aktivieren Sie das Tabellenblatt *Sortieren 3* und markieren Sie wieder Ihre ganze Liste ohne die Überschriften.

❷ Wählen Sie die Befehlsfolge *Daten/Sortieren* oder wählen Sie den Befehl *Benutzerdefiniertes Sortieren* im Kontextmenü.

❸ Wählen Sie im Feld *Sortieren nach* den Spaltennamen aus, nach dem Sie sortieren möchten.

❹ Stellen Sie im nächsten Feld ein, was Sie sortieren möchten. Hier können Sie auch nach Farben sortieren. Dies wird im Folgenden ebenfalls beschrieben.

❺ Im Feld *Reihenfolge* entscheiden Sie, in welche Richtung sortiert werden soll. Dabei orientiert sich Excel am Inhalt der Spalte. Wenn in der Spalte Zahlen stehen, wird die Auswahl *Nach Größe aufsteigend* bzw. *Nach Größe absteigend* angeboten. Wenn Texte in der Spalte stehen, werden *A bis Z* bzw. *Z bis A* angeboten.

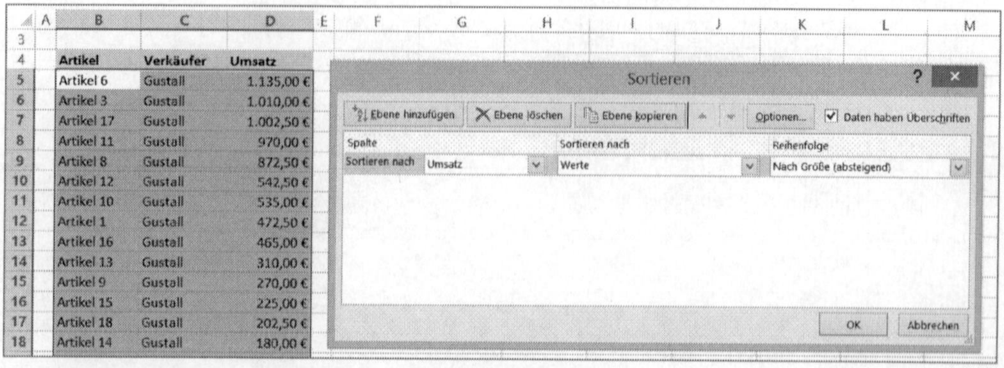

Bild 4.6: Das Sortieren über das Fenster *Sortieren.*

❻ Klicken Sie auf die Schaltfläche *OK.* Die Liste wird nun nach der Spalte *Umsatz* sortiert.

4.1.4 Erst nach Verkäufer, dann nach Umsatz sortieren

Angenommen, Sie möchten zuerst nach Verkäufer sortieren und im Anschluss nach Umsatz. Sie möchten also mehrstufig sortieren. Dazu benötigen Sie erneut das Fenster *Sortieren.*

❶ Aktivieren Sie das Tabellenblatt *Sortieren 4* und markieren Sie wieder Ihre ganze Liste ohne die Überschriften.

❷ Wählen Sie die Befehlsfolge *Daten/Sortieren* oder wählen Sie den Befehl *Benutzerdefiniertes Sortieren* im Kontextmenü.

❸ Stellen Sie die erste Sortierung ein.

❹ Klicken Sie auf die Schaltfläche *Ebene hinzufügen.*

❺ Stellen Sie in der neu hinzugekommenen Zeile die weitere Sortierung ein.

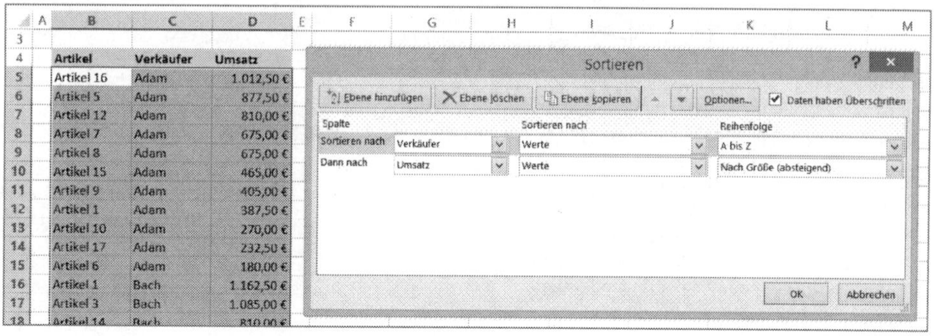

Bild 4.7: Das Sortieren über mehrere Ebenen.

Zuerst werden die Verkäufer sortiert. Innerhalb dieser Sortierung greift dann die zweite Ebene. Sie können bis zu 64 Ebenen sortieren.

4.1.5 Sortieren nach Farben

Stellen Sie sich vor, ein Kollege hätte in einer Liste einige Zellen mit einem farbigen Hintergrund versehen. Jetzt möchten Sie diese Zellen ganz oben in Ihrer Liste sehen.

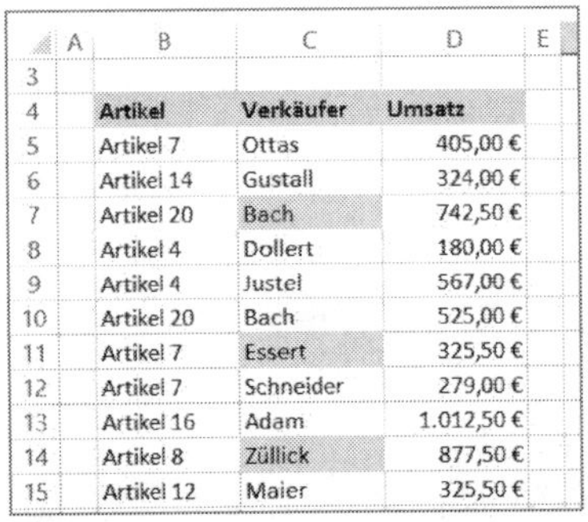

Artikel	Verkäufer	Umsatz
Artikel 7	Ottas	405,00 €
Artikel 14	Gustall	324,00 €
Artikel 20	Bach	742,50 €
Artikel 4	Dollert	180,00 €
Artikel 4	Justel	567,00 €
Artikel 20	Bach	525,00 €
Artikel 7	Essert	325,50 €
Artikel 7	Schneider	279,00 €
Artikel 16	Adam	1.012,50 €
Artikel 8	Züllick	877,50 €
Artikel 12	Maier	325,50 €

Bild 4.8: Eine Liste mit farbigen Zellen.

1. Aktivieren Sie das Tabellenblatt *Sortieren 5* und markieren Sie wieder Ihre ganze Liste ohne die Überschriften.
2. Wählen Sie die Befehlsfolge *Daten/Sortieren* oder wählen Sie den Befehl *Benutzerdefiniertes Sortieren* im Kontextmenü.
3. Stellen Sie im Feld *Sortieren nach* die Spalte ein, in der die Farben sind.
4. Im Feld *Sortieren nach* müssen Sie den Eintrag *Zellenfarbe* wählen.
5. Im Feld *Reihenfolge* können Sie die Farbe auswählen. Im Listenfeld werden Ihnen alle Füllfarben angeboten, die Excel in der Spalte findet.

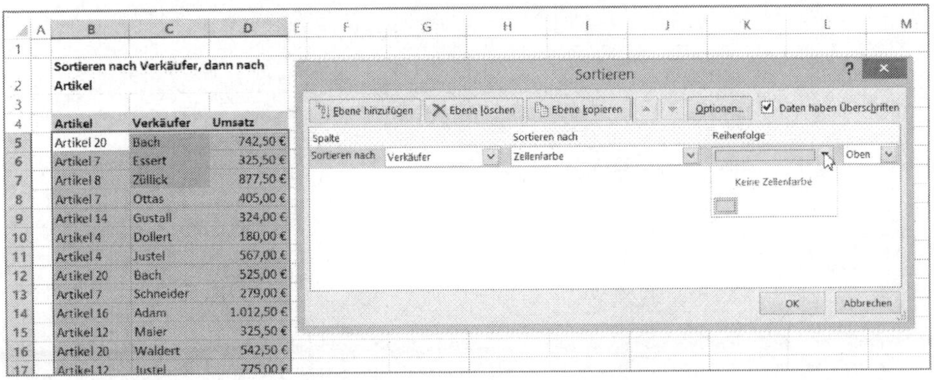

Bild 4.9: Das Sortieren nach Farben.

Jetzt sind die farbigen Zeilen der Spalte *Verkäufer* dank der Sortierung ganz oben in der Liste.

Tipp
Die Sortierung funktioniert auch mit Schriftfarben.

4.1.6 Tabellen von Montag bis Sonntag sortieren

Stellen Sie sich vor, Sie bekämen eine Tabelle mit Wochentagen und müssten sie von Montag bis Sonntag sortieren. Wenn Sie allerdings *Von A bis Z* wählen, sortiert Ihnen Excel die Tage *Dienstag, Donnerstag, Freitag* etc.

Sie müssen Excel mit sanfter Gewalt in die richtige Richtung schubsen.

❶ Aktivieren Sie das Tabellenblatt *Sortieren 6* und markieren Sie wieder Ihre ganze Liste ohne die Überschriften.

❷ Wählen Sie die Befehlsfolge *Daten/Sortieren* oder den Befehl *Benutzerdefiniertes Sortieren* im Kontextmenü.

❸ Stellen Sie im Feld *Sortieren nach* die Spalte ein, in der die Wochentage stehen.

❹ Lassen Sie im Feld *Sortieren nach* den Eintrag *Werte* stehen.

❺ Öffnen Sie das Listenfeld des Felds *Reihenfolge* und wählen Sie den Befehl *Benutzerdefinierte Liste.*

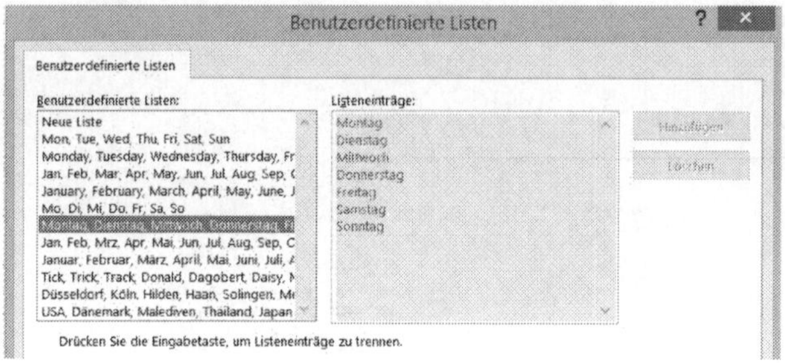

Bild 4.10: Das Fenster mit den benutzerdefinierten Listen.

❻ Markieren Sie im gleichnamigen Fenster die Zeile mit den Wochentagen.

❼ Bestätigen Sie mit *OK.* Jetzt stehen im Feld *Reihenfolge* die Begriffe, nach denen die Spalte *Tag* sortiert wird.

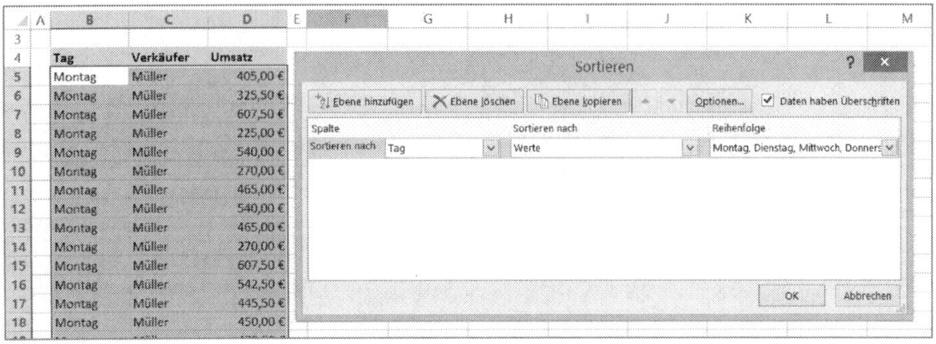

Bild 4.11: Die Sortierung nach Wochentagen.

> **Tipp**
> Weiter oben in Kapitel 1 wurde beschrieben, wie Sie sich Ihre eigene benutzerdefinierte Liste anlegen. Diese Liste können Sie auch zur individuellen Sortierung einsetzen.

4.1.7 Was man beim Sortieren unbedingt vermeiden sollte

Die oben erwähnten Horrorgeschichten resultieren aus den folgenden Schritten.

Angenommen, es wurden einige Zellen markiert.

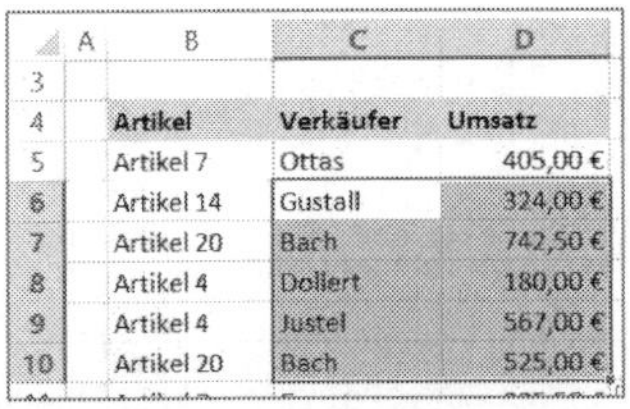

Bild 4.12: In einer Liste sind nur ein paar Zellen markiert.

Wenn Sie jetzt die Befehlsfolge *Daten/Von A bis Z sortieren* wählen, führt Excel wie befohlen Ihren Befehl aus und sortiert nur innerhalb der markierten Zellen.

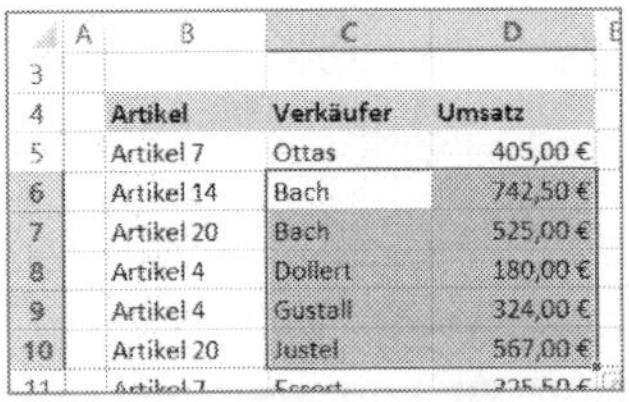

Bild 4.13: Ihr Befehl ist ausgeführt:
Nur die markierten Zellen wurden sortiert.

Wenn Sie nicht auf *Rückgängig* klicken, ist Ihre Tabelle kaputt, weil die Namen und die Umsätze nicht mehr zu den Artikeln passen.

Sollten Sie innerhalb einer Spalte mehrere Zellen markiert haben und den Befehl *Sortieren* starten, erscheint ein Hinweis:

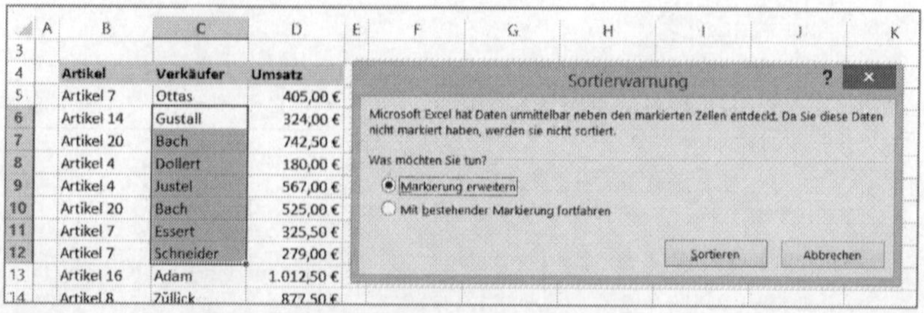

Bild 4.14: Hier wurde nicht die ganze Tabelle markiert.

In diesem Hinweis ist die Option *Markierung erweitern* bereits eingestellt. Wenn Sie jetzt auf *Sortieren* klicken, wird die Markierung erweitert und anschließend sortiert.

4.2 Mit dynamischen Tabellen arbeiten

Dynamische Tabellen, häufig werden sie auch intelligente Tabellen genannt, erweitern ihren Bereich automatisch. Wenn Sie also Daten unterhalb der dynamischen Tabelle erfassen, erweitert diese ihren Geltungsbereich.

Ihnen stehen aber noch mehr nützliche Eigenschaften zur Verfügung. Erfahren Sie in diesem Abschnitt, was Sie für Ihren Arbeitsalltag wissen sollten.

Öffnen Sie die Arbeitsmappe *Dynamische Tabelle.xlsx.*

4.2.1 Möglichkeiten, dynamische Tabellen anzulegen

Es gibt zwei Möglichkeiten, eine dynamische Tabelle anzulegen.

1. Klicken Sie in Ihre Datenliste und wählen Sie die Befehlsfolge *Start/Als Tabelle formatieren.* Wählen Sie ein Farbmuster aus.

   Oder klicken Sie in Ihre Datenliste und drücken Sie die Tastenkombination `Strg`+`T`.

2. Kontrollieren Sie die Zellen, die Excel Ihnen nun anbietet, und korrigieren Sie sie gegebenenfalls.

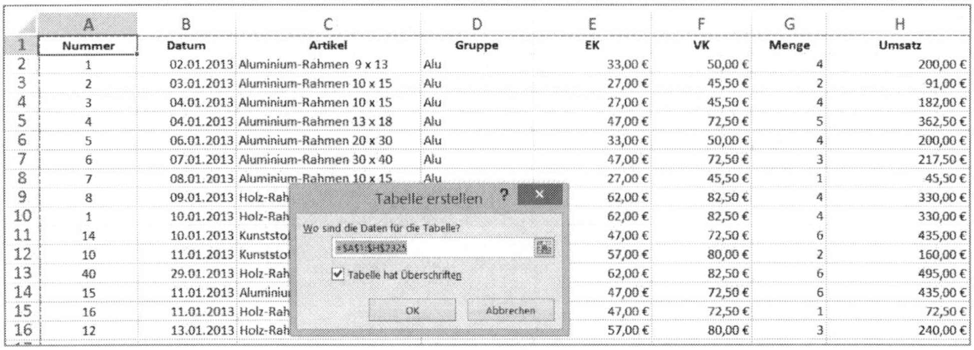

Bild 4.15: Aus der Liste eine dynamische Tabelle erstellen.

❸ Bestätigen Sie mit *OK.*

Immer wenn sich der Cursor in der Tabelle befindet, steht Ihnen das Register *Entwurf* in der Gruppe *Tabellentools* zur Verfügung. Hier finden Sie alle Befehle, um Ihre dynamische Tabelle zu bearbeiten.

Die dynamische Tabelle hat jetzt automatisch einen Namen bekommen, den Sie im Feld *Tabellenname* sehen und auch ändern können.

Wenn Sie nach unten blättern, springt die erste Zeile automatisch in die Spaltentitel. Sie müssen in dynamischen Tabellen nicht mit dem Befehl *Fenster fixieren* bzw. *Fenster einfrieren* arbeiten.

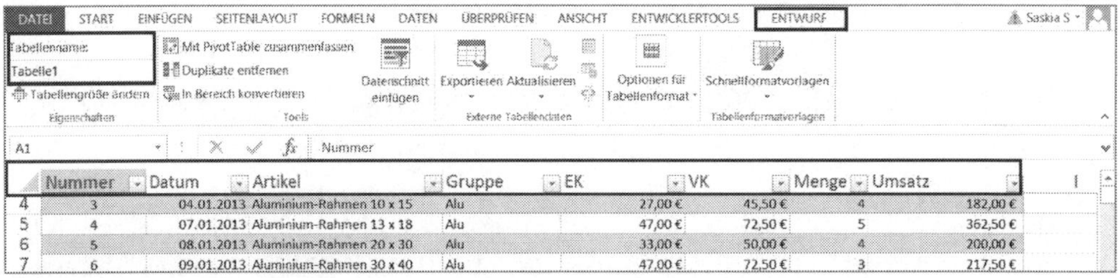

Bild 4.16: Die dynamische Tabelle.

Die Überschriften haben alle auch einen Filter erhalten. Die Einsatzmöglichkeiten werden im nächsten Abschnitt beschrieben.

4.2.2 Wie man eine dynamische Tabelle erweitert

Wenn Sie weitere Zeilen an Ihre dynamische Tabelle anfügen, erweitert sich in der Regel der Bereich automatisch. Sie erkennen das Ende der dynamischen Tabelle an der kleinen blauen Ecke in der letzten Zelle.

	A	B	C	D	E	F	G	H
2323	1413	25.11.2021	Kunststoff-Rahmen 33 x 40	Kunststoff	27,00 €	45,50 €	3	136,50 €
2324	2323	26.11.2021	Glas-Rahmen 11 x 13	Glas	47,00 €	72,50 €	2	145,00 €
2325	2324	29.11.2021	Aluminium-Rahmen 20 x 30	Alu	33,00 €	50,00 €	4	200,00 €
2326								
2327								

Bild 4.17: Das Ende der dynamischen Tabelle wird durch eine blaue Ecke gekennzeichnet.

Wenn Sie jetzt eine neue Zeile erfassen, erweitert sich der Tabellenbereich automatisch.

	Nummer	Datum	Artikel	Gruppe	EK	VK	Menge	Umsatz
2323	1413	25.11.2021	Kunststoff-Rahmen 33 x 40	Kunststoff	27,00 €	45,50 €	3	136,50 €
2324	2323	26.11.2021	Glas-Rahmen 11 x 13	Glas	47,00 €	72,50 €	2	145,00 €
2325	2324	29.11.2021	Aluminium-Rahmen 20 x 30	Alu	33,00 €	50,00 €	4	200,00 €
2326	2325							
2327								

Bild 4.18: Eine dynamische Tabelle erweitern.

Auch wenn sich, beispielsweise beim Kopieren und Einfügen von Zellen, der Bereich nicht automatisch vergrößert, können Sie eingreifen.

Ziehen Sie die blaue Ecke über den gewünschten Tabellenbereich. Sollte Ihnen das zu mühsam sein, klicken Sie im Register *Entwurf* auf die Schaltfläche *Tabellengröße ändern.*

4.2.3 Berechnungen in einer dynamischen Tabelle

Berechnungen in dynamischen Tabellen sind ein Kinderspiel.

1. Klicken Sie in Ihre Tabelle und aktivieren Sie das Register *Entwurf.*
2. Setzen Sie den Haken bei *Ergebniszeile* im Bereich *Optionen für Tabellenformat.*
3. Blättern Sie bis ans Ende Ihrer Tabelle. Die Option *Ergebniszeile* fügt eine neue Zeile an Ihre Liste an. In der letzten Spalte bildet Excel für Sie die Summe, wenn Zahlen in der Spalte stehen, ansonsten zählt Excel die Anzahl der nicht leeren Zellen.

	Nummer	Datum	Artikel	Gruppe	EK	VK	Menge	Umsatz
2323	1413	25.11.2021	Kunststoff-Rahmen 33 x 40	Kunststoff	27,00 €	45,50 €	3	136,50 €
2324	2323	26.11.2021	Glas-Rahmen 11 x 13	Glas	47,00 €	72,50 €	2	145,00 €
2325	2324	29.11.2021	Aluminium-Rahmen 20 x 30	Alu	33,00 €	50,00 €	4	200,00 €
2326	Ergebnis		2324					538.635,50 €
2327								
2328								
2329								
2330								
2331								
2332								
2333								
2334								

- Ohne
- Mittelwert
- Anzahl
- Anzahl Zahlen
- Maximum
- Minimum
- Summe
- Standardabweichung (Stichprobe)
- Varianz (Stichprobe)
- Weitere Funktionen...

Bild 4.19: Die Ergebniszeile lädt zum Berechnen ein.

Wenn Sie in eine Zelle in dieser neuen Zeile klicken, können Sie einen Rechenschritt auswählen.

Tipp
Wenn Sie den Haken bei *Ergebniszeile* entfernen, verschwindet sie wieder. Excel merkt sich, welche Berechnungen Sie eingestellt haben. Wenn Sie den Haken später wieder aktivieren, erhalten Sie die zuvor eingestellten Funktionen.

4.2.4 Der Datenschnitt für das übersichtliche Filtern

In Excel 2013 und 2016 steht Ihnen mit dem Befehl *Datenschnitt* ein komfortabler Weg zur Verfügung, Ihre Daten zu filtern.

1. Klicken Sie in Ihre dynamische Tabelle und wählen Sie die Befehlsfolge *Entwurf/Datenschnitt einfügen.*

2. Wählen Sie das Feld aus, nach dem Sie filtern möchten.

Bild 4.20: Das Feld zum Filtern wählen.

Nachdem Sie mit *OK* bestätigt haben, erhalten Sie ein Fenster, in dem alle Einträge des gewählten Felds als Schaltfläche zur Verfügung stehen. Mit einem Klick auf einen Schalter filtern Sie nur die gewünschten Zeilen heraus.

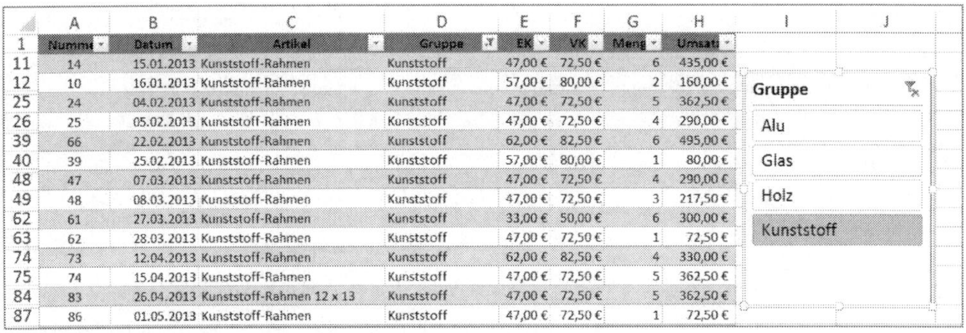

	A	B	C	D	E	F	G	H
1	Numme	Datum	Artikel	Gruppe	EK	VK	Meng	Umsatz
11	14	15.01.2013	Kunststoff-Rahmen	Kunststoff	47,00 €	72,50 €	6	435,00 €
12	10	16.01.2013	Kunststoff-Rahmen	Kunststoff	57,00 €	80,00 €	2	160,00 €
25	24	04.02.2013	Kunststoff-Rahmen	Kunststoff	47,00 €	72,50 €	5	362,50 €
26	25	05.02.2013	Kunststoff-Rahmen	Kunststoff	47,00 €	72,50 €	4	290,00 €
39	66	22.02.2013	Kunststoff-Rahmen	Kunststoff	62,00 €	82,50 €	6	495,00 €
40	39	25.02.2013	Kunststoff-Rahmen	Kunststoff	57,00 €	80,00 €	1	80,00 €
48	47	07.03.2013	Kunststoff-Rahmen	Kunststoff	47,00 €	72,50 €	4	290,00 €
49	48	08.03.2013	Kunststoff-Rahmen	Kunststoff	47,00 €	72,50 €	3	217,50 €
62	61	27.03.2013	Kunststoff-Rahmen	Kunststoff	33,00 €	50,00 €	6	300,00 €
63	62	28.03.2013	Kunststoff-Rahmen	Kunststoff	47,00 €	72,50 €	1	72,50 €
74	73	12.04.2013	Kunststoff-Rahmen	Kunststoff	62,00 €	82,50 €	4	330,00 €
75	74	15.04.2013	Kunststoff-Rahmen	Kunststoff	47,00 €	72,50 €	5	362,50 €
84	83	26.04.2013	Kunststoff-Rahmen 12 x 13	Kunststoff	47,00 €	72,50 €	5	362,50 €
87	86	01.05.2013	Kunststoff-Rahmen	Kunststoff	47,00 €	72,50 €	1	72,50 €

Bild 4.21: Das bequeme Filtern mit den Datenschnitten.

Mit einem Klick auf das Filtersymbol entfernen Sie den Filter. Um mehrere Schalter gleichzeitig auszuwählen, halten Sie die Strg-Taste gedrückt.

Immer wenn das Datenschnittfenster aktiviert ist, stehen Ihnen im Register *Entwurf* in der Gruppe *DatenschnittTools* viele Befehle zum Ändern des Datenschnitts zur Verfügung.

Um den Datenschnitt zu entfernen, klicken Sie einmal auf den Rand und drücken die Taste [Entf]. Sollte zu diesem Zeitpunkt ein Filter aktiv sein, bleibt er in der Liste aktiv. Sie können ihn mit einem Klick darauf und dem Befehl *Filter löschen aus* entfernen.

4.2.5 Von der dynamischen zurück zur normalen Tabelle

Sie können Ihre dynamische Tabelle wieder in eine normale Tabelle zurückwandeln.

❶ Klicken Sie in die Tabelle und wählen Sie die Befehlsfolge *Entwurf/In Bereich konvertieren.*

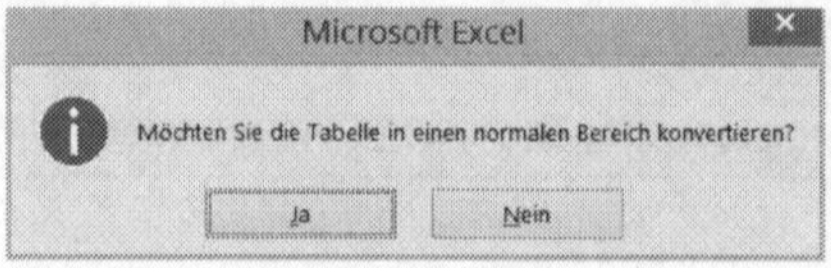
Microsoft Excel
Möchten Sie die Tabelle in einen normalen Bereich konvertieren?
Ja
Nein

Bild 4.22: Die dynamische Tabelle zurück in eine normale Tabelle führen.

Sollte zu diesem Zeitpunkt ein Filter gesetzt sein, wird er gelöscht. Die Farben bleiben allerdings erhalten.

Tipp
Wenn Ihnen diese Farben einmal Kopfschmerzen bereiten, führen Sie die folgenden Schritte durch: Markieren Sie die Tabelle und wählen Sie an der Schaltfläche *Rahmen* den Eintrag *Kein Rahmen*, an der Schaltfläche *Füllfarbe* den Eintrag *Keine Füllung* und an der Schaltfläche *Schriftfarbe* den Eintrag *Automatisch.*

4.3 Filtern in Tabellenblättern ist kinderleicht

Mit dem Filter können Sie sich in Excel-Tabellen nur bestimmte Daten anzeigen lassen. Sie filtern die gewünschten Informationen heraus und blenden im selben Schritt die restlichen Zeilen aus.

Öffnen Sie die Arbeitsmappe *Filter.xlsx.*

Excel bietet Ihnen wieder viele Möglichkeiten, den Filter zu aktivieren.

❶ Klicken Sie in die Liste auf dem Tabellenblatt *Filter 1* und wählen Sie die Befehlsfolge *Daten/Filter*. Alternativ können Sie auch die Tastenkombination [Strg]+[Umschalt]+[L] drücken.

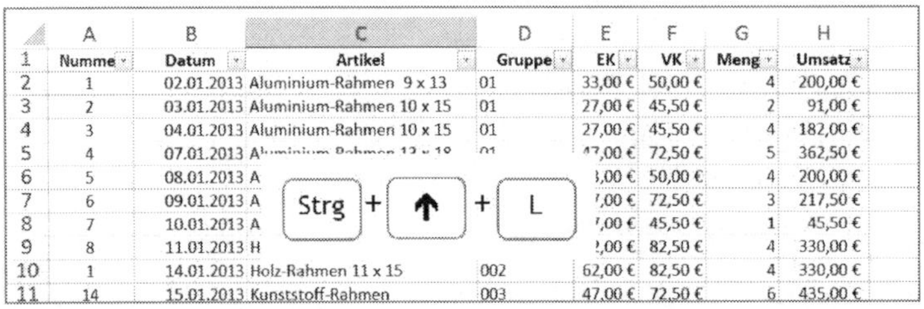

Bild 4.23: Den Filter aktivieren.

❷ Als Ergebnis erhält jede Zelle in der ersten Zeile Ihrer Liste ein kleines Dreieck. Mit einem Klick auf ein Dreieck oder mit [Alt]+[↓] öffnen Sie den Filter. Im unteren Teil bietet Ihnen Excel eine Liste aller Einträge in dieser Spalte.

Mit einem Klick entscheiden Sie, welche Daten Sie sehen möchten.

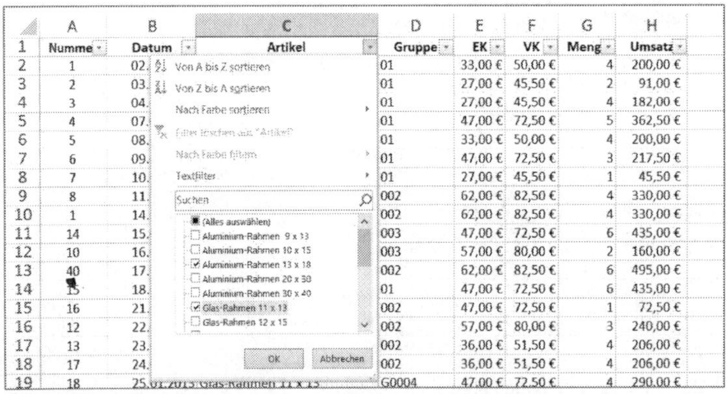

Bild 4.24: Der Filter bietet eine komfortable Auswahlmöglichkeit.

❸ Nachdem Sie mit *OK* bestätigt haben, zeigt Ihnen Excel nur noch die von Ihnen gewünschten Daten. In der Statusleiste werden die Anzahl der gefundenen Datensätze und die Gesamtanzahl der Datensätze gezeigt.

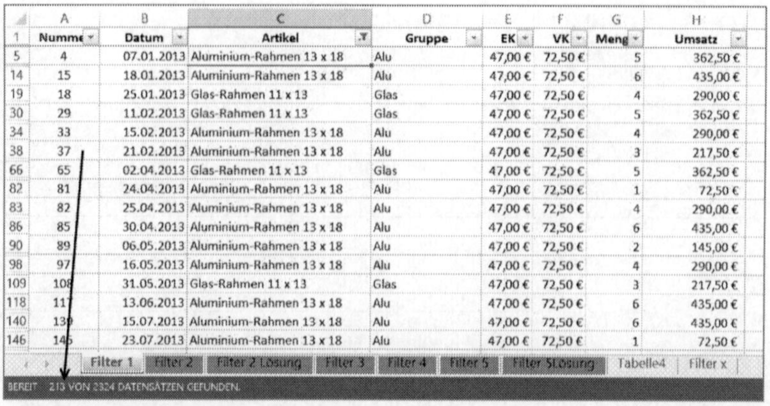

	A	B	C	D	E	F	G	H
1	Numme	Datum	Artikel	Gruppe	EK	VK	Meng	Umsatz
5	4	07.01.2013	Aluminium-Rahmen 13 x 18	Alu	47,00 €	72,50 €	5	362,50 €
14	15	18.01.2013	Aluminium-Rahmen 13 x 18	Alu	47,00 €	72,50 €	6	435,00 €
19	18	25.01.2013	Glas-Rahmen 11 x 13	Glas	47,00 €	72,50 €	4	290,00 €
30	29	11.02.2013	Glas-Rahmen 11 x 13	Glas	47,00 €	72,50 €	5	362,50 €
34	33	15.02.2013	Aluminium-Rahmen 13 x 18	Alu	47,00 €	72,50 €	4	290,00 €
38	37	21.02.2013	Aluminium-Rahmen 13 x 18	Alu	47,00 €	72,50 €	3	217,50 €
66	65	02.04.2013	Glas-Rahmen 11 x 13	Glas	47,00 €	72,50 €	5	362,50 €
82	81	24.04.2013	Aluminium-Rahmen 13 x 18	Alu	47,00 €	72,50 €	1	72,50 €
83	82	25.04.2013	Aluminium-Rahmen 13 x 18	Alu	47,00 €	72,50 €	4	290,00 €
86	85	30.04.2013	Aluminium-Rahmen 13 x 18	Alu	47,00 €	72,50 €	6	435,00 €
90	89	06.05.2013	Aluminium-Rahmen 13 x 18	Alu	47,00 €	72,50 €	2	145,00 €
98	97	16.05.2013	Aluminium-Rahmen 13 x 18	Alu	47,00 €	72,50 €	4	290,00 €
109	108	31.05.2013	Glas-Rahmen 11 x 13	Glas	47,00 €	72,50 €	3	217,50 €
118	117	13.06.2013	Aluminium-Rahmen 13 x 18	Alu	47,00 €	72,50 €	6	435,00 €
140	139	15.07.2013	Aluminium-Rahmen 13 x 18	Alu	47,00 €	72,50 €	6	435,00 €
146	145	23.07.2013	Aluminium-Rahmen 13 x 18	Alu	47,00 €	72,50 €	1	72,50 €

Filter 1 | Filter 2 | Filter 2 Lösung | Filter 3 | Filter 4 | Filter 5 | Filter 5Lösung | Tabelle4 | Filter x

BEREIT 213 VON 2324 DATENSÄTZEN GEFUNDEN.

Bild 4.25: Das Filterergebnis.

Dieses Ergebnis können Sie weiter filtern. Wenn Sie das gewünschte Ergebnis erhalten haben, ist es möglich, die Daten zu bearbeiten. Sie können Korrekturen vornehmen oder die angezeigten Daten markieren und kopieren. Wenn Sie die Daten auf einem anderen Tabellenblatt oder sogar in einer neuen Mappe einfügen, werden nur die angezeigten Daten übertragen.

Excel analysiert Ihre Daten und bietet Ihnen im Filterbereich einen Befehl an, der sich dem Datentyp anpasst. Wenn mehr als die Hälfte der Daten Zahlen sind, bietet Ihnen Excel den Befehl *Zahlenfilter*, bei Datumswerten erhalten Sie den *Datumsfilter* und bei Texten den *Textfilter*.

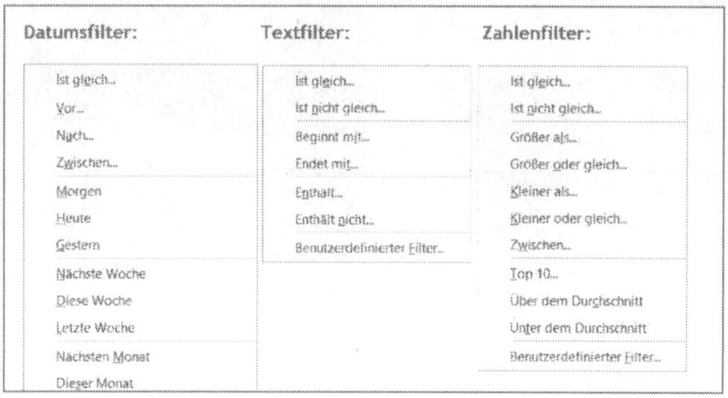

Bild 4.26: Die unterschiedlichen Befehle je nach Filter.

Bei allen Befehlen, hinter denen drei Punkte stehen, öffnet sich ein Fenster, in dem Sie den Vergleichswert eingeben müssen.

> **Tipp**
> Im Kontextmenü der rechten Maustaste finden Sie auch einen Befehl *Filter*. Dort wählen Sie mit einem Klick den Filter nach dem markierten Wert, nach der Farbe oder nach dem Symbol aus.

4.3.1 In umfangreichen Listen nach Artikeln filtern

Bei sehr umfangreichen Listen, bei denen in einer Spalte mehr als 10.000 unterschiedliche Werte stehen, weist Excel im Filter darauf hin, dass Sie nicht mehr alle Einträge sehen.

❶ Aktivieren Sie das Tabellenblatt *Filter 1a*. Für das Filtern nach einem Begriff, der nicht in der Auswahlliste steht, bietet Ihnen Excel mehrere Alternativen.

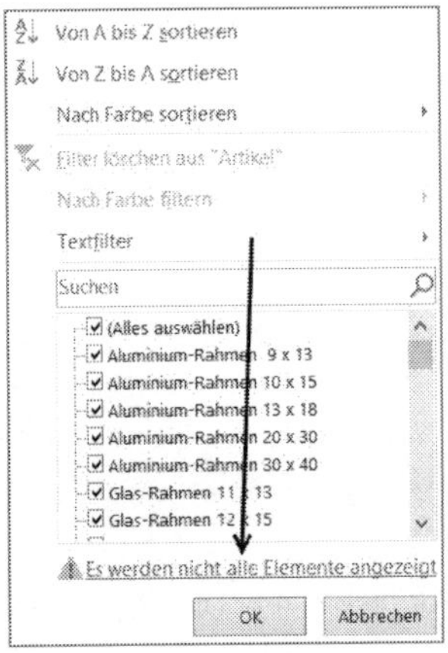

Bild 4.27: Der Hinweis auf sehr viele unterschiedliche Daten.

❷ Öffnen Sie die Auswahlliste und zeigen Sie auf den Eintrag *Textfilter*, *Datumsfilter* oder *Zahlenfilter*. Im aktuellen Beispiel stehen überwiegend Texte in der Spalte. Deshalb wird der Befehl *Textfilter* angezeigt.

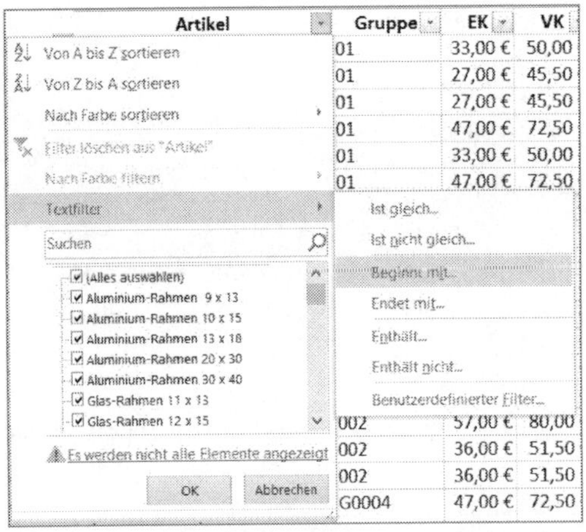

Bild 4.28: Den Textfilter nutzen, um nach Werten zu filtern, die nicht in der Auswahlliste sind.

❸ Wenn Sie beispielsweise alle Artikel suchen, deren Bezeichnung mit dem Buchstaben *g* beginnt, wählen Sie den Befehl *beginnt mit*.

❹ Geben Sie ins zweite Feld den Buchstaben *g* ein.

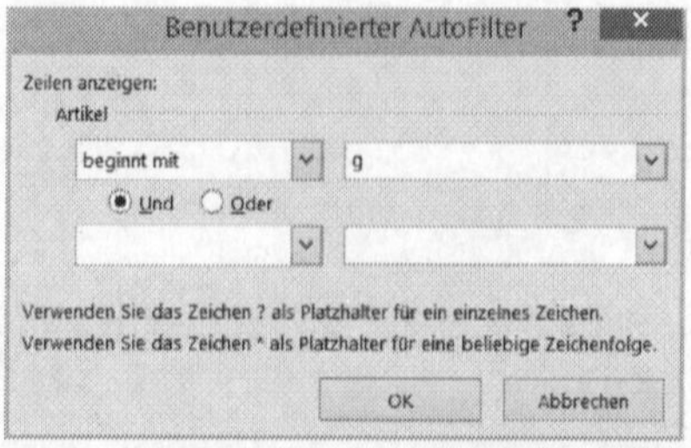

Bild 4.29: Über das Fenster *Benutzerdefinierter AutoFilter* filtern.

❺ Nachdem Sie mit *OK* bestätigt haben, werden nur die Zeilen angezeigt, bei denen in der Spalte *Artikel* das Material mit dem Buchstaben *g* beginnt.

❻ Die zweite Variante, um nach bestimmten Werten zu filtern, ist das Feld *Suchen*. Geben Sie in das Eingabefeld den gesuchten Begriff ein, beispielsweise *g**, und drücken Sie [Enter].

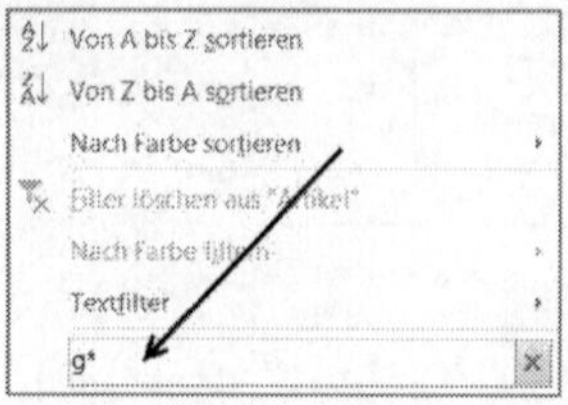

Bild 4.30: Das Suchen-Feld im Filter.

Alle Filterergebnisse können Sie, wie oben beschrieben, weiterbearbeiten.

4.3.2 Umsatzsumme als Filterergebnis berechnen

Excel zeigt Ihnen unten links in der Statusleiste in der Regel die Anzahl der Treffer an. Wenn Sie beispielsweise die Summe des Umsatzes erfahren möchten, können Sie alle Zellen mit dem Umsatz markieren und in die Statusleiste schauen.

❶ Aktivieren Sie das Tabellenblatt *Filtern 2.*

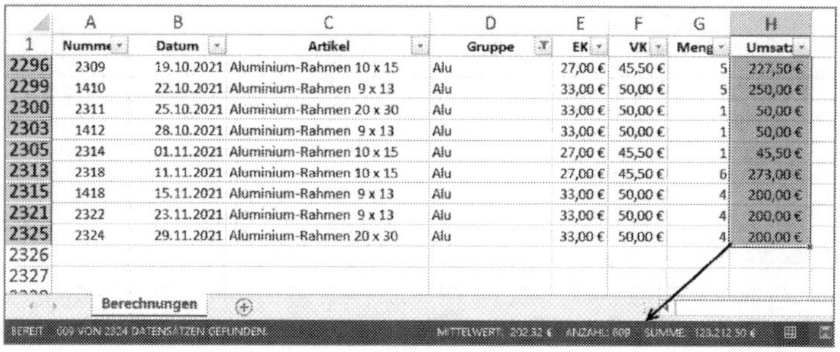

	A	B	C	D	E	F	G	H
1	Numme	Datum	Artikel	Gruppe	EK	VK	Meng	Umsatz
2296	2309	19.10.2021	Aluminium-Rahmen 10 x 15	Alu	27,00 €	45,50 €	5	227,50 €
2299	1410	22.10.2021	Aluminium-Rahmen 9 x 13	Alu	33,00 €	50,00 €	5	250,00 €
2300	2311	25.10.2021	Aluminium-Rahmen 20 x 30	Alu	33,00 €	50,00 €	1	50,00 €
2303	1412	28.10.2021	Aluminium-Rahmen 9 x 13	Alu	33,00 €	50,00 €	1	50,00 €
2305	2314	01.11.2021	Aluminium-Rahmen 10 x 15	Alu	27,00 €	45,50 €	1	45,50 €
2313	2318	11.11.2021	Aluminium-Rahmen 10 x 15	Alu	27,00 €	45,50 €	6	273,00 €
2315	1418	15.11.2021	Aluminium-Rahmen 9 x 13	Alu	33,00 €	50,00 €	4	200,00 €
2321	2322	23.11.2021	Aluminium-Rahmen 9 x 13	Alu	33,00 €	50,00 €	4	200,00 €
2325	2324	29.11.2021	Aluminium-Rahmen 20 x 30	Alu	33,00 €	50,00 €	4	200,00 €
2326								
2327								

Bild 4.31: Die Summe, der Mittelwert und die Anzahl der markierten Zellen.

Es ist allerdings eine recht mühsame Sache, immer alle Zellen zu markieren und das Ergebnis gegebenenfalls zu notieren.

Ihnen steht selbstverständlich eine einfachere Lösung zur Verfügung. Sie können Filterergebnisse von Excel berechnen lassen. Stellen Sie sich vor, Sie möchten unter der Ergebnisliste die Summe des Umsatzes sehen.

❷ Filtern Sie nach einem Wert. Dieser Schritt ist sehr wichtig.

❸ Setzen Sie den Cursor unter die Liste in die Zelle, in der Sie die Summe sehen möchten. Im aktuellen Beispiel ist das die Zelle *H2326*.

❹ Aktivieren Sie das Register *Start* und klicken Sie auf die Schaltfläche *AutoSumme [Σ]*.

Sie erhalten nicht, wie vielleicht erwartet, die Funktion `SUMME`, sondern die Funktion `TEILERGEBNIS`. Im aktuellen Beispiel steht in *H2326* die folgende Formel:

```
=TEILERGEBNIS(9;H2:H2325)
```

Die `9` steht für die Funktion `SUMME`. Excel hat den ganzen Bereich, der innerhalb des Filters steht, erkannt und markiert. Die Funktion `TEILEREGBNIS` addiert jetzt nur die sichtbaren Zellen, also die Zellen, die Sie gefiltert haben.

❺ Drücken Sie zur Bestätigung [Enter].

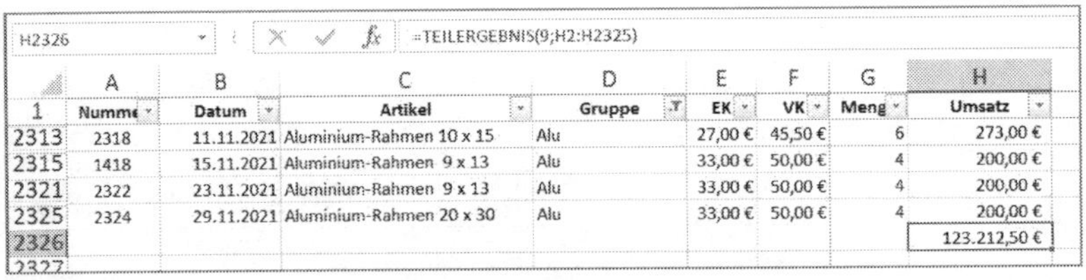

H2326 | =TEILERGEBNIS(9;H2:H2325)

	A	B	C	D	E	F	G	H
1	Numme	Datum	Artikel	Gruppe	EK	VK	Meng	Umsatz
2313	2318	11.11.2021	Aluminium-Rahmen 10 x 15	Alu	27,00 €	45,50 €	6	273,00 €
2315	1418	15.11.2021	Aluminium-Rahmen 9 x 13	Alu	33,00 €	50,00 €	4	200,00 €
2321	2322	23.11.2021	Aluminium-Rahmen 9 x 13	Alu	33,00 €	50,00 €	4	200,00 €
2325	2324	29.11.2021	Aluminium-Rahmen 20 x 30	Alu	33,00 €	50,00 €	4	200,00 €
2326								123.212,50 €
2327								

Bild 4.32: Der Umsatz der gefilterten Materialgruppe.

Wenn Sie zeitgleich auch die Anzahl der Treffer, beispielsweise unter den Artikeln, sehen möchten, führen Sie die folgenden Schritte durch:

❶ Klicken Sie in die Zelle *C2326* und anschließend auf die Schaltfläche *AutoSumme [Σ]*.

❷ Löschen Sie die `9`, denn sie steht für die `SUMME`. Nachdem Sie das getan haben, erscheint eine Liste der Funktionen, die Sie einsetzen können.

❸ Wählen Sie die `3` aus. Sie steht für die Funktion `ANZAHL2`, die alle nicht leeren Zellen zählt.

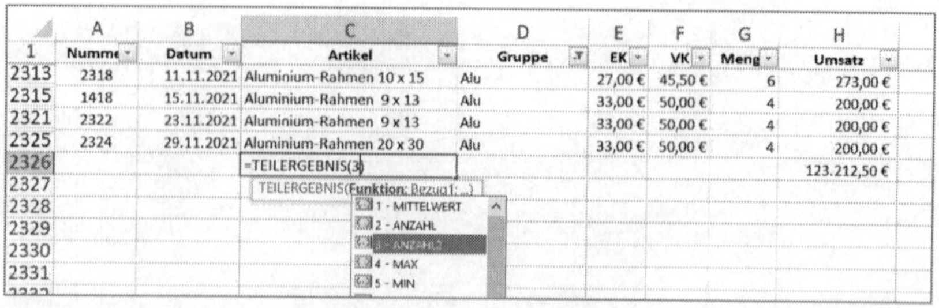

Bild 4.33: Die Anzahl der gefilterten Artikel berechnen.

❹ Geben Sie anschließend ein Semikolon ein und den Bereich der Zellen, die gezählt werden sollen, im aktuellen Beispiel `C2:C2325`.

In Zelle *C2326* sollte jetzt die folgende Formel stehen:

```
=TEILEREGBNIS(3;C2:C2325)
```

❺ Drücken Sie zur Bestätigung die [Enter]-Taste.

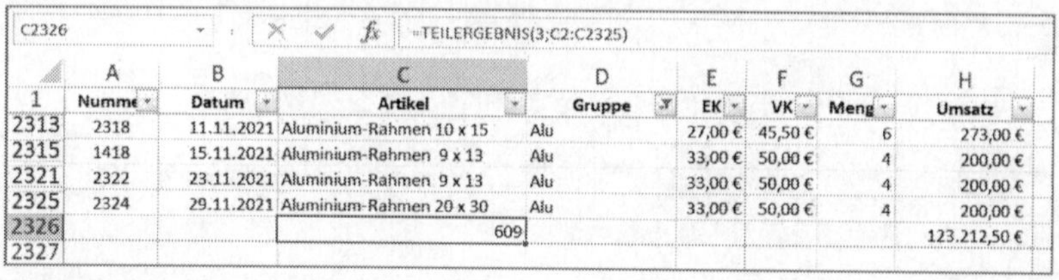

Bild 4.34: Die Anzahl der Treffer.

Wenn Sie den Filter entfernen, sehen Sie in der letzten Zeile die Gesamtergebnisse.

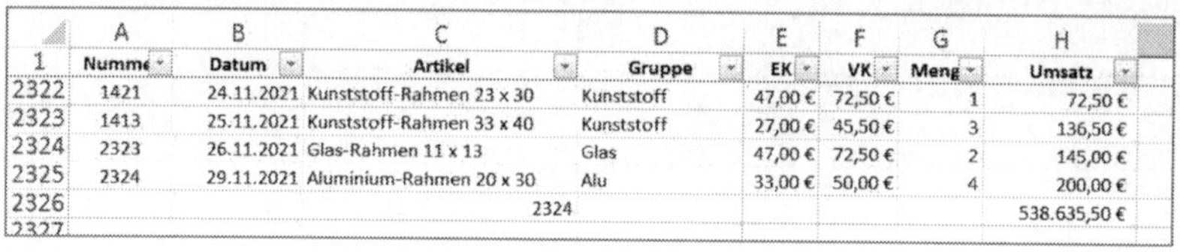

Bild 4.35: Die Gesamtergebnisse werden auch bei nicht aktiviertem Filter angezeigt.

Allerdings müssen Sie immer nach ganz unten blättern, um die Ergebnisse zu sehen. Wäre es nicht viel schöner, wenn die Ergebnisse Ihrer Berechnungen ganz oben in den ersten Zeilen stehen würden?

Markieren Sie die ersten vier Zeilen Ihrer Tabelle. Dabei ist es egal, ob bereits ein Filter aktiv ist.

❶ Klicken Sie mit der rechten Maustaste in die Markierung und wählen Sie den Befehl *Zellen einfügen*.

2. Markieren Sie die letzte Zeile Ihrer Liste – das ist die mit den Berechnungen – und schneiden Sie sie mit [Strg]+[X] aus.

3. Markieren Sie eine leere Zeile, die Sie gerade eingefügt haben, und drücken Sie [Strg]+[V].

4. Beschriften Sie die berechneten Zellen.

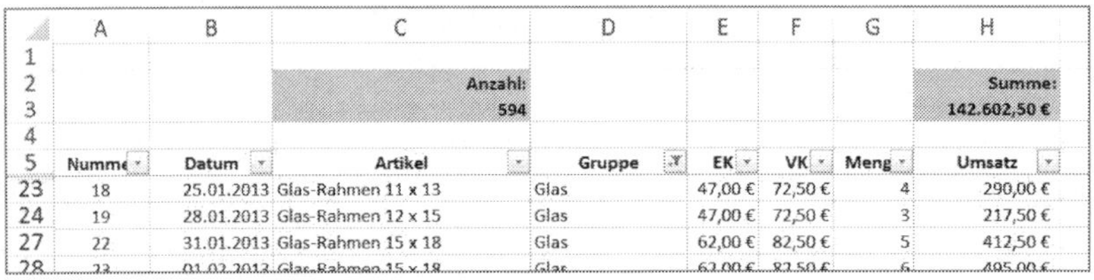

	A	B	C	D	E	F	G	H
1								
2			Anzahl:					Summe:
3			594					142.602,50 €
4								
5	Numme	Datum	Artikel	Gruppe	EK	VK	Meng	Umsatz
23	18	25.01.2013	Glas-Rahmen 11 x 13	Glas	47,00 €	72,50 €	4	290,00 €
24	19	28.01.2013	Glas-Rahmen 12 x 15	Glas	47,00 €	72,50 €	3	217,50 €
27	22	31.01.2013	Glas-Rahmen 15 x 18	Glas	62,00 €	82,50 €	5	412,50 €
28	23	01.02.2013	Glas-Rahmen 15 x 18	Glas	62,00 €	82,50 €	6	495,00 €

Bild 4.36: Die Ergebnisse können auch über den Spalten angezeigt werden.

Jetzt müssen Sie nicht mehr nach unten blättern, wenn Sie die Ergebnisse sehen möchten.

4.3.3 Nur nach dreistelligen Gruppencodes filtern

In diesem Beispiel finden Sie in der Spalte *Gruppe* unterschiedliche Bezeichnungen.

1. Aktivieren Sie das Tabellenblatt *Filter 3.*

Stellen Sie sich vor, Sie möchten nur alle dreistelligen Gruppenbezeichnungen, also *002*, *003* und *004*, sehen. Sie könnten natürlich vor allen dreistelligen Gruppencodes den Haken setzen oder bei allen nicht dreistelligen den Haken entfernen. Dies könnte aber sehr aufwendig werden, je nachdem, wie viele unterschiedliche dreistellige Codes in der Liste vorkommen.

Nutzen Sie den folgenden Trick:

2. Öffnen Sie den Filter im Feld *Gruppe* und klicken Sie ins Feld *Suchen.*

3. Geben Sie das folgende Suchmuster ein: *???*

   Excel übernimmt für Sie das Markieren der dreistelligen Gruppenbezeichnungen. Sie können über den Haken aber angebotene Werte abwählen.

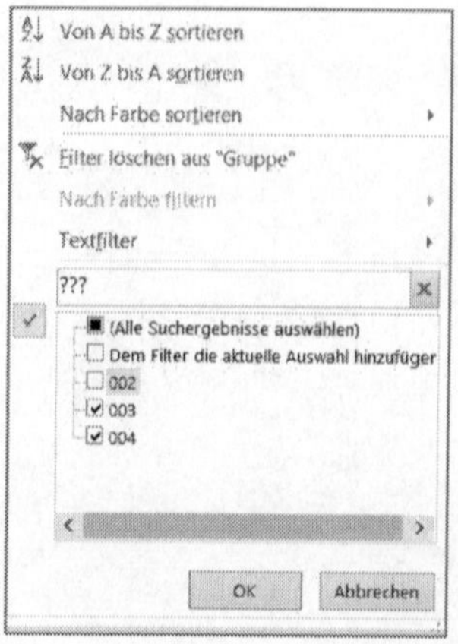

Bild 4.37: Das Suchmuster für drei Zeichen.

❹ Mit *OK* werden nur die angezeigten Werte herausgefiltert.

Ein Fragezeichen steht dabei exakt für ein Zeichen.

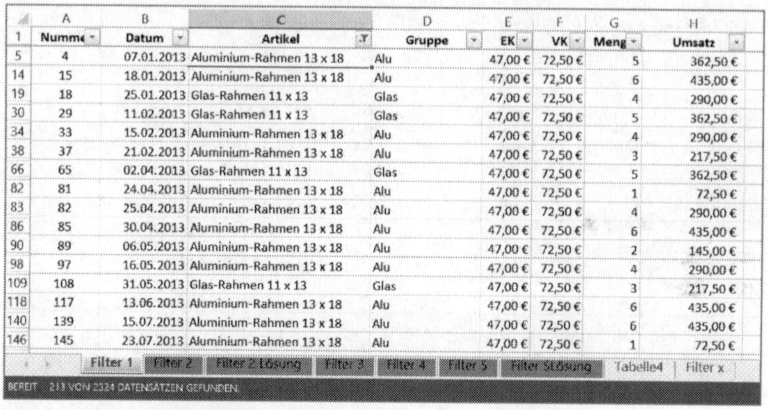

	A	B	C	D	E	F	G	H
1	Numme	Datum	Artikel	Gruppe	EK	VK	Meng	Umsatz
5	4	07.01.2013	Aluminium-Rahmen 13 x 18	Alu	47,00 €	72,50 €	5	362,50 €
14	15	18.01.2013	Aluminium-Rahmen 13 x 18	Alu	47,00 €	72,50 €	6	435,00 €
19	18	25.01.2013	Glas-Rahmen 11 x 13	Glas	47,00 €	72,50 €	4	290,00 €
30	29	11.02.2013	Glas-Rahmen 11 x 13	Glas	47,00 €	72,50 €	5	362,50 €
34	33	15.02.2013	Aluminium-Rahmen 13 x 18	Alu	47,00 €	72,50 €	4	290,00 €
38	37	21.02.2013	Aluminium-Rahmen 13 x 18	Alu	47,00 €	72,50 €	3	217,50 €
66	65	02.04.2013	Glas-Rahmen 11 x 13	Glas	47,00 €	72,50 €	5	362,50 €
82	81	24.04.2013	Aluminium-Rahmen 13 x 18	Alu	47,00 €	72,50 €	1	72,50 €
83	82	25.04.2013	Aluminium-Rahmen 13 x 18	Alu	47,00 €	72,50 €	4	290,00 €
86	85	30.04.2013	Aluminium-Rahmen 13 x 18	Alu	47,00 €	72,50 €	6	435,00 €
90	89	06.05.2013	Aluminium-Rahmen 13 x 18	Alu	47,00 €	72,50 €	2	145,00 €
98	97	16.05.2013	Aluminium-Rahmen 13 x 18	Alu	47,00 €	72,50 €	4	290,00 €
109	108	31.05.2013	Glas-Rahmen 11 x 13	Glas	47,00 €	72,50 €	3	217,50 €
118	117	13.06.2013	Aluminium-Rahmen 13 x 18	Alu	47,00 €	72,50 €	6	435,00 €
140	139	15.07.2013	Aluminium-Rahmen 13 x 18	Alu	47,00 €	72,50 €	6	435,00 €
146	145	23.07.2013	Aluminium-Rahmen 13 x 18	Alu	47,00 €	72,50 €	1	72,50 €

Filter 1 | Filter 2 | Filter 2 Lösung | Filter 3 | Filter 4 | Filter 5 | Filter 5Lösung | Tabelle4 | Filter x

BEREIT 213 VON 2324 DATENSATZEN GEFUNDEN

Bild 4.38: Das Ergebnis des Filterns.

Angenommen, Sie brauchen noch Werte in Ihrer Ergebnisliste, beispielsweise alle, die im Feld *Gruppe* eine Bezeichnung haben, die mit dem Buchstaben *G* beginnen und danach vier Zeichen haben.

❺ Lassen Sie das erste Filterergebnis stehen.

❻ Klicken Sie wieder auf den Filter und geben Sie im Feld *Suchen* diesmal folgendes Muster ein: *G????*

❼ Aktivieren Sie auch den Haken *Dem Filter die aktuelle Auswahl hinzufügen.*

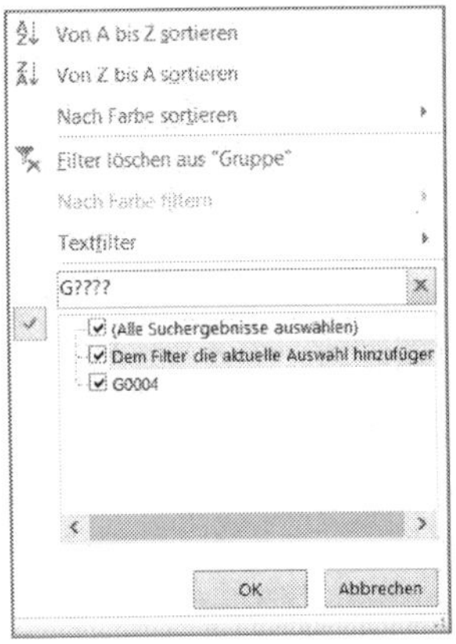

Bild 4.39: Einem Filterergebnis weitere Ergebnisse hinzufügen.

Nachdem Sie auf *OK* geklickt haben, erweitert sich die Ergebnisliste.

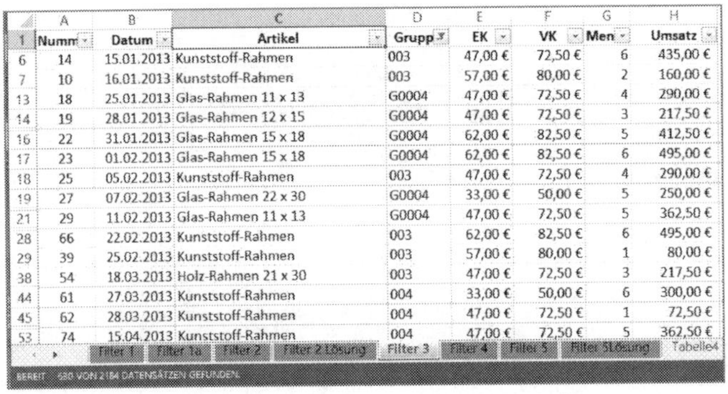

	Numm	Datum	Artikel	Grupp	EK	VK	Men	Umsatz
6	14	15.01.2013	Kunststoff-Rahmen	003	47,00 €	72,50 €	6	435,00 €
7	10	16.01.2013	Kunststoff-Rahmen	003	57,00 €	80,00 €	2	160,00 €
13	18	25.01.2013	Glas-Rahmen 11 x 13	G0004	47,00 €	72,50 €	4	290,00 €
14	19	28.01.2013	Glas-Rahmen 12 x 15	G0004	47,00 €	72,50 €	3	217,50 €
16	22	31.01.2013	Glas-Rahmen 15 x 18	G0004	62,00 €	82,50 €	5	412,50 €
17	23	01.02.2013	Glas-Rahmen 15 x 18	G0004	62,00 €	82,50 €	6	495,00 €
18	25	05.02.2013	Kunststoff-Rahmen	003	47,00 €	72,50 €	4	290,00 €
19	27	07.02.2013	Glas-Rahmen 22 x 30	G0004	33,00 €	50,00 €	5	250,00 €
21	29	11.02.2013	Glas-Rahmen 11 x 13	G0004	47,00 €	72,50 €	5	362,50 €
28	66	22.02.2013	Kunststoff-Rahmen	003	62,00 €	82,50 €	6	495,00 €
29	39	25.02.2013	Kunststoff-Rahmen	003	57,00 €	80,00 €	1	80,00 €
38	54	18.03.2013	Holz-Rahmen 21 x 30	003	47,00 €	72,50 €	3	217,50 €
44	61	27.03.2013	Kunststoff-Rahmen	004	33,00 €	50,00 €	6	300,00 €
45	62	28.03.2013	Kunststoff-Rahmen	004	47,00 €	72,50 €	1	72,50 €
53	74	15.04.2013	Kunststoff-Rahmen	004	47,00 €	72,50 €	5	362,50 €

Bild 4.40: Die Ergebnisliste.

Das Fragezeichen *?* steht für exakt ein Zeichen.

Das Sternchen * steht für kein, ein oder viele Zeichen.

Wenn Sie alle Gruppen finden möchten, deren Bezeichnung mit dem Buchstaben *G* beginnt, geben Sie diesen Code ein: *G**

Groß- und Kleinschreibung ist dabei egal. Es werden alle Gruppen herausgesucht, die mit dem Buchstaben *G* beginnen.

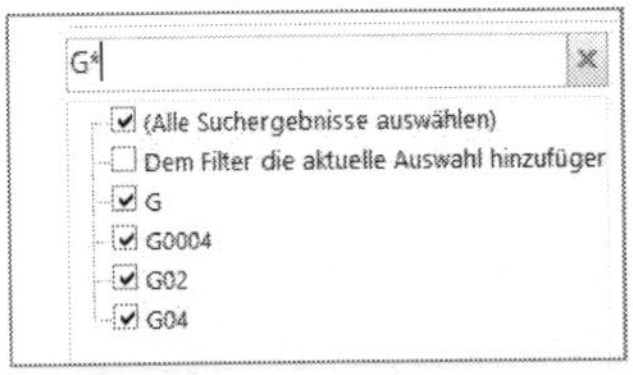

Bild 4.41: Alle Gruppen, deren Bezeichnung mit dem Buchstaben G beginnt.

Vielleicht fragen Sie sich: Wie kann ich denn nach einem ? oder einem * filtern? Hier folgt die Lösung.

Angenommen, Sie haben als Gruppenbezeichnung *0*1*, *0*2* etc., dann müssen Sie nach dem Muster *?~*?* suchen.

❶ Aktivieren Sie das Tabellenblatt *Filter 4*.

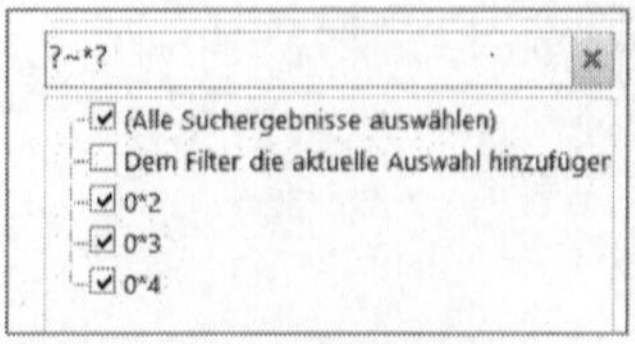

Bild 4.42: Die Suche nach den Platzhalterzeichen.

Das Zeichen ~ heißt Tilde, und Sie erhalten es, indem Sie AltGr + + drücken. Dieses Zeichen weist Excel an, das Sternchen nicht als Platzhalterzeichen, sondern als Suchwert zu interpretieren.

Wenn Sie beispielsweise alle Gruppen suchen, deren Bezeichnung mit einem Sternchen beginnt, lautet das Suchmuster: ~**

4.3.4 Fehlende Werte in Gruppenbezeichnungen auffüllen

In unseren Seminaren werden uns immer wieder Fragen gestellt, die wir auch gern beantworten. Eine Frage im Juni 2016 lautete: Ich erhalte Gruppenbezeichnungen, bei denen Werte fehlen, und ich muss diese auffüllen.

❶ Aktivieren Sie das Tabellenblatt *Filter 5*. In diesem Beispiel sollen alle Gruppenbezeichnungen am Anfang vier Nullen erhalten.

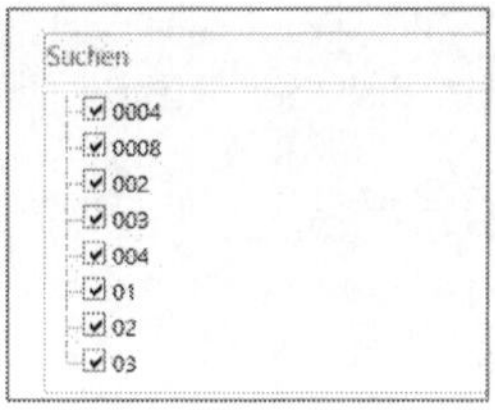

Bild 4.43: Die Ausgangslage.

Eine weitere Bitte des Teilnehmers war: keine komplexen Funktionen und keine Programmierung.

❶ Zuerst haben wir alle zweistelligen Gruppenbezeichnungen mit *??* herausgefiltert.

❷ Anschließend haben wir in einer neuen Spalte die folgende Formel eingegeben und am Ausfüllkästchen nach unten gezogen:

```
="00"&D2
```

	A	B	C	D	E	F	G	H	I
1	Numme	Datum	Artikel	Gruppe	EK	VK	Meng	Umsatz	
2	1	02.01.2013	Aluminium-Rahmen 9 x 13	01	33,00 €	50,00 €	4	200,00 €	="00"&D2
3	2	03.01.2013	Aluminium-Rahmen 10 x 15	01	27,00 €	45,50 €	2	91,00 €	0001
24	32	14.02.2013	Aluminium-Rahmen 10 x 15	02	27,00 €	45,50 €	5	227,50 €	0002
25	33	15.02.2013	Aluminium-Rahmen 13 x 18	02	47,00 €	72,50 €	4	290,00 €	0002
26	34	18.02.2013	Aluminium-Rahmen 30 x 40	02	47,00 €	72,50 €	1	72,50 €	0002
27	35	19.02.2013	Holz-Rahmen 11 x 15	02	62,00 €	82,50 €	1	82,50 €	0002
28	36	20.02.2013	Aluminium-Rahmen 30 x 40	02	47,00 €	72,50 €	6	435,00 €	0002
35	49	11.03.2013	Glas-Rahmen 12 x 15	03	47,00 €	72,50 €	5	362,50 €	0003
36	50	12.03.2013	Aluminium-Rahmen 10 x 15	03	27,00 €	45,50 €	2	91,00 €	0003
37	51	13.03.2013	Holz-Rahmen 21 x 30	03	47,00 €	72,50 €	2	145,00 €	0003
57									

Bild 4.44: Die Formel, um die zweistelligen Bezeichnungen aufzufüllen.

❸ Danach haben wir nur die dreistelligen Gruppenzeichnungen mit *???* herausgefiltert und in der neuen Spalte die Formel `="0"&D4` eingegeben.

❹ Auch dieses Ergebnis haben wir am Ausfüllkästchen nach unten gezogen.

❺ Zum Schluss haben wir alle vierstelligen Gruppenbezeichnungen mit *????* herausgefiltert und diese mit der Formel `=D13` in die neue Spalte geholt.

I2 ="00"&D2

	A	B	C	D	E	F	G	H	I	J
1	Numme	Datum	Artikel	Gruppe	EK	VK	Meng	Umsatz	Neue Gruppe	
2	1	02.01.2013	Aluminium-Rahmen 9 x 13	01	33,00 €	50,00 €	4	200,00 €	0001	
3	2	03.01.2013	Aluminium-Rahmen 10 x 15	01	27,00 €	45,50 €	2	91,00 €	0001	
4	8	11.01.2013	Holz-Rahmen 10 x 13	002	62,00 €	82,50 €	4	330,00 €	0002	
5	1	14.01.2013	Holz-Rahmen 11 x 15	002	62,00 €	82,50 €	4	330,00 €	0002	
6	14	15.01.2013	Kunststoff-Rahmen	003	47,00 €	72,50 €	6	435,00 €	0003	
7	10	16.01.2013	Kunststoff-Rahmen	003	57,00 €	80,00 €	2	160,00 €	0003	
8	40	17.01.2013	Holz-Rahmen 10 x 13	002	62,00 €	82,50 €	6	495,00 €	0002	
9	16	21.01.2013	Holz-Rahmen 21 x 30	002	47,00 €	72,50 €	1	72,50 €	0002	

Bild 4.45: Die Lösung.

Als Ergebnis hatten wir eine neue Spalte mit den korrekten Gruppenbezeichnungen. Der Teilnehmer hat diese Spalte markiert, kopiert und als Wertkopie in die Ursprungsspalte eingefügt.

Hinweis
Als Wertkopie wird die Einfügeoption bezeichnet, bei der nicht die kopierten Formeln, sondern die Ergebnisse eingefügt werden.

4.4 Wenn das Öffnen einer Mappe zu lange dauert

Excel bietet Ihnen eine tolle Lösung an, wenn das Speichern und Öffnen einer Mappe lange dauert.

Speichern Sie Ihre Mappe im XLSB-Format ab. Das B steht für Binär.

❶ Wählen Sie *Datei/Speichern unter* und wählen Sie im Feld *Dateityp* den Eintrag *Excel-Binärarbeitsmappe (*.xlsb).*

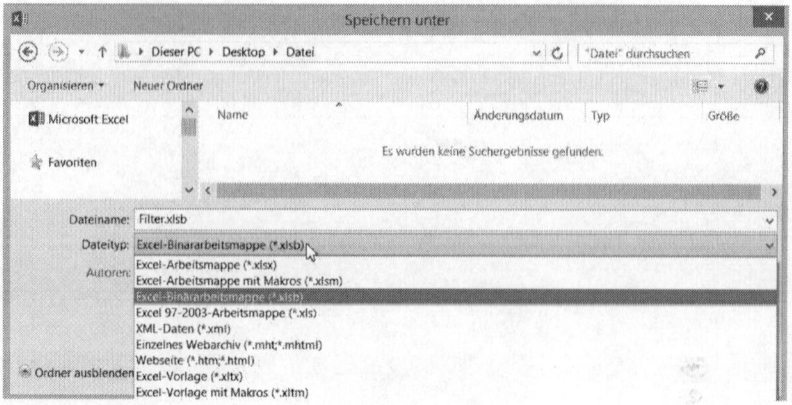

Bild 4.46: Eine Excel-Mappe im XLSB-Format speichern.

Die Speichergröße der Datei hat sich stark verringert. Dadurch wird sie schneller geöffnet. Auch das Speichern geht deutlich schneller.

Eine XLSB-Datei können Sie nicht in Excel 2003 öffnen.

5 Das Einmaleins der Summenbildung

Der am häufigsten eingesetzte Rechenschritt ist die Addition mehrerer Zahlen. Das können zwei oder Hunderte von Zahlen sein.

Je nach Aufgabenstellung bietet Ihnen Excel verschiedene Befehle und Funktionen an, um Zahlen zu addieren. In diesem Kapitel möchten wir Ihnen die Vielfalt präsentieren: von der einfachen Addition zweier Zellinhalte bis zur komplexen mehrdimensionalen Matrixfunktion.

Und was ist, wenn Sie nicht addieren, sondern einfach nur zählen möchten? Dann lesen Sie einfach den letzten Abschnitt in diesem Kapitel.

5.1 Varianten, um Zahlen in Zellen zu addieren

In diesem Kapitel erfahren Sie, wie Sie den Inhalt mehrerer Zellen addieren. Dabei gibt es eine lange und eine schnelle Variante. Beide werden jetzt vorgestellt.

Öffnen Sie die Arbeitsmappe *Summen.xlsx*.

5.1.1 Mehrere Werte manuell addieren

Im ersten Schritt wählen Sie jede Zelle einzeln aus, die summiert werden soll.

❶ Aktivieren Sie das Tabellenblatt *Manuelle Addition* und klicken Sie in die Zelle *C8*.

❷ Geben Sie das Gleichheitszeichen = ein.

❸ Wählen Sie die erste Zelle aus, deren Inhalt Sie addieren möchten, in diesem Beispiel *C3*.

❹ Geben Sie das + ein und wählen Sie die nächste Zelle *C4*.

❺ Verfahren Sie für die restlichen Zellen analog.

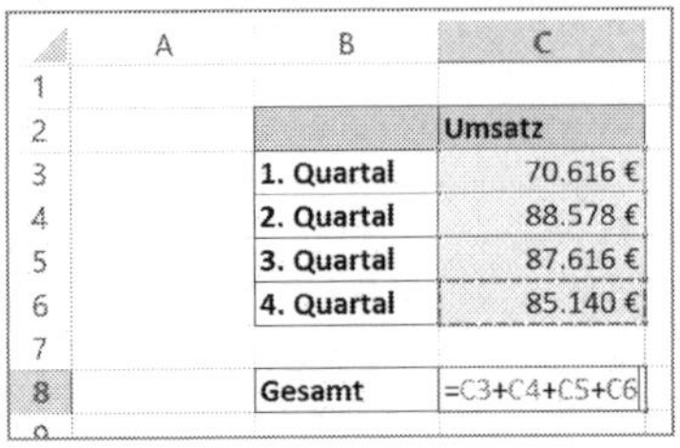

Bild 5.1: Den Inhalt mehrerer Zellen manuell addieren.

Wenn Sie fertig sind, drücken Sie `Enter`.

In der Bearbeitungsleiste erkennen Sie Ihre Formel.

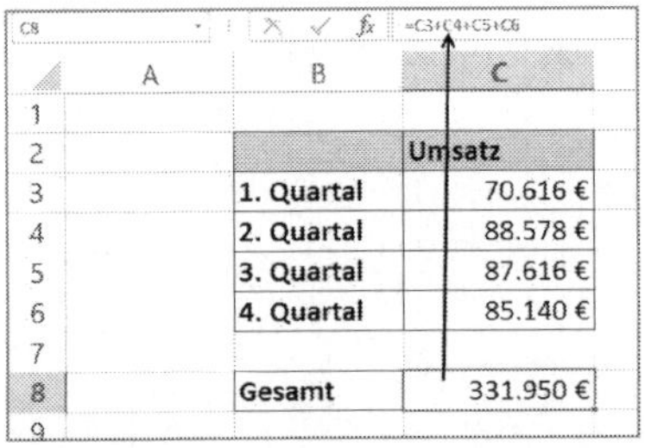

Bild 5.2: Das Ergebnis der Addition.

Wenn jetzt ein Wert in einer der eben ausgewählten Zellen geändert wird, ändert sich auch automatisch die Summe in Zelle *C8*.

5.1.2 Schnelles Addieren mit der Funktion SUMME

Das Addieren der Inhalte von 100 Zellen addieren ist sehr viel Arbeit. Diese Arbeit können Sie mit der Funktion `SUMME` abkürzen.

❶ Aktivieren Sie das Tabellenblatt *Funktion SUMME* und klicken Sie in die Zelle *C8*.

❷ Klicken Sie im Register *Start* auf die Schaltfläche *Σ AutoSumme*.

Excel markiert jetzt die Zellen über Zelle *C8*, in der Zahlen gefunden werden. Dies ist nur ein Angebot.

❸ Kontrollieren Sie die angebotenen Zellen und korrigieren Sie sie gegebenenfalls durch Ziehen mit der Maus.

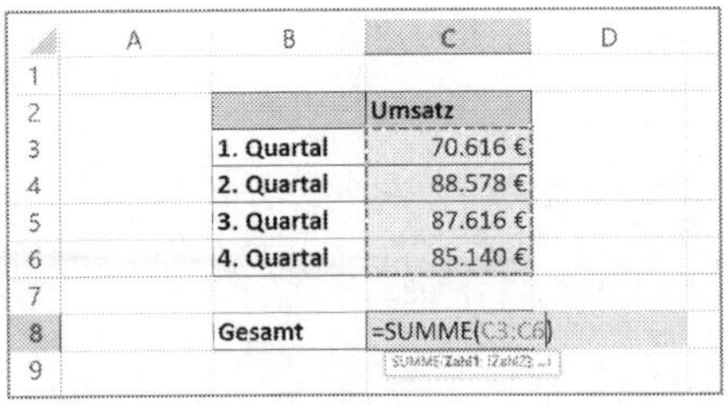

Bild 5.3: Die Funktion SUMME im Einsatz.

❹ Wenn alle Zellen, deren Inhalt Sie addieren möchten, ausgewählt sind, drücken Sie `Enter`.

In der Bearbeitungsleiste erkennen Sie Ihre Formel.

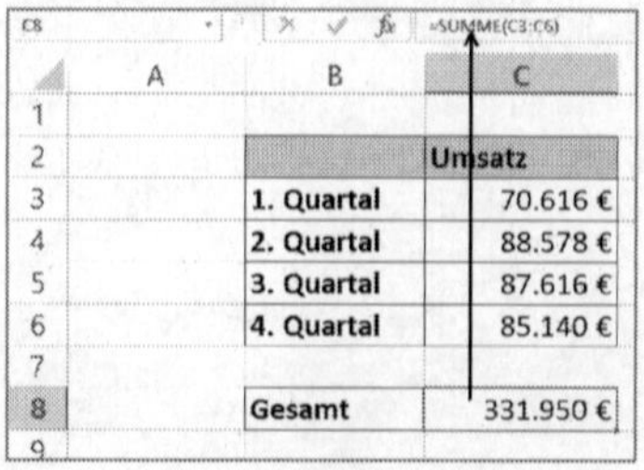

Bild 5.4: Die Funktion SUMME addiert die Inhalte der angegebenen Zellen.

Sollte der Inhalt der ausgewählten Zellen geändert werden, ändert sich auch automatisch das Ergebnis.

5.1.3 Mehrere Zellbereiche addieren

Wenn Sie den Inhalt mehrerer Zellen und/oder Zellbereiche mit der Funktion SUMME addieren möchten, hilft Ihnen die `Strg`-Taste weiter.

Im aktuellen Beispiel soll in Zelle *E4* die Summe der Umsätze von Obst, Gemüse und Gewürzen gebildet werden.

❶ Aktivieren Sie das Register *Bereiche addieren* und klicken Sie in die Zelle *E4.*

❷ Aktivieren Sie das Register *Start* und klicken Sie auf die Schaltfläche *Σ AutoSumme.*

❸ Markieren Sie den ersten Bereich, den Sie addieren möchten, im aktuellen Beispiel *C6* bis *C8.*

❹ Halten Sie anschließend die `Strg`-Taste gedrückt und markieren Sie den nächsten Bereich. Das ist die Zelle *C13.*

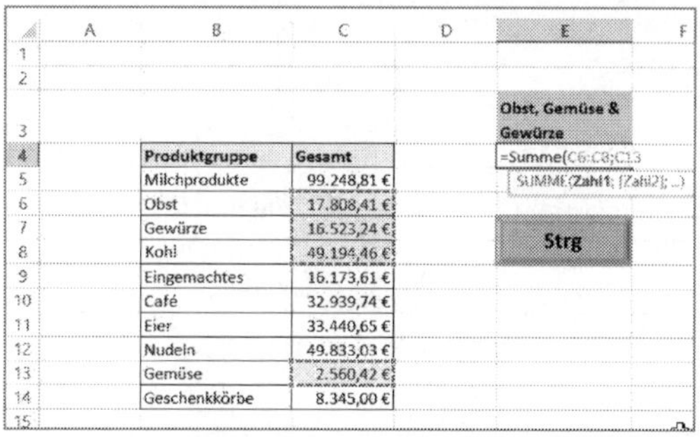

Bild 5.5: Mit der Funktion SUMME und der Strg-Taste verschiedene Zellinhalte addieren.

❺ Wenn Sie alle Zellbereiche markiert haben, lassen Sie die `Strg`-Taste los und drücken `Enter`.

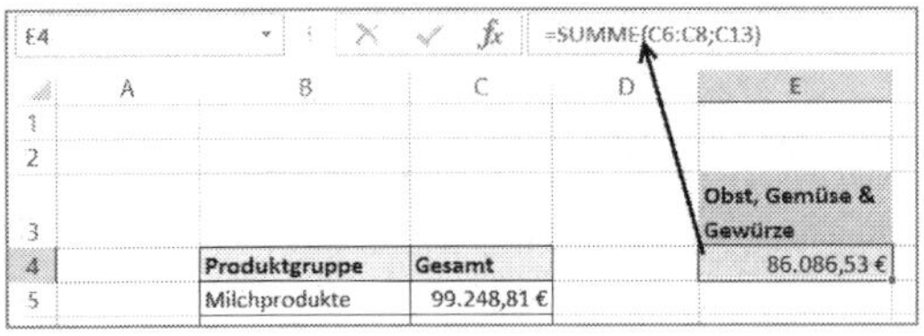

Bild 5.6: Das Ergebnis der Addition der Zellinhalte von C6 bis C8 und C13.

> **Tipp**
> Bis zu 255 unterschiedliche Zellbereiche können Sie mit der Funktion `SUMME` ansteuern und damit ihre Inhalte addieren.

5.1.4 Spesenabrechnungen für die Mitarbeiter erstellen

Stellen Sie sich vor, Sie müssten für Ihre Mitarbeiter eine einfache Spesenabrechnung erstellen. Sie haben bereits die Kosten der Außendienstmitarbeiter vorliegen und möchten einen bestimmten Betrag zu den Kosten hinzuaddieren.

1. Aktivieren Sie das Tabellenblatt *Spesen* und klicken Sie in die Zelle *D6.*

   Sie möchten zu den Kosten von Adam in Zelle *C6* die Spesen in Zelle *D2* hinzuaddieren.

2. Erfassen Sie die folgende Formel:

```
=C6+D2
```

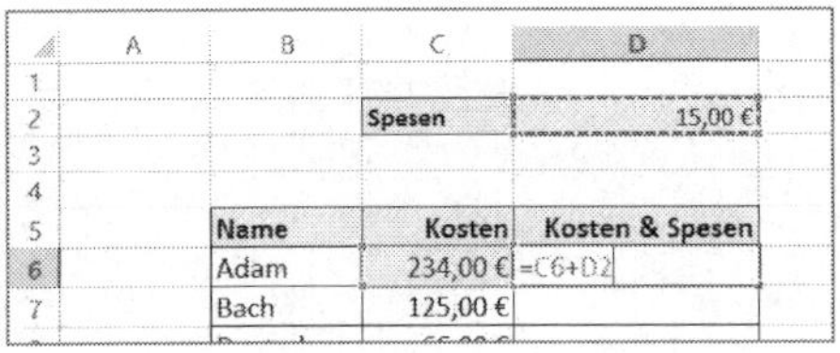

Bild 5.7: Die Addition der Kosten und der Spesen.

3. Drücken Sie zur Bestätigung `Enter`.
4. Kopieren Sie die Formel am Ausfüllkästchen nach unten.

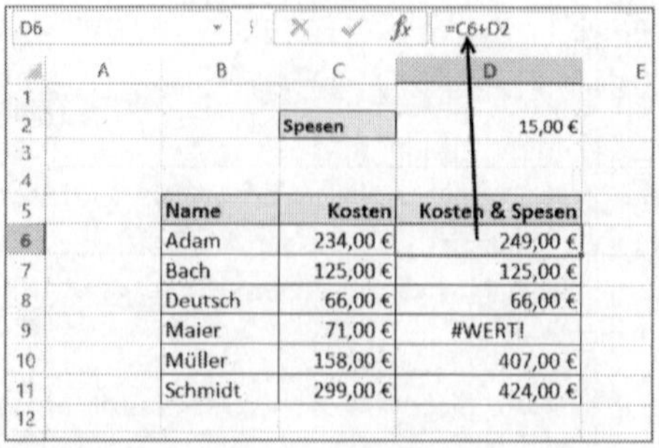

Bild 5.8: Nur die erste berechnete Zelle hat ein richtiges Ergebnis.

Durch das Ziehen am Ausfüllkästchen hat Excel in der Formel alle Zelladressen angepasst. Das bedeutet: Aus *C6* in der Zeile *6* wurde nach dem Herunterziehen in die Zeile *7 C7*. Das ist gewollt, und alles ist gut. Allerdings hat Excel aus Zelle *D2* nach dem Herunterziehen *D3* gemacht. Das ist nicht richtig und so auch nicht gewollt.

Die Zelle *D2* muss beim Schreiben der Formel festgesetzt werden. Das erledigen die *$*-Symbole für Sie.

❶ Löschen Sie Ihre Berechnungen von eben und klicken Sie wieder in Zelle *D6*.

❷ Erfassen Sie die Formel `=C6+D2` und drücken Sie die Taste [F4].

In der Zelle steht nun die Formel `=C6+$D$2`.

Tipp
Die *$*-Symbole weisen Excel an, diese Zelladresse während eines Kopiervorgangs nicht zu verändern. Sie können die Symbole auch händisch eingeben.

❸ Drücken Sie zur Bestätigung [Enter] und kopieren Sie die Formel am Ausfüllkästchen nach unten.

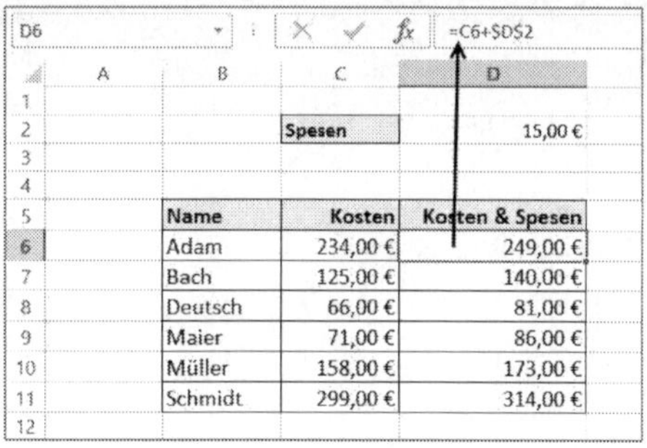

Bild 5.9: Die korrekte Berechnung.

5.1.5 Mit $-Zeichen Zellen festsetzen

Wenn Sie eine Formel geschrieben haben und das Ergebnis stimmt: Gratulation. Wenn Sie diese Formel danach am Ausfüllkästchen kopiert haben und die Ergebnisse nicht mehr stimmen, sollten Sie sich fragen, welche Zelle oder welche Zellen festgesetzt werden müssen. Markieren Sie die Zelle mit der ersten Formel, klicken Sie auf die Zelladressen in der Bearbeitungsleiste und drücken Sie [F4]. Bestätigen Sie mit [Enter] und kopieren Sie die korrigierte Version am Ausfüllkästchen.

Manchmal müssen Sie bei einer Formel nur eine Spalte oder eine Zeile festsetzen.

In der folgenden Tabelle sehen Sie die vier Varianten, wenn Sie die [F4]-Taste auf einer Zelladresse mehrfach drücken.

[F4] *drücken*	*Ergebnis*	*Aktion*
1*	`$D$2`	Die ganze Zelle ist festgesetzt.
2*	`D$2`	Die Zeile *2* ist festgesetzt.
3*	`$D2`	Die Spalte *D* ist festgesetzt.
4*	`D2`	Nichts ist festgesetzt.

Tabelle 5.1: Die vier Varianten der Taste F4.

5.2 Wie man eine Wertkopie erstellt

Stellen Sie sich vor, Sie hätten eine Berechnung erstellt und würden gern mit dem Ergebnis weiterarbeiten.

Wenn Sie die Zelle mit dem Ergebnis kopieren und an einer anderen Stelle wieder einfügen, kann es zu folgendem, nicht besonders produktivem Resultat kommen: Es erscheint eine Fehlermeldung. Es kann auch vorkommen, dass Excel Ihnen ein von Ihnen nicht gewünschtes Ergebnis anzeigt.

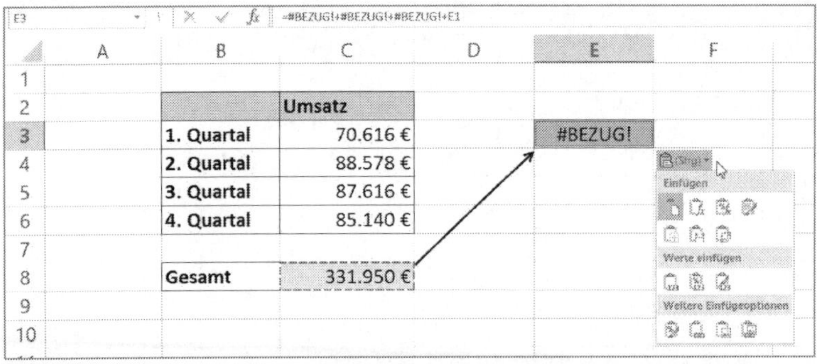

Bild 5.10: Ein Bezugsfehler nach dem Kopieren und Einfügen.

Excel passt beim Kopieren die Zelladressen an. Das führt in diesem Beispiel zu ungewünschten Ergebnissen.

5.2.1 Werte einfügen – die Lösung liegt auf der Hand

Die Lösung ist, nur das Ergebnis ohne die dahinterliegende Formel kopieren.

1. Kopieren Sie die Zelle mit [Strg]+[C] und fügen Sie sie mit [Strg]+[V] wieder ein.
2. Klicken Sie auf die Schaltfläche (Strg)
3. Im Bereich *Werte einfügen* finden Sie drei Befehle, um nur die Werte ohne die Formeln einzufügen.

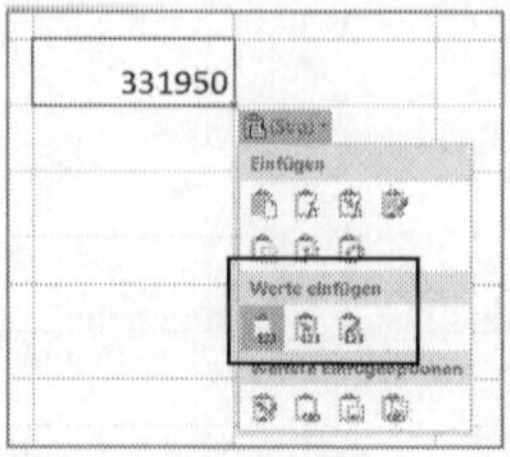

Bild 5.11: Die Schaltfläche *Einfügeoptionen* bietet viele Varianten.

Mit dem ersten Befehl *Werte* in der Gruppe *Werte einfügen* wird nur das Formelergebnis ohne Formatierungen eingefügt. Der zweite Befehl, *Werte und Zahlenformate*, fügt sowohl das Ergebnis als auch das Zahlenformat der kopierten Zelle ein. Über den letzten Befehl in der Gruppe, *Werte und Quellformatierung*, wird alles eingefügt außer der Formel.

> **Hinweis**
> Die hier beschriebenen Schritte gelten für alle Formeln, die Sie in Excel erstellen.

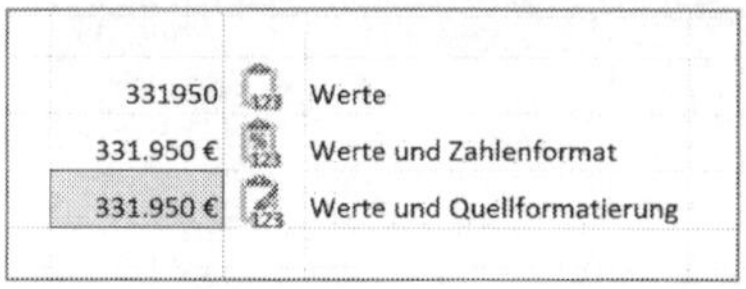

Bild 5.12: Die drei Möglichkeiten zum Einfügen von Werten.

> **Tipp**
> Wenn Sie nach dem Drücken von [Strg]+[V] die Maus nicht einsetzen möchten, drücken Sie [Strg]. Damit öffnen Sie die Auswahlliste an der Schaltfläche *Einfügeoptionen.* Möchten Sie nur Werte ohne Formatierung einfügen, drücken Sie [W]. Möchten Sie die Werte und die Zahlenformate einfügen, drücken Sie [A]. Wenn Sie [E] drücken, werden die Werte und alle Formate übertragen.

5.3 Umsatzsummen über mehrere Tabellenblätter

Jetzt wird es etwas komplexer. In diesem Beispiel stehen die Umsätze pro Monat auf mehreren Tabellenblättern.

❶ Öffnen Sie die Arbeitsmappe *Mehrere Tabellen1.xlsx*.

Auf dem Tabellenblatt *Gesamt* soll die Summe gebildet werden.

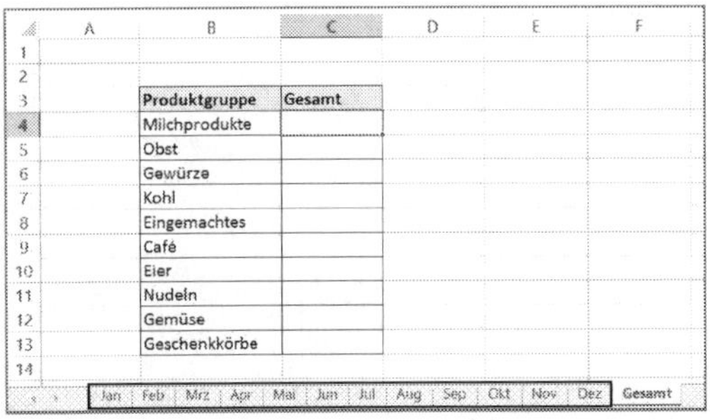

Bild 5.13: Auf dem Blatt *Gesamt* soll die Umsatzsumme aller Monate gebildet werden.

Excel bietet Ihnen mehrere Lösungswege an. Über den ersten Weg müssen Sie jedes Tabellenblatt und jede Zelle, die Sie summieren möchten, einzeln auswählen. Bei der Alternative, die deutlich kürzer ist, nennen Sie den Bereich der Tabellenblätter, den Sie summieren möchten.

5.3.1 Jeden Wert einzeln wählen

Im ersten Beispiel klicken Sie jedes Tabellenblatt und jede Zelle an, deren Inhalt Sie addieren möchten.

❶ Klicken Sie in die Zelle *C4* auf dem Tabellenblatt *Gesamt*.

❷ Geben Sie ein Gleichheitszeichen ein, aktivieren Sie das Tabellenblatt *Jan* und klicken Sie dort auf die Zelle *C4*.

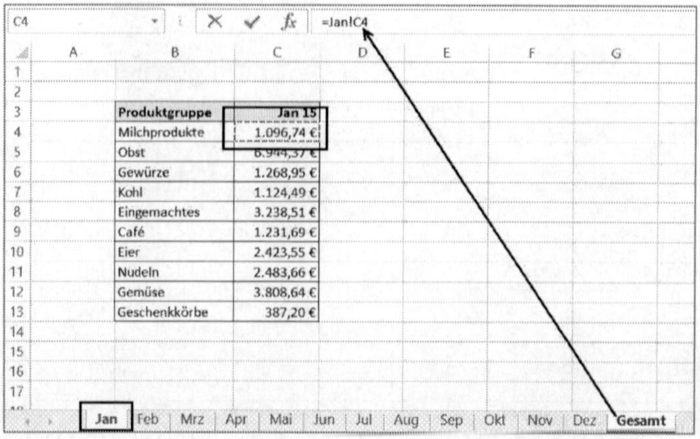

Bild 5.14: Der erste Schritt der Berechnung.

❸ Geben Sie + ein, klicken Sie auf das Register *Feb* und wählen Sie wieder die Zelle *C4* aus.

❹ Führen Sie diese Schritte für alle Tabellenblätter durch.

❺ Wenn Sie auf dem Blatt *Dez* Zelle *C4* ausgewählt haben, drücken Sie [Enter].

❻ Ziehen Sie die Formel am Ausfüllkästchen nach unten.

```
=Jan!C4+Feb!C4+Mrz!C4+Apr!C4+Mai!C4+Jun!C4+Jul!C4+Aug!C4+Sep!C4+Okt!C4+No
v!C4+Dez!C4
```

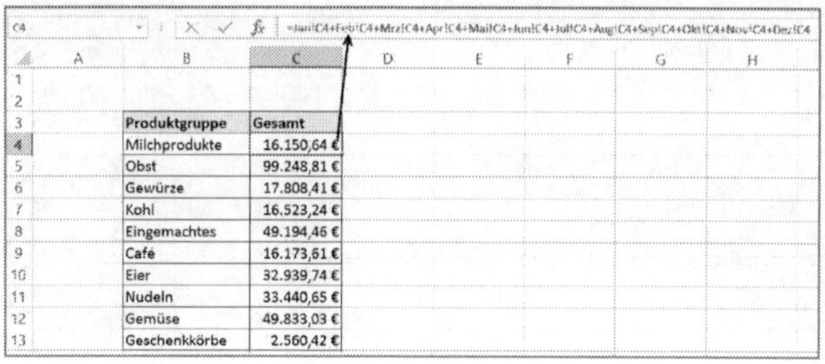

Bild 5.15: Das Ergebnis der Berechnung über mehrere Tabellenblätter.

Während Sie die Formel schreiben, dürfen Sie nicht auf das Tabellenblatt *Gesamt* klicken.

5.3.2 Die kürzere Berechnungsvariante

Es gibt eine noch kürzere Variante, eine Berechnung über mehrere Tabellenblätter zu erstellen.

❶ Öffnen Sie die Mappe *Mehrere Tabellen2.xlsx*, aktivieren Sie das Register *Gesamt* und klicken Sie in die Zelle *C4*.

❷ Geben Sie die folgende Formel ein: `=Summe(Jan:Dez!C4)`

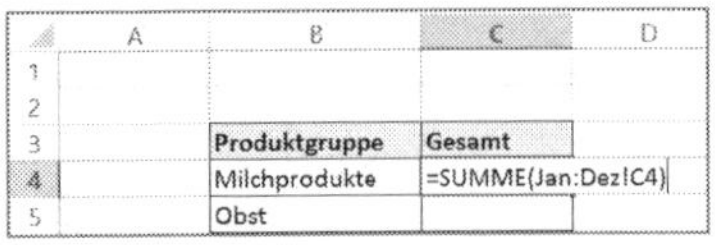

Bild 5.16: Die kurze Formel zur Berechnung über mehrere Tabellenblätter.

❸ Drücken Sie zur Bestätigung `Enter` und kopieren Sie die Formel nach unten.

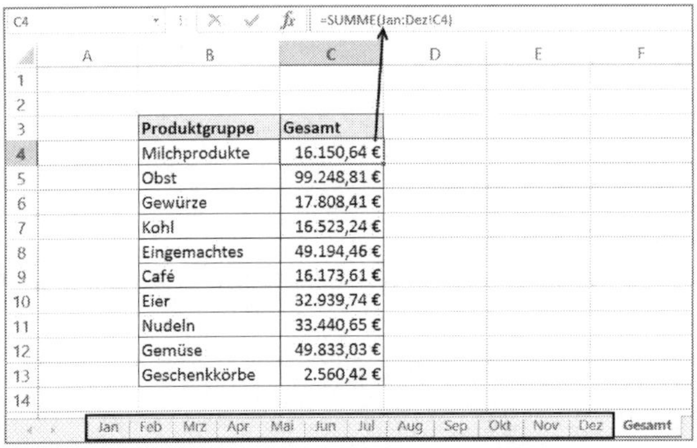

Bild 5.17: Die kurze Variante der Berechnung über mehrere Tabellenblätter.

Der Inhalt der Zelle *C4* wird von allen Tabellenblättern, die zwischen *Jan* und *Dez* liegen, addiert. Wenn aus Versehen ein weiteres Tabellenblatt beispielsweise zwischen die Blätter *Feb* und *Mrz* eingefügt wird, wird der Inhalt der Zelle *C4* auch mit summiert.

Tipp
Sie können eine Arbeitsmappe so weit schützen, dass keine neuen Tabellenblätter eingefügt und keine Blätter verschoben werden können. Wählen Sie die Befehlsfolge *Überprüfen/Arbeitsmappe schützen*. Vergeben Sie ein Kennwort. Dann kann niemand das Ergebnis zerstören, indem ein Tabellenblatt eingefügt wird.

5.4 Zwischen- und Gesamtsummen mit Teilergebnis

Mit dem Befehl *Teilergebnis* können Sie Zwischensummen und eine Gesamtsumme erstellen. Sie müssen allerdings Ihre Tabelle nach der Spalte sortieren, in der Sie die Zwischensummen berechnen möchten.

❶ Öffnen Sie die Arbeitsmappe *Teilergebnis.xlsx*.

Die folgende Abbildung zeigt ein Beispiel. Die Zwischensumme in Spalte *G* wird nach der Produktgruppe in Spalte *B* gebildet.

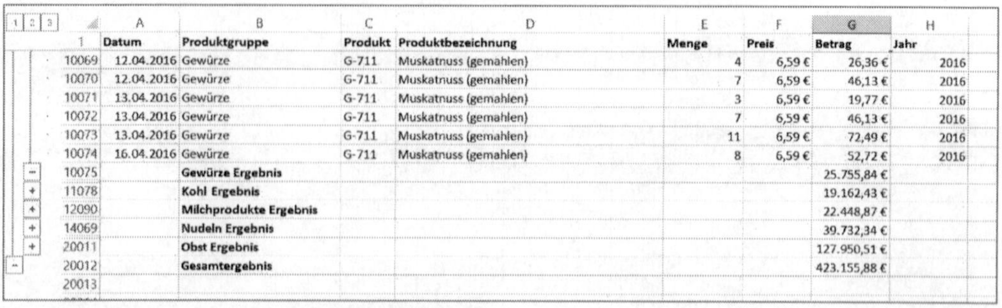

	A	B	C	D	E	F	G	H
1	Datum	Produktgruppe	Produkt	Produktbezeichnung	Menge	Preis	Betrag	Jahr
10069	12.04.2016	Gewürze	G-711	Muskatnuss (gemahlen)	4	6,59 €	26,36 €	2016
10070	12.04.2016	Gewürze	G-711	Muskatnuss (gemahlen)	7	6,59 €	46,13 €	2016
10071	13.04.2016	Gewürze	G-711	Muskatnuss (gemahlen)	3	6,59 €	19,77 €	2016
10072	13.04.2016	Gewürze	G-711	Muskatnuss (gemahlen)	7	6,59 €	46,13 €	2016
10073	13.04.2016	Gewürze	G-711	Muskatnuss (gemahlen)	11	6,59 €	72,49 €	2016
10074	16.04.2016	Gewürze	G-711	Muskatnuss (gemahlen)	8	6,59 €	52,72 €	2016
10075		**Gewürze Ergebnis**					25.755,84 €	
11078		**Kohl Ergebnis**					19.162,43 €	
12090		**Milchprodukte Ergebnis**					22.448,87 €	
14069		**Nudeln Ergebnis**					39.732,34 €	
20011		**Obst Ergebnis**					127.950,51 €	
20012		**Gesamtergebnis**					423.155,88 €	
20013								

Bild 5.18: Das Ziel: Zwischensummen erstellen.

5.4.1 Die Vorbereitung: das Sortieren

Im ersten Schritt müssen Sie Ihre Tabelle nach der Spalte sortieren, für die Sie die Zwischensummen bilden möchten.

❶ Klicken Sie in die Tabelle, aktivieren Sie das Register *Daten* und klicken Sie auf die Schaltfläche *Sortieren.*

❷ Kontrollieren Sie, ob Excel die ganze Tabelle und die Überschriften erkannt hat. Korrigieren Sie gegebenenfalls die vorgeschlagenen Zellen.

❸ Wählen Sie im Feld *Sortieren nach* den Eintrag *Produktgruppe* aus.

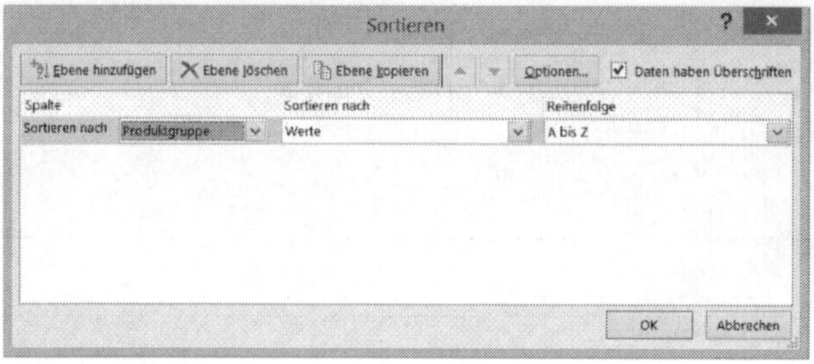

Bild 5.19: Das Sortieren nach der Produktgruppe.

❹ Bestätigen Sie mit *OK.*

Jetzt sind alle Zeilen nach Produktgruppen sortiert. Für dieses Beispiel ist eine tiefer gehende Sortierung erforderlich, weil wir gleich nicht nur die Summen der Produktgruppen, sondern auch die Summen der Produkte bilden möchten.

❺ Aktivieren Sie das Register *Daten* und klicken Sie erneut auf die Schaltfläche *Sortieren.*

❻ Klicken Sie auf die Schaltfläche *Ebene hinzufügen.* Wählen Sie im Feld *Dann nach* den Eintrag *Produktbezeichnung.*

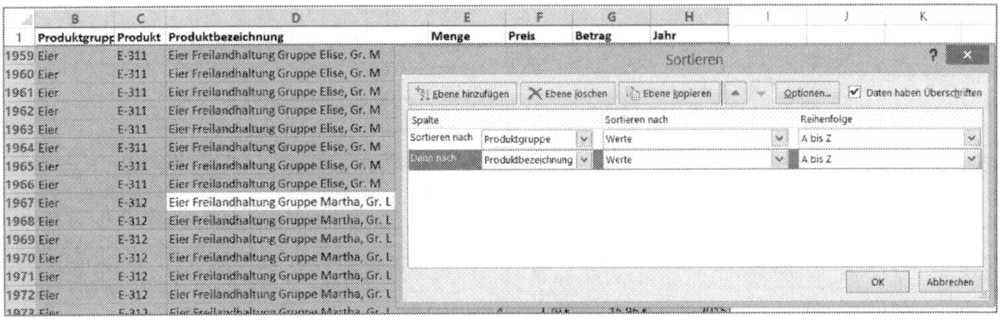

Bild 5.20: Eine weitere Sortierung für die Zwischensumme.

❼ Bestätigen Sie mit *OK*.

Damit ist die Vorbereitung abgeschlossen.

5.4.2 Der Befehl Teilergebnis

Jetzt können Sie beginnen, die Zwischensummen zu erstellen.

❶ Klicken Sie in die Tabelle, aktivieren Sie das Register *Daten* und klicken Sie auf die Schaltfläche *Teilergebnis*.

❷ Wählen Sie im ersten Feld *Gruppieren nach* die Spalte, nach der Sie das Zwischenergebnis bilden möchten, im aktuellen Beispiel die Spalte *Produktgruppe*.

❸ Lassen Sie im Feld *Verwenden* den Eintrag *Summe* stehen.

❹ Wählen Sie im Feld *Teilergebnis addieren zu* die Spalte aus, deren Inhalte addiert werden sollen. In diesem Beispiel ist das die Spalte *Betrag*.

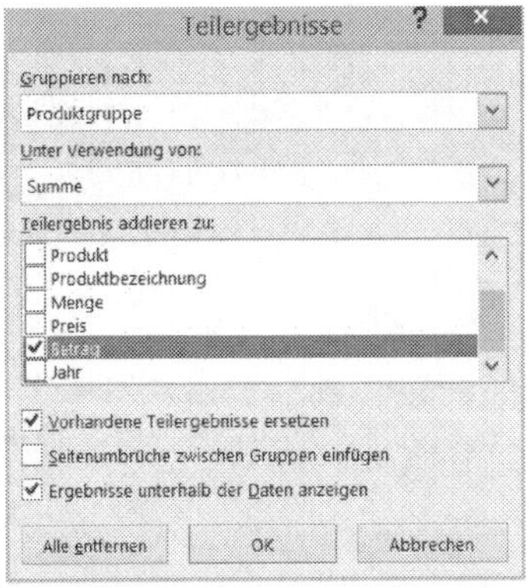

Bild 5.21: Im Fenster *Teilergebnisse* werden die Felder für die Zwischensumme ausgewählt.

❺ Bestätigen Sie mit *OK*.

Links neben Ihrer Tabelle wird der Gruppierungsbereich eingeblendet. Blättern Sie bis zur ersten Zwischensumme nach unten.

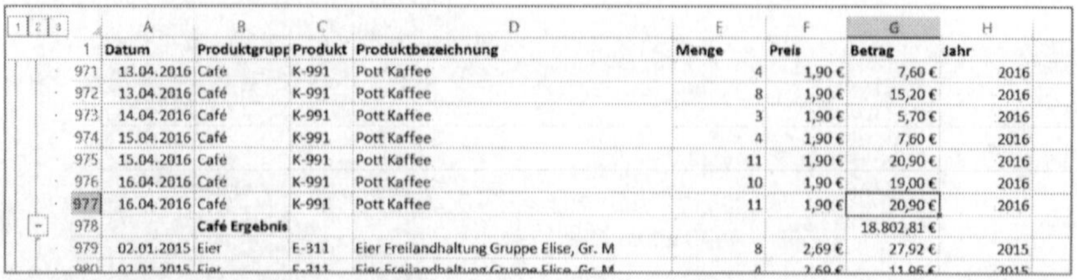

	A	B	C	D	E	F	G	H
1	Datum	Produktgrupp	Produkt	Produktbezeichnung	Menge	Preis	Betrag	Jahr
971	13.04.2016	Café	K-991	Pott Kaffee	4	1,90 €	7,60 €	2016
972	13.04.2016	Café	K-991	Pott Kaffee	8	1,90 €	15,20 €	2016
973	14.04.2016	Café	K-991	Pott Kaffee	3	1,90 €	5,70 €	2016
974	15.04.2016	Café	K-991	Pott Kaffee	4	1,90 €	7,60 €	2016
975	15.04.2016	Café	K-991	Pott Kaffee	11	1,90 €	20,90 €	2016
976	16.04.2016	Café	K-991	Pott Kaffee	10	1,90 €	19,00 €	2016
977	16.04.2016	Café	K-991	Pott Kaffee	11	1,90 €	20,90 €	2016
978		Café Ergebnis					18.802,81 €	
979	02.01.2015	Eier	E-311	Eier Freilandhaltung Gruppe Elise, Gr. M	8	2,69 €	27,92 €	2015

Bild 5.22: Die erste Zwischensumme.

Wenn Sie die Ebene der Zwischensummen sehen möchten, klicken Sie auf die kleine Schaltfläche über dem Gruppierungsbereich. Jetzt sehen Sie alle Zwischensummen sowie die Gesamtsumme. 2

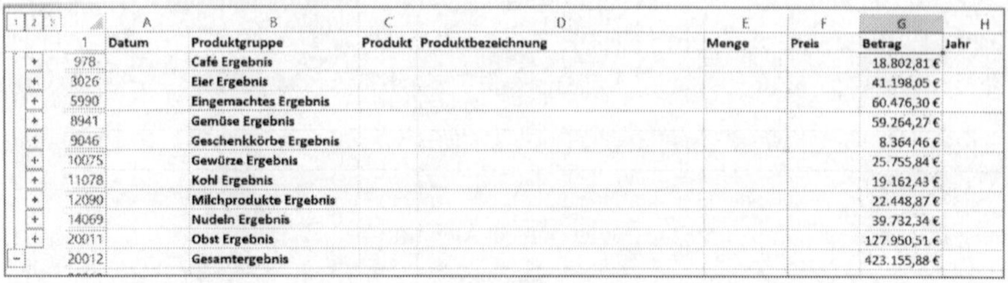

	A	B	C	D	E	F	G	H
1	Datum	Produktgruppe	Produkt	Produktbezeichnung	Menge	Preis	Betrag	Jahr
978		Café Ergebnis					18.802,81 €	
3026		Eier Ergebnis					41.198,05 €	
5990		Eingemachtes Ergebnis					60.476,30 €	
8941		Gemüse Ergebnis					59.264,27 €	
9046		Geschenkkörbe Ergebnis					8.364,46 €	
10075		Gewürze Ergebnis					25.755,84 €	
11078		Kohl Ergebnis					19.162,43 €	
12090		Milchprodukte Ergebnis					22.448,87 €	
14069		Nudeln Ergebnis					39.732,34 €	
20011		Obst Ergebnis					127.950,51 €	
20012		Gesamtergebnis					423.155,88 €	

Bild 5.23: Die Zwischensummen und die Gesamtsumme.

Mit einem Klick auf die *3* werden wieder alle Zeilen sichtbar. Mit einem Klick auf *1* sehen Sie nur die Gesamtsumme. 3 1

5.4.3 Die Ergebnisse kopieren

Wenn Sie mit den Zwischensummen weiterarbeiten möchten und nur diese Zellen kopieren, erleben Sie beim Einfügen eine Überraschung. Obwohl Sie lediglich die entsprechenden Zellen markiert und kopiert haben, fügt Excel alle Zellen der gesamten Umsatzliste ein.

Um nur die Zwischensummen zu kopieren, führen Sie die folgenden Schritte durch:

❶ Lassen Sie sich nur die Zwischensummen anzeigen. Klicken Sie dazu auf die *2* und markieren Sie alle Zellen. 2

❷ Aktivieren Sie anschließend das Register *Start*, klicken Sie auf die letzte Schaltfläche *Suchen und Auswählen* und wählen Sie den Befehl *Inhalte auswählen.*

❸ Aktivieren Sie die Option *Nur sichtbare Zellen.*

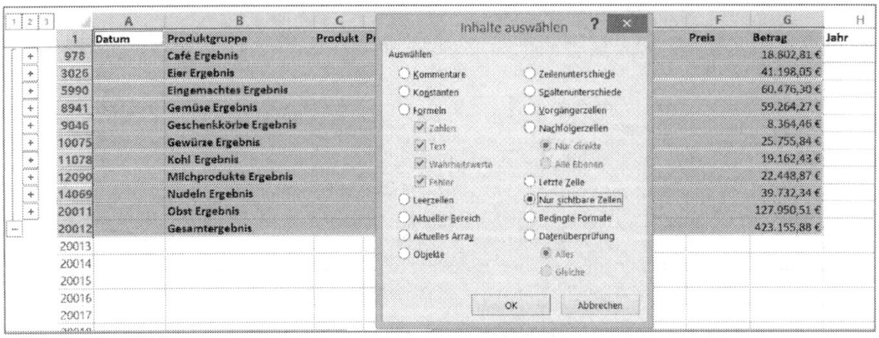

Bild 5.24: Nur die sichtbaren Zellen werden markiert.

❹ Bestätigen Sie mit *OK*. Jetzt sind nur die sichtbaren Zellen markiert. Sie erkennen das an der ungewöhnlichen Markierung.

❺ Kopieren Sie die Zellen, beispielsweise mit [Strg]+[C].

❻ Fügen Sie ein neues Tabellenblatt ein und drücken Sie [Strg]+[V], um die Zellen einzufügen.

Sie erhalten nur die eben markierten Zellen als Wertkopie.

	A	B	C	D	E	F	G
1	Datum	Produktgruppe	Produkt	Produktbezei	Menge	Preis	Betrag
2		Café Ergebnis					18.802,81 €
3		Eier Ergebnis					41.198,05 €
4		Eingemachtes Ergebnis					60.476,30 €
5		Gemüse Ergebnis					59.264,27 €
6		Geschenkkörbe Ergebnis					8.364,46 €
7		Gewürze Ergebnis					25.755,84 €
8		Kohl Ergebnis					19.162,43 €
9		Milchprodukte Ergebnis					22.448,87 €
10		Nudeln Ergebnis					39.732,34 €
11		Obst Ergebnis					127.950,51 €
12		Gesamtergebnis					423.155,88 €

Bild 5.25: Die Zwischensummen wurden auf einem neuen Tabellenblatt eingefügt.

Es besteht keine Verbindung zwischen den Ergebnissen und den gerade eingefügten Zellen.

5.4.4 Weitere Zwischensummen bilden

Sie können weitere Zwischensummen einfügen.

❶ Aktivieren Sie das Tabellenblatt *Teilergebnis*.

❷ Starten Sie im Register *Daten* erneut den Befehl *Teilergebnis*.

❸ Wählen Sie im Feld *Gruppieren nach* den Eintrag *Produktbezeichnung*.

❹ Entfernen Sie den Haken bei *Vorhandene Teilergebnisse ersetzen*.

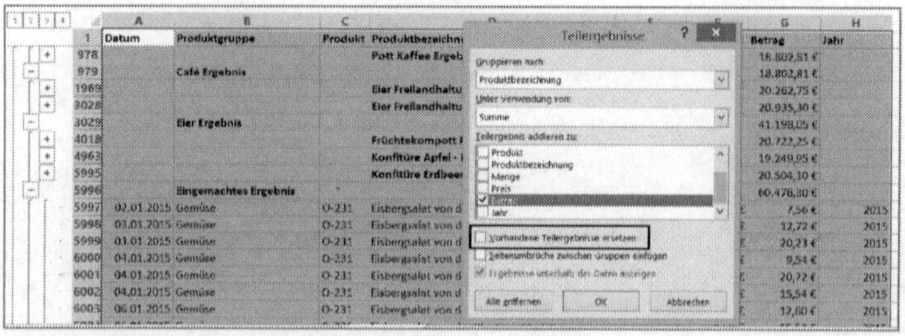

Bild 5.26: Eine weitere Zwischensumme anzeigen.

❺ Bestätigen Sie mit *OK*. Jetzt sehen Sie neben den Ergebnissen der Produktgruppen auch die Zwischenergebnisse der Produkte.

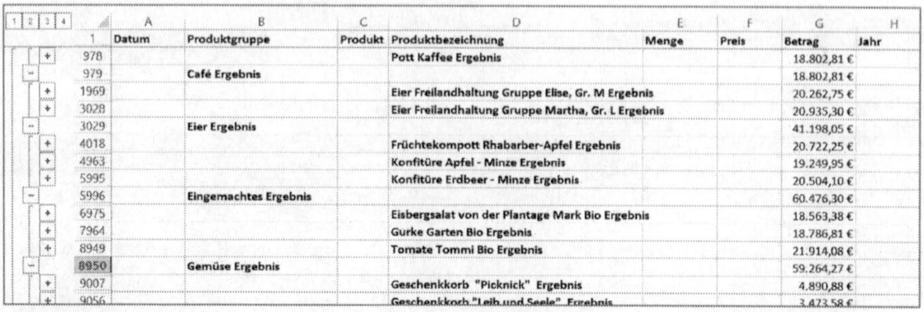

	A	B	C	D	E	F	G	H
1	Datum	Produktgruppe	Produkt	Produktbezeichnung	Menge	Preis	Betrag	Jahr
978				Pott Kaffee Ergebnis			18.802,81 €	
979		Café Ergebnis					18.802,81 €	
1969				Eier Freilandhaltung Gruppe Elise, Gr. M Ergebnis			20.262,75 €	
3028				Eier Freilandhaltung Gruppe Martha, Gr. L Ergebnis			20.935,30 €	
3029		Eier Ergebnis					41.198,05 €	
4018				Früchtekompott Rhabarber-Apfel Ergebnis			20.722,25 €	
4963				Konfitüre Apfel - Minze Ergebnis			19.249,95 €	
5995				Konfitüre Erdbeer - Minze Ergebnis			20.504,10 €	
5996		Eingemachtes Ergebnis					60.476,30 €	
6975				Eisbergsalat von der Plantage Mark Bio Ergebnis			18.563,38 €	
7964				Gurke Garten Bio Ergebnis			18.786,81 €	
8949				Tomate Tommi Bio Ergebnis			21.914,08 €	
8950		Gemüse Ergebnis					59.264,27 €	
9007				Geschenkkorb "Picknick" Ergebnis			4.890,88 €	
9056				Geschenkkorb "Leib und Seele" Ergebnis			3.473,58 €	

Bild 5.27: Die Zwischensummen von der Produktgruppe und von der Produktbezeichnung.

Auch dieses Ergebnis können Sie, wie oben beschrieben, auf ein anderes Tabellenblatt kopieren.

5.4.5 Anzahl der Verkäufe pro Produkt ermitteln

Manchmal braucht man keine Umsatzsumme, sondern lediglich die Anzahl der Verkäufe pro Produkt. Die Frage lautet: Wie viele Verkäufe haben pro Produkt stattgefunden?

❶ Starten Sie im Register *Daten* den Befehl *Teilergebnis.*

❷ Wählen Sie im Feld *Gruppieren nach* den Eintrag *Produktbezeichnung.*

❸ Wählen Sie im Feld *Unter Verwendung von* den Befehl *Anzahl.*

❹ Setzen Sie den Haken vor *Vorhandene Teilergebnisse ersetzen.*

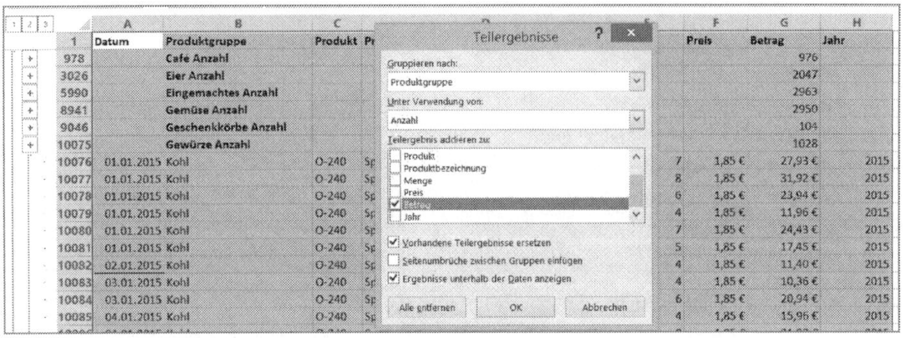

Bild 5.28: Ein weiteres Teilergebnis bilden.

❺ Bestätigen Sie mit *OK.*

Jetzt erkennen Sie die Anzahl der Verkäufe pro Produkt.

5.4.6 Die Teilergebnisse wieder entfernen

Um die Teilergebnisse wieder zu entfernen, wählen Sie erneut den Befehl *Teilergebnis* auf der Registerkarte *Daten.* Klicken Sie auf die Schaltfläche *Alle entfernen.*

Damit sind alle Zwischensummen und die Gruppierungen am linken Rand verschwunden.

5.5 Ergebnisse der Quartalsumsätze konsolidieren

Stellen Sie sich vor, Sie hätten die Umsätze der Quartale auf verschiedenen Tabellenblättern. Dabei kommen allerdings, wie es die folgende Abbildung zeigt, die Produktgruppen in den Listen mehrfach vor.

❶ Öffnen Sie die Arbeitsmappe *Konsolidieren.xlsx.*

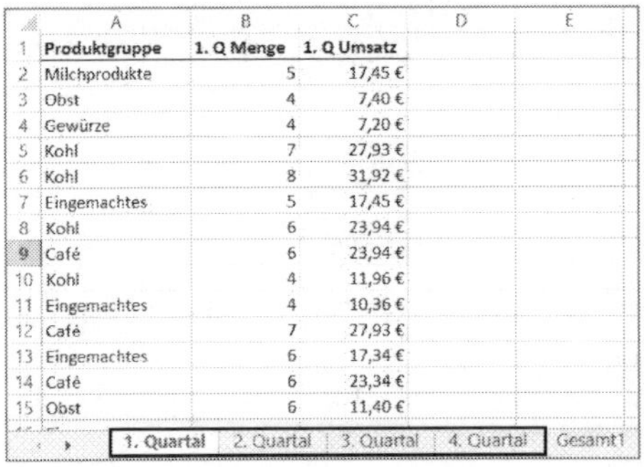

Bild 5.29: Die Ausgangslage: vier Tabellenblätter mit Umsätzen der Produktgruppen.

5.5.1 Eine einfache Konsolidierung durchführen

Sie möchten auf dem Tabellenblatt *Gesamt 1* wissen, wie viel Umsatz beispielsweise die Produktgruppe *Gewürze* gemacht hat. Der Befehl *Konsolidieren* ist zur Beantwortung dieser Frage perfekt geeignet.

❶ Klicken Sie auf dem Tabellenblatt *Gesamt 1* in die Zelle, ab der Sie das Ergebnis sehen möchten.

❷ Wählen Sie die Befehlsfolge *Daten/Konsolidieren.*

❸ Lassen Sie im Feld *Funktion* den Eintrag *Summe* stehen.

❹ Klicken Sie ins Feld *Verweis* und markieren Sie die Zellen, die Sie konsolidieren möchten. Im ersten Schritt sind das die Zellen *A1* bis *C3880* auf dem Tabellenblatt *1. Quartal.*

❺ Klicken Sie auf die Schaltfläche *Hinzufügen.*

❻ Markieren Sie die Zellen auf dem Tabellenblatt *2. Quartal.* Beachten Sie, dass Excel Ihnen hier bereits Zellen markiert, die nicht unbedingt passen. Markieren Sie deshalb auf jedem Tabellenblatt die gewünschten Zellen manuell.

❼ Wenn Sie alle Zellen auf den vier Tabellenblättern markiert haben, setzen Sie den Haken bei *Linker Spalte* im Bereich *Beschriftung.*

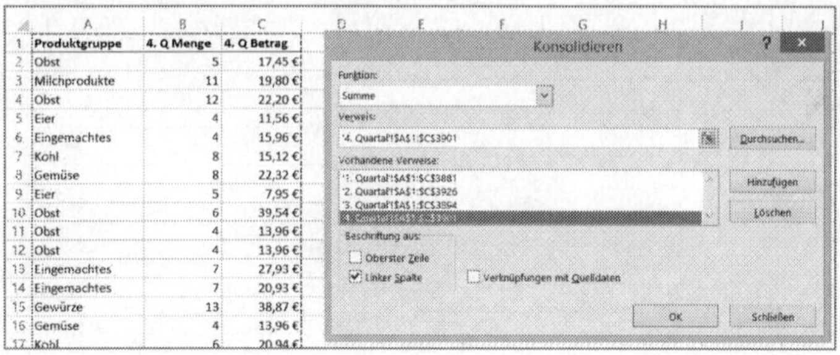

Bild 5.30: Die Zellen, deren Inhalte summiert werden sollen, sind ausgewählt.

❽ Bestätigen Sie mit *OK.*

Als Ergebnis erhalten Sie eine Tabelle, in der jede Produktgruppe einmal vorkommt. Zusätzlich werden die Summen der Mengen und der Umsätze gebildet.

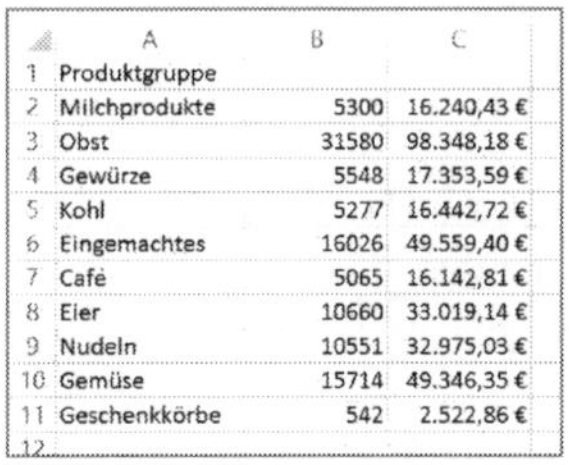

	A	B	C
1	Produktgruppe		
2	Milchprodukte	5300	16.240,43 €
3	Obst	31580	98.348,18 €
4	Gewürze	5548	17.353,59 €
5	Kohl	5277	16.442,72 €
6	Eingemachtes	16026	49.559,40 €
7	Café	5065	16.142,81 €
8	Eier	10660	33.019,14 €
9	Nudeln	10551	32.975,03 €
10	Gemüse	15714	49.346,35 €
11	Geschenkkörbe	542	2.522,86 €
12			

Bild 5.31: Das Ergebnis der Konsolidierung.

Es besteht keine Verbindung mehr zu den Originaldaten auf den vier Tabellenblättern.

Wenn jetzt noch Änderungen an den Originaldaten vorgenommen werden und Sie mit den aktuellen Werten arbeiten möchten, ist das nicht mehr so viel Arbeit. Excel hat zu dem Tabellenblatt mit dem Ergebnis Ihre Einstellungen gespeichert.

❶ Aktivieren Sie das Tabellenblatt mit dem Ergebnis und löschen Sie die Tabelle.

❷ Wählen Sie die Befehlsfolge *Daten/Konsolidieren.* Sie erkennen, dass sich Excel alle Ihre Einstellungen gemerkt hat.

❸ Wenn keine Daten an die Listen angefügt wurden, klicken Sie direkt auf *OK*. Sollten auf dem einen oder anderen Tabellenblatt Daten angefügt worden sein, erweitern Sie den Bereich und klicken auf *Hinzufügen.* Löschen Sie den alten Bereich und bestätigen Sie mit *OK.*

Damit haben Sie die aktuellen Daten in Ihrer Tabelle.

5.5.2 Konsolidierung getrennt nach Quartal

Excel kann die Quartale auch getrennt auf einem Tabellenblatt summieren.

❶ Aktivieren Sie das Tabellenblatt *Gesamt 2.*

❷ Klicken Sie in die Zelle, ab der Sie das Ergebnis sehen möchten, und wählen Sie die Befehlsfolge *Daten/Konsolidieren.*

❸ Führen Sie die Schritte wie oben beschrieben durch. Aktivieren Sie zum Schluss die beiden Haken bei *Oberster Zeile* und *Linker Spalte.*

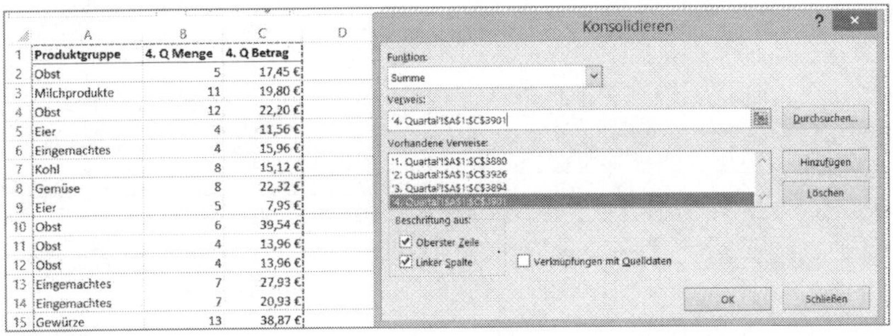

Bild 5.32: Die neue Konsolidierung soll die Quartalsergebnisse einzeln summieren.

❹ Bestätigen Sie mit *OK.*

Als Ergebnis präsentiert Ihnen Excel wie gewünscht die Summen der Produktgruppen, getrennt nach Quartal.

	A	B	C	D	E	F	G	H	I
1		1. Q Menge	1. Q Umsatz	2. Q Menge	2. Q Betrag	3. Q Menge	3. Q Betrag	4. Q Menge	4. Q Betrag
2	Milchprodukt	1103	3.538,25 €	1421	4.347,39 €	1437	4.358,40 €	1339	3.996,39 €
3	Obst	6651	20.929,01 €	8281	25.839,45 €	8514	26.294,82 €	8134	25.284,90 €
4	Gewürze	1072	3.521,83 €	1514	4.785,58 €	1544	4.651,73 €	1418	4.394,45 €
5	Kohl	983	3.088,96 €	1383	4.345,98 €	1411	4.654,52 €	1500	4.353,26 €
6	Eingemachtes	3291	10.276,91 €	4166	12.700,98 €	4457	13.901,35 €	4112	12.680,16 €
7	Café	1003	3.224,52 €	1287	4.080,64 €	1196	3.741,80 €	1579	5.095,85 €
8	Eier	2439	7.462,98 €	3089	9.488,01 €	2378	7.607,58 €	2754	8.460,57 €
9	Nudeln	2303	7.283,49 €	2767	8.557,64 €	2863	8.876,63 €	2618	8.257,27 €
10	Gemüse	3172	10.436,74 €	4399	13.756,52 €	4159	13.150,70 €	3984	12.002,39 €
11	Geschenkkörb	138	853,58 €	177	675,76 €	91	378,50 €	136	615,02 €

Bild 5.33: Die Summen der Produktgruppen nach Quartalen.

Dieses Beispiel funktioniert nur, weil sich die Beschriftung der Spalten, deren Inhalt summiert wird, auf den Tabellenblättern unterscheiden.

5.5.3 Konsolidierung mit automatischer Aktualisierung

Wenn Sie wissen, dass die Daten regelmäßig verändert und/oder erweitert werden, sollten Sie die folgenden Schritte durchführen.

❶ Aktivieren Sie das Tabellenblatt *Gesamt 3.*

❷ Klicken Sie in die Zelle, ab der Sie das Ergebnis sehen möchten, und wählen Sie die Befehlsfolge *Daten/Konsolidieren.*

❸ Markieren Sie sämtliche Spalten von *A* bis *C.* Führen Sie diesen Schritt für alle vier Tabellenblätter durch.

❹ Aktivieren Sie zum Schluss die beiden Haken bei *Linker Spalte* und *Verknüpfungen mit Quelldaten.*

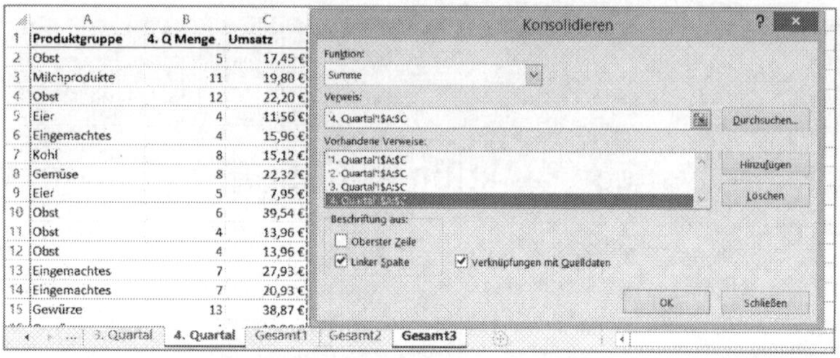

Bild 5.34: Die konsolidierten Daten werden automatisch aktualisiert.

❺ Bestätigen Sie mit *OK.*

Die Produktgruppen werden zusammengefasst und die Summen gebildet. Zusätzlich haben Sie am linken Tabellenrand eine Gruppierungsleiste.

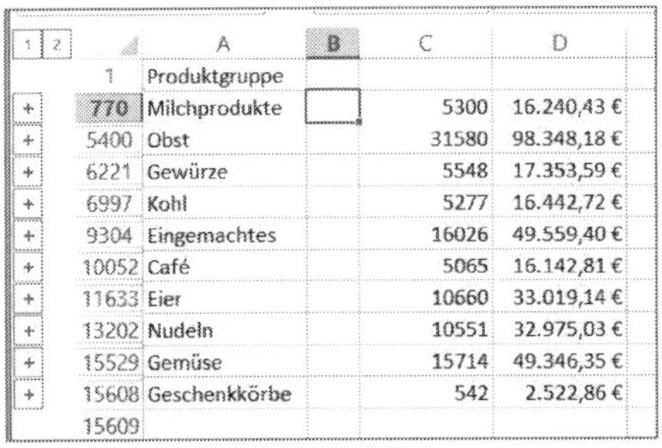

	A	B	C	D
1	Produktgruppe			
770	Milchprodukte		5300	16.240,43 €
5400	Obst		31580	98.348,18 €
6221	Gewürze		5548	17.353,59 €
6997	Kohl		5277	16.442,72 €
9304	Eingemachtes		16026	49.559,40 €
10052	Café		5065	16.142,81 €
11633	Eier		10660	33.019,14 €
13202	Nudeln		10551	32.975,03 €
15529	Gemüse		15714	49.346,35 €
15608	Geschenkkörbe		542	2.522,86 €
15609				

Bild 5.35: Das Ergebnis der Gruppierung mit einer automatischen Aktualisierung.

Mit einem Klick auf ein Plussymbol klappen Sie die Liste aller Umsätze für diese Produktgruppe auf.

Um die automatische Aktualisierung zu testen, führen Sie die folgenden Schritte durch:

❶ Aktivieren Sie ein Quartalsblatt und ändern Sie den Umsatz bei einem Milchprodukt auf *200.000* **€**.

❷ Wechseln Sie auf das Blatt *Gesamt 3*.

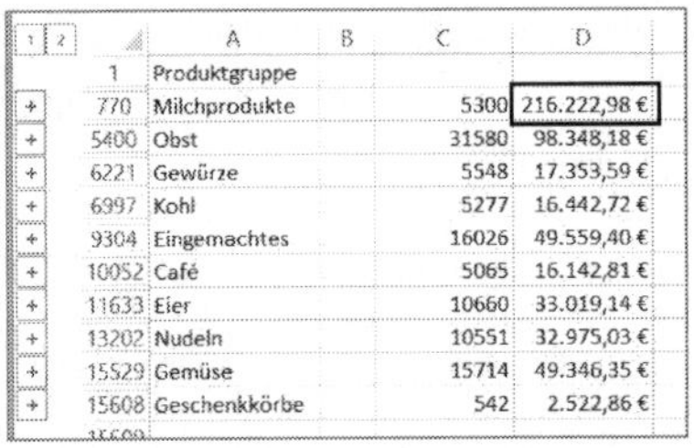

	A	B	C	D
1	Produktgruppe			
770	Milchprodukte		5300	216.222,98 €
5400	Obst		31580	98.348,18 €
6221	Gewürze		5548	17.353,59 €
6997	Kohl		5277	16.442,72 €
9304	Eingemachtes		16026	49.559,40 €
10052	Café		5065	16.142,81 €
11633	Eier		10660	33.019,14 €
13202	Nudeln		10551	32.975,03 €
15529	Gemüse		15714	49.346,35 €
15608	Geschenkkörbe		542	2.522,86 €

Bild 5.36: Die Änderungen sind angekommen.

Änderungen an den Daten auf den vier Tabellenblättern werden sofort auf das Tabellenblatt *Gesamt 3* übernommen.

5.6 Das kann die neue Funktion AGGREGAT

Die Funktion `AGGREGAT` kann ebenfalls Zellinhalte summieren, aber sie kann noch viel mehr. Sie kann beispielsweise auch addieren, wenn in den zu berechnenden Feldern Fehlermeldungen stehen.

Öffnen Sie die Arbeitsmappe *Aggregat.xlsx*.

Das folgende Beispiel soll dies verdeutlichen:

In einer Tabelle werden die Umsätze addiert und gezählt, und dann wird der Durchschnitt ermittelt.

In Zelle *E3* steht die Formel: `=SUMME(C3:C12)`

In Zelle *F3* steht die Formel: `= ANZAHL(C3:C12)`

In Zelle *G3* steht die Formel: `=MITTELWERT(C3:C12)`

	A	B	C	D	E	F	G
1							
2		Produktgruppe	Umsatz		Summe Umsatz	Anzahl Umsätze	Durchschntl. Umsatz
3		Café	18.803 €		395.205 €	10	39.521 €
4		Eier	41.198 €				
5		Eingemachtes	60.476 €				
6		Gemüse	59.264 €				
7		Geschenkkörbe	8.364 €				
8		Gewürze	25.756 €				
9		Kohl	19.162 €				
10		Milchprodukte	22.449 €				
11		Nudeln	39.732 €				
12		Obst	100.000 €				

Bild 5.37: In der Beispieltabelle läuft zurzeit noch alles rund.

5.6.1 Addieren auch bei einer Fehlermeldung

Sobald Excel in einer der zu berechnenden Zellen zwischen *C3* und *C12* einen Fehler anzeigt, liefern die Funktionen `SUMME` und `MITTELWERT` diesen Fehler ebenfalls.

	A	B	C	D	E	F	G
1							
2		Produktgruppe	Umsatz		Summe Umsatz	Anzahl Umsätze	Durchschntl. Umsatz
3		Café	18.803 €		#NAME?	9	#NAME?
4		Eier	41.198 €				
5		Eingemachtes	60.476 €				
6		Gemüse	#NAME?				
7		Geschenkkörbe	8.364 €				
8		Gewürze	25.756 €				
9		Kohl	19.162 €				
10		Milchprodukte	22.449 €				
11		Nudeln	39.732 €				
12		Obst	100.000 €				

Bild 5.38: Die Fehlermeldung setzt sich fort.

Für dieses Beispiel spielt es keine Rolle, warum der Fehler aufgetreten ist. Wichtig ist, dass zwei der drei Funktionen kein Ergebnis mehr liefern. Jetzt tritt die Funktion `AGGREGAT` auf den Plan.

1. Klicken Sie in die Zelle *E3* und entfernen Sie die Formel.
2. Geben Sie ein Gleichheitszeichen = ein, gefolgt vom Funktionsnamen `AGGREGAT` und einer öffnenden Klammer `(`.

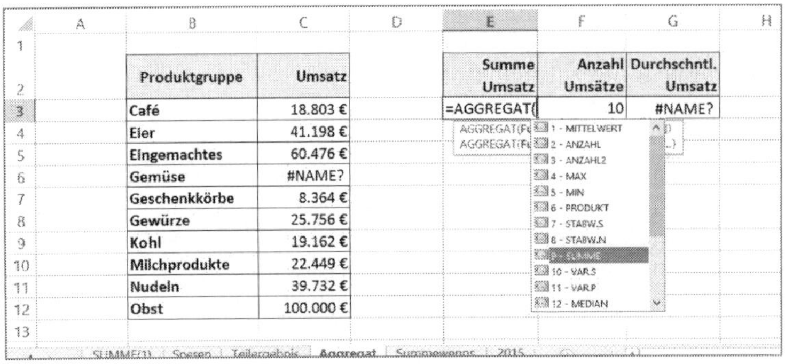

Bild 5.39: Die Auswahl des Rechenschritts in der Funktion AGGREGAT.

❸ Im ersten Parameter geben Sie den Rechenschritt an. Im aktuellen Beispiel ist es die Summe. Doppelklicken Sie auf den Eintrag *9 - Summe*.

Hinweis

Sie können die Funktion auch mit den Tasten auswählen. Drücken Sie solange [↓], bis die gewünschte Funktion markiert ist. Drücken Sie anschließend die [Tab]-Taste, um die markierte Funktion auszuwählen. [Enter] dürfen Sie noch nicht drücken, da die Formel noch nicht fertig ist.

❹ Geben Sie jetzt das Semikolon *;* ein.

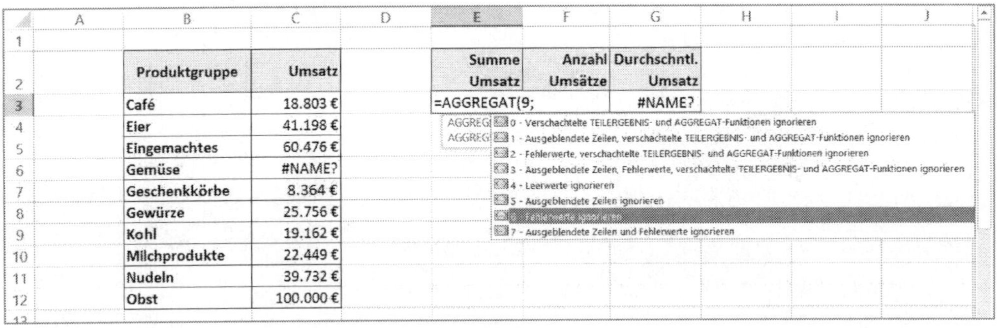

Bild 5.40: Die Auswahl des zweiten Parameters.

❺ Der zweite Parameter bestimmt, welche Werte von `AGGREGAT` ignoriert werden sollen. Wählen Sie die Nummer *6 - Fehlerwerte ignorieren* aus.

❻ Geben Sie erneut ein Semikolon *;* ein.

❼ Markieren Sie die Zellen *C3* bis *C12*.

❽ Schließen Sie die Klammer mit *)* und drücken Sie [Enter].

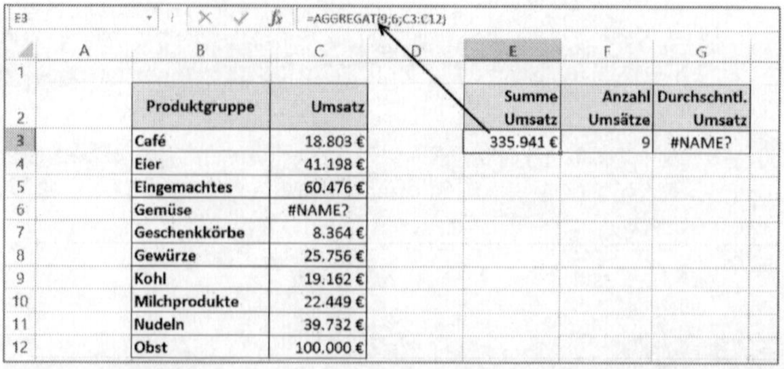

	A	B	C	D	E	F	G
1							
2		Produktgruppe	Umsatz		Summe Umsatz	Anzahl Umsätze	Durchschntl. Umsatz
3		Café	18.803 €		335.941 €	9	#NAME?
4		Eier	41.198 €				
5		Eingemachtes	60.476 €				
6		Gemüse	#NAME?				
7		Geschenkkörbe	8.364 €				
8		Gewürze	25.756 €				
9		Kohl	19.162 €				
10		Milchprodukte	22.449 €				
11		Nudeln	39.732 €				
12		Obst	100.000 €				

Bild 5.41: Das Ergebnis: Die Funktion AGGREGAT ignoriert die Fehlermeldung.

In Zelle *E3* werden jetzt alle Zellen im angegebenen Bereich addiert, die Zahlen enthalten. Die Fehlermeldung wird ignoriert.

Jetzt soll in Zelle *G3* der durchschnittliche Umsatz berechnet werden.

❶ Klicken Sie in die Zelle *G3*, entfernen Sie den Inhalt und erfassen Sie die folgende Formel:

```
=AGGREGAT(1;6;C3:C12)
```

❷ Drücken Sie zur Bestätigung [Enter].

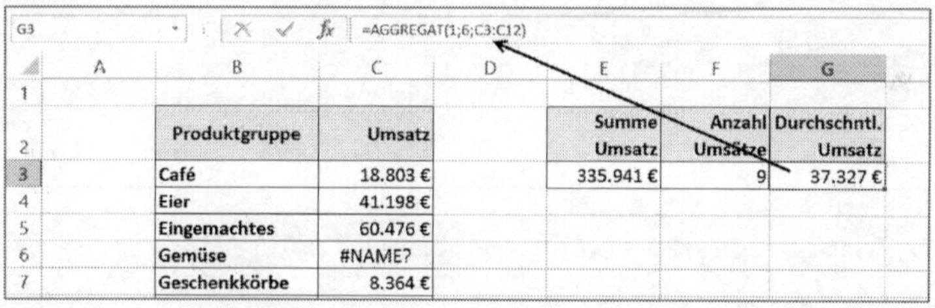

	A	B	C	D	E	F	G
1							
2		Produktgruppe	Umsatz		Summe Umsatz	Anzahl Umsätze	Durchschntl. Umsatz
3		Café	18.803 €		335.941 €	9	37.327 €
4		Eier	41.198 €				
5		Eingemachtes	60.476 €				
6		Gemüse	#NAME?				
7		Geschenkkörbe	8.364 €				

Bild 5.42: Die Funktion AGGREGAT kann auch den Mittelwert berechnen.

Die `1` an der ersten Stelle weist die Funktion `AGGREGAT` an, den Mittelwert zu bilden. Auch hier gibt die `6` im zweiten Parameter die Anweisung, Fehlermeldungen zu ignorieren. Und der dritte Parameter stellt wieder die Zellen dar, aus denen der Durchschnitt berechnet wird.

5.6.2 Nur die sichtbaren Zellen addieren

Die Funktion `SUMME` addiert auch Zellinhalte, wenn die Zelle ausgeblendet ist. Im aktuellen Beispiel wurde Zeile *12*, das Obst mit 100.000 € Umsatz, ausgeblendet. Trotzdem addiert die Funktion `SUMME` diesen Wert mit.

Tipp
In Kapitel 3 wurde das Ein- und Ausblenden von Zeilen ausführlich beschrieben.

Sollte jemand die angezeigten Werte in Spalte *C* im Kopf addieren, wird er auf einen anderen Wert kommen. Dies kann zu Missverständnissen führen.

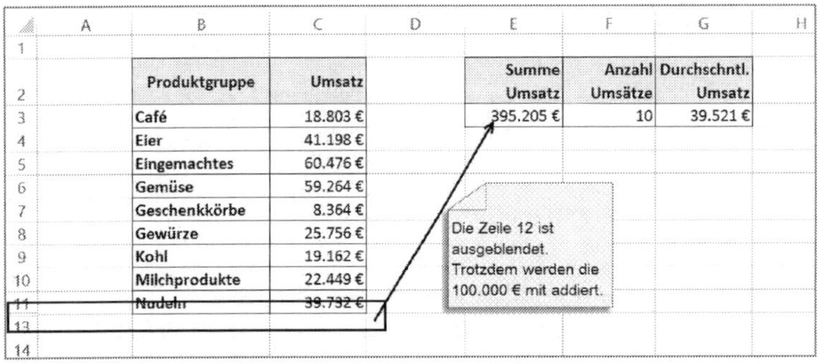

Bild 5.43: Die Funktion SUMME addiert immer die Inhalte aller angegebenen Zellen.

❶ Klicken Sie in die Zelle *E3*, entfernen Sie den Inhalt und erfassen Sie die folgende Formel:

```
=AGGREGAT(9;5;C3:C12)
```

❷ Drücken Sie zur Bestätigung [Enter].

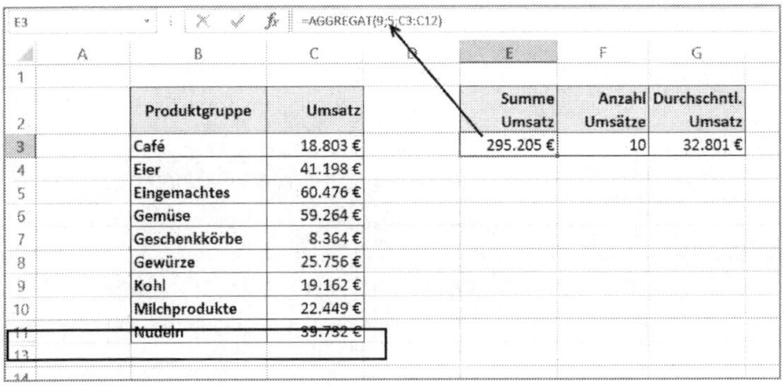

Bild 5.44: Die Funktion AGGREGAT kann nur die sichtbaren Zellen addieren.

Die `5` im zweiten Parameter weist die Funktion `AGGREGAT` an, nicht sichtbare Zellen zu ignorieren.

In Zelle *G3* steht die folgende Formel: `=AGGREGAT(1;5;C3:C12)`

Auch für den Fall, dass Sie in Ihrer Liste sowohl Fehlermeldungen als auch ausgeblendete Zellen haben, bietet Ihnen die Funktion `AGGREGAT` eine Lösung an.

Nutzen Sie die `7` im zweiten Parameter. Sie weist `AGGREGAT` an, Fehlermeldungen und nicht sichtbare Zellen zu ignorieren.

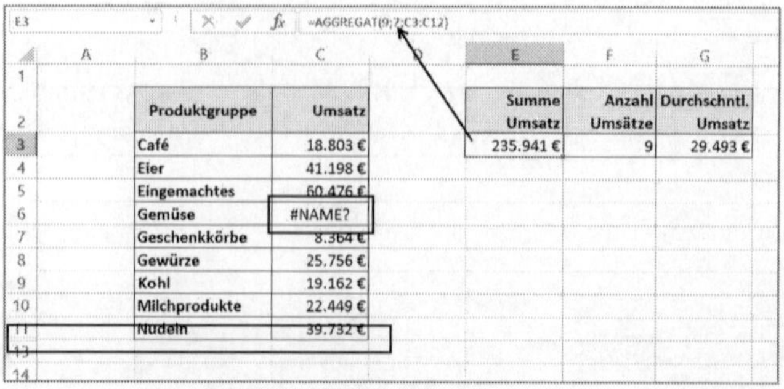

Bild 5.45: AGGREGAT ignoriert nun ausgeblendete Zellen und Fehlermeldungen.

> **Tipp**
> Sehen Sie sich die anderen Optionen für das Ignorieren von Werten einmal an.

5.7 Werte nach Kriterien addieren mit SUMMEWENNS

Angenommen, Sie möchten nur dann Werte addieren, wenn mehrere Kriterien zutreffen. Excel bietet Ihnen zu diesem Zweck die Funktion `SUMMEWENNS` an.

❶ Öffnen Sie die Arbeitsmappe *Summwenns.xlsx.*

5.7.1 Umsätze nach Produktgruppe und Jahr summieren

Im aktuellen Beispiel steht die Liste der Umsätze auf dem Tabellenblatt *Umsatzdaten.* Die Auswertung nach Produktgruppe und Jahr findet auf dem Tabellenblatt *Summewenns* statt.

Der Umsatz soll nur dann addiert werden, wenn die Produktgruppe *Café* und das Jahr *2016* ist.

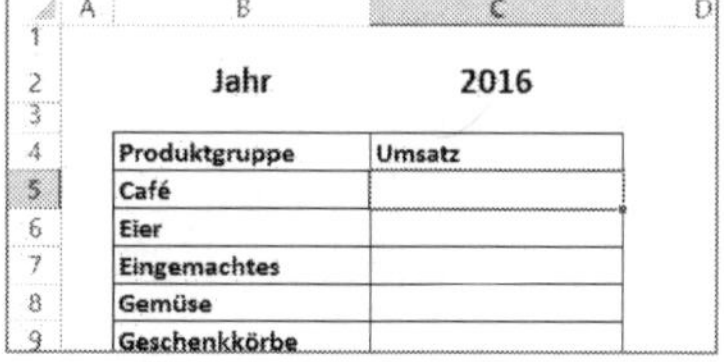

Bild 5.46: Die Auswertung nach Produktgruppe und Jahr.

❶ Klicken Sie in die Zelle *C5* und öffnen Sie den Funktionsassistenten mit einem Klick auf die Schaltfläche in der Bearbeitungsleiste.

❷ Stellen Sie im Feld *Kategorie auswählen* den Eintrag *Alle* ein und wählen Sie die Funktion `SUMMEWENNS` aus.

❸ Im ersten Parameter geben Sie die Zellen an, deren Inhalt Sie summieren möchten. Im aktuellen Beispiel sind das die Zellen *G2* bis *G20001* auf dem Tabellenblatt *Umsatzdaten.*

❹ Drücken Sie direkt nach der Auswahl der ersten Zellen die Taste [F4], um die Zellen festzusetzen.

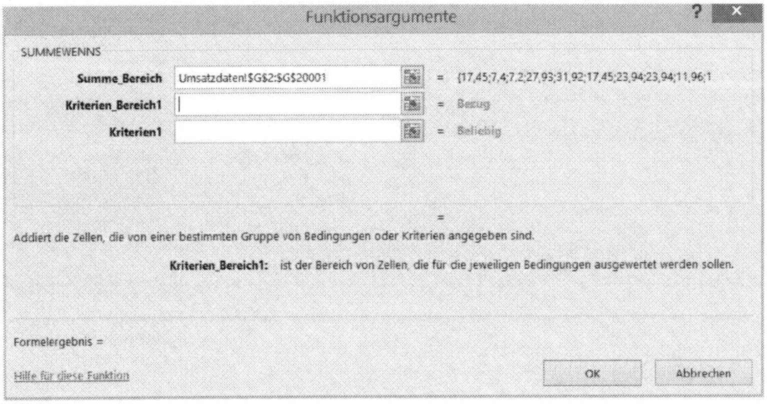
Funktionsargumente
SUMMEWENNS
Summe_Bereich
Umsatzdaten!$G$2:$G$20001
= {17,45;7,4;7,2;27,93;31,92;17,45;23,94;23,94;11,96;1
Kriterien_Bereich1
= Bezug
Kriterien1
= Beliebig
Addiert die Zellen, die von einer bestimmten Gruppe von Bedingungen oder Kriterien angegeben sind.
Kriterien_Bereich1: ist der Bereich von Zellen, die für die jeweiligen Bedingungen ausgewertet werden sollen.
Formelergebnis =
Hilfe für diese Funktion
OK
Abbrechen

Bild 5.47: Die Zellen, die addiert werden sollen, wenn die Kriterien zutreffen.

❺ Klicken Sie ins Feld *Kriterien_Bereich1* und markieren Sie die Zellen *B2* bis *B20001.* Drücken Sie wieder die Taste [F4], um die Zellen festzusetzen.

❻ Klicken Sie ins Feld *Kriterien1* und wählen Sie die Zelle *B5* aus. Dort steht zurzeit das Wort *Café.*

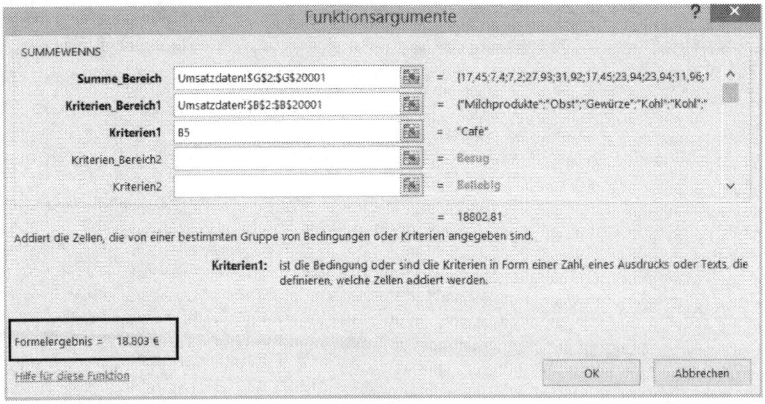
Funktionsargumente
SUMMEWENNS
Summe_Bereich
Umsatzdaten!$G$2:$G$20001
= {17,45;7,4;7,2;27,93;31,92;17,45;23,94;23,94;11,96;1
Kriterien_Bereich1
Umsatzdaten!$B$2:$B$20001
= {"Milchprodukte";"Obst";"Gewürze";"Kohl";"Kohl";"
Kriterien1
B5
= "Café"
Kriterien_Bereich2
= Bezug
Kriterien2
= Beliebig
= 18802,81
Addiert die Zellen, die von einer bestimmten Gruppe von Bedingungen oder Kriterien angegeben sind.
Kriterien1: ist die Bedingung oder sind die Kriterien in Form einer Zahl, eines Ausdrucks oder Texts, die definieren, welche Zellen addiert werden.
Formelergebnis = 18.803 €
Hilfe für diese Funktion
OK
Abbrechen

Bild 5.48: Für das erste Kriterium *Café* bildet Excel schon die Summe.

Unten links im Fenster erkennen Sie ein Zwischenergebnis. Zurzeit addiert die Formel bereits alle Umsätze, bei denen die Produktgruppe *Café* ist. Für dieses Beispiel reicht das aber nicht.

❼ Klicken Sie ins Feld *Kriterien_Bereich2* und markieren Sie die Zellen *H2* bis *H20001*. Drücken Sie die Taste [F4], um die Zellen festzusetzen.

❽ Klicken Sie ins Feld *Kriterien2* und wählen Sie die Zelle *C2* aus. Dort steht das Jahr. Drücken Sie wieder die Taste [F4], um die Zelle festzusetzen.

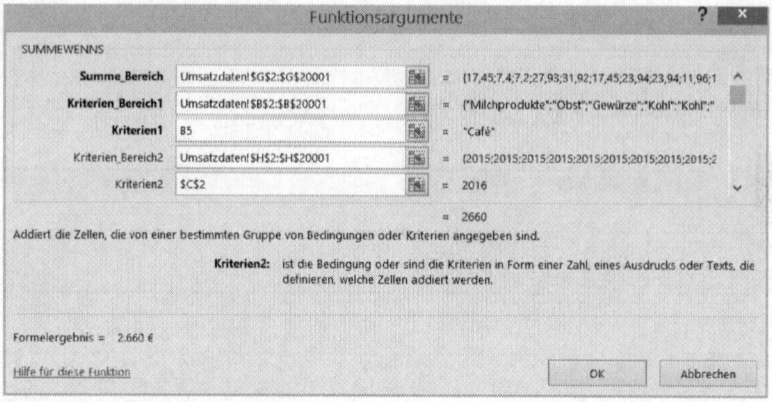

Bild 5.49: Die Formel ist fertig.

Unten links im Fenster sehen Sie das Ergebnis.

❾ Bestätigen Sie mit *OK* und kopieren Sie die Formel am Ausfüllkästchen nach unten.

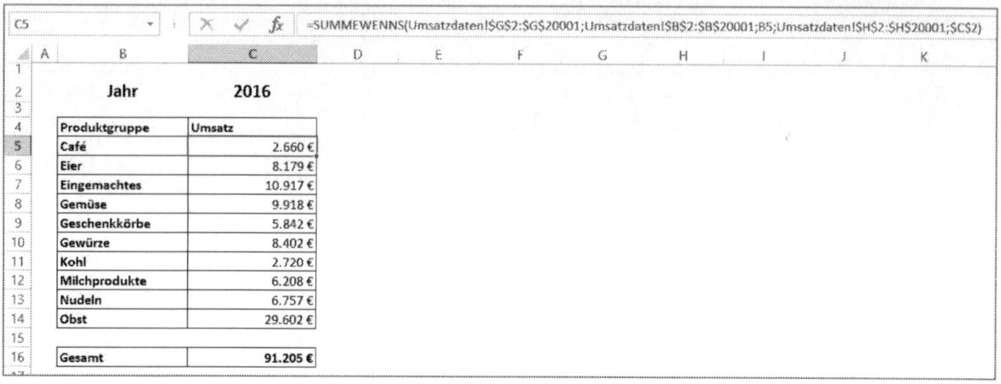

Bild 5.50: Die Umsätze aller Produktgruppen im Jahr 2016.

Jetzt erkennen Sie die Umsätze aller Produktgruppen im Jahr *2016*. In Zeile *16* wurde auch noch die Summe gebildet.

5.7.2 Weitere Auswertungen nach einem bestimmten Jahr

Stellen Sie sich vor, Sie bräuchten eine weitere Auswertung, diesmal für das Jahr 2015. Dann könnten Sie jetzt die Früchte Ihrer Arbeit von gerade ernten.

1. Kopieren Sie das ganze Tabellenblatt mit Ihrer gerade erstellten Auswertung.
2. Ändern Sie auf dem neuen Blatt in Zelle *C2* das Jahr in *2015*.

Jahr	2015
Produktgruppe	Umsatz
Café	16.143 €
Eier	33.019 €
Eingemachtes	49.559 €
Gemüse	49.346 €
Geschenkkörbe	2.523 €
Gewürze	17.354 €
Kohl	16.443 €
Milchprodukte	16.240 €
Nudeln	32.975 €
Obst	98.348 €
Gesamt	331.951 €

Bild 5.51: Die Umsätze der Produktgruppen für das Jahr 2015.

Sofort haben Sie eine weitere, neue Auswertung.

Die Funktion `SUMMENWENNS` bietet Ihnen sehr viele unterschiedliche Einsatzgebiete. Sie können bis zu 127 Kriterien festlegen.

> **Tipp**
> Analog zu `SUMMEWENNS` gibt es die Funktion `ZÄHLENWENNS`. Diese Funktion zählt das Vorkommen für die angegebenen Kriterien.

5.8 Allroundgenie SUMMENPRODUKT

Die Funktion `SUMMENPRODUKT` ist sehr leistungsstark und kann unter anderem Werte addieren, wenn ein oder mehrere Kriterien zutreffen.

1. Öffnen Sie die Arbeitsmappe *Summenprodukt.xlsx*.

5.8.1 Umsatzsumme mit nur einem Rechenschritt ermitteln

Im ersten Beispiel haben Sie die Stückzahlen der auf Ihrem Hoffest verkauften Produkte notiert. Jetzt möchten Sie in einem Rechenschritt wissen, wie viel Umsatz Sie gemacht haben.

Da bietet sich die Funktion `SUMMENPRODUKT` geradezu an.

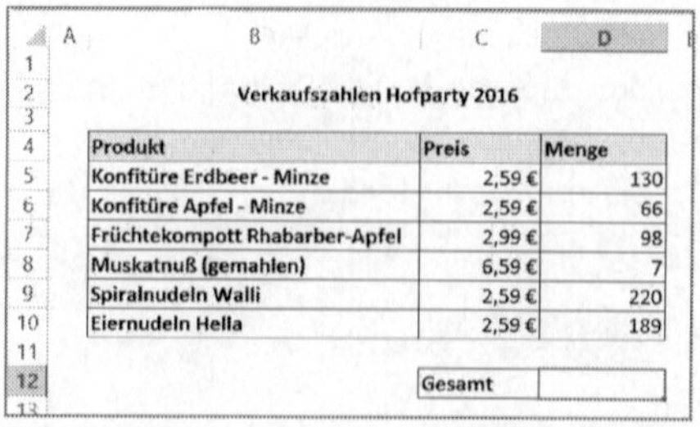

Produkt	Preis	Menge
Konfitüre Erdbeer - Minze	2,59 €	130
Konfitüre Apfel - Minze	2,59 €	66
Früchtekompott Rhabarber-Apfel	2,99 €	98
Muskatnuß (gemahlen)	6,59 €	7
Spiralnudeln Walli	2,59 €	220
Eiernudeln Hella	2,59 €	189
	Gesamt	

Bild 5.52: Die Ausgangstabelle mit dem Verkaufspreis und den verkauften Mengen.

❶ Klicken Sie in die Zelle *D12* und öffnen Sie mit einem Klick auf die Schaltfläche in der Bearbeitungsleiste den Funktionsassistenten.

❷ Stellen Sie im Feld *Kategorie auswählen* den Eintrag *Alle* ein und wählen Sie die Funktion SUMMENPRODUKT aus.

❸ Klicken Sie ins Feld *Array1* und markieren Sie die Zellen *C5* bis *C10*.

❹ Klicken Sie ins Feld *Array2* und markieren Sie die Zellen *D5* bis *D10*.

❺ Unten links im Fenster sehen Sie das Ergebnis.

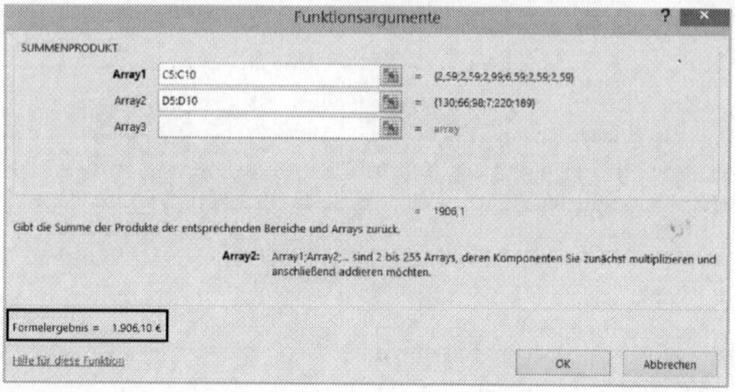
Funktionsargumente
SUMMENPRODUKT
Array1 C5:C10 = {2,59;2,59;2,99;6,59;2,59;2,59}
Array2 D5:D10 = {130;66;98;7;220;189}
Array3 = array
= 1906,1
Gibt die Summe der Produkte der entsprechenden Bereiche und Arrays zurück.
Array2: Array1;Array2;... sind 2 bis 255 Arrays, deren Komponenten Sie zunächst multiplizieren und anschließend addieren möchten.
Formelergebnis = 1.906,10 €
Hilfe für diese Funktion
OK
Abbrechen

Bild 5.53: Die Funktion SUMMENPRODUKT.

❻ Bestätigen Sie mit *OK*.

Wenn Sie kontrollieren möchten, ob die Funktion SUMMENPRODUKT auch richtig rechnet, können Sie neben der Tabelle eine Hilfsspalte einrichten. Hier multiplizieren Sie den Preis mit der Menge für jedes Produkt. In der letzten Zelle bilden Sie die Summe.

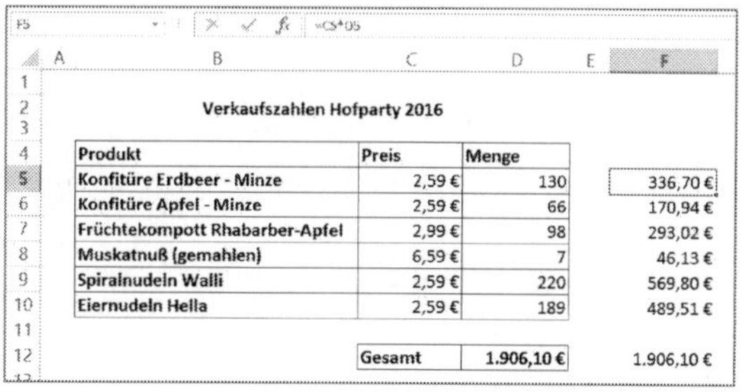

Produkt	Preis	Menge	
Konfitüre Erdbeer - Minze	2,59 €	130	336,70 €
Konfitüre Apfel - Minze	2,59 €	66	170,94 €
Früchtekompott Rhabarber-Apfel	2,99 €	98	293,02 €
Muskatnuß (gemahlen)	6,59 €	7	46,13 €
Spiralnudeln Walli	2,59 €	220	569,80 €
Eiernudeln Hella	2,59 €	189	489,51 €
	Gesamt	1.906,10 €	1.906,10 €

Bild 5.54: Die Kontrolle der Berechnungen.

Die Zellen, die Sie in der Formel gewählt haben, müssen nicht zwangsläufig nebeneinanderliegen, wie im aktuellen Beispiel. So kann die Angabe zu den Mengen an einer anderen Stelle, beispielsweise auch in einer anderen Arbeitsmappe, liegen. Es muss nur genau die Anzahl der Zellen sein, die im Feld *Array1* markiert wurden.

5.8.2 Umsätze nach Produktgruppe und Jahr bilden

Jetzt soll, wie im Abschnitt mit der Funktion `SUMMEWENNS`, der Umsatz nur mit der Produktgruppe *Café* und dem Jahr *2016* gebildet werden.

Es gibt zwei Vorteile, die Ihnen die Funktion `SUMMENPRODUKT` gegenüber der Funktion `SUMMEWENNS` bietet. Wenn die Daten mit dem zu summierenden und dem Kriterienbereich in einer anderen Mappe liegen, zeigt `SUMMENPRODUKT` das Ergebnis auch an, wenn diese Mappe geschlossen ist. Außerdem können Sie weit mehr als 127 Kriterien angeben.

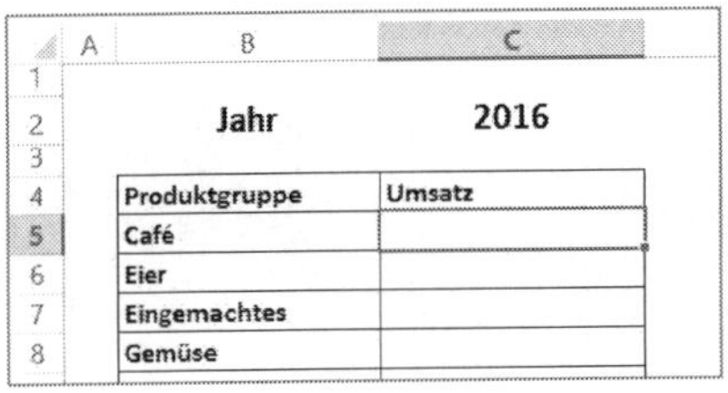

Bild 5.55: Auf diesem Blatt soll die Auswertung stattfinden.

1. Klicken Sie in die Zelle *C5* und öffnen Sie den Funktionsassistenten mit einem Klick auf die Schaltfläche in der Bearbeitungsleiste.
2. Stellen Sie im Feld *Kategorie auswählen* den Eintrag *Alle* ein und wählen Sie die Funktion `SUMMENPRODUKT` aus.
3. Klicken Sie ins Feld *Array1* und geben Sie ein: *1*(*. Klicken Sie auf das Tabellenblatt *Umsatzdaten* und markieren Sie die Zellen *B2* bis *B20001*. Drücken Sie die Taste [F4], um die Zellen festzusetzen. Geben Sie im Anschluss *=B5)* ein.

Im Feld *Array1* sollte nun Folgendes stehen:

```
1*(Umsatzdaten!$B$2:$B$20001=B5)
```

Der Rechenschritt `1*` macht aus den Texten in den Zellen Werte von `0` oder `1`. Sie erhalten eine `1`, wenn der zu vergleichende Wert passt.

4. Klicken Sie ins Feld *Array2* und geben Sie dort ein:

```
1*( Umsatzdaten!$H$2:$H$20001=$C$2)
```

5. Für das Feld *Array3* geben Sie die Spalte an, die summiert werden soll, in diesem Beispiel:

```
Umsatzdaten!$G$2:$G$20001
```

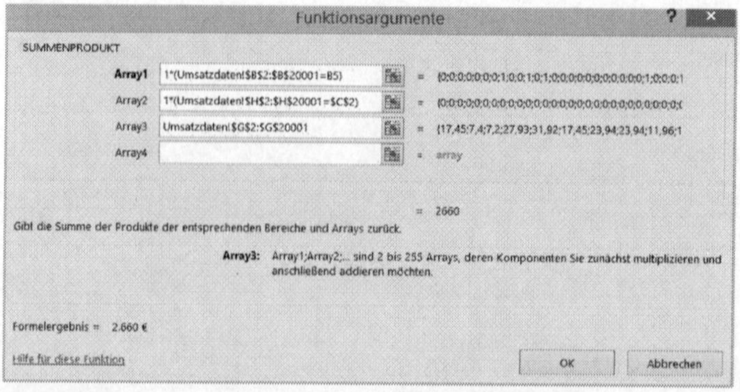

Bild 5.56: Sie können über 200 Kriterien angeben.

❻ Bestätigen Sie mit *OK* und ziehen Sie die Formel am Ausfüllkästchen nach unten.

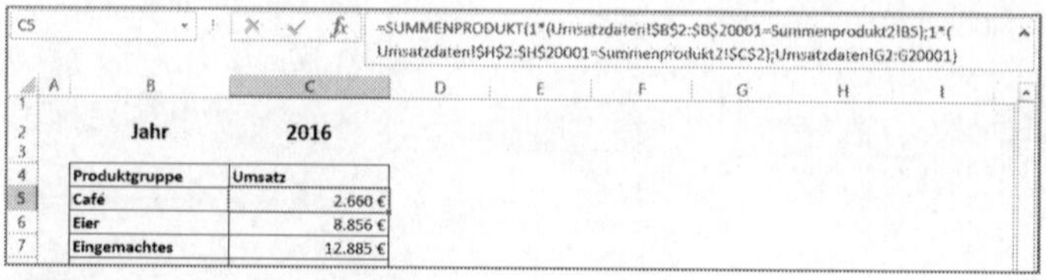

Bild 5.57: Ihre Auswertung.

Es wird nur dann addiert, wenn beide Kriterien zutreffen, also beide eine 1 erhalten.

5.9 Ad-hoc-Analysen mit PivotTabellen

Eine weitere Möglichkeit, Werte zu summieren, bieten Ihnen die PivotTabellen. Ein Riesenvorteil liegt darin, dass Sie keine Formeln eingeben müssen.

❶ Öffnen Sie die Arbeitsmappe *PivotTabelle.xlsx.*

5.9.1 Summen der Produktgruppen bilden

Im ersten Schritt sollen die Summen der Produktgruppen gebildet werden. Die Informationen liegen auf dem Tabellenblatt *Umsatzdaten.*

❶ Klicken Sie in eine Zelle auf dem Tabellenblatt *Umsatzdaten.*

❷ Aktivieren Sie das Register *Einfügen* und klicken Sie auf die Schaltfläche *PivotTable.*

❸ Kontrollieren Sie die angebotenen Zellen und korrigieren Sie sie gegebenenfalls.

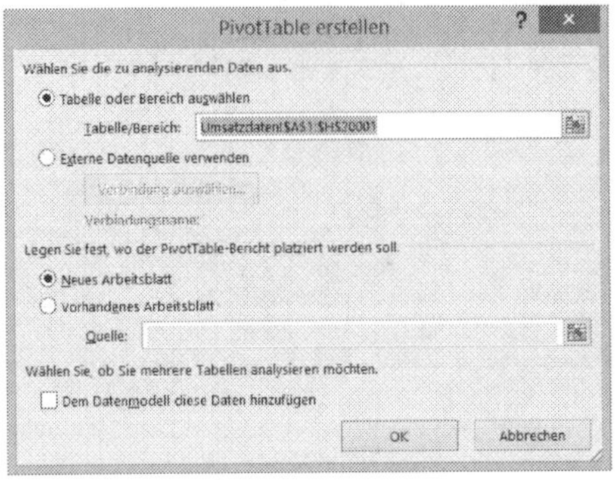

Bild 5.58: Aus diesen Daten erstellt Excel die PivotTabelle.

❹ Bestätigen Sie mit *OK*.

Sie erhalten ein neues Tabellenblatt mit einer leeren PivotTabelle.

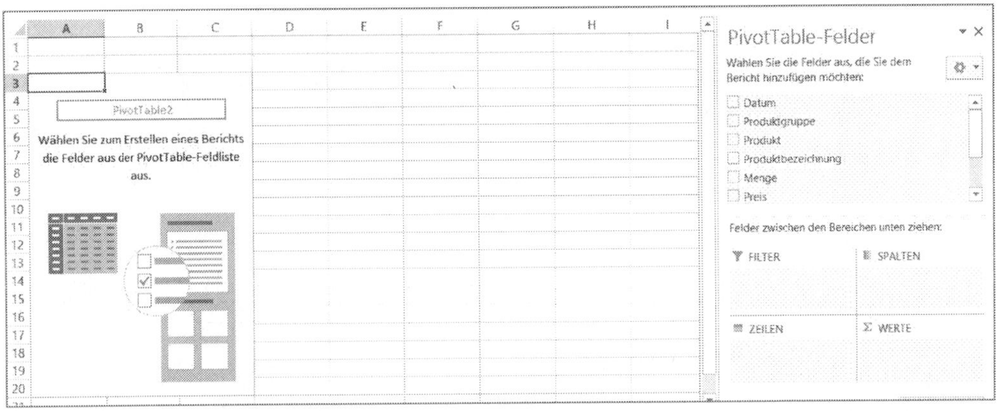

Bild 5.59: Die leere PivotTabelle.

Wenn sich der Cursor in der PivotTabelle befindet, sehen Sie am rechten Bildschirmrand die Feldliste und im Menüband die Register *Optionen* bzw. *Analysieren* und *Entwurf*.

Tipp

Wenn der Cursor in der PivotTabelle steht, Sie aber die Feldliste nicht sehen, führen Sie einen Rechtsklick auf der PivotTabelle durch. Wählen Sie den Befehl *Feldliste*.

❺ Ziehen Sie das Feld *Betrag* in den Bereich *Werte*.

In der PivotTabelle wird sofort die Summe gebildet. Sollte Excel Ihnen die Anzahl berechnen, führen Sie einen Rechtsklick in Zelle *A4* durch und wählen Sie die Befehlsfolge *Werte zusammenfassen nach/Summe*.

❻ Klicken Sie in die Zelle *A4* und drücken Sie die Tastenkombination [Strg]+[Umschalt]+[$], um das Währungsformat zuzuweisen.

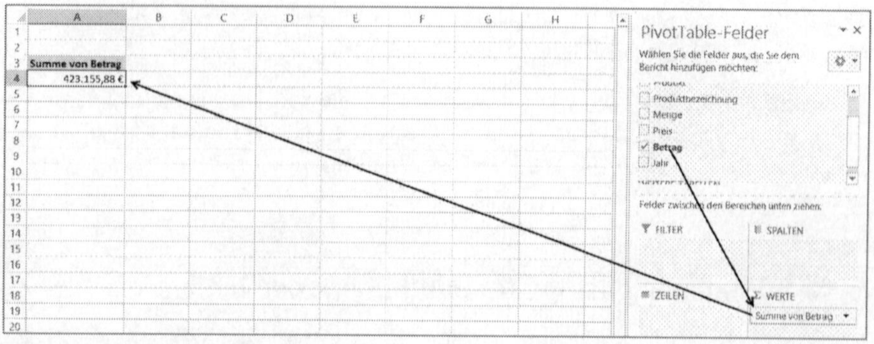

Bild 5.60: Die Summe aller Umsätze.

Dieses Ergebnis reicht uns für das aktuelle Beispiel aber nicht.

❼ Ziehen Sie das Feld *Produktgruppe* aus der Feldliste in den Bereich *Zeilen* bzw. *Zeilenbeschriftung.*

Jetzt sehen Sie alle Umsätze pro Produktgruppe.

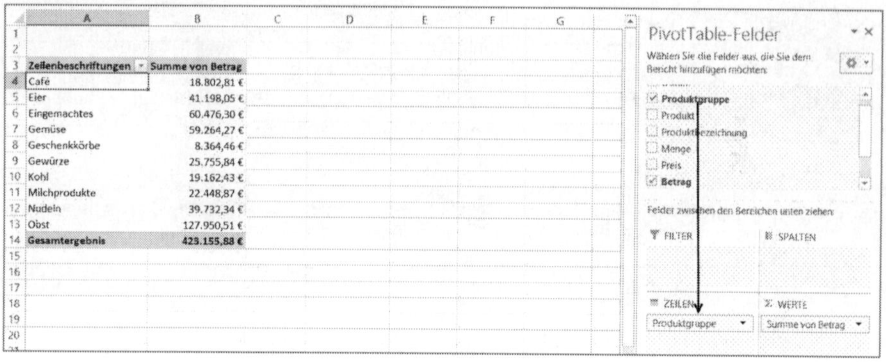

Bild 5.61: Die Umsätze der einzelnen Produktgruppen.

Zusätzlich bildet die PivotTabelle unter den Produktgruppen für Sie die Gesamtsumme.

Wie eingangs versprochen, müssen Sie keine einzige Formel schreiben.

Hinweis
Innerhalb einer PivotTabelle können Sie keine Eingaben vornehmen. Wenn Sie Änderungen machen möchten, empfiehlt es sich, die PivotTabelle zu kopieren und sie als Wertkopie an einer anderen Stelle wieder einzufügen. Wertkopien wurden weiter oben in diesem Kapitel bereits beschrieben. Wenn Ihnen die PivotTabellen jetzt schon gefallen, freuen Sie sich auf das nächste Kapitel.

5.10 Komplexe Berechnungen mit den Matrixfunktionen

Eine Matrixfunktion erkennen Sie an den geschweiften Klammern um die eigentliche Formel herum.

❶ Öffnen Sie die Arbeitsmappe *Matrixfunktionen.xlsx.*

In diesem Abschnitt stellen wir Ihnen drei Beispiele vor. Die beiden ersten sind wieder die Summen der Produktgruppen und die Summen nach Produktgruppen und Jahren. Das dritte Beispiel zeigt die Lösung, wenn Sie Summen aus einer Kreuztabelle bilden möchten.

5.10.1 Summen bestimmter Produktgruppen bilden

Im ersten Schritt sollen die Summen der Produktgruppen gebildet werden. Die Basisdaten liegen auf dem Tabellenblatt *Umsatzdaten.*

❶ Aktivieren Sie das Tabellenblatt *Matrixformel1.*

❷ Klicken Sie in die Zelle *C5* und erfassen Sie die folgende Formel:

```
=SUMME(WENN(Umsatzdaten!$B$2:$B$20001=B5;Umsatzdaten!$G$2:$G$20001;0)))
```

❸ Drücken Sie zur Bestätigung `Strg`+`Umschalt`+`Enter`.

Excel fügt Ihrer Funktion geschweifte Klammern hinzu.

Der Teil `WENN(Umsatzdaten!$B$2:$B$20001=B5` prüft, in welchen Zellen das Wort *Café* auftaucht. Wenn die Prüfung positiv verläuft, werden alle zugehörigen Werte aus `Umsatzdaten!$G$2:$G$20001` genommen. Wenn die Prüfung nicht zutrifft, wird`;0)` (eine Null) zurückgegeben.

Außen herum arbeitet die Funktion `=SUMME(`, die die von der `WENN`-Funktion gelieferten Werte summiert.

```
{=SUMME(WENN(Umsatzdaten!$B$2:$B$20001=B5;Umsatzdaten!$G$2:$G$20001;0)))}
```

❹ Kopieren Sie die Formel am Ausfüllkästchen nach unten.

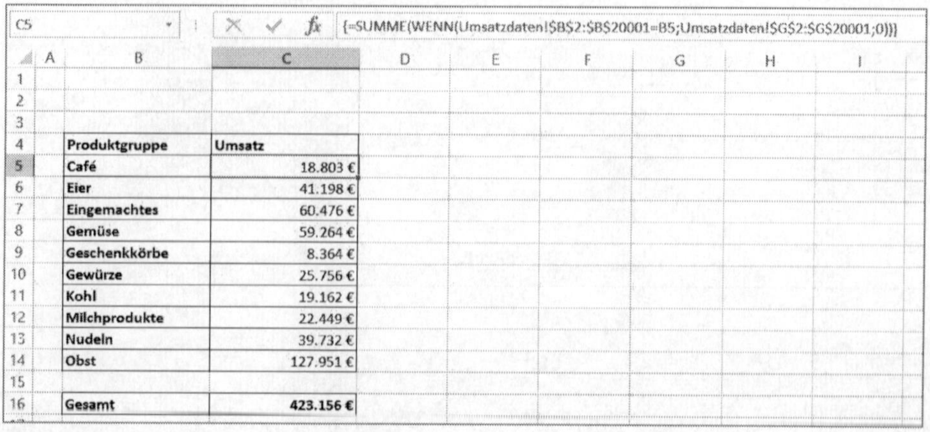

Produktgruppe	Umsatz
Café	18.803 €
Eier	41.198 €
Eingemachtes	60.476 €
Gemüse	59.264 €
Geschenkkörbe	8.364 €
Gewürze	25.756 €
Kohl	19.162 €
Milchprodukte	22.449 €
Nudeln	39.732 €
Obst	127.951 €
Gesamt	**423.156 €**

Bild 5.62: Die erste Auswertung ist fertig.

Wenn Sie Änderungen an der Formel vornehmen, müssen Sie immer wieder mit `Strg`+`Umschalt`+`Enter` abschließen, sonst arbeitet die Formel nicht korrekt.

5.10.2 Summe nach Produktgruppe und Jahr

Der Vorteil einer Matrixfunktion liegt darin, dass sie viele Kriterien abfragen kann, indem die `WENN`-Funktion verschachtelt wird. Das aktuelle Beispiel zeigt eine zweifach verschachtelte `WENN`-Funktion.

1. Aktivieren Sie das Tabellenblatt *Matrixformel2.*
2. Klicken Sie in die Zelle *C5* und erfassen Sie die folgende Formel:

```
=SUMME(WENN(Umsatzdaten!$B$2:$B$20001=B5;WENN(Umsatzdaten!$H$2:$H$20001=$
C$2;Umsatzdaten!$G$2:$G$20001;0)))
```

3. Drücken Sie zur Bestätigung `Strg`+`Umschalt`+`Enter`.

   Excel fügt Ihrer Funktion geschweifte Klammern hinzu.

```
{=SUMME(WENN(Umsatzdaten!$B$2:$B$20001=B5;WENN(Umsatzdaten!$H$2:$H$20001=
$C$2;Umsatzdaten!$G$2:$G$20001;0)))}
```

4. Kopieren Sie die Formel nach unten.

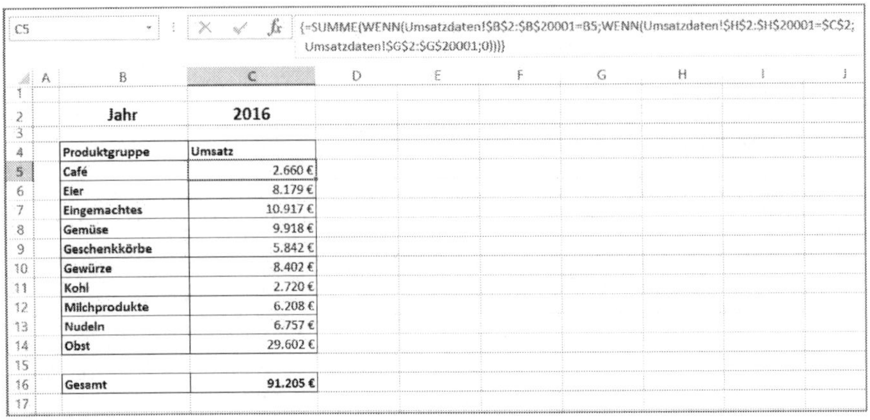

C5 | {=SUMME(WENN(Umsatzdaten!$B$2:$B$20001=B5;WENN(Umsatzdaten!$H$2:$H$20001=$C$2;Umsatzdaten!$G$2:$G$20001;0)))}

Jahr	2016
Produktgruppe	Umsatz
Café	2.660 €
Eier	8.179 €
Eingemachtes	10.917 €
Gemüse	9.918 €
Geschenkkörbe	5.842 €
Gewürze	8.402 €
Kohl	2.720 €
Milchprodukte	6.208 €
Nudeln	6.757 €
Obst	29.602 €
Gesamt	91.205 €

Bild 5.63: Das Ergebnis mit der Matrixfunktion.

Auch für dieses Beispiel wurde in der letzten Zeile die Summe gebildet. Wenn Sie das Jahr in Zelle *C2* ändern, ändern sich automatisch die Ergebnisse.

5.10.3 Umsatzsummen nur bestimmter Regionen bilden

Das letzte Beispiel zeigt die Umsätze zusammen mit den Regionen, in denen die Umsätze getätigt wurden. Ziel ist es, den Umsatz aller *Geschenkkörbe* aus der Region *Ost* zu ermitteln.

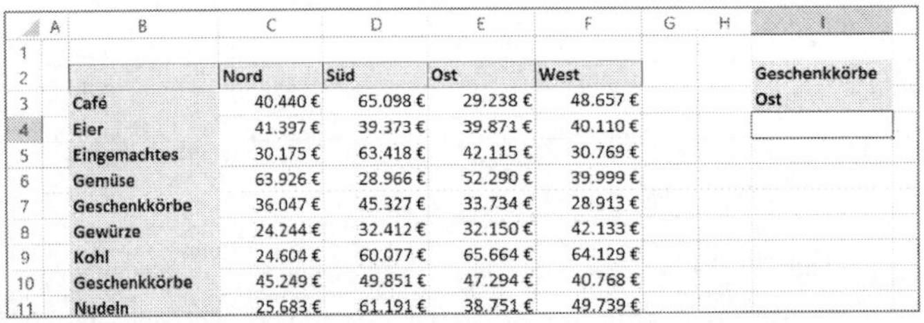

	Nord	Süd	Ost	West		Geschenkkörbe
Café	40.440 €	65.098 €	29.238 €	48.657 €		Ost
Eier	41.397 €	39.373 €	39.871 €	40.110 €		
Eingemachtes	30.175 €	63.418 €	42.115 €	30.769 €		
Gemüse	63.926 €	28.966 €	52.290 €	39.999 €		
Geschenkkörbe	36.047 €	45.327 €	33.734 €	28.913 €		
Gewürze	24.244 €	32.412 €	32.150 €	42.133 €		
Kohl	24.604 €	60.077 €	65.664 €	64.129 €		
Geschenkkörbe	45.249 €	49.851 €	47.294 €	40.768 €		
Nudeln	25.683 €	61.191 €	38.751 €	49.739 €		

Bild 5.64: Die Umsatztabelle mit den Produktgruppen und den Regionen.

❶ Aktivieren Sie das Register *Matrixformel3* und klicken Sie in die Zelle *I4*.

Geben Sie die folgende Formel ein:

```
=SUMME(WENN(B3:B213=I2;WENN(C2:F2=I3;C3:F213;0)))
```

❷ Drücken Sie zur Bestätigung `Strg`+`Umschalt`+`Enter`:

```
{=SUMME(WENN(B3:B213=I2;WENN(C2:F2=I3;C3:F213;0)))}
```

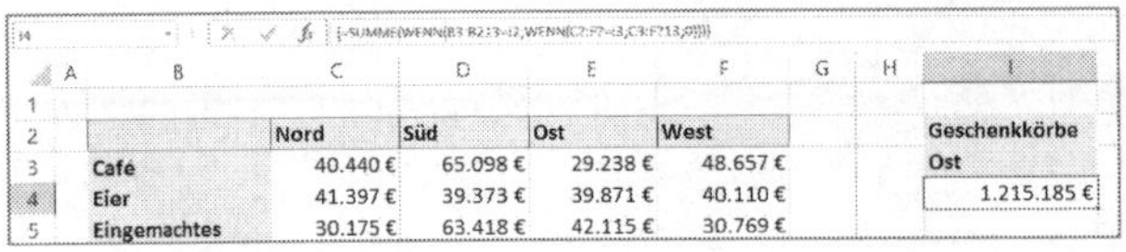

I4 | {=SUMME(WENN(B3:B213=I2;WENN(C2:F2=I3;C3:F213;0)))}

	Nord	Süd	Ost	West		Geschenkkörbe
Café	40.440 €	65.098 €	29.238 €	48.657 €		Ost
Eier	41.397 €	39.373 €	39.871 €	40.110 €		1.215.185 €
Eingemachtes	30.175 €	63.418 €	42.115 €	30.769 €		

Bild 5.65: Die Summe einer Produktgruppe aus der Spalte *Ost*.

Wenn die Beschriftung *Geschenkkörbe* ist (WENN(B3:B213=I2) UND wenn die Beschriftung *Ost* ist (WENN(C2:F2=I3), werden die Schnittpunkte (Zellen) der Kreuztabelle im Bereich C3:F213 addiert.

Mit Matrixformeln können Sie komplexere Bedingungen für die Addition festlegen.

Tipp
Statt der Funktion SUMME können Sie auch die Funktionen ANZAHL, ANZAHL2, MITTELWERT oder PRODUKT einsetzen.

5.11 Anzahl der Verkäufe insgesamt ermitteln

Manchmal möchten Sie vielleicht nur wissen, wie viele Verkäufe insgesamt stattgefunden haben, oder Sie möchten wissen, wie oft eine bestimmte Produktgruppe im vergangenen Jahr verkauft wurde. Dann setzen Sie die Funktionen zum Zählen ein.

❶ Öffnen Sie die Datei *Zählen.xlsx*.

5.11.1 Die Funktionen ANZAHL und ANZAHL2

Die Funktionen ANZAHL und ANZAHL2 zählen die Zellen mit Inhalten. Dabei zählt die Funktion ANZAHL nur Zellen, in denen Zahlen stehen. Die Funktion ANZAHL2 zählt alle Zellen mit Inhalten, egal was darinsteht.

In der folgenden Abbildung erkennen Sie die Arbeitsweise. Im Block *Anzahl Produkt* werden die Inhalte der Zellen von *B5* bis *C21* gezählt. Die Funktion ANZAHL2 kommt auf das korrekte Ergebnis *17*. Die Funktion ANZAHL findet in keiner der Zellen Zahlen, deshalb ist das Ergebnis *0*.

Im Block *Anzahl Menge* werden die Inhalte der Zellen von *E5* bis *E21* gezählt. Beide Funktionen kommen auf das Ergebnis *15*, da diesmal in allen Zellen Zahlen stehen.

Im Block *Anzahl leere Zellen* zählt die Funktion ANZAHLLEEREZELLEN die Zellen, die nichts enthalten.

Produktgruppe	Produkt	Produktbezeichnung	Menge	Preis	Betrag
Milchprodukte	M-821	Früchtejoghurt Apfel und Banane	5	3,89 €	17,45 €
Obst	O-102	Apfel Topaz Bio, süß-säuerlich	4	3,39 €	7,40 €
Gewürze	G-711	Muskatnuss (gemahlen)	4	6,49 €	7,20 €
Kohlrabi	O-240	Spitzkohl "Helmut" Bio	7	1,85 €	27,93 €
Kohlrabi	O-240	Spitzkohl "Helmut" Bio	8	1,85 €	31,92 €
Eingemachtes	E-603	Konfitüre Erdbeer - Minze	5	2,49 €	17,45 €
Kohl	O-240	Spitzkohl "Helmut" Bio	6	1,85 €	23,94 €
Café	K-991	Pott Kaffee	6	1,80 €	23,94 €
Kohlrabi	O-240	Spitzkohl "Helmut" Bio	4	1,85 €	11,96 €
Eingemachtes	E-607	Konfitüre Apfel - Minze			
Café	K-991	Pott Kaffee	7	1,80 €	27,93 €
Eingemachtes	E-607	Konfitüre Apfel - Minze	6	2,59 €	17,34 €
Café	K-991	Pott Kaffee	6	1,80 €	23,34 €
Obst	O-100	Apfel Boskop Bio (auch für Allergiker)	6	3,39 €	11,40 €
Eier	E-312	Eier Freilandhaltung Gruppe Martha, Gr. L	7	2,79 €	20,93 €
Nudeln	N-422	Eiernudeln Hella			
Nudeln	N-420	Spiralnudein Walli	6	2,49 €	11,34 €

Verkauf: 12.08.2016

Anzahl Produkt

17 =ANZAHL2(B5:B21)

0 =ANZAHL(B5:B21)

Anzahl Menge

15 =ANZAHL2(E5:E21)

15 =ANZAHL(E5:E21)

Anzahl leere Zellen

2 =ANZAHLLEEREZELLEN(E5:E21)

Bild 5.66: Zählen ist nicht schwer.

`ANZAHL` zählt nur Zellen, in denen Zahlen oder Datumswerte stehen. `ANZAHL2` zählt alle nicht leeren Zellen. Die Funktion `ANZAHLLEEREZELLEN` macht ihrem Namen alle Ehre, sie zählt nur die leeren Zellen innerhalb der Markierung.

5.11.2 Erst zählen, wenn eine oder mehrere Bedingungen erfüllt sind

Die oben beschriebenen Funktionen zählen nur die Zellen. Angenommen, Sie möchten lediglich wissen, wie oft ein bestimmter Wert in einer Liste vorkommt. Dann nutzen Sie die Funktion `ZÄHLENWENNS`.

Im aktuellen Beispiel soll gezählt werden, wie oft ein bestimmtes Produkt pro Jahr vorkommt.

1. Aktivieren Sie das Register *Datenliste* und klicken Sie in die Zelle *K10*.
2. Klicken Sie in der Bearbeitungsleiste auf die folgende Schaltfläche und starten Sie die Funktion `ZÄHLENWENNS` in der Kategorie *Alle*. *fx*
3. Markieren Sie die Zellen *B2* bis *B20001* und machen Sie die Zellen durch Drücken der Taste [F4] fest.
4. Klicken Sie ins Feld *Kriterien1* und anschließend auf die Zelle *J10*. Drücken Sie dreimal auf die Taste [F4], um die Spalte *J* festzusetzen. Dann können Sie die Formel gleich nach rechts kopieren.
5. Klicken Sie ins Feld *Kriterienbereich2* und markieren Sie die Zellen *H2* bis *H20001*. Setzen Sie auch diese Zellen mit der [F4]-Taste fest.
6. Wählen Sie für das Feld *Kriterien2* die Zelle *K9* und drücken Sie zweimal auf [F4]. Damit haben Sie die Zeile *9* festgesetzt.

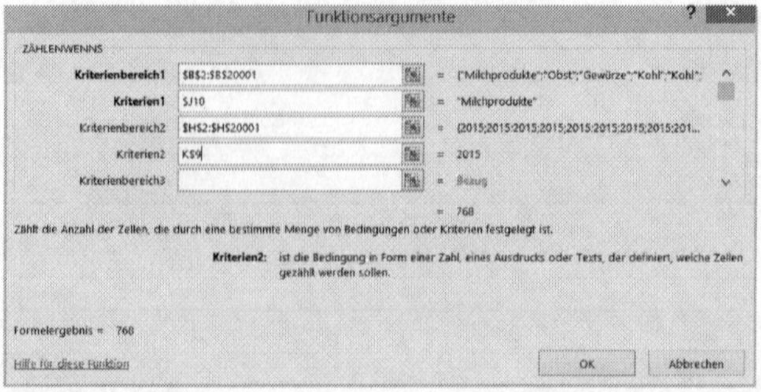

Bild 5.67: Die Syntax der Funktion ZÄHLENWENNS.

Die Formel beantwortet die Frage, wie oft die Milchprodukte im Jahr 2015 vorkamen.

❼ Bestätigen Sie mit *OK*. Ziehen Sie die Formel am Ausfüllkästchen nach unten und nach rechts.

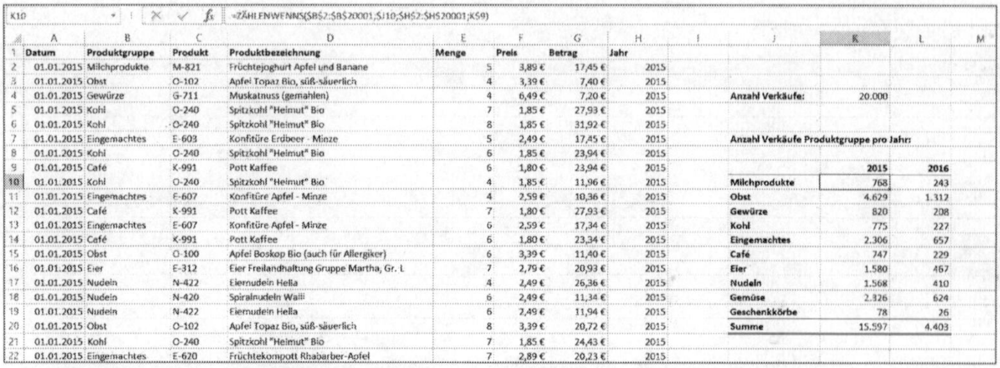

Bild 5.68: Die Funktion ZÄHLENWENNS zählt nur, wenn die Bedingungen zutreffen.

Tipp
Sie können bis zu 127 Kriterien erfassen.

6 Listen auswerten ohne eine einzige Formel

Eine PivotTabelle ist, wie der Name schon sagt, eine Tabelle. Es ist überhaupt nicht schwer, sie zu erstellen – und das Beste daran: Sie müssen keine einzige Formel eingeben.

Öffnen Sie die Datei *PivotTabelle.xlsx*.

6.1 Eine Überschrift für jede Listenspalte

Sie brauchen nur eine Liste mit Daten. Die einzige Bedingung für diese Liste ist, dass alle Spalten der Liste eine Überschrift haben.

Die folgende Abbildung zeigt die Datenliste, mit der alle PivotTabellen in diesem Kapitel erstellt werden:

	A	B	C	D	E	F	G	H	I
1	**Umsatzliste detailliert mit Online-Shop**								
2									
3	Zeitraum Januar 2015 bis April 2016								
4									
5	**Datum**	**Produktgruppe**	**Produkt**	**Produktbezeichnung**	**Menge**	**Einzelpreis**	**Betrag**	**Verkäufer**	**Vertriebsweg**
6	01.01.2015	Milchprodukte	M-821	Früchtejoghurt Apfel und Banane	2	3,89 €	7,78 €	Grete	Hofladen
7	01.01.2015	Obst	O-102	Apfel Topaz Bio, süß-säuerlich	2	3,39 €	6,78 €	Grete	Hofladen
8	01.01.2015	Gewürze	G-711	Muskatnuss (gemahlen)	2	6,49 €	12,98 €	Grete	Hofladen
9	01.01.2015	Kohl	O-240	Spitzkohl "Helmut" Bio	3	1,85 €	5,55 €	Grete	Hofladen
10	01.01.2015	Kohl	O-240	Spitzkohl "Helmut" Bio	3	1,85 €	5,55 €	Grete	Hofladen
11	01.01.2015	Eingemachtes	E-603	Konfitüre Erdbeer - Minze	2	2,49 €	4,98 €	Grete	Hofladen

Bild 6.1: Die Datenliste für die PivotTabelle.

Diese Liste umfasst über 55.000 Zeilen und zeigt die Umsätze unseres Hofladens. Außerdem haben alle Spalten eine Überschrift. Sollten sich Leerzeilen in Ihrer Datenliste befinden, ist das für die PivotTabelle kein Problem. Sie müssen lediglich beim Erstellen darauf achten, dass alle Zeilen Ihrer Datenliste markiert sind.

6.1.1 PivotTabellen erstellen

Erstellen Sie Ihre PivotTabelle.

❶ Klicken Sie in der Datenliste auf das Tabellenblatt *Umsatz*.

❷ Wählen Sie die Befehlsfolge *Einfügen/PivotTable*. Stellen Sie sicher, dass alle Zellen Ihrer Liste markiert sind.

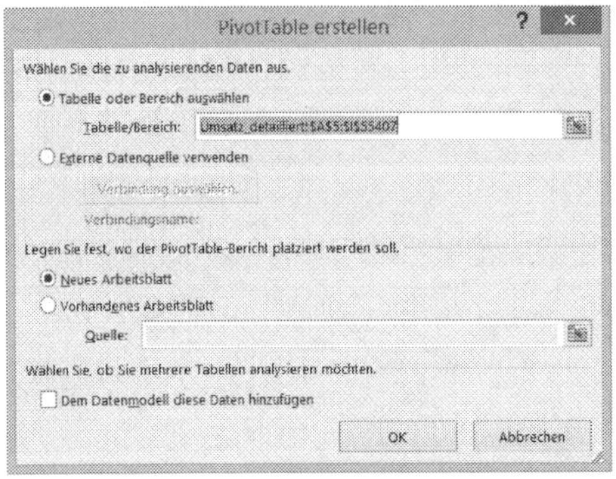

Bild 6.2: Der erste Schritt zum Erstellen einer PivotTabelle.

❸ Bestätigen Sie mit *OK*.

Sie erhalten ein neues Tabellenblatt mit einer leeren PivotTabelle und am rechten Rand die Feldliste. Im Menüband sind die zwei neuen Register *Analysieren* (*Optionen* in Excel 2010) und *Entwurf* hinzugekommen. Die Feldliste beinhaltet alle Überschriften Ihrer Datenliste. Sie ist für die Arbeit mit PivotTabellen sehr wichtig.

Wenn Sie in eine leere Zelle klicken, verschwindet die Feldliste. Ein Klick auf die leere PivotTabelle blendet sie wieder ein.

Hinweis
Sollte die Feldliste trotz eines Klicks auf die PivotTabelle nicht erscheinen, klicken Sie mit der rechten Maustaste auf die PivotTabelle und wählen den Befehl *Feldliste anzeigen*.

❹ Ziehen Sie das Feld *Betrag* in den Bereich *Werte*.

Sofort bildet die PivotTabelle für Sie die Summe aller Beträge.

Hinweis
Sollte Excel bei Ihren Daten anstelle der Summe die Anzahl bilden, haben Sie viele leere Zellen in der gewählten Spalte. Klicken Sie mit der rechten Maustaste auf eine Anzahl und wählen Sie die Befehlsfolge *Werte zusammenfassen nach/Summe*.

❺ Um das Währungsformat zuzuweisen, klicken Sie auf das Ergebnis in Zelle *A4* und drücken `Strg`+`Umschalt`+`$`.

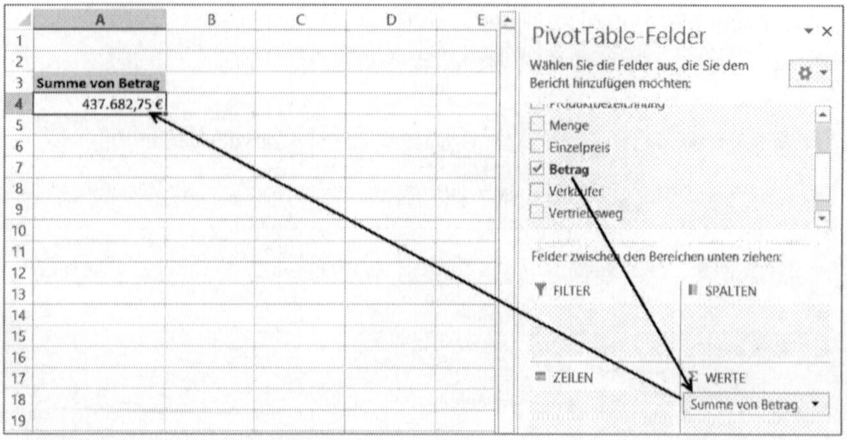

Bild 6.3: Die Summe der Umsätze.

So allein ist das Ergebnis noch nicht so aussagekräftig.

❻ Ziehen Sie das Feld *Produktgruppe* in den Bereich *Zeilen* (Excel 2010: *Zeilenbeschriftung*).

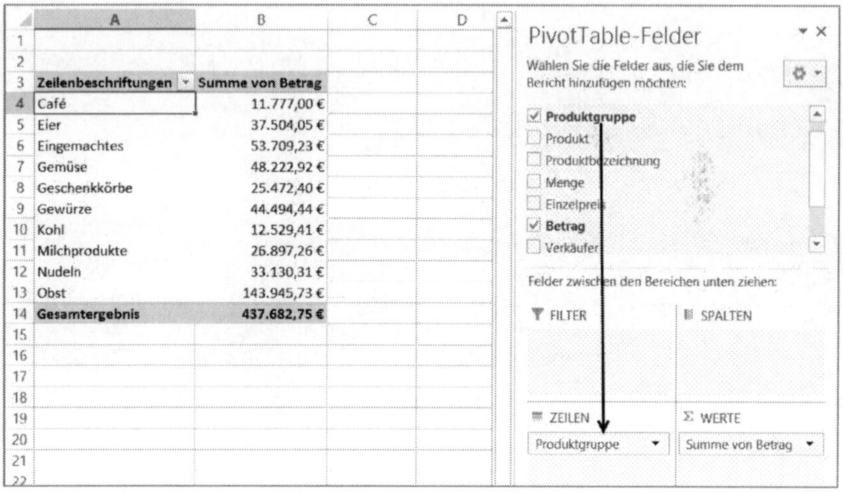

Bild 6.4: Die Umsätze der Produktgruppen.

Excel gruppiert die Produktgruppen und zeigt Ihnen die Summen an.

❼ Benennen Sie das Tabellenblatt um in *Umsatz Produktgruppen.*

Überprüfen des Ergebnisses

Wenn Sie das Ergebnis für die Produktgruppe *Eier* kontrollieren möchten, können Sie zum einen alle Datenzeilen in eine separate Tabelle kopieren und summieren, oder Sie filtern in der Datenliste nach dem Begriff *Eier.*

Alle Datenzeilen in eine neue Tabelle kopieren

In diesem Schritt werden die ausgewählten Datenzeilen aus der Tabelle *Umsatz* in eine neue Tabelle kopiert.

1. Doppelklicken Sie in die Zelle *B5*. Dort steht die Summe der verkauften Eier.

   Sie erhalten sofort ein neues Tabellenblatt mit allen Zeilen der Produktgruppe *Eier*. Excel hat bereits eine dynamische Tabelle daraus gemacht.

2. Aktivieren Sie das Register *Entwurf* und setzen Sie den Haken bei *Ergebniszeile*.

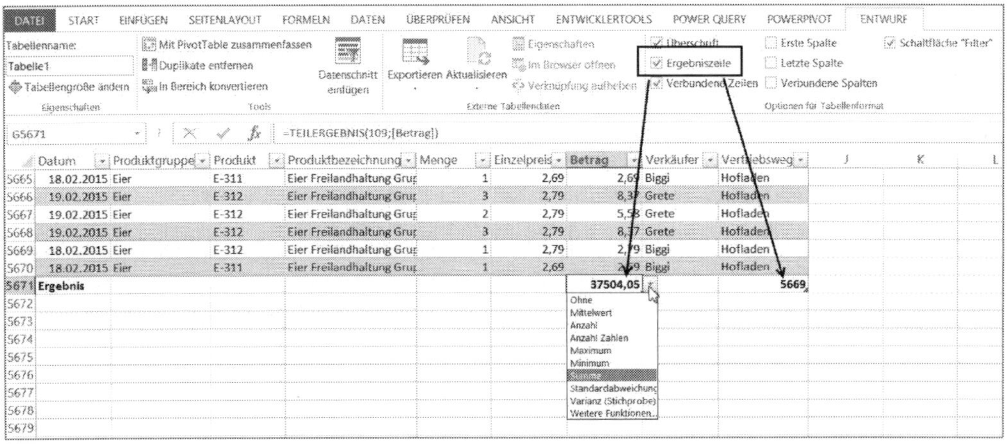

Bild 6.5: Die Summe der verkauften Eier.

Am Ende der Tabelle wird die Summe gebildet.

3. Benennen Sie das Tabellenblatt um in *Produktgruppe Eier*.

> **Tipp**
> Diesen Schritt können Sie auch gehen, wenn Sie beispielsweise in Ihrer PivotTabelle nach Verkäufern gruppiert haben und sich für jeden Verkäufer eine separate Tabelle wünschen.

In der Umsatzliste filtern

Zur Kontrolle der Ergebnisse Ihrer PivotTabelle können Sie den Filter nutzen.

1. Aktivieren Sie das Register *Umsatz* und klicken Sie in die Liste.
2. Drücken Sie die Tastenkombination `Strg`+`Umschalt`+`L`, um den Filter zu aktivieren.
3. Filtern Sie im Feld *Produktgruppe* nach dem Eintrag *Eier*.

❹ Klicken Sie in die Zelle *G55408* und drücken Sie die Tastenkombination [Alt]+[Umschalt]+[=]. Damit bilden Sie die Summe der zurzeit angezeigten Werte.

G55408 | =TEILERGEBNIS(9;G6:G55407)

	A	B	C	D	E	F	G	H	I
1	**Umsatzliste detailliert mit Online-Shop**								
2									
3	Zeitraum Januar 2015 bis April 2016								
4									
5	**Datum**	**Produktgruppe**	**Produkt**	**Produktbezeichnung**	**Menge**	**Einzelpreis**	**Betrag**	**Verkäufer**	**Vertriebsweg**
55399	25.04.2016	Obst	O-110	Birne Helene Bio	1	3,99	3,99	Biggi	Hofladen
55400	25.04.2016	Obst	O-100	Apfel Boskop Bio (auch für Allergiker)	1	3,59	3,59	Biggi	Hofladen
55401	25.04.2016	Obst	O-110	Birne Helene Bio	2	3,99	7,98	Biggi	Hofladen
55402	03.04.2016	Geschenkkörbe	G-2012	Geschenkkorb "Picknick"	1	39,9	39,9	Online	Webshop
55403	09.04.2016	Geschenkkörbe	G-2012	Geschenkkorb "Picknick"	4	39,90 €	159,60 €	Online	Webshop
55404	09.04.2016	Geschenkkörbe	G-2012	Geschenkkorb "Picknick"	5	39,9	199,5	Online	Webshop
55405	09.04.2016	Geschenkkörbe	G-2012	Geschenkkorb "Picknick"	2	39,9	79,8	Online	Webshop
55406	11.04.2016	Geschenkkörbe	G-2012	Geschenkkorb "Picknick"	5	39,9	199,5	Online	Webshop
55407	14.04.2016	Geschenkkörbe	G-2012	Geschenkkorb "Picknick"	2	39,9	79,8	Online	Webshop
55408							437.682,75 €		
55409									

Bild 6.6: Das Filterergebnis zeigt das gleiche Ergebnis wie die PivotTabelle.

Sollte die hier gezeigte Summe nicht dem Ergebnis der PivotTabelle entsprechen, kontrollieren Sie in der PivotTabelle die Zellen, aus denen sie besteht.

Aktivieren Sie dann das Tabellenblatt *Umsatz Produktgruppen* und anschließend das Register *Analysieren* (*Optionen* in Excel 2010). Klicken Sie auf die Schaltfläche *Datenquelle ändern* und markieren Sie alle Zellen, aus denen die PivotTabelle erstellt werden soll.

Der Bereich Spalten bzw. Spaltenbeschriftung

In der Feldliste gibt es noch den Bereich *Spalten* (Excel 2010: *Spaltenbeschriftung*). Die Daten, die in diesen Bereich gezogen werden, werden in Spalten dargestellt.

❶ Wechseln Sie auf das Tabellenblatt *Umsatz Produktgruppen* und klicken Sie in die PivotTabelle.

❷ Ziehen Sie das Feld *Verkäufer* in den Bereich *Spalten* (Excel 2010: *Spaltenbeschriftung*).

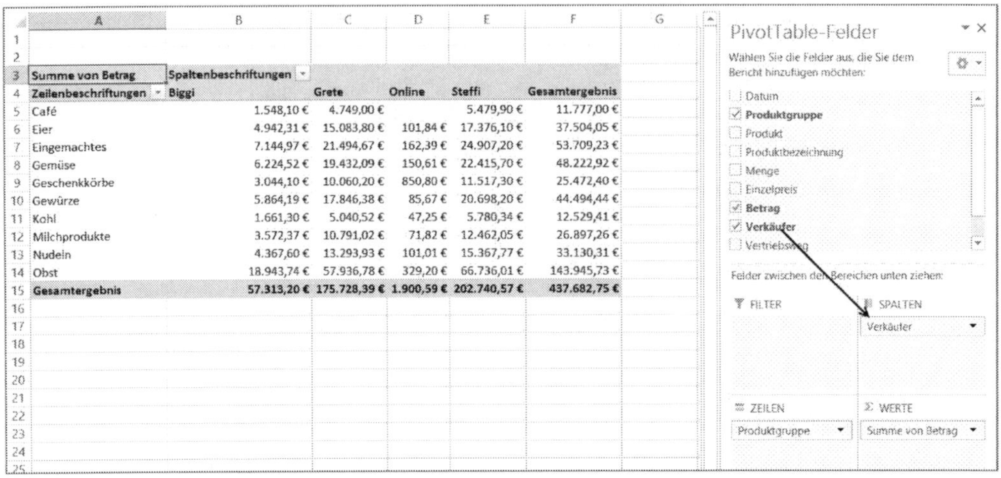

Summe von Betrag	Spaltenbeschriftungen				
Zeilenbeschriftungen	Biggi	Grete	Online	Steffi	Gesamtergebnis
Café	1.548,10 €	4.749,00 €		5.479,90 €	11.777,00 €
Eier	4.942,31 €	15.083,80 €	101,84 €	17.376,10 €	37.504,05 €
Eingemachtes	7.144,97 €	21.494,67 €	162,39 €	24.907,20 €	53.709,23 €
Gemüse	6.224,52 €	19.432,09 €	150,61 €	22.415,70 €	48.222,92 €
Geschenkkörbe	3.044,10 €	10.060,20 €	850,80 €	11.517,30 €	25.472,40 €
Gewürze	5.864,19 €	17.846,38 €	85,67 €	20.698,20 €	44.494,44 €
Kohl	1.661,30 €	5.040,52 €	47,25 €	5.780,34 €	12.529,41 €
Milchprodukte	3.572,37 €	10.791,02 €	71,82 €	12.462,05 €	26.897,26 €
Nudeln	4.367,60 €	13.293,93 €	101,01 €	15.367,77 €	33.130,31 €
Obst	18.943,74 €	57.936,78 €	329,20 €	66.736,01 €	143.945,73 €
Gesamtergebnis	57.313,20 €	175.728,39 €	1.900,59 €	202.740,57 €	437.682,75 €

Bild 6.7: Der Bereich *Spalten* (Excel 2010: *Spaltenbeschriftung*) zeigt die Daten in Spalten.

Jetzt erkennen Sie, wie viel Umsatz jeder Verkäufer mit den Produktgruppen gemacht hat. Außerdem wird zu jedem Verkäufer sein Gesamtumsatz anzeigt. Sie sehen sofort, dass im Café *Online* kein Umsatz gemacht wurde.

6.1.2 Darstellen gegliederter Listen

Eine Stärke der PivotTabelle ist das Darstellen von gegliederten Listen.

❶ Klicken Sie in die Datenliste auf dem Tabellenblatt *Umsatz*.

❷ Wählen Sie die Befehlsfolge *Einfügen/PivotTable*. Stellen Sie sicher, dass alle Zellen Ihrer Liste markiert sind. Bestätigen Sie mit *OK*.

❸ Ziehen Sie das Feld *Betrag* in den Bereich *Werte*. Klicken Sie auf das Ergebnis in Zelle *A4* und drücken Sie `Strg`+`Umschalt`+`$`.

❹ Ziehen Sie das Feld *Vertriebsweg* in den Bereich *Zeilen* (Excel 2010: *Zeilenbeschriftung*).

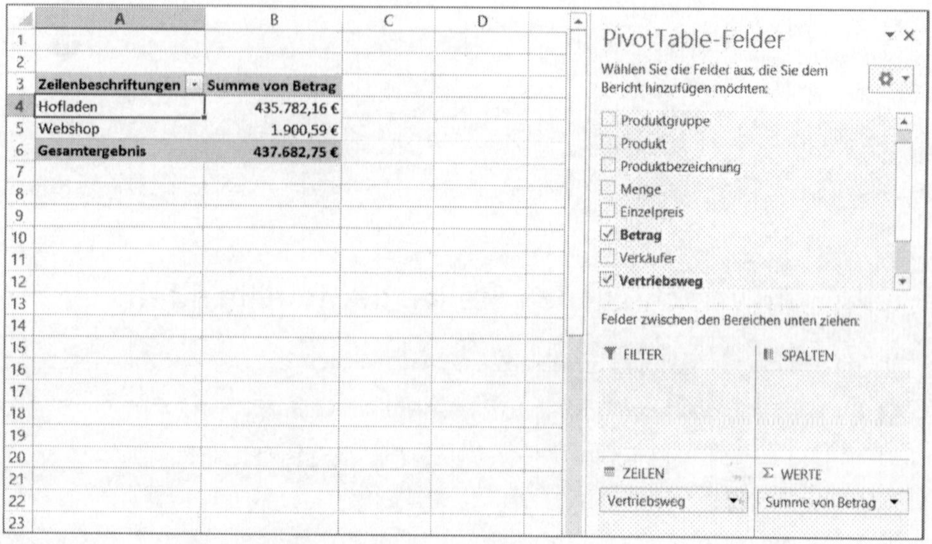

Bild 6.8: Die Umsätze im Hofladen und im Webshop.

Der Webshop ging erst im Vormonat an den Start. Da können die Umsätze noch nicht so hoch sein.

❺ Ziehen Sie das Feld *Produktgruppe* auch in den Bereich *Zeilen* (Excel 2010: *Zeilenbeschriftung*) unter das Feld *Vertriebsweg.*

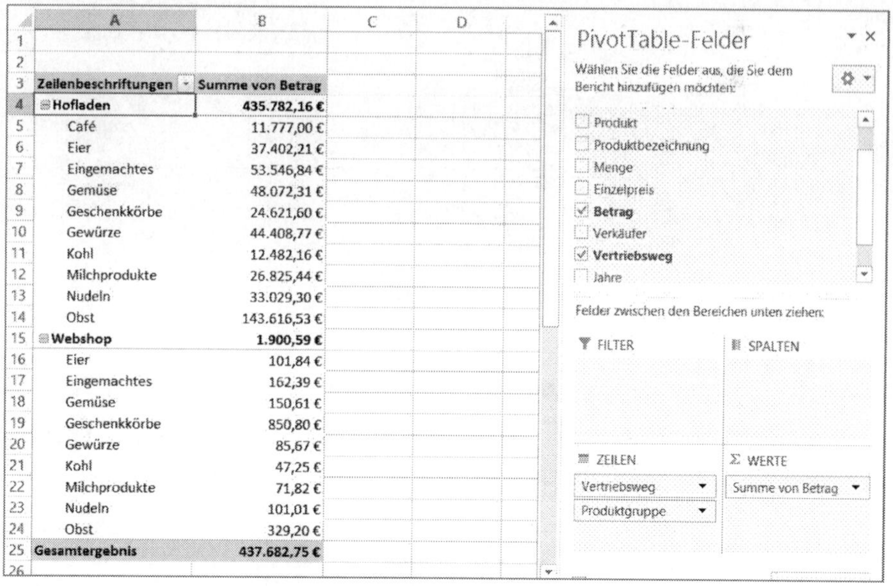

Bild 6.9: Die einzelnen Umsätze der Vertriebswege.

❻ Benennen Sie das Tabellenblatt um in *Umsatz Vertrieb - Produktgr.*

Hinweis
Im übernächsten Kapitel erfahren Sie, mit welchen Möglichkeiten Sie diese Tabelle gestalten können.

6.2 An verschiedenen Stellen der Tabelle filtern

Sie können innerhalb einer PivotTabelle an verschiedenen Stellen filtern.

❶ Klicken Sie in die Datenliste auf dem Tabellenblatt *Umsatz.*

❷ Wählen Sie die Befehlsfolge *Einfügen/PivotTable.* Stellen Sie sicher, dass alle Zellen Ihrer Liste markiert sind.

❸ Bestätigen Sie mit *OK.*

❹ Ziehen Sie das Feld *Betrag* in den Bereich *Werte.*

❺ Klicken Sie auf das Ergebnis in Zelle *A4* und drücken Sie `Strg`+`Umschalt`+`$`.

❻ Ziehen Sie das Feld *Produktbezeichnung* in den Bereich *Zeilen* (Excel 2010: *Zeilenbeschriftung*).

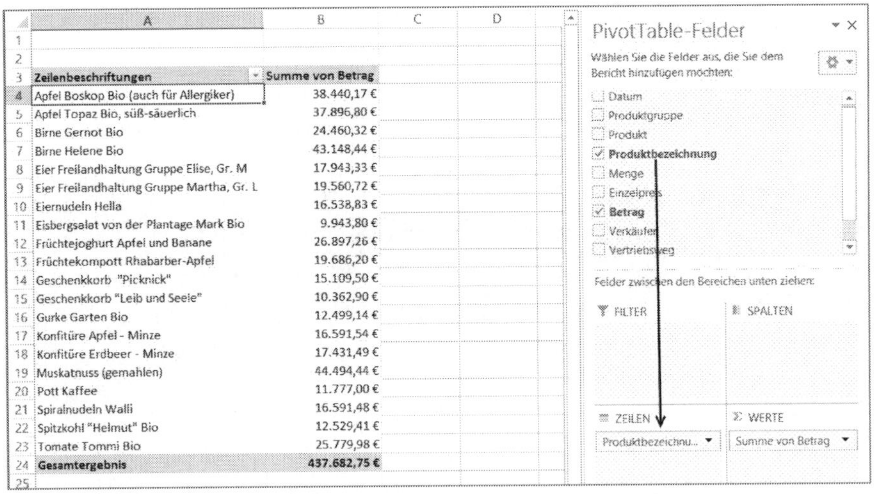

Bild 6.10: Die zweite PivotTabelle.

❼ Benennen Sie das Tabellenblatt um in *Umsatz Produkte.*

Wenn Sie jetzt nur bestimmte Produkte sehen möchten, öffnen Sie den Filter in Zelle *A3* und wählen die gewünschten Produkte.

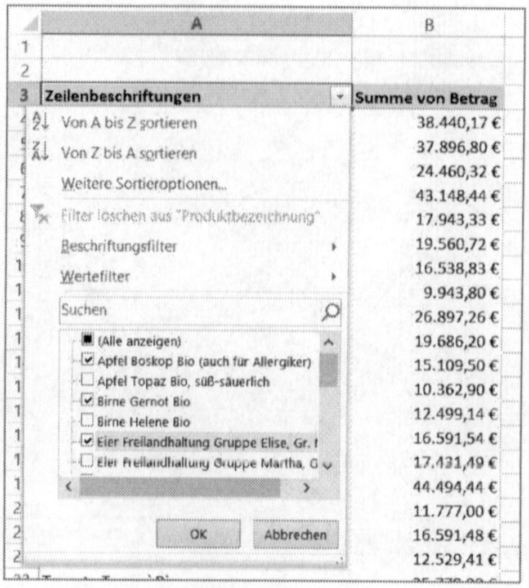

Bild 6.11: Der Filter in der PivotTabelle.

Das *Gesamtergebnis* zeigt jetzt nur die Summe der aktuell angezeigten Produkte.

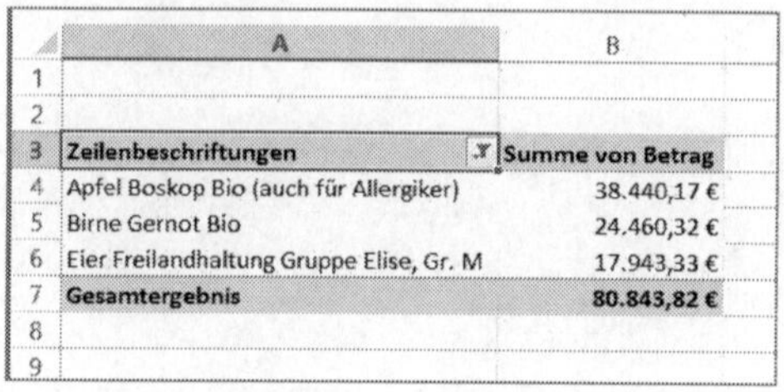

Bild 6.12: Das Filterergebnis.

Am Symbol in Zelle *A3* erkennen Sie, dass Sie einen Filter aktiviert haben. Mit einem Klick auf diese Schaltfläche und dem Befehl *Filter löschen aus* lassen sich wieder alle Zeilen anzeigen.

6.2.1 Der Berichtsfilter

In der Feldliste gibt es einen Bereich mit dem Namen *Filter* (*Berichtsfilter* in Excel 2010). Wenn Sie ein Feld in diesen Bereich ziehen, filtern Sie die ganze PivotTabelle.

❶ Ziehen Sie das Feld *Verkäufer* in den Bereich *Filter* (*Berichtsfilter* in Excel 2010).

❷ Öffnen Sie den Filter in Zelle *B1*, wählen Sie den gewünschten Verkäufer und bestätigen Sie mit *OK*.

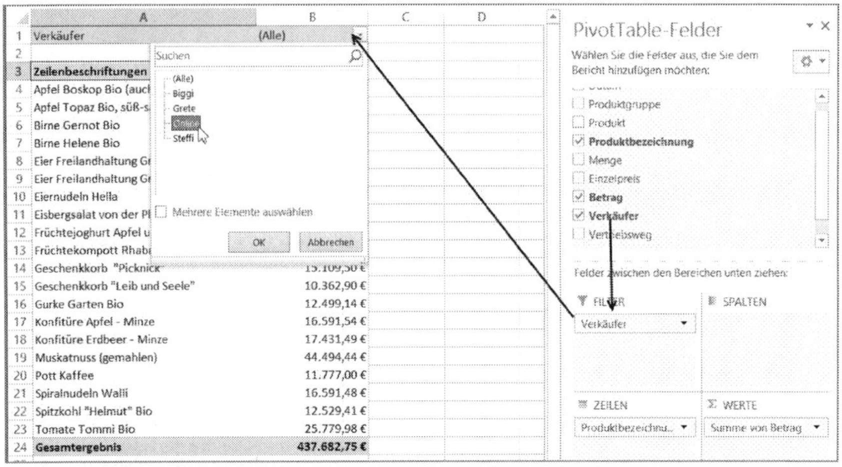

Bild 6.13: Der Berichtsfilter filtert die ganze PivotTabelle.

Nachdem Sie mit *OK* bestätigt haben, werden nur die passenden Zeilen in der PivotTabelle gezeigt. Das Gesamtergebnis zeigt die Summe der gefilterten Elemente.

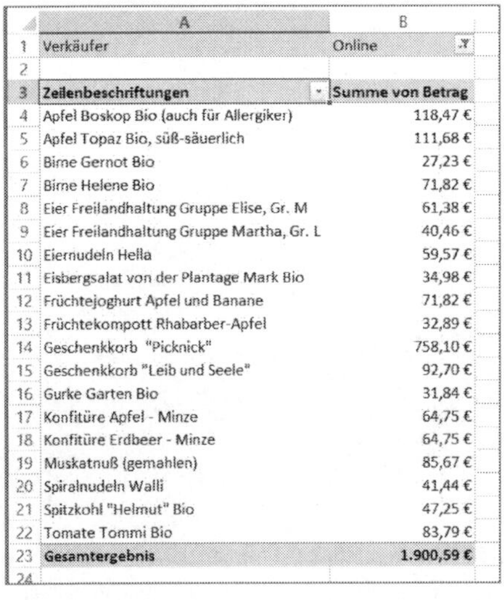

	A	B
1	Verkäufer	Online
2		
3	**Zeilenbeschriftungen**	**Summe von Betrag**
4	Apfel Boskop Bio (auch für Allergiker)	118,47 €
5	Apfel Topaz Bio, süß-säuerlich	111,68 €
6	Birne Gernot Bio	27,23 €
7	Birne Helene Bio	71,82 €
8	Eier Freilandhaltung Gruppe Elise, Gr. M	61,38 €
9	Eier Freilandhaltung Gruppe Martha, Gr. L	40,46 €
10	Eiernudeln Hella	59,57 €
11	Eisbergsalat von der Plantage Mark Bio	34,98 €
12	Früchtejoghurt Apfel und Banane	71,82 €
13	Früchtekompott Rhabarber-Apfel	32,89 €
14	Geschenkkorb "Picknick"	758,10 €
15	Geschenkkorb "Leib und Seele"	92,70 €
16	Gurke Garten Bio	31,84 €
17	Konfitüre Apfel - Minze	64,75 €
18	Konfitüre Erdbeer - Minze	64,75 €
19	Muskatnuß (gemahlen)	85,67 €
20	Spiralnudeln Walli	41,44 €
21	Spitzkohl "Helmut" Bio	47,25 €
22	Tomate Tommi Bio	83,79 €
23	**Gesamtergebnis**	**1.900,59 €**
24		

Bild 6.14: Die gefilterte PivotTabelle.

❸ Um diesen Filter zu deaktivieren, klicken Sie auf das Symbol in Zelle *B1* und wählen den Eintrag *Alle*.

❹ Um das Feld *Verkäufer* aus dem Bereich *Filter* (*Berichtsfilter* in Excel 2010) zu entfernen, löschen Sie den Haken vor dem Wort *Verkäufer* in der Feldliste.

Hinweis
Wenn Sie im Filter nach mehreren Verkäufern filtern möchten, aktivieren Sie den Haken bei *Mehrere Elemente auswählen.*

6.2.2 Bequem und schnell mit Datenschnitt filtern

Mit dem Datenschnitt – in der englischen Excel-Version heißt er Slicer –, können Sie auch filtern, allerdings viel bequemer, schneller und übersichtlicher.

❶ Klicken Sie in die PivotTabelle, aktivieren Sie das Register *Analysieren* (*Optionen* in Excel 2010) und klicken Sie auf die Schaltfläche *Datenschnitt*.

❷ Aktivieren Sie das Feld, nach dem Sie filtern möchten.

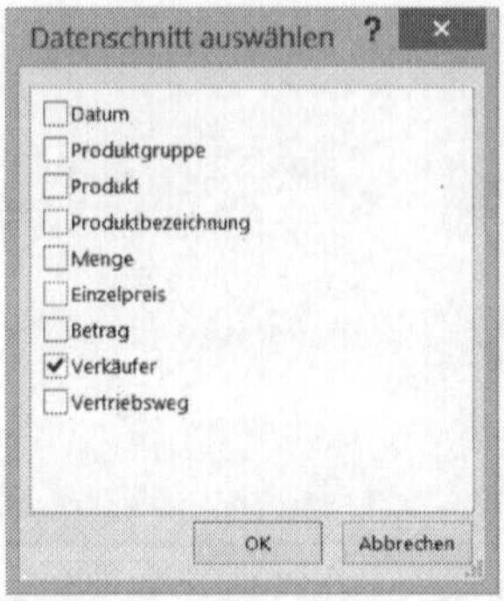

Bild 6.15: Das Feld auswählen, nach dem gefiltert werden soll.

Nachdem Sie mit *OK* bestätigt haben, erscheint der Datenschnitt.

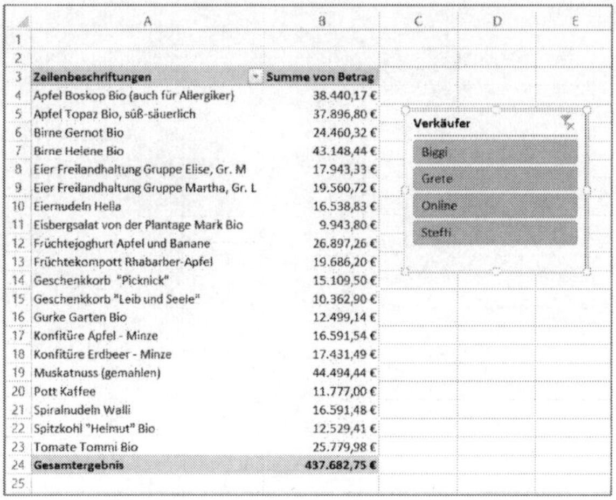

Zeilenbeschriftungen	Summe von Betrag
Apfel Boskop Bio (auch für Allergiker)	38.440,17 €
Apfel Topaz Bio, süß-säuerlich	37.896,80 €
Birne Gernot Bio	24.460,32 €
Birne Helene Bio	43.148,44 €
Eier Freilandhaltung Gruppe Elise, Gr. M	17.943,33 €
Eier Freilandhaltung Gruppe Martha, Gr. L	19.560,72 €
Eiernudeln Hella	16.538,83 €
Eisbergsalat von der Plantage Mark Bio	9.943,80 €
Früchtejoghurt Apfel und Banane	26.897,26 €
Früchtekompott Rhabarber-Apfel	19.686,20 €
Geschenkkorb "Picknick"	15.109,50 €
Geschenkkorb "Leib und Seele"	10.362,90 €
Gurke Garten Bio	12.499,14 €
Konfitüre Apfel - Minze	16.591,54 €
Konfitüre Erdbeer - Minze	17.431,49 €
Muskatnuss (gemahlen)	44.494,44 €
Pott Kaffee	11.777,00 €
Spiralnudeln Walli	16.591,48 €
Spitzkohl "Helmut" Bio	12.529,41 €
Tomate Tommi Bio	25.779,98 €
Gesamtergebnis	437.682,75 €

Bild 6.16: Der Datenschnitt zeigt alle Einträge des gewählten Felds.

❸ Klicken Sie auf einen Eintrag im Datenschnitt.

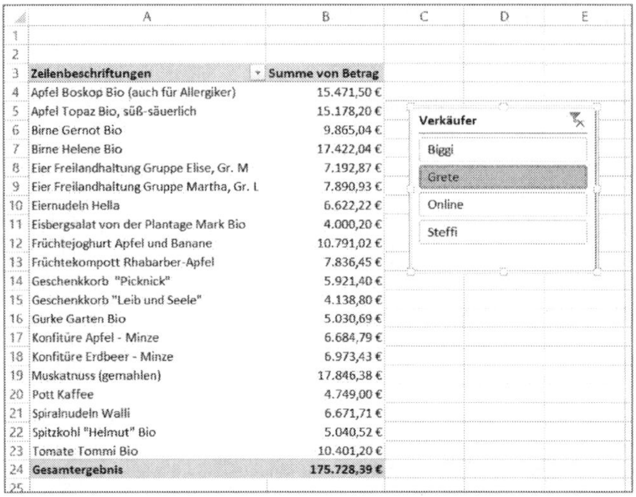

Zeilenbeschriftungen	Summe von Betrag
Apfel Boskop Bio (auch für Allergiker)	15.471,50 €
Apfel Topaz Bio, süß-säuerlich	15.178,20 €
Birne Gernot Bio	9.865,04 €
Birne Helene Bio	17.422,04 €
Eier Freilandhaltung Gruppe Elise, Gr. M	7.192,87 €
Eier Freilandhaltung Gruppe Martha, Gr. L	7.890,93 €
Eiernudeln Hella	6.622,22 €
Eisbergsalat von der Plantage Mark Bio	4.000,20 €
Früchtejoghurt Apfel und Banane	10.791,02 €
Früchtekompott Rhabarber-Apfel	7.836,45 €
Geschenkkorb "Picknick"	5.921,40 €
Geschenkkorb "Leib und Seele"	4.138,80 €
Gurke Garten Bio	5.030,69 €
Konfitüre Apfel - Minze	6.684,79 €
Konfitüre Erdbeer - Minze	6.973,43 €
Muskatnuss (gemahlen)	17.846,38 €
Pott Kaffee	4.749,00 €
Spiralnudeln Walli	6.671,71 €
Spitzkohl "Helmut" Bio	5.040,52 €
Tomate Tommi Bio	10.401,20 €
Gesamtergebnis	175.728,39 €

Bild 6.17: Mithilfe des Datenschnitts lassen sich Ihre Daten bequem filtern.

Anders als bei dem eben beschriebenen Filter erkennen Sie auch, nach welchen Einträgen nicht gefiltert wurde.

4. Mit einem Klick auf die Schaltfläche oben rechts im Datenschnitt deaktivieren Sie den Filter.

Tipp
Um den Datenschnitt zu gestalten, nutzen Sie das Register *Optionen*, das immer dann sichtbar ist, wenn Sie den Datenschnitt aktiviert haben.

Halten Sie beim Klicken im Datenschnitt die [Strg]-Taste fest, können Sie nach mehreren Werten filtern.

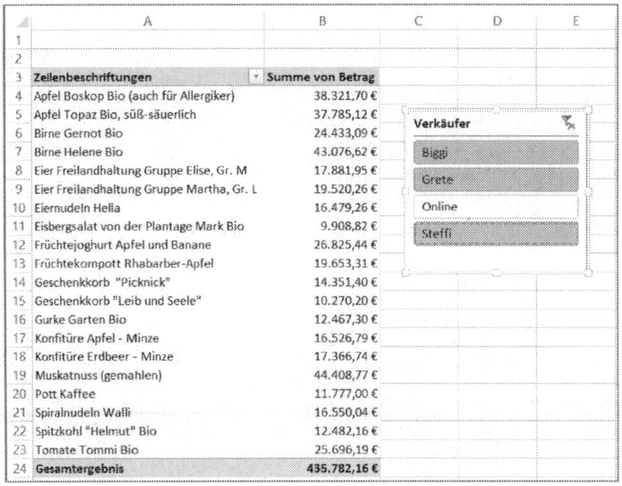

Zeilenbeschriftungen	Summe von Betrag
Apfel Boskop Bio (auch für Allergiker)	38.321,70 €
Apfel Topaz Bio, süß-säuerlich	37.785,12 €
Birne Gernot Bio	24.433,09 €
Birne Helene Bio	43.076,62 €
Eier Freilandhaltung Gruppe Elise, Gr. M	17.881,95 €
Eier Freilandhaltung Gruppe Martha, Gr. L	19.520,26 €
Eiernudeln Hella	16.479,26 €
Eisbergsalat von der Plantage Mark Bio	9.908,82 €
Früchtejoghurt Apfel und Banane	26.825,44 €
Früchtekompott Rhabarber-Apfel	19.653,31 €
Geschenkkorb "Picknick"	14.351,40 €
Geschenkkorb "Leib und Seele"	10.270,20 €
Gurke Garten Bio	12.467,30 €
Konfitüre Apfel - Minze	16.526,79 €
Konfitüre Erdbeer - Minze	17.366,74 €
Muskatnuss (gemahlen)	44.408,77 €
Pott Kaffee	11.777,00 €
Spiralnudeln Walli	16.550,04 €
Spitzkohl "Helmut" Bio	12.482,16 €
Tomate Tommi Bio	25.696,19 €
Gesamtergebnis	435.782,16 €

Bild 6.18: Nach mehreren Elementen filtern.

❺ Mit einem Klick auf das Symbol entfernen Sie alle Filter.

Um den Datenschnitt wieder zu entfernen, klicken Sie entweder mit der rechten Maustaste auf den Datenschnitt und wählen den Befehl *"Feldname" entfernen*, oder Sie klicken auf den Rand des Datenschnitts und drücken die Taste [Entf].

WICHTIG

Wenn Sie den Datenschnitt bei aktiviertem Filter entfernen, merkt sich die PivotTabelle diesen Filter. Damit Sie später nicht ins Schleudern geraten, sollten Sie den Filter entfernen. Nutzen Sie dabei das Symbol in der Feldliste neben dem Namen.

6.3 Layout von PivotTabellen gestalten

Excel bietet Ihnen im Register *Entwurf* wichtige Befehle, um das Layout und die Farben Ihrer PivotTabelle anzupassen.

6.3.1 Layoutänderungen durchführen

Die Überschriften ändern

Nachdem Sie eine PivotTabelle erstellt haben, stehen anstelle der Feldnamen die Begriffe *Zeilenbeschriftungen* bzw. *Spaltenbeschriftungen* als Überschriften. Dies können Sie ändern.

❶ Klicken Sie in die PivotTabelle und aktivieren Sie das Register *Entwurf*.

❷ Wählen Sie an der Schaltfläche *Berichtslayout* den Eintrag *In Tabellenformat anzeigen.*

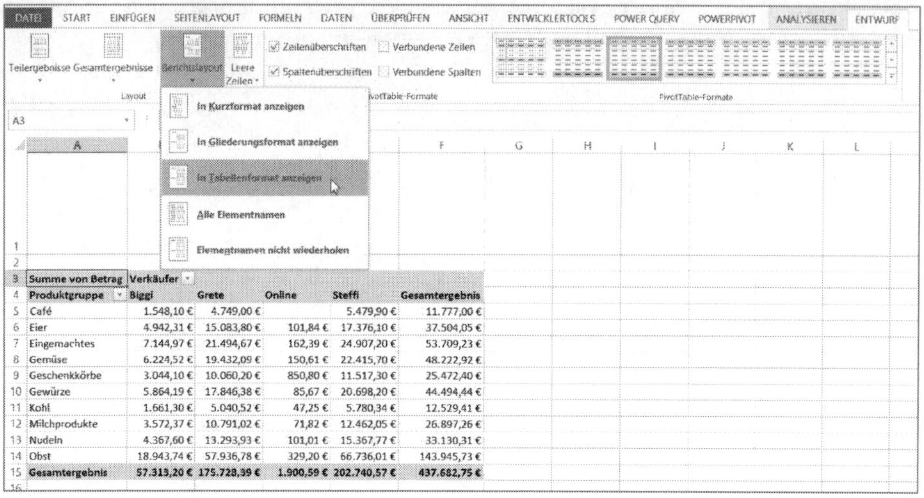

Summe von Betrag	Verkäufer				
Produktgruppe	**Biggi**	**Grete**	**Online**	**Steffi**	**Gesamtergebnis**
Café	1.548,10 €	4.749,00 €		5.479,90 €	11.777,00 €
Eier	4.942,31 €	15.083,80 €	101,84 €	17.376,10 €	37.504,05 €
Eingemachtes	7.144,97 €	21.494,67 €	162,39 €	24.907,20 €	53.709,23 €
Gemüse	6.224,52 €	19.432,09 €	150,61 €	22.415,70 €	48.222,92 €
Geschenkkörbe	3.044,10 €	10.060,20 €	850,80 €	11.517,30 €	25.472,40 €
Gewürze	5.864,19 €	17.846,38 €	85,67 €	20.698,20 €	44.494,44 €
Kohl	1.661,30 €	5.040,52 €	47,25 €	5.780,34 €	12.529,41 €
Milchprodukte	3.572,37 €	10.791,02 €	71,82 €	12.462,05 €	26.897,26 €
Nudeln	4.367,60 €	13.293,93 €	101,01 €	15.367,77 €	33.130,31 €
Obst	18.943,74 €	57.936,78 €	329,20 €	66.736,01 €	143.945,73 €
Gesamtergebnis	**57.313,20 €**	**175.728,39 €**	**1.900,59 €**	**202.740,57 €**	**437.682,75 €**

Bild 6.19: Jetzt sind die Feldnamen die Überschriften.

Jetzt bilden die Feldnamen die Überschriften. Damit ist Ihre PivotTabelle übersichtlicher geworden.

> **Tipp**
> Bestimmt ist Ihnen aufgefallen, dass sich die Spaltenbreite Ihrer PivotTabelle automatisch verändert hat. Dies können Sie abschalten. Wählen Sie die Befehlsfolge *Analysieren* (*Optionen* in Excel 2010)/*Optionen*. Entfernen Sie den Haken bei *Spaltenbreiten bei Aktualisierung automatisch anpassen* im Register *Layout & Format*.

Die Farben ändern

Bevor Sie beginnen, die Farben Ihrer PivotTabelle zu ändern, sollten Sie sich mit den Feldern im Bereich *Optionen für PivotTable-Formate* auf der Registerkarte *Entwurf* beschäftigen.

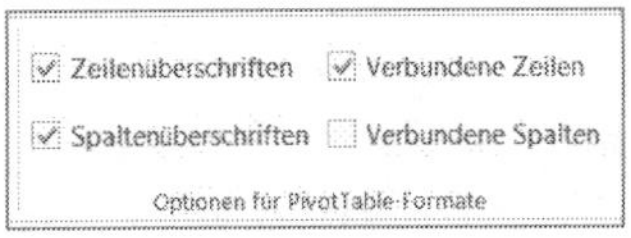

Bild 6.20: PivotTable-Formate festlegen.

Wenn Sie hier eine Auswahl treffen, erhalten Sie im Feld *PivotTable-Formate* unterschiedliche Angebote.

❶ Aktivieren Sie zusätzlich den Haken bei *Verbundene Zeilen.*

❷ Öffnen Sie das Listenfeld *PivotTable-Formate.*

Durch Ihre Wahl *Verbundene Zeilen* werden Ihnen alternierende Zeilenformate angeboten.

Wenn Sie den Haken bei *Zeilenüberschriften* und *Spaltenüberschriften* deaktivieren, bieten Ihnen einige Muster keine hervorgehobenen Beschriftungen mehr an. Experimentieren Sie doch einmal mit den verschiedenen Kombinationen.

> **Tipp**
> Mit dem Befehl *Neue PivotTable-Formatvorlage* können Sie eigene Farbmuster für Ihre PivotTabellen erstellen.

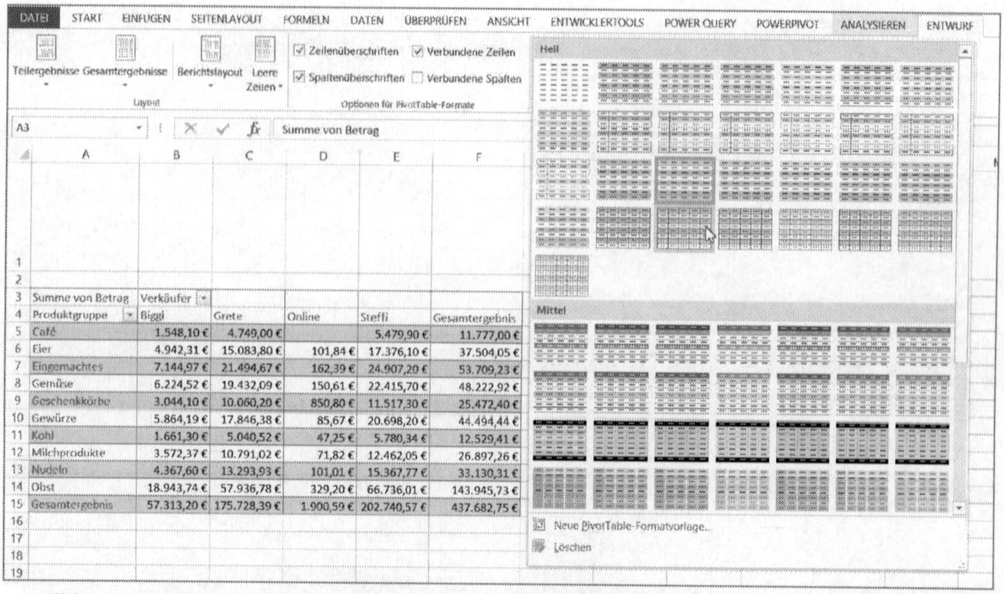

Bild 6.21: Ein individuelles Farbmuster für Ihre PivotTabelle.

6.3.2 Nach Umsatz, Vertrieb, Produktgruppe gliedern

Auf dem Tabellenblatt *Umsatz Vertrieb - Produktgr.* finden Sie eine gegliederte PivotTabelle. Sie erhalten eine solche, indem Sie zwei oder mehr Felder in den Bereich *Zeilen* (*Zeilenbeschriftung* in Excel 2010) ziehen.

Zu Beginn packt Excel alle Felder eingerückt in die Spalte *A*. Sie können mit wenigen Schritten jedes Feld in eine separate Spalte bringen.

❶ Klicken Sie in die PivotTabelle auf dem Tabellenblatt *Umsatz Vertrieb - Produktgr.* und aktivieren Sie das Register *Entwurf*.

❷ Wählen Sie an der Schaltfläche *Berichtslayout* den Eintrag *In Gliederungsformat anzeigen.*

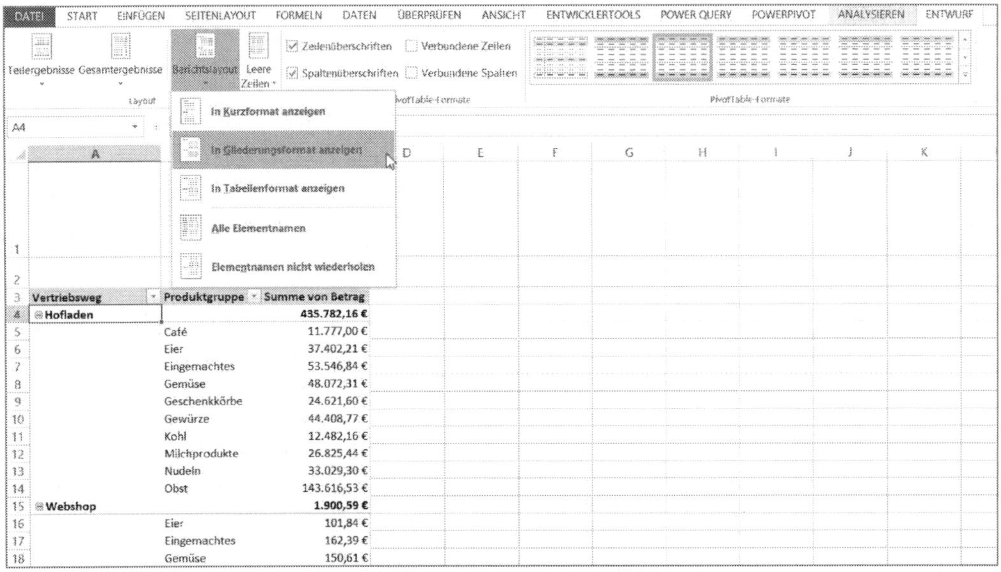

Bild 6.22: Eine gegliederte PivotTabelle in Spalten verteilen.

Sofort wird der Inhalt des Felds *Produktgruppe* in die Spalte *B* geschoben. Die Umsätze der Produktgruppen rutschen eine Spalte weiter nach *C*.

Hinweis
Im *Gliederungsformat* wird die Zwischensumme oben angezeigt. Im *Tabellenformat* wird der Feldname unter der Gruppe wiederholt, und dort wird die Summe angezeigt.

6.3.3 Ergebnisbildung in PivotTabellen

In allen PivotTabellen werden automatisch die Ergebnisse gebildet. Sie können sowohl die Gesamt- als auch die Zwischenergebnisse abschalten.

Die Gesamtergebnisse deaktivieren

Wenn Sie in PivotTabellen keine Gesamtergebnisse sehen möchten, können Sie sie mit einem Befehl deaktivieren.

1. Aktivieren Sie das Register *Entwurf*.
2. Wählen Sie an der Schaltfläche *Gesamtergebnisse* den Eintrag *Für Zeilen und Spalten deaktiviert.*

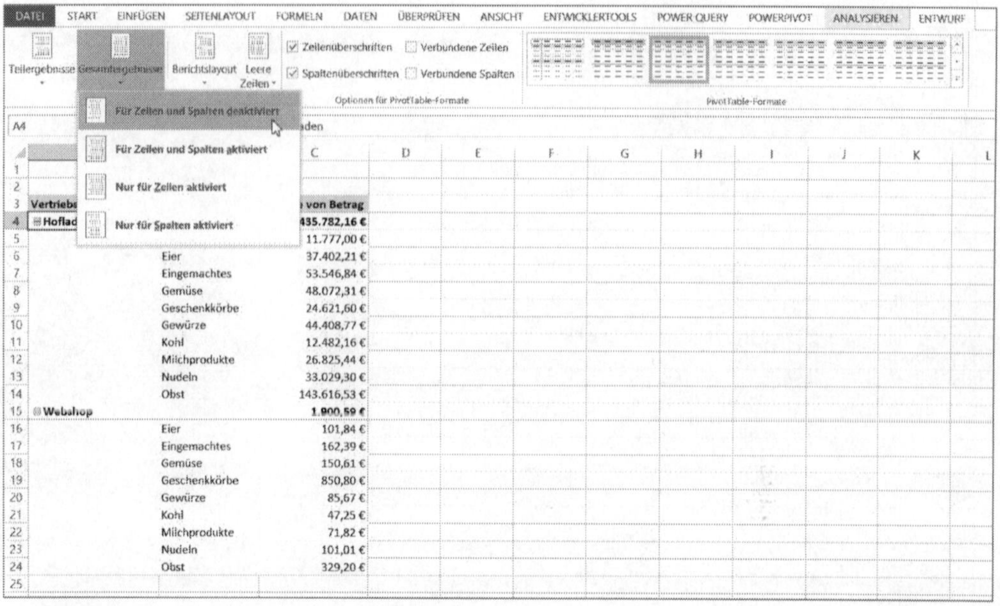

Bild 6.23: Alle Gesamtergebnisse abschalten.

Für das aktuelle Beispiel wird in Zeile *25* kein Gesamtergebnis angezeigt. Sie erkennen, dass Sie Spalten- bzw. Zeilengesamtergebnisse einzeln aktivieren bzw. deaktivieren können.

Die Zwischenergebnisse deaktivieren

Je nach PivotTabellen-Layout haben Sie auch Zwischenergebnisse, zu sehen im aktuellen Beispiel.

❸ Mit der Befehlsfolge *Entwurf/Teilergebnisse/Teilergebnisse nicht anzeigen* blenden Sie alle Zwischensummen aus.

Tipp

Wenn Sie keine leeren Zellen in Ihrer PivotTabelle wünschen, können Sie diese Zellen beispielsweise mit einer 0 (Null) füllen. Wählen Sie die Befehlsfolge *Analysieren* (*Optionen* in Excel 2010)/*Optionen*. Geben Sie im Feld *Für leere Zellen anzeigen* auf der Registerkarte *Layout & Format* eine *0* ein.

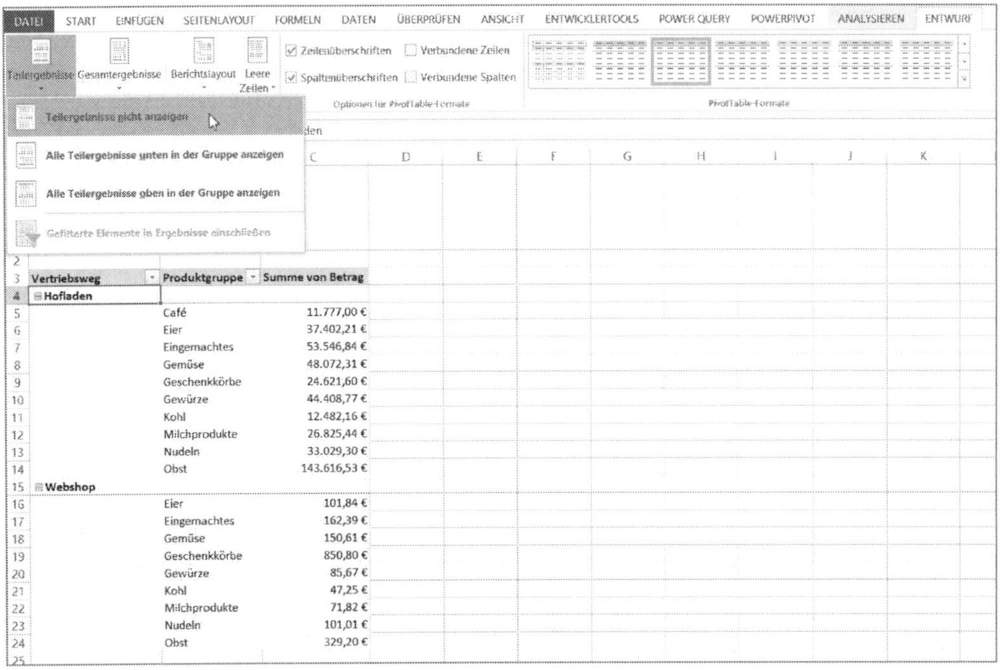

Bild 6.24: Alle Zwischenergebnisse deaktivieren.

6.4 Datenauswertung nach Monat, Jahr, Quartal

Die PivotTabelle bietet für Spalten mit Datumswerten eine geniale Auswertungsmöglichkeit. Sie können mit wenigen Klicks Ihre Daten nach Monaten, Jahren oder Quartalen auswerten, ohne Formeln zu erstellen.

6.4.1 Daten nach Jahr und Monat gruppieren

Im ersten Beispiel sollen die Umsätze der Produktgruppen nach Jahren und Monaten gruppiert werden.

1. Klicken Sie auf dem Tabellenblatt *Umsatz* in die Datenliste.
2. Wählen Sie die Befehlsfolge *Einfügen/PivotTabelle.* Stellen Sie sicher, dass alle Zellen Ihrer Liste markiert sind.
3. Bestätigen Sie mit *OK.*
4. Ziehen Sie das Feld *Betrag* in den Bereich *Werte.*
5. Klicken Sie auf das Ergebnis in Zelle *A4* und drücken Sie [Strg]+[Umschalt]+[$].
6. Ziehen Sie das Feld *Datum* in den Bereich *Zeilen* (Excel 2010: *Zeilenbeschriftung*).

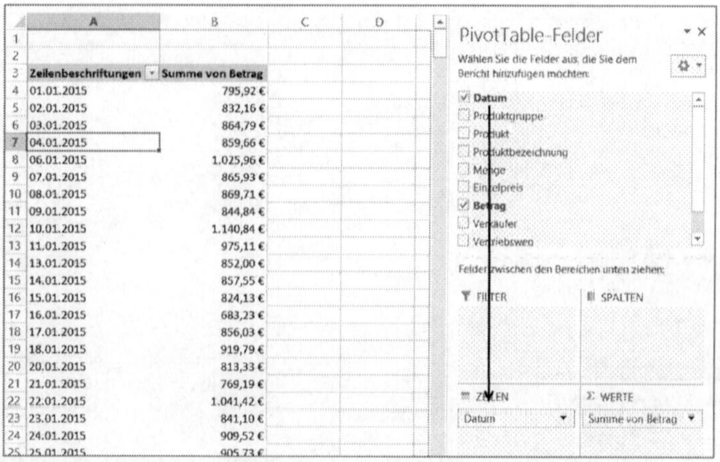

Bild 6.25: Der erste Schritt zum Gruppieren nach Datumswerten.

❼ Klicken Sie mit der rechten Maustaste auf ein Datum und wählen Sie den Befehl *Gruppieren.*

❽ Aktivieren Sie zu Beginn nur den Eintrag *Jahre* und bestätigen Sie mit *OK.*

Bild 6.26: Die Gruppierung nach Jahren.

Excel gruppiert jetzt in der ersten Spalte alle Datumszellen nach Jahren.

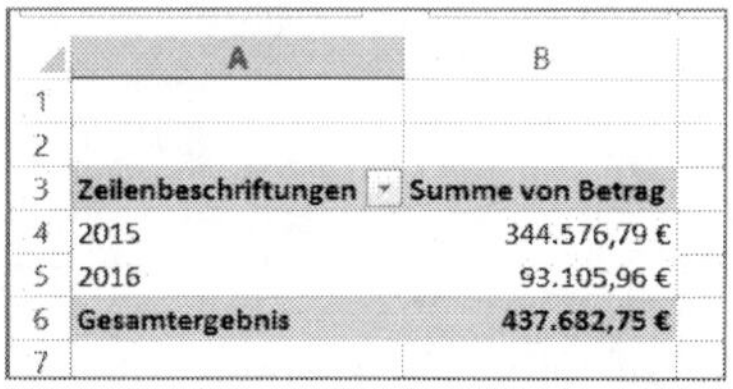

Bild 6.27: Das Gesamtergebnis der beiden Jahre.

Die ursprüngliche Aufgabe war allerdings eine Gruppierung nach Jahren und Monaten.

❾ Klicken Sie mit der rechten Maustaste auf ein Jahr und wählen Sie wieder den Befehl *Gruppierung*.

❿ Aktivieren Sie zusätzlich den Eintrag *Monate*.

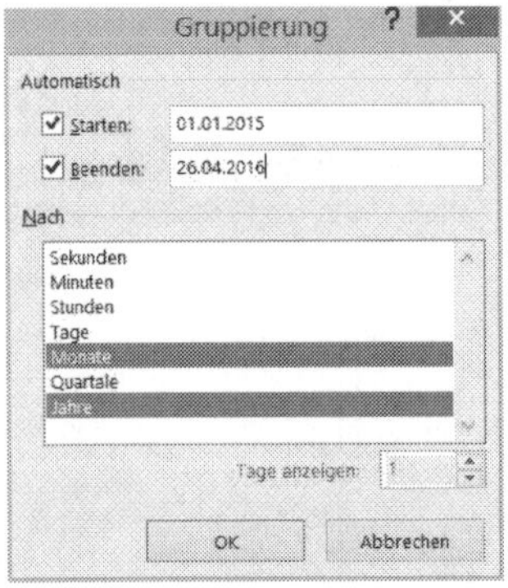

Bild 6.28: Die Gruppierung nach Jahren und Monaten.

Nachdem Sie mit *OK* bestätigt haben, erhalten Sie die gewünschte Gruppierung.

	A	B
1		
2		
3	Zeilenbeschriftungen	Summe von Betrag
4	2015	
5	Jan	23.940,29 €
6	Feb	22.619,25 €
7	Mrz	25.680,86 €
8	Apr	30.846,67 €
9	Mai	32.373,39 €
10	Jun	30.340,08 €
11	Jul	30.459,41 €
12	Aug	30.249,26 €
13	Sep	28.666,62 €
14	Okt	30.036,64 €
15	Nov	28.707,33 €
16	Dez	30.656,99 €
17	2016	
18	Jan	23.375,77 €
19	Feb	22.398,15 €
20	Mrz	24.233,43 €
21	Apr	23.098,61 €
22	Gesamtergebnis	437.682,75 €

Bild 6.29: Die Gruppierung nach Jahren und Monaten.

⓫ Benennen Sie das Tabellenblatt um in *Umsatz Jahre - Monate*.

6.4.2 Daten nach Quartalen gruppieren

Angenommen, Sie möchten eine weitere PivotTabelle mit einer Gruppierung nach Quartalen erstellen. Das wird zu Beginn nicht reibungslos klappen. Doch der Reihe nach:

❶ Klicken Sie in die Datenliste auf dem Tabellenblatt *Umsatz*.

❷ Wählen Sie die Befehlsfolge *Einfügen/PivotTabelle*. Stellen Sie sicher, dass alle Zellen Ihrer Liste markiert sind. Bestätigen Sie mit *OK*.

❸ Ziehen Sie das Feld *Betrag* in den Bereich *Werte*. Klicken Sie auf das Ergebnis in Zelle *A4* und drücken Sie `Strg`+`Umschalt`+`$`.

❹ Ziehen Sie das Feld *Datum* in den Bereich *Zeilen* (Excel 2010: *Zeilenbeschriftung*).

Zu Beginn gruppiert Excel Ihre Daten bereits nach Monaten.

❺ Klicken Sie mit der rechten Maustaste auf ein Datum und wählen Sie den Befehl *Gruppieren*. Aktivieren Sie den Eintrag *Quartale* und bestätigen Sie mit *OK*.

	A	B
1		
2		
3	**Zeilenbeschriftungen**	**Summe von Betrag**
4	Qrtl1	142.247,75 €
5	Qrtl2	116.658,75 €
6	Qrtl3	89.375,29 €
7	Qrtl4	89.400,96 €
8	**Gesamtergebnis**	**437.682,75 €**
9		

Bild 6.30: Die Ergebnisse der Quartale.

Zurzeit sieht noch alles gut aus. Wenn Sie jetzt allerdings auf das Tabellenblatt *Umsatz Jahr - Monat* wechseln, sehen Sie, dass auch dort die Gruppierung nach Quartalen steht. Wenn Sie die Gruppierung wieder nach Jahren und Monaten vornehmen, ändert sich die Gruppierung Ihrer Quartale auf dem anderen Tabellenblatt. Die Gruppierungen hängen zusammen.

❻ Stellen Sie wieder die Gruppierung nach Jahr und Monat ein.

Eine unabhängige PivotTabelle erstellen

Um eine Gruppierung nach Quartalen zu erreichen, müssen Sie eine unabhängige PivotTabelle erstellen.

❶ Klicken Sie auf dem Tabellenblatt *Umsatz* in die Datenliste.

❷ Drücken Sie nacheinander die Tasten `Alt`, `N`, `P`.

❸ Lassen Sie die Option *Microsoft Excel-Liste oder -Datenbank* aktiviert.

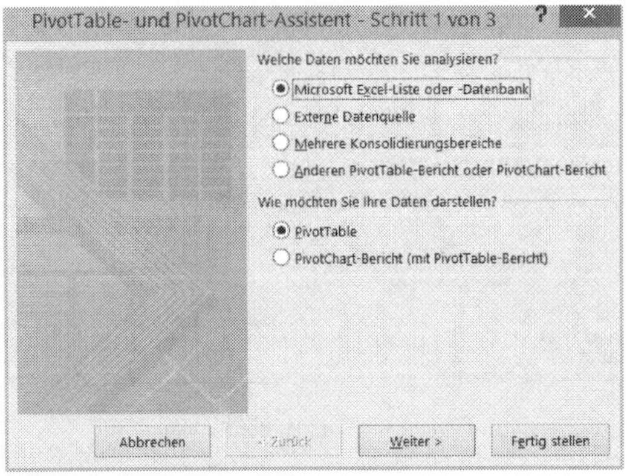
PivotTable- und PivotChart-Assistent - Schritt 1 von 3
Welche Daten möchten Sie analysieren?
Microsoft Excel-Liste oder -Datenbank
Externe Datenquelle
Mehrere Konsolidierungsbereiche
Anderen PivotTable-Bericht oder PivotChart-Bericht
Wie möchten Sie Ihre Daten darstellen?
PivotTable
PivotChart-Bericht (mit PivotTable-Bericht)
Abbrechen
< Zurück
Weiter >
Fertig stellen

Bild 6.31: Der PivotTabellen-Assistent zum Erstellen einer unabhängigen PivotTabelle.

❹ Klicken Sie auf *Weiter.*

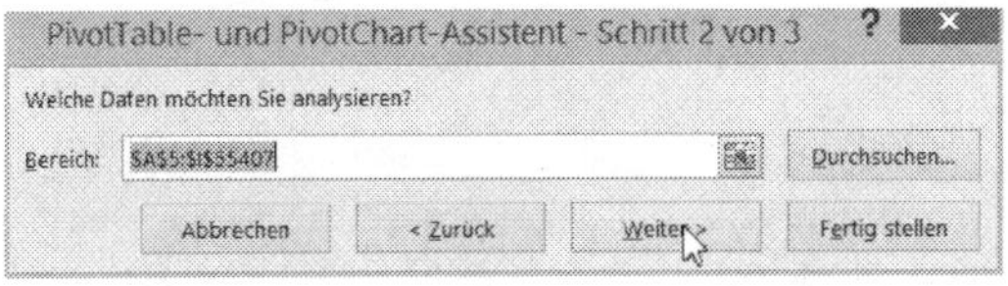
PivotTable- und PivotChart-Assistent - Schritt 2 von 3
Welche Daten möchten Sie analysieren?
Bereich:
$A$5:$I$35407
Durchsuchen...
Abbrechen
< Zurück
Weiter >
Fertig stellen

Bild 6.32: Der zweite Schritt des PivotTable-Assistenten.

❺ Kontrollieren Sie die angebotenen Zellen und korrigieren Sie sie gegebenenfalls.

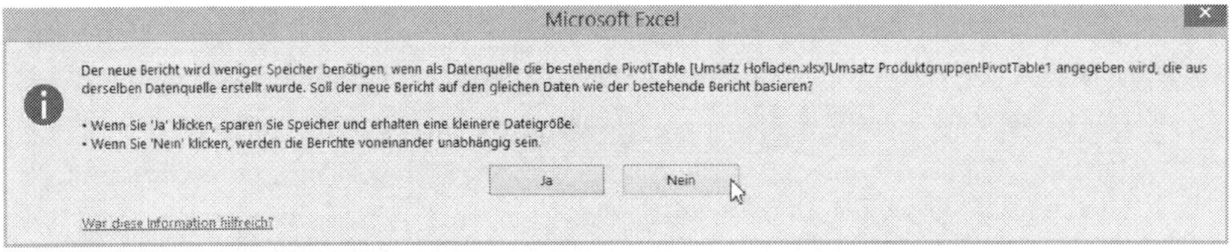
Microsoft Excel
Der neue Bericht wird weniger Speicher benötigen, wenn als Datenquelle die bestehende PivotTable [Umsatz Hofladen.xlsx]Umsatz Produktgruppen!PivotTable1 angegeben wird, die aus derselben Datenquelle erstellt wurde. Soll der neue Bericht auf den gleichen Daten wie der bestehende Bericht basieren?
• Wenn Sie 'Ja' klicken, sparen Sie Speicher und erhalten eine kleinere Dateigröße.
• Wenn Sie 'Nein' klicken, werden die Berichte voneinander unabhängig sein.
Ja
Nein
War diese Information hilfreich?

Bild 6.33: Eine unabhängige PivotTabelle erstellen.

❻ Klicken Sie auf die Schaltfläche *Nein,* damit Sie eine unabhängige PivotTabelle erhalten.

❼ Klicken Sie im letzten Schritt auf die Schaltfläche *Fertig stellen.*

❽ Sie erhalten wieder ein neues Tabellenblatt mit einer leeren PivotTabelle.

❾ Klicken Sie in die Datenliste auf dem Tabellenblatt *Umsatz.* Wählen Sie die Befehlsfolge *Einfügen/PivotTabelle.* Stellen Sie sicher, dass alle Zellen Ihrer Liste markiert sind. Bestätigen Sie mit *OK.*

❿ Ziehen Sie das Feld *Betrag* in den Bereich *Werte.* Klicken Sie auf das Ergebnis in Zelle *A4* und drücken Sie `Strg` + `Umschalt` + `$`.

⓫ Ziehen Sie das Feld *Datum* in den Bereich *Zeilen* (Excel 2010: *Zeilenbeschriftung*). Klicken Sie mit der rechten Maustaste auf ein Datum und wählen Sie den Befehl *Gruppieren*. Aktivieren Sie nur den Eintrag *Quartale* und bestätigen Sie mit *OK*.

⓬ Benennen Sie das Tabellenblatt um in *Umsatz Quartale*.

Wenn Sie jetzt das Tabellenblatt *Umsatz Jahre - Monate* aktivieren, sehen Sie dort die eben erstellte PivotTabelle mit der Auswertung nach Jahren und Monaten. Auf dem Blatt *Umsatz Quartale* sehen Sie die Auswertung nach Quartalen.

Über die gerade beschriebenen Schritte erhalten Sie unabhängige PivotTabellen. Beachten Sie, dass sie mehr Speicherplatz benötigen.

6.5 Anteile ohne eine Formel ermitteln

Wir haben Ihnen zu Beginn versprochen, dass Sie in PivotTabellen keine Formeln schreiben müssen, und wir stehen dazu. In den folgenden Beispielen lassen Sie Excel zählen und Anteile ermitteln, ohne dass Sie eine Formel eingeben müssen.

6.5.1 Die Anzahl ermitteln

Standardmäßig bildet Excel die Summe, wenn ein Zahlenfeld ohne viele Leerzellen in den Bereich *Werte* gezogen wird. Manchmal möchte man allerdings einfach nur wissen, wie oft ein Produkt verkauft wurde. Auch darauf bietet Ihnen die PivotTabelle eine Antwort.

❶ Klicken Sie in die Datenliste auf dem Tabellenblatt *Umsatz*.

❷ Wählen Sie die Befehlsfolge *Einfügen/PivotTabelle*. Stellen Sie sicher, dass alle Zellen Ihrer Liste markiert sind. Bestätigen Sie mit *OK*.

❸ Ziehen Sie das Feld *Produktbezeichnung* in den Bereich *Werte*.

❹ Ziehen Sie das Feld *Produktbezeichnung* in den Bereich *Zeilen* (Excel 2010: *Zeilenbeschriftung*).

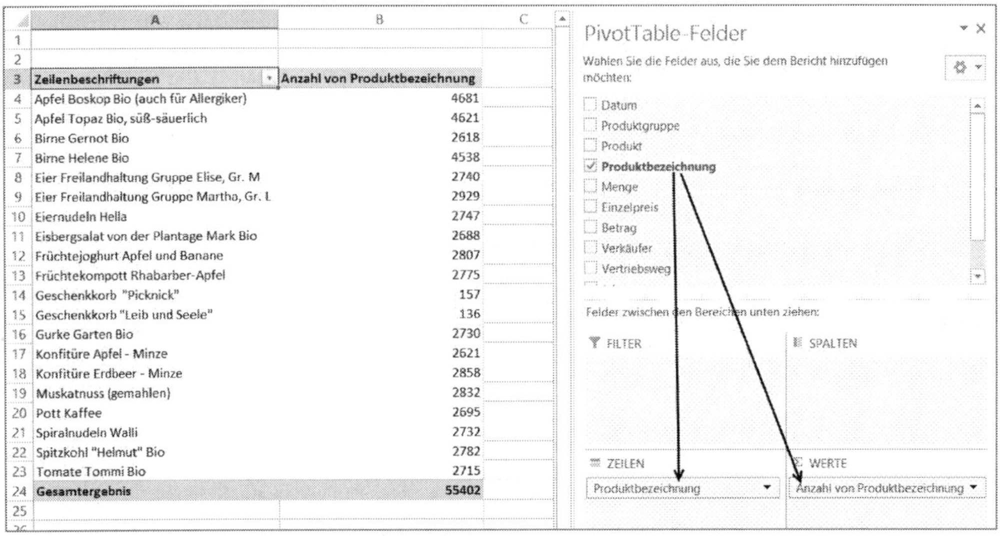

	A	B
1		
2		
3	Zeilenbeschriftungen	Anzahl von Produktbezeichnung
4	Apfel Boskop Bio (auch für Allergiker)	4681
5	Apfel Topaz Bio, süß-säuerlich	4621
6	Birne Gernot Bio	2618
7	Birne Helene Bio	4538
8	Eier Freilandhaltung Gruppe Elise, Gr. M	2740
9	Eier Freilandhaltung Gruppe Martha, Gr. L	2929
10	Eiernudeln Hella	2747
11	Eisbergsalat von der Plantage Mark Bio	2688
12	Früchtejoghurt Apfel und Banane	2807
13	Früchtekompott Rhabarber-Apfel	2775
14	Geschenkkorb "Picknick"	157
15	Geschenkkorb "Leib und Seele"	136
16	Gurke Garten Bio	2730
17	Konfitüre Apfel - Minze	2621
18	Konfitüre Erdbeer - Minze	2858
19	Muskatnuss (gemahlen)	2832
20	Pott Kaffee	2695
21	Spiralnudeln Walli	2732
22	Spitzkohl "Helmut" Bio	2782
23	Tomate Tommi Bio	2715
24	Gesamtergebnis	55402
25		

Bild 6.34: Die Anzahl der Verkäufe pro Produkt.

Da Sie ein Feld mit Texten in den Bereich *Werte* gezogen haben, zählt Excel für Sie die Vorkommnisse.

❶ Ziehen Sie das Feld *Vertriebsweg* in den Bereich *Spalten* (*Spaltenbezeichnung* in Excel 2010).

❷ Um die leere Zelle im Feld *Webshop/Pott Kaffee* automatisch zu befüllen, wählen Sie die Befehlsfolge *Analysieren* (*Optionen* in Excel 2010)/*Optionen*. Geben Sie im Feld *Für leere Zellen anzeigen* auf der Registerkarte *Layout & Format* eine *0* ein.

❸ Markieren Sie alle Zahlenzellen und drücken Sie die Tastenkombination [Strg]+[Umschalt]+[!], um das Zahlenformat mit Tausenderpunkt zuzuweisen.

❹ Klicken Sie danach zweimal auf die Schaltfläche *Dezimalstelle löschen.*

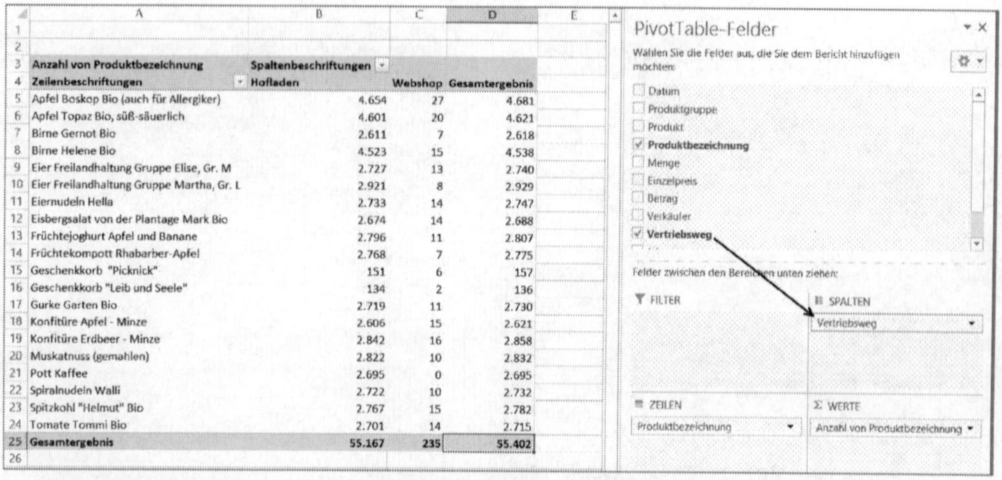

Anzahl von Produktbezeichnung	Spaltenbeschriftungen		
Zeilenbeschriftungen	Hofladen	Webshop	Gesamtergebnis
Apfel Boskop Bio (auch für Allergiker)	4.654	27	4.681
Apfel Topaz Bio, süß-säuerlich	4.601	20	4.621
Birne Gernot Bio	2.611	7	2.618
Birne Helene Bio	4.523	15	4.538
Eier Freilandhaltung Gruppe Elise, Gr. M	2.727	13	2.740
Eier Freilandhaltung Gruppe Martha, Gr. L	2.921	8	2.929
Eiernudeln Hella	2.733	14	2.747
Eisbergsalat von der Plantage Mark Bio	2.674	14	2.688
Früchtejoghurt Apfel und Banane	2.796	11	2.807
Früchtekompott Rhabarber-Apfel	2.768	7	2.775
Geschenkkorb "Picknick"	151	6	157
Geschenkkorb "Leib und Seele"	134	2	136
Gurke Garten Bio	2.719	11	2.730
Konfitüre Apfel - Minze	2.606	15	2.621
Konfitüre Erdbeer - Minze	2.842	16	2.858
Muskatnuss (gemahlen)	2.822	10	2.832
Pott Kaffee	2.695	0	2.695
Spiralnudeln Walli	2.722	10	2.732
Spitzkohl "Helmut" Bio	2.767	15	2.782
Tomate Tommi Bio	2.701	14	2.715
Gesamtergebnis	**55.167**	**235**	**55.402**

Bild 6.35: Wie oft wurde welches Produkt über den Vertriebsweg Webshop verkauft?

❺ Benennen Sie das Tabellenblatt um in *Anzahl verkaufte Produkte.*

6.5.2 Den Anteil ermitteln

Den Anteil an den verkauften Produkten ermitteln.

❶ Klicken Sie in die Datenliste auf dem Tabellenblatt *Umsatz.*

❷ Wählen Sie die Befehlsfolge *Einfügen/PivotTabelle.* Stellen Sie sicher, dass alle Zellen Ihrer Liste markiert sind. Bestätigen Sie mit *OK.*

❸ Ziehen Sie das Feld *Produktbezeichnung* in den Bereich *Zeilen* (Excel 2010: *Zeilenbeschriftung*).

❹ Ziehen Sie das Feld *Betrag* in den Bereich *Werte.* Markieren Sie die Ergebnisse in Spalte *B* und drücken Sie `Strg`+`Umschalt`+`$`.

❺ Ziehen Sie das Feld *Betrag* noch einmal in den Bereich *Werte.*

❻ Klicken Sie im Bereich *Werte* auf das gerade eingefügte Feld und wählen Sie den Befehl *Wertfeldeinstellung.*

❼ Aktivieren Sie das Register *Werte anzeigen als* und wählen Sie *% des Spaltengesamtergebnisses.*

❽ Geben Sie ins Feld *Benutzerdefinierter Name* den Namen *Anteil* ein.

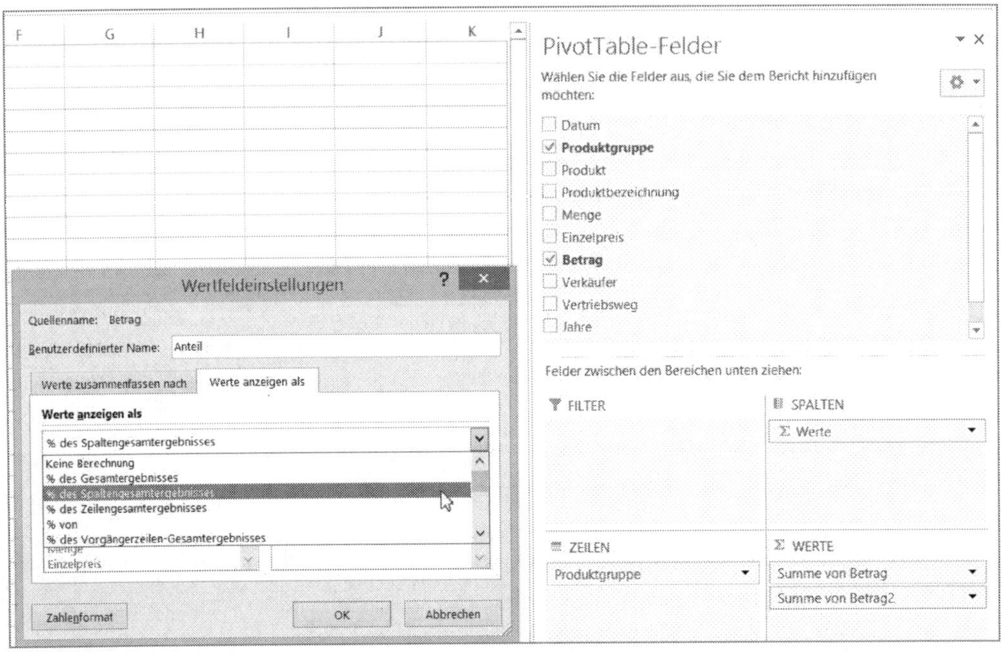

Bild 6.36: Den Berechnungsschritt für das Feld *Summe von Betrag2* im Bereich *Werte* ändern.

❾ Bestätigen Sie mit *OK*.

❿ Ändern Sie die Überschrift in Zelle *B3*. Dies können Sie einfach über die Bearbeitungsleiste durchführen.

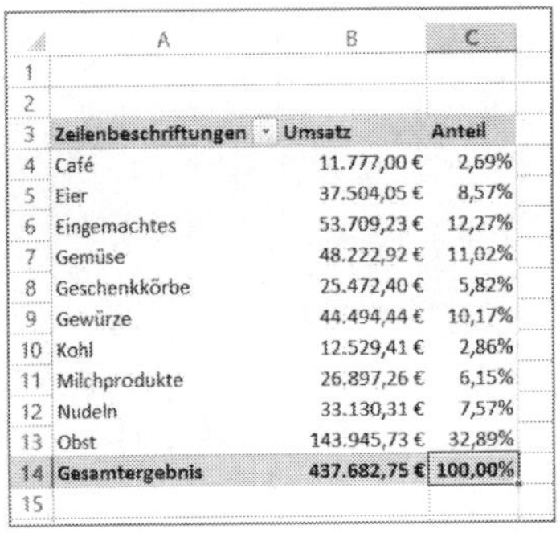

	A	B	C
1			
2			
3	Zeilenbeschriftungen	Umsatz	Anteil
4	Café	11.777,00 €	2,69%
5	Eier	37.504,05 €	8,57%
6	Eingemachtes	53.709,23 €	12,27%
7	Gemüse	48.222,92 €	11,02%
8	Geschenkkörbe	25.472,40 €	5,82%
9	Gewürze	44.494,44 €	10,17%
10	Kohl	12.529,41 €	2,86%
11	Milchprodukte	26.897,26 €	6,15%
12	Nudeln	33.130,31 €	7,57%
13	Obst	143.945,73 €	32,89%
14	Gesamtergebnis	437.682,75 €	100,00%
15			

Bild 6.37: Der Anteil jeder Produktgruppe am Gesamtumsatz.

⓫ Benennen Sie das Tabellenblatt um in *Anteil Produktgruppe*.

Tipp
Den Berechnungsschritt können Sie auch über das Kontextmenü der rechten Maustaste ändern. Sie müssen dazu nicht unbedingt in das oben gezeigte Fenster wechseln. Klicken Sie mit der rechten Maustaste auf ein Ergebnis in Ihrer PivotTabelle und wählen Sie den Befehl *Werte anzeigen als*. In dieser Liste finden Sie alle Einträge, die Sie auch im Fenster *Wertfeldeinstellung* finden.

6.6 Tipps und Tricks zu PivotTabellen

Lesen Sie in diesem Abschnitt, wie Sie Ihre Pivot-Ergebnisse schnell auf einzelne Tabellenblätter verteilen. Beim Kopieren von PivotTabellen in neue Arbeitsmappen fügt Excel standardmäßig Ihre ganze Datenliste im Hintergrund mit ein. Erfahren Sie, wie Sie das verhindern können. Mit wenigen Klicks erstellen Sie aus Ihrer PivotTabelle ein aussagekräftiges Diagramm.

6.6.1 Einzelne Berichtsseiten erstellen

In diesem Beispiel sollen die Umsätze der Verkäufer auf einzelne Tabellenblätter verteilt werden.

❶ Klicken Sie in die Datenliste auf dem Tabellenblatt *Umsatz*. Erstellen Sie eine PivotTabelle.

❷ Ziehen Sie das Feld *Betrag* in den Bereich *Werte* und gestalten Sie das Ergebnis im Währungsformat.

❸ Ziehen Sie das Feld *Produktbezeichnung* in den Bereich *Zeilen* (Excel 2010: *Zeilenbeschriftung*).

❹ Ziehen Sie das Feld *Verkäufer* in den Bereich *Filter* (*Berichtsfilter* in Excel 2010).

❺ Wählen Sie die Befehlsfolge *Analysieren* (*Optionen* in Excel 2010)/*Optionen* und starten Sie den Befehl *Berichtsfilterseiten anzeigen*.

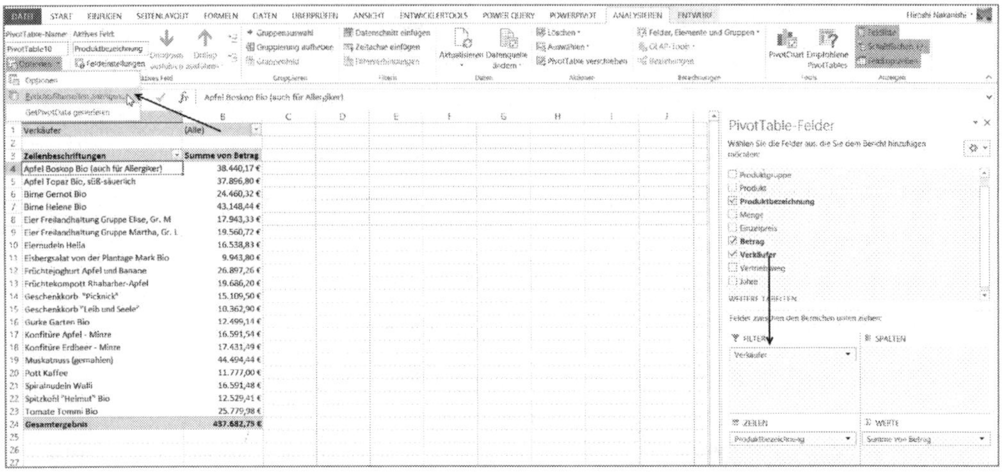

Bild 6.38: Aus dem Ergebnis des Felds *Verkäufer* einzelne Tabellenblätter erstellen.

Da Sie nur ein Feld im Bereich *Filter* (*Berichtsfilter* in Excel 2010) haben, erscheint auch nur der Name *Verkäufer* im Fenster *Berichtsfilterseiten anzeigen.*

❻ Markieren Sie das Feld, das Sie auswerten möchten, und bestätigen Sie mit *OK.*

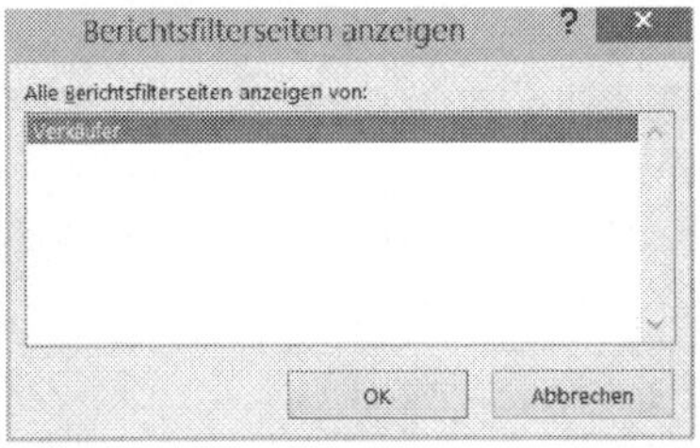

Bild 6.39: Das Feld markieren, das Sie auf mehrere Tabellenblätter verteilen möchten.

Als Ergebnis erhalten Sie so viele neue Tabellenblätter, wie Sie Einträge im Feld *Verkäufer* haben.

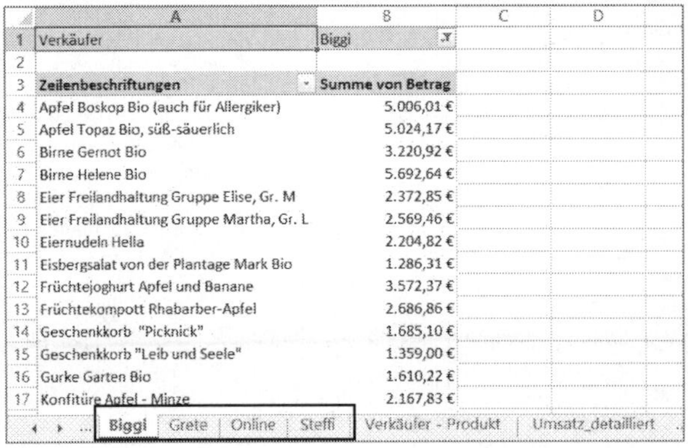

Bild 6.40: Die neuen Tabellenblätter mit den Umsätzen jedes Verkäufers.

6.6.2 Jedem Verkäufer sein eigenes Blatt

Im vorherigen Beispiel haben Sie vier Tabellenblätter erhalten, die die Umsätze jedes Verkäufers zeigen. Allerdings ist jedes Ergebnis wieder eine PivotTabelle.

Wenn Sie für jeden Verkäufer eine neue Datei nur mit seinen Werten erstellen möchten, führen Sie die folgenden Schritte durch:

❶ Aktivieren Sie beispielsweise das Tabellenblatt *Biggi*.

❷ Markieren Sie die Zellen *A1* bis *B24* und kopieren Sie den Inhalt mit [Strg]+[C].

❸ Drücken Sie [Strg]+[N], um eine neue leere Arbeitsmappe zu erhalten.

Wenn Sie jetzt [Strg]+[V] drücken, werden die markierten Zellen eingefügt. Allerdings ist das wieder eine PivotTabelle, und im Hintergrund hat Excel alle 55.000 Datenzeilen mit eingefügt. Natürlich können Sie über die Schaltfläche *Einfügeoptionen* im Bereich *Werte einfügen* eine Wertkopie erstellen. Damit werden nur die Werte eingefügt. Leider geht aber mit diesem Befehl die Formatierung Ihrer Zellen verloren.

Wenn Sie die Formatierung auch mit einfügen möchten, führen Sie die folgenden Schritte durch:

❹ Aktivieren Sie das Register *Start* und klicken Sie auf die kleine Schaltfläche neben dem Gruppennamen *Zwischenablage*.

❺ Klicken Sie anschließend im Aufgabenbereich der Zwischenablage auf den Eintrag Ihrer PivotTabelle.

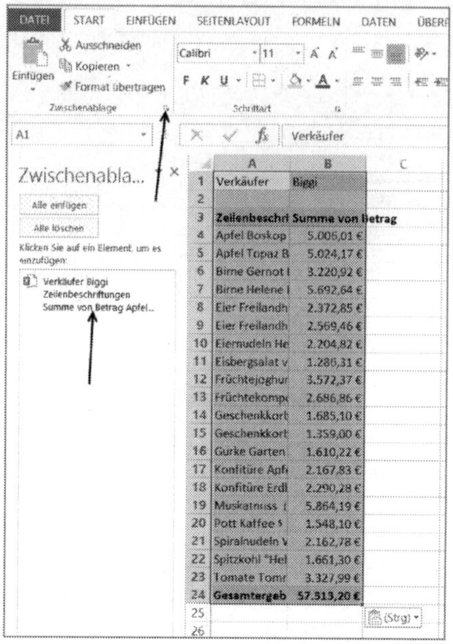

Bild 6.41: Eine Wertkopie mit Formaten wurde über die Zwischenablage eingefügt.

❻ Lassen Sie die Markierung stehen und wählen Sie die Befehlsfolge *Start/Format/Spaltenbreite automatisch anpassen.*

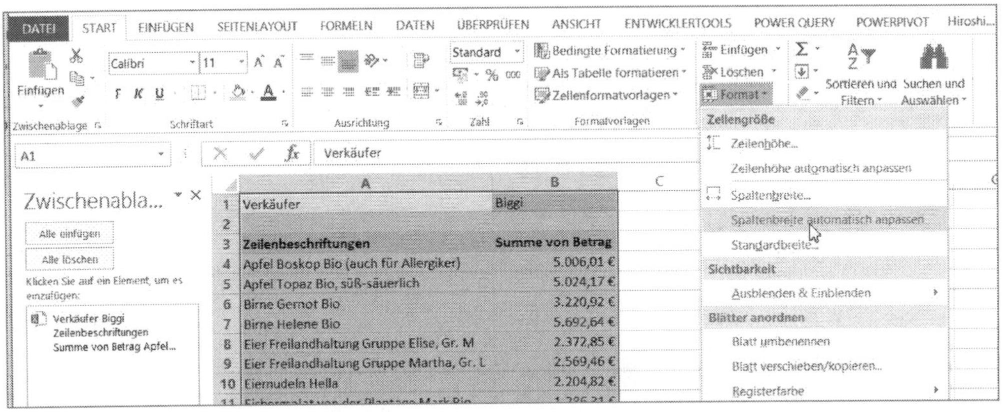

Bild 6.42: Eine Kopie der PivotTabelle.

Über diesen Tipp freuen sich unsere Seminarteilnehmer regelmäßig.

6.6.3 PivotTabellen als Diagramm darstellen

Sie können jede PivotTabelle auch in einem Diagramm darstellen.

❶ Aktivieren Sie das Tabellenblatt *Umsatz Quartale* und klicken Sie in die PivotTabelle.

❷ Aktivieren Sie das Register *Analysieren* (*Optionen* in Excel 2010) und klicken Sie auf die Schaltfläche *PivotChart.*

❸ Wählen Sie das gewünschte Diagrammmuster.

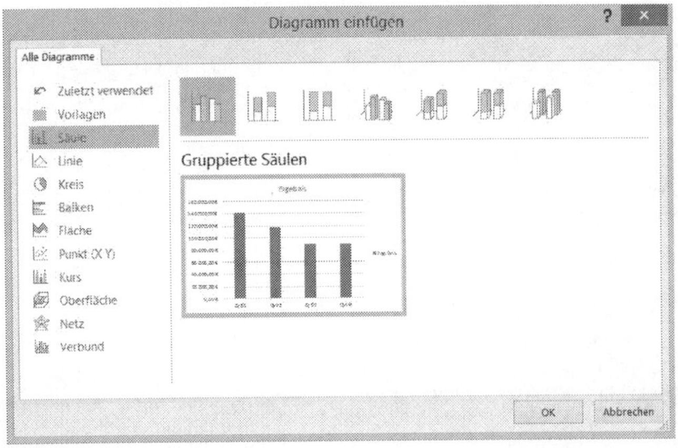

Bild 6.43: Das Fenster mit allen Diagrammen.

❹ Bestätigen Sie mit *OK*.

Als Ergebnis erhalten Sie ein PivotChart.

❺ Entfernen Sie für dieses Beispiel die Legende am rechten Rand und bringen Sie das Diagramm in die gewünschte Größe.

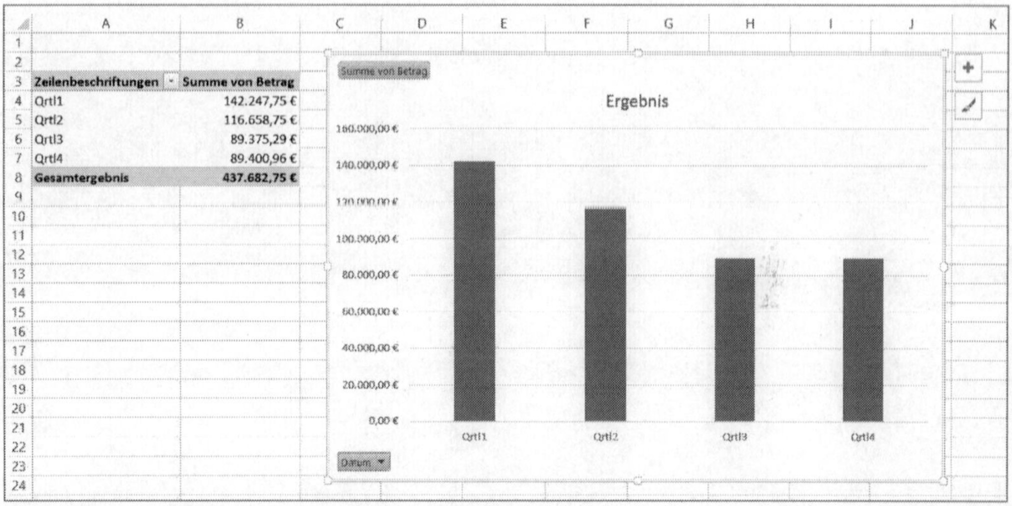

Bild 6.44: Die Daten der PivotTabelle im Diagramm.

Immer wenn Sie das Diagramm markiert haben, stehen Ihnen in der Gruppe *PivotChart-Tools* drei Register zur Verfügung: *Analysieren*, *Entwurf* und *Format*. (In Excel 2010 stehen Ihnen vier Register zur Verfügung: *Entwurf*, *Layout*, *Format* und *Analyse*.)

Über die Befehle in den Registern passen Sie das Diagramm Ihren Wünschen an. Lesen Sie dazu auch das Kapitel 10 zum Thema Diagramme.

Wenn Sie die Feldschaltflächen im Diagramm stören, wählen Sie die Befehlsfolge *Analysieren/Feldschaltflächen*.

7 Zellinhalte prüfen und Anweisungen ausführen

Die WENN-Funktion nimmt Ihnen viel Arbeit ab. Sie prüft den Inhalt einer Zelle und führt dann Ihre Anweisungen aus. Muss der Inhalt von mehreren Zellen geprüft werden, können Sie die WENN-Funktion auch mit anderen Funktionen verschachteln. In diesem Kapitel lernen Sie viele How-tos rund um die WENN-Funktion kennen und für Ihre Belange einzusetzen – so zum Beispiel das Erstellen einer individuellen Anrede für einen Serienbrief. Im letzten Abschnitt stellen wir Ihnen die Funktion WAHL vor, die eine interessante Alternative zur WENN-Funktion darstellt.

Öffnen Sie die Arbeitsmappe *Wenn.xlsx*.

7.1 5 % Umsatzrabatt mit der WENN-Funktion

Im ersten Beispiel sollen alle Kunden einen Rabatt von 5 % auf ihren Umsatz erhalten, wenn dieser Umsatz 20.000 € oder mehr beträgt.

	A	B	C	D	E	F	G	H
1	**Anrede**	**Vorname**	**Nachname**	**Straße**	**PLZ**	**Ort**	**Umsatz**	**Rabattbetrag**
2	Frau	Helene	Tischler	Langenweg 5	60769	Frankfurt	20.262,75 €	
3	Herr	Ali	Gator	Hauptstr. 3	43120	Düsseldorf	2.935,30 €	
4	Herr	Fritz	Gutmann	Bürgershof 7a	53171	Bonn	20.504,10 €	
5	Herr	Horst	Jansen	Kuppelstraße 34	80945	München	19.249,95 €	
6	Frau	Jeanette	Richter	Altendorfer Str. 203	40479	Düsseldorf	3.473,58 €	
7	Herr	Ludwig	Richter	Auf der Hüls 292	50354	Hürth	20.722,24 €	
8	Frau	Sabine	Sonnenwind	Breitenstraße 9	61191	Rosbach	4.890,88 €	

Bild 7.1: Die Tabelle für das WENN-Beispiel.

7.1.1 Rabattberechnung für Ihre Kunden

In diesem Beispiel soll der Rabattbetrag berechnet werden.

1. Aktivieren Sie das Register *Schritt1*.
2. Markieren Sie die Zelle *H2* und klicken Sie in der Bearbeitungsleiste auf diese Schaltfläche. *fx*

❸ Stellen Sie im Feld *Kategorie auswählen* den Eintrag *Alle* ein und blättern Sie bis zur Funktion `WENN`.

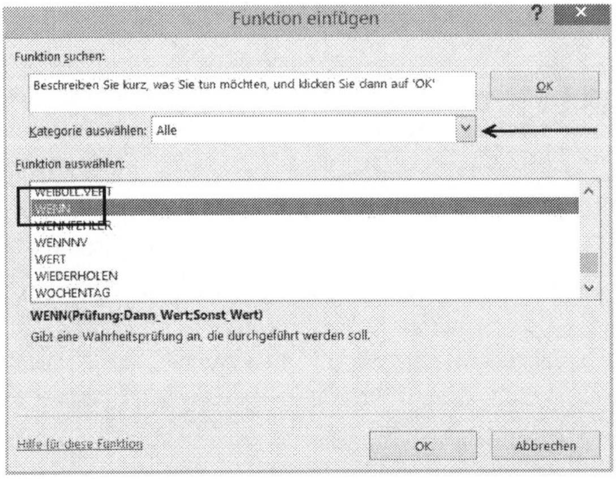
Funktion einfügen
Funktion suchen:
Beschreiben Sie kurz, was Sie tun möchten, und klicken Sie dann auf 'OK'
OK
Kategorie auswählen: Alle
Funktion auswählen:
WENN
WENNNV
WERT
WIEDERHOLEN
WOCHENTAG
WENN(Prüfung;Dann_Wert;Sonst_Wert)
Gibt eine Wahrheitsprüfung an, die durchgeführt werden soll.
Hilfe für diese Funktion
OK
Abbrechen

Bild 7.2: Die Auswahl der Funktion WENN.

Tipp
Ist Ihnen das Blättern durch das Fenster *Funktion einfügen* zu langwierig, nutzen Sie folgenden Tipp: Nachdem Sie die Kategorie *Alle* gewählt haben, klicken Sie im unteren Teil des Fensters auf irgendeinen Funktionsnamen. Drücken Sie im Anschluss die Taste [W]. Excel blättert für Sie bis zur ersten Funktion, die mit dem Buchstaben *W* beginnt. Jetzt ist es nicht mehr weit bis zur Funktion `WENN`.

❹ Nachdem Sie die Funktion `WENN` markiert haben, erkennen Sie im unteren Teil des Fensters den Aufbau der Funktion. Zusätzlich erhalten Sie eine kurze Erklärung, was diese Funktion für Sie macht.

❺ Bestätigen Sie mit *OK*.

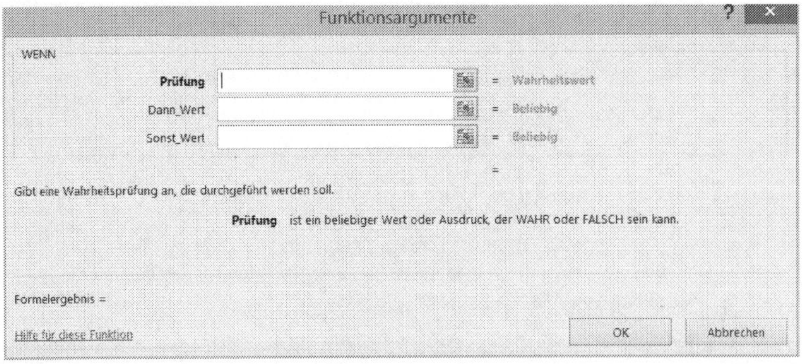
Funktionsargumente
WENN
Prüfung
= Wahrheitswert
Dann_Wert
= Beliebig
Sonst_Wert
= Beliebig
Gibt eine Wahrheitsprüfung an, die durchgeführt werden soll.
Prüfung ist ein beliebiger Wert oder Ausdruck, der WAHR oder FALSCH sein kann.
Formelergebnis =
Hilfe für diese Funktion
OK
Abbrechen

Bild 7.3: Die Funktionsargumente für die WENN-Funktion.

Im Feld *Prüfung* formulieren Sie die Bedingung für die aktuelle Zelle.

❻ Klicken Sie ins Feld *Prüfung* und erfassen Sie die folgende Bedingung:

```
G2>=20000
```

Bild 7.4: Noch im Fenster *Funktionsargumente* prüft Excel die Bedingung.

Während Sie die Bedingung erfassen, führt Excel bereits im Hintergrund die Prüfung durch. An dem Wort *WAHR* neben dem Feld *Prüfung* erkennen Sie, dass diese positiv verläuft. Das bedeutet, dass der Umsatz dieses Kunden 20.000 € oder mehr beträgt.

❼ Klicken Sie ins Feld *Dann_Wert* und erfassen Sie die Formel zur Berechnung des Rabattbetrags:

```
G2*0,05
```

Anschließend führt Excel die Berechnung durch und zeigt Ihnen unten links im Fenster neben dem Text *Formelergebnis* den Rabattbetrag an.

❽ Klicken Sie ins Feld *Sonst_Wert* und geben Sie den Wert ein, der erscheinen soll, wenn der Umsatz nicht größer oder gleich 20.000 € ist:

```
0
```

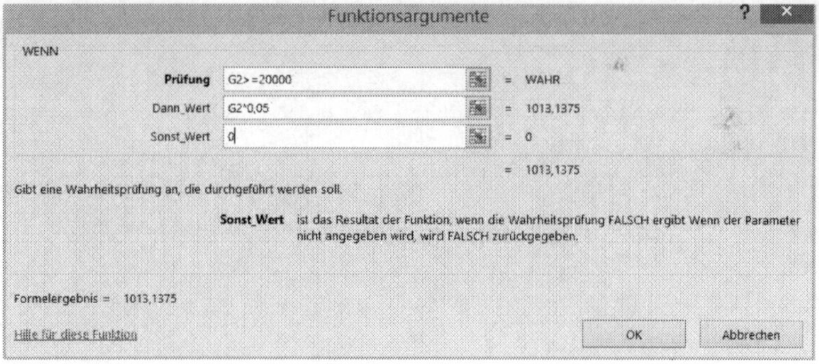

Bild 7.5: Im Fenster *Funktionsargumente* erkennen Sie das Ergebnis.

❾ Bestätigen Sie mit *OK*. Gestalten Sie die Zelle über die Tastenkombination `Strg`+`Umschalt`+`$` mit dem Währungsformat und kopieren Sie die Formel am Ausfüllkästchen nach unten.

H2 =WENN(G2>=20000;G2*0,05;0)

	A	B	C	D	E	F	G	H
1	Anrede	Vorname	Nachname	Straße	PLZ	Ort	Umsatz	Rabattbetrag
2	Frau	Helene	Tischler	Langenweg 5	60769	Frankfurt	20.262,75 €	1.013,14 €
3	Herr	Ali	Gator	Hauptstr. 3	43120	Düsseldorf	2.935,30 €	0,00 €
4	Herr	Fritz	Gutmann	Bürgershof 7a	53171	Bonn	20.504,10 €	1.025,21 €
5	Herr	Horst	Jansen	Kuppelstraße 34	80945	München	19.249,95 €	0,00 €
6	Frau	Jeanette	Richter	Altendorfer Str. 203	40479	Düsseldorf	3.473,58 €	0,00 €
7	Herr	Ludwig	Richter	Auf der Hüls 292	50354	Hürth	20.722,24 €	1.036,11 €
8	Frau	Sabine	Sonnenwind	Breitenstraße 9	61191	Rosbach	4.890,88 €	0,00 €
9	Herr	Heiner	Berlin	Brunhildenstr. 23	89264	Weißenhorn	25.755,78 €	1.287,79 €

Bild 7.6: Der berechnete Rabattbetrag.

In Spalte *H* wird nun für jeden Kunden der individuelle Rabattbetrag berechnet.

Der Aufbau der `WENN`-Funktion sieht folgendermaßen aus:

```
=WENN(Prüfung;Dann_Wert;Sonst_Wert)

=WENN(G2>=20000;G2*0,05;0)
```

Bild 7.7: Der Aufbau der Formel.

7.1.2 Prüfungsoperatoren mit Beispiel

In der `WENN`-Funktion wird immer der Inhalt einer Zelle geprüft. Die folgende Tabelle listet alle Prüfungsvarianten mit Beispielen auf:

Zeichen	*Bezeichnung*	*Beispiel*	*Erklärung*
<	Kleiner als	A1<10000	Die Prüfung verläuft positiv, wenn der Inhalt von *A1* kleiner als 10000, also 9999,99 oder weniger ist.
<=	Kleiner oder gleich	A1<=10000	Die Prüfung verläuft positiv, wenn der Inhalt von *A1* kleiner oder gleich 10000 ist.
>	Größer als	A1>10000	Die Prüfung verläuft positiv, wenn der Inhalt von *A1* größer als 10000, also 1000,01 oder mehr ist.
>=	Größer oder gleich	A1>=10000	Die Prüfung verläuft positiv, wenn der Inhalt von *A1* größer oder gleich 10000 ist.
=	Gleich	A1=10000	Die Prüfung verläuft positiv, wenn der Inhalt von *A1* genau 10000 ist.
<>	Ungleich	A1<>10000	Die Prüfung verläuft positiv, wenn der Inhalt von *A1* nicht 10000 ist.

Tabelle 7.1: Die Liste der Operatoren.

Wenn Sie mehrere Zellen gleichzeitig prüfen möchten, setzen Sie die Funktionen `UND` bzw. `ODER` ein. Der Einsatz wird weiter unten in diesem Kapitel beschrieben.

7.2 Persönliche Briefanrede mit WENN

Im vorliegenden Beispiel existieren bereits zwei Excel-Tabellen. In der ersten Tabelle sind Interessenten für das nächste Hoffest erfasst. Sie möchten diese Personen mit einem persönlichen Anschreiben einladen. In der Tabelle stehen allerdings nur die Begriffe *Frau* oder *Herr*. Aus diesen beiden Begriffen möchten Sie nun entweder *Sehr geehrte Frau* oder *Sehr geehrter Herr* erstellen.

Öffnen Sie die Arbeitsmappe *Interessenten.xlsx*.

Im darauffolgenden Beispiel gibt es für einige Adressen keine Angabe zur Anrede. Hier möchten Sie, dass der Text *Sehr geehrte Damen und Herren* erscheint.

7.2.1 Festlegen der persönlichen Anrede

Die folgende Abbildung zeigt die Adressliste Ihrer Interessenten. Für eine persönliche Ansprache im Brief benötigen Sie eine weitere Spalte. Das Ergebnis für den ersten Interessenten soll *Sehr geehrte Frau Tischler* lauten.

	A	B	C	D	E	F
1	**Anrede**	**Vorname**	**Nachname**	**Straße**	**PLZ**	**Ort**
2	Frau	Helene	Tischler	Langenweg 5	60769	Frankfurt
3	Herr	Ali	Gator	Hauptstr. 3	43120	Düsseldorf
4	Herr	Fritz	Gutmann	Bürgershof 7a	53171	Bonn
5	Herr	Horst	Jansen	Kuppelstraße 34	80945	München

Bild 7.8: Die vorbereitete Adressliste.

Sie haben alle notwendigen Informationen, um eine persönliche Anrede zu erstellen.

❶ Markieren Sie die Zelle *G2* und klicken Sie in der Bearbeitungsleiste auf diese Schaltfläche. *fx*

❷ Stellen Sie im Feld *Kategorie auswählen* den Eintrag *Alle* ein, blättern Sie bis zur Funktion `WENN` und wählen Sie diese Funktion mit einem Klick auf *OK* aus.

Im ersten Funktionsargument fragen Sie ab, ob im Feld *Anrede* das Wort *Frau* steht.

❸ Klicken Sie ins Feld *Prüfung* und erfassen Sie die folgende Bedingung:

```
A2="Frau"
```

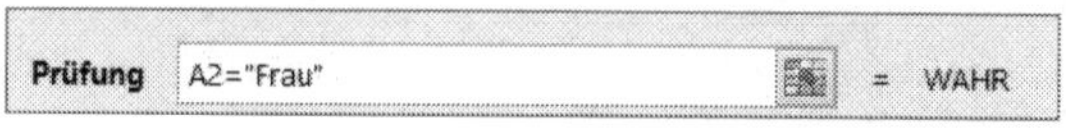

Bild 7.9: Die Prüfung verläuft positiv.

Excel beginnt sofort mit der Prüfung und schaut nach, ob in der genannten Zelle das Wort *Frau* steht. Die Meldung *WAHR* neben dem Feld zeigt Ihnen, dass diese Prüfung positiv verläuft. In Zelle *A2* steht das Wort *Frau*.

❹ Klicken Sie ins Feld *Dann_Wert* und erfassen Sie den folgenden Text:

```
Sehr geehrte Frau
```

Wichtig!
Erfassen Sie hinter dem Wort `Frau` ein Leerzeichen, da später noch der Nachname an das Ergebnis angehängt wird. Sie müssen keine Anführungszeichen eingeben. Excel schenkt Ihnen welche, wenn Sie ins nächste Feld *Sonst_Wert* klicken. Allerdings schadet es auch nicht, wenn Sie sie eingeben.

❺ Klicken Sie ins Feld *Sonst_Wert* und erfassen Sie den folgenden Text. Geben Sie auch hinter dem Wort *Herr* ein Leerzeichen ein:

```
Sehr geehrter Herr
```

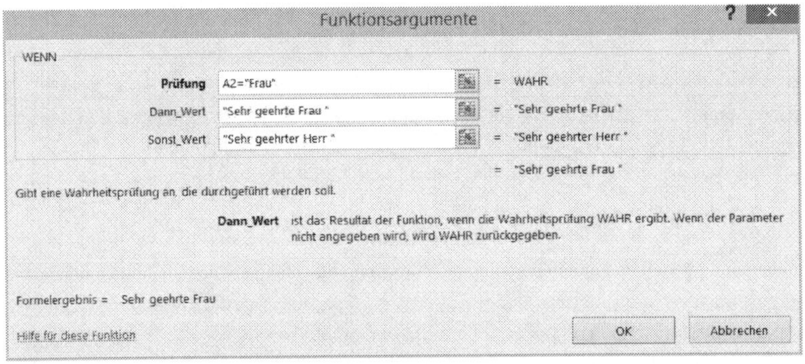

Bild 7.10: Für die erste Zelle (A2) zeigt Ihnen Excel bereits das Ergebnis.

Bestätigen Sie mit *OK* und kopieren Sie die Formel am Ausfüllkästchen nach unten.

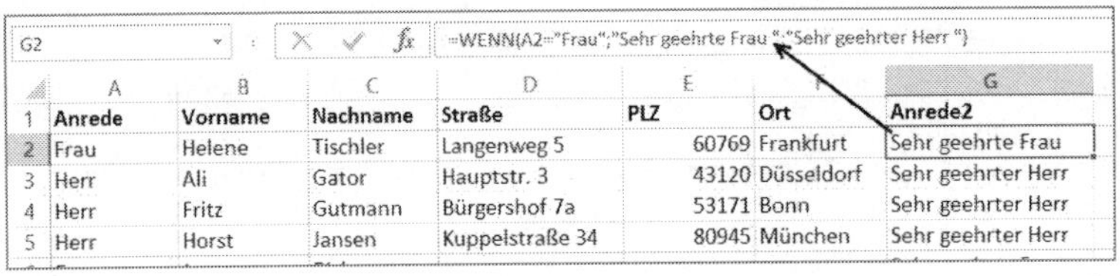

Bild 7.11: Das Ergebnis: die persönliche Anrede, allerdings noch ohne Nachname.

❻ Kontrollieren Sie die persönliche Anrede, sehen Sie, dass sie mit dem Wert in der ersten Zelle übereinstimmt.

Die Aufgabe ist noch nicht ganz fertig. Es soll auch der Nachname der Person erscheinen.

❶ Klicken Sie in die Zelle *G2* und anschließend in die Bearbeitungsleiste hinter die `WENN`-Formel.

❷ Geben Sie den folgenden Ausdruck ein und bestätigen Sie mit [Enter]:

```
&C2
```

❸ Kopieren Sie die Formel am Ausfüllkästchen nach unten.

Das & hängt an das Ergebnis der Formel den Inhalt der Zelle *C2*, also den Nachnamen, an.

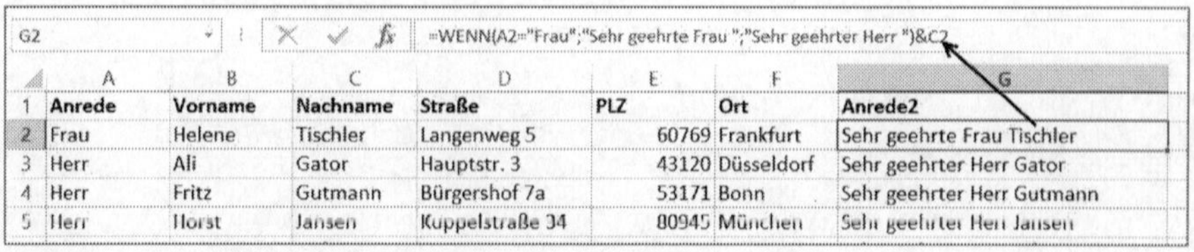

G2 =WENN(A2="Frau";"Sehr geehrte Frau ";"Sehr geehrter Herr ")&C2

	A	B	C	D	E	F	G
1	Anrede	Vorname	Nachname	Straße	PLZ	Ort	Anrede2
2	Frau	Helene	Tischler	Langenweg 5	60769	Frankfurt	Sehr geehrte Frau Tischler
3	Herr	Ali	Gator	Hauptstr. 3	43120	Düsseldorf	Sehr geehrter Herr Gator
4	Herr	Fritz	Gutmann	Bürgershof 7a	53171	Bonn	Sehr geehrter Herr Gutmann
5	Herr	Horst	Jansen	Kuppelstraße 34	80945	München	Sehr geehrter Herr Jansen

Bild 7.12: Die individuelle Anrede für einen Brief.

Eigentlich ist die Aufgabe hiermit erledigt. Unsere Teilnehmer fragen aber häufig: Wie bekomme ich ein Komma hinter den Nachnamen?

❶ Klicken Sie erneut in die Zelle *G2* und anschließend in die Bearbeitungsleiste hinter die Zellangabe *C2*.

❷ Geben Sie den folgenden Ausdruck ein und bestätigen Sie mit [Enter]:

```
&","
```

❸ Kopieren Sie die Formel am Ausfüllkästchen nach unten.

Mit dem & hängen Sie das Komma direkt hinter den Nachnamen.

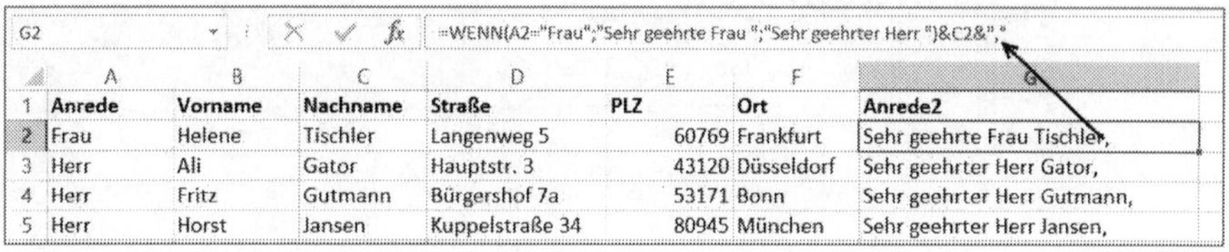

G2 =WENN(A2="Frau";"Sehr geehrte Frau ";"Sehr geehrter Herr ")&C2&","

	A	B	C	D	E	F	G
1	Anrede	Vorname	Nachname	Straße	PLZ	Ort	Anrede2
2	Frau	Helene	Tischler	Langenweg 5	60769	Frankfurt	Sehr geehrte Frau Tischler,
3	Herr	Ali	Gator	Hauptstr. 3	43120	Düsseldorf	Sehr geehrter Herr Gator,
4	Herr	Fritz	Gutmann	Bürgershof 7a	53171	Bonn	Sehr geehrter Herr Gutmann,
5	Herr	Horst	Jansen	Kuppelstraße 34	80945	München	Sehr geehrter Herr Jansen,

Bild 7.13: Fertig: Diese Anrede kann beispielsweise in Word eingesetzt werden.

Die folgende Abbildung verdeutlicht den Aufbau der gerade eingesetzten WENN-Funktion: Wenn die Prüfung positiv verläuft, wird der *Dann_Wert* ausgeführt, verläuft die Prüfung negativ, wird der *Sonst_Wert* ausgeführt.

=WENN(Prüfung;Dann_Wert;Sonst_Wert)
=WENN(A2="Frau";"Sehr geehrte Frau ";"Sehr geehrter Herr ")

Bild 7.14: Der Aufbau der WENN-Funktion.

7.2.2 Von der persönlichen zur formellen Anrede

Im vorherigen Abschnitt haben Sie erfahren, wie Sie eine persönliche Anrede erstellen, in diesem Abschnitt wird es jedoch etwas komplizierter. Bei einigen Personen wurde keine Anrede erfasst, und es sind auch einige Firmennamen in dieser Liste. Für diese Fälle wünschen Sie die Anrede *Sehr geehrte Damen und Herren.*

	A	B	C	D	E	F
1	**Anrede**	**Vorname**	**Nachname**	**Straße**	**PLZ**	**Ort**
2	Frau	Helene	Tischler	Langenweg 5	60769	Frankfurt
3	Herr	Ali	Gator	Hauptstr. 3	43120	Düsseldorf
4	Herr	Fritz	Gutmann	Bürgershof 7a	53171	Bonn
5	Herr	Horst	Jansen	Kuppelstraße 34	80945	München
6	Frau	Jeanette	Richter	Langenweg 5	60769	Frankfurt
7			A. Trichter Gmbh	Hauptstr. 3	43120	Düsseldorf
8	Frau	Sabine	Sonnenwind	Bürgershof 7a	53171	Bonn
9	Herr	Heiner	Berlin	Kuppelstraße 34	80945	München
10			Alfons Stein KG	Langenweg 5	60769	Frankfurt
11		Lucca	Witz-Los	Hauptstr. 3	43120	Düsseldorf
12	Herr	Bert	Tisch	Bürgershof 7a	53171	Bonn
13	Frau	Polina	Potsdam	Kuppelstraße 34	80945	München

Bild 7.15: Die Adressliste ist nicht komplett.

Sie benötigen jetzt eine zweifach verschachtelte `WENN`-Funktion. Im ersten Durchgang prüft Excel, ob in Zelle *A2* das Wort *Frau* steht. Wenn diese Prüfung positiv verläuft, wird der Text *Sehr geehrte Frau* geschrieben, und die Funktion wird beendet.

In der zweiten `WENN`-Prüfung schaut Excel, ob in *A2* das Wort *Herr* steht. Wenn das zutrifft, wird der Text *Sehr geehrter Herr* geschrieben. Wenn beide Prüfungen nicht zutreffen, wird der Text *Sehr geehrte Damen und Herren* geschrieben.

1. Aktivieren Sie das Tabellenblatt *Interessentenliste 2.*
2. Klicken Sie in die Zelle *G2* und dann in der Bearbeitungsleiste auf nebenstehende Schaltfläche. *fx*
3. Starten Sie die Funktion `WENN` und erfassen Sie im Feld *Prüfung* die folgende Bedingung:

```
A2="Frau"
```

4. Klicken Sie ins Feld *Dann_Wert* und erfassen Sie den folgenden Text:

```
"Sehr geehrte Frau "
```

5. Klicken Sie ins Feld *Sonst_Wert* und klicken Sie auf den Listenpfeil des Namenfelds.

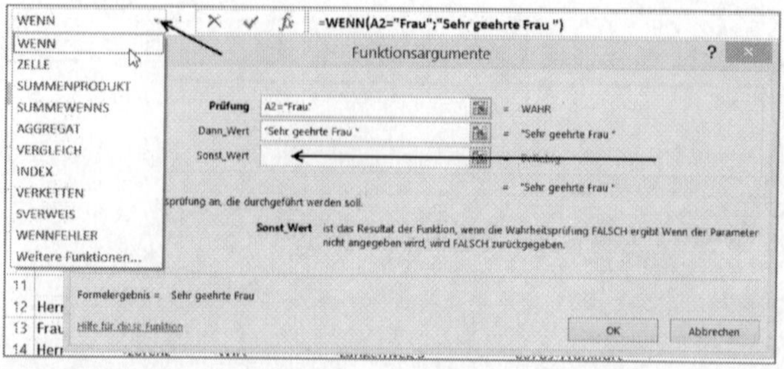

Bild 7.16: Die WENN-Funktion ein zweites Mal starten.

❻ Wählen Sie die `WENN`-Funktion aus.

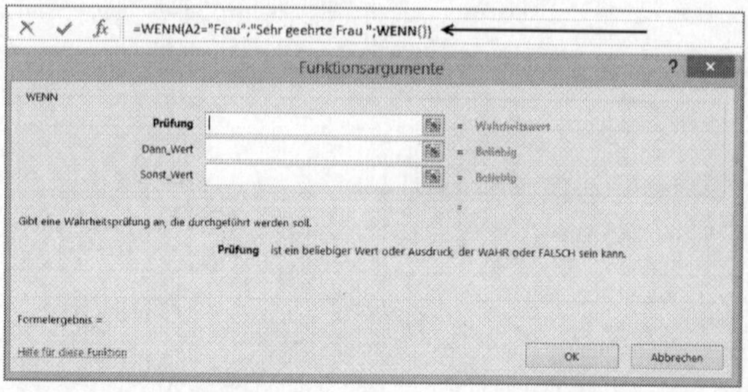

Bild 7.17: Die WENN-Funktion innerhalb einer WENN-Funktion.

Keine Sorge, der erste Teil Ihrer `WENN`-Funktion ist immer noch da. Sie sehen sie in der Bearbeitungsleiste.

❼ Klicken Sie ins Feld *Prüfung* und erfassen Sie die folgende Bedingung:

```
A2="Herr"
```

❽ Klicken Sie ins Feld *Dann_Wert* und erfassen Sie den folgenden Text:

```
"Sehr geehrter Herr "
```

❾ Klicken Sie ins Feld *Sonst_Wert* und erfassen Sie den folgenden Text:

```
"Sehr geehrte Damen und Herren"
```

Im unteren Teil des Fensters sehen Sie das Ergebnis für die Zelle *A2*.

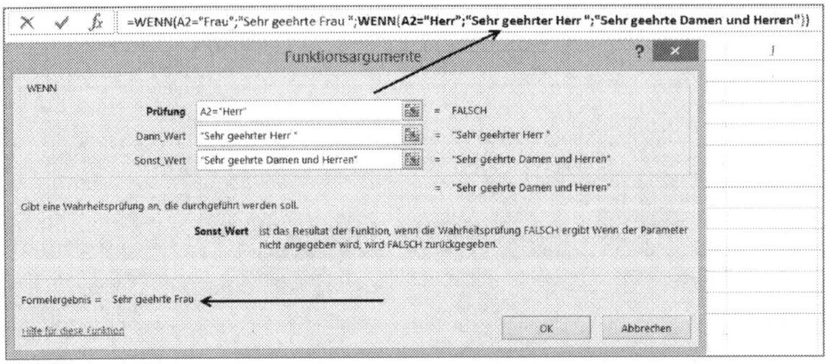

Bild 7.18: In der Bearbeitungsleiste erkennen Sie immer die ganze Formel.

⓾ Die Formel ist fertig, und Sie könnten mit Enter bestätigen. Wenn Sie allerdings noch einmal den ersten Teil der Formel im Fenster *Funktionsargumente* sehen möchten, klicken Sie in der Bearbeitungsleiste auf diesen Teil, beispielsweise auf das erste Wort WENN.

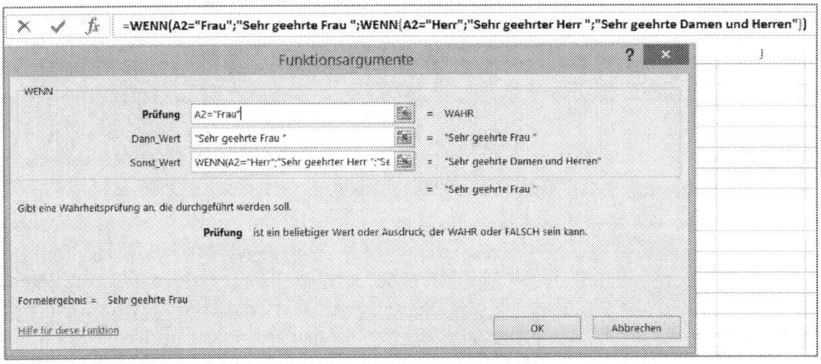

Bild 7.19: Der zweite Teil der WENN-Funktion steht im *Sonst_Wert*.

Jetzt sehen Sie in den Feldern *Prüfung* und *Dann_Wert* die Argumente, die Sie zuerst erfasst haben. Der zweite Teil der WENN-Funktion steht im Feld *Sonst_Wert*.

⓫ Bestätigen Sie mit Enter und kopieren Sie das Ergebnis am Ausfüllkästchen nach unten.

G2 =WENN(A2="Frau";"Sehr geehrte Frau ";WENN(A2="Herr";"Sehr geehrter Herr ";"Sehr geehrte Damen und Herren"))

	A	B	C	D	E	F	G	H
1	**Anrede**	**Vorname**	**Nachname**	**Straße**	**PLZ**	**Ort**	**Anrede2**	
2	Frau	Helene	Tischler	Langenweg 5	60769	Frankfurt	Sehr geehrte Frau	
3	Herr	Ali	Gator	Hauptstr. 3	43120	Düsseldorf	Sehr geehrter Herr	
4	Herr	Fritz	Gutmann	Bürgershof 7a	53171	Bonn	Sehr geehrter Herr	
5	Herr	Horst	Jansen	Kuppelstraße 34	80945	München	Sehr geehrter Herr	
6	Frau	Jeanette	Richter	Langenweg 5	60769	Frankfurt	Sehr geehrte Frau	
7			A. Trichter Gmbh	Hauptstr. 3	43120	Düsseldorf	Sehr geehrte Damen und Herren	
8	Frau	Sabine	Sonnenwind	Bürgershof 7a	53171	Bonn	Sehr geehrte Frau	
9	Herr	Heiner	Berlin	Kuppelstraße 34	80945	München	Sehr geehrter Herr	
10			Alfons Stein KG	Langenweg 5	60769	Frankfurt	Sehr geehrte Damen und Herren	
11		Lucca	Witz-Los	Hauptstr. 3	43120	Düsseldorf	Sehr geehrte Damen und Herren	
12	Herr	Bert	Tisch	Bürgershof 7a	53171	Bonn	Sehr geehrter Herr	

Bild 7.20: Der erste Schritt ist fertig.

Jetzt fehlt nur noch der Nachname der Frauen und Herren. Er kann allerdings nicht so einfach wie noch im ersten Beispiel hinter die Formel gesetzt werden.

❶ Klicken Sie in die Zelle *G2*, klicken Sie anschließend in die Bearbeitungsleiste hinter das Argument *"Sehr geehrte Frau "* und geben Sie den folgenden Ausdruck ein:

```
&C2
```

❷ Klicken Sie hinter das Argument *"Sehr geehrter Herr "* und geben Sie auch hier den folgenden Ausdruck ein:

```
&C2
```

❸ Bestätigen Sie mit [Enter] und kopieren Sie die Formel am Ausfüllkästchen nach unten.

In der Bearbeitungsleiste sollte jetzt die folgende Formel stehen:

```
=WENN(A2="Frau";"Sehr geehrte Frau "&C2;WENN(A2="Herr";"Sehr geehrter Herr
"&C2;"Sehr geehrte Damen und Herren"))
```

G2 =WENN(A2="Frau";"Sehr geehrte Frau "&C2;WENN(A2="Herr";"Sehr geehrter Herr "&C2;"Sehr geehrte Damen und Herren"))

	A	B	C	D	E	F	G	H	I
1	**Anrede**	**Vorname**	**Nachname**	**Straße**	**PLZ**	**Ort**	**Anrede2**		
2	Frau	Helene	Tischler	Langenweg 5	60769	Frankfurt	Sehr geehrte Frau Tischler		
3	Herr	Ali	Gator	Hauptstr. 3	43120	Düsseldorf	Sehr geehrter Herr Gator		
4	Herr	Fritz	Gutmann	Bürgershof 7a	53171	Bonn	Sehr geehrter Herr Gutmann		
5	Herr	Horst	Jansen	Kuppelstraße 34	80945	München	Sehr geehrter Herr Jansen		
6	Frau	Jeanette	Richter	Langenweg 5	60769	Frankfurt	Sehr geehrte Frau Richter		
7			A. Trichter Gmbh	Hauptstr. 3	43120	Düsseldorf	Sehr geehrte Damen und Herren		
8	Frau	Sabine	Sonnenwind	Bürgershof 7a	53171	Bonn	Sehr geehrte Frau Sonnenwind		
9	Herr	Heiner	Berlin	Kuppelstraße 34	80945	München	Sehr geehrter Herr Berlin		
10			Alfons Stein KG	Langenweg 5	60769	Frankfurt	Sehr geehrte Damen und Herren		
11		Lucca	Witz-Los	Hauptstr. 3	43120	Düsseldorf	Sehr geehrte Damen und Herren		

Bild 7.21: Für jeden Interessenten eine individuelle Ansprache.

Wenn Sie, wie oben, ein Komma hinter jede Anrede setzen möchten, führen Sie die folgenden Schritte durch:

❶ Klicken Sie erneut in die Zelle *G2* und anschließend in die Bearbeitungsleiste hinter die letzte schließenede Klammer *)*.

❷ Geben Sie den folgenden Ausdruck ein und bestätigen Sie mit Enter:

```
&","
```

❸ Kopieren Sie die Formel am Ausfüllkästchen nach unten.

Den letzten Ausdruck können Sie ans Ende Ihrer Formel anfügen, da das Komma für alle Ergebnisse erscheinen soll.

G2 =WENN(A2="Frau";"Sehr geehrte Frau "&C2;WENN(A2="Herr";"Sehr geehrter Herr "&C2;"Sehr geehrte Damen und Herren"))&","

	A	B	C	D	E	F	G	H	I
1	**Anrede**	**Vorname**	**Nachname**	**Straße**	**PLZ**	**Ort**	**Anrede2**		
2	Frau	Helene	Tischler	Langenweg 5	60769	Frankfurt	Sehr geehrte Frau Tischler,		
3	Herr	Ali	Gator	Hauptstr. 3	43120	Düsseldorf	Sehr geehrter Herr Gator,		
4	Herr	Fritz	Gutmann	Bürgershof 7a	53171	Bonn	Sehr geehrter Herr Gutmann,		
5	Herr	Horst	Jansen	Kuppelstraße 34	80945	München	Sehr geehrter Herr Jansen,		
6	Frau	Jeanette	Richter	Langenweg 5	60769	Frankfurt	Sehr geehrte Frau Richter,		
7			A. Trichter Gmbh	Hauptstr. 3	43120	Düsseldorf	Sehr geehrte Damen und Herren,		
8	Frau	Sabine	Sonnenwind	Bürgershof 7a	53171	Bonn	Sehr geehrte Frau Sonnenwind,		
9	Herr	Heiner	Berlin	Kuppelstraße 34	80945	München	Sehr geehrter Herr Berlin,		
10			Alfons Stein KG	Langenweg 5	60769	Frankfurt	Sehr geehrte Damen und Herren,		

Bild 7.22: Persönliche und formelle Anreden für einen Seriendruck.

Die Syntax für dieses Beispiel sieht folgendermaßen aus:

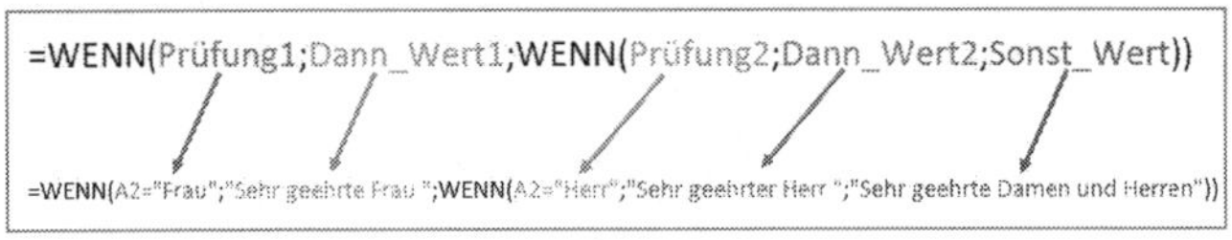
=WENN(Prüfung1;Dann_Wert1;WENN(Prüfung2;Dann_Wert2;Sonst_Wert))
=WENN(A2="Frau";"Sehr geehrte Frau ";WENN(A2="Herr";"Sehr geehrter Herr ";"Sehr geehrte Damen und Herren"))

Bild 7.23: Die Syntax der verschachtelten WENN-Funktion.

7.3 Kunden und ihren Umsatzbereich ermitteln

In diesem Beispiel möchten Sie in einer separaten Spalte alle Kunden kennzeichnen, die einen Umsatz zwischen 3.000 € und 5.000 € gemacht haben.

❶ Öffnen Sie die Arbeitsmappe *Wenn.xlsx*.

	A	B	C	D	E	F	G	H	I	J
1	**Anrede**	**Vorname**	**Nachname**	**Straße**	**PLZ**	**Ort**	**Umsatz**	**Umsatz zwischen 3.000 € und 5.000 €**		
2	Frau	Helene	Tischler	Langenweg 5	60769	Frankfurt	3.262,75 €			
3	Herr	Ali	Gator	Hauptstr. 3	43120	Düsseldorf	12.935,30 €			
4	Herr	Fritz	Gutmann	Bürgershof 7a	53171	Bonn	3.504,10 €			
5	Herr	Horst	Jansen	Kuppelstraße 34	80945	München	19.249,95 €			
6	Frau	Jeanette	Richter	Altendorfer Str. 203	40479	Düsseldorf	3.473,58 €			

Bild 7.24: Die Tabelle zur Ermittlung eines Umsatzbereichs.

7.3.1 WENN mit UND kombinieren

In diesem Beispiel bringen Sie die Funktionen `WENN` und `UND` zusammen.

❶ Markieren Sie die Zelle *H2* und klicken Sie in der Bearbeitungsleiste auf nebenstehende Schaltfläche. *fx*

❷ Starten Sie die Funktion `WENN` und klicken Sie ins Feld *Prüfung.*

❸ Klicken Sie außerhalb des Fensters *Funktionsargumente* auf den Listenpfeil des Namenfelds und wählen Sie die Funktion `UND` aus. Sollten Sie diese Funktion nicht in der Liste finden, wählen Sie den untersten Eintrag *Weitere Funktionen.*

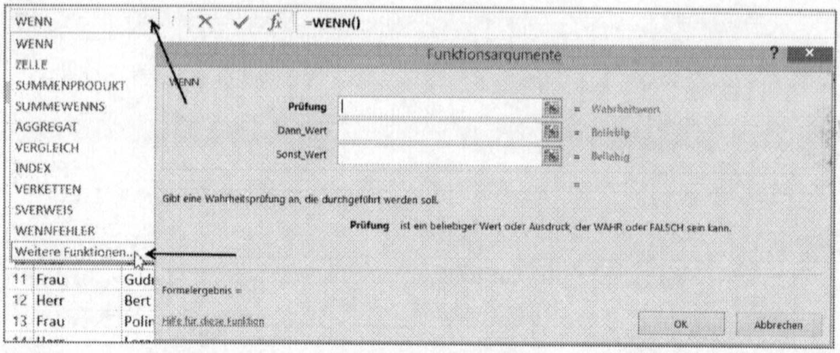

Bild 7.25: Eine weitere Funktion innerhalb der WENN-Funktion starten.

❹ Wenn die `UND`-Funktion nicht in der Auswahlliste stand und Sie den Befehl *Weitere Funktionen* gestartet haben, wählen Sie im Fenster *Funktionen einfügen* die `UND`-Funktion aus.

❺ Geben Sie im Feld *Wahrheitswert1* die erste Prüfung ein:

```
G2>=3000
```

❻ Geben Sie im Feld *Wahrheitswert2* die zweite Prüfung ein:

```
G2<=5000
```

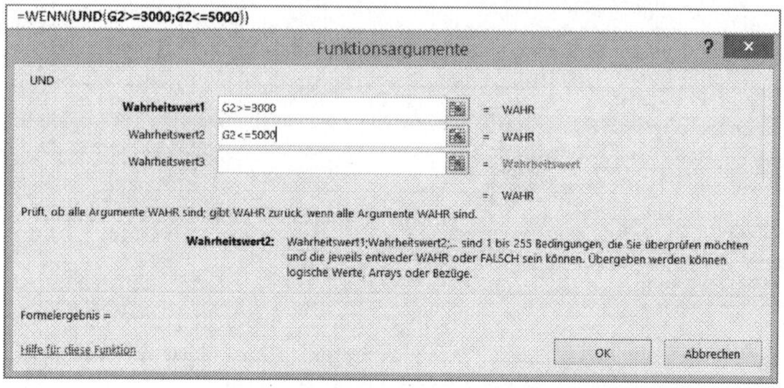

Bild 7.26: Die UND-Funktion prüft den Inhalt der Zelle G2.

Sie erkennen, dass sich der Wert der Zelle *G2* zwischen 3.000 und 5.000 bewegt.

WICHTIG
Sie dürfen jetzt nicht auf die Schaltfläche *OK* klicken, da Sie mit der Formel noch nicht fertig sind.

❼ Klicken Sie in der Bearbeitungsleiste auf das Wort *WENN*.

Die `UND`-Formel ist jetzt Bestandteil der `WENN`-Formel.

❽ Klicken Sie ins Feld *Dann_Wert* und geben Sie die gewünschte Kennzeichnung ein:

```
X
```

❾ Klicken Sie ins Feld *Sonst_Wert* und geben Sie zwei Anführungszeichen ein:

```
""
```

Damit bleibt die Zelle in Spalte *H* leer, wenn der Umsatz nicht zwischen 3.000 und 5.000 liegt.

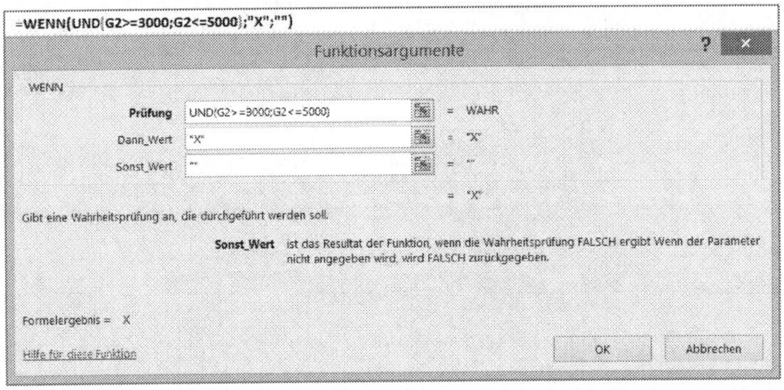

Bild 7.27: Die UND-Formel ist jetzt ein Bestandteil der WENN-Formel.

❿ Bestätigen Sie mit *OK* und kopieren Sie die Formel nach unten.

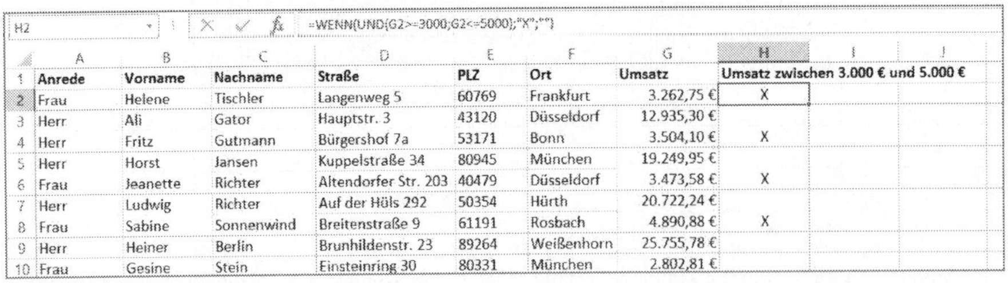

	A	B	C	D	E	F	G	H	I	J
1	Anrede	Vorname	Nachname	Straße	PLZ	Ort	Umsatz	Umsatz zwischen 3.000 € und 5.000 €		
2	Frau	Helene	Tischler	Langenweg 5	60769	Frankfurt	3.262,75 €	X		
3	Herr	Ali	Gator	Hauptstr. 3	43120	Düsseldorf	12.935,30 €			
4	Herr	Fritz	Gutmann	Bürgershof 7a	53171	Bonn	3.504,10 €	X		
5	Herr	Horst	Jansen	Kuppelstraße 34	80945	München	19.249,95 €			
6	Frau	Jeanette	Richter	Altendorfer Str. 203	40479	Düsseldorf	3.473,58 €	X		
7	Herr	Ludwig	Richter	Auf der Höls 292	50354	Hürth	20.722,24 €			
8	Frau	Sabine	Sonnenwind	Breitenstraße 9	61191	Rosbach	4.890,88 €	X		
9	Herr	Heiner	Berlin	Brunhildenstr. 23	89264	Weißenhorn	25.755,78 €			
10	Frau	Gesine	Stein	Einsteinring 30	80331	München	2.802,81 €			

Bild 7.28: Die Umsätze zwischen 3.000 und 5.000 werden mit einem X gekennzeichnet.

Jetzt erkennen Sie auf Anhieb, welche Kunden innerhalb eines bestimmten Umsatzbereichs liegen.

Tipp
Hätten Sie das Feld *Sonst_Wert* leer gelassen, würde dort das Wort *FALSCH* stehen. Dies kann zu Irritationen führen. Deshalb kann es besser sein, eine *0* (Null) oder, wie in diesem Beispiel, zwei Anführungszeichen einzugeben.

7.3.2 Aufbau der Formel mit den zwei Funktionen

Die Funktion `UND` liefert als Ergebnis nur die Werte `WAHR` oder `FALSCH`. Diese prüfen den Inhalt einer oder mehrerer Zellen. Das Ergebnis ist dann `WAHR`, wenn alle Prüfungen positiv verlaufen. Sie können maximal 255 Prüfungen in der `UND`-Funktion durchführen.

Da die Ergebnisse `WAHR` und `FALSCH` allein nicht besonders aussagekräftig sind, wird die `UND`-Funktion gern in der `WENN`-Funktion im Argument *Prüfung* eingesetzt. Denn dann können Sie eine Zelle mehrfach oder mehrere Zellen prüfen.

Die folgende Abbildung zeigt den Aufbau der eben erstellten Formel:

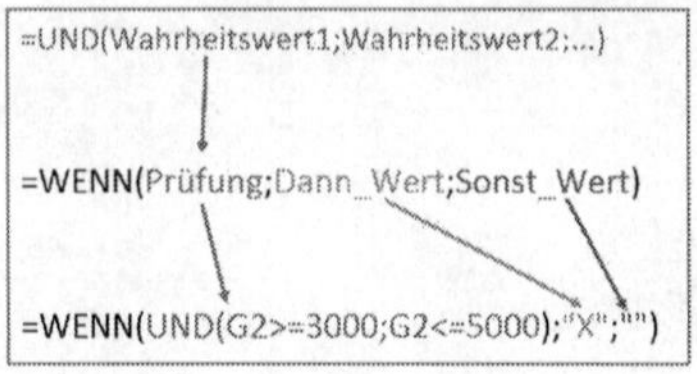

Bild 7.29: Der Aufbau der Formel aus diesem Beispiel.

7.4 Ausreißerwerte auf Anhieb erkennen

In diesem Beispiel möchten Sie die Ausreißerwerte auf Anhieb erkennen. Dazu möchten Sie wieder eine Kennzeichnung in einer separaten Spalte erzeugen.

	A	B	C	D	E	F	G	H
1	**Anrede**	**Vorname**	**Nachname**	**Straße**	**PLZ**	**Ort**	**Umsatz**	**Umsatz über 25.000 € oder unter 3.000 €**
2	Frau	Helene	Tischler	Langenweg 5	60769	Frankfurt	3.262,75 €	
3	Herr	Ali	Gator	Hauptstr. 3	43120	Düsseldorf	12.935,30 €	
4	Herr	Fritz	Gutmann	Bürgershof 7a	53171	Bonn	3.504,10 €	
5	Herr	Horst	Jansen	Kuppelstraße 34	80945	München	19.249,95 €	
6	Frau	Jeanette	Richter	Altendorfer Str. 203	40479	Düsseldorf	3.473,58 €	

Bild 7.30: Die Tabelle zur Ermittlung der Ausreißerwerte.

Sie möchten direkt alle Kunden erkennen, deren Umsatz entweder über 25.000 € oder unter 3.000 € liegt.

7.4.1 WENN mit ODER kombinieren

In diesem Beispiel kombinieren Sie die Funktionen `WENN` und `ODER`.

1. Markieren Sie die Zelle *H2* und klicken Sie in der Bearbeitungsleiste auf nebenstehende Schaltfläche.
2. Starten Sie die Funktion `WENN` und klicken Sie ins Feld *Prüfung*.
3. Klicken Sie außerhalb des Fensters *Funktionsargumente* auf den Listenpfeil des Namenfelds und wählen Sie die Funktion `ODER` aus. Sollten Sie diese Funktion nicht in der Liste finden, wählen Sie den untersten Eintrag *Weitere Funktionen*.
4. Wenn die `ODER`-Funktion nicht in der Auswahlliste stand und Sie den Befehl *Weitere Funktionen* gestartet haben, wählen Sie im Fenster *Funktionen einfügen* die `ODER`-Funktion aus.
5. Geben Sie im Feld *Wahrheitswert1* die erste Prüfung ein:

```
G2>=25000
```

6. Geben Sie im Feld *Wahrheitswert2* die zweite Prüfung ein:

```
G2<=3000
```

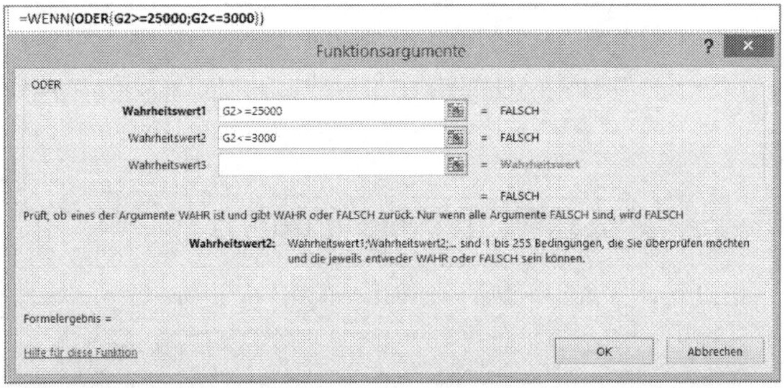

Bild 7.31: Die ODER-Funktion innerhalb der Funktion WENN.

Sie erkennen, dass der Wert von Zelle *G2* weder größer oder gleich 25.000 noch kleiner oder gleich 3.000 ist. Sie dürfen jetzt nicht auf die Schaltfläche *OK* klicken, da Sie mit der Formel noch nicht fertig sind.

7. Klicken Sie in der Bearbeitungsleiste auf das Wort *WENN*.

   Die `ODER`-Formel ist jetzt ein Bestandteil der `WENN`-Formel.

8. Klicken Sie ins Feld *Dann_Wert* und geben Sie die gewünschte Kennzeichnung ein.

```
X
```

9. Klicken Sie ins Feld *Sonst_Wert* und geben Sie zwei Anführungszeichen ein:

```
""
```

Damit bleibt die Zelle in Spalte *H* leer, weil der Umsatz zwischen 3.000 € und 25.000 € liegt.

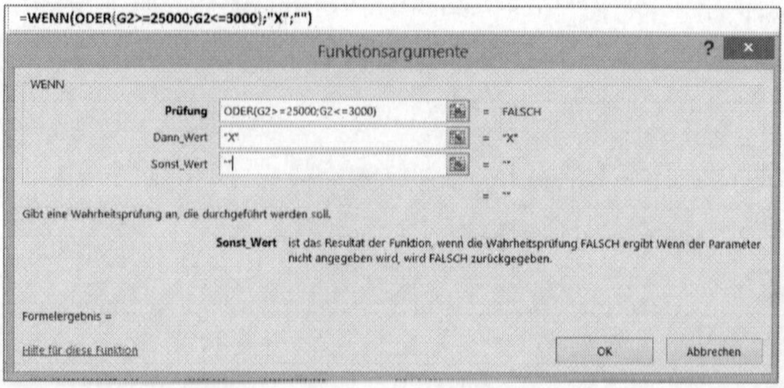

Bild 7.32: Die ODER-Funktion ist Bestandteil der WENN-Funktion.

❿ Bestätigen Sie mit *OK* und kopieren Sie die Formel nach unten.

H2 =WENN(ODER(G2>=25000;G2<=3000);"X";"")

	A	B	C	D	E	F	G	H
1	Anrede	Vorname	Nachname	Straße	PLZ	Ort	Umsatz	Umsatz über 25.000 € oder unter 3.000 €
2	Frau	Helene	Tischler	Langenweg 5	60769	Frankfurt	3.262,75 €	
3	Herr	Ali	Gator	Hauptstr. 3	43120	Düsseldorf	12.935,30 €	
4	Herr	Fritz	Gutmann	Bürgershof 7a	53171	Bonn	3.504,10 €	
5	Herr	Horst	Jansen	Kuppelstraße 34	80945	München	19.249,95 €	
6	Frau	Jeanette	Richter	Altendorfer Str. 203	40479	Düsseldorf	3.473,58 €	
7	Herr	Ludwig	Richter	Auf der Hüls 292	50354	Hürth	20.722,24 €	
8	Frau	Sabine	Sonnenwind	Breitenstraße 9	61191	Rosbach	4.890,88 €	
9	Herr	Heiner	Berlin	Brunhildenstr. 23	89264	Weißenhorn	25.755,78 €	X
10	Frau	Gesine	Stein	Einsteinring 30	80331	München	2.802,81 €	X
11	Frau	Gudrun	Witz-Los	Emil-Figge-Str.62	90443	Nürnberg	22.448,86 €	
12	Herr	Bert	Tisch	Hellgrundweg 209	10585	Berlin	2.341,00 €	X
13	Frau	Polina	Potsdam	Hornsche Str. 59	40479	Düsseldorf	20.120,78 €	

Bild 7.33: Das Ergebnis: Alle Ausreißerwerte sind erkennbar.

Jetzt sehen Sie sofort, welche Kunden außerhalb des genannten Umsatzbereichs liegen.

7.4.2 Aufbau der Formel mit den zwei Funktionen

Die Funktion `ODER` liefert als Ergebnis nur die Werte `WAHR` oder `FALSCH`. Sie prüft den Inhalt einer oder mehrerer Zellen. Das Ergebnis ist dann `WAHR`, wenn eine der Prüfungen positiv verläuft. Sie können maximal 255 Prüfungen in der `ODER`-Funktion durchführen. Die folgende Abbildung zeigt den Aufbau der eben erstellten Formel:

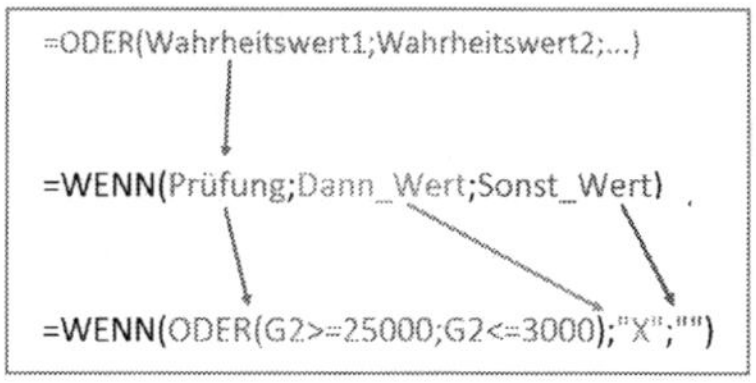

Bild 7.34: Der Aufbau der Formel aus diesem Beispiel.

7.5 Plan- und Ist-Umsatz bewerten

In diesem Beispiel geht es um die Kennzeichnung von Ergebnissen. Dafür haben Sie die Differenz zwischen dem Plan- und dem Ist-Umsatz von 2015 ermittelt.

	A	B	C	D	E
1					
2		Ergebnis Umsatz 2015			
3					
4		Produkt	Umsatz IST	Umsatz SOLL	Differenz
5		Apfel Boskop Bio (auch für Allergiker)	181.173 €	186.605 €	-5.432 €
6		Apfel Topaz Bio, süß-säuerlich	120.545 €	96.646 €	23.899 €
7		Birne Gernot Bio	65.370 €	70.802 €	-5.432 €
8		Birne Helene Bio	180.861 €	136.962 €	43.899 €
9		Eier Freilandhaltung Gruppe Elise, Gr. M	165.262 €	165.262 €	0 €
10		Eier Freilandhaltung Gruppe Martha, Gr. L	95.935 €	101.367 €	-5.432 €
11		Eiernudeln Hella	165.120 €	165.120 €	0 €
12		Eisbergsalat von der Plantage Mark Bio	83.563 €	79.664 €	3.899 €
13		Früchtejoghurt Apfel und Banane	117.448 €	112.880 €	4.568 €

Bild 7.35: Die Tabelle für das aktuelle Beispiel.

In Spalte *F* möchten Sie nun darstellen, ob der Wert in Spalte *E* positiv oder negativ ist.

7.5.1 Symbole in Zellen einsetzen

Windows besitzt einige Symbolschriften. Wenn Sie ein Symbol in einer Zelle sehen möchten, nutzen Sie normalerweise die Befehlsfolge *Einfügen/Symbol*. Im aktuellen Beispiel soll das Ergebnis einer `WENN`-Funktion ein Symbol zeigen.

Dazu benötigen Sie die Information, ob und, wenn ja, welches Zeichen der Schriftart *Calibri* oder *Arial* dem gewünschten Symbol entspricht. Diese Antwort können Sie sich ganz einfach in einer Tabelle beantworten.

1. Fügen Sie ein neues leeres Tabellenblatt ein.
2. Erfassen Sie in der ersten Zeile die Überschriften, wie es die folgende Abbildung zeigt. Sollten Sie in Ihrem Windows weitere Symbolschriften haben, erweitern Sie die Überschriften.
3. Erfassen Sie in der ersten Spalte die Nummern *1* bis *255*. Am schnellsten gelingt Ihnen das, indem Sie in Zelle *A2* eine *1* eingeben und am Ausfüllkästchen nach unten ziehen. Sobald Sie in Zeile *256* die Maustaste losgelassen haben, klicken Sie auf die kleine Schaltfläche *Auto-Ausfülloptionen* an der letzten Zelle und wählen den Befehl *Datenreihe ausfüllen*.
4. Klicken Sie in die Zelle *B2*, erfassen Sie die folgende Formel, drücken Sie zur Bestätigung `Enter` und ziehen Sie sie nach rechts.

```
=ZEICHEN($A2)
```

Die Funktion `ZEICHEN` besteht nur aus einem Parameter. Es ist die Nummer des Zeichens, das Sie sehen möchten.

B2 =ZEICHEN($A2)

	A	B	C	D	E	F	G
1	Nummer	Calibri	Wingdings	Wingdings2	Wingdings3	Webdings	Symbol
2	1						
3	2						
4	3						

Bild 7.36: Die Liste zur Erstellung der Zeichentabelle.

Es ist vollkommen in Ordnung, dass diese Zeile leer bleibt. Das Zeichen mit der Nummer 1 kann nicht angezeigt werden.

❺ Weisen Sie der Zelle *C2* die Schriftart *Wingdings* zu, der Zelle *D2 Wingdings 2* etc.

❻ Markieren Sie die Zellen *B2* bis *G2* und ziehen Sie sie am Ausfüllkästchen nach unten. Am schnellsten geht das mit einem Doppelklick auf das Ausfüllkästchen.

Ab *Nummer 33* sehen Sie unterschiedliche Symbole.

	A	B	C	D	E	F	G
1	Nummer	Calibri	Wingdings	Wingdings2	Wingdings3	Webdings	Symbol
34	33	!	✎	✎	←	🕷	!
35	34	"	✂	✎	→	[illegible]	∀
36	35	#	✁	✎	↑	ⓔ	#
37	36	$	👓	✎	↓	[illegible]	∃
38	37	%	🔔	✂	↖	🏆	%
39	38	&	📖	✂	↗	🎖	&

Bild 7.37: Hinter jeder Nummer bis 255 verbirgt sich ein Zeichen oder ein Symbol.

Im ersten Beispiel sollen die beiden Dreiecke der Schriftart *Wingdings 3* genommen werden. Die Gegenspieler in der Schriftart *Calibri* oder *Arial* sind *p* und *q*.

	A	B	C	D	E	F	G
1	Nummer	Calibri	Wingdings	Wingdings2	Wingdings3	Webdings	Symbol
112	111	o	□	⑥	↕	▁	ο
113	112	p	◘	⑦	▲	🚍	π
114	113	q	❑	⑧	▼	⟲	θ
115	114	r	❒	⑨	△	✕	ρ
116	115	s	⬩	⑩	▽	?	σ
117	116	t	◆	⓿	◀	🚢	τ
118	117	u	◆	❶	▶	🚘	υ
119	118	v	❖	❷	◁	🚆	ϖ
120	119	w	⬥	❸	▷	⌶	ω

Bild 7.38: Die beiden Dreiecke sollen gleich die Bewertung zeigen.

Diese Zeichentabelle hilft Ihnen, Ihre gewünschten Symbole zu finden.

7.5.2 Bewertung durch zwei Dreiecke

In diesem Beispiel sollen alle Werte über *0* mit dem Dreieck nach oben und alle Werte kleiner oder gleich *0* mit dem Dreieck nach unten bewertet werden.

❶ Markieren Sie die Zelle *F5* und klicken Sie in der Bearbeitungsleiste auf die rechts gezeigte Schaltfläche.

❷ Starten Sie die Funktion `WENN` und erfassen Sie im Feld *Prüfung* die folgende Bedingung:

```
E5>0
```

❸ Klicken Sie ins Feld *Dann_Wert* und geben Sie ein:

```
p
```

❹ Klicken Sie ins Feld *Sonst_Wert* und geben Sie ein:

```
q
```

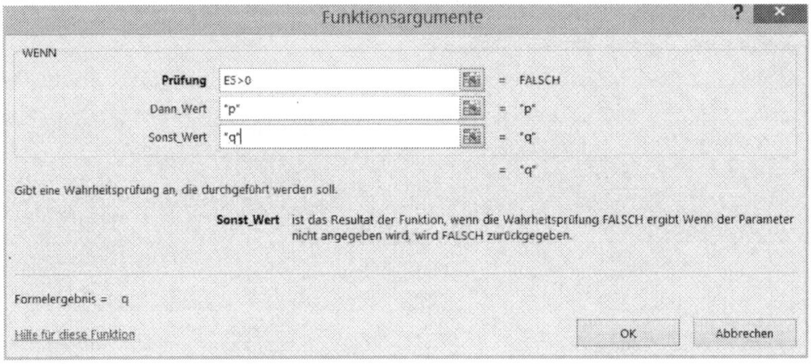

Bild 7.39: Die Formel zur Bewertung.

❺ Bestätigen Sie mit *OK*.

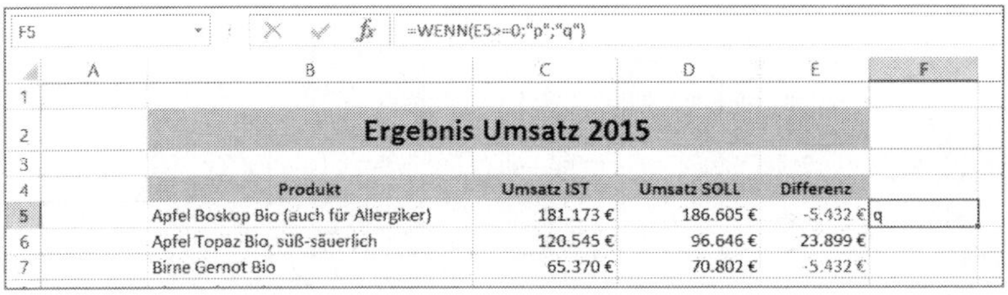

Bild 7.40: Die Formel ist fertig.

❻ Gestalten Sie die Zelle mit der Schriftart *Wingdings 3* und kopieren Sie sie am Ausfüllkästchen nach unten.

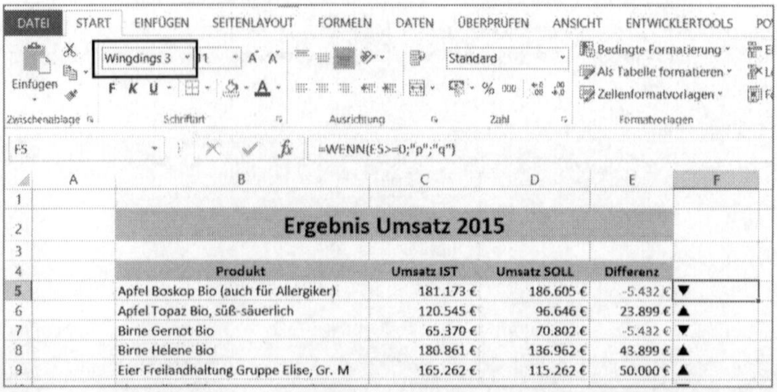

Bild 7.41: Die Ergebnisse in Spalte E werden durch die Symbole hervorgehoben.

Damit haben Sie eine Bewertung geschaffen, die nicht jeder hat.

7.5.3 Ergebnisse über 0 mit einem Pfeil kennzeichnen

In diesem Beispiel sollen alle Ergebnisse, die über *0* liegen, mit dem Pfeil ⮝ gekennzeichnet werden. Das Zeichen ⮟ soll alle Ergebnisse unter *0* aufzeigen. Wenn das Ergebnis eine *0* ist, soll das Zeichen ⮞ darauf hinweisen.

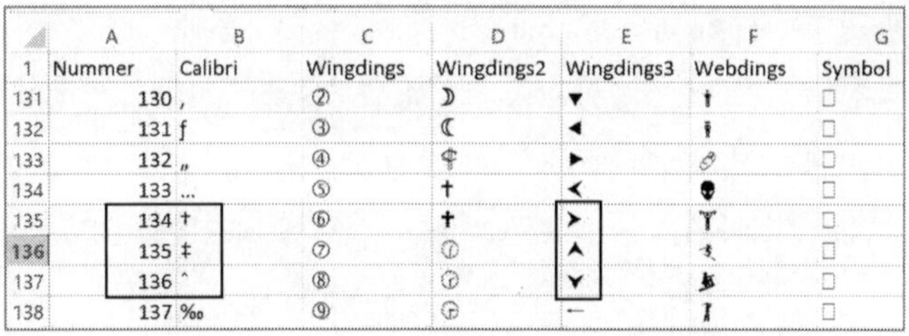

Bild 7.42: Der Einsatz der gewünschten Pfeile ist etwas aufwendiger.

Die eben erstellte Tabelle zeigt, dass diese Zeichen zwar auch Zeichen in der Schriftart *Calibri* oder *Arial* haben, aber sie können nicht so einfach über die Tastatur eingegeben werden, wie etwa das *p* oder das *q*.

Jetzt muss die Funktion `ZEICHEN` mit in die `WENN`-Funktion integriert werden.

❶ Aktivieren Sie das Tabellenblatt *Bewertung 2* und klicken Sie in die Zelle *F5*.

❷ Klicken Sie in der Bearbeitungsleiste auf die unten stehende Schaltfläche, starten Sie die Funktion `WENN` und erfassen Sie im Feld *Prüfung* die folgende Bedingung. *fx*

```
E5>0
```

❸ Klicken Sie ins Feld *Dann_Wert* und erfassen Sie den folgenden Text:

```
ZEICHEN(135)
```

Die Funktion `ZEICHEN(135)` bringt das *135.* Zeichen in der Liste. Wenn die Zelle mit der `WENN`-Funktion gleich in *Wingdings 3* gestaltet wird, erscheint das Zeichen ⮝, wenn der Inhalt von *E5* größer als *0* ist.

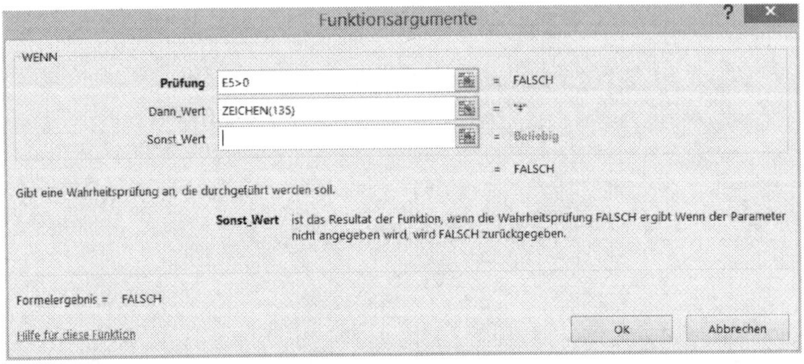

Bild 7.43: Der erste Teil der WENN-Funktion prüft, ob E5 größer als 0 ist.

❹ Klicken Sie ins Feld *Sonst_Wert* und wählen Sie am *Namenfeld* erneut die `WENN`-Funktion aus.

❺ Erfassen Sie im Feld *Prüfung* die Bedingung:

```
E5<0
```

❻ Klicken Sie ins Feld *Dann_Wert* und erfassen Sie den Text:

```
ZEICHEN(136)
```

❼ Klicken Sie ins Feld *Sonst_Wert* und erfassen Sie den Text:

```
ZEICHEN(134)
```

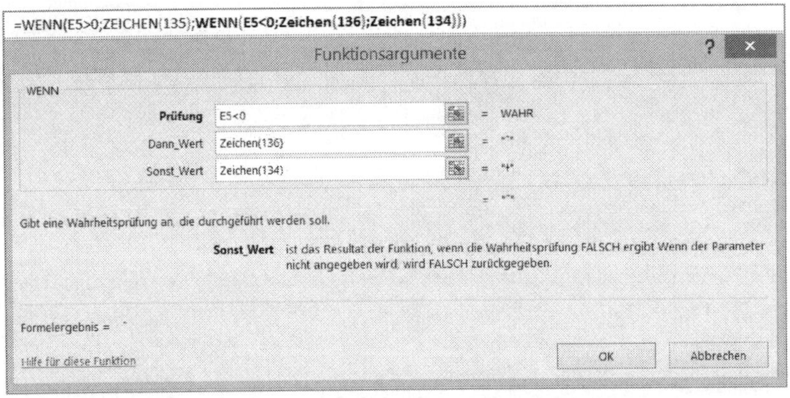

Bild 7.44: Der zweite verschachtelte Teil der WENN-Funktion.

❽ Bestätigen Sie mit *OK*.

❾ Weisen Sie dieser Zelle die Schriftart *Wingdings 3* zu und kopieren Sie sie am Ausfüllkästchen nach unten.

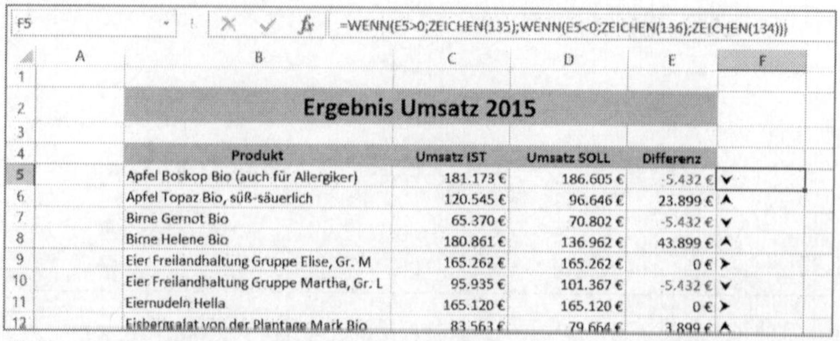

Bild 7.45: Das Ergebnis in der Spalte *Differenz* wird durch drei Pfeile bewertet.

Jetzt haben Sie in Spalte *F* eine Bewertung der Zellen von Spalte *E*.

Normalerweise können Sie eine Formel bearbeiten, wenn Sie auf die Zelle, die Formel enthält, doppelklicken. Da die Zellen aber in der Schriftart *Wingdings 3* formatiert sind, gestaltet sich die Bearbeitung als Herausforderung.

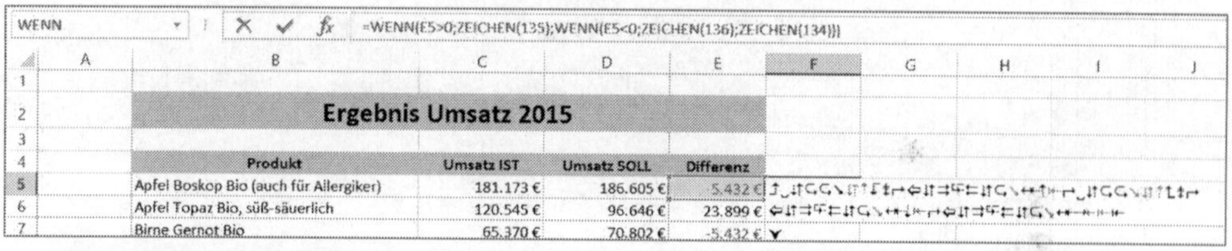

Bild 7.46: Das Korrigieren der Formel kann nur über die Bearbeitungsleiste erfolgen.

Sie bearbeiten die Formel am besten in der Bearbeitungsleiste, oder Sie gestalten die Zellen für die Dauer der Bearbeitung in der Schriftart *Calibri* oder *Arial*.

7.6 Wenn-Berechnungen ohne WENN-Funktion

Es gibt eine Alternative zur `WENN`-Funktion: die Funktion `WAHL`.

Bei der Funktion `WAHL` wird nur eine Prüfung eingegeben. Das folgende Beispiel verdeutlicht die Arbeitsweise dieser Funktion.

7.6.1 Die Funktion WAHL

Die Funktion `WAHL` prüft den Inhalt von *C4*. Wenn eine *1* darin steht, wird der erste Wert in der Argumentenliste ausgeführt. Also wird der Text *Eins* geschrieben. Bei einer *3* in Zelle *C4* wird der dritte Wert in der Argumentenliste ausgeführt, das Ergebnis ist also *Drei.*

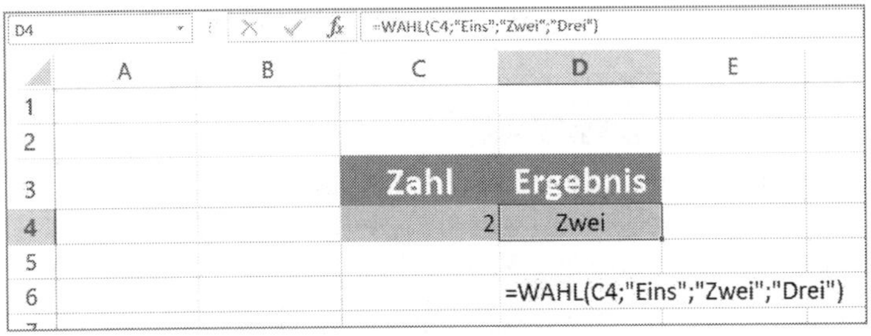

Bild 7.47: Die Funktion WAHL.

Wenn eine Zahl in *C4* steht, die nicht durch die Argumentenliste abgedeckt ist, wie beispielsweise *4* oder *10*, erscheint eine Fehlermeldung.

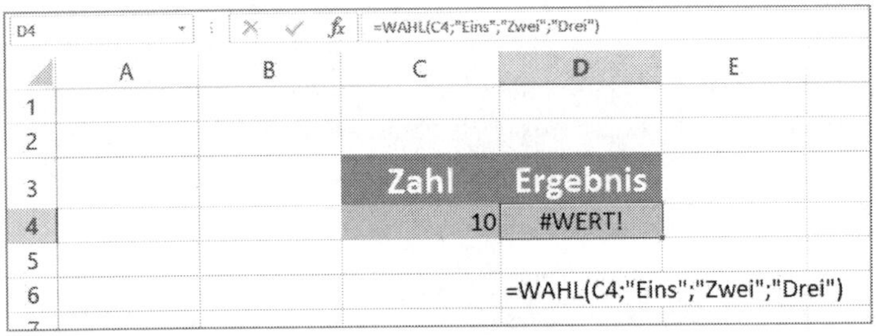

Bild 7.48: Die 10 ist nicht durch die Argumente abgedeckt, somit erscheint die Fehlermeldung.

Ihre Argumentenliste kann maximal 254 Werte enthalten.

7.6.2 Den Berechnungsschritt wählen

Stellen Sie sich vor, Sie hätten eine Reihe von Zahlen, die Sie mit den Funktionen `SUMME`, `ANZAHL`, `MAX` oder `MIN` berechnen möchten.

Wenn in Zelle *B4* eine *1* steht, sollen die Zahlen von *C4* bis *C10* addiert werden. Bei Eingabe einer *4* soll der größte Wert aus den Zellen *C4* bis *C10* angezeigt werden.

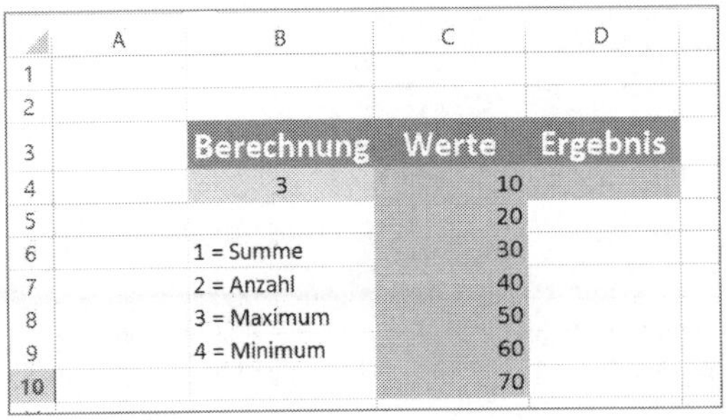

Bild 7.49: Die Tabelle für den Einsatz der Funktion WAHL.

❶ Klicken Sie in die Zelle *D4*.

❷ Klicken Sie in der Bearbeitungsleiste auf die Schaltfläche *fx* und starten Sie die Funktion `WAHL`.

❸ Klicken Sie ins Feld *Index* und wählen Sie die Zelle *B4* aus.

❹ Klicken Sie ins Feld *Wert1* und geben Sie dort den folgenden Rechenschritt ein:

```
SUMME(C4:C10)
```

❺ Klicken Sie ins Feld *Wert2* und geben Sie dort den folgenden Rechenschritt ein:

```
ANZAHL(C4:C10)
```

❻ Klicken Sie ins Feld *Wert3* und geben Sie dort den folgenden Rechenschritt ein:

```
MAX(C4:C10)
```

❼ Klicken Sie ins Feld *Wert4* und geben Sie dort den folgenden Rechenschritt ein:

```
MIN(C4:C10)
```

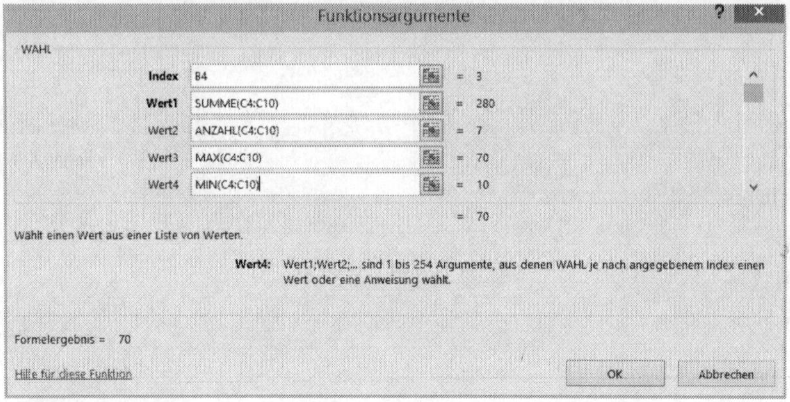

Bild 7.50: Der Aufbau der Funktion WAHL für das aktuelle Beispiel.

❽ Bestätigen Sie mit *OK*.

Da in Zelle *B4* eine *3* steht, wird die Funktion `MAX` ausgeführt. Diese zeigt den größten Wert in den Zellen *C4* bis *C10*.

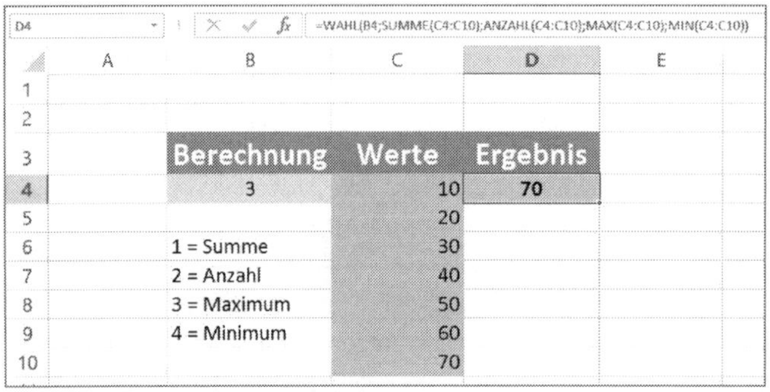

Bild 7.51: Die Funktion WAHL führt jetzt das dritte Argument, die Funktion MAX, aus.

Testen Sie die Funktion `WAHL` und geben Sie in Zelle *B4* die Zahl *1* ein. Jetzt wird die Summe der Zellen von *C4* bis *C10* berechnet.

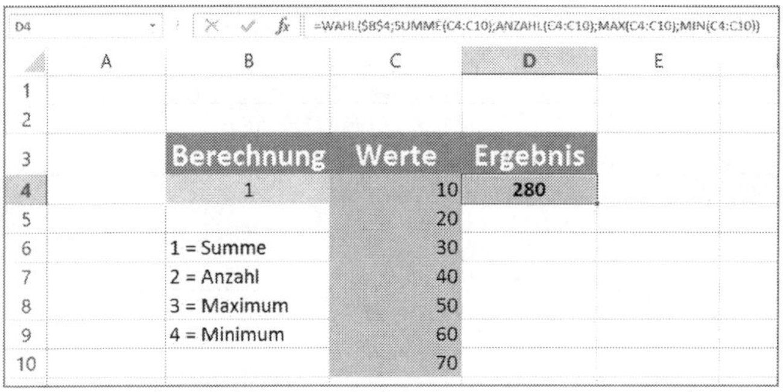

Bild 7.52: Das Argument 1 startet die Funktion SUMME.

Hinweis
In Kapitel 10 zu den Diagrammen wird die Funktion `WAHL` eingesetzt, um ein dynamisches Diagramm zu steuern.

8 Werte aufspüren und Listen vervollständigen

Mit dem SVERWEIS spüren Sie Werte auf und können dadurch Listen vervollständigen. SVERWEIS ist daher eine der am häufigsten eingesetzten Funktionen am Arbeitsplatz. Allerdings hat der SVERWEIS auch Grenzen, aber dann kommt der alternative SVERWEIS, bestehend aus den Funktionen INDEX und VERGLEICH, zum Zuge. Alle Funktionen werden anhand von Beispielen ausführlich beschrieben. Im letzten Abschnitt haben wir ein Workaround zu einer Teilnehmerfrage zum Thema »Zwei Tabellen spiegeln« beschrieben.

Öffnen Sie die Arbeitsmappe *Sverweis.*

8.1 Fehlende Artikelbezeichnungen erfassen

Im ersten Beispiel auf dem Tabellenblatt *SVERWEIS1* wurden zu jedem Verkauf die Produktnummern, aber nicht die Bezeichnungen erfasst. Jetzt sollen die Produktbezeichnungen mit der Funktion SVERWEIS nachgetragen werden.

	A	B	C	D	E	F
1	**Datum**	**Produkt**	**Produktbezeichnung**	**Menge**	**Preis**	**Betrag**
2	01.01.2016	E-607		5	2,59	12,95 €
3	01.01.2016	O-120		6	3,89	23,34 €
4	01.01.2016	O-240		6	1,89	11,34 €
5	01.01.2016	N-420		4	2,59	10,36 €
6	01.01.2016	E-311		6	2,79	16,74 €
7	01.01.2016	N-420		4	2,59	10,36 €

Bild 8.1: Die Verkaufstabelle für das Beispiel.

Auf dem Tabellenblatt *Produkte* finden Sie die Liste der Produkte mit einer eindeutigen Zuordnung von Produktnummer und Produktbezeichnung.

	A	B
1	**Produkt**	**Produktbezeichnung**
2	M-821	Früchtejoghurt Apfel und Banane
3	O-102	Apfel Topaz Bio, süß-säuerlich
4	G-711	Muskatnuss (gemahlen)
5	O-240	Spitzkohl "Helmut" Bio
6	E-603	Konfitüre Erdbeer - Minze
7	K-991	Pott Kaffee
8	E-607	Konfitüre Apfel - Minze
9	O-100	Apfel Boskop Bio (auch für Allergiker)
10	E-312	Eier Freilandhaltung Gruppe Martha, Gr. L
11	N-422	Eiernudeln Hella
12	N-420	Spiralnudeln Walli

Bild 8.2: Die Liste der Produkte.

Ziel ist es, die zur Produktnummer passende Produktbezeichnung in die Verkaufsliste zu holen.

8.1.1 Informationen einfügen mit SVERWEIS

Mit `SVERWEIS` können Sie fehlende Informationen einfügen.

1. Aktivieren Sie das Tabellenblatt *SVERWEIS1* und klicken Sie in die Zelle *C2.*
2. Klicken Sie in der Bearbeitungsleiste auf die *fx*-Schaltfläche und wählen Sie im Feld *Kategorie auswählen* den Eintrag *Alle.*
3. Blättern Sie hinunter bis zur Funktion `SVERWEIS`.

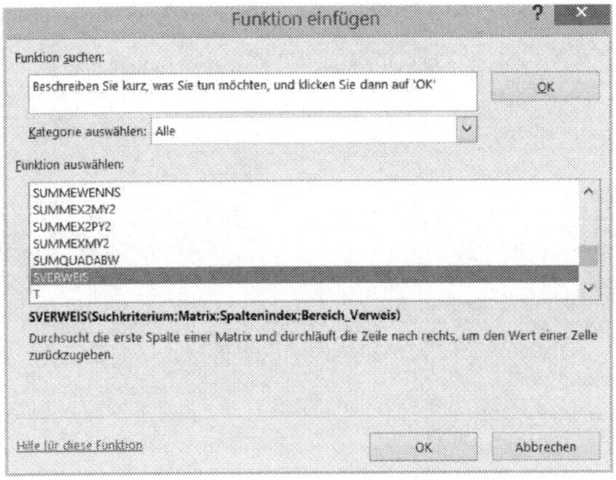

Bild 8.3: Im Fenster *Funktion einfügen* erkennen Sie den Aufbau von SVERWEIS.

Tipp
Wenn Ihnen das Blättern zu lange dauert, beherzigen Sie folgenden Tipp: Klicken Sie einmal auf einen Funktionsnamen im Fenster *Funktion einfügen*. Drücken Sie anschließend den Buchstaben [T] auf Ihrer Tastatur. Excel markiert die erste Funktion, deren Name mit *T* beginnt. Direkt darüber sehen Sie dann die `SVERWEIS`-Funktion. Bei Eintippen von [S] hätten Sie noch etwas nach unten blättern müssen, da es über 30 Funktionen mit dem Anfangsbuchstaben *S* gibt.

❹ Markieren Sie den Eintrag *SVERWEIS* und bestätigen Sie mit *OK*.

❺ Das *Suchkriterium* ist die Produktnummer in Zelle *B2*.

❻ Die *Matrix* sind die Zellen von *A2* bis *B21* auf dem Blatt *Produkte*. Nachdem Sie diese Zellen markiert haben, drücken Sie die Taste [F4]. Sie müssen die Zellen festsetzen, weil die Formel gleich kopiert wird.

❼ Der *Spaltenindex* ist *2*, da Sie den Inhalt der zweiten Spalte der Matrix sehen möchten.

❽ Da Sie nur 100%ige Übereinstimmungen sehen möchten, geben Sie ins Feld *Bereich_Verweis* das Wort *Falsch* ein.

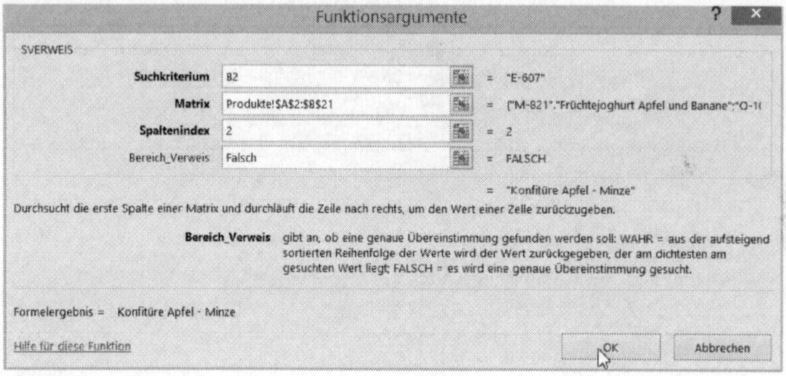

Bild 8.4: Die Funktionsargumente für den SVERWEIS.

Im Fenster *Funktionsargumente* sehen Sie das Ergebnis für die erste Zeile Ihrer Verkaufstabelle.

❾ Bestätigen Sie mit *OK* und kopieren Sie die Formel am Ausfüllkästchen nach unten.

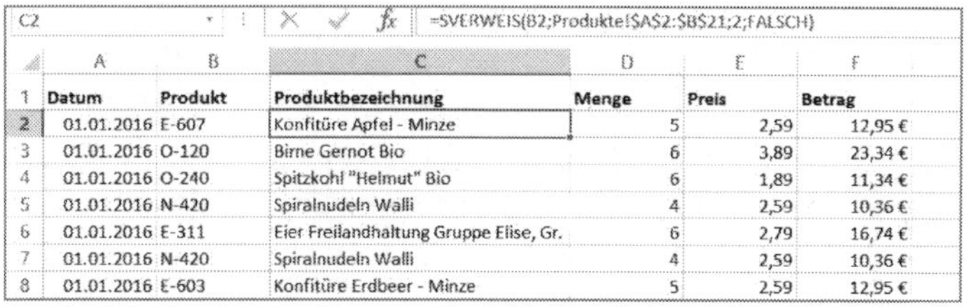

C2 =SVERWEIS(B2;Produkte!$A$2:$B$21;2;FALSCH)

	A	B	C	D	E	F
1	Datum	Produkt	Produktbezeichnung	Menge	Preis	Betrag
2	01.01.2016	E-607	Konfitüre Apfel - Minze	5	2,59	12,95 €
3	01.01.2016	O-120	Birne Gernot Bio	6	3,89	23,34 €
4	01.01.2016	O-240	Spitzkohl "Helmut" Bio	6	1,89	11,34 €
5	01.01.2016	N-420	Spiralnudeln Walli	4	2,59	10,36 €
6	01.01.2016	E-311	Eier Freilandhaltung Gruppe Elise, Gr.	6	2,79	16,74 €
7	01.01.2016	N-420	Spiralnudeln Walli	4	2,59	10,36 €
8	01.01.2016	E-603	Konfitüre Erdbeer - Minze	5	2,59	12,95 €

Bild 8.5: Das Ergebnis: Dank SVERWEIS ist die Verkaufstabelle nun komplett.

8.1.2 Die vier Argumente der Funktion SVERWEIS

Die Funktion `SVERWEIS` besteht aus vier Argumenten.

- *Suchkriterium* – Das *Suchkriterium* ist der Wert, den sich `SVERWEIS` merkt und in der ersten Spalte der Matrix sucht. Wenn das Suchkriterium eine Zahl ist, muss in der ersten Spalte der Matrix auch eine Zahl stehen. Sollte das bei Ihnen nicht der Fall sein, lesen Sie die Abschnitte »Artikelnummer als Zahl und Text vergleichen« und »Texte mit Zahlenformaten vergleichen« weiter unten in diesem Kapitel.
- *Matrix* – Die *Matrix* kann auf einem anderen Tabellenblatt oder in einer anderen Mappe stehen. In der ersten Spalte der Matrix muss der Wert stehen, nach dem Sie suchen. Sollte im aktuellen Beispiel die Spalte *Produkt* nicht ganz links als erste Spalte in der Matrix stehen, käme eine Fehlermeldung. Befindet sich in Ihrer Tabelle die Spalte, nach der gesucht wird, mitten in der Tabelle, lesen Sie weiter unten den Abschnitt » INDEX und VERGLEICH im Team«.
- *Spaltenindex* – Der *Spaltenindex* ist die Nummer der Spalte, deren Inhalt Sie ausgeben möchten. Zählen Sie die Spalten in der Matrix. Sollte Ihre Matrix riesengroß sein und Sie keine Lust haben, sich einen Wolf zu zählen, nutzen Sie die Funktion `VERGLEICH`, um die Nummer der gesuchten Spalte zu berechnen. Diesen Trick erfahren Sie im Abschnitt »Wie man den Spaltenindex berechnet«.
- *Bereich_Verweis* – Im letzten Feld *Bereich_Verweis* geben Sie an, ob Sie eine 100%ige Übereinstimmung wünschen. Mit dem Wort `FALSCH` oder der `0` (Null) weisen Sie `SVERWEIS` an, Ihnen nur passende Treffer zu zeigen. Wenn Sie lieber den nächstkleineren Wert als Ergebnis erhalten möchten, geben Sie `WAHR` oder eine `1` ein. Wenn Sie das Feld leer lassen, wird der Parameter als `WAHR` gewertet.

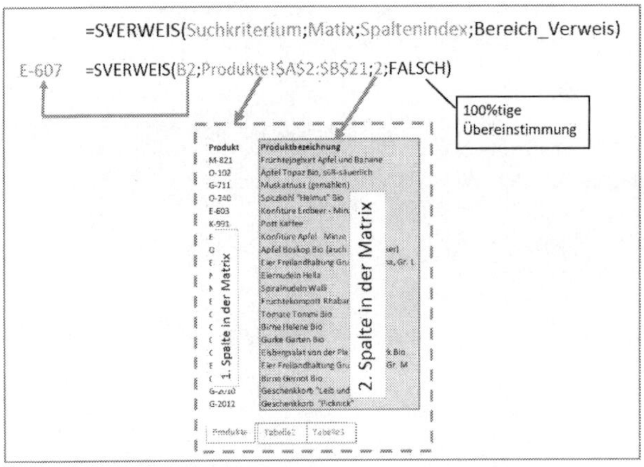

Bild 8.6: Die Arbeitsweise der SVERWEIS-Funktion.

`SVERWEIS` merkt sich den Inhalt von *B2*, schaut auf dem Blatt *Produkte* in den Zellen von *A2* bis *B21* in die erste Spalte und vergleicht die Werte. Wenn `SVERWEIS` den passenden Wert findet, wird in dieser Zeile der Inhalt der zweiten Spalte ausgegeben.

8.1.3 Fehlermeldung sicher abfangen

Wenn `SVERWEIS` keinen passenden Wert in der ersten Spalte der Matrix findet, wird der Ausdruck *#NV* gezeigt. Dies bedeutet *Nicht vorhanden.*

Die folgende Abbildung zeigt diese Meldung für zwei Zeilen. Bei der ersten gibt es diese Produktnummer nicht in der Matrix, bei der zweiten Meldung wurde keine Produktnummer eingegeben. Beide Meldungen sind korrekt, aber nicht schön.

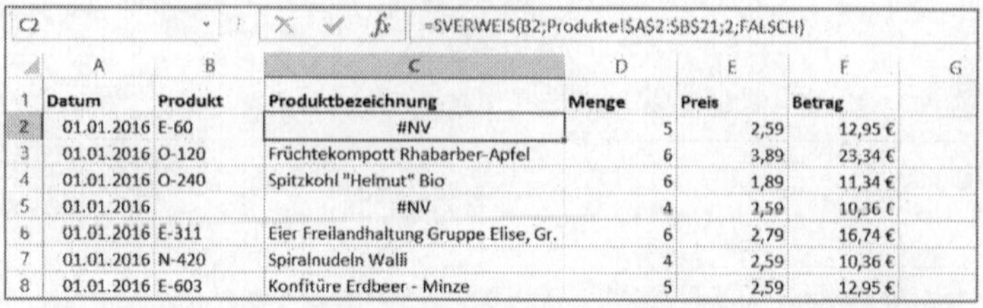

C2 =SVERWEIS(B2;Produkte!$A$2:$B$21;2;FALSCH)

	A	B	C	D	E	F	G
1	Datum	Produkt	Produktbezeichnung	Menge	Preis	Betrag	
2	01.01.2016	E-60	#NV	5	2,59	12,95 €	
3	01.01.2016	O-120	Früchtekompott Rhabarber-Apfel	6	3,89	23,34 €	
4	01.01.2016	O-240	Spitzkohl "Helmut" Bio	6	1,89	11,34 €	
5	01.01.2016		#NV	4	2,59	10,36 €	
6	01.01.2016	E-311	Eier Freilandhaltung Gruppe Elise, Gr.	6	2,79	16,74 €	
7	01.01.2016	N-420	Spiralnudeln Walli	4	2,59	10,36 €	
8	01.01.2016	E-603	Konfitüre Erdbeer - Minze	5	2,59	12,95 €	

Bild 8.7: Die Meldung #NV bedeutet »Nicht vorhanden«.

Mit der Funktion `WENNFEHLER` können Sie solche Meldungen abfangen und verständlicheren Text, wie beispielsweise *Nummer nicht vorhanden*, ausgeben.

1. Aktivieren Sie die Zelle *C2*.
2. Markieren Sie in der Bearbeitungsleiste die ganze Funktion `SVERWEIS`, allerdings ohne das Gleichheitszeichen, und schneiden Sie die Funktion mit [Strg]+[X] aus.
3. Klicken Sie auf die Schaltfläche *fx*, stellen Sie die Kategorie *Alle* ein und starten Sie die Funktion `WENNFEHLER`.
4. Aktivieren Sie das Feld *Wert* und fügen Sie die `SVERWEIS` Funktion mit [Strg]+[V] wieder ein.
5. Geben Sie ins Feld *Wert_falls_Fehler* den Text ein, der anstelle der Meldung *#NV* erscheinen soll.

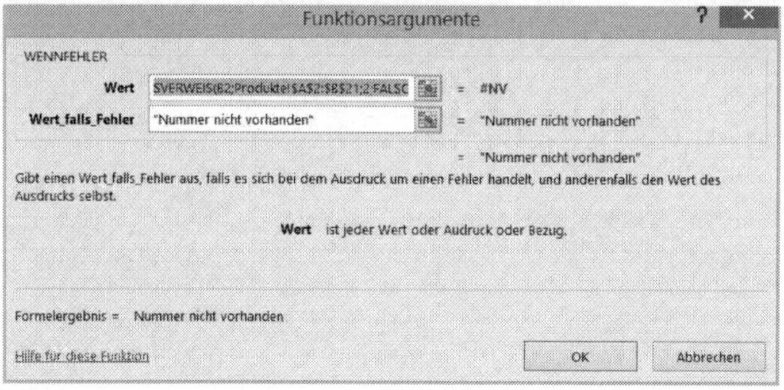

Bild 8.8: Die Funktion WENNFEHLER fängt kryptische Meldungen von Excel ab.

Wenn der `SVERWEIS` die Meldung *#NV* liefert, zeigt `WENNFEHLER` den Text *Nummer nicht vorhanden* an.

❻ Bestätigen Sie mit *OK*.

> **Tipp**
> Sie können die Funktion `WENNFEHLER` für alle Fehlermeldungen von Excel nutzen. Ab der Excel-Version 2013 gibt es auch die Funktion `WENNNV`. Diese könnten Sie hier ebenfalls nutzen. Sie ist aufgebaut wie die Funktion `WENNFEHLER`, der Unterschied liegt darin, dass `WENNFEHLER` alle Fehlermeldungen von Excel abfängt und `WENNNV` nur die Meldung *#NV*.

❼ Kopieren Sie Ihre Änderung am Ausfüllkästchen nach unten.

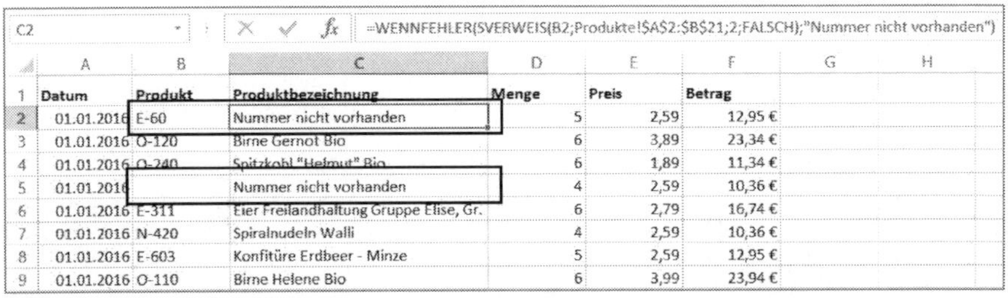

	A	B	C	D	E	F	G	H
1	Datum	Produkt	Produktbezeichnung	Menge	Preis	Betrag		
2	01.01.2016	E-60	Nummer nicht vorhanden	5	2,59	12,95 €		
3	01.01.2016	O-120	Birne Gernot Bio	6	3,89	23,34 €		
4	01.01.2016	O-240	Spitzkohl "Helmut" Bio	6	1,89	11,34 €		
5	01.01.2016		Nummer nicht vorhanden	4	2,59	10,36 €		
6	01.01.2016	E-311	Eier Freilandhaltung Gruppe Elise, Gr.	6	2,79	16,74 €		
7	01.01.2016	N-420	Spiralnudeln Walli	4	2,59	10,36 €		
8	01.01.2016	E-603	Konfitüre Erdbeer - Minze	5	2,59	12,95 €		
9	01.01.2016	O-110	Birne Helene Bio	6	3,99	23,94 €		

Bild 8.9: Anstelle der Meldung #NV erscheint nun der Text »Nummer nicht vorhanden«.

Jetzt werden fehlende oder falsche Nummern mit einem verständlichen Text gekennzeichnet.

8.2 Verkäufer, Umsatz und Provision

Sie haben gesehen, dass die Eingabe *Falsch* im Parameter *Bereich_Verweis* die Funktion `SVERWEIS` anweist, nur 100%ige Übereinstimmungen zu zeigen. Vielleicht fragen Sie sich: Wann muss ich denn hier *Wahr* eingeben? Der folgende Abschnitt beantwortet diese Frage anhand eines Beispiels.

Die verwendete Tabelle zeigt einige Verkäufer mit deren Umsätzen und eine kleine Provisionstabelle. Wenn der Verkäufer bis zu 10.000 € Umsatz gemacht hat, soll er 100 € Provision erhalten. Bis 15.000 € Umsatz soll er 250 € erhalten etc.

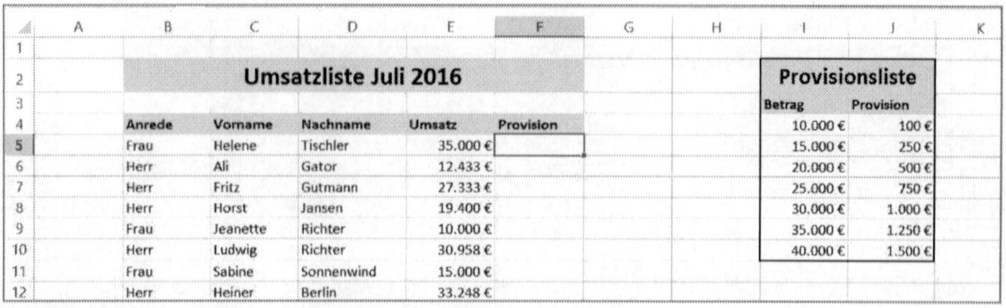

Umsatzliste Juli 2016

Anrede	Vorname	Nachname	Umsatz	Provision
Frau	Helene	Tischler	35.000 €	
Herr	Ali	Gator	12.433 €	
Herr	Fritz	Gutmann	27.333 €	
Herr	Horst	Jansen	19.400 €	
Frau	Jeanette	Richter	10.000 €	
Herr	Ludwig	Richter	30.958 €	
Frau	Sabine	Sonnenwind	15.000 €	
Herr	Heiner	Berlin	33.248 €	

Provisionsliste

Betrag	Provision
10.000 €	100 €
15.000 €	250 €
20.000 €	500 €
25.000 €	750 €
30.000 €	1.000 €
35.000 €	1.250 €
40.000 €	1.500 €

Bild 8.10: Die Beispieltabelle für die Provision.

❶ Aktivieren Sie das Tabellenblatt *SVERWEIS3* und klicken Sie in die Zelle *F5.*

❷ Öffnen Sie mit einem Klick auf die Schaltfläche *fx* in der Bearbeitungsleiste das Fenster *Funktion einfügen* und wählen Sie *SVERWEIS* aus.

❸ Das *Suchkriterium* ist der Umsatz und steht in *E5.*

❹ Die *Matrix* ist die kleine Provisionsliste von *I4* bis *J10.* Drücken Sie [F4], um die Zellen festzusetzen, da Sie diese Formel gleich nach unten kopieren.

❺ Der *Spaltenindex* ist wieder die *2,* da Sie den Inhalt der zweiten Spalte Ihrer Matrix sehen möchten.

❻ Geben Sie zu Beginn noch einmal den Wert *Falsch* in das Feld *Bereich_Verweis* ein.

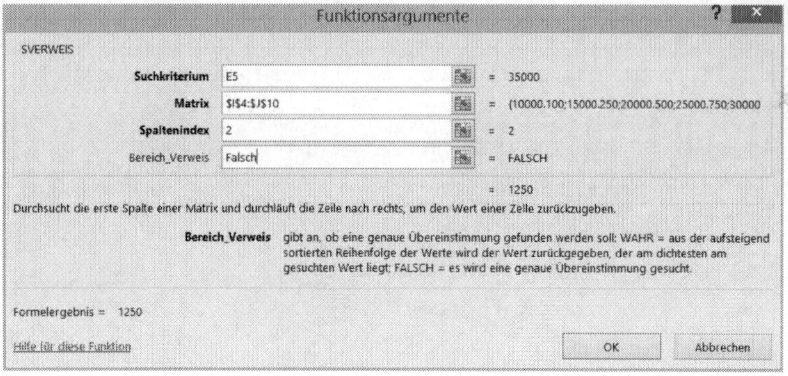

Bild 8.11: Die Funktionsargumente für den SVERWEIS zur Provisionsberechnung.

❼ Bestätigen Sie mit *OK* und kopieren Sie diese Formel am Ausfüllkästchen nach unten.

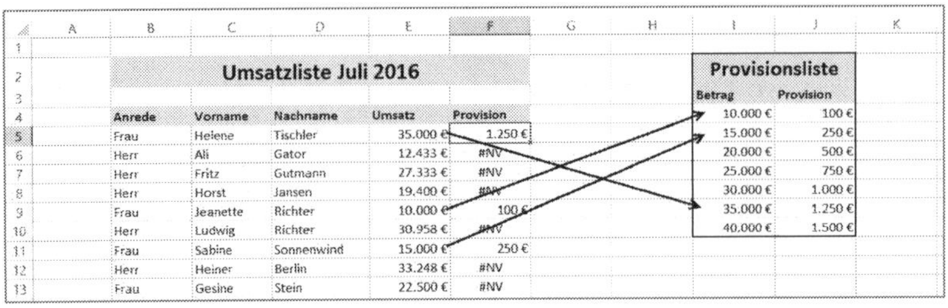

Anrede	Vorname	Nachname	Umsatz	Provision
Frau	Helene	Tischler	35.000 €	1.250 €
Herr	Ali	Gator	12.433 €	#NV
Herr	Fritz	Gutmann	27.333 €	#NV
Herr	Horst	Jansen	19.400 €	#NV
Frau	Jeanette	Richter	10.000 €	100 €
Herr	Ludwig	Richter	30.958 €	#NV
Frau	Sabine	Sonnenwind	15.000 €	250 €
Herr	Heiner	Berlin	33.248 €	#NV
Frau	Gesine	Stein	22.500 €	#NV

Betrag	Provision
10.000 €	100 €
15.000 €	250 €
20.000 €	500 €
25.000 €	750 €
30.000 €	1.000 €
35.000 €	1.250 €
40.000 €	1.500 €

Bild 8.12: Wenn der Umsatz in der Provisionsliste steht, wird eine Provision gezahlt.

Nur wenn der Umsatz des Verkäufers in der Provisionsliste steht, findet SVERWEIS den passenden Betrag und zeigt die Provision an.

Durch den Wert *Falsch* im Funktionsargument *Bereich_Verweis* sucht SVERWEIS nur 100%ige Übereinstimmungen. In diesem Beispiel ist *Falsch* nicht die richtige Wahl.

8 Klicken Sie in die Zelle *F5* und anschließend in die Bearbeitungsleiste.

9 Ersetzen Sie den Begriff *Falsch* durch den Begriff *Wahr* oder *1*.

10 Drücken Sie zur Bestätigung `Enter` und kopieren Sie die Formel nach unten.

Tipp

Alternativ können Sie das letzte Argument leer lassen. Dann müssen Sie allerdings das überflüssige Semikolon hinter dem dritten Funktionsargument entfernen. Die Formel würde dann folgendermaßen aussehen: `=SVERWEIS(E5;$I$4:$J$10;2)`

Anrede	Vorname	Nachname	Umsatz	Provision
Frau	Helene	Tischler	35.000 €	1.250 €
Herr	Ali	Gator	12.433 €	100 €
Herr	Fritz	Gutmann	27.333 €	750 €
Herr	Horst	Jansen	19.400 €	250 €
Frau	Jeanette	Richter	10.000 €	100 €
Herr	Ludwig	Richter	30.958 €	1.000 €
Frau	Sabine	Sonnenwind	15.000 €	250 €
Herr	Heiner	Berlin	33.248 €	1.000 €
Frau	Gesine	Stein	22.500 €	500 €
Frau	Gudrun	Witz-Los	20.300 €	500 €

Betrag	Provision
10.000 €	100 €
15.000 €	250 €
20.000 €	500 €
25.000 €	750 €
30.000 €	1.000 €
35.000 €	1.250 €
40.000 €	1.500 €

Bild 8.13: Die korrigierte Formel.

Wenn es keine Übereinstimmung gibt, nimmt SVERWEIS den nächstkleineren Wert aus der Matrix.

8.3 Tipps zum Einsatz von SVERWEIS

In diesem Abschnitt finden Sie einige Tipps für den Einsatz der Funktion `SVERWEIS`.

8.3.1 Einsatz zusammengesetzter Suchkriterien

Es kann vorkommen, dass das Suchkriterium aus mehreren Teilen besteht, aber in der Matrix nach dem ganzen Wert verglichen werden muss.

Im aktuellen Beispiel sind die Produktnummern auf zwei Spalten *A* und *B* verteilt. In der Matrix steht in der ersten Spalte beispielsweise *M-821*, in der Umsatzliste steht in Spalte *A* ein *M* und in Spalte *B* die Nummer *821*. Der Bindestrich ist in der Umsatzliste gar nicht vorhanden.

	A	B	C	D	E	F	G	H
1	**Produkt**	**Produkt**	**Produktbezeichnung**	**Datum**	**Menge**	**Preis**	**Betrag**	
2	M	821		01.01.2015	5	3,89	17,45 €	
3	O	102		01.01.2015	4	3,39	7,40 €	
4	G	711		01.01.2015	4	6,49	7,20 €	
5	O	240		01.01.2015	7	1,85	27,93 €	
6	O	240		01.01.2015	8	1,85	31,92 €	
7	E	603		01.01.2015	5	2,49	17,45 €	
8	O	240		01.01.2015	6	1,85	23,94 €	

Bild 8.14: Die Tabelle für das aktuelle Beispiel.

Auch für diese Fragestellung bietet Ihnen `SVERWEIS` eine Lösung.

❶ Aktivieren Sie das Tabellenblatt *SVERWEIS4*, klicken Sie in die Zelle *C2* und starten Sie die Funktion `SVERWEIS` wie oben beschrieben.

❷ Das *Suchkriterium* muss zusammengesetzt werden. Geben Sie dazu die folgende Formel ein:

```
A2&"-"&B2
```

Sie erkennen neben dem Feld *Suchkriterium* bereits den Lohn Ihrer Arbeit: *M-821*. Mit dem Zeichen *&* verbinden Sie Zellinhalte und Texte.

❸ Die *Matrix* befindet sich, wie im ersten Beispiel, auf dem Tabellenblatt *Produkte* in den Zellen *A2* bis *B21*. Setzen Sie die Zellen mit [F4] fest.

❹ Sie möchten wieder den Inhalt der zweiten Spalte sehen. Geben Sie im Feld *Spaltenindex* eine *2* ein.

❺ Da Sie nur 100%ige Übereinstimmungen wünschen, geben Sie im Feld *Bereich_Verweis* den Wert *Falsch* ein.

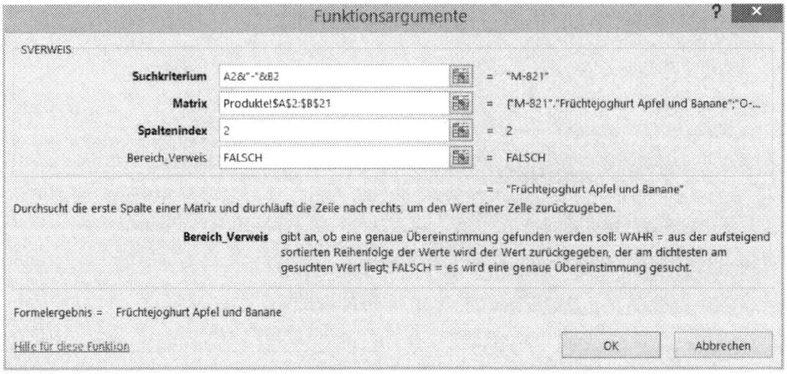

Bild 8.15: Die Funktion SVERWEIS mit zusammengesetztem Suchkriterium.

❻ Bestätigen Sie mit *OK* und kopieren Sie diese Formel am Ausfüllkästchen nach unten.

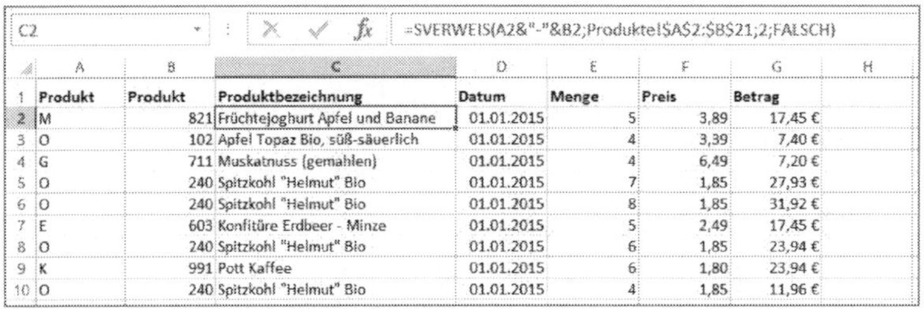

C2 =SVERWEIS(A2&"-"&B2;Produkte!$A$2:$B$21;2;FALSCH)

	A	B	C	D	E	F	G
1	Produkt	Produkt	Produktbezeichnung	Datum	Menge	Preis	Betrag
2	M	821	Früchtejoghurt Apfel und Banane	01.01.2015	5	3,89	17,45 €
3	O	102	Apfel Topaz Bio, süß-säuerlich	01.01.2015	4	3,39	7,40 €
4	G	711	Muskatnuss (gemahlen)	01.01.2015	4	6,49	7,20 €
5	O	240	Spitzkohl "Helmut" Bio	01.01.2015	7	1,85	27,93 €
6	O	240	Spitzkohl "Helmut" Bio	01.01.2015	8	1,85	31,92 €
7	E	603	Konfitüre Erdbeer - Minze	01.01.2015	5	2,49	17,45 €
8	O	240	Spitzkohl "Helmut" Bio	01.01.2015	6	1,85	23,94 €
9	K	991	Pott Kaffee	01.01.2015	6	1,80	23,94 €
10	O	240	Spitzkohl "Helmut" Bio	01.01.2015	4	1,85	11,96 €

Bild 8.16: Das Ergebnis: Die Produktnummer wird in der Funktion SVERWEIS zusammengesetzt.

Im Feld *Suchkriterium* können Sie mit weiteren Formeln den Wert, nach dem Sie suchen, zusammensetzen.

8.3.2 Artikelnummer als Zahl und Text vergleichen

In diesem Beispiel steht in Spalte *C* die Artikelnummer. Diese ist, beispielsweise nach einem Import, im Textformat.

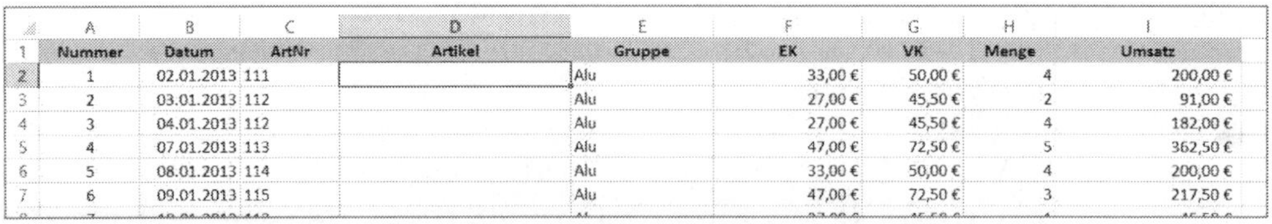

	A	B	C	D	E	F	G	H	I
1	Nummer	Datum	ArtNr	Artikel	Gruppe	EK	VK	Menge	Umsatz
2	1	02.01.2013	111		Alu	33,00 €	50,00 €	4	200,00 €
3	2	03.01.2013	112		Alu	27,00 €	45,50 €	2	91,00 €
4	3	04.01.2013	112		Alu	27,00 €	45,50 €	4	182,00 €
5	4	07.01.2013	113		Alu	47,00 €	72,50 €	5	362,50 €
6	5	08.01.2013	114		Alu	33,00 €	50,00 €	4	200,00 €
7	6	09.01.2013	115		Alu	47,00 €	72,50 €	3	217,50 €

Bild 8.17: Die Beispieltabelle mit den Artikelnummern im Textformat.

Die Artikelnummern in der Matrix haben das Zahlenformat.

	A	B
1	ArtNr	Artikel
2	111	Aluminium-Rahmen 9 x 13
3	112	Aluminium-Rahmen 10 x 15
4	113	Aluminium-Rahmen 13 x 18
5	114	Aluminium-Rahmen 20 x 30
6	115	Aluminium-Rahmen 30 x 40
7	211	Glas-Rahmen 11 x 13
8	213	Glas-Rahmen 15 x 18
9	214	Glas-Rahmen 22 x 30

Bild 8.18: Die Artikelliste mit den Artikelnummern im Zahlenformat.

❶ Aktivieren Sie das Register *SVERWEIS5* und klicken Sie in die Zelle *D2*.

❷ Starten Sie die Funktion `SVERWEIS` wie oben beschrieben.

❸ Das *Suchkriterium* steht in Zelle *C2*.

❹ Die *Matrix* befindet sich auf dem Tabellenblatt *Artikel1* in den Zellen *A2* bis *B22*. Setzen Sie die Zellen mit der Taste [F4] fest.

❺ Der *Spaltenindex* ist wieder *2*.

❻ Geben Sie den Wert *Falsch* in das Feld *Bereich_Verweis* ein.

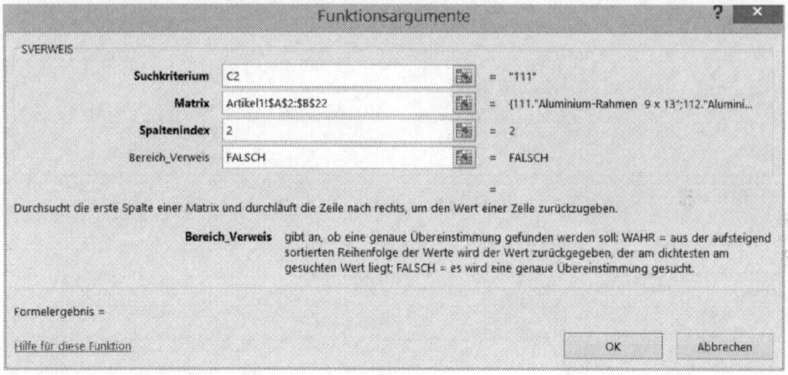

Bild 8.19: Die Funktionsargumente stimmen.

❼ Drücken Sie zur Bestätigung [Enter] und kopieren Sie die Formel am Ausfüllkästchen nach unten.

D2 =SVERWEIS(C2;Artikel1!$A$2:$B$22;2;FALSCH)

	A	B	C	D	E	F	G	H	I
1	Nummer	Datum	ArtNr	Artikel	Gruppe	EK	VK	Menge	Umsatz
2	1	02.01.2013	111	#NV	Alu	33,00 €	50,00 €	4	200,00 €
3	2	03.01.2013	112	#NV	Alu	27,00 €	45,50 €	2	91,00 €
4	3	04.01.2013	113	#NV	Alu	27,00 €	45,50 €	4	182,00 €
5	4	07.01.2013	114	#NV	Alu	47,00 €	72,50 €	5	362,50 €
6	5	08.01.2013	115	#NV	Alu	33,00 €	50,00 €	4	200,00 €
7	6	09.01.2013	116	#NV	Alu	47,00 €	72,50 €	3	217,50 €

Bild 8.20: SVERWEIS kann Texte und Zahlen nicht zusammenbringen.

Obwohl die Artikelnummer *111* in der Liste vorkommt, erscheint die Meldung *#NV* für nicht vorhanden, da in der Umsatzliste die Artikelnummern in einem anderen Zahlenformat vorliegen als in der Matrix.

Sie müssen den Text in der Umsatzliste innerhalb der Funktion `SVERWEIS` in eine Zahl umwandeln.

1. Markieren Sie die Zelle *D2* und klicken Sie auf die Schaltfläche in der Bearbeitungsleiste: *fx*

2. Klicken Sie ins Feld *Suchkriterium* und erfassen Sie die folgende Formel:

```
Wert(C2)
```

Die Funktion `WERT` macht aus einem Text eine Zahl, vorausgesetzt, es handelt sich um einen Zahlenwert.

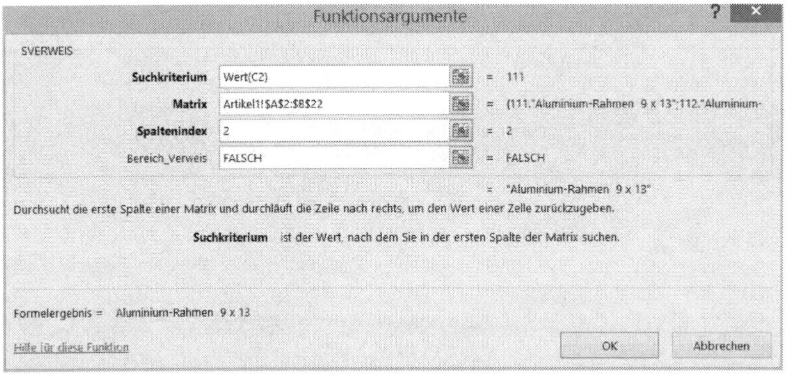

Bild 8.21: Die Funktion WERT im Feld *Suchkriterium.*

3. Klicken Sie zur Bestätigung auf *OK* und kopieren Sie die Formel am Ausfüllkästchen nach unten.

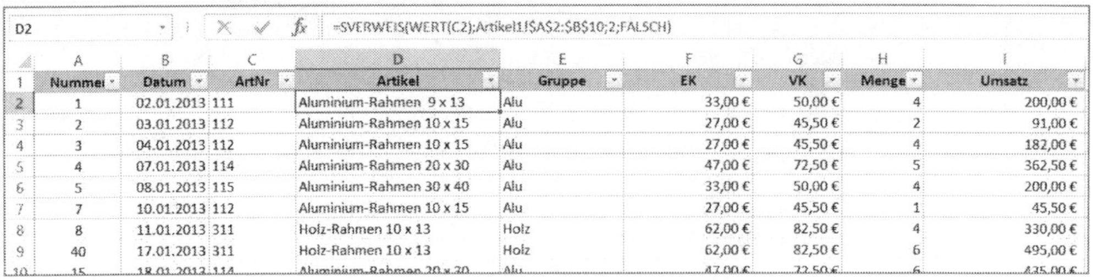

D2 =SVERWEIS(WERT(C2);Artikel1!$A$2:$B$10;2;FALSCH)

	A	B	C	D	E	F	G	H	I
1	Nummer	Datum	ArtNr	Artikel	Gruppe	EK	VK	Menge	Umsatz
2	1	02.01.2013	111	Aluminium-Rahmen 9 x 13	Alu	33,00 €	50,00 €	4	200,00 €
3	2	03.01.2013	112	Aluminium-Rahmen 10 x 15	Alu	27,00 €	45,50 €	2	91,00 €
4	3	04.01.2013	112	Aluminium-Rahmen 10 x 15	Alu	27,00 €	45,50 €	4	182,00 €
5	4	07.01.2013	114	Aluminium-Rahmen 20 x 30	Alu	47,00 €	72,50 €	5	362,50 €
6	5	08.01.2013	115	Aluminium-Rahmen 30 x 40	Alu	33,00 €	50,00 €	4	200,00 €
7	7	10.01.2013	112	Aluminium-Rahmen 10 x 15	Alu	27,00 €	45,50 €	1	45,50 €
8	8	11.01.2013	311	Holz-Rahmen 10 x 13	Holz	62,00 €	82,50 €	4	330,00 €
9	40	17.01.2013	311	Holz-Rahmen 10 x 13	Holz	62,00 €	82,50 €	6	495,00 €
10	15	18.01.2013	114	Aluminium-Rahmen 20 x 30	Alu	47,00 €	72,50 €	6	435,00 €

Bild 8.22: Die Lösung: Mit der Funktion WERT klappt der SVERWEIS.

Die Funktion `WERT` macht aus dem Text in der Spalte *ArtNr* eine Zahl. Der `SVERWEIS` findet also das Pendant in der Artikelliste.

8.3.3 Texte mit Zahlenformaten vergleichen

Das Beispiel von eben lässt sich auch andersherum aufziehen. In diesem Beispiel liegt die Artikelnummer in der Umsatzliste in Spalte *C* im Zahlenformat vor.

	A	B	C	D	E	F	G	H	I
1	Nummer	Datum	ArtNr	Artikel	Gruppe	EK	VK	Menge	Umsatz
2	1	02.01.2013	111		Alu	33,00 €	50,00 €	4	200,00 €
3	2	03.01.2013	112		Alu	27,00 €	45,50 €	2	91,00 €
4	3	04.01.2013	112		Alu	27,00 €	45,50 €	4	182,00 €
5	4	07.01.2013	113		Alu	47,00 €	72,50 €	5	362,50 €
6	5	08.01.2013	114		Alu	33,00 €	50,00 €	4	200,00 €
7	6	09.01.2013	115		Alu	47,00 €	72,50 €	3	217,50 €
8	7	10.01.2013	112		Alu	27,00 €	45,50 €	1	45,50 €
9	8	11.01.2013	311		Holz	62,00 €	82,50 €	4	330,00 €

Bild 8.23: Die Beispieltabelle mit der Artikelnummer im Zahlenformat.

In der Matrix mit der Zuordnung Artikelnummer und Artikel ist die Artikelnummer im Textformat angelegt.

	A	B
1	ArtNr	Artikel
2	111	Aluminium-Rahmen 9 x 13
3	112	Aluminium-Rahmen 10 x 15
4	113	Aluminium-Rahmen 13 x 18
5	114	Aluminium-Rahmen 20 x 30
6	115	Aluminium-Rahmen 30 x 40
7	311	Holz-Rahmen 10 x 13
8	312	Holz-Rahmen 11 x 15
9	411	Kunststoff-Rahmen

Bild 8.24: Die Zuordnungstabelle Artikelnummer zu Artikel.

1. Aktivieren Sie das Register *SVERWEIS6* und klicken Sie in die Zelle *D2.*
2. Starten Sie die Funktion `SVERWEIS` wie oben beschrieben.
3. Das *Suchkriterium* steht in Zelle *C2.*
4. Die *Matrix* befindet sich auf dem Tabellenblatt *Artikel2* in den Zellen *A2* bis *B22.* Setzen Sie die Zellen mit der Taste [F4] fest.
5. Der *Spaltenindex* ist wieder *2.*
6. Geben Sie den Wert *Falsch* in das Feld *Bereich_Verweis* ein.
7. Bestätigen Sie mit einem Klick auf die Schaltfläche *OK* und kopieren Sie die Formel am Ausfüllkästchen nach unten.

D2 =SVERWEIS(C2;Artikel2!$A$2:$B$22;2;FALSCH)

	A	B	C	D	E	F	G	H	I
1	Nummer	Datum	ArtNr	Artikel	Gruppe	EK	VK	Menge	Umsatz
2	1	02.01.2013	111	#NV	Alu	33,00 €	50,00 €	4	200,00 €
3	2	03.01.2013	112	#NV	Alu	27,00 €	45,50 €	2	91,00 €
4	3	04.01.2013	112	#NV	Alu	27,00 €	45,50 €	4	182,00 €
5	4	07.01.2013	113	#NV	Alu	47,00 €	72,50 €	5	362,50 €
6	5	08.01.2013	114	#NV	Alu	33,00 €	50,00 €	4	200,00 €
7	6	09.01.2013	115	#NV	Alu	47,00 €	72,50 €	3	217,50 €
8	7	10.01.2013	112	#NV	Alu	27,00 €	45,50 €	1	45,50 €

Bild 8.25: Auch hier erscheint die Meldung #NV.

Sie benötigen jetzt die Funktion `TEXT`, die Zahlen in Texte umwandelt.

❽ Klicken Sie in die Zelle *D2* und anschließend auf die Schaltfläche *fx* in der Bearbeitungsleiste.

❾ Klicken Sie ins Feld *Suchkriterium* und erfassen Sie die folgende Formel:

```
Text(C2;"@")
```

Die Funktion `TEXT` besteht aus zwei Argumenten. Im ersten geben Sie die Zelle an, deren Inhalt Sie in Text umwandeln möchten, im zweiten Parameter geben Sie das Format an. Der Parameter @ wandelt Zahlen in Text um.

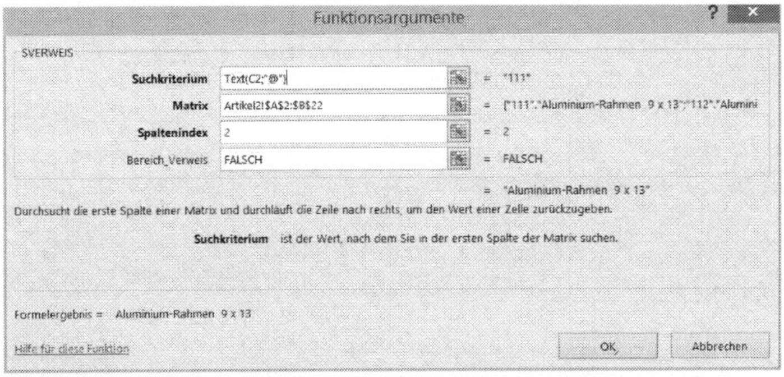

Bild 8.26: Die Funktion TEXT macht aus der Zahl in Zelle C2 einen Text.

❿ Bestätigen Sie mit einem Klick auf die Schaltfläche *OK* und kopieren Sie die Formel am Ausfüllkästchen nach unten.

D2 =SVERWEIS(TEXT(C2;"@");Artikel2!$A$2:$B$22;2;FALSCH)

	A	B	C	D	E	F	G	H	I
1	Nummer	Datum	ArtNr	Artikel	Gruppe	EK	VK	Menge	Umsatz
2	1	02.01.2013	111	Aluminium-Rahmen 9 x 13	Alu	33,00 €	50,00 €	4	200,00 €
3	2	03.01.2013	112	Aluminium-Rahmen 10 x 15	Alu	27,00 €	45,50 €	2	91,00 €
4	3	04.01.2013	112	Aluminium-Rahmen 10 x 15	Alu	27,00 €	45,50 €	4	182,00 €
5	4	07.01.2013	113	Aluminium-Rahmen 13 x 18	Alu	47,00 €	72,50 €	5	362,50 €
6	5	08.01.2013	114	Aluminium-Rahmen 20 x 30	Alu	33,00 €	50,00 €	4	200,00 €
7	6	09.01.2013	115	Aluminium-Rahmen 30 x 40	Alu	47,00 €	72,50 €	3	217,50 €
8	7	10.01.2013	112	Aluminium-Rahmen 10 x 15	Alu	27,00 €	45,50 €	1	45,50 €

Bild 8.27: Mit den Funktionen SVERWEIS und TEXT erhalten Sie die Lösung.

Die Kombination der beiden Funktionen `TEXT` und `SVERWEIS` liefert Ihnen auch hier das gewünschte Ergebnis.

8.3.4 Wie man den Spaltenindex berechnet

In diesem Beispiel möchten wir Ihnen eine Erleichterung für den Einsatz von SVERWEIS vorstellen. Im dritten Parameter geben Sie die Nummer der Spalte innerhalb der Matrix an, deren Inhalt Sie sehen möchten. Bei umfangreichen Tabellen kann es sehr aufwendig sein, an diese Nummer zu gelangen.

Die Funktion VERGLEICH kann Ihnen den Spaltenindex der gesuchten Spalte liefern.

Die folgende Abbildung zeigt eine Tabelle, die gleich die Matrix für den SVERWEIS werden soll. Das Suchkriterium steht in der ersten Spalte der Matrix. Der gesuchte Wert steht in Spalte *O*, das ist die 13. Spalte innerhalb der Matrix.

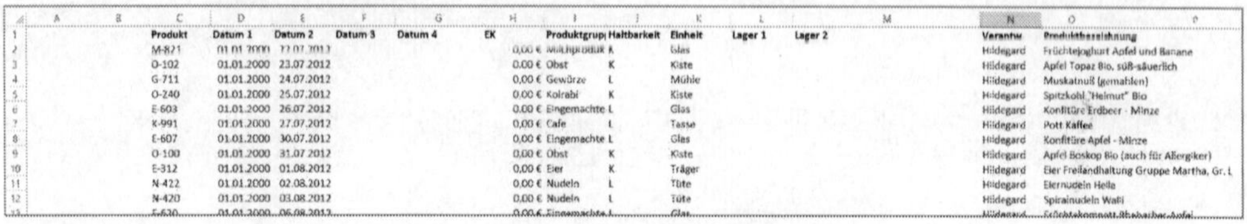

Bild 8.28: Die Tabelle, die gleich die Matrix für den SVERWEIS wird.

Bevor der SVERWEIS eingesetzt wird, stellen wir Ihnen die Funktion VERGLEICH vor.

❶ Aktivieren Sie das Register *Produkte2* und kopieren Sie das Wort *Produktbezeichnung* in eine leere Zelle, beispielsweise in *A4*.

❷ Markieren Sie die Zelle *A5* und öffnen Sie das Fenster *Funktion einfügen*.

❸ Aktivieren Sie die Funktion VERGLEICH.

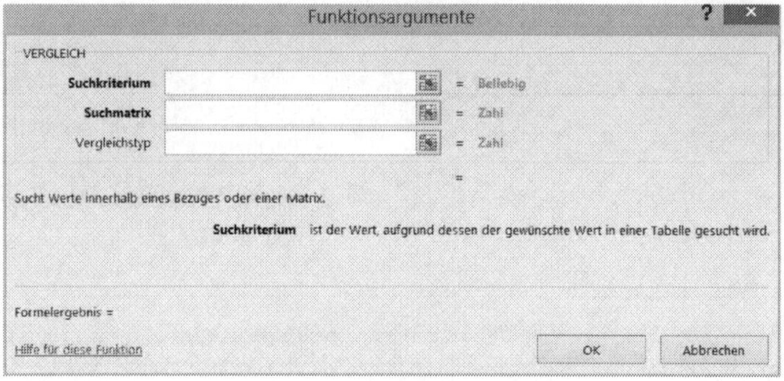

Bild 8.29: Die Argumente für die Funktion VERGLEICH.

❶ Das *Suchkriterium* steht in Zelle *A4*. Es ist die Überschrift *Produktbezeichnung*.

❷ Die *Suchmatrix* besteht aus allen Überschriften der zukünftigen Matrix im SVERWEIS. Sie darf nur aus einer Zeile oder einer Spalte bestehen. In diesem Beispiel sind es die Zellen von *C1* bis *O1*.

❸ Der *Vergleichstyp 0* (Null) steht für die genaue Übereinstimmung.

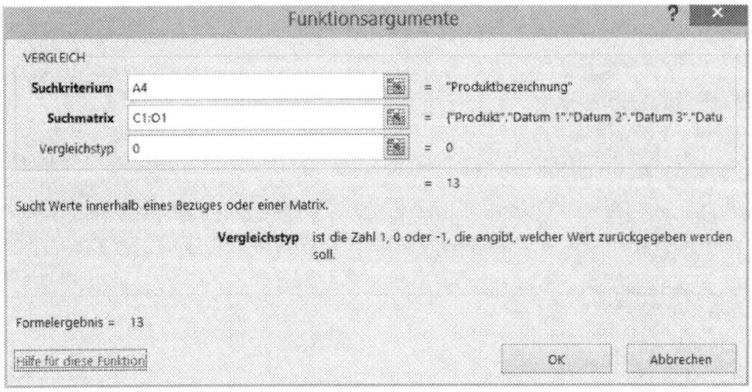

Bild 8.30: Die VERGLEICH-Funktion findet den Spaltenindex.

Die Funktion `VERGLEICH` findet das Wort *Spaltenüberschrift* an der *13.* Stelle. Das Ergebnis wird gleich in der Funktion `SVERWEIS` eingesetzt und liefert den Spaltenindex.

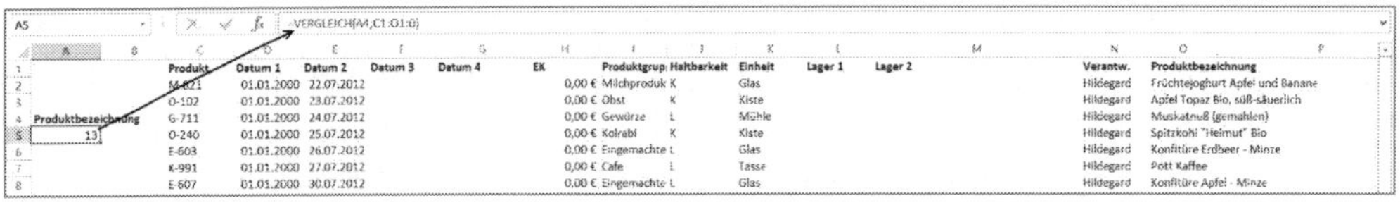

Bild 8.31: Die Funktion VERGLEICH findet die Positionsnummer des gesuchten Werts.

Jetzt soll die folgende Tabelle mit der Produktbezeichnung aufgefüllt werden.

	A	B	C	D	E	F
1	Datum	Produkt	Produktbezeichnung	Menge	Preis	Betrag
2	01.01.2016	E-603		5	2,59	12,95 €
3	01.01.2016	O-120		6	3,89	23,34 €
4	01.01.2016	O-240		6	1,89	11,34 €
5	01.01.2016	N-420		4	2,59	10,36 €
6	01.01.2016	E-311		6	2,79	16,74 €

Bild 8.32: Die Beispieltabelle.

❶ Aktivieren Sie das Tabellenblatt *SVERWEIS7* und starten Sie die Funktion `SVERWEIS` wie oben beschrieben.

❷ Das *Suchkriterium* steht in Zelle *B2*.

❸ Die *Matrix* befindet sich auf dem Tabellenblatt *Produkt2* in den Zellen *C1* bis *O21*. Setzen Sie die Zellen mit der Taste [F4] fest.

❹ Klicken Sie ins Feld *Spaltenindex* und wählen Sie über den Listenpfeil am *Namenfeld* den Eintrag *VERGLEICH* aus.

Sollte die Funktion `VERGLEICH` nicht in der Liste stehen, wählen Sie den letzten Eintrag *Weitere Funktionen*, und Sie finden die Funktion im Fenster *Funktion einfügen*.

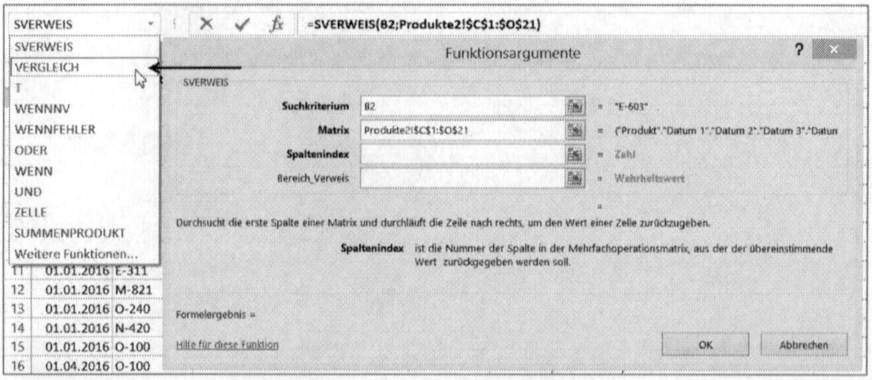

Bild 8.33: Eine Funktion innerhalb einer anderen Funktion starten.

Jetzt ist das Fenster *Funktionsargumente* für die Funktion `VERGLEICH` offen. In der Bearbeitungsleiste erkennen Sie auch Ihre `SVERWEIS`-Funktion.

❺ Das *Suchkriterium* ist das Wort *Produktbezeichnung*. Es steht in Zelle *C1*. Da Sie die Formel gleich nach unten kopieren, muss diese Zelle mit [F4] festgesetzt werden.

❻ Die Suchmatrix ist auf dem Tabellenblatt *Produkt2* in den Zellen *C1* bis *O1*. Auch diese Zellen müssen Sie mit [F4] festsetzen.

❼ Der *Vergleichstyp* ist *0*, da Sie nur 100%ige Übereinstimmungen finden möchten.

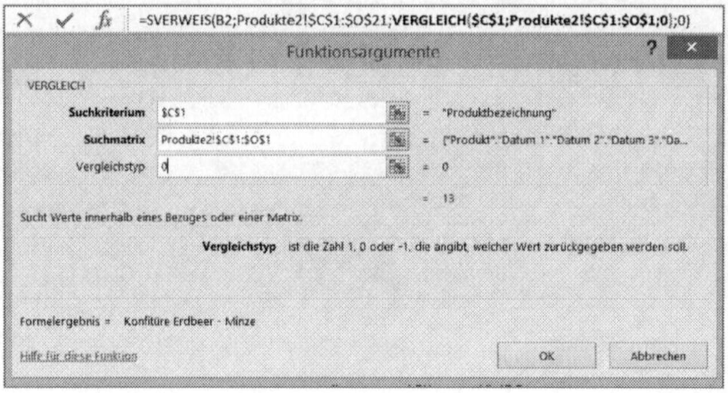

Bild 8.34: Die Funktion VERGLEICH innerhalb der Funktion SVERWEIS.

Sie dürfen noch nicht auf *OK* klicken, da die `SVERWEIS`-Funktion noch nicht fertig ist.

❽ Klicken Sie in der Bearbeitungsleiste auf das Wort *SVERWEIS*, und sofort sehen Sie wieder das Fenster *Funktionsargumente* für den `SVERWEIS`.

❾ Klicken Sie ins Feld *Bereich_Verweis* und geben Sie den Wert *Falsch* für eine 100%ige Übereinstimmung ein.

Im Feld *Spaltenindex* erkennen Sie die Funktion `VERGLEICH` und daneben den ermittelten Wert *13*.

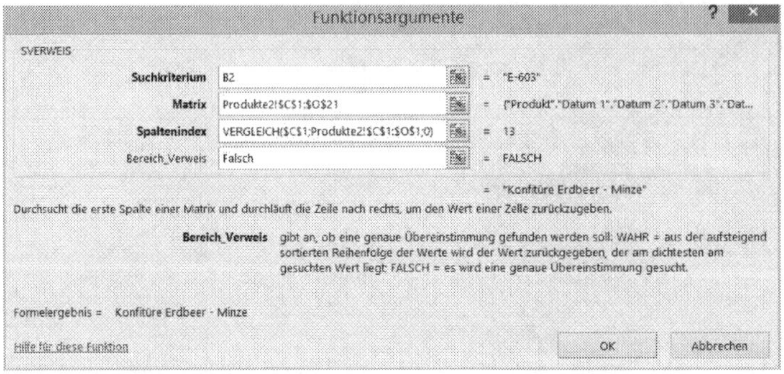
Funktionsargumente
SVERWEIS
Suchkriterium B2 = "E-603"
Matrix Produkte2!$C$1:$O$21 = {"Produkt"."Datum 1"."Datum 2"."Datum 3"."Dat...
Spaltenindex VERGLEICH($C$1;Produkte2!$C$1:$O$1;0) = 13
Bereich_Verweis Falsch = FALSCH
= "Konfitüre Erdbeer - Minze"
Durchsucht die erste Spalte einer Matrix und durchläuft die Zeile nach rechts, um den Wert einer Zelle zurückzugeben.
Bereich_Verweis gibt an, ob eine genaue Übereinstimmung gefunden werden soll: WAHR = aus der aufsteigend sortierten Reihenfolge der Werte wird der Wert zurückgegeben, der am dichtesten am gesuchten Wert liegt; FALSCH = es wird eine genaue Übereinstimmung gesucht.
Formelergebnis = Konfitüre Erdbeer - Minze
Hilfe für diese Funktion
OK
Abbrechen

Bild 8.35: Die Funktionen SVERWEIS und VERGLEICH arbeiten Hand in Hand.

⑩ Bestätigen Sie mit *OK* und kopieren Sie die Formel am Ausfüllkästchen an unten.

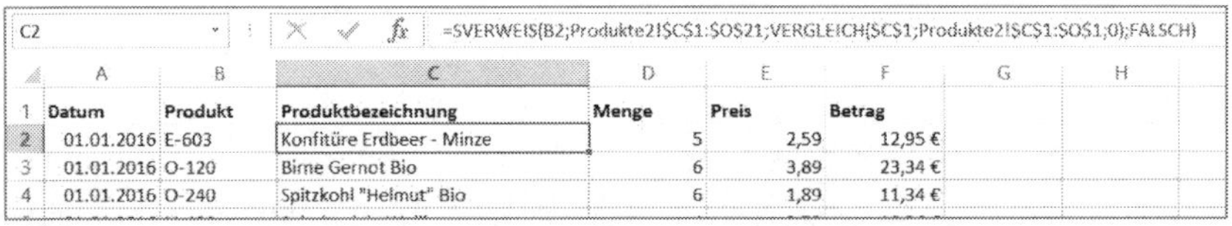

C2 =SVERWEIS(B2;Produkte2!$C$1:$O$21;VERGLEICH($C$1;Produkte2!$C$1:$O$1;0);FALSCH)

	A	B	C	D	E	F
1	Datum	Produkt	Produktbezeichnung	Menge	Preis	Betrag
2	01.01.2016	E-603	Konfitüre Erdbeer - Minze	5	2,59	12,95 €
3	01.01.2016	O-120	Birne Gernot Bio	6	3,89	23,34 €
4	01.01.2016	O-240	Spitzkohl "Helmut" Bio	6	1,89	11,34 €

Bild 8.36: Das Ergebnis: der SVERWEIS mit automatisch berechnetem Spaltenindex.

Der Spaltenindex wird von der Funktion `VERGLEICH` automatisch berechnet.

8.4 Werte aus einer Matrix suchen und finden

In allen vorherigen Beispielen stand in der Matrix in der ersten Spalte der zu suchende Wert. In diesem Beispiel steht der Wert, nach dem gesucht wird, mitten in der Matrix.

Öffnen Sie die Arbeitsmappe *Index & Vergleich.xlsx.*

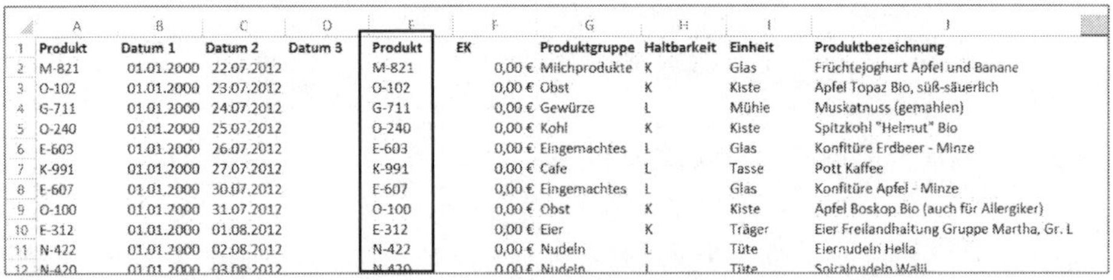

	A	B	C	D	E	F	G	H	I	J
1	Produkt	Datum 1	Datum 2	Datum 3	Produkt	EK	Produktgruppe	Haltbarkeit	Einheit	Produktbezeichnung
2	M-821	01.01.2000	22.07.2012		M-821	0,00 €	Milchprodukte	K	Glas	Früchtejoghurt Apfel und Banane
3	O-102	01.01.2000	23.07.2012		O-102	0,00 €	Obst	K	Kiste	Apfel Topaz Bio, süß-säuerlich
4	G-711	01.01.2000	24.07.2012		G-711	0,00 €	Gewürze	L	Mühle	Muskatnuss (gemahlen)
5	O-240	01.01.2000	25.07.2012		O-240	0,00 €	Kohl	K	Kiste	Spitzkohl "Helmut" Bio
6	E-603	01.01.2000	26.07.2012		E-603	0,00 €	Eingemachtes	L	Glas	Konfitüre Erdbeer - Minze
7	K-991	01.01.2000	27.07.2012		K-991	0,00 €	Cafe	L	Tasse	Pott Kaffee
8	E-607	01.01.2000	30.07.2012		E-607	0,00 €	Eingemachtes	L	Glas	Konfitüre Apfel - Minze
9	O-100	01.01.2000	31.07.2012		O-100	0,00 €	Obst	K	Kiste	Apfel Boskop Bio (auch für Allergiker)
10	E-312	01.01.2000	01.08.2012		E-312	0,00 €	Eier	K	Träger	Eier Freilandhaltung Gruppe Martha, Gr. L
11	N-422	01.01.2000	02.08.2012		N-422	0,00 €	Nudeln	L	Tüte	Eiernudeln Hella
12	N-420	01.01.2000	03.08.2012		N-420	0,00 €	Nudeln	L	Tüte	Spiralnudeln Walli

Bild 8.37: Die Matrix mit der Produktnummer in Spalte E.

Auf dem Tabellenblatt *Index & Vergleich* finden Sie erneut eine unvollständige Verkaufsliste, in die Sie die Produktbezeichnungen einfügen möchten.

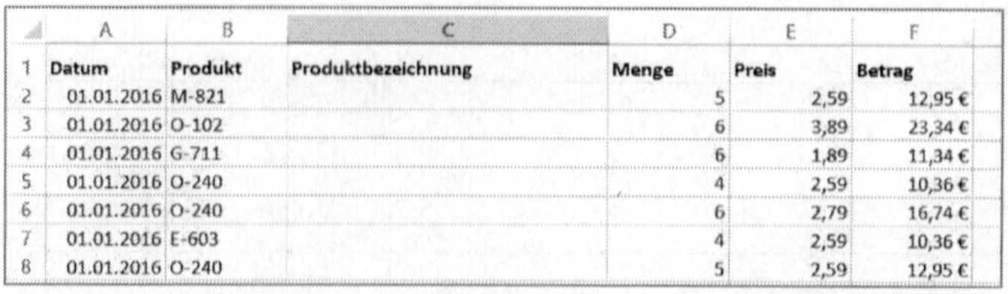

	A	B	C	D	E	F
1	Datum	Produkt	Produktbezeichnung	Menge	Preis	Betrag
2	01.01.2016	M-821		5	2,59	12,95 €
3	01.01.2016	O-102		6	3,89	23,34 €
4	01.01.2016	G-711		6	1,89	11,34 €
5	01.01.2016	O-240		4	2,59	10,36 €
6	01.01.2016	O-240		6	2,79	16,74 €
7	01.01.2016	E-603		4	2,59	10,36 €
8	01.01.2016	O-240		5	2,59	12,95 €

Bild 8.38: In dieser Tabelle soll wieder über die Produktnummer die Bezeichnung geholt werden.

8.4.1 Informationen finden, ohne Tabellen umzubauen

Zur Lösung werden die beiden Funktion INDEX und VERGLEICH eingesetzt, die im Anschluss näher beschrieben werden.

❶ Klicken Sie in die *Zelle C2* und starten Sie die Funktion INDEX wie oben beschrieben.

❷ Es gibt zwei Varianten der INDEX-Funktion. Wählen Sie die obere mit einem Doppelklick aus.

Information
Die zweite Variante können Sie nutzen, wenn die Matrix über mehrere Tabellenbereiche geht.

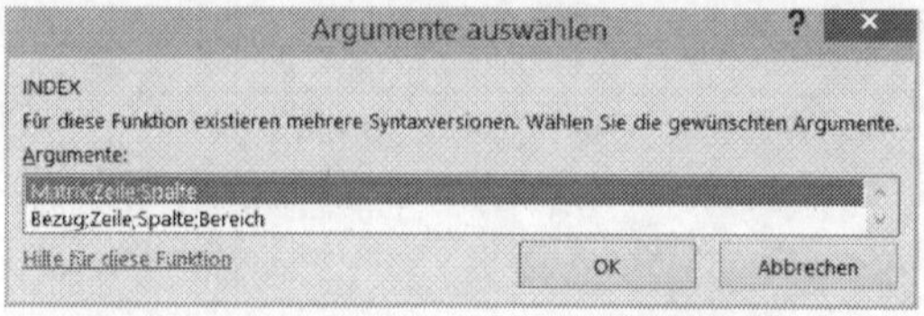

Bild 8.39: Die Auswahl der INDEX-Funktion.

❸ Klicken Sie ins Feld *Matrix* und markieren Sie auf dem Tabellenblatt *Produkte2* die Zellen *B2* bis *J21*, also die ganze Tabelle ohne die Überschriften. Drücken Sie direkt im Anschluss [F4], um die Zellen festzusetzen.

❹ Klicken Sie ins Feld *Zeile* und wählen Sie am *Namenfeld* die Funktion VERGLEICH aus.

Sollte die Funktion VERGLEICH nicht in der Liste angeboten werden, starten Sie den letzten Eintrag *Weitere Funktionen* und wählen im Fenster *Funktionen einfügen* die gesuchte Funktion.

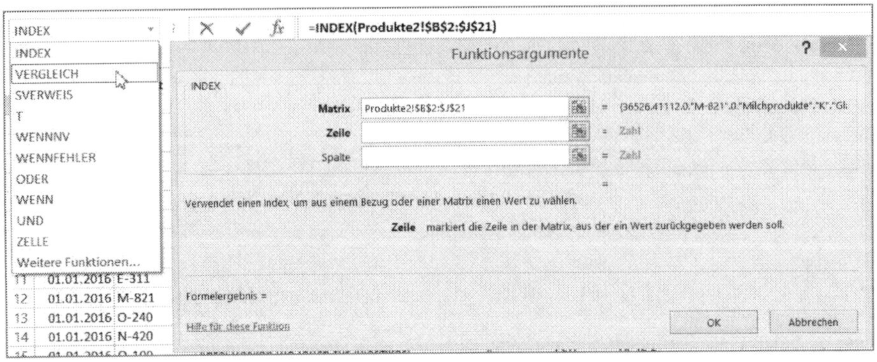

Bild 8.40: Die Funktion VERGLEICH in die Funktion INDEX einfügen.

5. Das *Suchkriterium* steht in Zelle *B2* auf dem Tabellenblatt *Index & Vergleich*. Es ist wieder die Produktnummer.
6. Die *Suchmatrix* steht auf dem Tabellenblatt *Produkte2* in den Zellen *E2* bis *E21*. Setzen Sie die Zellen hier mit [F4] fest. Achten Sie darauf, dass Sie nur die Spalte mit den Produktnummern markiert haben.
7. Geben Sie im Feld *Vergleichstyp* eine *0* (Null) ein, da Sie nur 100%ige Übereinstimmungen wünschen.

Damit sind Sie mit dem ersten Vergleich fertig. Sie dürfen allerdings noch nicht auf *OK* klicken, da die `INDEX`-Funktion nicht ganz fertig ist.

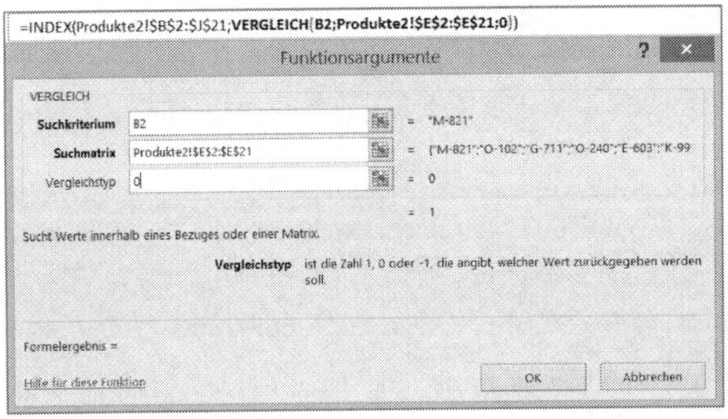

Bild 8.41: Die Funktion VERGLEICH holt die Zeilennummer des Produkts.

Hinweis
Sollten Sie dennoch auf *OK* geklickt haben, erscheint die Meldung *#BEZUG*, da die `INDEX`-Funktion nicht weiß, aus welcher Spalte die Information geholt werden soll. Markieren Sie dann *C2* und klicken Sie auf die Schaltfläche *fx*.

8. Klicken Sie in der Bearbeitungsleiste auf das Wort `INDEX`.

❾ Sie können jetzt, ähnlich wie beim SVERWEIS, in das Feld *Spalte* eine *9* eingeben. Die Produktbezeichnung steht in diesem Beispiel in der 9. Spalte der Matrix.

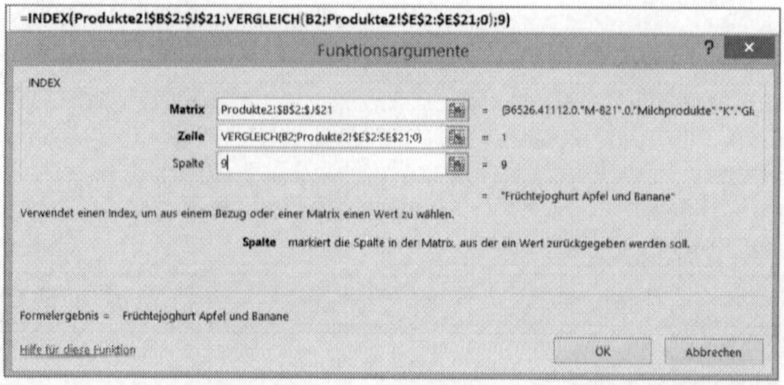

Bild 8.42: Die Funktionen INDEX und VERGLEICH wurden verschachtelt.

❿ Bestätigen Sie mit *OK* und kopieren Sie die Formel nach unten.

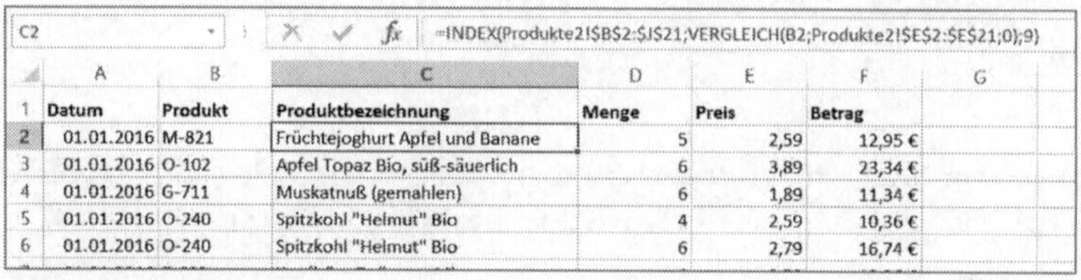

	A	B	C	D	E	F	G
1	Datum	Produkt	Produktbezeichnung	Menge	Preis	Betrag	
2	01.01.2016	M-821	Früchtejoghurt Apfel und Banane	5	2,59	12,95 €	
3	01.01.2016	O-102	Apfel Topaz Bio, süß-säuerlich	6	3,89	23,34 €	
4	01.01.2016	G-711	Muskatnuß (gemahlen)	6	1,89	11,34 €	
5	01.01.2016	O-240	Spitzkohl "Helmut" Bio	4	2,59	10,36 €	
6	01.01.2016	O-240	Spitzkohl "Helmut" Bio	6	2,79	16,74 €	

Bild 8.43: Das Ergebnis ist das gleiche wie beim SVERWEIS, nur mit INDEX und VERGLEICH.

Mithilfe der beiden Funktionen INDEX und VERGLEICH muss der gesuchte Wert nicht in der ersten Spalte der Matrix stehen.

8.4.2 Argumente der Funktion INDEX

Die Funktion INDEX kann nur den Inhalt einer Zelle zeigen. Sie besteht aus drei Argumenten: der *Matrix*, die durchsucht wird, sowie der Nummer der *Zeile* und der Nummer der *Spalte*, um die Zelle zu finden, deren Inhalt gesucht wird.

Anhand der folgenden Tabelle wird der Einsatz der Funktion INDEX beschrieben.

Die Tabelle liegt in den Zellen *D4* bis *J23*. Innerhalb dieses Bereichs möchten Sie in *B10* den Inhalt der Zelle in der 3. Zeile und der 6. Spalte sehen.

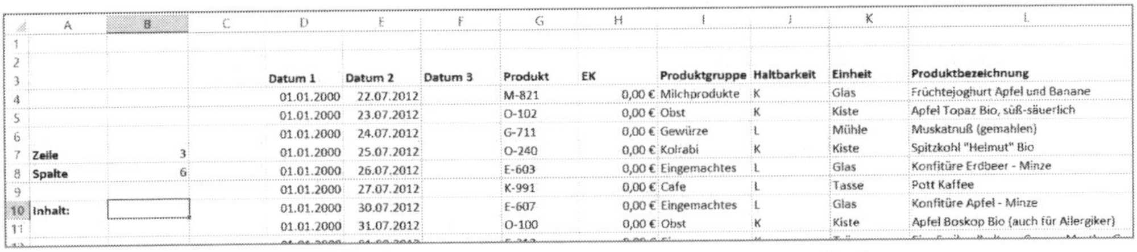

Bild 8.44: Die Beispieltabelle, um den Inhalt einer Zelle mit INDEX zu finden.

In die Zellen *B7* und *B8* werden die Zeilen- und die Spaltennummer eingegeben, deren Inhalt Sie sehen möchten.

1. Klicken Sie in Zelle *B10* und starten Sie über das Fenster *Funktion einfügen* die Funktion `INDEX`.
2. Doppelklicken Sie auf den obersten Eintrag.

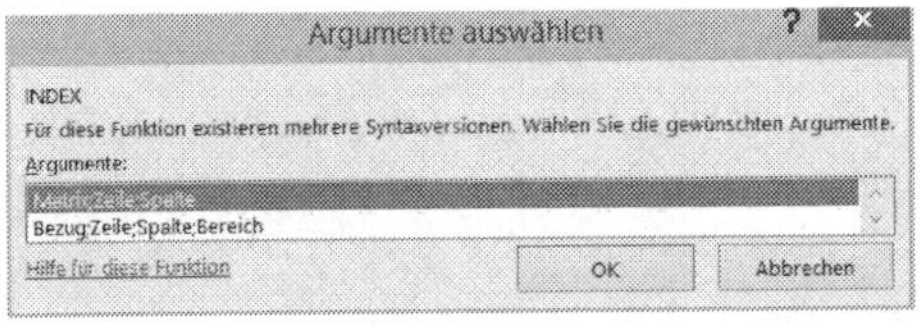

Bild 8.45: Es gibt zwei Varianten der Funktion INDEX.

3. Die *Matrix* befindet sich auf dem Tabellenblatt *INDEX* in den Zellen *D4* bis *J23*. In diesem Beispiel wird die Überschrift der Tabelle nicht mit markiert.
4. Im Feld *Zeile* wird die Nummer der Zeile erfasst. Die Nummer steht in Zelle *B7*.
5. Die Nummer der gesuchten *Spalte* steht in Zelle *B8*.

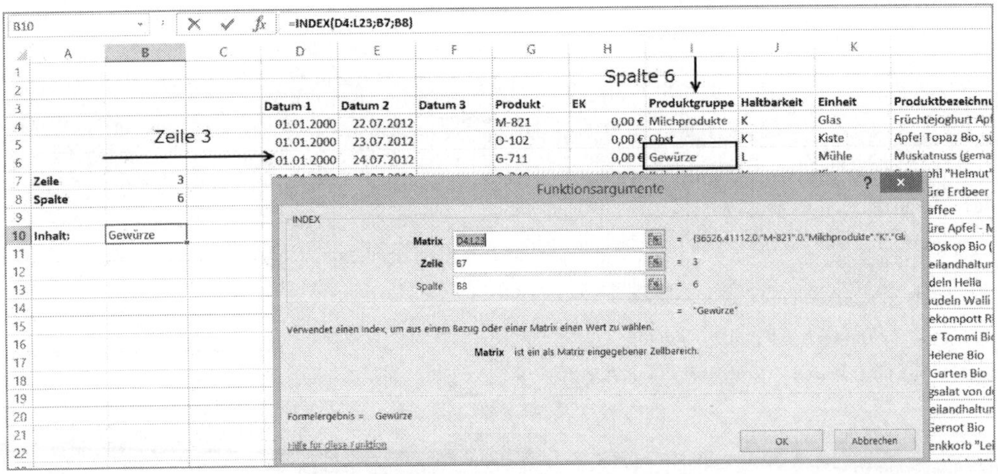

Bild 8.46: Der Aufbau der Funktion INDEX.

Das Ergebnis *Gewürze* steht in der Matrix in der 3. Zeile und in der 6. Spalte.

Die Funktion `INDEX` zeigt den Inhalt einer Zelle bei Angabe der Zeilen- und der Spaltennummer.

8.4.3 Positionsnummer in einem Zellbereich finden

Die Funktion `VERGLEICH` gibt als Ergebnis eine Zahl aus. Es ist die Positionsnummer des gesuchten Werts.

Im aktuellen Beispiel soll in *B6* die Positionsnummer des Worts *Produkt* innerhalb der Zellen von *D3* bis *L3* gefunden werden.

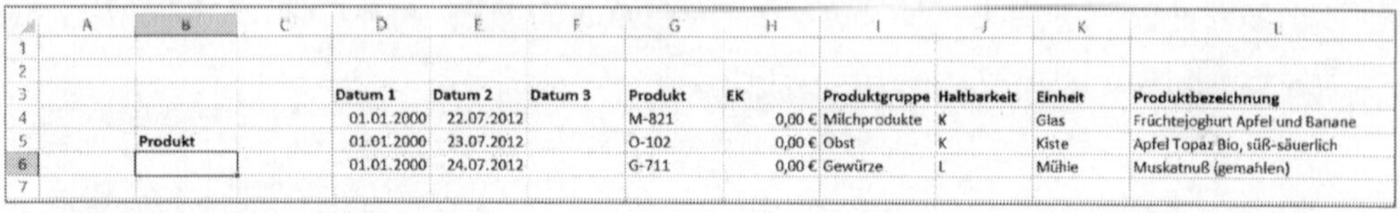

	A	B	C	D	E	F	G	H	I	J	K	L
1												
2												
3				Datum 1	Datum 2	Datum 3	Produkt	EK	Produktgruppe	Haltbarkeit	Einheit	Produktbezeichnung
4				01.01.2000	22.07.2012		M-821	0,00 €	Milchprodukte	K	Glas	Früchtejoghurt Apfel und Banane
5		Produkt		01.01.2000	23.07.2012		O-102	0,00 €	Obst	K	Kiste	Apfel Topaz Bio, süß-säuerlich
6				01.01.2000	24.07.2012		G-711	0,00 €	Gewürze	L	Mühle	Muskatnuß (gemahlen)
7												

Bild 8.47: Die Beispieltabelle.

❶ Klicken Sie in die Zelle *B6* und starten Sie über das Fenster *Funktion einfügen* die Funktion `VERGLEICH`.

❷ Das *Suchkriterium* steht in Zelle *B5*.

❸ Die *Suchmatrix* steht in *D3* bis *L3*. Achten Sie darauf, dass die Suchmatrix nur aus Zellen in einer Spalte oder einer Zeile besteht.

❹ Ins Feld *Vergleichstyp* kommt eine *0* (Null). Damit stellen Sie sicher, dass nur genaue Übereinstimmungen angezeigt werden.

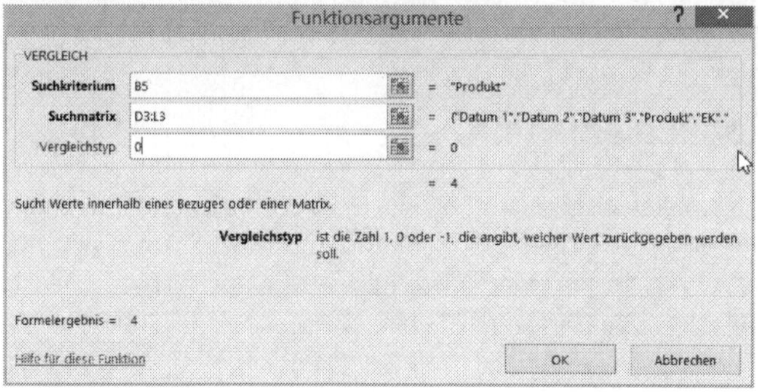

Bild 8.48: Die Argumente der Funktion VERGLEICH.

❺ Bestätigen Sie mit *OK*.

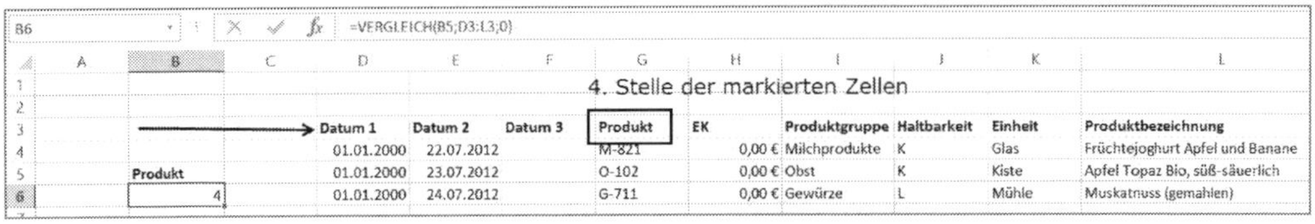

Bild 8.49: Die Funktion VERGLEICH findet die Positionsnummer.

Das Wort *Produkt* steht an der vierten Position innerhalb der markierten Zellen.

8.4.4 INDEX und VERGLEICH im Team

Im Team sind beide Funktionen unschlagbar. `INDEX` zeigt den Inhalt der Zelle, die durch die beiden `VERGLEICH`-Funktionen berechnet wurde.

In *B8* steht die folgende Formel:

```
=INDEX(D4:L10;VERGLEICH(A8;G4:G10;0);VERGLEICH(B7;D3:L3;0))
```

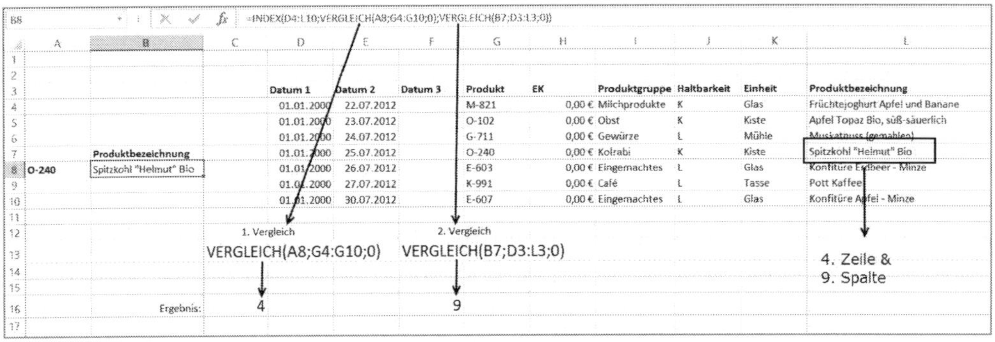

Bild 8.50: Das Zusammenspiel von INDEX und VERGLEICH.

8.5 Zwei Tabellen spiegeln

Stellen Sie sich vor, Sie arbeiteten mit einer Tabelle, in der Mitarbeiterdaten gespeichert sind, und erhalten eine weitere Tabelle, in der alle bisherigen Mitarbeiter, aber auch die neuen Kollegen erfasst sind. Jetzt möchten Sie an Ihre Tabelle nur die neuen Mitarbeiter anfügen. Der Workaround sieht folgendermaßen aus: `SVERWEIS` findet die neuen Kollegen, die Sie anschließend filtern und per Copy-and-paste an Ihre Liste anfügen.

Öffnen Sie die Arbeitsmappe *Zwei Tabellen spiegeln.xlsx.*

8.5.1 Mitarbeiterliste um neue Kollegen erweitern

Die Mitarbeiterliste sieht folgendermaßen aus und liegt auf dem Tabellenblatt *Meine Liste.*

	A	B	C	D	E
1	**Nummer**	**Anrede**	**Vorname**	**Nachname**	**Eintritt**
2	101	Frau	Helene	Tischler	01.02.1990
3	102	Herr	Ali	Gator	01.03.2004
4	103	Herr	Fritz	Gutmann	01.11.1980
5	104	Herr	Horst	Jansen	01.06.1999
6	105	Frau	Jeanette	Richter	01.02.1990
7	106	Herr	Ludwig	Richter	01.03.2004
8	107	Frau	Sabine	Sonnenwind	01.11.1980
9	108	Herr	Heiner	Berlin	01.06.1999
10	109	Frau	Gesine	Stein	01.11.1980
11	110	Frau	Gudrun	Witz-Los	01.06.1999
12	111	Herr	Bert	Tisch	01.02.1990
13	112	Frau	Polina	Potsdam	01.03.2004
14	113	Herr	Lorenz	Wirt	01.12.1988
15	114	Frau	Anna	Stasis	01.11.1998
16	115	Herr	Kai	Pirinha	01.11.1980

Bild 8.51: Die Mitarbeiterliste im aktuellen Bearbeitungsstand.

Diese Liste haben Sie bereits bearbeitet und geprüft. Jetzt erhalten Sie eine andere Liste. Diese Liste enthält alte, aber auch neue Informationen. Die neuen Informationen wurden zu Ihrer Übersicht für dieses Buch farbig hervorgehoben.

	A	B	C	D	E
1	**Nummer**	**Anrede**	**Vorname**	**Nachname**	**Eintritt**
2	108	Frau	Heiner	Berlin	01.06.1999
3	118	Frau	Iris	Blume	01.02.2016
4	102	Herr	Ali	Gator	31.03.2004
5	103	Herr	Fritz	Gutmann	01.11.1980
6	104	Herr	Horstst	Jansen	01.06.1999
7	117	Herr	Steffen	Osten-Voigtland	01.03.2016
8	119	Herr	Peter	Panne	01.08.2016
9	115	Herr	Kai	Pirinha	01.11.1980
10	112	Frau	Polina	Potsdam	01.03.2004
11	105	Frau	Jeanette	Richter	01.02.1990
12	106	Herr	Ludwig	Richter	01.03.2004
13	116	Frau	Helga	Schuhu	01.04.2016
14	107	Frau	SabineSo	Sonnenwind	01.11.1980
15	114	Frau	Anna	Stasis	01.11.1998
16	109	Frau	Gesine	Stein	01.11.1980
17	111		Bert	Tisch	01.02.1990
18	101	Frau	Helene	Tischler	01.02.1990
19	113	Herr	Lorenz	Wirt	01.12.1988
20	110	Frau	Gudrun	Witz-Los	01.06.1999

Bild 8.52: Die Liste mit einigen neuen Informationen.

Ziel ist, nur die neuen Zeilen zu identifizieren, um sie später zu übernehmen.

8.5.2 Neue Mitarbeiter mit SVERWEIS finden

Im ersten Schritt sollen alle neuen Mitarbeiter gefunden werden.

❶ Aktivieren Sie das Tabellenblatt *Neue Liste* und klicken Sie in die Zelle *F1*. Erfassen Sie hier einen Spaltentitel, beispielsweise *Prüfen.*

❷ Klicken Sie in die Zelle *F2* und starten Sie die Funktion `SVERWEIS`.

❸ Das *Suchkriterium* steht in *A2*. Es ist die Mitarbeiternummer.

❹ Die *Matrix* steht auf dem Tabellenblatt *Meine Liste* in den Zellen *A2* bis *E16*. Setzen Sie diese Zellen durch Drücken von [F4] fest.

❺ Der *Spaltenindex* ist *1*. Damit lassen Sie die gefundene Mitarbeiternummer anzeigen.

❻ Geben Sie ins Feld *Bereich_Verweis* den Wert *Falsch* ein.

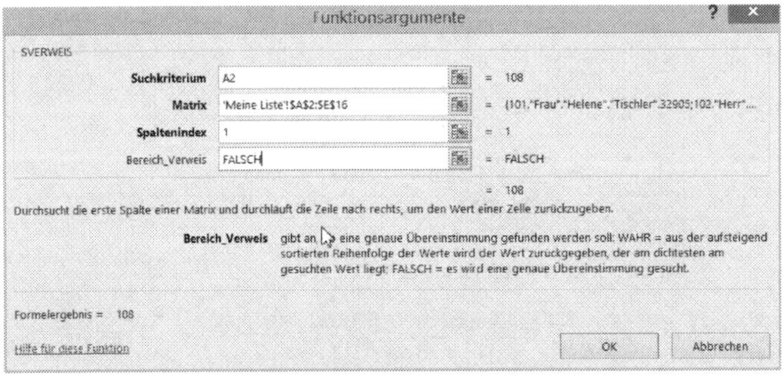
Funktionsargumente
SVERWEIS
Suchkriterium A2 = 108
Matrix 'Meine Liste'!$A$2:$E$16 = {101;"Frau";"Helene";"Tischler";32905;102;"Herr"...
Spaltenindex 1 = 1
Bereich_Verweis FALSCH = FALSCH
= 108
Durchsucht die erste Spalte einer Matrix und durchläuft die Zeile nach rechts, um den Wert einer Zelle zurückzugeben.
Bereich_Verweis gibt an, ob eine genaue Übereinstimmung gefunden werden soll: WAHR = aus der aufsteigend sortierten Reihenfolge der Werte wird der Wert zurückgegeben, der am dichtesten am gesuchten Wert liegt: FALSCH = es wird eine genaue Übereinstimmung gesucht.
Formelergebnis = 108
Hilfe für diese Funktion
OK
Abbrechen

Bild 8.53: Die Argumente der Funktion SVERWEIS.

❼ Bestätigen Sie mit einem Klick auf die Schaltfläche *OK* und kopieren Sie die Formel nach unten.

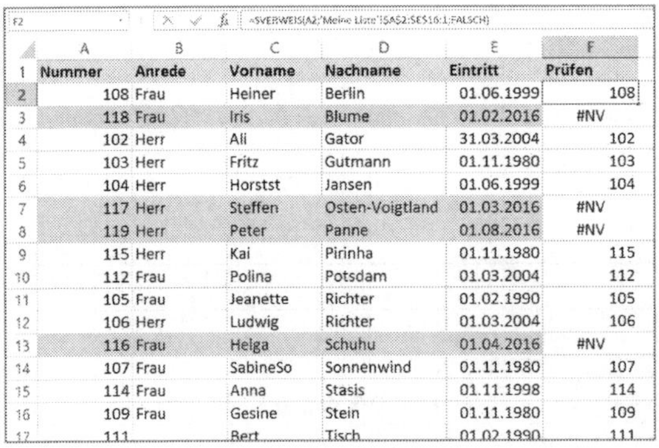

F2 =SVERWEIS(A2;'Meine Liste'!$A$2:$E$16;1;FALSCH)

	A	B	C	D	E	F
1	Nummer	Anrede	Vorname	Nachname	Eintritt	Prüfen
2	108	Frau	Heiner	Berlin	01.06.1999	108
3	118	Frau	Iris	Blume	01.02.2016	#NV
4	102	Herr	Ali	Gator	31.03.2004	102
5	103	Herr	Fritz	Gutmann	01.11.1980	103
6	104	Herr	Horstst	Jansen	01.06.1999	104
7	117	Herr	Steffen	Osten-Voigtland	01.03.2016	#NV
8	119	Herr	Peter	Panne	01.08.2016	#NV
9	115	Herr	Kai	Pirinha	01.11.1980	115
10	112	Frau	Polina	Potsdam	01.03.2004	112
11	105	Frau	Jeanette	Richter	01.02.1990	105
12	106	Herr	Ludwig	Richter	01.03.2004	106
13	116	Frau	Helga	Schuhu	01.04.2016	#NV
14	107	Frau	SabineSo	Sonnenwind	01.11.1980	107
15	114	Frau	Anna	Stasis	01.11.1998	114
16	109	Frau	Gesine	Stein	01.11.1980	109
17	111		Bert	Tisch	01.02.1990	111

Bild 8.54: Alle Mitarbeiter, die nicht in Ihrer Liste stehen, sind sofort erkennbar.

Sie erkennen auf den ersten Blick, welche Zeilen nicht in Ihrer aktuellen Mitarbeiterliste sind. Es sind die mit der Meldung *#NV*.

8.5.3 Nur neue Mitarbeiter übernehmen

Jetzt könnten Sie die mit *#NV* gekennzeichneten Mitarbeiter einzeln kopieren und in Ihre Liste einfügen. Allerdings ist diese Arbeit bei mehreren Hundert Mitarbeitern recht mühselig. Lassen Sie sich daher mit einem Filter die Mitarbeiter anzeigen, die die Meldung *#NV* in der letzten Spalte haben. Diese Zeilen kopieren Sie und fügen sie an Ihre Liste ein.

❶ Klicken Sie in die Tabelle, in der Sie gerade den `SVERWEIS` durchgeführt haben, und fügen Sie den Filter ein, beispielsweise mit der Tastenkombination `Strg`+`Umschalt`+`L`.

❷ Filtern Sie in Spalte *F* im Feld *Prüfen* nur die Zeilen heraus, die ein *#NV* haben.

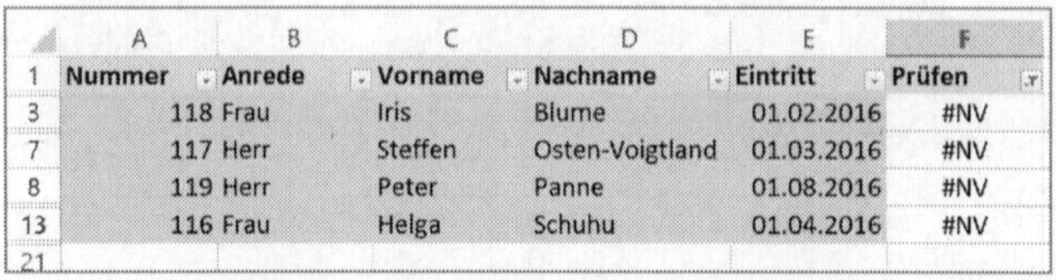

	A	B	C	D	E	F
1	Nummer	Anrede	Vorname	Nachname	Eintritt	Prüfen
3	118	Frau	Iris	Blume	01.02.2016	#NV
7	117	Herr	Steffen	Osten-Voigtland	01.03.2016	#NV
8	119	Herr	Peter	Panne	01.08.2016	#NV
13	116	Frau	Helga	Schuhu	01.04.2016	#NV
21						

Bild 8.55: Nur die neuen Mitarbeiter.

❸ Markieren Sie die Zellen, die Sie in Ihre Liste übernehmen möchten. Die Inhalte der Spalte *F* benötigen Sie nicht.

❹ Starten Sie den Befehl *Kopieren*, beispielsweise mit `Strg`+`C`.

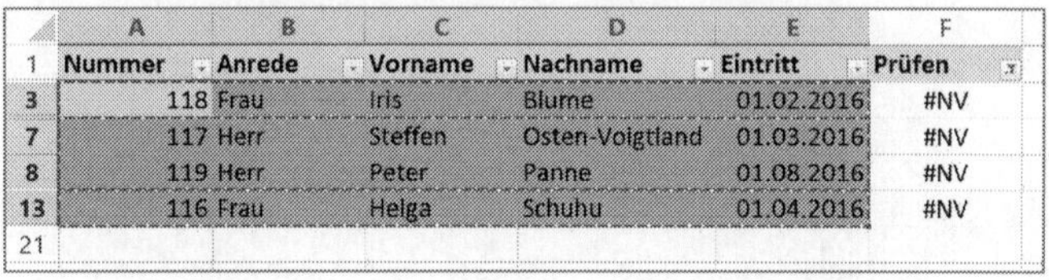

	A	B	C	D	E	F
1	Nummer	Anrede	Vorname	Nachname	Eintritt	Prüfen
3	118	Frau	Iris	Blume	01.02.2016	#NV
7	117	Herr	Steffen	Osten-Voigtland	01.03.2016	#NV
8	119	Herr	Peter	Panne	01.08.2016	#NV
13	116	Frau	Helga	Schuhu	01.04.2016	#NV
21						

Bild 8.56: Nur die sichtbaren Zellen kopieren.

Am Markierungsverhalten erkennen Sie, dass nur die sichtbaren Zellen kopiert werden. Wechseln Sie auf das Tabellenblatt *Meine Liste* und klicken Sie unter die letzte Zeile.

❺ Drücken Sie `Strg`+`V`, um die kopierten Daten einzufügen.

	A	B	C	D	E
1	**Nummer**	**Anrede**	**Vorname**	**Nachname**	**Eintritt**
2	101	Frau	Helene	Tischler	01.02.1990
3	102	Herr	Ali	Gator	01.03.2004
4	103	Herr	Fritz	Gutmann	01.11.1980
5	104	Herr	Horst	Jansen	01.06.1999
6	105	Frau	Jeanette	Richter	01.02.1990
7	106	Herr	Ludwig	Richter	01.03.2004
8	107	Frau	Sabine	Sonnenwind	01.11.1980
9	108	Herr	Heiner	Berlin	01.06.1999
10	109	Frau	Gesine	Stein	01.11.1980
11	110	Frau	Gudrun	Witz-Los	01.06.1999
12	111	Herr	Bert	Tisch	01.02.1990
13	112	Frau	Polina	Potsdam	01.03.2004
14	113	Herr	Lorenz	Wirt	01.12.1988
15	114	Frau	Anna	Stasis	01.11.1998
16	115	Herr	Kai	Pirinha	01.11.1980
17	118	Frau	Iris	Blume	01.02.2016
18	117	Herr	Steffen	Osten-Voigtla	01.03.2016
19	119	Herr	Peter	Panne	01.08.2016
20	116	Frau	Helga	Schuhu	01.04.2016

Bild 8.57: Die erweitere Mitarbeiterliste.

Damit sind nur die neuen Mitarbeiter in Ihre Liste übernommen worden, und Sie können damit beginnen, diese zu bearbeiten.

9 Bedingte Formatierung bringt Farbe ins Spiel

Farben werden in Tabellen immer wichtiger. Wie gut, dass Excel Ihnen mit der bedingten Formatierung ein Tool anbietet, das bestimmte Zellen in Ihrer Tabelle automatisch gestaltet. Sie geben die Bedingung und die Art der Formatierung an.

Öffnen Sie die Arbeitsmappe *Bedingte Formatierung.xlsx.*

9.1 Beträge ab 400 € automatisch einfärben

Im ersten Beispiel sollen alle Umsätze, die über 400 € liegen, automatisch eine grüne Füllfarbe erhalten.

9.1.1 Die schnelle Variante mit wenigen Klicks

In der schnellen Variante benötigen Sie nur ein paar Klicks, um die gewünschten Zellen automatisch von Excel gestalten zu lassen.

❶ Aktivieren Sie das Tabellenblatt *Werte hervorheben 1* und markieren Sie die Zellen, denen Sie die bedingte Formatierung zuweisen möchten. Im aktuellen Beispiel sind es die Zellen *F5* bis *F1223.* Am schnellsten markieren Sie diese Zellen, indem Sie in die Zelle *F5* klicken und anschließend die Tastenkombination `Strg`+`Umschalt`+`↓` drücken.

❷ Wählen Sie die Befehlsfolge *Start/Bedingte Formatierung/Regeln zum Hervorheben von Zellen/Größer als.*

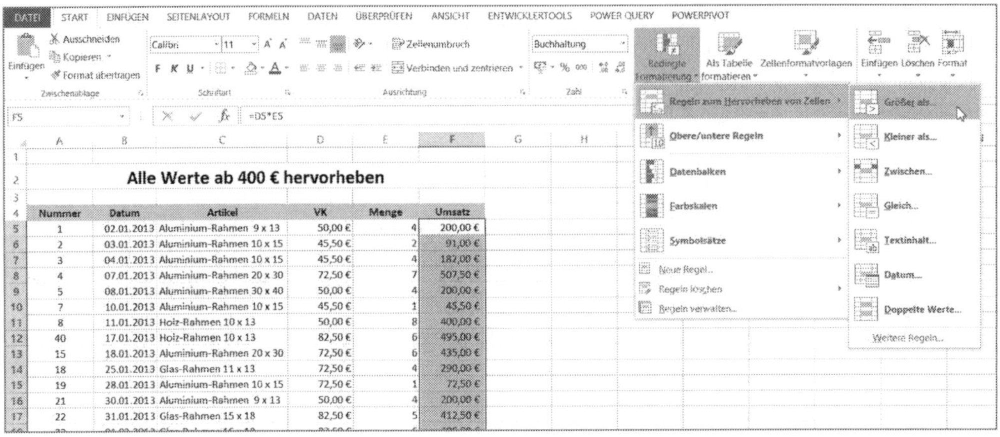

Bild 9.1: Die Befehlsfolge zum Starten der bedingten Formatierung.

Nachdem Sie auf den Eintrag *Größer als* geklickt haben, färbt Excel einige Zellen ein und bietet Ihnen einen Vergleichswert an.

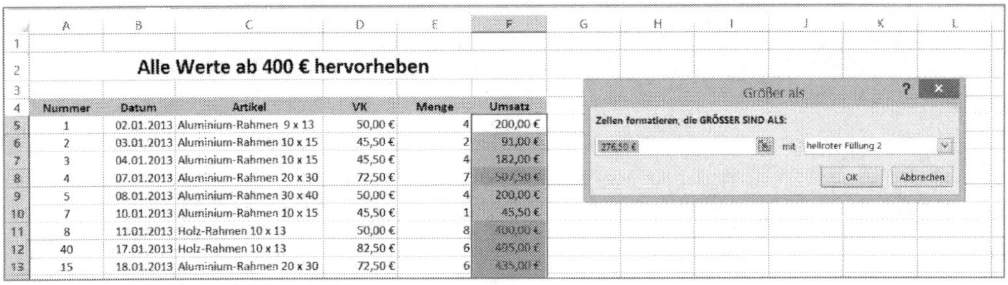

Bild 9.2: Der von Excel vorgeschlagene Vergleichswert.

❸ Klicken Sie ins erste Feld und geben Sie Ihren Vergleichswert, im aktuellen Beispiel *400*, ein.

❹ Wählen Sie am zweiten Feld den Eintrag *mit grüner Füllung* aus.

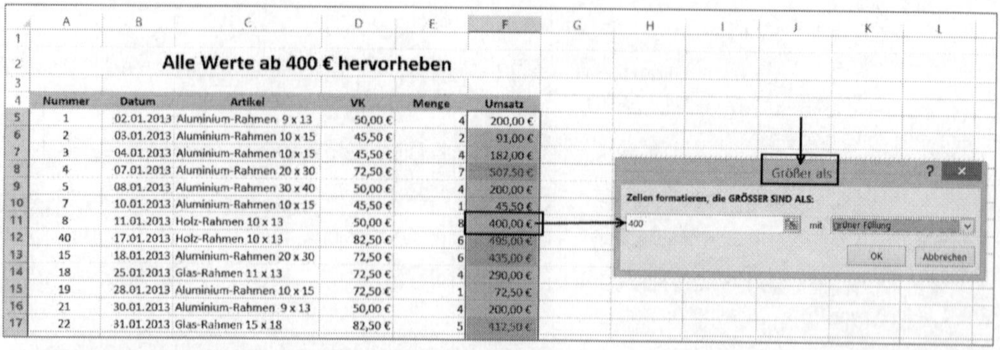

Bild 9.3: Nicht alle Zellen werden eingefärbt.

In der Vorschau erkennen Sie, dass in der Liste der Wert *400,00 €* nicht eingefärbt wird, da nur Werte größer als 400 gesucht werden.

❺ Klicken Sie ins erste Feld und ändern Sie den Eintrag in *399,99.*

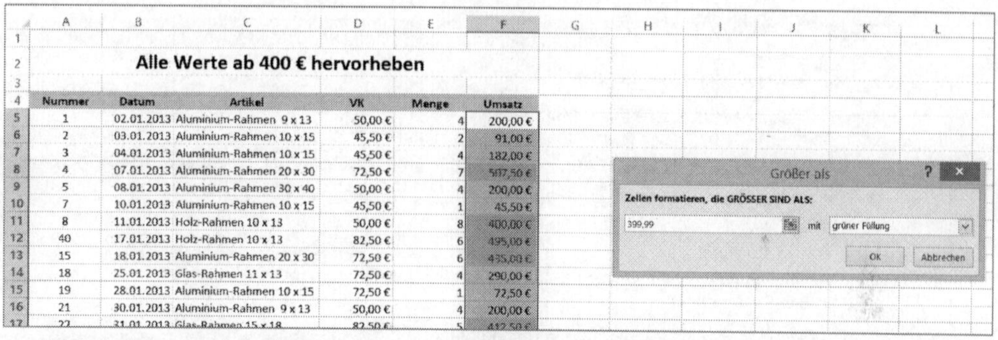

Bild 9.4: Jetzt passt es: Alle Werte ab 400,00 € werden eingefärbt.

❻ Bestätigen Sie mit *OK.*

Alle Zellen, deren Inhalt über 399,99 € liegen, werden eingefärbt. Auch wenn sich der Inhalt einer Zelle ändert, wird die Prüfung ausgeführt, und je nach Wert wird die Formatierung entfernt bzw. zugewiesen.

Tipp

Wenn Ihnen die Formatierungsvorschläge von Excel im zweiten Listenfeld nicht zusagen, wählen Sie den letzten Befehl in der Liste *Benutzerdefiniertes Format.* Im Fenster *Zellen formatieren* können Sie sich Ihr Wunschmuster selbst zusammenstellen.

9.1.2 Die Größer-als- oder die Größer-gleich-Variante

In dieser Variante haben Sie die Auswahl beispielsweise zwischen *größer als* bzw. *größer oder gleich*. Hier können Sie Ihre Regeln selbst definieren.

❶ Aktivieren Sie das Tabellenblatt *Werte hervorheben 2* und markieren Sie wieder die Zellen *F5* bis *F1223.*

❷ Wählen Sie die Befehlsfolge *Start/Bedingte Formatierung/Neue Regel.*

❸ Aktivieren Sie im oberen Teil des Fensters die zweite Zeile *Nur Zellen formatieren, die enthalten.*

❹ Wählen Sie im unteren Teil des Fensters im Feld, in dem zurzeit *zwischen* steht, den Eintrag *größer oder gleich.*

❺ Geben Sie im Feld daneben den Vergleichswert *400* ein.

❻ Klicken Sie auf die Schaltfläche *Formatieren* und wählen Sie im Fenster *Zellen formatieren* das gewünschte Format aus.

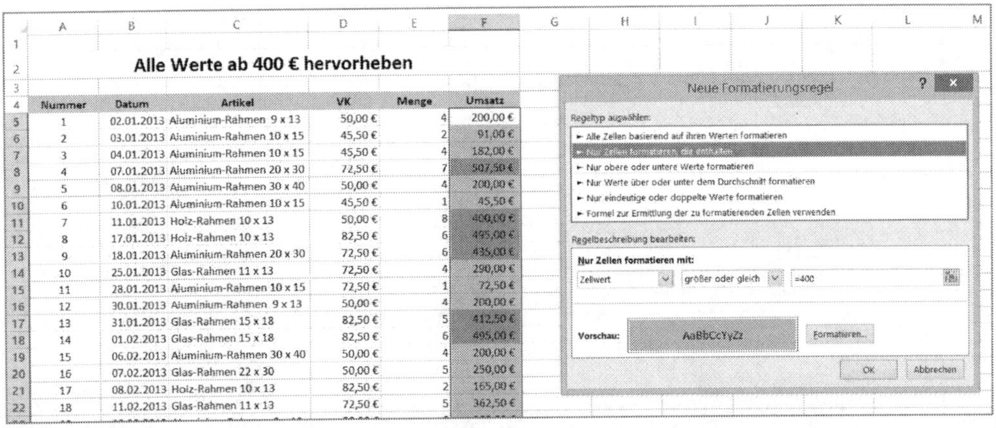

Bild 9.5: Die Formatierungsregeln selbst definieren.

❼ Bestätigen Sie mit *OK.*

9.2 Anteile am Umsatz mit Balken hervorheben

Mit den Datenbalken können Sie den Anteil jedes Umsatzes im Vergleich zum höchsten Umsatz darstellen.

Sie erkennen auf Anhieb den höchsten Umsatz mit *58.885,00* €.

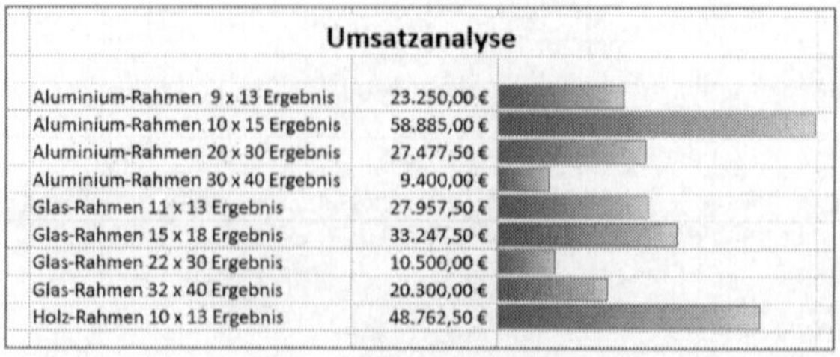

Umsatzanalyse	
Aluminium-Rahmen 9 x 13 Ergebnis	23.250,00 €
Aluminium-Rahmen 10 x 15 Ergebnis	58.885,00 €
Aluminium-Rahmen 20 x 30 Ergebnis	27.477,50 €
Aluminium-Rahmen 30 x 40 Ergebnis	9.400,00 €
Glas-Rahmen 11 x 13 Ergebnis	27.957,50 €
Glas-Rahmen 15 x 18 Ergebnis	33.247,50 €
Glas-Rahmen 22 x 30 Ergebnis	10.500,00 €
Glas-Rahmen 32 x 40 Ergebnis	20.300,00 €
Holz-Rahmen 10 x 13 Ergebnis	48.762,50 €

Bild 9.6: Das Ziel: mittels farbiger Balken die Anteile erkennen.

❶ Aktivieren Sie das Tabellenblatt *Datenbalken*. Markieren Sie zu Beginn die Zellen *C4* bis *C12*.

❷ Wählen Sie die Befehlsfolge *Start/Bedingte Formatierung/Datenbalken*.

❸ Entscheiden Sie sich für eine Farbe.

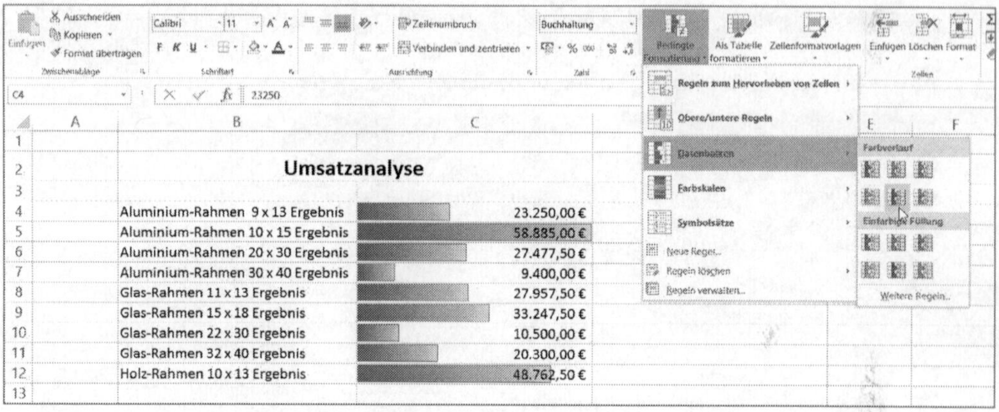

Bild 9.7: Die Datenbalken direkt auf den Werten.

Je nachdem, welche Farbe und welche Art der Darstellung Sie gewählt haben, sind die Zahlen in den Zellen nicht mehr so gut zu erkennen. Deshalb wird im Folgenden eine weitere Lösung beschrieben, die die Datenbalken neben der Zelle mit den Umsätzen anzeigt.

❶ Um die bedingte Formatierung zu entfernen, wählen Sie *Start/Bedingte Formatierung/Regeln löschen/Regel im gesamten Blatt löschen.*

9.2.1 Datenbalken neben den Werten anzeigen

In diesem Beispiel sollen die Datenbalken neben den Werten gezeigt werden.

❶ Klicken Sie in die Zelle *D4* und holen Sie sich den Umsatz der Zellen links daneben mit der folgenden kleinen Formel:

```
=C4
```

❷ Bestätigen Sie mit `Enter` und ziehen Sie diese Formel nach unten.

❸ Lassen Sie die Markierung stehen und wählen Sie erneut die Befehlsfolge *Start/ Bedingte Formatierung/Datenbalken.*

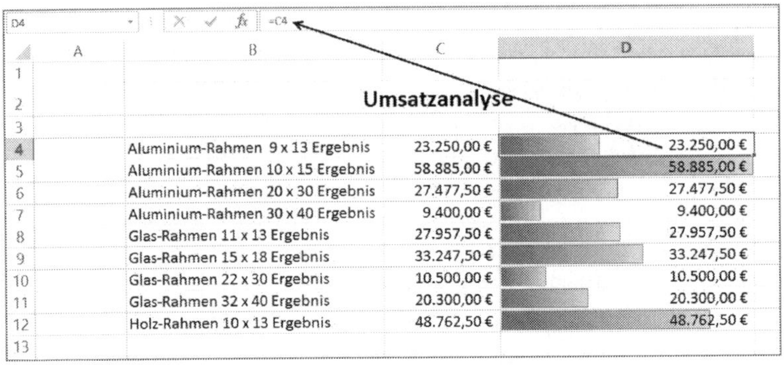

Bild 9.8: Die Werte aus der Nachbarzelle holen und mit einem Datenbalken gestalten.

❹ Lassen Sie die Markierung stehen und wählen Sie die Befehlsfolge *Start/Bedingte Formatierung/Regeln verwalten.*

❺ Markieren Sie die Regel im Fenster *Manager für Regeln zur bedingten Formatierung* und klicken Sie auf die Schaltfläche *Regel bearbeiten.*

❻ Setzen Sie den Haken bei *Nur Balken anzeigen.*

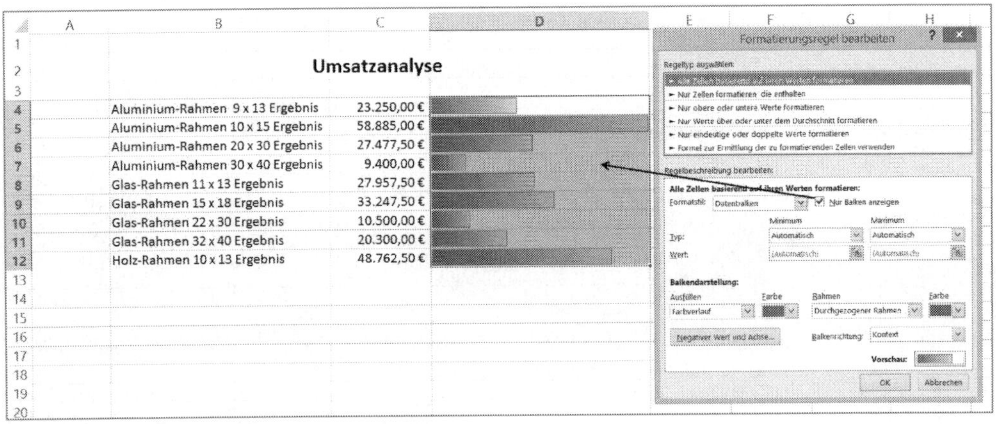

Bild 9.9: Die Werte in den Zellen nicht anzeigen.

❼ Bestätigen Sie mit *OK.*

Sobald sich Werte in Spalte *C* ändern, ändert sich auch die Länge der Balken in Spalte *D.*

9.3 Werte durch Symbole hervorheben

Excel stellt Ihnen eine große Auswahl an Symbolen zur Verfügung, mit denen Sie Ihre Daten bewerten können.

❶ Aktivieren Sie das Register *Symbole* und markieren Sie die Zellen, denen Sie die bedingte Formatierung zuweisen möchten. In diesem Beispiel sind es wieder die Zellen *F5* bis *F1223*.

❷ Wählen Sie die Befehlsfolge *Start/Bedingte Formatierung/Symbolsätze.*

❸ Wählen Sie einen Symbolsatz aus.

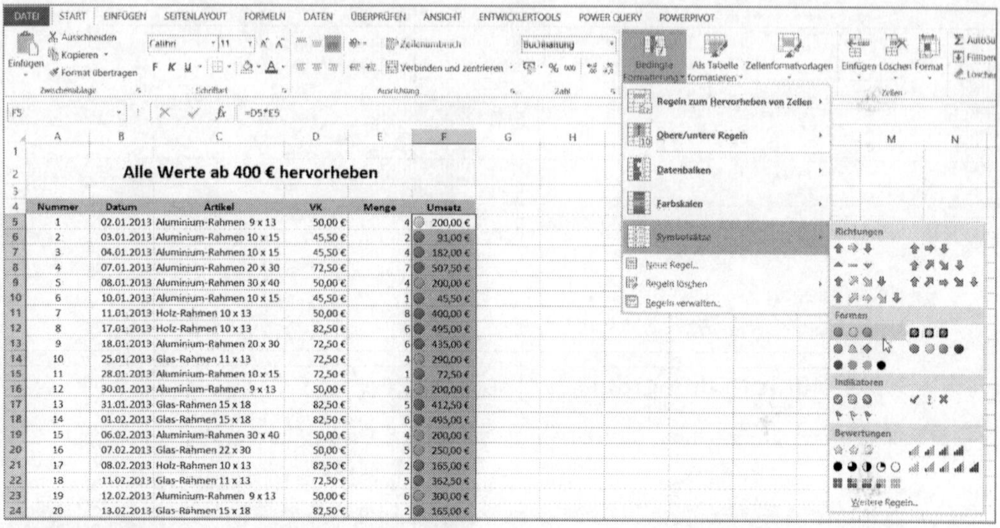

Bild 9.10: Die Symbolsätze.

Zu Beginn weist Excel allen Werten ein Symbol zu. Sie müssen anschließend die Grenzwerte unbedingt an Ihre Anforderungen anpassen.

❹ Lassen Sie die Markierung stehen und wählen Sie die Befehlsfolge *Start/Bedingte Formatierung/Regeln verwalten.*

❺ Markieren Sie die Regel im Fenster *Manager für Regeln zur bedingten Formatierung* und klicken Sie auf die Schaltfläche *Regel bearbeiten.*

Stellen Sie im unteren Teil des Fensters Ihre Grenzwerte ein.

❻ Wählen Sie im Feld *Typ* den Eintrag *Zahl* aus. Geben Sie daneben den ersten Grenzwert *400* ein. Prüfen Sie, ob im Feld links daneben der Vergleichsparameter >= steht.

7. Führen Sie diesen Schritt auch in der Zeile darunter durch. Dort ist der *Typ* ebenfalls *Zahl*, der Grenzwert ist *100*. Auch hier muss der Vergleichswert >= sein.

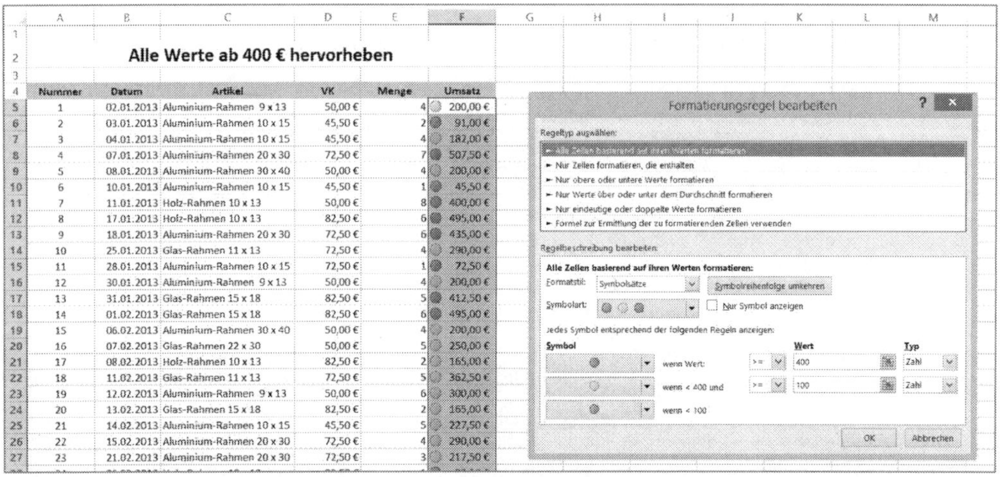

Bild 9.11: Die Grenzwerte zu den Symbolen ändern.

8. Bestätigen Sie zweimal mit *OK*.

9.3.1 Nur rote und grüne Symbole zeigen

Angenommen, Sie möchten nur die roten und die grünen Symbole sehen.

1. Markieren Sie wieder alle Zellen und wählen Sie die Befehlsfolge *Start/Bedingte Formatierung/Regeln verwalten*. Markieren Sie die Regel im Fenster *Manager für Regeln zur bedingten Formatierung* und klicken Sie auf die Schaltfläche *Regel bearbeiten*.

2. Wählen Sie unten im Fenster im Bereich *Symbol* für das gelbe Symbol den Eintrag *Kein Zellensymbol*.

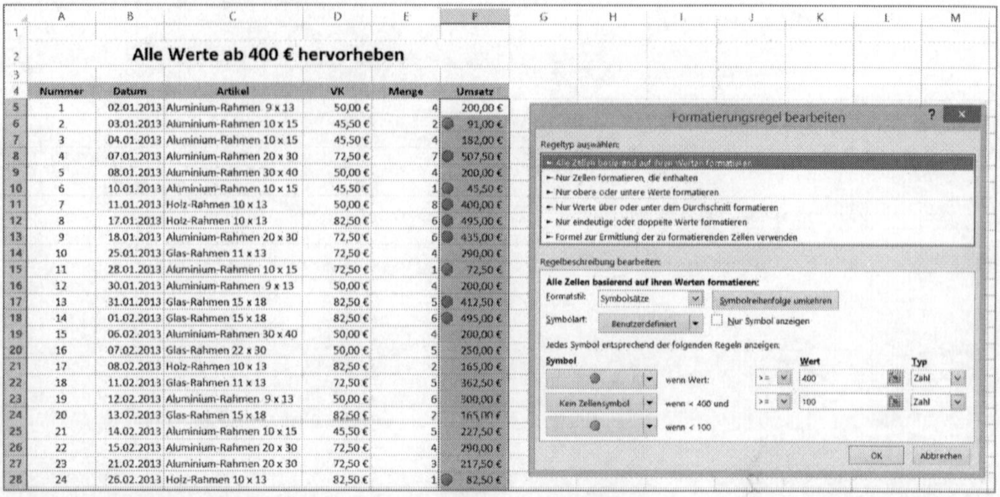

Bild 9.12: Nur die Spitzenreiter und die Verlierer hervorheben.

❸ Bestätigen Sie zweimal mit *OK*.

9.4 Eigene Verkehrsampel erstellen

Sie können sich eine eigene Ampel erstellen, die für einen Wert entweder Grün, Gelb oder Rot anzeigt.

Für das folgende Beispiel sollen folgende Regeln gelten:

- Wenn der Umsatz in *D2* unter 50.000 € ist, soll die Ampel Rot zeigen.
- Wenn der Umsatz in *D2* zwischen 50.000 und 1.000.000 liegt, soll die Ampel Gelb zeigen.
- Wenn der Umsatz in *D2* 1.000.000 € oder höher ist, soll die Ampel Grün zeigen.

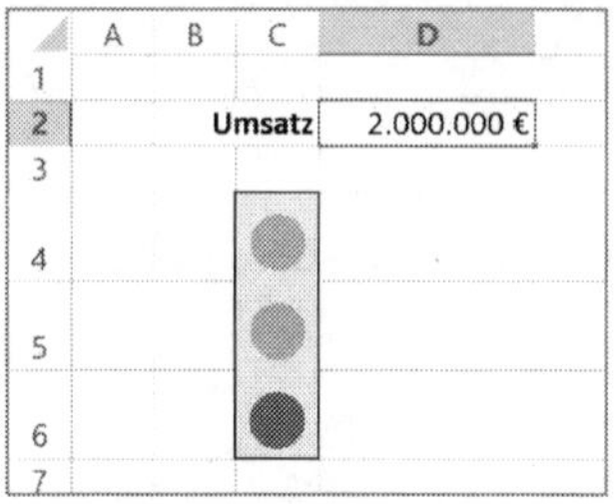

Bild 9.13: Das Ziel: eine Ampel, die automatisch umspringt.

9.4.1 Ampel erstellen

Im ersten Schritt wird die Ampel aufgebaut.

1. Erfassen Sie in den Zellen *C4* bis *C6* den Buchstaben *n*.
2. Markieren Sie die drei Zellen und weisen Sie die Schriftart *Webdings* zu.

   Das kleine *n* ist in der Schriftart *Webdings* ein großer gefüllter Kreis.
3. Weisen Sie den Zellen eine hellgraue Hintergrundfarbe und eine dunkelgraue Füllfarbe zu.
4. Vergrößern Sie die Schriftgröße und richten Sie die Zellinhalte aus.

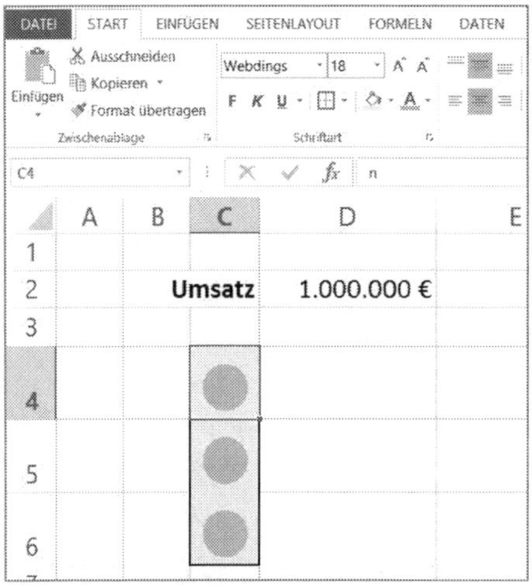

Bild 9.14: Die Ampel ist fertig!

9.4.2 Farben zuweisen

Jetzt müssen Sie allen drei Zellen unterschiedliche bedingte Formate zuweisen. Als Erstes soll der obere Teil der Ampel, das Rotlicht, erstellt werden.

1. Markieren Sie die Zelle *C4* und wählen Sie die Befehlsfolge *Start/Bedingte Formatierung/Neue Regel.*
2. Aktivieren Sie im oberen Teil des Fensters die sechste Zeile *Formel zur Ermittlung der zu formatierenden Zellen verwenden.*
3. Geben Sie im unteren Teil des Fensters die folgende Formel ein:

```
=$D$2<=50000
```

4. Klicken Sie auf die Schaltfläche *Formatieren*, stellen Sie im Register *Schrift Fett* und die rote Schriftfarbe ein und bestätigen Sie mit *OK*.

Hinweis
Wenn Sie die Formel eingeben und in diesem Feld noch eine Korrektur vornehmen möchten, dürfen Sie den Cursor nicht mit den Pfeiltasten bewegen.

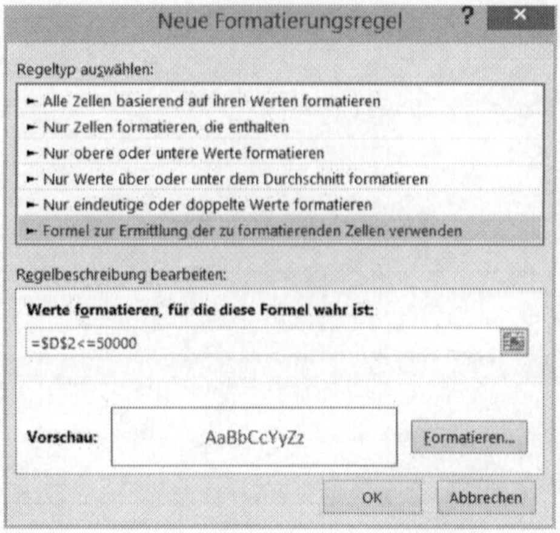

Bild 9.15: Die Einstellungen für die erste Ampelfarbe.

❺ Bestätigen Sie zweimal mit *OK.*

Zum Testen der Ampel geben Sie in die Zelle *D2* einen Wert von unter 50.000 € ein. Die Ampel muss auf Rot springen.

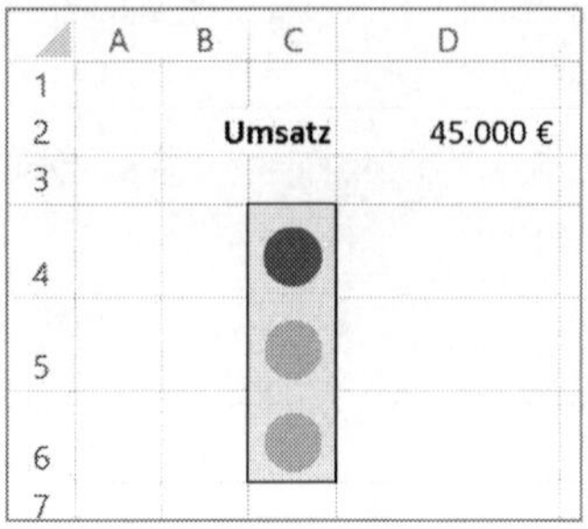

Bild 9.16: Die Ampel steht auf Rot, weil der Umsatz sehr gering ist.

❶ Markieren Sie die Zelle *C5* und wählen Sie die Befehlsfolge *Start/Bedingte Formatierung/Neue Regel.* Aktivieren Sie im oberen Teil des Fensters die sechste Zeile *Formel zur Ermittlung der zu formatierenden Zellen verwenden.*

❷ Geben Sie im unteren Teil des Fensters die folgende Formel ein:

```
=UND($D$2>=50000;$D$2<1000000)
```

❸ Klicken Sie auf die Schaltfläche *Formatieren* und stellen Sie im Register *Schrift Fett* und die gelbe Schriftfarbe ein.

❹ Bestätigen Sie dreimal mit *OK.*

❺ Führen Sie die oben genannten Schritte für die Zelle *C6* durch. Geben Sie die folgende Formel ein und weisen Sie die Schriftfarbe *Grün* und den Schriftschnitt *Fett* zu.

```
=$D$2<=1000000
```

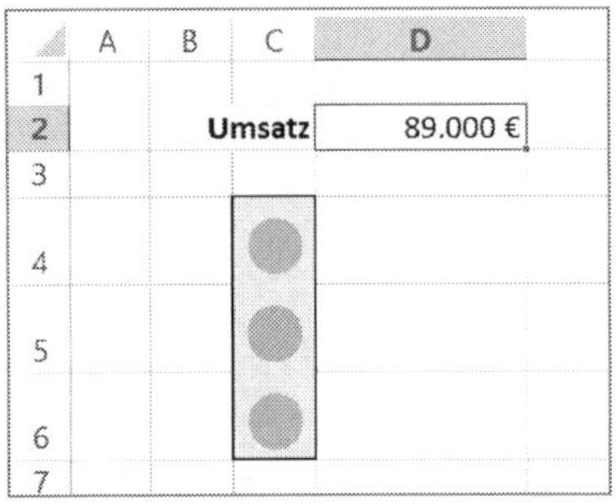

Bild 9.17: Die Farben in der Ampel repräsentieren die Umsatzhöhe.

Eine Ampel kann auch einem Dashboard beispielsweise die Kosten, die Maschinenauslastung und viele einzelne Werte mehr visualisieren.

9.5 Eine Umsatzliste über Farben analysieren

Im letzten Beispiel gab es eine Umsatzliste, die Sie über Farben analysieren wollten. In einem Listenfeld wählen Sie den Analysebefehl aus, und sofort werden die gefundenen Werte eingefärbt.

Sie können dieses Beispiel ganz leicht für Ihre Daten einsetzen.

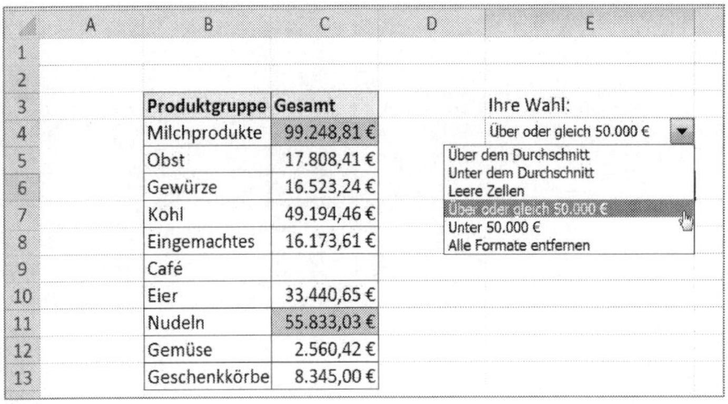

Bild 9.18: Das Ziel: die Bedingung über ein Listenfeld selbst wählen.

> **Hinweis**
> Sie brauchen für dieses Beispiel das Register *Entwicklertools.* Sollten Sie es nicht aktiviert haben, wählen Sie die Befehlsfolge *Datei/Optionen/Menüband anpassen* und setzen ganz rechts im Fenster den Haken vor dem Eintrag *Entwicklertools.* Bestätigen Sie mit *OK.*

9.5.1 Listenfelder mit Texteinträgen erstellen

Im ersten Schritt erstellen Sie das Listenfeld mit den Texteinträgen, die Sie selbst definieren können.

1. Wählen Sie die Befehlsfolge *Entwicklertools/Einfügen/Kombinationsfeld.*
2. Ziehen Sie das Auswahlfeld auf Ihrem Tabellenblatt an der gewünschten Stelle auf.

> **Tipp**
> Wenn Sie beim Ziehen die [Alt]-Taste festhalten, positionieren Sie das Feld innerhalb der Zelle.

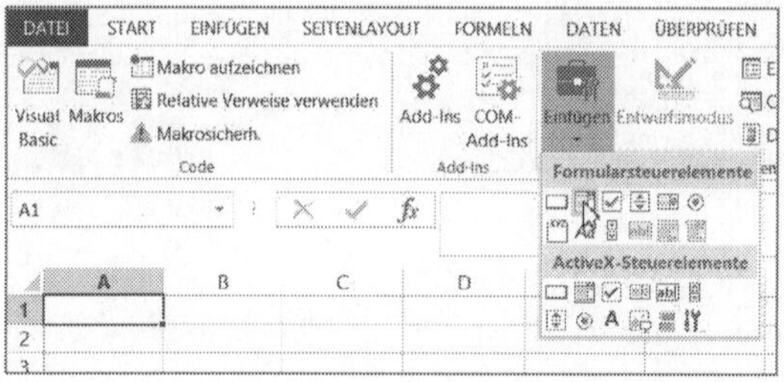

Bild 9.19: Das Listenfeld auswählen.

3. Klicken Sie mit der rechten Maustaste auf das Feld und wählen Sie den Befehl *Steuerelement formatieren.*
4. Markieren Sie im Feld *Eingabebereich* die Zellen mit den Texten, die Sie im Feld sehen möchten. In diesem Beispiel sind es die Zellen *H2* bis *H6.*
5. Klicken Sie ins Feld *Zellverknüpfung* und wählen Sie die Zelle aus, in die Excel Ihre Wahl eintragen soll. In diesem Beispiel ist es die Zelle *E4.*
6. Bestätigen Sie mit *OK.*

Wenn Sie Ihr Feld testen möchten, klicken Sie in eine Zelle, um die Markierung aufzuheben, und wählen einen Eintrag aus.

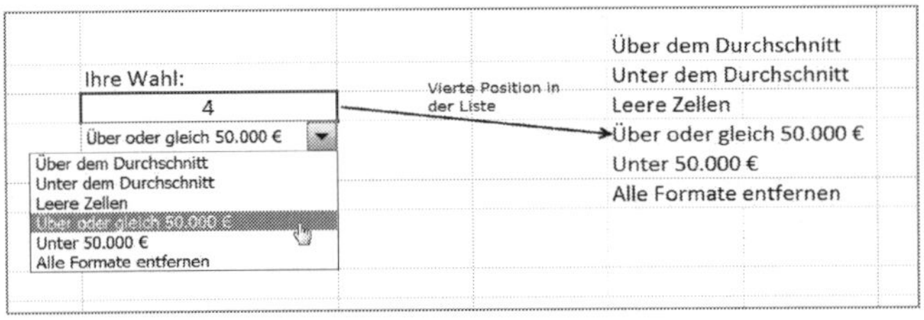

Bild 9.20: Die Ausgabe des Listenfelds.

Sie erkennen, dass Excel nicht den Text in die Zelle *E4* einträgt, sondern die Position des Texts im Eingabebereich. Diesen Wert fragen Sie mit der bedingten Formatierung ab.

Tipp
Ein kleiner Tipp zur Optik: Ziehen Sie das Kombinationsfeld mit gedrückter [Alt]-Taste auf die Zelle mit dem Wert. Nur Sie wissen, dass unter dem Feld der Wert angezeigt wird. Mit einem Rechtsklick aktivieren Sie das Feld, um es zu verschieben oder zu bearbeiten.

9.5.2 Bedingungen für die Formate einrichten

Im Folgenden werden alle fünf bedingten Formate beschrieben.

Über dem Durchschnitt

Im ersten Schritt sollen alle Zellen eingefärbt werden, deren Wert größer oder gleich dem Durchschnitt ist.

Die Vorbereitung ist so weit abgeschlossen. Sie haben die Liste der Zellen, deren Inhalt geprüft werden soll, und das Kombinationsfeld, das die Positionsnummer des gewählten Werts in einer Zelle zeigt.

1. Markieren Sie die Zellen. Im aktuellen Beispiel sind es die Zellen *C4* bis *C13*.
2. Wählen Sie die Befehlsfolge *Start/Bedingte Formatierung/Neue Regel* und aktivieren Sie im oberen Teil des Fensters den Eintrag *Formel zur Ermittlung der zu formatierenden Zellen verwenden.*
3. Geben Sie die folgende Formel ein:

```
= =UND($E$4=1;C4>=MITTELWERT($C$4:$C$13))
```

4. Klicken Sie auf die Schaltfläche *Formatieren* und stellen Sie das gewünschte Format ein.

Nur wenn in Zelle *E4* eine *1* steht und der Wert von *C4* größer oder gleich dem durchschnittlichen Wert aller Zellen ist, wird das Format zugewiesen.

> **Hinweis**
> Achten Sie darauf, dass die Zelle *E4* festgesetzt wird und die Zelle *C4* nicht. Mit dem Inhalt der Zelle *E4* werden alle Zellen der Liste verglichen, deshalb muss sie mit dem $-Zeichen festgesetzt werden. Wenn Sie beim Schreiben der Formel auf die Zelladressen klicken, setzt Excel sie automatisch fest. Entweder geben Sie diese Adresse über die Tastatur ein oder Sie drücken, nachdem Sie die Zelle angeklickt haben, dreimal [F4].

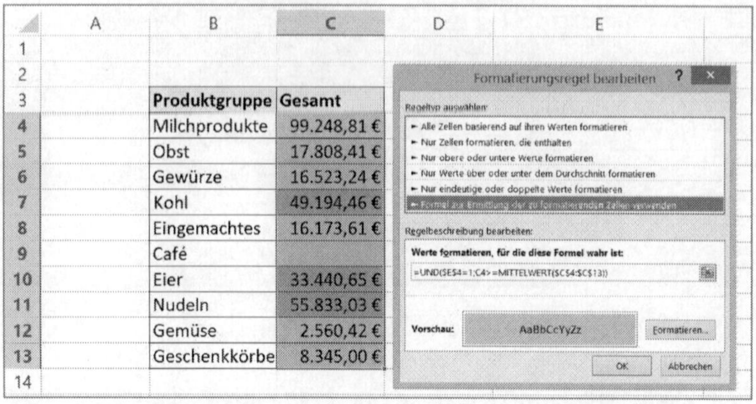

Bild 9.21: Alle Zellen gleich oder über dem Durchschnitt hervorheben.

Unter dem Durchschnitt

Führen Sie die oben beschriebenen Schritte erneut durch und geben Sie die folgende Formel ein:

```
=UND($E$4=2;C4<MITTELWERT($C$4:$C$13))
```

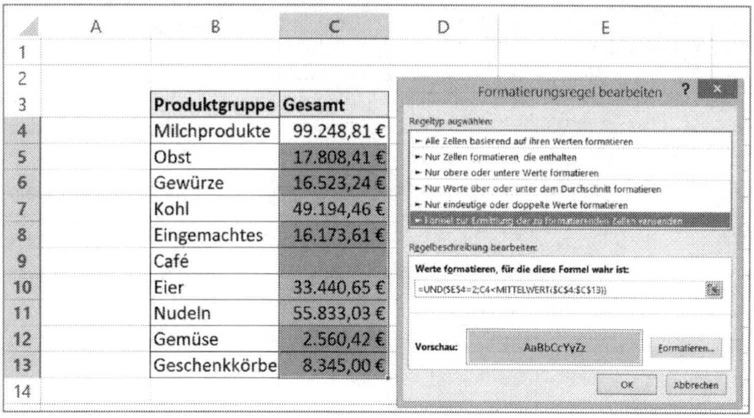

Bild 9.22: Alle Zellen hervorheben, die unter dem Durchschnitt liegen.

Alle leeren Zellen einfärben

Führen Sie die oben beschriebenen Schritte erneut durch, geben Sie die folgende Formel ein und bestimmen Sie die Formatierung:

```
=UND($E$4=3;C4="")
```

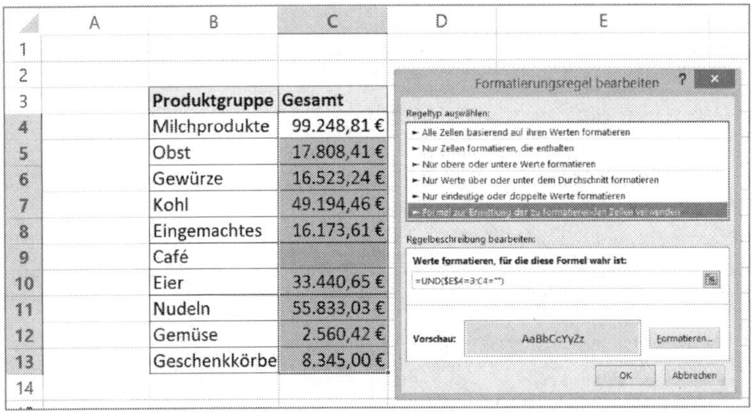

Bild 9.23: Alle leeren Zellen werden hervorgehoben.

Alle Zellen, deren Inhalt größer oder gleich 50.000 € ist, hervorheben

Führen Sie die oben beschriebenen Schritte erneut durch und geben Sie die folgende Formel ein:

```
=UND($E$4=4;C4>=50000)
```

Stellen Sie im Anschluss die Formatierung ein.

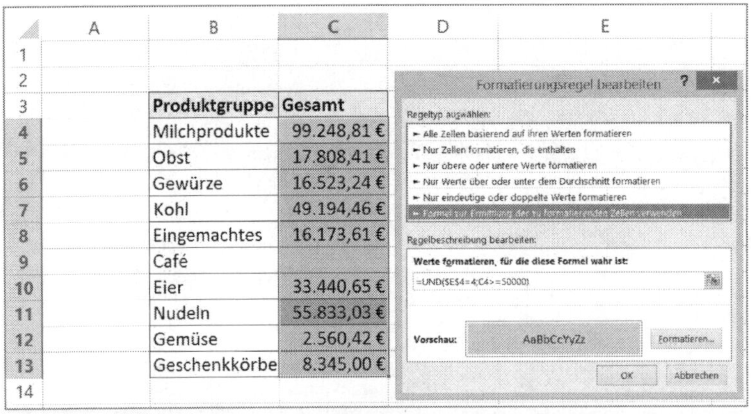

Bild 9.24: Jetzt erkennen Sie alle gesuchten Zellen.

Alle Zellen, deren Inhalt kleiner 50.000 € ist, einfärben

Führen Sie die oben beschriebenen Schritte erneut durch, geben Sie die folgende Formel ein und bestimmen Sie die Formatierung:

```
=UND($E$4=5;C4<50000)
```

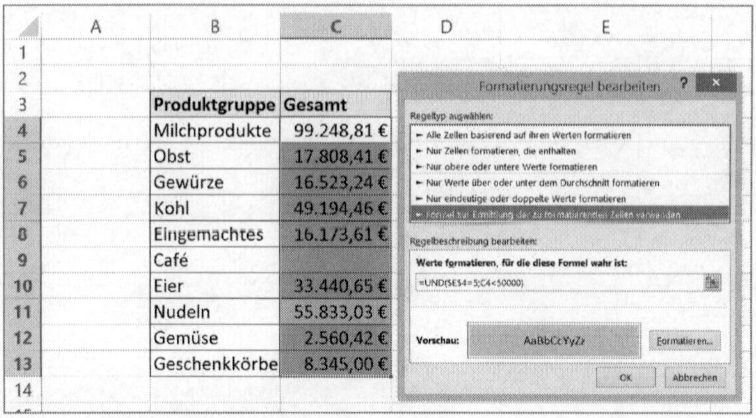

Bild 9.25: Alle Zellen, deren Wert unter 50.000 € liegt, werden eingefärbt.

Keine Formatierung anzeigen

Für den letzten Eintrag *Alle Formate entfernen* müssen Sie nichts weiter machen. Wenn in Zelle *E4* eine *6* steht und keine bedingte Formatierung eingestellt ist, verschwindet die zuletzt gewählte Formatierung.

Alle bedingten Formate anzeigen

Wenn Sie sich noch einmal alle Zellen anzeigen lassen möchten, wählen Sie die Befehlsfolge *Start/Bedingte Formatierung/Regeln verwalten.*

Im obersten Listenfeld entscheiden Sie, welche Zellen durchsucht werden sollen.

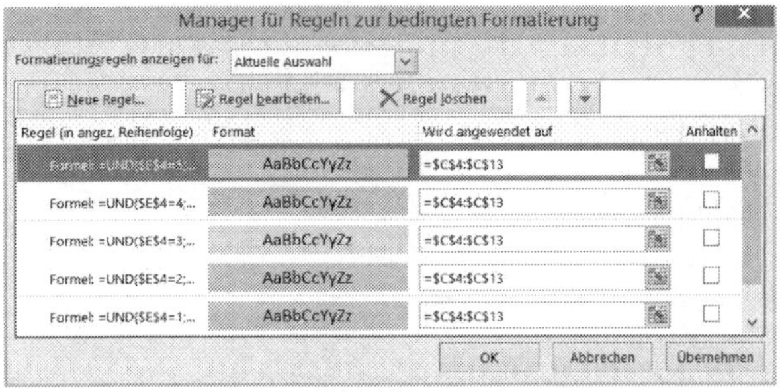

Bild 9.26: Der Manager für die bedingte Formatierung.

Im Fenster *Manager für Regeln zur bedingten Formatierung* sehen Sie alle Regeln für die markierten Zellen.

10 Diagramme visualisieren Zahlen

Bei der Analyse von Daten gilt immer noch der zugegebenermaßen etwas abgewandelte Satz: Ein Diagramm sagt mehr als 50 Zahlen. Ein Diagramm kann Zahlen visualisieren. Sie erkennen auf den ersten Blick Gewinner und Verlierer.

Öffnen Sie die Datei *Diagramme.xlsx.*

10.1 Werte mit einem Diagramm darstellen

Ein Diagramm ist in Excel schnell erstellt.

❶ Aktivieren Sie auf dem Tabellenblatt *Erstes Diagramm* und markieren Sie die Zellen *B2* bis *C13.*

❷ Aktivieren Sie das Register *Einfügen,* klicken Sie auf die Schaltfläche *Säulendiagramm einfügen* und wählen Sie den ersten Eintrag *Gruppierte Säulen.* Diese Befehlsfolge funktioniert in allen Excel-Versionen.

Tipp
Sie können in den Excel-Versionen 2013 und 2016 eine kürzere Variante zur Erstellung von Diagrammen nutzen. Markieren Sie die Zellen, aus denen Sie ein Diagramm erstellen möchten, und zeigen Sie anschließend auf die Schaltfläche *Schnellanalyse.* Aktivieren Sie die Überschrift *Diagramme* und wählen Sie eines der angebotenen Muster aus.

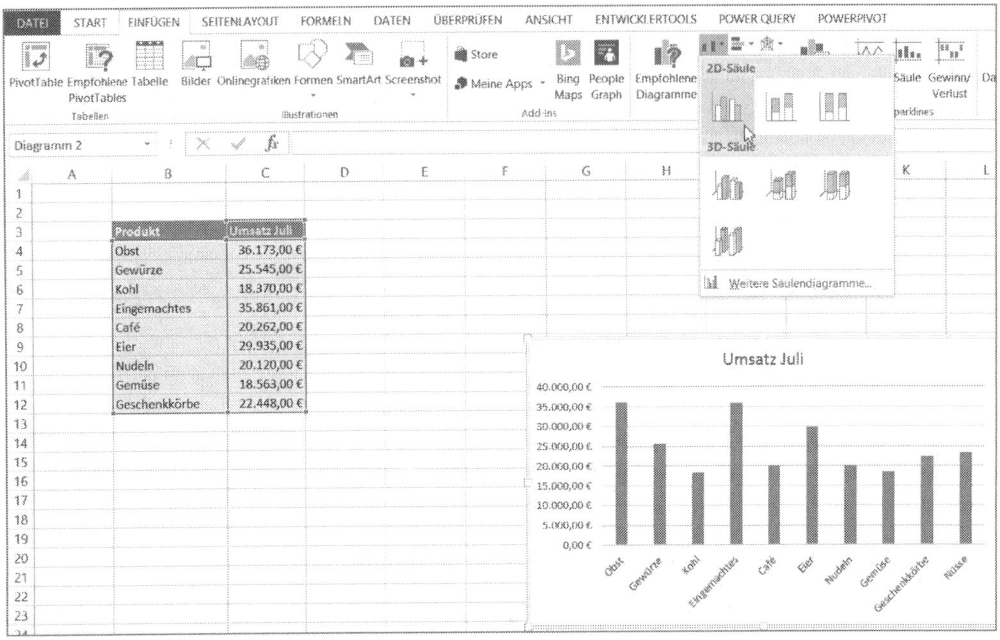

Bild 10.1: Die Umsatztabelle und das Diagramm.

Das Diagramm können Sie frei auf dem Tabellenblatt positionieren. Die Größe können Sie durch Ziehen mit der Maus an den acht Größenziehpunkten verändern.

Immer wenn Sie ein Diagramm markieren, sehen Sie im Menüband die Gruppe *Diagrammtools*. Innerhalb dieser Gruppe finden Sie die Register mit allen Befehlen, um Ihr Diagramm zu bearbeiten.

In Excel 2013 bzw. 2016 finden Sie die zwei Register *Entwurf* und *Format*. In Excel 2010 sind es die drei Register *Entwurf*, *Layout* und *Format*.

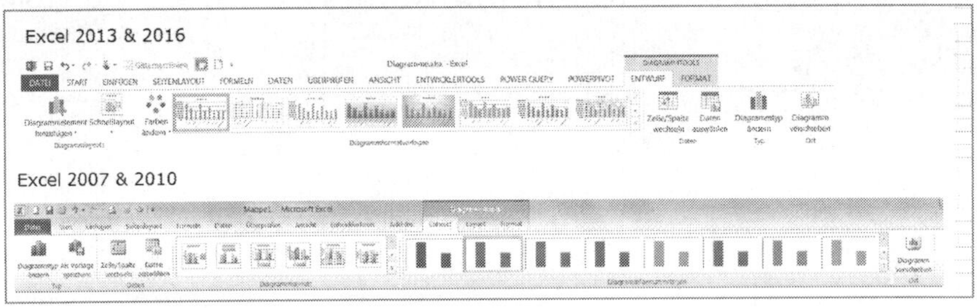

Bild 10.2: Die unterschiedlichen Register.

Auf der Registerkarte *Entwurf* finden Sie neben den Schaltflächen *Daten auswählen* und *Diagrammtyp ändern* auch die Schaltfläche *Diagramm verschieben*. Sie können entscheiden, ob das Diagramm auf einem Tabellenblatt oder auf einem eigenen Diagrammblatt gezeigt werden soll.

Über das Register *Format* können Sie jedes markierte Element im Diagramm verändern. So können beispielsweise die Säulen über die Befehlsfolge *Format/Formeffekte/Schatten* einen Schatten werfen. Alle Befehle, die sich in Excel 2010 im Register *Layout* befinden, stehen in Excel 2013 bzw. 2016 direkt am markierten Diagramm in der Schaltfläche *Diagrammelemente* zur Verfügung.

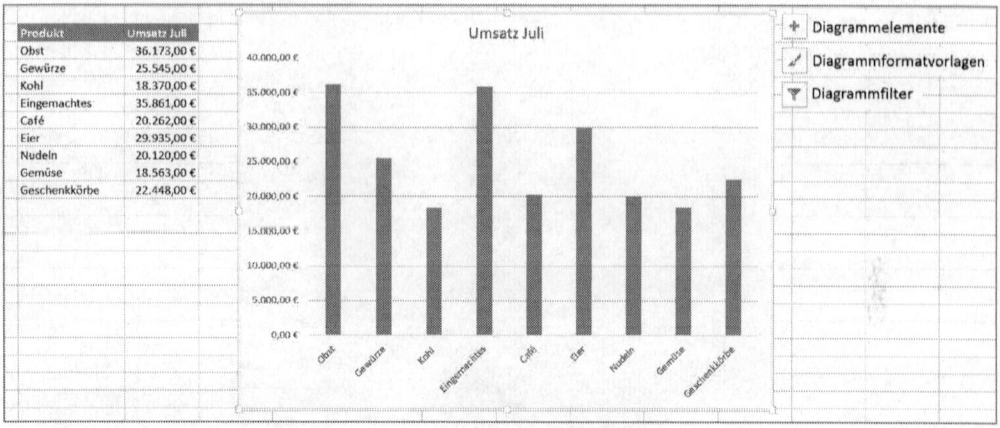

Bild 10.3: Die drei Schalter neben dem markierten Diagramm.

10.1.1 Die drei Schalter neben dem Diagramm

Die erste Schaltfläche heißt *Diagrammelemente.* Sie erkennen, welche Elemente zurzeit in Ihrem Diagramm gezeigt werden und welche Sie noch aktivieren können. Im aktuellen Beispiel sind die *Achsen*, der *Diagrammtitel* und die *Gitternetzlinien* aktiviert.

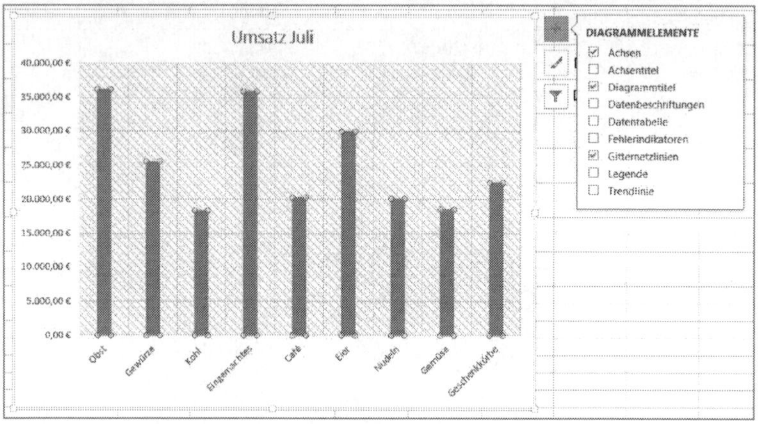

Bild 10.4: Der Schalter *Diagrammelemente.*

Wenn Sie beispielsweise die Legende einblenden möchten, reicht ein Klick auf den Eintrag *Legende.* Sofort wird sie am rechten Rand des Diagramms angezeigt. Außerdem wird neben dem Eintrag über das kleine Dreieck eine Auswahl der Positionen angeboten.

Klicken Sie einmal auf das kleine Dreieck und wählen Sie die gewünschte Position aus. Über den Eintrag *Weitere Optionen* öffnen Sie den Aufgabenbereich, in dem Sie alle Befehle finden, mit denen Sie die Legende gestalten können.

Tipp
Das Angebot an der Schaltfläche *Diagrammelemente* zeigt Ihnen, was Sie Ihrem Diagramm alles hinzufügen können. Je nach Diagrammtyp stehen Ihnen unterschiedlich viele Angebote zur Verfügung.

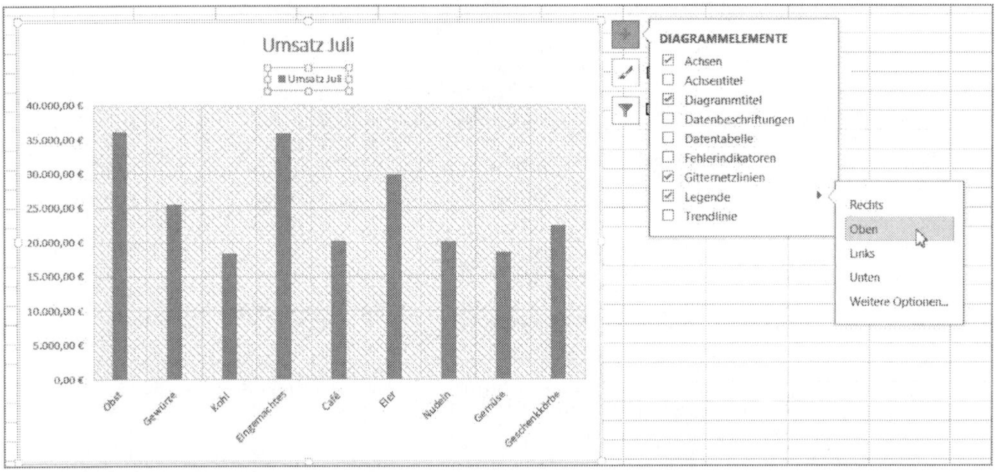

Bild 10.5: Weitere Elemente im Diagramm aktivieren.

Nachdem Sie die Legende eingefügt haben, können Sie sie an eine andere Position verschieben, beispielsweise nach oben rechts. Leider vergrößert sich der Diagrammbereich dadurch nicht. Sie müssen ihn manuell durch Ziehen an den Größenziehpunkten verändern.

Über den kleinen Schalter *Diagrammformatvorlage* weisen Sie Ihrem Diagramm ein vordefiniertes Muster zu.

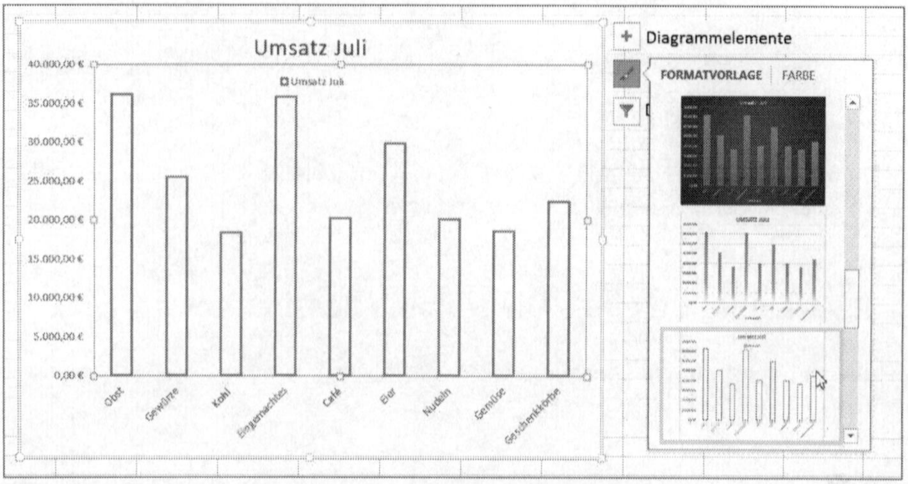

Bild 10.6: Die Diagrammformatvorlagen bieten fertige Muster an.

Mit der Option *Farbe* können Sie Ihr gewähltes Muster weiter variieren.

Ein hilfreicher neuer Befehl ab Excel 2013 ist der zum Filtern in Diagrammen. Mithilfe der Schaltfläche *Diagrammfilter* lassen Sie sich nur bestimmte Werte im Diagramm anzeigen.

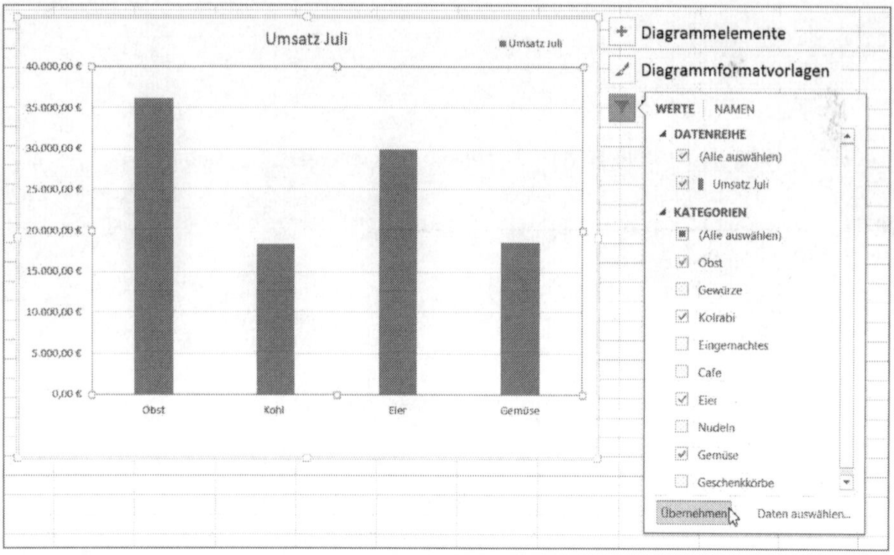

Bild 10.7: Nur bestimmte Werte im Diagramm präsentieren.

Entscheiden Sie, welche Werte gezeigt bzw. nicht gezeigt werden sollen, und bestätigen Sie Ihre Wahl mit einem Klick auf die Schaltfläche *Übernehmen*.

Tipp
Wenn Ihnen die Auswahl der Werte in dem Listenfeld zu unbequem ist, wählen Sie den Befehl *Daten auswählen*. Jetzt können Sie die Werte in einem Fenster auswählen.

Mit einem Klick auf den Eintrag *(Alle auswählen)* und einem Klick auf die Schaltfläche *Übernehmen* lassen Sie sich wieder alle Werte anzeigen.

10.2 Elemente eines Diagramms bearbeiten

Nachdem Sie sich für ein Diagramm entschieden haben, können Sie jedes Element verändern.

10.2.1 Elemente markieren und anpassen

Sie können jedes Element im Diagramm markieren und anschließend an Ihre Wünsche anpassen. Um ein besonders kleines Diagrammelement zu markieren, bietet Ihnen Excel Unterstützung an. Im Register *Format* finden Sie im ersten Listenfeld alle Elemente des Diagramms. Ein Klick reicht, um das gewünschte Element zu markieren.

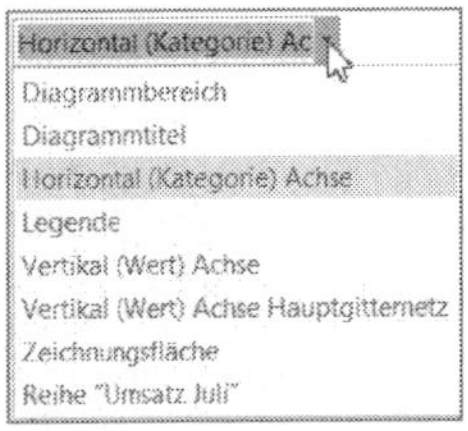

Bild 10.8: Die Liste aller Elemente des Diagramms.

Jetzt ist das gewählte Element markiert. Direkt unter diesem Feld sehen Sie die Schaltfläche *Auswahl formatieren*.

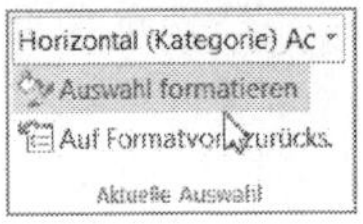

Bild 10.9: Das gewählte Element gestalten.

Mit einem Klick öffnen Sie den Aufgabenbereich und können das Element gestalten. In Excel 2010 öffnet sich ein Fenster. Der Titel des Fensters weist auf das markierte Element hin. In diesem Fenster sind alle Kategorien selbsterklärend.

Innerhalb des Aufgabenbereichs finden Sie alle Befehle, um das markierte Element zu formatieren. Im oberen Teil erkennen Sie, welches Element Sie zurzeit aktiviert haben. Je nachdem, welches das ist, finden Sie darunter einen oder zwei Begriffe.

Die folgende Abbildung zeigt mehrere Aufgabenbereiche. Die ersten beiden beinhalten die Befehle für eine markierte Achse, der dritte die für eine markierte Säulengruppe.

Bild 10.10: Die unterschiedlichen Auswahlmöglichkeiten.

Immer wenn im markierten Element Texte stehen, haben Sie auch den Eintrag *Textoptionen.*

Die folgende Tabelle listet die Befehle auf:

Schaltfläche	*Beschreibung*
	Mit diesem Befehl ändern Sie die Füllfarbe und die Linienart.
	Die Schaltfläche *Effekte* bietet Ihnen Befehle zu den Themen Schatten, Leuchteffekte und 3-D-Formate an.
	Mithilfe der Schaltfläche *Größe und Eigenschaften* ändern Sie unter anderem die Ausrichtung des Texts.
	Bei den *Achsenoptionen* stellen Sie unter anderem die Skalierung und die Zahlenformate der Achsen ein.
	Mit diesem Befehl ändern Sie die Schriftfarbe.
	Die Schaltfläche *Texteffekte* bietet Ihnen Befehle zu den Themen Schatten, Spiegelung und 3-D-Formate an.
	Über den Befehl *Textfeld* ändern Sie die Ausrichtung des Texts.

Tabelle 10.1: Die Befehle zum Gestalten der Diagrammelemente.

Nachdem Sie auf einen Schalter geklickt haben, erhalten Sie die Liste der Kategorien, in der Sie alle Befehle finden.

10.2.2 Einen gewählten Diagrammtyp ändern

Wenn Sie bemerken, dass Ihnen der gewählte Diagrammtyp doch nicht passt, können Sie ihn ganz schnell ändern.

❶ Markieren Sie das Diagramm und aktivieren Sie das Register *Entwurf.*

❷ Klicken Sie auf die Schaltfläche *Diagrammtyp ändern.*

❸ Markieren Sie in der Kategorie *Balken* das erste Muster.

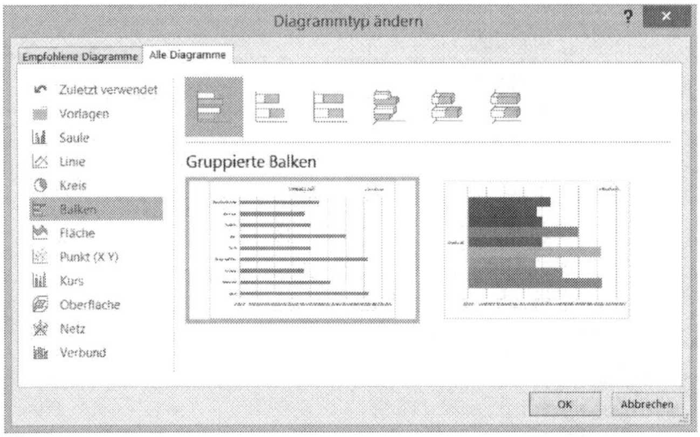

Bild 10.11: Den Diagrammtyp ändern.

Über die Kategorien am linken Fensterrand wählen Sie den Diagrammtyp, den Sie über die Symbole am oberen Fensterrand noch verfeinern können. Ab Excel 2013 sehen Sie im Fenster eine Vorschau.

❹ Wenn das gewünschte Ergebnis erscheint, bestätigen Sie es mit *OK.*

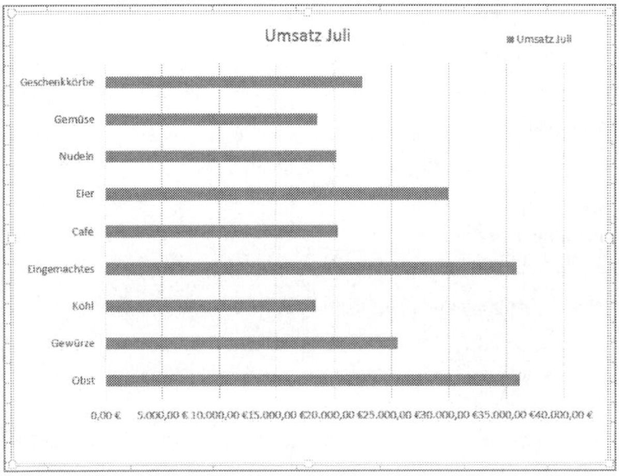

Bild 10.12: Die Daten werden jetzt in einem Balkendiagramm gezeigt.

10.2.3 Diagrammelemente bearbeiten bzw. einfügen

In diesem Beispiel stehen in der horizontalen Werteachse die Zahlen sehr dicht zusammen. Das liegt an den Nachkommastellen, auf die im Diagramm häufig verzichtet werden kann.

❶ Doppelklicken Sie auf die horizontale Werteachse.

❷ Aktivieren Sie im Aufgabenbereich den Eintrag *Achsenoptionen* und den Schalter *Achsenoptionen.* In Excel 2010 werden alle Befehle im Fenster angezeigt.

❸ Wählen Sie die Kategorie *Zahl* und stellen Sie im Feld *Dezimalstellen* die gewünschte Anzahl ein. Den Aufgabenbereich können Sie die ganze Zeit geöffnet lassen – das Fenster in Excel 2010 ebenfalls.

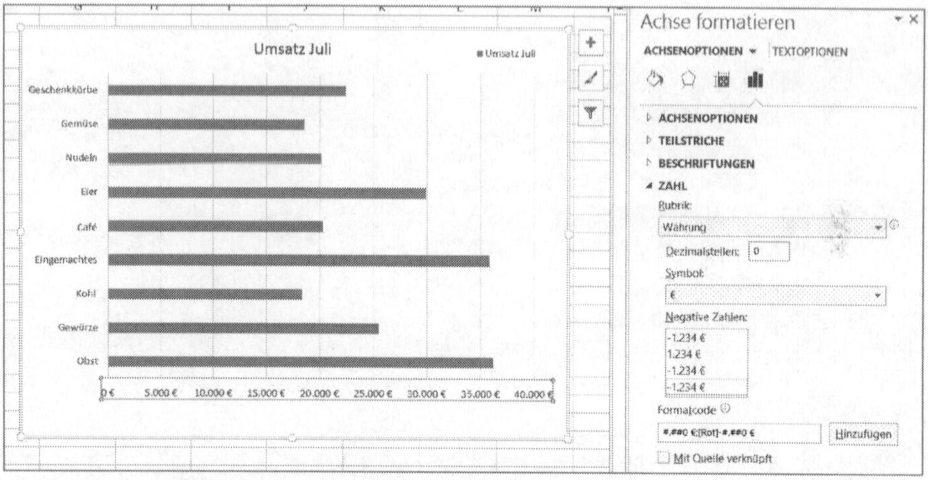

Bild 10.13: Die Anzahl der Dezimalstellen einstellen.

Excel stellt die Breite der Balken immer automatisch ein, Sie können das aber ändern.

❶ Markieren Sie einen Balken und aktivieren Sie den Befehl *Datenreihenoptionen.*

❷ Stellen Sie im Feld *Abstandsbreite* die gewünschte Balkenbreite ein.

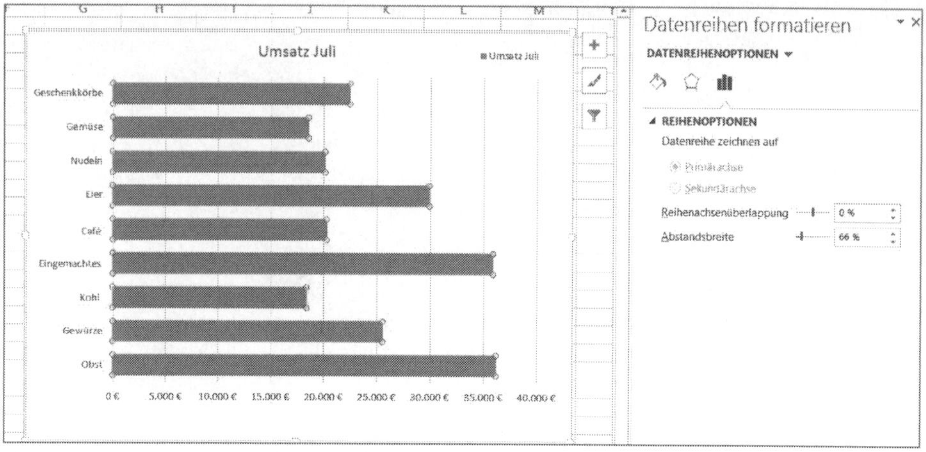

Bild 10.14: Die Abstandsbreite vergrößert die Balken.

Wenn Sie die Abstandsbreite auf *0 %* setzen, gibt es keinen Zwischenraum zwischen den Balken.

Zurzeit sind die Werte der Balken nicht genau erkennbar. Mit einem Befehl können Sie die Zahlen an die Balken anfügen.

❸ Klicken Sie auf einen Balken, anschließend auf die Schaltfläche *Diagrammelemente* und aktivieren Sie den Befehl *Datenbeschriftungen.*

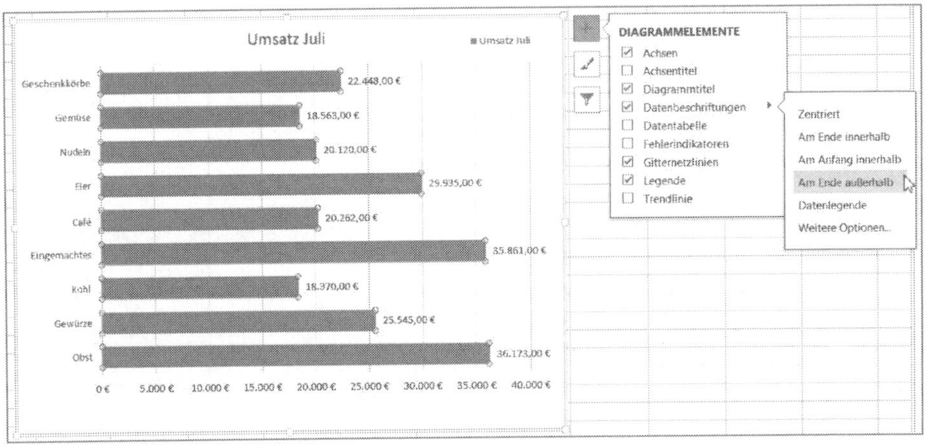

Bild 10.15: Die Datenbeschriftung an die Balken anfügen.

❹ Zu Beginn wird die Datenbeschriftung rechts von den Balken gezeigt. Wenn Sie das ändern möchten, klicken Sie auf das kleine Dreieck hinter dem Eintrag *Datenbeschriftung.*

❺ Um die Nachkommastellen zu entfernen, wählen Sie den Befehl *Weitere Optionen* und stellen in der Gruppe *Beschriftungsoptionen* die Kategorie *Zahl* ein.

❻ Wählen Sie im ersten Feld den Eintrag *Währung* und geben Sie im Feld *Dezimalstellen* eine *0* ein.

> **Tipp**
> Wenn Sie die Schriftart oder die Schriftgröße der Texte in Ihrem Diagramm ändern möchten, nutzen Sie die Befehle auf der Registerkarte *Start* in der Gruppe *Schriftart.*

10.2.4 Datenbereich für das Diagramm vergrößern

Angenommen, Sie sind mit Ihrem Diagramm fertig, und es soll doch noch eine weitere Materialgruppe aufgenommen werden. In dem Fall müssen Sie den Diagrammbereich erweitern. Im aktuellen Beispiel wird die Umsatzliste um die Produktgruppe *Nüsse* erweitert.

Produkt	Umsatz Juli
Obst	36.173,00 €
Gewürze	25.545,00 €
Kohl	18.370,00 €
Eingemachtes	35.861,00 €
Café	20.262,00 €
Eier	29.935,00 €
Nudeln	20.120,00 €
Gemüse	18.563,00 €
Geschenkkörbe	22.448,00 €
Nüsse	23.453,00 €

Bild 10.16: Die Umsatzliste wurde um ein weiteres Produkt erweitert.

Ihr Diagramm hat das neue Produkt noch nicht bemerkt.

❶ Markieren Sie das Diagramm, aktivieren Sie das Register *Entwurf* und klicken Sie auf die Schaltfläche *Daten auswählen.*

❷ Markieren Sie den ganzen Bereich, aus dem Ihr Diagramm erstellt werden soll.

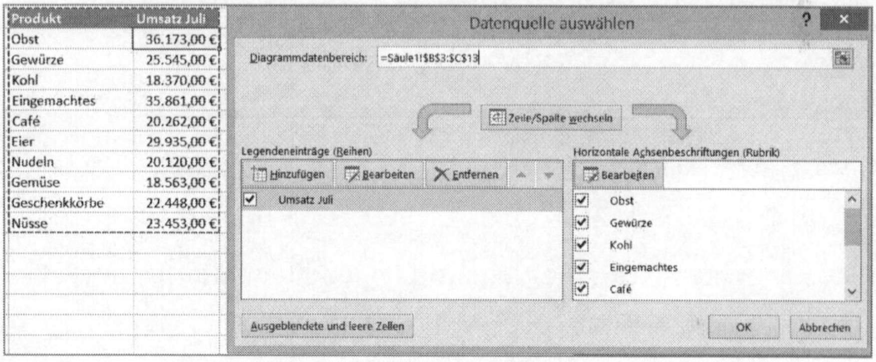

Bild 10.17: Die Datenquelle für das Diagramm auswählen.

❸ Bestätigen Sie mit *OK*, und das neue Produkt wird auch im Diagramm gezeigt.

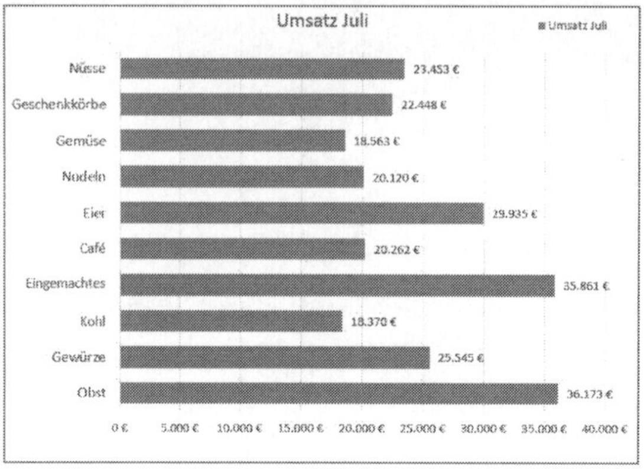

Bild 10.18: Das neue Produkt erscheint jetzt auch im Diagramm.

Tipp
Es geht sogar etwas schneller. Markieren Sie die neuen Zellen in der Umsatzliste und kopieren Sie den Inhalt. Markieren Sie das Diagramm und drücken Sie [Strg]+[V]. Damit erweitern Sie auch den Diagrammbereich, und das neue Produkt wird ins Diagramm übernommen.

10.2.5 Beschriftungen im Diagramm anpassen

Standardmäßig haben alle Diagramme ab Excel 2013 von Beginn an einen Titel. In Excel 2010 fügen Sie über die Befehlsfolge *Layout/Diagrammtitel/Über Diagramm* einen Titel ein. Den Text können Sie ändern.

❶ Klicken Sie in das Feld und erfassen Sie den gewünschten Text. Über den Aufgabenbereich ändern Sie die Gestaltung des Texts.

Bild 10.19: Die Diagrammbeschriftung ändern.

10.2.6 Dynamische Diagrammtitel mit Zeilenumbruch

Wenn Sie einen Zeilenumbruch in der Überschrift wünschen, müssen Sie einen Trick einsetzen.

❶ Erfassen Sie den gewünschten Text in einer Zelle und drücken Sie überall dort, wo Sie einen Zeilenumbruch wünschen, [Alt]+[Enter].

Bild 10.20: Der Zeilenumbruch wird mit Alt+Enter gesteuert.

❷ Klicken Sie dann in den Diagrammtitel und anschließend direkt in die Bearbeitungsleiste.

❸ Entfernen Sie alle Inhalte und geben Sie ein Gleichheitszeichen = ein.

❹ Klicken Sie in die Zelle, die den gewünschten Text enthält, und drücken Sie zur Bestätigung [Enter].

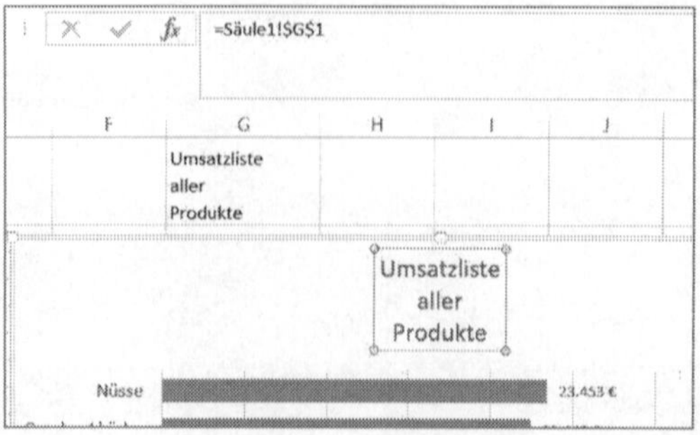

Bild 10.21: Ein Zeilenumbruch in der Diagrammbeschriftung.

In der Bearbeitungsleiste erkennen Sie, auf welche Zelle der Diagrammtitel zugreift.

Tipp
»Verstecken« Sie solche alternativen Diagrammtitel am besten entweder unter dem Diagramm oder auf einem separaten Tabellenblatt.

10.3 Zeitverläufe mit Liniendiagrammen darstellen

Wenn Sie in einer Tabelle Zeitverläufe, beispielsweise die Umsätze pro Monat, präsentieren möchten, sind Liniendiagramme eine gute Wahl. In diesem Beispiel haben Sie die Umsätze von vier Produkten über neun Monate erfasst. Jetzt möchten Sie den Umsatzverlauf jedes Produkts wissen.

	Geschenkkorb "Picknick"	Geschenkkorb "Leib und Seele"	Spiralnudeln Walli	Eiernudeln Hella
Januar	70.380,00 €	114.120,00 €	51.749,00 €	41.475,00 €
Februar	99.807,00 €	55.957,00 €	64.146,00 €	65.584,00 €
März	58.015,00 €	62.476,00 €	62.485,00 €	69.877,00 €
April	70.416,00 €	66.574,00 €	65.410,00 €	93.782,00 €
Mai	48.493,00 €	59.077,00 €	48.604,00 €	51.798,00 €
Juni	53.982,00 €	89.583,00 €	47.495,00 €	108.589,00 €
Juli	56.481,00 €	79.329,00 €	69.064,00 €	70.852,00 €
August	63.587,00 €	85.368,00 €	99.872,00 €	80.527,00 €
September	74.839,00 €	74.525,00 €	73.854,00 €	59.262,00 €

Bild 10.22: Die Daten für das Liniendiagramm.

❶ Markieren Sie die ganze Tabelle.

❷ Wählen Sie die Befehlsfolge *Einfügen/Liniendiagramm einfügen/Linie mit Datenpunkten.*

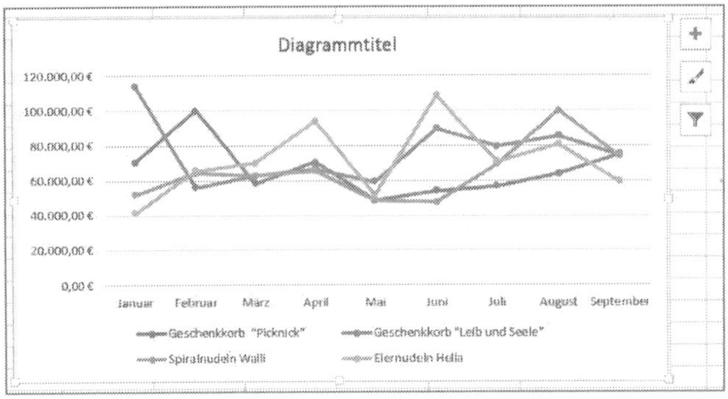

Bild 10.23: Das Diagramm zeigt den Umsatzverlauf der vier Produkte.

10.3.1 Bestimmte Datenpunkte hervorheben

Vielleicht wollen Sie an einer Linie einen bestimmten Datenpunkt optisch hervorheben.

❶ Klicken Sie dazu einmal auf diesen Datenpunkt. Vermutlich sind jetzt alle Datenpunkte der Linie markiert. Klicken Sie noch einmal auf diesen Datenpunkt.

❷ Doppelklicken Sie auf diesen Punkt, um den Aufgabenbereich zu öffnen. Achten Sie darauf, dass die Überschrift des Aufgabenbereichs den Titel *Datenpunkt formatieren* zeigt.

❸ Klicken Sie auf die Schaltfläche *Füllung und Linie* und aktivieren Sie die Kategorie *Markierung*.

❹ Aktivieren Sie anschließend die Kategorie *Markierungsoptionen* und stellen Sie die gewünschte Größe ein.

❺ Wählen Sie, wenn gewünscht, über das Feld *Typ* ein anderes Markierungssymbol aus.

❻ Über die Kategorie *Füllung* ändern Sie die Farbe des Markierungssymbols.

Durch das Hervorheben eines Datenpunkts lenken Sie den Blick des Betrachters an diese Position.

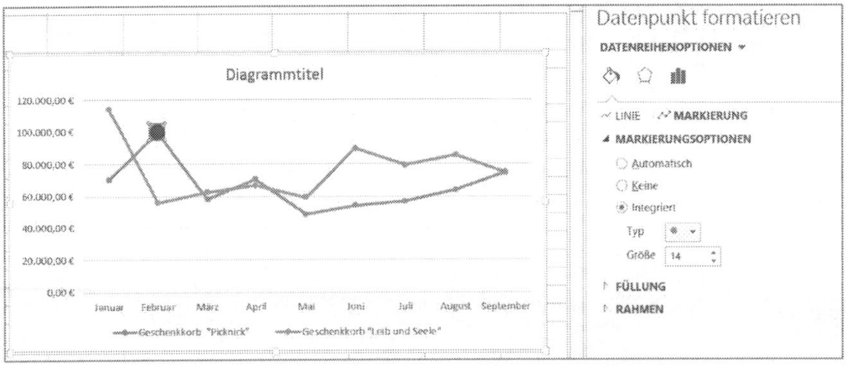

Bild 10.24: Das Hervorheben eines Datenpunkts.

10.3.2 Nicht alle Linien anzeigen

Angenommen, Sie möchten nur zwei Produkte sehen, um sie miteinander zu vergleichen. Nutzen Sie dazu den Diagrammfilter. Beachten Sie, dass Sie diesen Befehl nur ab Excel 2013 einsetzen können.

❶ Klicken Sie auf die Schaltfläche *Diagrammfilter* und deaktivieren Sie Werte, die Sie nicht in Ihrem Diagramm sehen möchten.

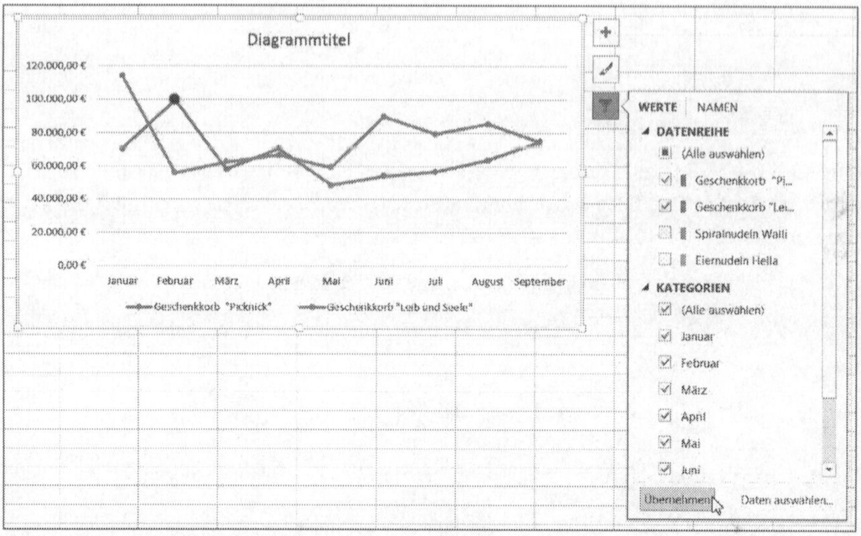

Bild 10.25: Der Umsatzverlauf von zwei Produkten.

So schnell geht es ab Excel 2013, Linien auszublenden. Jetzt können Sie den Umsatzverlauf der beiden Produkte erkennen.

10.4 Dynamische Diagramme erstellen

In diesem Beispiel wird ein dynamisches Diagramm erstellt – wobei diese Bezeichnung nicht ganz zutrifft. Der Inhalt der Zellen, auf die das Diagramm zugreift, ändert sich und damit das Diagramm.

Wenn die Nummer des Quartals geändert wird, sollen die passenden Zahlen im Diagramm angezeigt werden.

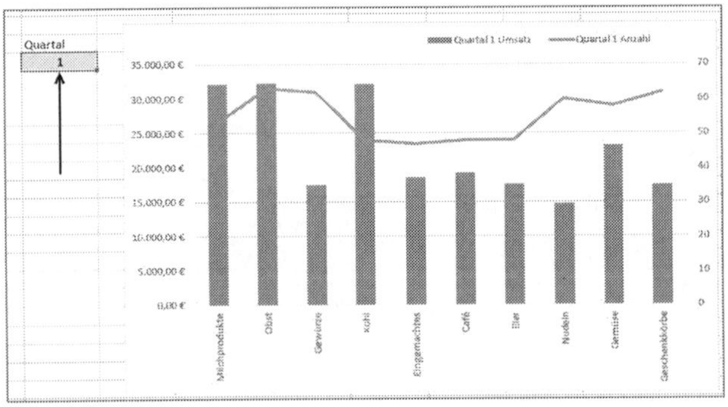

Bild 10.26: Das Ziel: ein dynamisches Diagramm.

Damit dieses Beispiel läuft, benötigen Sie einige Dinge.

- Zum einen werden die Daten benötigt, die später das Diagramm darstellen soll. Sie stehen in den Zellen *B3* bis *J13*. Die Daten für Ihre Zwecke können auch auf einem anderen Tabellenblatt stehen.
- In Zelle *C17* wird gleich die Quartalsnummer eingetragen.
- In den Zellen *E17* bis *F26* steht eine Formel, die die gewünschten Diagrammwerte abruft.
- Aus den Zellen *E16* bis *F26* wird dann das Diagramm erzeugt.

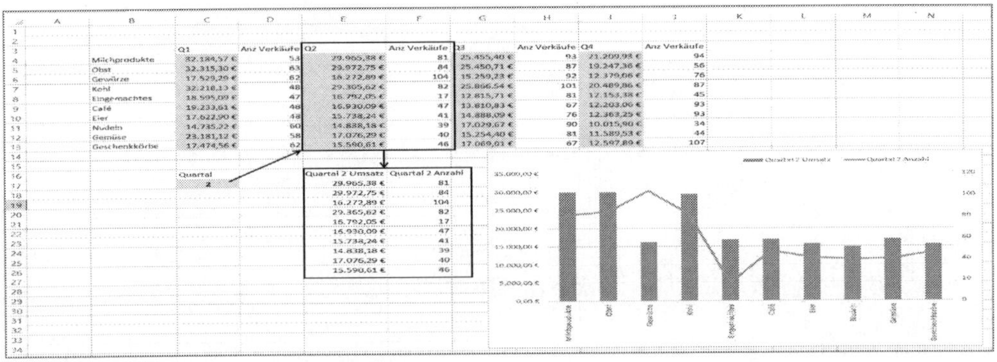

Bild 10.27: Das ganze Tabellenblatt.

10.4.1 Berechnungen erstellen

Zuerst müssen die Berechnungen erstellt werden.

1. Aktivieren Sie das Tabellenblatt *Dynamische Tabelle* und geben Sie eine Quartalsnummer in die Zelle *C17* ein.
2. Klicken Sie in die Zelle *E17* und drücken Sie die Tastenkombination `Umschalt` + `F3`, um das Fenster *Funktion einfügen* zu öffnen.

❸ Stellen Sie im Feld *Kategorie auswählen* den Eintrag *Alle* ein und starten Sie die Funktion `WAHL`.

❹ Der *Index* steht in Zelle *C17*. Das ist die Quartalsnummer. Setzen Sie die Zelle mit [F4] fest.

❺ Klicken Sie ins Feld *Wert1* und anschließend in die Zelle *C4*.

Wenn in Zelle *C17* der Wert *1* steht, wird der Inhalt von Zelle *C4* angezeigt.

❻ Klicken Sie ins Feld *Wert2* und anschließend in die Zelle *E4*.

Wenn in Zelle *C17* der Wert *2* steht, wird der Inhalt von Zelle *E4* angezeigt.

❼ Klicken Sie ins Feld *Wert3* und anschließend in die Zelle *G4*.

❽ Klicken Sie ins Feld *Wert4* und anschließend in die Zelle *I4*.

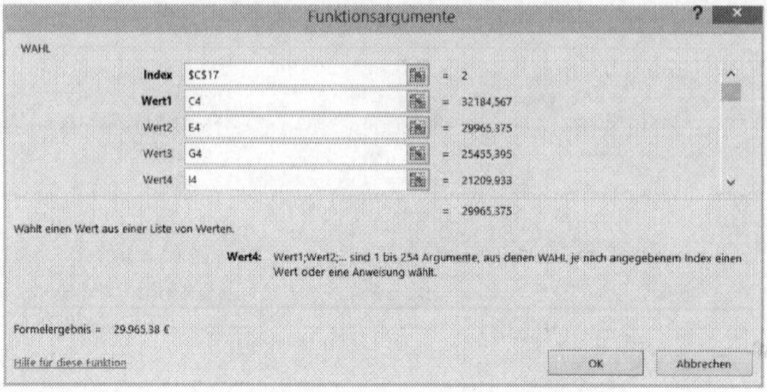

Bild 10.28: Die Funktion WAHL zeigt den Inhalt einer Zelle.

❾ Bestätigen Sie mit *OK* und testen Sie die Formel, indem Sie unterschiedliche Werte in die Zelle *C17* eingeben.

❿ Wenn die Formel zu Ihrer Zufriedenheit arbeitet, kopieren Sie sie am Ausfüllkästchen nach unten und anschließend nach rechts.

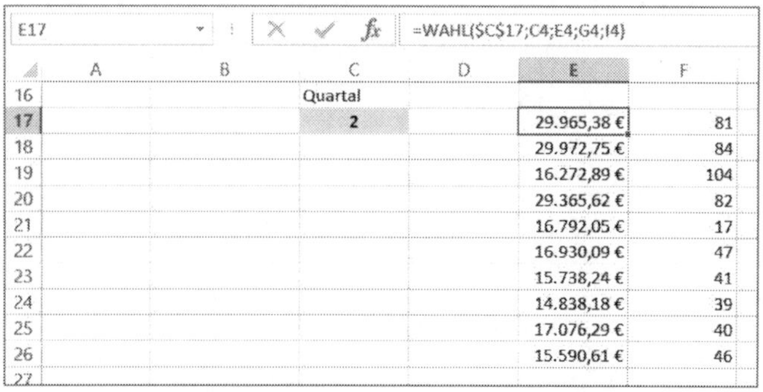

Bild 10.29: Die Zellen mit den Formeln, die je nach Quartal unterschiedliche Werte zeigen.

10.4.2 Dynamische Bezeichnungen festlegen

Jetzt sollen die beiden berechneten Spalten Überschriften bekommen. Diese sollen die gewählte Quartalsnummer zeigen, da die Überschriften als Bezeichnung ins Diagramm übernommen werden sollen.

1. Klicken Sie in die Zelle *E16*, erfassen Sie die folgende Formel und drücken Sie zur Bestätigung `Enter`:

```
=C16&" "&C17&" Umsatz"
```

   Zuerst soll der Inhalt von Zelle *C16* geholt werden. Daran wird ein Leerzeichen gehängt. An dieses wird der Inhalt von *C17* gehängt. Zum Abschluss wird das Wort *Umsatz* angefügt.

2. Klicken Sie in die Bearbeitungsleiste, markieren Sie diese Formel und kopieren Sie sie mit `Strg`+`C`.
3. Fügen Sie sie in Zelle *F16* mit `Strg`+`V` wieder ein.
4. Ändern Sie das letzte Wort *Umsatz* in *Anzahl.*

   Testen Sie die Formel, indem Sie unterschiedliche Werte in die Zelle *C17* eingeben.

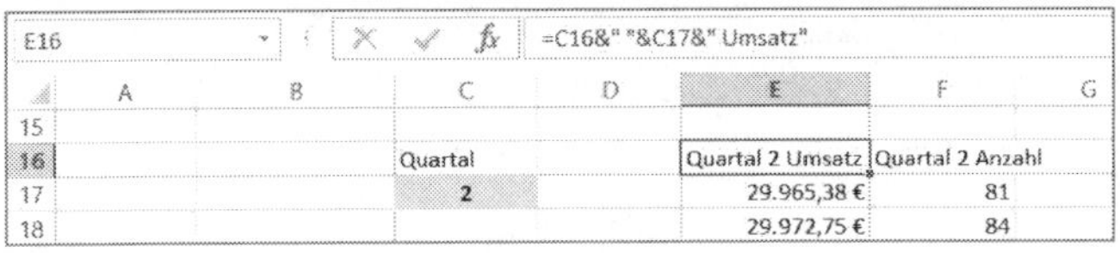

Bild 10.30: Die variable Beschriftung für die Berechnungen.

10.4.3 Das Diagramm erstellen

Jetzt kann das Diagramm erstellt werden. In Excel 2013 und 2016 gibt es endlich wieder fertige Diagrammformate für die Darstellung von Werten, die in sehr unterschiedlichen Wertebereichen liegen. Sollten Sie mit Excel 2010 arbeiten, lesen Sie weiter unten, wie Sie in einem Diagramm eine Sekundärachse einrichten.

1. Markieren Sie die Zellen *E16* bis *F26.*
2. Wählen Sie die Befehlsfolge *Einfügen/Verbunddiagramm einfügen/Gruppierte Säulen/ Linien auf der Sekundärachse.*

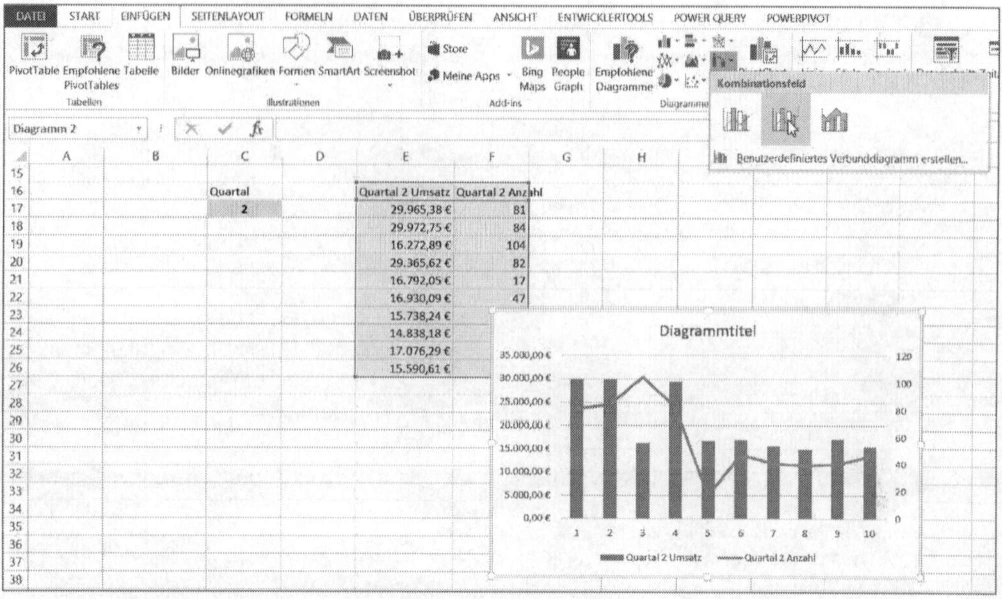

Bild 10.31: Ein Diagramm mit einer Sekundärachse einfügen.

❸ Ziehen Sie das Diagramm über die Zellen mit den Berechnungen und passen Sie die Größe wunschgemäß an.

❹ Ändern Sie die Quartalsnummer in Zelle *C17*.

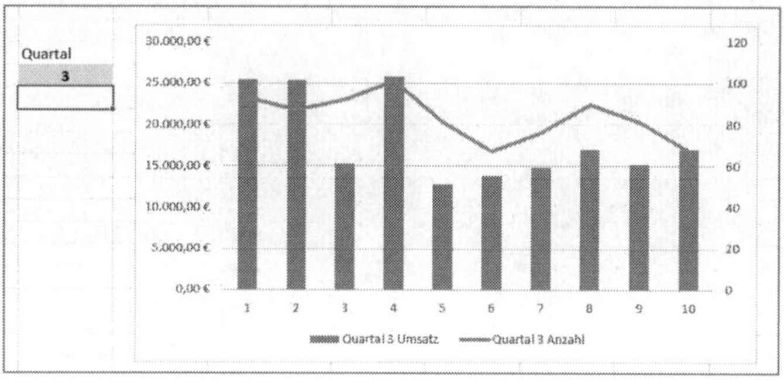

Bild 10.32: Das Ergebnis: Das Diagramm zeigt immer die zum Quartal passenden Daten.

10.4.4 Produktnamen als Säulenbeschriftung

Im letzten Schritt sollen die Produktnamen als Beschriftung für die Säulen geholt werden.

❶ Markieren Sie das Diagramm, aktivieren Sie das Register *Entwurf* und klicken Sie auf die Schaltfläche *Daten auswählen.*

❷ Klicken Sie im rechten Teil des Fensters auf die Schaltfläche *Bearbeiten* und markieren Sie die Zellen mit den Produktnamen in den Zellen *B4* bis *B13* im Fenster *Achsenbeschriftung*.

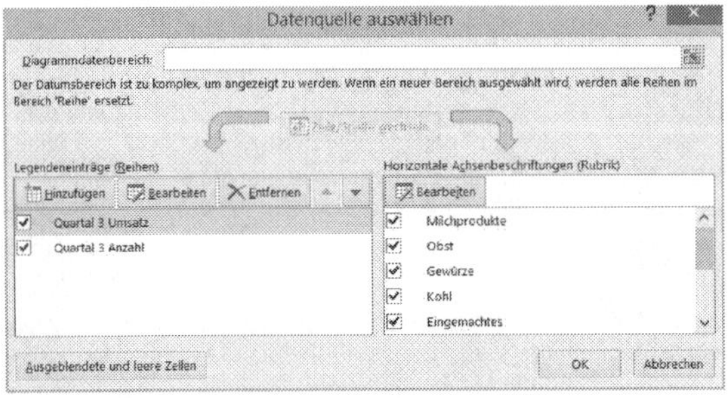

Bild 10.33: Die Produktnamen zur Beschriftung der Säulen wählen.

❶ Nachdem Sie mit *OK* bestätigt haben, werden die Produktbezeichnungen an den Säulen angezeigt.

❷ Über das Register *Start* können Sie an der Schaltfläche *Ausrichten* die Darstellung der Texte einstellen.

Für dieses Beispiel wurde die Legende in den oberen Teil des Diagramms verschoben.

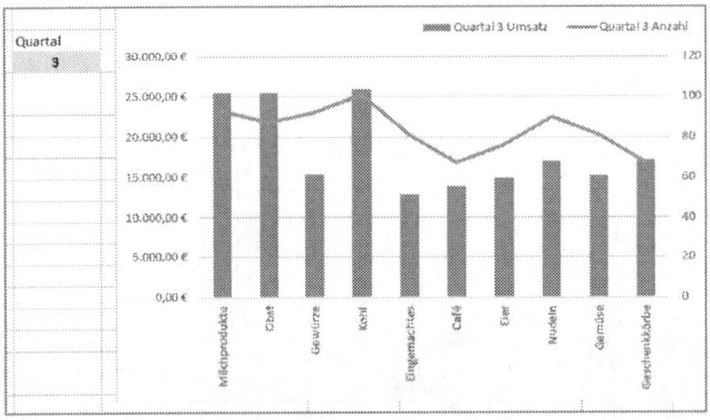

Bild 10.34: Das Diagramm passt sich automatisch dem gewählten Quartal an.

10.4.5 In Excel 2010

Der letzte Schritt, das Erstellen des Diagramms, klappt in Excel 2010 leider nicht so einfach. Er wird im Folgenden beschrieben.

Hinweis
Wenn Sie mit Excel 2013 arbeiten und Ihre Tabellen an Anwender weitergeben, die mit Excel 2010 arbeiten, müssen Sie sich keine Gedanken machen. Mit Excel 2010 kann dieses Diagramm geöffnet und bearbeitet werden.

❶ Markieren Sie die Zellen *E16* bis *F26*.

❷ Wählen Sie die Befehlsfolge *Einfügen/Säule/Gruppierte Säule*.

❸ Markieren Sie die Daten der Reihe *Quartal Anzahl*.

❹ Aktivieren Sie das Register *Entwurf*, klicken Sie auf die Schaltfläche *Diagrammtyp ändern* und wählen Sie das *Liniendiagramm* aus.

❺ Stellen Sie sicher, dass die Linie markiert ist, und öffnen Sie mit einem Doppelklick das Fenster *Datenreihen formatieren*.

❻ Stellen Sie die Option *Sekundärachse* ein.

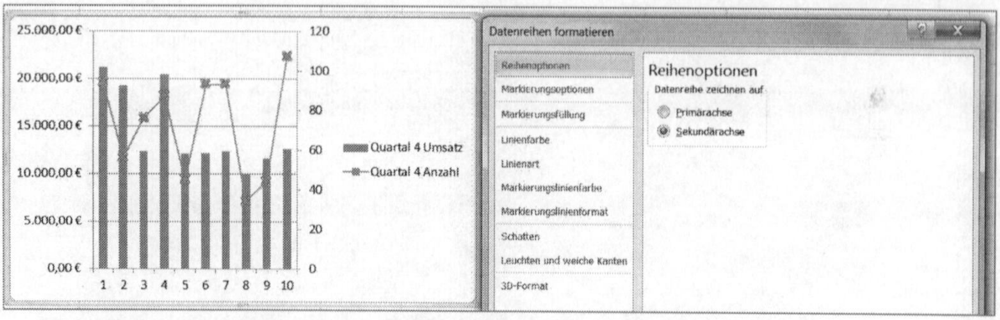

Bild 10.35: Ein Diagramm mit einer Sekundärachse in Excel 2010 erstellen.

Jetzt haben Sie in Excel 2010 ein Diagramm mit einer Sekundärachse erstellt. Die nächsten Schritte sind für alle Excel-Versionen gleich. Um die Beschriftungen an der horizontalen Achse zu erhalten, führen Sie die Schritte aus dem Abschnitt »Beschriftungen im Diagramm anpassen« weiter oben aus.

10.4.6 Auswahl des Quartals bequemer machen

Möchten Sie die Auswahl des Quartals noch bequemer machen? Dazu stellt Ihnen Excel wieder viele Varianten zur Verfügung. Wir stellen hier einmal zwei Möglichkeiten vor: die Auswahl des Quartals über ein Listenfeld und über ein Drehfeld.

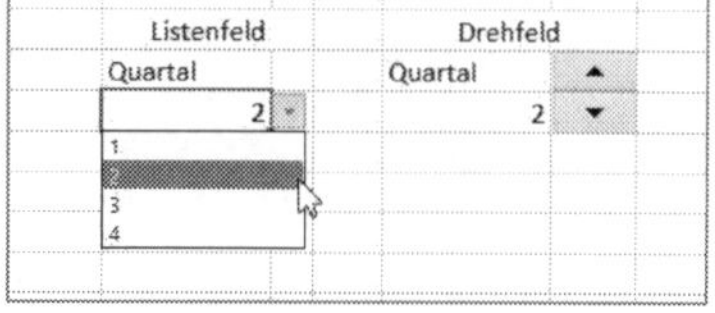

Bild 10.36: Sie können entscheiden, über welches Element Sie das Quartal auswählen.

Das Listenfeld

Im ersten Beispiel soll die Quartalsnummer über ein Listenfeld ausgewählt werden.

❶ Klicken Sie in die Zelle *C17* und wählen Sie die Befehlsfolge *Daten/Datenüberprüfung*.

❷ Wählen Sie im Feld *Zulassen* den Eintrag *Liste*.

❸ Klicken Sie ins Feld *Quelle* und geben Sie die folgenden Werte ein:

```
1;2;3;4
```

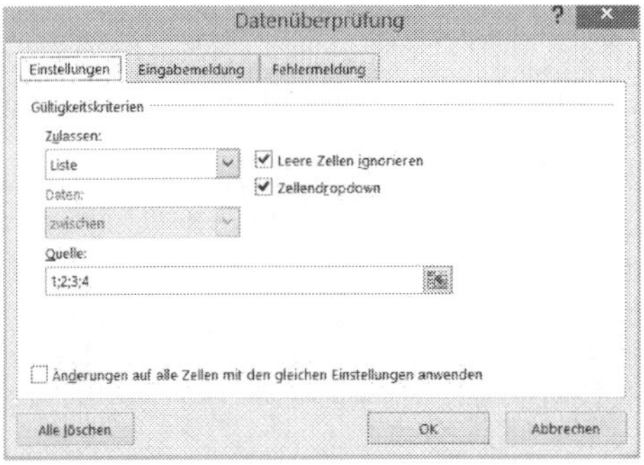

Bild 10.37: Die Werte im Feld *Quelle* werden gleich im Drop-down-Feld gezeigt.

❹ Bestätigen Sie mit *OK*.

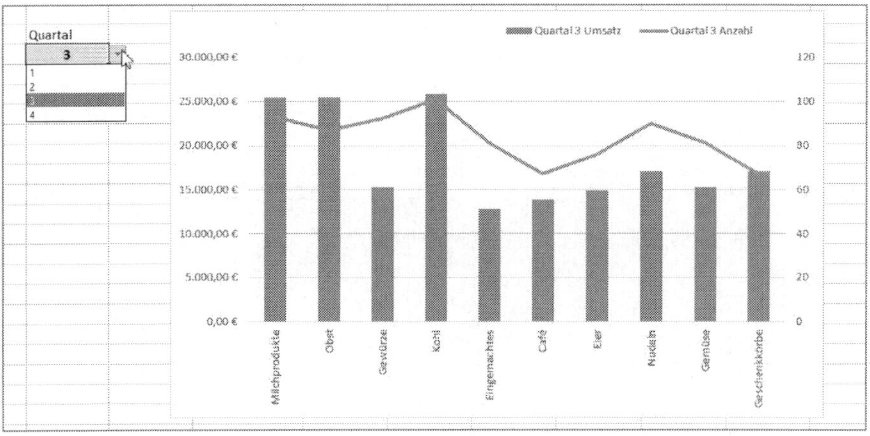

Bild 10.38: Über das Listenfeld kann jetzt die Quartalsnummer gewählt werden.

> **Hinweis**
> Ein positiver Nebeneffekt des Listenfelds ist, dass keine fehlerhaften Werte mehr eingegeben werden können.

Das Drehfeld

Das Drehfeld ist ein Steuerelement, das Sie über das Register *Entwicklertools* einfügen.

Sollten Sie das Register *Entwicklertools* nicht sehen, wählen Sie die Befehlsfolge *Datei/Optionen/Menüband anpassen.* Aktivieren Sie ganz rechts im Fenster den Haken bei *Entwicklertools* und bestätigen Sie mit *OK.*

❶ Aktivieren Sie das Register *Entwicklertools*, klicken Sie auf die Schaltfläche *Einfügen* und wählen Sie das Drehfeld aus.

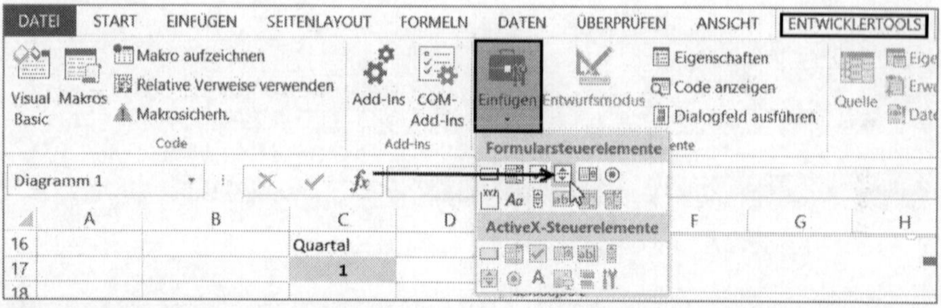

Bild 10.39: Die Auswahl des Drehfelds.

❷ Ziehen Sie das Drehfeld an der gewünschten Stelle auf Ihrem Tabellenblatt auf.

> **Tipp**
> Wenn Sie beim Ziehen die [Alt]-Taste festhalten, richtet sich das Drehfeld innerhalb der Zellen aus.

❸ Klicken Sie mit der rechten Maustaste auf das Drehfeld und wählen Sie den Befehl *Steuerelement formatieren.*

❹ Der *Minimalwert* ist *1*, der *Maximalwert 4.* Damit stellen Sie sicher, dass nur zwischen den vier Werten gewählt werden kann.

❺ Die *Schrittweite* ist *1.* So kann immer um eins erhöht oder verringert werden.

❻ Die *Zellverknüpfung* ist die Zelle *C17.* Der gewählte Wert wird in die Zelle *C17* geschrieben.

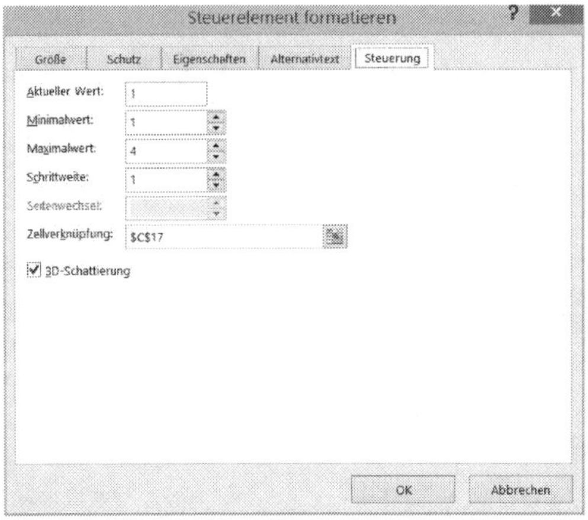

Bild 10.40: Die Einstellungen für das Drehfeld.

❼ Bestätigen Sie mit *OK* und klicken Sie in eine Zelle auf dem Tabellenblatt.

Testen Sie Ihr Drehfeld.

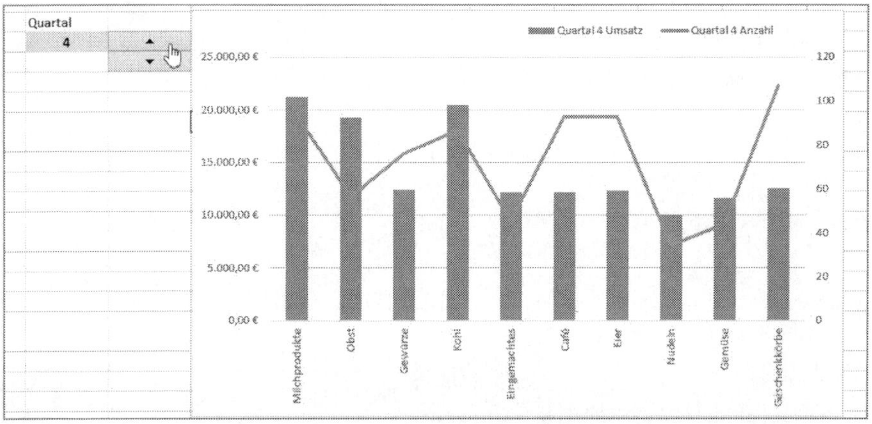

Bild 10.41: Über das Drehfeld kann die Quartalsnummer eingestellt werden.

Mit einem Rechtsklick auf das Drehfeld können Sie es bearbeiten.

10.5 Sparklines zeigen den Jahresumsatz

Sparklines sind Diagramme, die in einer Zelle angezeigt werden. Sie haben die Wahl zwischen einer Linie und einer Säulengruppe. Beim Erstellen müssen Sie darauf achten, dass Sie nur eine Zeile oder eine Spalte mit Werten markieren. Sparklines eignen sich besonders, um einen zeitlichen Verlauf darzustellen.

	Januar	Februar	März	April	Mai	Juni	Juli	August	September	Oktober	November	Dezember
Geschenkkorb "Picknick"	110.380 €	45.807 €	78.015 €	70.416 €	48.493 €	53.982 €	56.481 €	63.587 €	74.839 €	99.120 €	118.332 €	164.120 €
Geschenkkorb "Leib und Seele"	114.120 €	55.957 €	62.476 €	66.574 €	59.077 €	89.583 €	79.329 €	85.368 €	74.525 €	110.380 €	144.592 €	170.380 €
Spiralnudeln Walli	91.749 €	64.146 €	62.485 €	65.410 €	48.604 €	47.495 €	69.064 €	99.872 €	73.854 €	101.475 €	66.574 €	65.584 €
Eiernudeln Hella	101.475 €	65.584 €	69.877 €	93.782 €	51.798 €	108.589 €	70.852 €	80.527 €	59.262 €	78.015 €	89.583 €	80.380 €

Bild 10.42: Die Daten für die Sparklines.

10.5.1 Sparklines erstellen

Im aktuellen Beispiel sollen die Umsatzdaten von vier Produkten über zwölf Monate gezeigt werden.

❶ Aktivieren Sie das Tabellenblatt *Sparklines* und klicken Sie in die Zelle *O6*.

❷ Aktivieren Sie das Register *Einfügen* und wählen Sie in der Gruppe *Sparklines* den Befehl *Linie*.

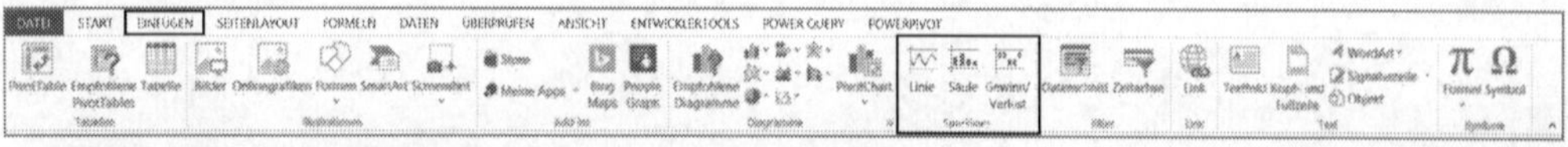

Bild 10.43: Die Gruppe *Sparklines* im Register *Einfügen*.

❸ Markieren Sie die Zellen, aus denen Sie die erste Sparkline erstellen möchten, in diesem Beispiel *C6* bis *N6*.

❹ Da Sie bereits die Zelle markiert haben, in der Sie die Sparkline sehen möchten, lassen Sie die Zelle *O6* im Feld *Positionsbereich*.

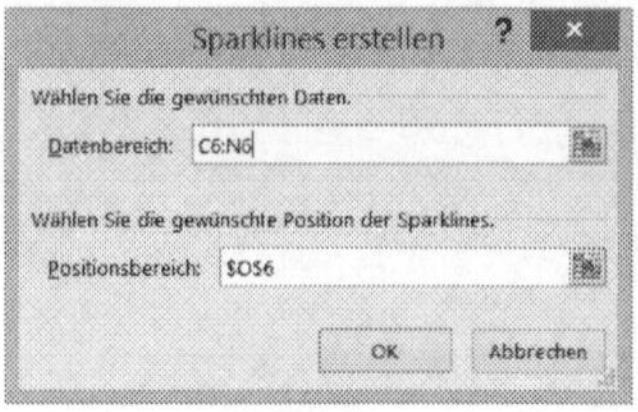

Bild 10.44: Eine Sparkline erstellen.

❺ Bestätigen Sie mit *OK*.

Sofort wird aus den markierten Zellen die Sparkline erstellt.

	Januar	Februar	März	April	Mai	Juni	Juli	August	September	Oktober	November	Dezember
Geschenkkorb "Picknick"	110.380 €	45.807 €	78.015 €	70.416 €	48.493 €	53.982 €	56.481 €	63.587 €	74.839 €	99.120 €	118.332 €	164.120 €
Geschenkkorb "Leib und Seele"	114.120 €	55.957 €	62.476 €	66.574 €	59.077 €	89.583 €	79.329 €	85.368 €	74.525 €	110.380 €	144.592 €	170.380 €
Spiralnudeln Walli	91.749 €	64.146 €	62.485 €	65.410 €	48.604 €	47.495 €	69.064 €	99.872 €	73.854 €	101.475 €	66.574 €	65.584 €
Eiernudeln Hella	101.475 €	65.584 €	69.877 €	93.782 €	51.798 €	108.589 €	70.852 €	80.527 €	59.262 €	78.015 €	89.583 €	80.380 €

Bild 10.45: Die erste Sparkline ist fertig.

❻ Ziehen Sie die Sparkline am Ausfüllkästchen nach unten, um sie in die anderen Zellen zu kopieren.

Ändern Sie nun für die vier Zeilen die Höhe, damit Ihre Sparklines besser zur Geltung kommen.

7. Markieren Sie die Zeilen *6* bis *9* und wählen Sie die Befehlsfolge *Start/Format/Zeilenhöhe.*

8. Geben Sie eine gewünschte Höhe ein. In diesem Beispiel haben wir uns für den Wert *25* entschieden.

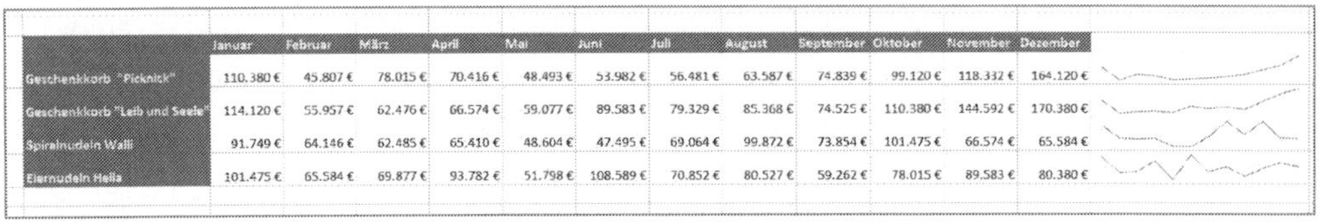

	Januar	Februar	März	April	Mai	Juni	Juli	August	September	Oktober	November	Dezember
Geschenkkorb "Picknick"	110.380 €	45.807 €	78.015 €	70.416 €	48.493 €	53.982 €	56.481 €	63.587 €	74.839 €	99.120 €	118.332 €	164.120 €
Geschenkkorb "Leib und Seele"	114.120 €	55.957 €	62.476 €	66.574 €	59.077 €	89.583 €	79.329 €	85.368 €	74.525 €	110.380 €	144.592 €	170.380 €
Spiralnudeln Walli	91.749 €	64.146 €	62.485 €	65.410 €	48.604 €	47.495 €	69.064 €	99.872 €	73.854 €	101.475 €	66.574 €	65.584 €
Eiernudeln Helia	101.475 €	65.584 €	69.877 €	93.782 €	51.798 €	108.589 €	70.852 €	80.527 €	59.262 €	78.015 €	89.583 €	80.380 €

Bild 10.46: Die Sparklines für die vier Produkte.

10.5.2 Sparklines bearbeiten

Immer wenn Sie eine Sparkline markiert haben, erscheint das Register *Entwurf.* In diesem Register finden Sie alle Befehle, um Ihre Sparklines zu bearbeiten.

Die Farbe ändern

Über das Listenfeld *Formatvorlage* bzw. *Sparklinefarbe* können Sie die Farbe Ihrer Sparklines ändern. Da Sie die Sparklines kopiert haben, hängen alle zusammen. Das bedeutet, jede Änderung wird automatisch auf alle Sparklines übertragen.

Die Gruppierung der Sparklines aufheben

Wenn Sie diese Gruppierung aufheben möchten, führen Sie die folgenden Schritte durch:

1. Markieren Sie alle Sparklines.

2. Aktivieren Sie das Register *Entwurf* und klicken Sie auf die Schaltfläche *Gruppierung aufheben.*

   In diesem Beispiel wird die Gruppierung der Sparklines allerdings beibehalten.

Datenpunkte hervorheben

Excel bietet Ihnen mehrere Möglichkeiten, die Sparklines zu gestalten. So können Sie beispielsweise bestimmte Datenpunkte hervorheben.

Auf der Registerkarte *Entwurf* finden Sie in der Gruppe *Anzeigen* die Befehle, um bestimmte Punkte in der Sparkline hervorzuheben.

1. Markieren Sie Ihre Sparklines.

❷ Aktivieren Sie im Register *Entwurf* die Befehle *Höchstpunkt* und *Tiefpunkt*.

❸ Stellen Sie anschließend über die Befehlsfolge *Datenpunktfarbe* die gewünschten Farben für den höchsten und für den niedrigsten Datenpunkt ein.

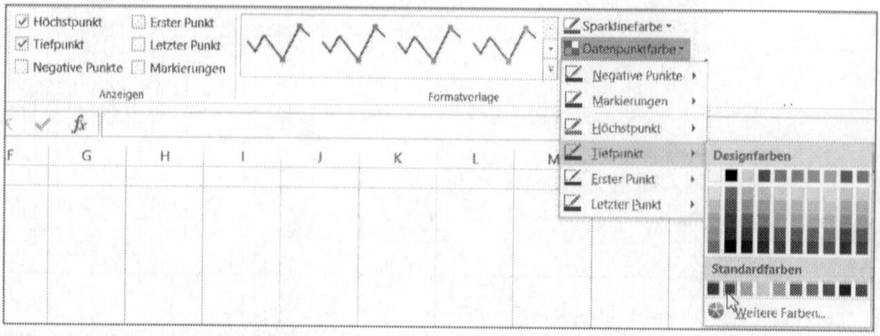

Bild 10.47: Bestimmte Punkte in der Sparkline hervorheben.

Jetzt sind pro Sparkline der größte und der kleinste Wert deutlich erkennbar.

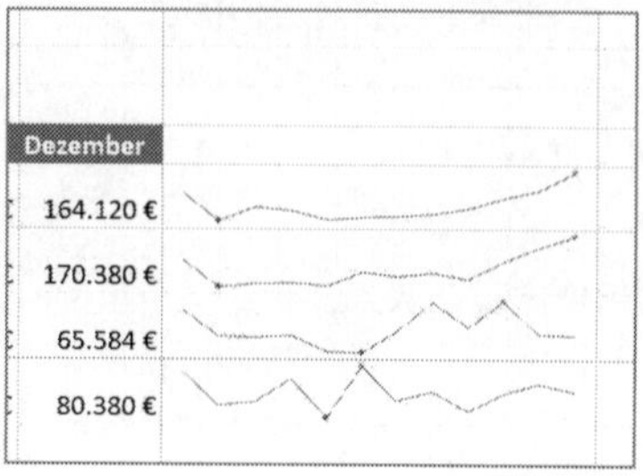

Bild 10.48: Die Datenpunkte in den Sparklines.

Die Achsen

Standardmäßig hat jede Sparkline eine Achse. Das bedeutet, dass alle Sparklines unabhängig voneinander agieren. Für das folgende Beispiel wurden die Umsätze eines Produkts geändert.

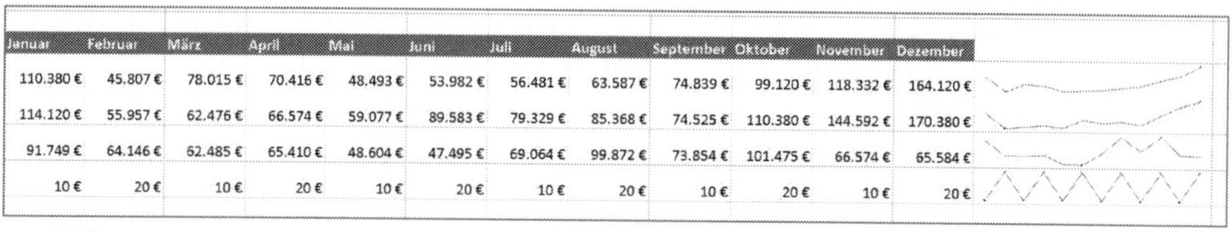

Bild 10.49: Die Umsätze des vierten Produkts wurden geändert.

Sie erkennen, dass die Höhe der vierten Linie die gleiche ist wie bei den anderen Sparklines. Wenn Sie das nicht wünschen, führen Sie die folgenden Schritte durch:

❶ Klicken Sie auf eine Sparkline und aktivieren Sie das Register *Entwurf*.

❷ Klicken Sie auf die Schaltfläche *Achse* und aktivieren Sie den Befehl *Identisch für alle Sparklines* in der Gruppe *Optionen für den Minimalwert der vertikalen Achse.*

❸ Klicken Sie erneut auf die Schaltfläche *Achse* und klicken Sie diesmal auf den Befehl *Identisch für alle Sparklines* in der Gruppe *Optionen für den Höchstwert der vertikalen Achse.*

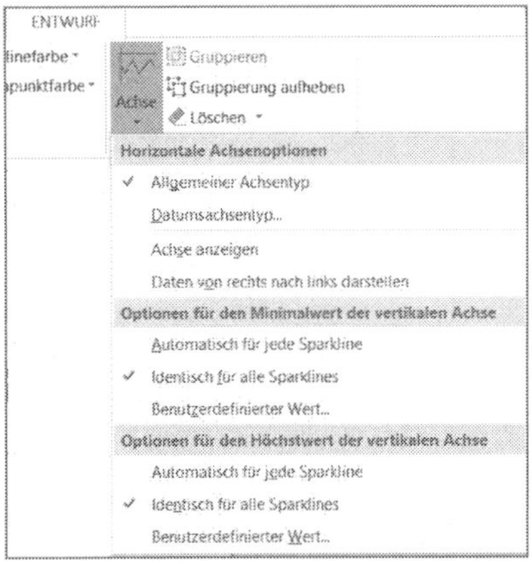

Bild 10.50: Die Einstellungen für die Achse.

Jetzt wird die Höhe der vierten Linie den anderen Werten angepasst.

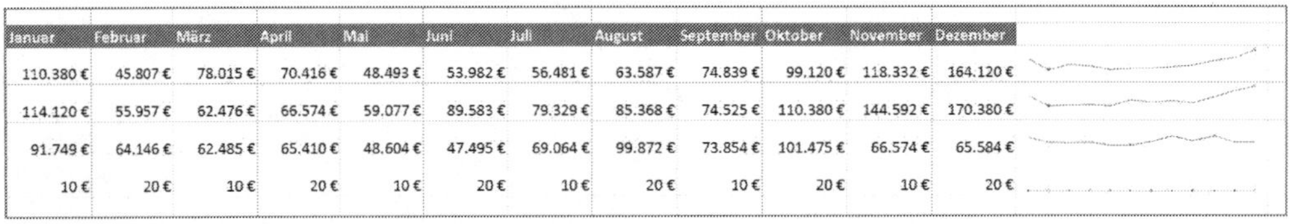

Januar	Februar	März	April	Mai	Juni	Juli	August	September	Oktober	November	Dezember
110.380 €	45.807 €	78.015 €	70.416 €	48.493 €	53.982 €	56.481 €	63.587 €	74.839 €	99.120 €	118.332 €	164.120 €
114.120 €	55.957 €	62.476 €	66.574 €	59.077 €	89.583 €	79.329 €	85.368 €	74.525 €	110.380 €	144.592 €	170.380 €
91.749 €	64.146 €	62.485 €	65.410 €	48.604 €	47.495 €	69.064 €	99.872 €	73.854 €	101.475 €	66.574 €	65.584 €
10 €	20 €	10 €	20 €	10 €	20 €	10 €	20 €	10 €	20 €	10 €	20 €

Bild 10.51: Alle Sparklines hängen zusammen.

Sparklines entfernen

Eine Sparkline können Sie nicht so einfach durch Drücken von `Entf` löschen.

❶ Markieren Sie eine Sparkline und aktivieren Sie das Register *Entwurf.*

❷ Ganz rechts finden Sie die Schaltfläche *Löschen.*

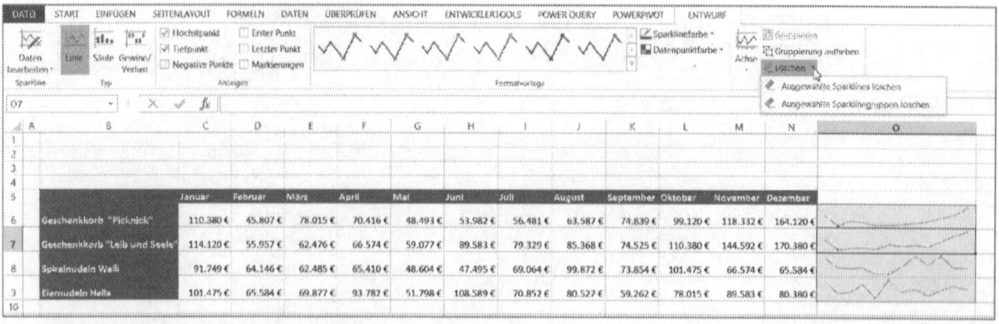

Bild 10.52: Die Sparklines löschen.

❸ Über den Listenpfeil entscheiden Sie, ob nur die markierte Sparkline oder alle Sparklines der Gruppe entfernt werden sollen.

10.6 Sparklines mit Beschriftung

Im Folgenden sollen nur die Produktnamen und die Sparklines gezeigt werden. Damit allerdings für jedermann erkennbar ist, wie hoch die Werte sind, die die Sparklines zeigen, sollen in der Zelle daneben der höchste und der geringste Wert gezeigt werden.

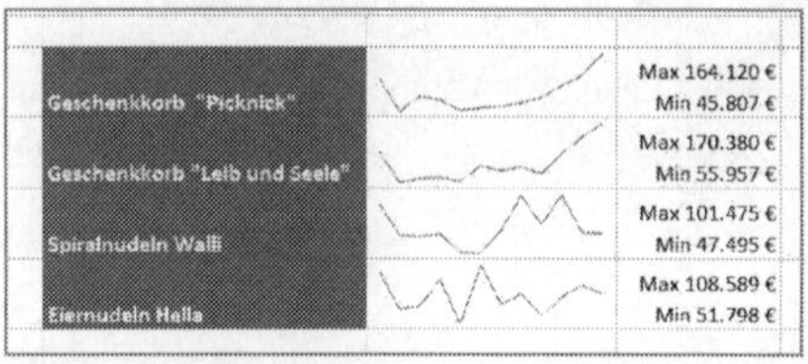

Bild 10.53: Das Ziel: Sparklines sowie der höchste und der geringste Wert.

10.6.1 Sparklines auf einem anderen Blatt zeigen

In diesem Beispiel wurden die Produktnamen auf ein neues Tabellenblatt kopiert. In die Zellen daneben wurden die Sparklines eingefügt. Die Werte, auf die sich die Sparklines beziehen, stehen auf dem ersten Tabellenblatt *Sparklines*.

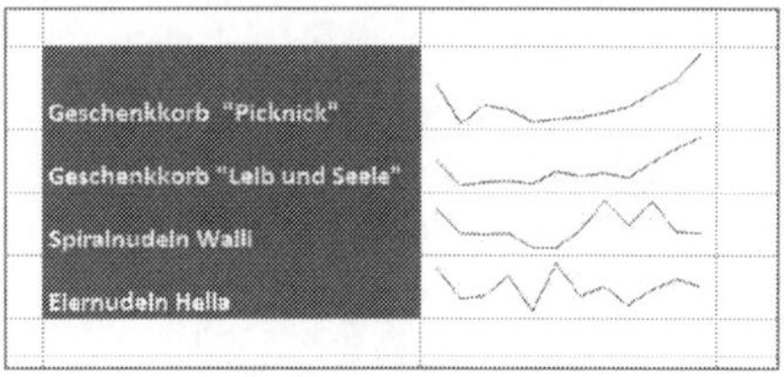

Bild 10.54: Die Ausgangslage.

10.6.2 Berechnung für höchsten und geringsten Wert

Im ersten Schritt werden der höchste und der geringste Wert mit den Funktionen `MAX` und `MIN` in einer Zelle angezeigt.

❶ Klicken Sie in die Zelle *D4*, erfassen Sie die folgende Formel und bestätigen Sie mit *OK*.

```
=MAX(Sparklines!C6:N6)&" " &MIN(Sparklines!C6:N6)
```

❷ Ziehen Sie die Formel am Ausfüllkästchen nach unten.

Mit dem Teil `=MAX(Sparklines!C6:N6)` wird der größte Wert der Zellen auf dem Tabellenblatt *Sparklines* berechnet. Daran wird mit dem Teil `)&" " &` ein Leerzeichen angehängt. Der letzte Teil, `MIN(Sparklines!C6:N6)`, ermittelt den kleinsten Wert in den Zellen.

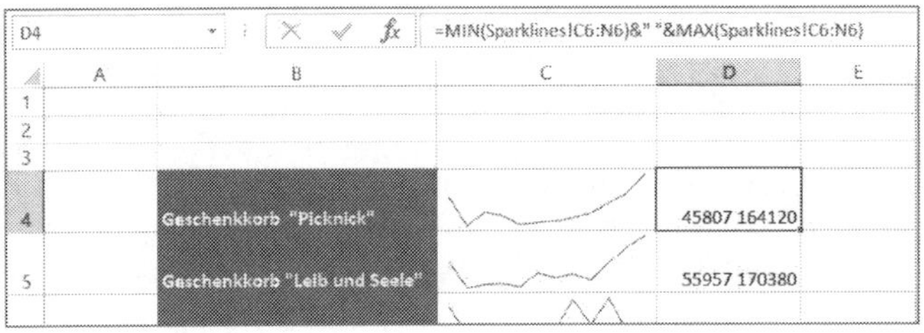

Bild 10.55: Nur den höchsten und den geringsten Wert anzeigen.

Wenn Sie auch das Euroformat sehen möchten, müssen Sie die Funktion `TEXT` einsetzen.

❸ Markieren Sie die Zelle *D4* und erweitern Sie die Formel entsprechend dem folgenden Code:

```
=TEXT(MAX(Sparklines!C8:N8);"#.##0 €")&"
"&TEXT(MIN(Sparklines!C8:N8);"#.##0 €")
```

❹ Ziehen Sie die Formel am Ausfüllkästchen nach unten.

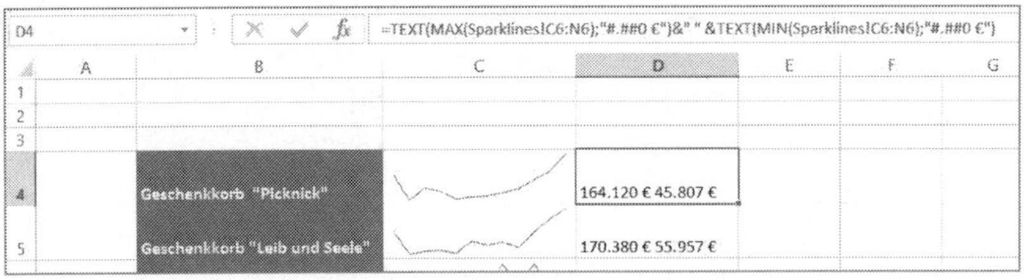

Bild 10.56: Das Euroformat für den höchsten und den geringsten Wert.

Die Zahlen wären besser zu lesen, wenn sie untereinanderstünden.

❺ Markieren Sie die Zellen *D4* bis *D7*.

❻ Aktivieren Sie das Register *Start* und klicken Sie auf die Schaltfläche *Zeilenumbruch*.

❼ Verändern Sie die Breite der Spalte *D* so lange, bis der Zeilenumbruch zu Ihrer Zufriedenheit ausgeführt wird.

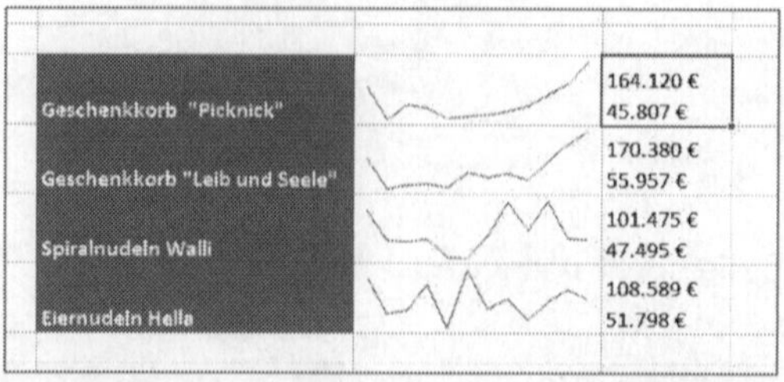

Bild 10.57: Durch den Zeilenumbruch sind der höchste und der geringste Wert besser lesbar.

Im Prinzip sind Sie jetzt fertig, Sie sollten aber noch die Beschriftungen *Max* und *Min* vor die Werte bringen, damit jeder die Bedeutung der Zahlen sofort erkennt.

❽ Markieren Sie die Zelle *D4* und erweitern Sie die Formel entsprechend dem folgenden Code:

```
="Max "&TEXT(MAX(Sparklines!C6:N6);"#.##0 €")&" " &"Min
"&TEXT(MIN(Sparklines!C6:N6);"#.##0 €")
```

❾ Ziehen Sie die Formel am Ausfüllkästchen nach unten.

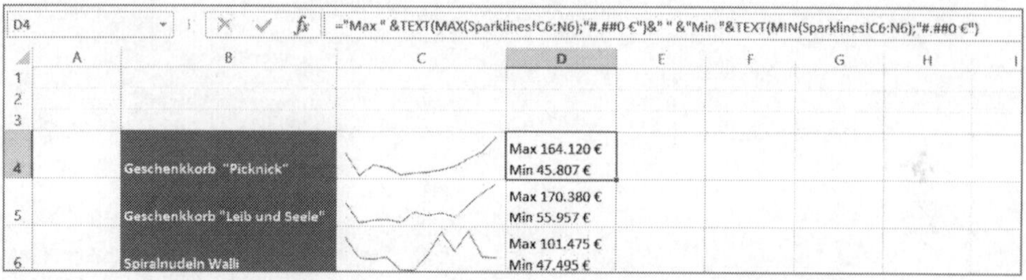

Bild 10.58: Jetzt erkennt jeder auf Anhieb den größten und den kleinsten Wert.

10.7 Neue Diagrammformen in Excel 2016

In Excel 2016 gibt es tolle neue Diagrammtypen. Beachten Sie, dass Sie diese Diagramme nur in Excel 2016 sehen und bearbeiten können.

10.7.1 Wertezu- und -abnahme im Wasserfalldiagramm

Ein Wasserfalldiagramm zeigt perfekt die Zu- und Abnahme von Werten. In diesem Beispiel werden die Kosten eines Projekts aufgeschlüsselt. Die Kosten jedes Teilprojekts werden als Säule dargestellt.

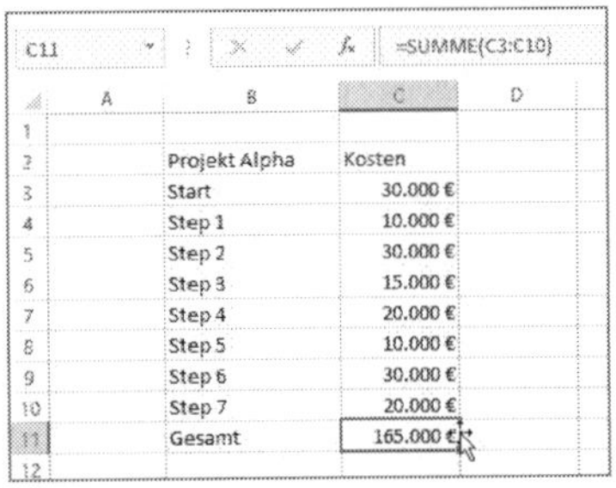

Bild 10.59: Die Kosten der Teilprojekte und die Gesamtsumme.

❶ Markieren Sie die Zellen *B2* bis *C11* und aktivieren Sie das Register *Einfügen.*

❷ Klicken Sie auf den Schalter *Wasserfall- oder Kursdiagramm einfügen* und wählen Sie den Befehl *Wasserfall.*

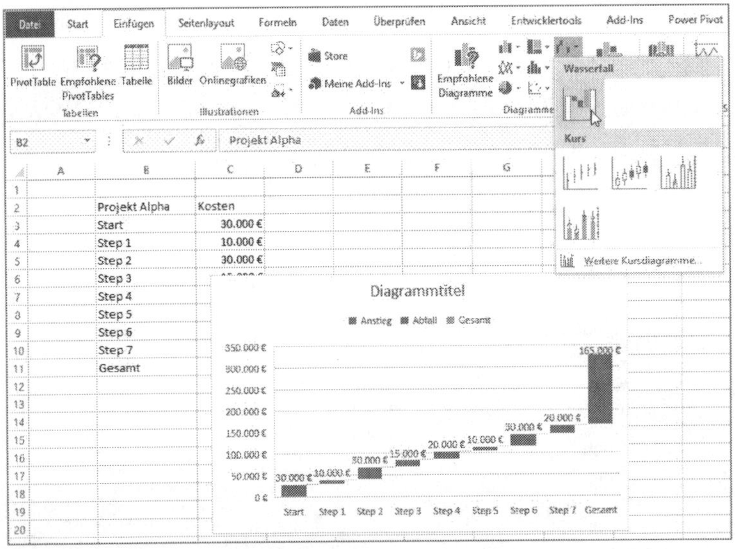

Bild 10.60: Das Wasserfalldiagramm.

Zu Beginn versteht Excel nicht, dass die Gesamtsumme keine normalen Kosten sind, sondern als Gesamtsäule gezeigt werden soll.

❶ Klicken Sie auf eine Säule.

❷ Doppelklicken Sie auf die Säule der Gesamtsumme.

❸ Stellen Sie im Aufgabenbereich *Datenpunkt formatieren* die Option *Als Summe festlegen* ein.

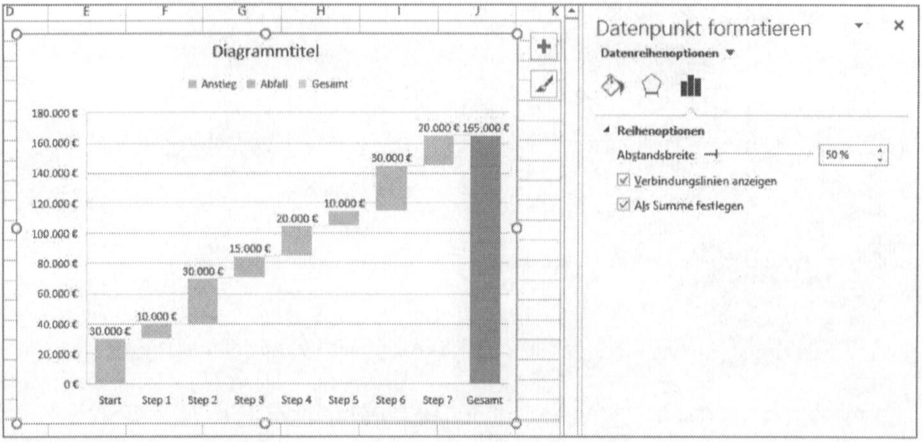

Bild 10.61: Die Summensäule muss extra gekennzeichnet werden.

Jetzt können Sie für alle Säulen noch eine etwas breitere Rahmenlinie einstellen, damit die Verbindungslinien zwischen den Säulen besser sichtbar sind.

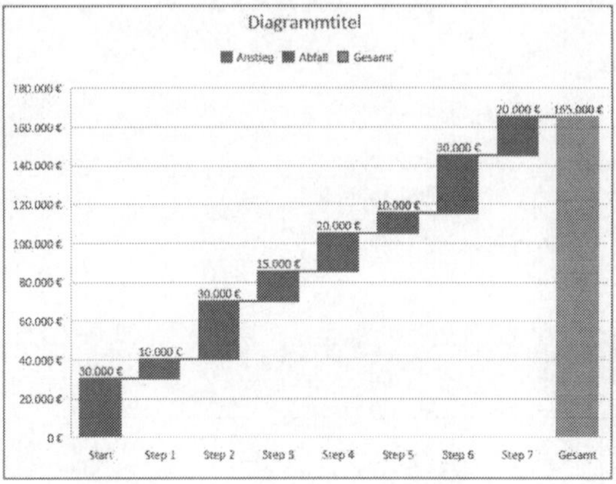

Bild 10.62: Das fertige Wasserfalldiagramm.

10.7.2 Gruppierte Informationen im Sunburst-Diagramm

In einem Sunburst-Diagramm kann Excel Informationen gruppieren und in einem Ring darstellen. Diese Diagrammart zeigt sehr gut die Anteile auf mehreren Ebenen. Für das folgende Diagramm werden die Mitarbeiter innerhalb der Abteilungen zusammengefasst, und die Telefonkosten werden dargestellt.

Abteilung	Mitarbeiter	Kosten
Einkauf	Tischler	291 €
Einkauf	Gator	230 €
Einkauf	Gutmann	189 €
Einkauf	Jansen	220 €
Einkauf	Richter	191 €
Verkauf	Berlin	552 €
Verkauf	Stein	249 €
Verkauf	Tisch	430 €
Verkauf	Potsdam	340 €
Buchhaltung	Wirt	890 €
Buchhaltung	Stasis	389 €
Buchhaltung	Schuhu	234 €
Buchhaltung	Blume	342 €
Geschäftsleit	Panne	1.390 €
Geschäftsleit	Helfer	400 €

Bild 10.63: Die Daten für das Sunburst-Diagramm.

❶ Markieren Sie die Zellen, aus denen Sie das Diagramm erstellen möchten, in diesem Beispiel *B4* bis *D18*.

❷ Aktivieren Sie das Register *Einfügen* und wählen Sie an der Schaltfläche *Hierarchiediagramm einfügen* den Befehl *Sunburst*.

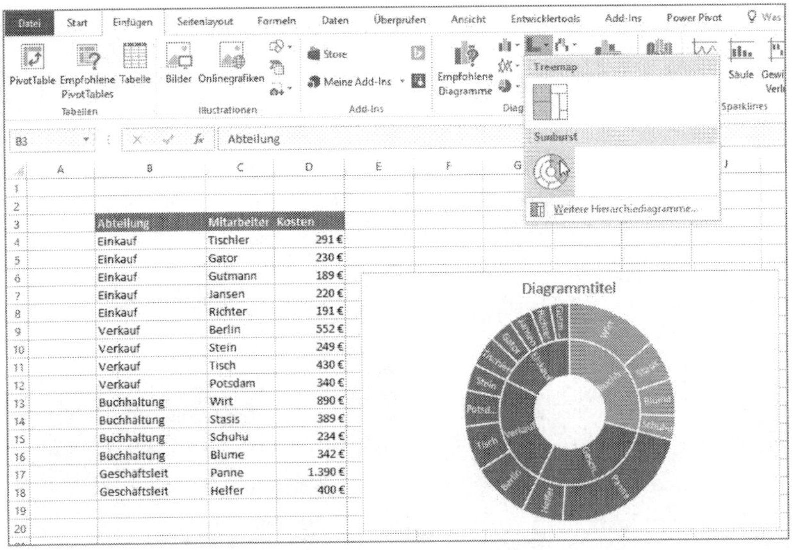

Bild 10.64: Das Sunburst-Diagramm erstellen.

Sie erkennen auf Anhieb den Anteil jeder Abteilung an den Gesamtkosten. Sie sehen, dass die Geschäftsleitung mit zwei Mitarbeitern fast genauso viele Kosten verursacht hat wie die vier Mitarbeiter in der Buchhaltung.

Bild 10.65: Das Sunburst-Diagramm.

Wenn Ihre Daten noch eine weitere Spalte haben, kann das Diagramm auch aus drei Ringen bestehen. Dabei muss der äußere Ring nicht vollständig sein, wie die folgende Abbildung zeigt.

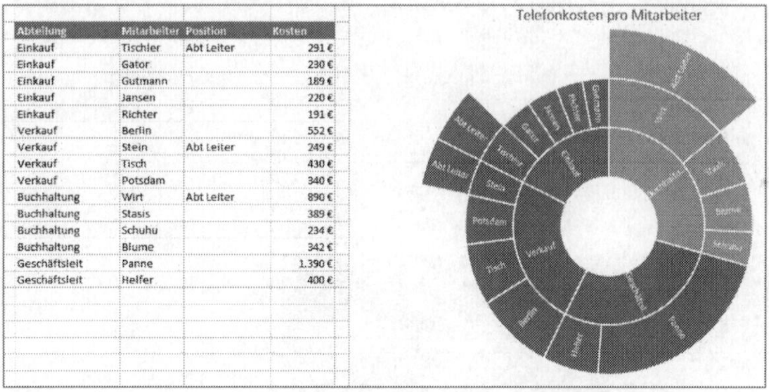

Abteilung	Mitarbeiter	Position	Kosten
Einkauf	Tischler	Abt Leiter	291 €
Einkauf	Gator		230 €
Einkauf	Gutmann		189 €
Einkauf	Jansen		220 €
Einkauf	Richter		191 €
Verkauf	Berlin		552 €
Verkauf	Stein	Abt Leiter	249 €
Verkauf	Tisch		430 €
Verkauf	Potsdam		340 €
Buchhaltung	Wirt	Abt Leiter	890 €
Buchhaltung	Stasis		389 €
Buchhaltung	Schuhu		234 €
Buchhaltung	Blume		342 €
Geschäftsleit	Panne		1.390 €
Geschäftsleit	Helfer		400 €

Bild 10.66: Das Sunburst-Diagramm mit einem dritten Ring.

10.7.3 Gruppierte Kästen im Treemap-Diagramm

In einem Treemap-Diagramm kann Excel, ähnlich wie im Sunburst-Diagramm, Informationen gruppieren. Im Gegensatz zum Sunburst in Ringform werden beim Treemap Kästen verwendet. Für das folgende Diagramm werden wieder wie oben die Mitarbeiter innerhalb der Abteilungen zusammengefasst.

1. Markieren Sie die Zellen, aus denen Sie das Diagramm erstellen möchten, in diesem Beispiel *B4* bis *D18*.

2. Aktivieren Sie das Register *Einfügen* und wählen Sie an der Schaltfläche *Hierarchiediagramm einfügen* den Befehl *Treemap*.

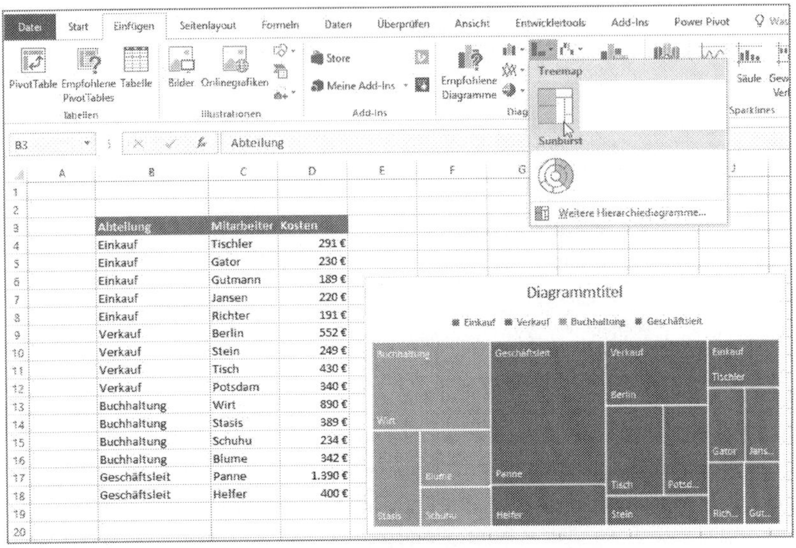

Bild 10.67: Ein Treemap-Diagramm erstellen.

Jeder Kasten repräsentiert in diesem Beispiel einen Kostenblock. Die Größe jedes Kastens stellt die anteiligen Kosten dar. Die Mitarbeiter sind innerhalb der Abteilungen gruppiert. Die Größe der Abteilung spiegelt den Anteil wider. Kästchen gleicher Farbe gehören zu einer Gruppe.

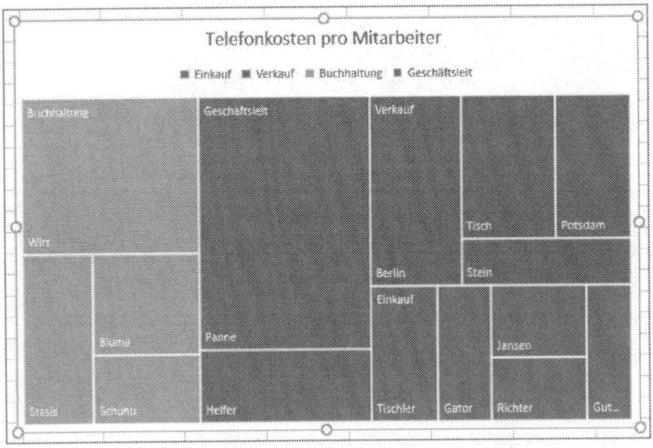

Bild 10.68: Das Treemap-Diagramm.

Wenn Sie die Größe des Diagramms ändern, verändert Excel automatisch die Ausrichtung und die Positionen der Blöcke.

10.8 Prognose für die Zukunft erstellen

Mit dem neuen Befehl *Prognoseblatt* in Excel 2016 lassen Sie Excel eine Prognose für die Zukunft auf einem neuen Tabellenblatt erstellen. Im aktuellen Beispiel steht die Anzahl Ihrer Kunden von 2011 bis 2016 zur Verfügung. Excel soll nun berechnen, wie sich diese Anzahl bis 2020 voraussichtlich entwickelt.

❶ Öffnen Sie die Datei *Prognose Excel 2016.xlsx* und markieren Sie die kleine Tabelle in den Zellen *B2* bis *C8*.

❷ Aktivieren Sie das Register *Daten* und klicken Sie auf die Schaltfläche *Prognoseblatt*.

❸ Stellen Sie im Feld *Prognoseende* als Ende *2020* ein.

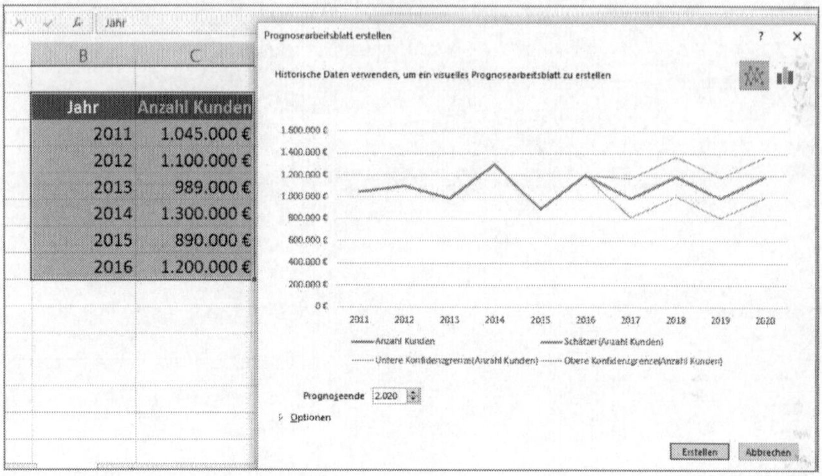

Bild 10.69: Das Prognoseblatt erstellen.

❹ Klicken Sie auf *Erstellen*, und Sie erhalten ein neues Tabellenblatt mit den Berechnungen für die Jahre 2017 bis 2020.

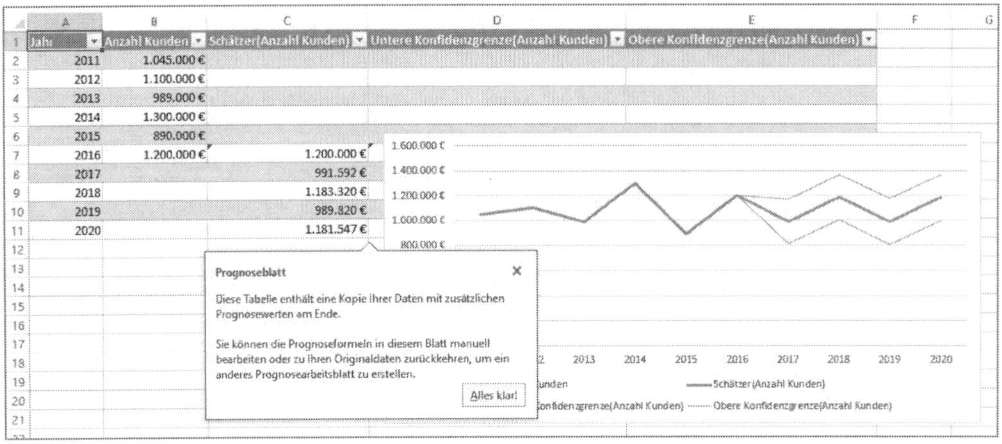

Bild 10.70: Das Prognoseblatt zeigt die Erwartungen für die nächsten Jahre.

Excel berechnet drei Werte, den normalen, den besten und den schlechtesten Wert, und zeigt sie in drei Linien an.

11 Außergewöhnliche Diagramme

Diagramme abseits vom Excel-Standard werden immer beliebter. In diesem Kapitel erstellen Sie aus einem Ring- und einem Kreisdiagramm ein Tachometer. Aus einem gewöhnlichen Balkendiagramm erstellen Sie das zurzeit sehr angesagte Bullet-Diagramm. In diesem Diagramm können Sie eine Zielmarke definieren. Den Abschluss bilden die Waffel- bzw. Kästchendiagramme, in denen Sie Anteile präsentieren.

11.1 Tachometerdiagramm erstellen

Das Tachometerdiagramm besteht aus zwei Diagrammen: einem Ringdiagramm, das die Tachoscheibe zeigt, und einem Kreisdiagramm für die Tachonadel. Die Kunst besteht darin, beide Diagramme zum Schluss passend übereinanderzulegen.

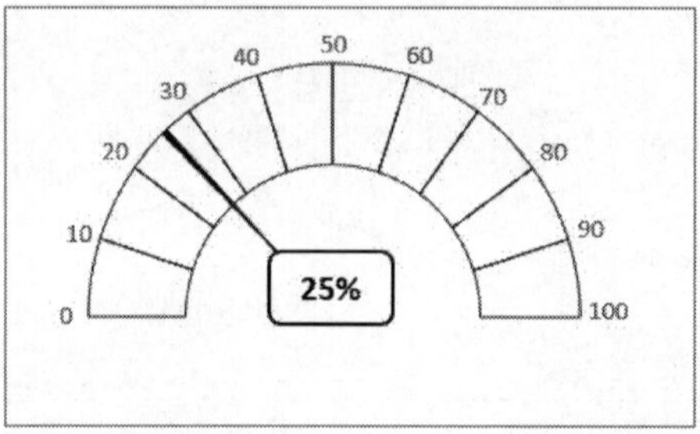

Bild 11.1: Das Ziel: ein Tachometerdiagramm.

Das Erstellen dieses Tachodiagramms besteht aus vier Schritten:

❶ Die Daten bereitstellen und die Berechnungen für die Tachonadel durchzuführen.

❷ Die Tachoscheibe erstellen (Ringdiagramm).

❸ Die Tachonadel erstellen (Kreisdiagramm).

❹ Beide Diagramme übereinanderbringen.

11.1.1 Berechnungen im Tachometerdiagramm

Für die Tachoscheibe benötigen Sie zwei Spalten. In der ersten Spalte werden die Werte für das Ringdiagramm erfasst. Die Segmente sollen immer gleich groß sein.

❶ Aktivieren Sie das Tabellenblatt *TachoDiagramm SW*, klicken Sie in die Zelle *A2* und geben Sie den Wert *10* ein.

❷ Ziehen Sie diesen Wert bis zur Zeile *11* am Ausfüllkästchen nach unten.

❸ Geben Sie in Zelle *A12* den Wert *100* ein.

Damit haben Sie die Daten für die Tachoscheibe, die gleich erstellt wird, erfasst.

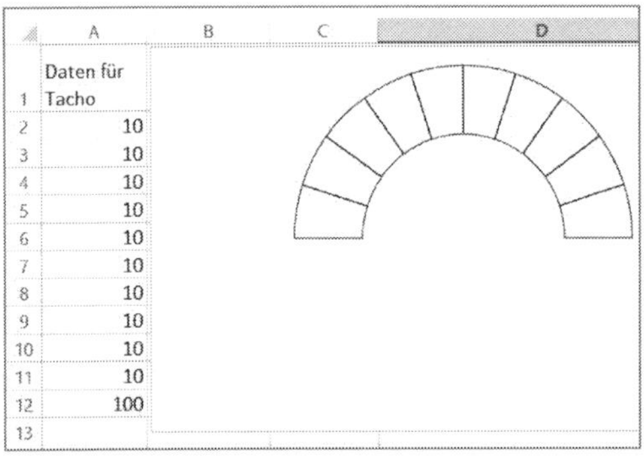

Bild 11.2: Diese Tachoscheibe wird gleich aus den wenigen Daten erzeugt.

Jetzt wird die Beschriftung für die Tachoscheibe erfasst.

❶ Klicken Sie in die Zelle *B2* und geben Sie eine *0* ein.

❷ Klicken Sie in die Zelle *B3* und geben Sie eine *10* ein.

❸ Markieren Sie beide Zellen und ziehen Sie sie am Ausfüllkästchen bis 100 auf.

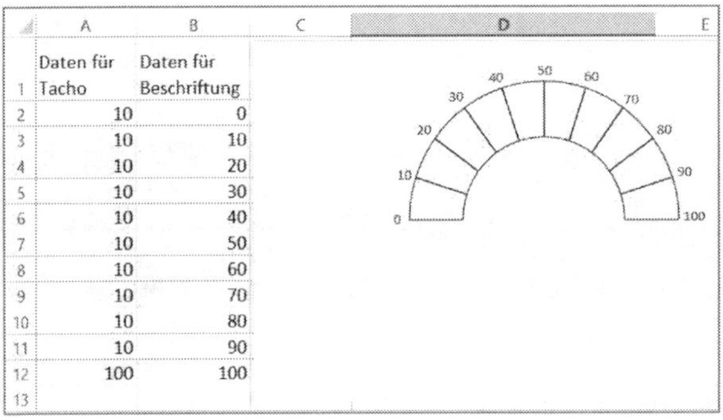

Bild 11.3: Die Daten der zweiten Spalte beschriften gleich die Tachoscheibe.

Zum Schluss brauchen Sie noch die Werte für die Tachonadel.

❶ Klicken Sie in die Zelle *C2* und geben Sie den Wert ein, den Sie im Tachometer zeigen möchten. Fangen Sie mit irgendeinem Wert, beispielsweise *56%*, an.

❷ In *C3* wird die Breite der Tachonadel erfasst. Beginnen Sie mit *2%*.

❸ Klicken Sie in *C4*, geben Sie die folgende Formel ein und drücken Sie zur Bestätigung [Enter].

```
=100%-C3-C2
```

❹ Geben Sie in die Zelle *C5 100%* ein.

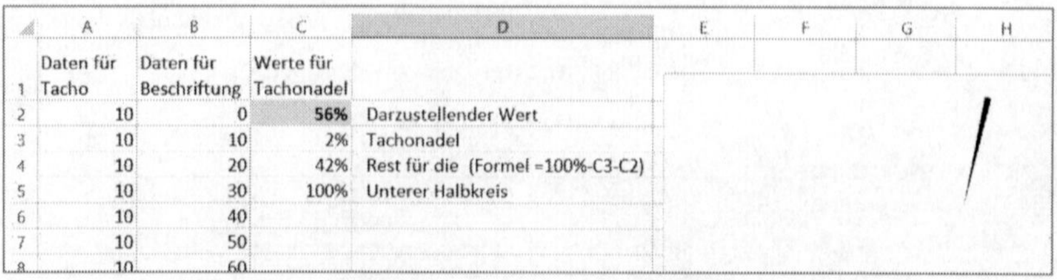

Bild 11.4: Die Werte der Spalte C dienen der Erstellung der Tachonadel.

11.1.2 Tachoscheibe erstellen

In diesem Schritt wird die Tachoscheibe erzeugt.

❶ Markieren Sie die Zellen *A2* bis *A12*.

❷ Aktivieren Sie das Register *Einfügen*, klicken Sie auf die Schaltfläche *Kreis- oder Ringdiagramm einfügen* und wählen Sie den Ring aus. In Excel 2010 wählen Sie *Einfügen/Weitere/Ring*.

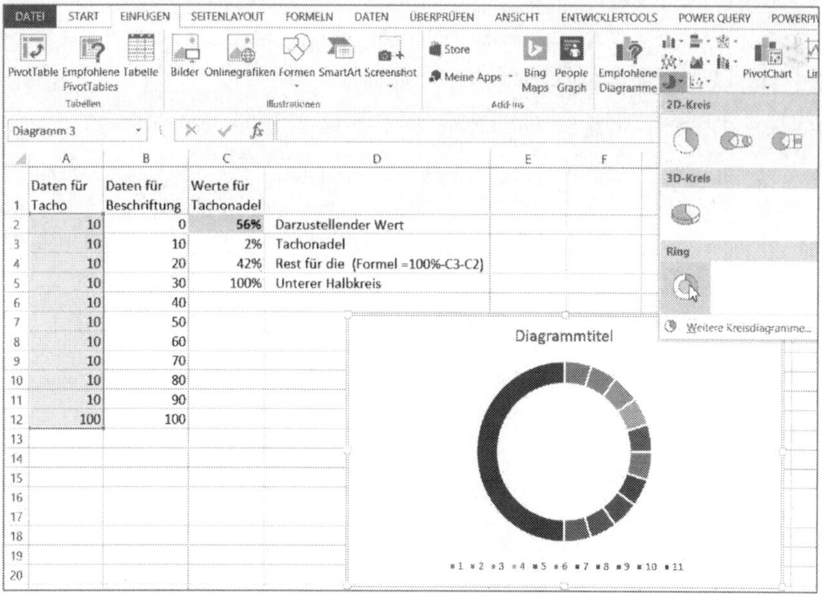

Bild 11.5: Das Ringdiagramm wird gleich zur Tachoscheibe.

❸ Entfernen Sie die Legende und den Diagrammtitel.

❹ Bringen Sie das Diagramm durch Ziehen an den acht Größenziehpunkten in die gewünschte Größe.

❺ Doppelklicken Sie auf ein Segment des Rings und aktivieren Sie im Aufgabenbereich *Datenreihen formatieren* die Kategorie *Datenreihenoptionen.*

❻ Stellen Sie im Feld *Winkel des ersten Segments* den Wert *270°* ein. Damit drehen Sie den Ring so weit, dass das große Segment unten ist.

❼ Über das Feld *Innengröße* bestimmen Sie, wie breit der Ring wird. Im aktuellen Beispiel wurde die Ringinnengröße auf *60 %* gestellt.

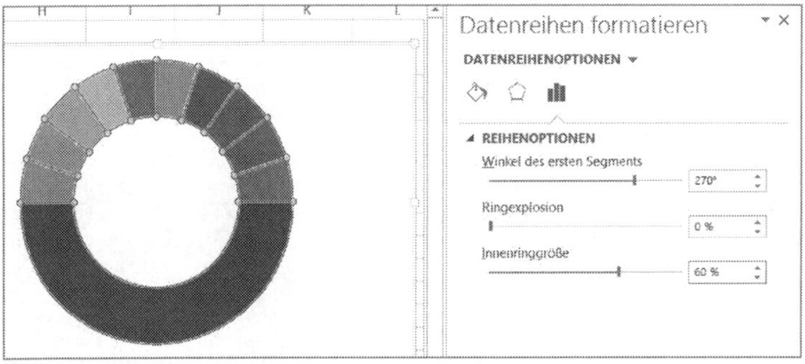

Bild 11.6: Der Ring wurde gedreht und verbreitert.

Im nächsten Schritt entfernen Sie die Farben und fügen Linien ein.

❶ Lassen Sie die Segmente markiert und klicken Sie im Aufgabenbereich *Datenreihen formatieren* auf die Kategorie *Füllung und Linie.*

❷ Stellen Sie in der Kategorie *Füllung* die Option *Keine Füllung* ein.

❸ In der Kategorie *Rahmen* entscheiden Sie, welche Farbe und Stärke der Rahmen haben soll. Im aktuellen Beispiel wurde für die *Einfarbige Linie* die *Farbe Schwarz* und als *Stärke 0,75 Pt.* gewählt. In Excel 2010 heißen die Kategorien *Rahmenarten* und *Rahmenfarbe.*

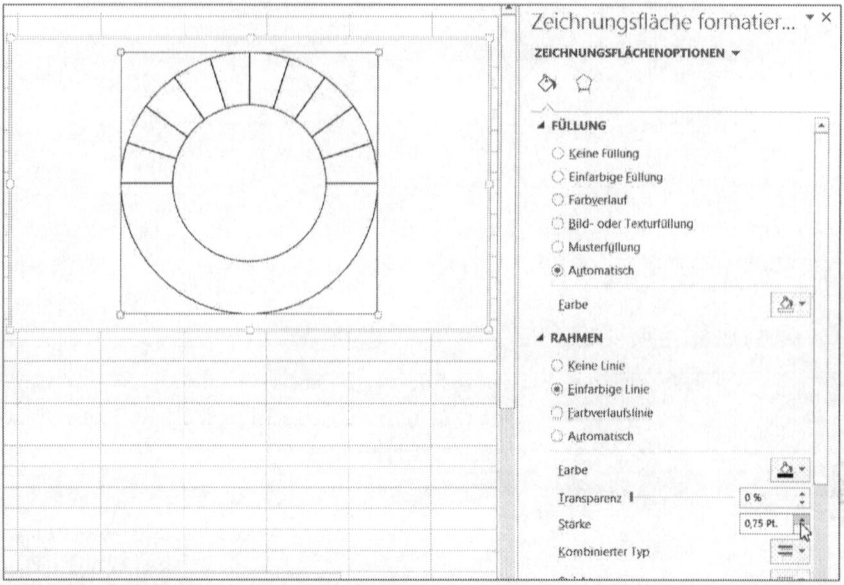

Bild 11.7: Die Tachoscheibe ist fast fertig.

Im letzten Schritt muss nur noch das untere, große Segment unsichtbar werden.

❶ Markieren Sie das untere Segment. Sie erkennen Ihren Erfolg, wenn der Aufgabenbereich *Datenpunkt formatieren* heißt.

❷ Stellen Sie in der Kategorie *Rahmen* die Option *Keine Linie* ein.

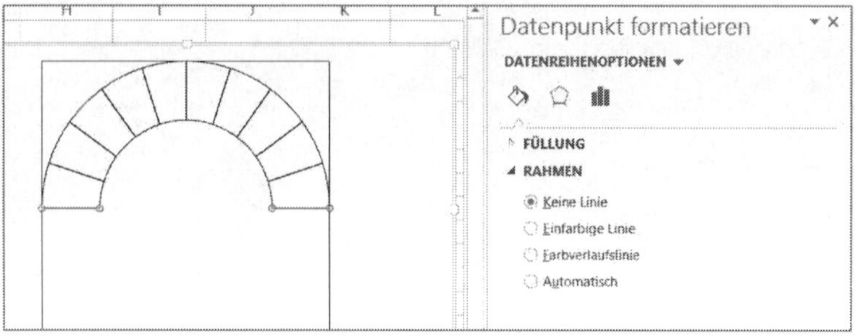

Bild 11.8: Damit ist die Tachoscheibe fertig.

Die Beschriftung einfügen

Im nächsten Schritt soll die Beschriftung eingefügt werden.

❶ Markieren Sie Ihre Tachoscheibe, aktivieren Sie das Register *Entwurf* und starten Sie den Befehl *Daten auswählen.*

❷ Klicken Sie im rechten Teil des Fensters *Datenquelle auswählen* auf die Schaltfläche *Bearbeiten* und markieren Sie die Zellen *B2* bis *B12.*

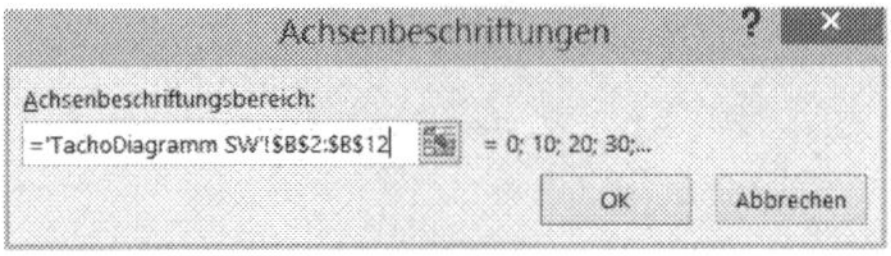

Bild 11.9: In diesen Zellen liegt die Beschriftung für die Tachoscheibe.

❶ Bestätigen Sie mit *OK*.

Zurück im Fenster *Datenquelle auswählen*, erkennen Sie im rechten Bereich die Beschriftungswerte.

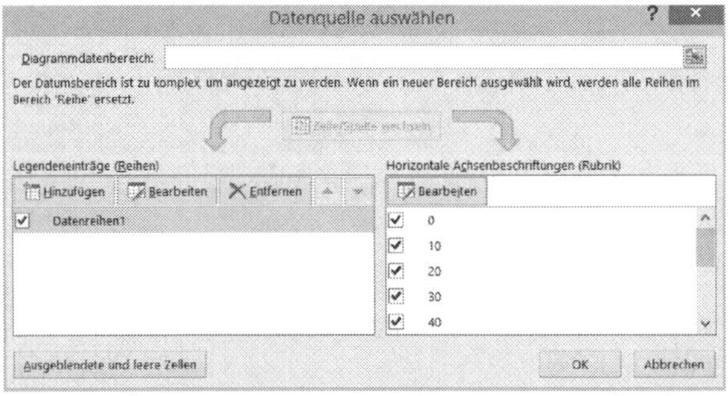

Bild 11.10: Die Beschriftungswerte für die Tachoscheibe befinden sich nun im rechten Teil des Fensters.

❷ Bestätigen Sie mit *OK*.

Jetzt müssen Sie die Werte an den Ring bringen.

❸ Klicken Sie auf die Schaltfläche *Diagrammelemente*, zeigen Sie auf das Dreieck neben dem Befehl *Datenbeschriftungen* und wählen Sie *Weitere Optionen*. In Excel 2010 wählen Sie die Befehlsfolge *Layout/Datenbeschriftungen/Weitere Datenbeschriftungsoptionen*.

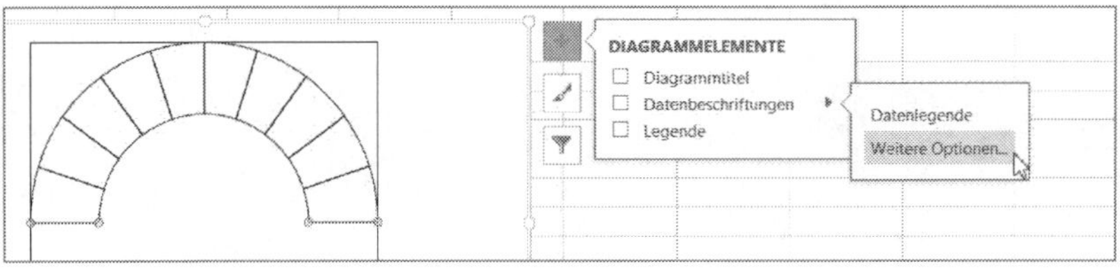

Bild 11.11: Die Datenbeschriftungen anfügen.

❹ Stellen Sie im Aufgabenbereich *Datenbeschriftungen formatieren* die Kategorie *Beschriftungsoptionen* ein.

❺ Aktivieren Sie den Haken vor dem Befehl *Rubrikenname*.

❻ Deaktivieren Sie gegebenenfalls alle anderen Haken.

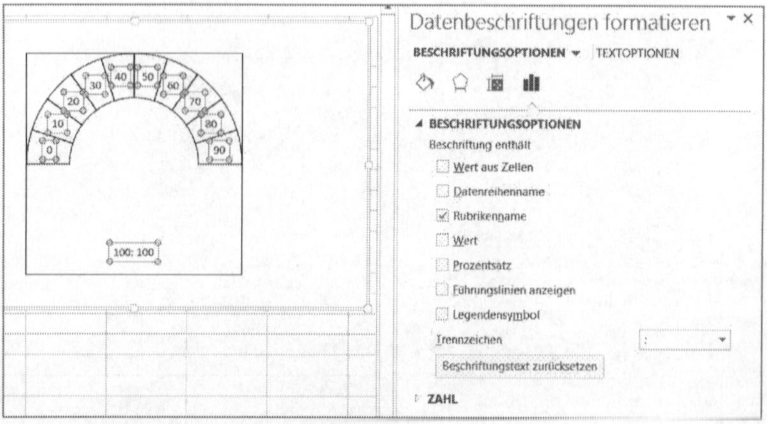

Bild 11.12: Die Beschriftung einfügen.

Jetzt geht die Arbeit erst richtig los.

❼ Ziehen Sie jedes Element einzeln an die gewünschte Position. Für dieses Beispiel wurden die Beschriftungen außen an die jeweilige Position geschoben.

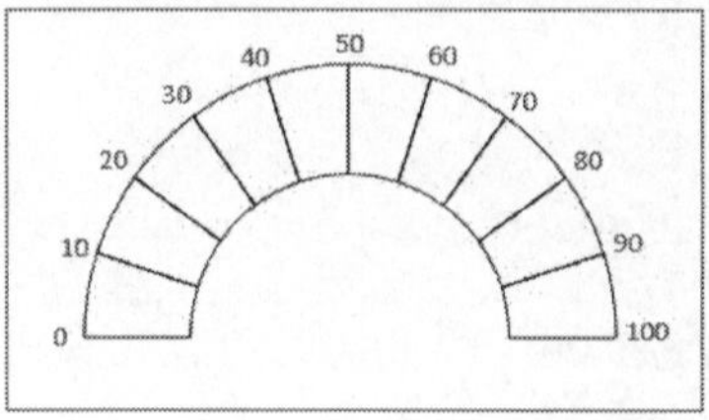

Bild 11.13: Die Tachoscheibe ist fertig.

Damit ist der zweite Schritt ebenfalls getan.

11.1.3 Tachonadel erstellen

Im nächsten Schritt wird die Tachonadel erzeugt.

❶ Markieren Sie die Zellen *C2* bis *C5*.

❷ Aktivieren Sie das Register *Einfügen*, klicken Sie auf die Schaltfläche *Kreis- oder Ringdiagramm einfügen* und wählen Sie den ersten Kreis aus.

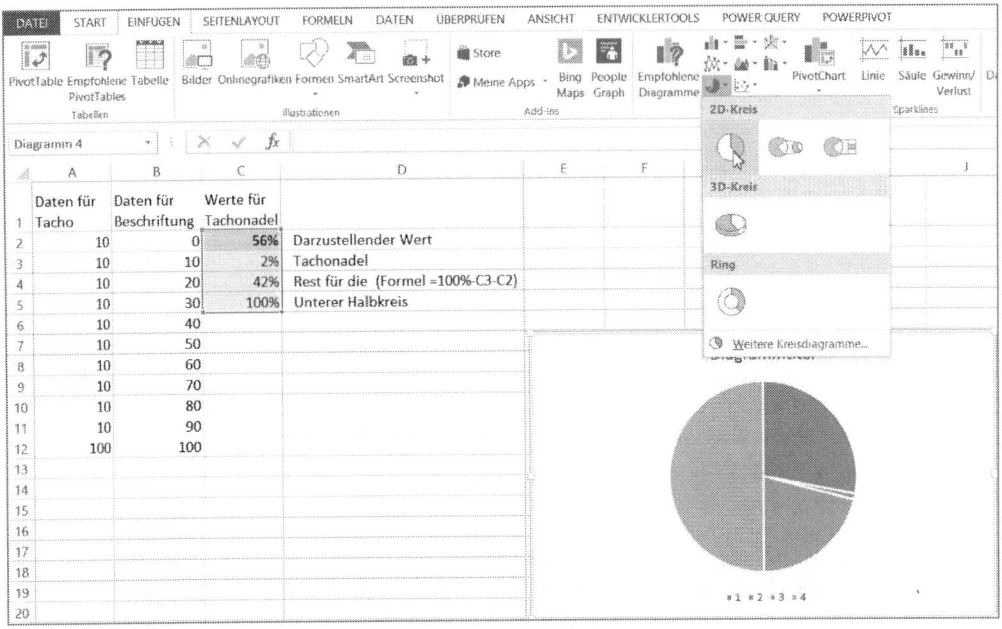

Bild 11.14: Das Kreisdiagramm für die Tachonadel erstellen.

❸ Entfernen Sie auch hier die Legende und den Diagrammtitel.

❹ Stellen Sie jetzt die Größe des Diagramms exakt auf die Größe der Tachoscheibe ein. Dazu markieren Sie das Diagramm mit der Tachoscheibe, aktivieren das Register *Format* und merken sich die Werte in den Feldern *Höhe* und *Breite* ganz rechts.

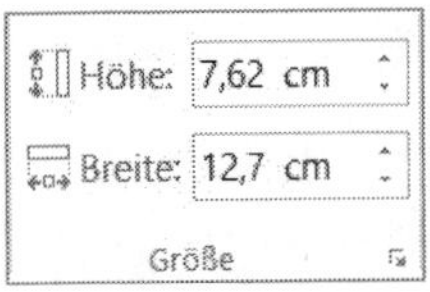

Bild 11.15: Die Größe des Diagramms.

❺ Aktivieren Sie erst das Ringdiagramm und dann das Register *Format*. Geben Sie die Werte in die Felder *Höhe* und *Breite* ein.

❻ Doppelklicken Sie auf ein Segment des Kreises und aktivieren Sie im Aufgabenbereich *Datenreihen formatieren* die Kategorie *Datenreihenoptionen* und anschließend *Reihenoptionen*.

❼ Stellen Sie im Feld *Winkel des ersten Segments* den Wert *270°* ein. Damit drehen Sie den Kreis so weit, dass das große Segment wieder unten ist.

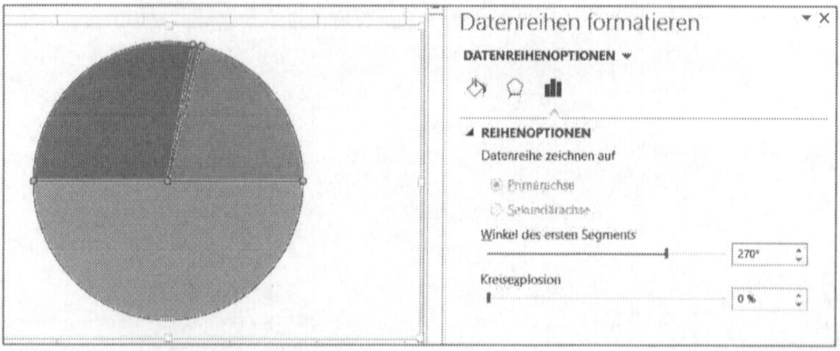

Bild 11.16: Der Kreis wurde gedreht.

Im nächsten Schritt entfernen Sie die Farben in den Segmenten bis auf eine.

❽ Markieren Sie das große Segment und klicken Sie im Aufgabenbereich *Datenreihen formatieren* auf die Kategorie *Füllung und Linie.*

❾ Stellen Sie in der Kategorie *Füllung* die Option *Keine Füllung* ein. Führen Sie diesen Schritt für die beiden anderen großen Segmente ebenfalls durch.

❿ Markieren Sie das kleinste Segment, Ihre Tachonadel, aktivieren Sie die Option *Einfarbige Füllung* und stellen Sie im Feld *Farbe* die gewünschte Farbe ein.

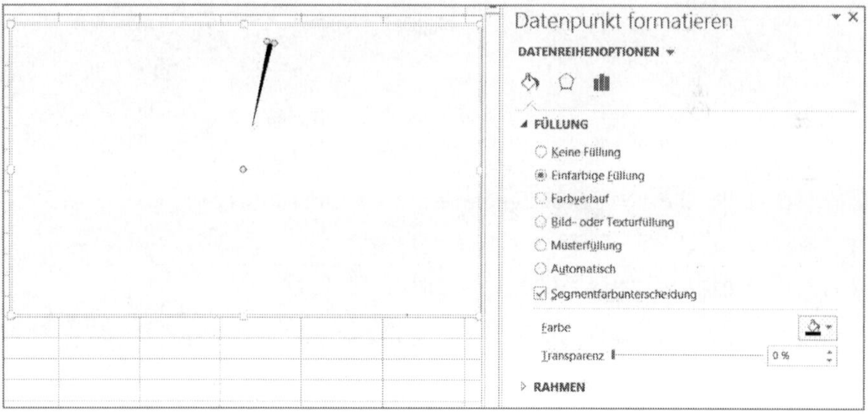

Bild 11.17: Die Tachonadel ist auch fast fertig.

Es besteht die Möglichkeit, dass die zurzeit unsichtbaren Segmente noch eine weiße Rahmenlinie haben.

⓫ Klicken Sie einmal auf den weißen Hintergrund des Diagramms und dann noch einmal in den Kreis.

⓬ Stellen Sie die Kategorie *Rahmen* ein und aktivieren Sie die Option *Keine Linie.*

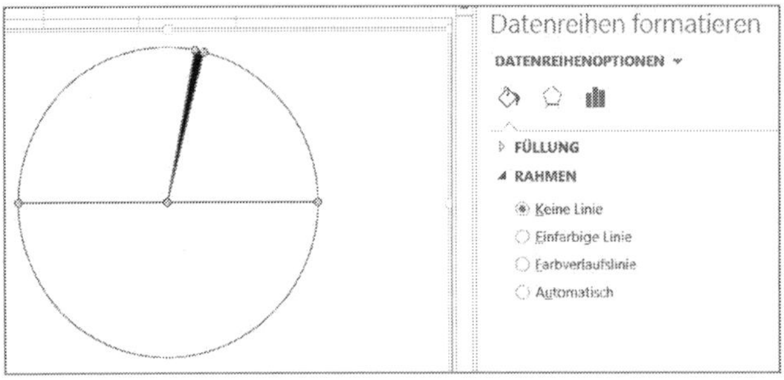

Bild 11.18: Jetzt sind alle störenden Rahmen entfernt.

Im letzten Schritt müssen Sie für das ganze Diagramm die weiße Füllfarbe entfernen, da Sie gleich die Tachonadel auf die Tachoscheibe ziehen.

⓭ Klicken Sie auf den weißen Hintergrund Ihres Diagramms.

⓮ Stellen Sie im Aufgabenbereich *Diagrammbereich formatieren* die Kategorie *Füllung und Linie* ein. Aktivieren Sie in der Kategorie *Füllung* die Option *Keine Füllung*.

Bild 11.19: Der Diagrammhintergrund hat nun keine Farbe mehr.

Jetzt müssen Sie diese beiden Diagramme übereinanderbringen.

11.1.4 Beide Diagramme übereinanderlegen

Im letzten Schritt müssen beide Diagramme übereinandergelegt werden.

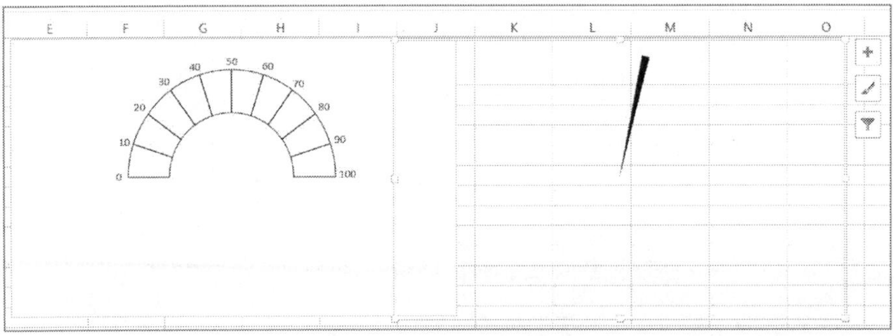

Bild 11.20: Die Tachonadel und die Tachoscheibe müssen übereinandergelegt werden.

❶ Markieren Sie beide Diagramme mit gedrückter [Strg]-Taste.

❷ Aktivieren Sie das Register *Format*, klicken Sie auf die Schaltfläche *Ausrichten* und wählen Sie den Befehl *Linksbündig*.

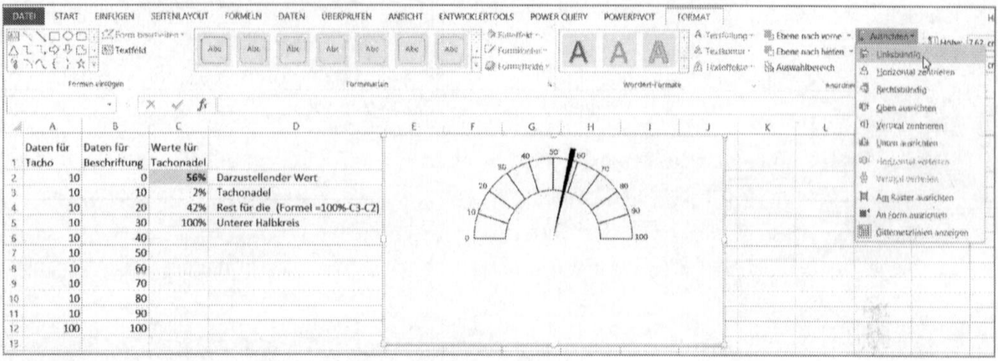

Bild 11.21: Beide Diagramme liegen übereinander.

Im aktuellen Beispiel ist die Tachonadel etwas zu groß. Der Diagrammbereich des Kreisdiagramms muss ein wenig verkleinert werden.

❸ Klicken Sie einmal auf das Tabellenblatt, um die Markierung der beiden Diagramme aufzuheben.

❹ Klicken Sie dann einmal auf das Diagramm. Da das Kreisdiagramm oben liegt, haben Sie es schon markiert. Markieren Sie jetzt die Zeichnungsfläche. Das ist der Bereich, auf dem der Kreis liegt. Wenn Sie ihn nicht zu packen kriegen, aktivieren Sie das Register *Format* und wählen die *Zeichnungsfläche* über das erste Listenfeld aus.

❺ Wenn der Markierungsrahmen um den unsichtbaren Kreis geht, verkleinern Sie den Rahmen durch Ziehen an den Eckpunkten. Verschieben Sie anschließend die Zeichnungsfläche, sodass die Tachonadel wieder korrekt auf der Tachoscheibe steht.

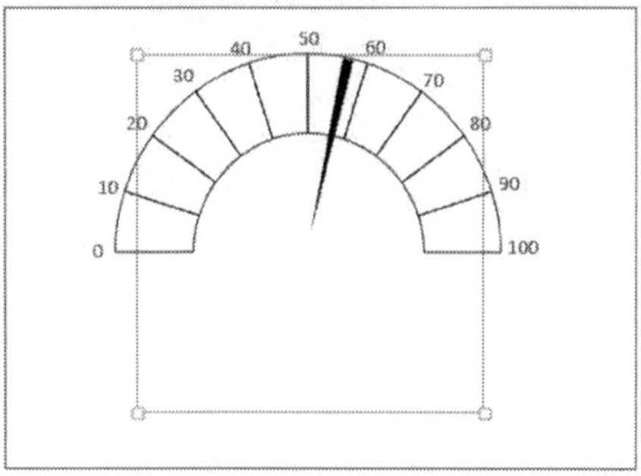

Bild 11.22: Das Nachjustieren der Tachonadel.

Testen Sie zum Schluss Ihr Tachometerdiagramm. Geben Sie in die Zelle *C2* einen anderen Wert ein. Ändern Sie doch auch einmal die Breite der Tachonadel.

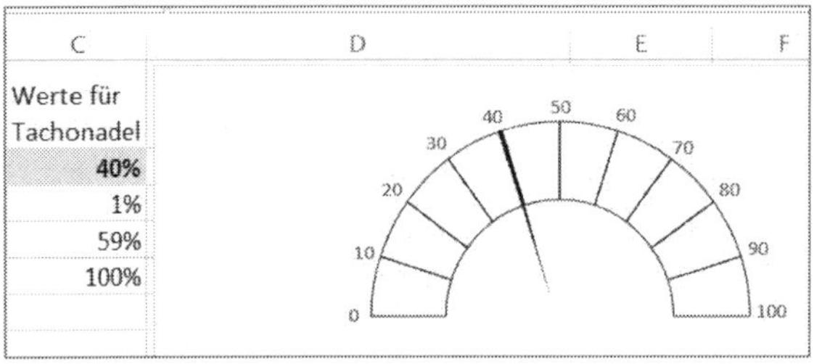

Bild 11.23: Das Tachometerdiagramm ist fertig.

Beide Diagramme bearbeiten oder verschieben

Wenn Sie Änderungen an der Tachoscheibe vornehmen möchten, müssen Sie die Tachonadel verschieben. Nach der Änderung müssen Sie beide Diagramme wieder übereinanderbringen. Das ist viel Aufwand. Excel bietet Ihnen eine einfache Lösung ohne Verschiebungen an.

1. Wählen Sie die Befehlsfolge *Start/Suchen und Auswählen/Auswahlbereich.*

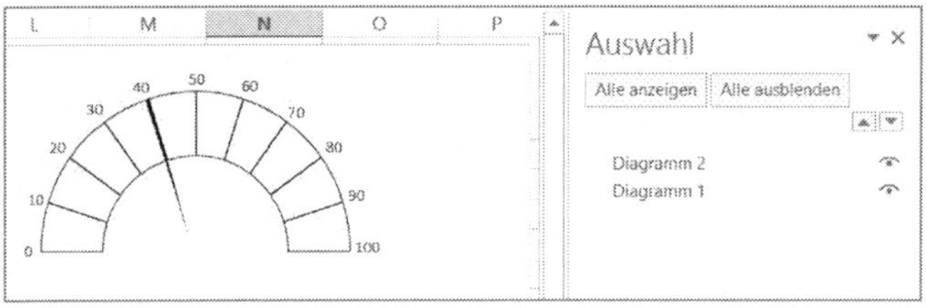

Bild 11.24: Der Auswahlbereich zeigt alle Elemente auf dem Tabellenblatt.

2. Wenn Sie das Diagramm mit der Tachonadel ausblenden möchten, klicken Sie auf das Auge neben *Diagramm 2.*

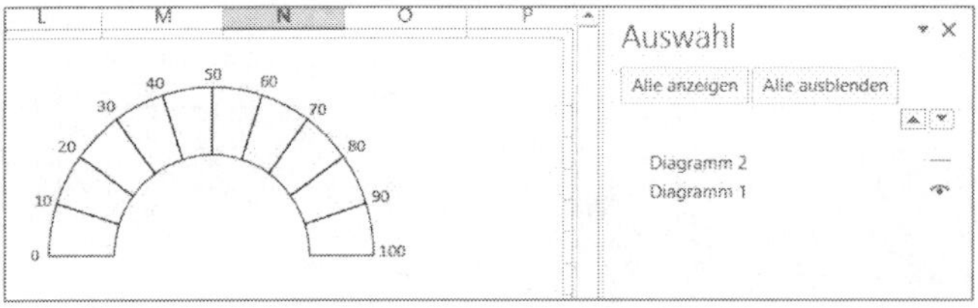

Bild 11.25: Jetzt ist das Diagramm mit der Tachonadel ausgeblendet.

Sie können nun die Änderungen am Diagramm mit der Tachoscheibe vornehmen.

3. Mit einem Klick auf den Strich blenden Sie das Diagramm mit der Tachonadel wieder ein.

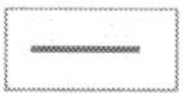

Tipp
Sie können die Begriffe *Diagramm 1* und *Diagramm 2* auch ändern. So können Sie *Diagramm 1* umbenennen in *Tachoscheibe* und *Diagramm 2* in *Tachonadel.* Klicken Sie einmal auf einen Begriff, warten Sie eine Sekunde und klicken Sie erneut auf diesen Begriff.

Wenn Sie die beiden Diagramme verschieben möchten, müssen Sie sie gemeinsam markieren. Auch das geschieht am besten über den Auswahlbereich.

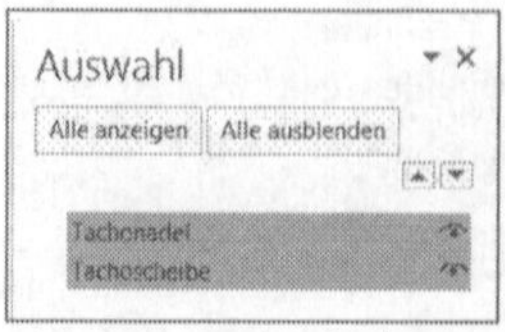

Bild 11.26: Beide Diagramme markieren.

> **Tipp**
> Den Auswahlbereich gibt es auch in Word und in PowerPoint.

11.1.5 Werte in einem Formelement zeigen

Jetzt soll der Wert, der durch die Tachonadel gezeigt wird, in einem Formelement gezeigt werden.

❶ Aktivieren Sie das Register *Einfügen*, klicken Sie auf die Schaltfläche *Formen* und wählen Sie ein Formelement aus.

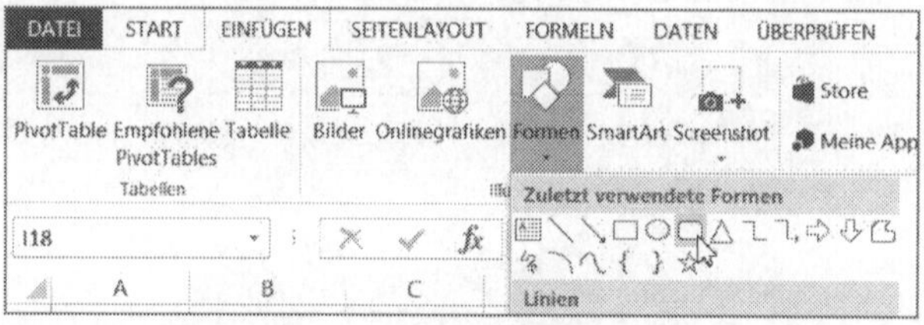

Bild 11.27: Die Auswahl eines Formelements.

❷ Ziehen Sie das gewünschte Element auf Ihrem Tabellenblatt auf.

❸ Gestalten Sie es über das Register *Format.*

❹ Markieren Sie es, klicken Sie in die Bearbeitungsleiste und geben Sie ein Gleichheitszeichen (=) ein.

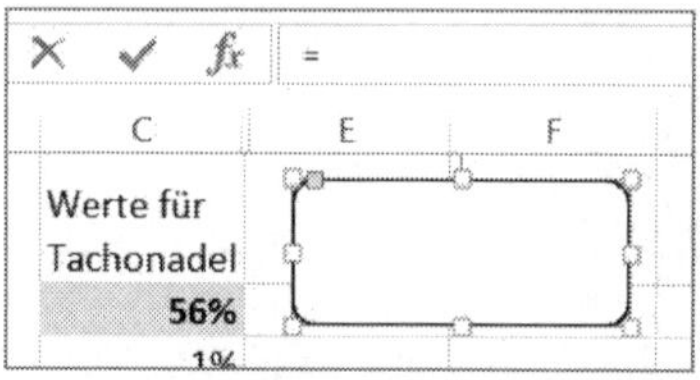

Bild 11.28: Das Formelement wurde gestaltet und ist bereit, den Inhalt einer Zelle anzuzeigen.

❺ Klicken Sie auf die Zelle, deren Inhalt Sie im Formelement zeigen möchten.

❻ Drücken Sie auf jeden Fall zur Bestätigung `Enter`.

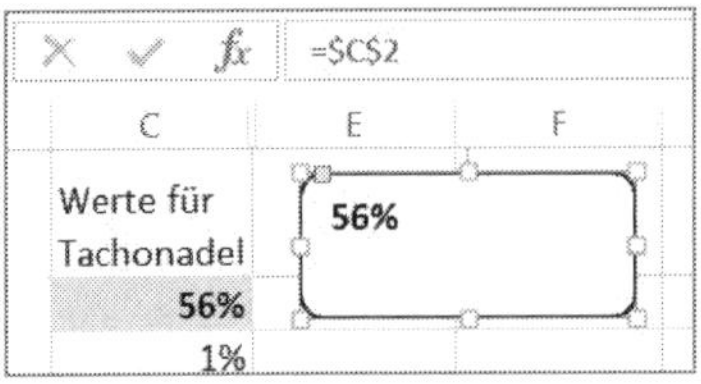

Bild 11.29: Der Inhalt von Zelle C2 wird im Formelement gezeigt.

7. Richten Sie den Inhalt des Formelements mithilfe der Befehle auf der Registerkarte *Start* in der Gruppe *Ausrichtung* aus.
8. Ziehen Sie das Element auf das Diagramm.

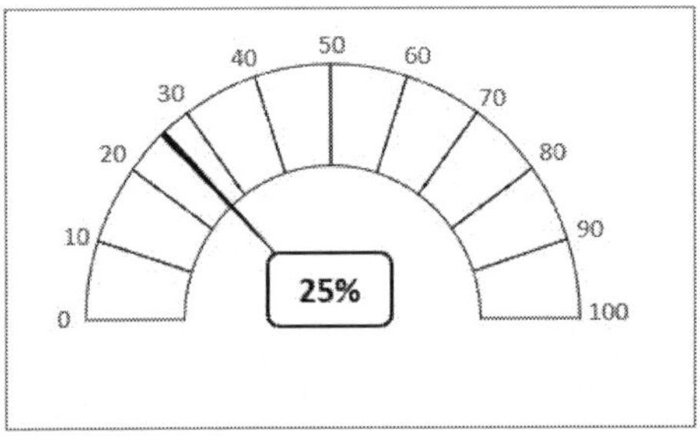

Bild 11.30: Das Formelement zeigt den Wert der Tachonadel.

Hinweis
Da dieses Formelement auf dem Tabellenblatt liegt, ist es ab jetzt auch im Auswahlbereich sichtbar und muss beim Verschieben der Diagramme mit markiert werden.

11.1.6 Farbe ins Spiel bringen mit einem Ringdiagramm

Wenn Ihnen Ihr Tachometerdiagramm etwas blass vorkommt, können Sie mit einem weiteren Ringdiagramm Farbe ins Spiel bringen.

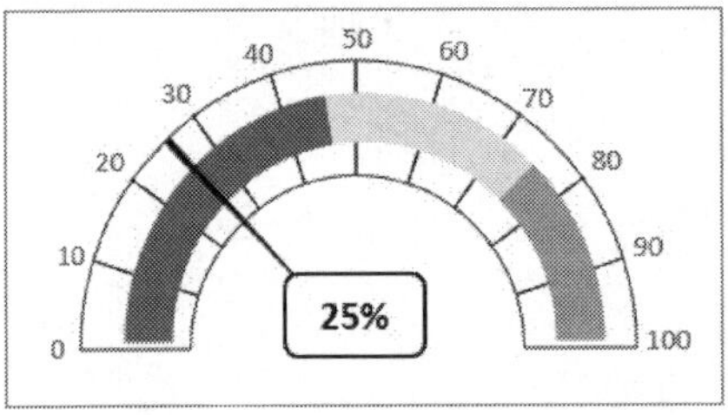

Bild 11.31: Das Tachodiagramm in Farbe.

1. Kopieren Sie im ersten Schritt das ganze Tabellenblatt mit Ihrem Tachometerdiagramm. Klicken Sie dazu mit der rechten Maustaste auf das Tabellenblattregister *TachoDiagramm SW* und wählen Sie den Befehl *Verschieben oder kopieren.*

❷ Aktivieren Sie den Haken bei *Kopie erstellen* und bestätigen Sie mit *OK*.

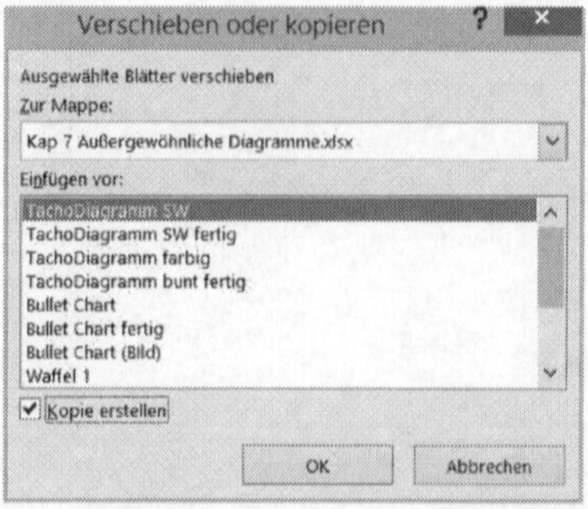

Bild 11.32: Ein Tabellenblatt kopieren.

Führen Sie die nächsten Schritte auf diesem kopierten Tabellenblatt durch.

❸ Benennen Sie das Tabellenblatt um in *Tachodiagramm bunt.*

❹ Markieren Sie Spalte *A* und drücken Sie [Strg]+[+], um eine neue leere Spalte einzufügen.

❺ Erfassen Sie die Werte für die Farben. Die folgende Abbildung zeigt die Daten. Auch hier ist es wichtig, dass die ersten drei Werte zusammen *100* ergeben. Die *100* in der vierten Zelle ist wieder der untere Halbkreis.

Bild 11.33: Die Daten für die Farben.

❻ Entfernen Sie die Legende und den Diagrammtitel.

❼ Bringen Sie das Diagramm in die Größe, die auch die beiden anderen Diagramme haben.

❽ Doppelklicken Sie auf ein Segment des Rings und aktivieren Sie im Aufgabenbereich *Datenreihen formatieren* die Kategorie *Datenreihenoptionen.*

❾ Stellen Sie im Feld *Winkel des ersten Segments* den Wert *270°* ein. Damit drehen Sie den Ring so weit, dass das große Segment unten ist.

❿ Über das Feld *Innengröße* bestimmen Sie, wie breit der Ring wird. Im aktuellen Beispiel wurde die Ringinnengröße auf *80 %* gestellt.

⓫ Markieren Sie das untere Segment, aktivieren Sie die Kategorie *Füllung und Linie* und stellen Sie *Keine Füllung* und *Keine Linie* ein.

⓬ Markieren Sie das nächste Segment und weisen Sie über den Befehl *Einfarbige Füllung* die gewünschte Farbe zu. Aktivieren Sie außerdem die Option *Keine Linie.*

13. Führen Sie den letzten Schritt auch für die beiden anderen Segmente durch.

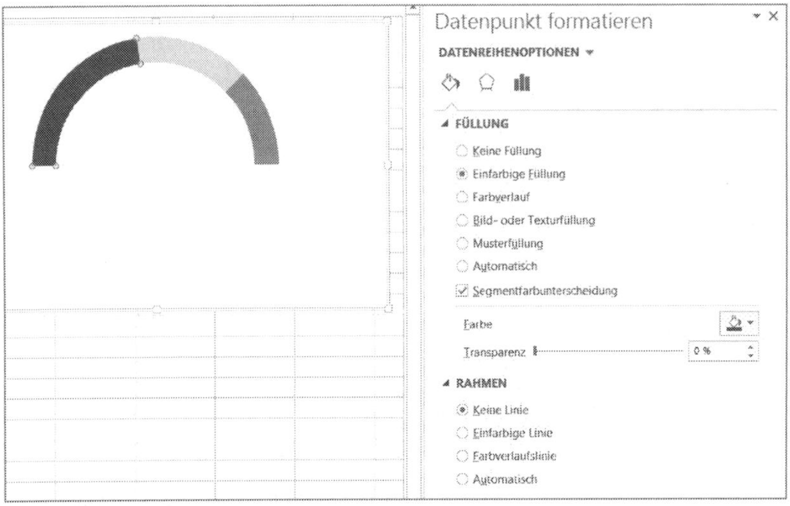

Bild 11.34: Die Farben den Segmenten zuweisen.

14. Klicken Sie auf den weißen Hintergrund Ihres Diagramms.

15. Stellen Sie im Aufgabenbereich *Diagrammbereich formatieren* die Kategorie *Füllung und Linie* ein. Aktivieren Sie in der Kategorie *Füllung* die Option *Keine Füllung*.

16. Ziehen Sie nun das neue Diagramm auf Ihre bereits vorhandenen.

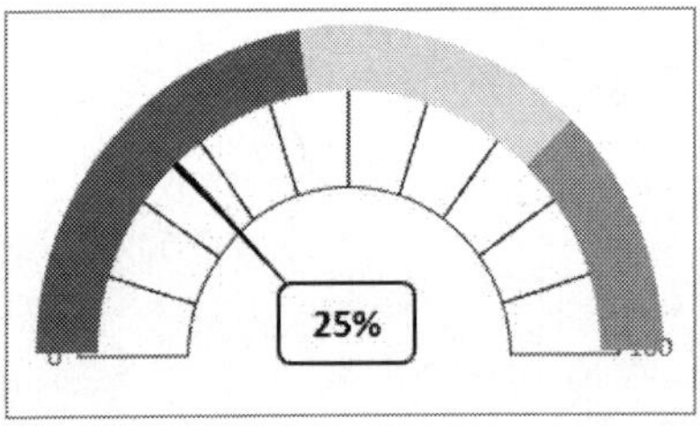

Bild 11.35: Das zweite Ringdiagramm ist etwas zu groß.

17. Markieren Sie die Zeichnungsfläche Ihres Diagramms, verkleinern Sie es und ziehen Sie es an die passende Stelle.

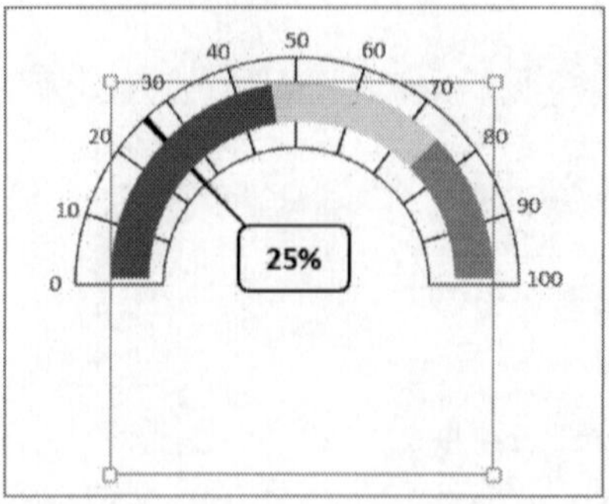

Bild 11.36: Die Farben passen auf das Diagramm mit der Tachoscheibe.

Im letzten Schritt müssen Sie das neue Diagramm unter das Diagramm mit der Tachonadel legen.

⑱ Aktivieren Sie das Register *Format*, klicken Sie auf den Listenpfeil der Schaltfläche *Ebene nach hinten* und klicken Sie auf den Befehl *Ebene nach hinten*.

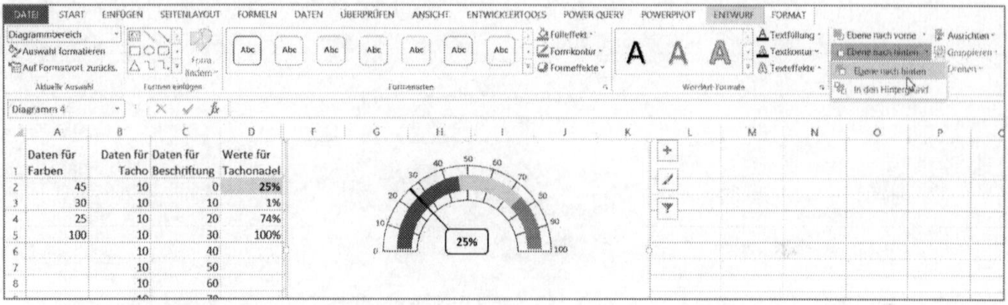

Bild 11.37: Die Tachonadel liegt wieder oben.

Mit dem letzten Befehl haben Sie die Tachonadel wieder nach oben geholt, und somit ist Ihr Diagramm fertig.

Tipp
Dieses Diagramm wird im nächsten Kapitel in einem Dashboard eingesetzt. Dort erfahren Sie, wie Sie nur den oberen Teil des Diagramms weiter anzeigen.

11.2 Statuspräsentation im Bullet-Chart

In einem Bullet-Chart können Sie einen Status präsentieren. Der Balken zeigt den Ist-Wert, die Raute den Plan-Wert. Der Hintergrund zeigt Grenzwerte.

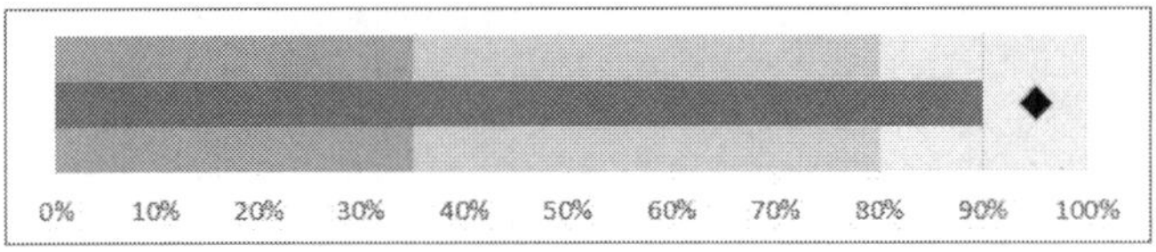

Bild 11.38: Das Ziel: ein Diagramm mit einer Zielmarke.

Das Erstellen eines Bullet-Charts besteht aus drei Schritten:

❶ Die Daten für das Diagramm bereiten.

❷ Den Balken zusammen mit dem Hintergrund erstellen.

❸ Die Zielmarke setzen.

11.2.1 Daten für das Diagramm vorbereiten

Der Hintergrund besteht eigentlich aus mehreren Balken. Deshalb werden einige Informationen benötigt. Aus den Werten in den Zellen *A3* bis *D6* werden die Balken erstellt, aus den Werten in den Zellen *A8* bis *B9* wird das Ziel erstellt.

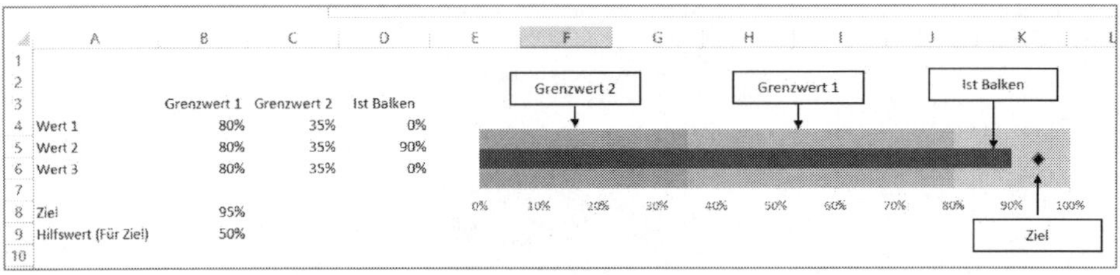

Bild 11.39: Die Verbindung zwischen den Daten und dem Diagramm.

Die beiden Inhalte der Spalten *Grenzwert 1* und *Grenzwert 2* dienen der Kennzeichnung der Stufen. Der *Ist Balken* zeigt den tatsächlichen Wert.

	A	B	C	D
1				
2				
3		Grenzwert 1	Grenzwert 2	Ist Balken
4	Wert 1	80%	35%	0%
5	Wert 2	80%	35%	90%
6	Wert 3	80%	35%	0%

Bild 11.40: Die Daten für das Balkendiagramm.

In den Zellen *B8* und *B9* stehen die Werte für den Zielmarker.

	A	B
7		
8	Ziel	95%
9	Hilfswert (Für Ziel)	50%
10		

Bild 11.41: Die Daten für die Zielmarkierung.

11.2.2 Balken erstellen

In diesem Schritt werden die Balken, die die Basis des Diagramms bilden, erstellt.

1. Aktivieren Sie das Tabellenblatt *Bullet Chart* und markieren Sie die Zellen *A3* bis *D6*.
2. Aktivieren Sie das Register *Einfügen*, klicken Sie auf die Schaltfläche *Balkendiagramm einfügen* und wählen Sie den ersten Befehl *Gruppierte Balken* aus.

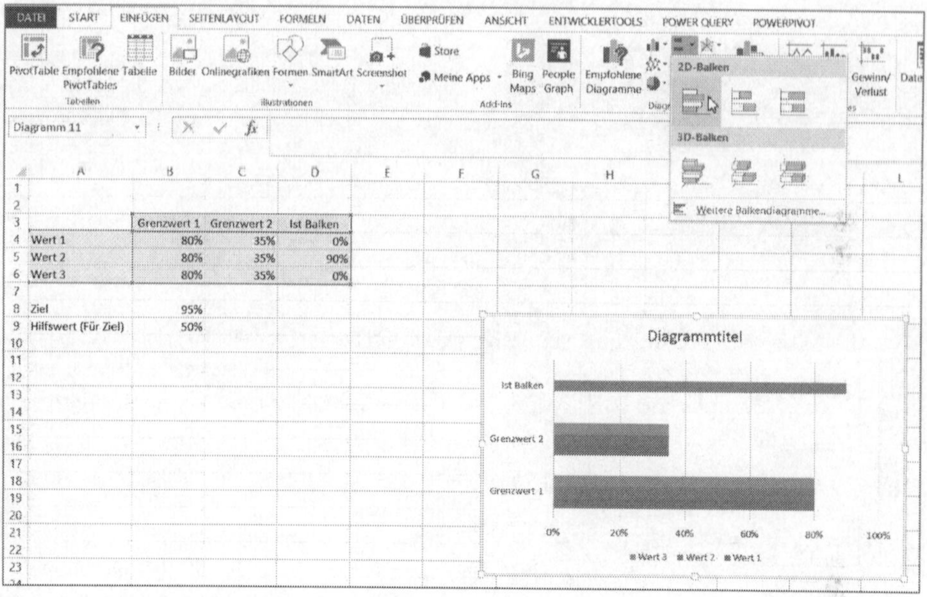

Bild 11.42: Das Balkendiagramm erstellen.

3. Entfernen Sie den Diagrammtitel und die Legende.
4. Aktivieren Sie das Register *Entwurf* und klicken Sie auf die Schaltfläche *Zeile/Spalte wechseln*.

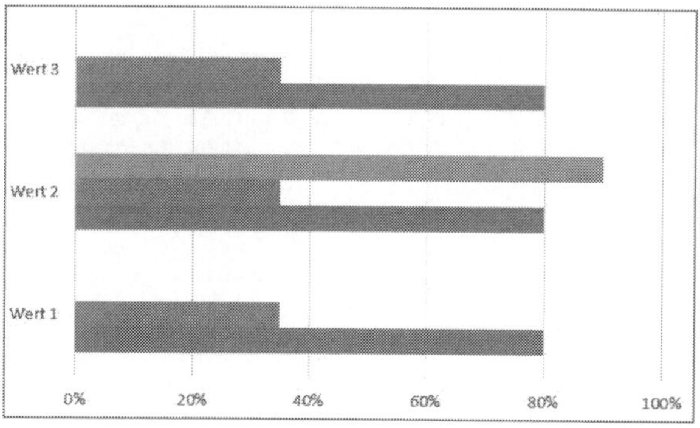

Bild 11.43: Die Balken stehen noch zu weit auseinander.

5. Doppelklicken Sie auf einen Balken.
6. Aktivieren Sie im Aufgabenbereich *Datenreihen formatieren* die Kategorie *Reihenoptionen.*
7. Stellen Sie den Wert *100 %* im Feld *Reihenachsenüberlappung* ein.
8. Im Feld *Abstandsbreite* stellen Sie *0 %* ein.

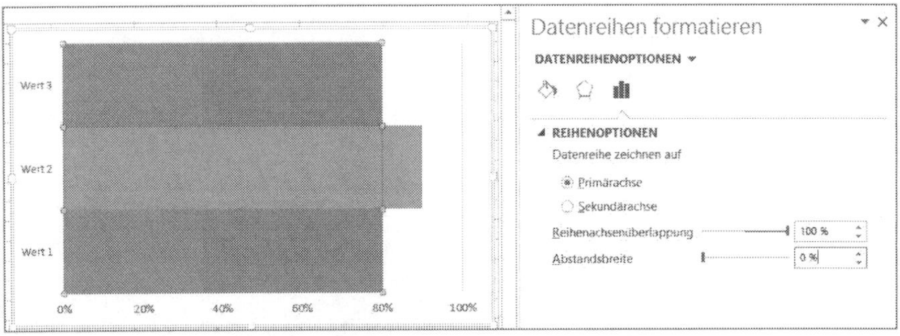

Bild 11.44: Aus den drei Balkengruppen wurde ein Balken erstellt.

9. Löschen Sie links die Beschriftung der Achse, indem Sie den Text markieren und `Entf` drücken.
10. Verringern Sie die Höhe des Diagramms.

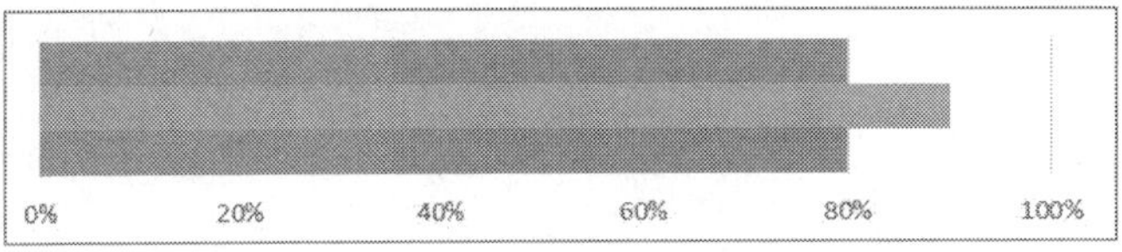

Bild 11.45: Jetzt müssen nur noch die Farben geändert werden.

Ändern Sie nun die Farben.

1. Markieren Sie den Balken, der für den *Grenzwert 2* steht.
2. Aktivieren Sie im Aufgabenbereich *Datenreihen formatieren* die Kategorie *Füllung und Linie.* Stellen Sie die *Einfarbige Füllung* ein und wählen Sie eine *Farbe* aus.
3. Markieren Sie den nächsten Balken, das ist der *Grenzwert 1*, und weisen Sie ihm auch eine Füllfarbe zu.
4. Der dritte Teil ist die *Zeichnungsfläche.* Er wird als *Grenzwert 3* genutzt. Weisen Sie hier ebenfalls eine Füllfarbe zu.
5. Passen Sie auch die Farbe des *Ist-Balkens* an.

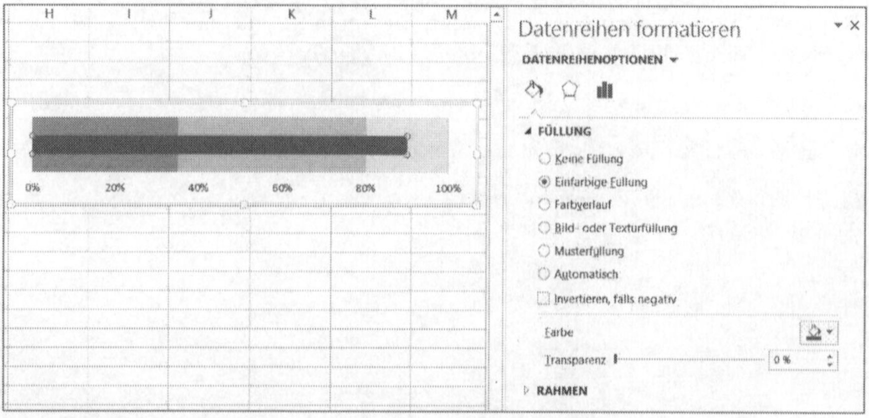

Bild 11.46: Der erste Teil des Diagramms ist fast fertig.

Im letzten Schritt soll die Skalierung an der Achse in 10 %-Schritten erfolgen.

❶ Markieren Sie *Horizontale Werte Achse*, indem Sie auf einen Prozentwert klicken.

❷ Stellen Sie im Aufgabenbereich *Achse formatieren* die Kategorie *Achsenoptionen* ein. Geben Sie im Feld *Hauptintervall* eine *0,1* ein.

❸ Geben Sie dann *1,0* in das Feld *Maximum* ein – auch wenn der Wert bereits darin steht, damit die Skalierung immer bis 100 % geht.

Wenn Sie keine Zielmarke wünschen, ist die Arbeit an dieser Stelle fertiggestellt.

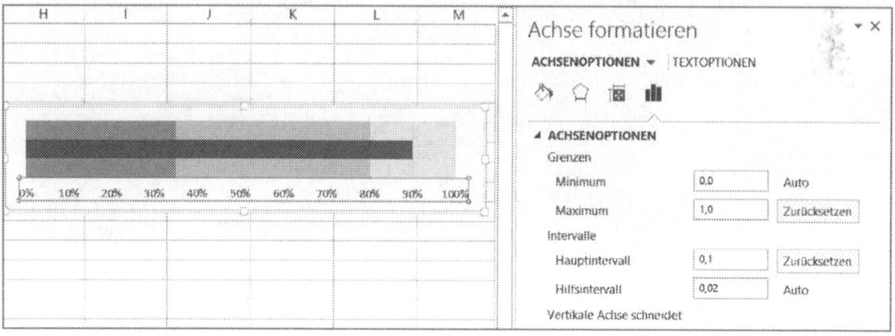

Bild 11.47: Der Balken ist fertig.

11.2.3 Zielmarke setzen

Die Zielmarke besteht aus einem XY-Diagramm. Das bedeutet, dass Sie einen weiteren Datenpunkt einfügen müssen.

❶ Klicken Sie ins Diagramm, aktivieren Sie anschließend das Register *Entwurf* und klicken Sie auf die Schaltfläche *Daten auswählen.*

❷ Klicken Sie im Fenster *Datenquelle auswählen* auf die Schaltfläche *Hinzufügen.*

❸ Klicken Sie ins Feld *Reihenname* und wählen Sie die Zelle *A8* mit dem Wort *Ziel* aus.

❹ Klicken Sie ins Feld *Reihenwerte* und entfernen Sie zuerst den Inhalt. Wählen Sie Zelle *B8* aus.

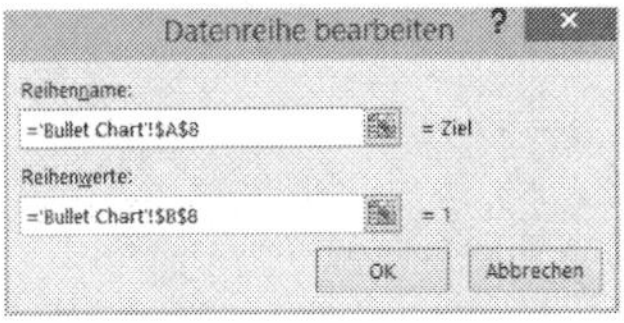

Bild 11.48: Die Werte für die Zielmarke auswählen.

❺ Bestätigen Sie zweimal mit *OK.*

Jetzt ist der Wert als Balken im Diagramm. Das muss geändert werden.

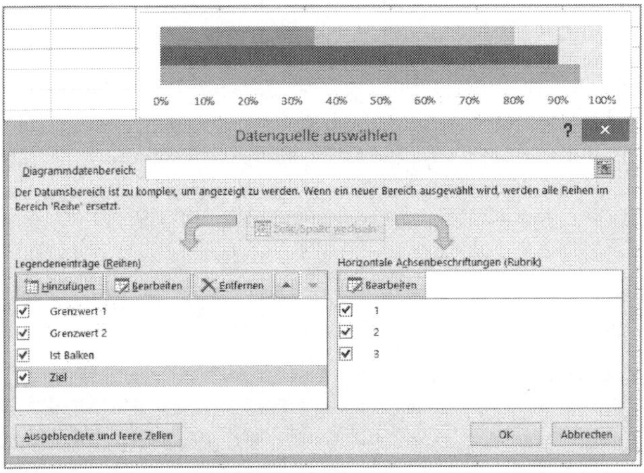

Bild 11.49: Die Zielmarke hinzufügen.

❶ Markieren Sie den neuen Balken.

❷ Aktivieren Sie das Register *Entwurf* und klicken Sie auf die Schaltfläche *Diagrammtyp ändern.*

❸ Stellen Sie im unteren Teil des Fensters *Diagrammtyp ändern* für die Datenreihe *Ziel* das Diagramm *Punkt (XY)* ein. Excel setzt sofort den Haken in das Feld *Sekundärachse.*

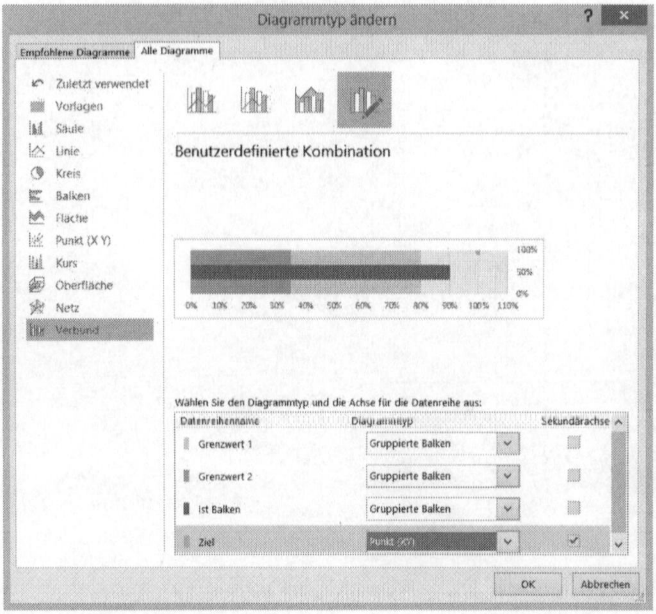

Bild 11.50: Den Diagrammtyp ändern.

❹ Bestätigen Sie mit *OK.*

In Excel 2010 sind die Schritte ein wenig umfangreicher. Nachdem Sie über den Befehl *Diagrammtyp ändern* das Diagramm *Punkt (XY)/Punkt mit Datenpunkten* ausgewählt haben, müssen Sie den neuen Datenpunkt doppelt anklicken und im Fenster *Datenpunkt formatieren* in der Kategorie *Reihenoptionen* die Option *Sekundärachse* setzen.

Der Punkt steht zu Beginn noch nicht an der richtigen Stelle.

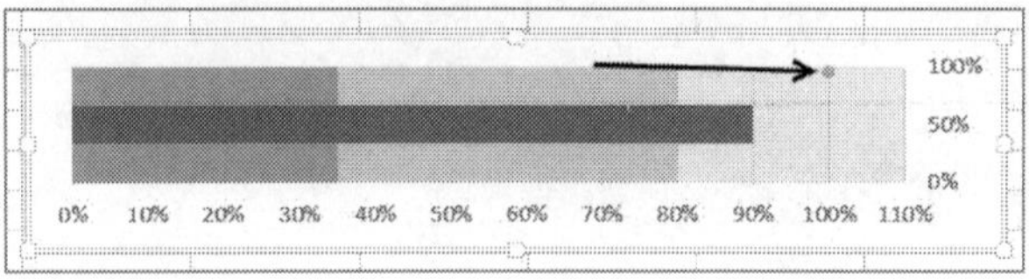

Bild 11.51: Der neue Datenpunkt im Diagramm.

❶ Aktivieren Sie das Register *Entwurf* und klicken Sie auf die Schaltfläche *Daten auswählen.*

❷ Markieren Sie die Zeile *Ziel* und klicken Sie auf die Schaltfläche *Bearbeiten* darüber.

❸ Klicken Sie ins Feld *Werte der Reihe X* und markieren Sie die Zelle *B8.*

❹ Klicken Sie ins Feld *Werte der Reihe Y* und entfernen Sie alle Inhalte. Markieren Sie die Zelle *B9.*

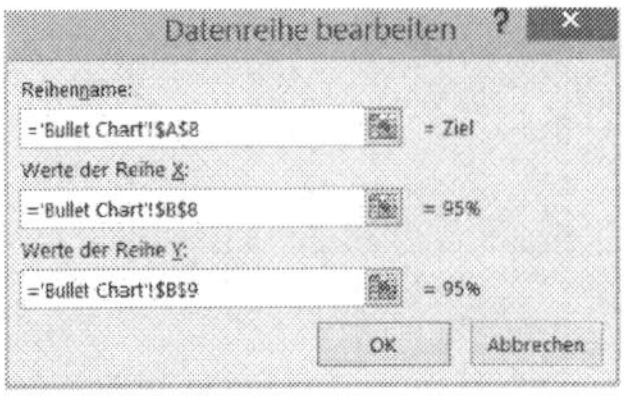

Bild 11.52: Den neuen Datenpunkt an die gewünschte Stelle setzen.

5. Bestätigen Sie zweimal mit *OK*.
6. Löschen Sie rechts die Beschriftung der neuen Achse, indem Sie den Text markieren und auf `Entf` drücken.

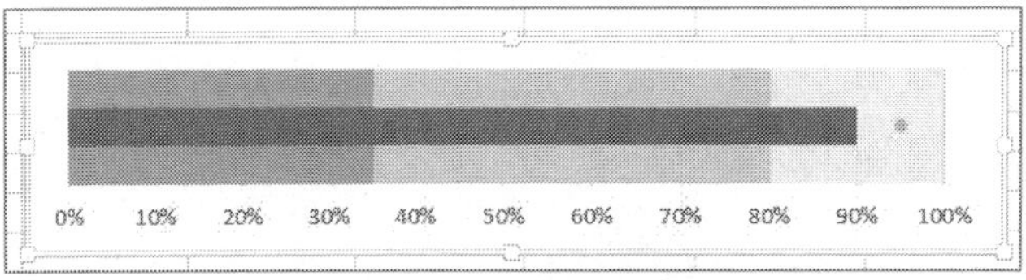

Bild 11.53: Der Punkt steht nun an der richtigen Stelle.

7. Markieren Sie den Punkt.
8. Aktivieren Sie im Aufgabenbereich *Datenreihen formatieren* die Kategorie *Füllfarbe und Linie*. Aktivieren Sie die Kategorie *Markierung*, wählen Sie im Feld *Integriert* das gewünschte Symbol aus und stellen Sie die *Größe* ein.
9. Aktivieren Sie anschließend die Kategorie *Füllung*, stellen Sie die Option *Einfarbige Füllung* ein und wählen Sie eine Farbe.

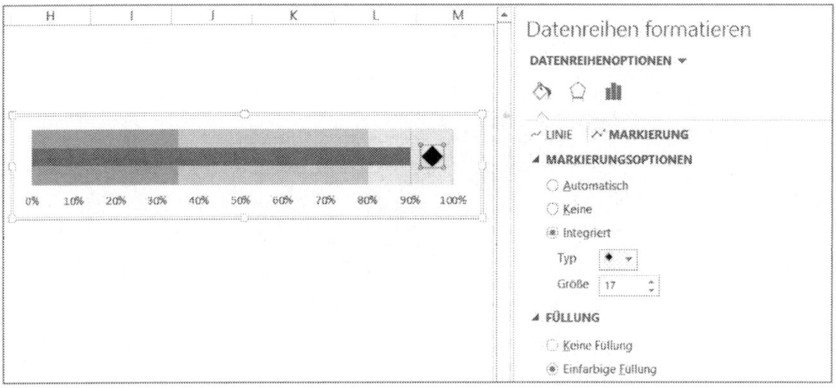

Bild 11.54: Der Marker für den Zielwert.

Ändern Sie die Werte für das Diagramm, um die korrekte Arbeitsweise zu testen.

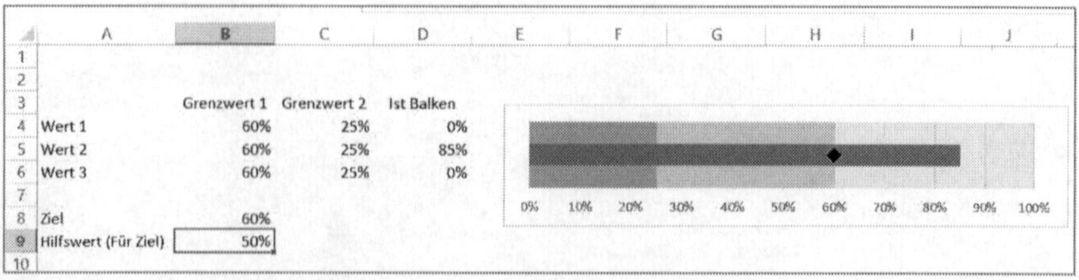

Bild 11.55: Die Zielvorgabe in einem Diagramm zeigen.

Sie haben gesehen, dass Sie durch die Verbindung von zwei Diagrammtypen einen aussagekräftigen Soll-Ist-Vergleich erhalten.

11.3 Werte mit einem Waffeldiagramm präsentieren

Das Waffeldiagramm tanzt in diesem Kapitel etwas aus der Reihe, da es nicht aus einem Diagrammmuster erstellt wird. Sie nutzen lediglich die Zellen auf Ihrem Tabellenblatt. Ein Waffeldiagramm eignet sich zum Präsentieren eines Werts.

Die folgende Abbildung zeigt das Ziel: Nach Eingabe eines Werts wird genau die Anzahl der Zellen eingefärbt.

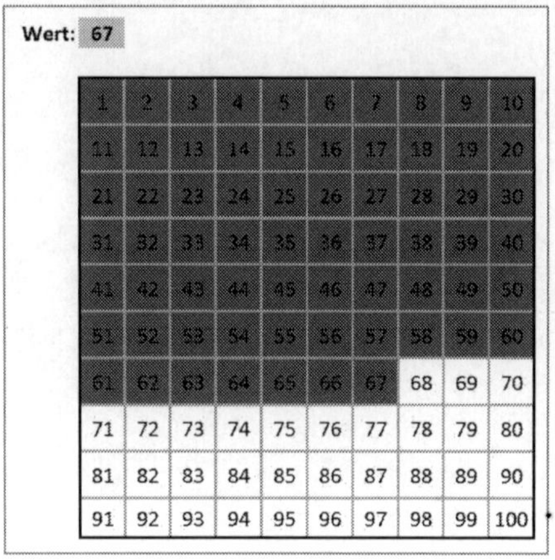

Bild 11.56: Das Ziel: ein Waffeldiagramm.

11.3.1 Zahlen in die Zellen eingeben

Im ersten Schritt müssen die Zahlen in die Zellen eingegeben werden.

1. Aktivieren Sie das Tabellenblatt *Waffel 1* und geben Sie in die Zelle *B4* eine *1* ein.
2. Geben Sie in die Zelle *C4* die folgende Formel ein:

```
=B4+1
```

und drücken Sie [Enter].

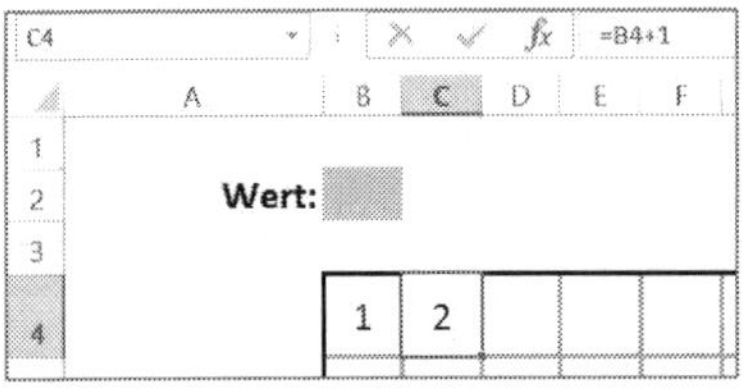

Bild 11.57: Die Vorbereitung für das Diagramm.

❸ Kopieren Sie diese Formel bis zur Zelle *K4*.

❹ Klicken Sie in die Zelle *B5* und erfassen Sie die folgende Formel:

```
=K4+1
```

❺ Bestätigen Sie mit *OK*.

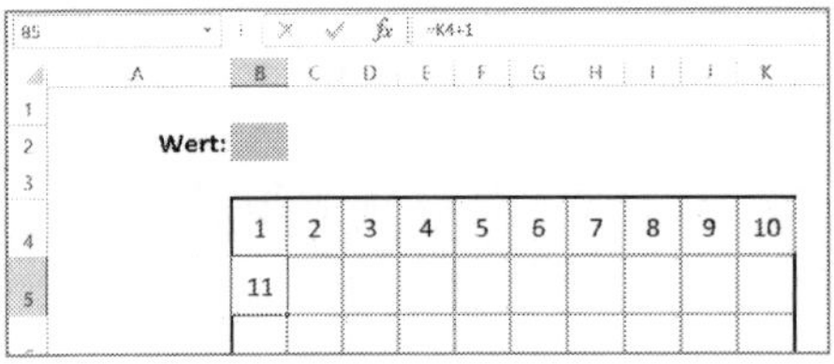

Bild 11.58: Die Berechnungen für das Diagramm.

❻ Kopieren Sie die Formel aus Zelle *C4* in Zelle *C5*.

❼ Ziehen Sie nun die Formel in *C5* nach rechts bis zur Zelle *K5*.

❽ Markieren Sie die Zellen *B5* bis *K5* und ziehen Sie die Formeln am Ausfüllkästchen bis Zeile *13* nach unten.

Damit steht die Ausgangstabelle.

❾ Markieren Sie die ganze Tabelle und starten Sie die Befehlsfolge *Start/Bedingte Formatierung/Neue Regel.*

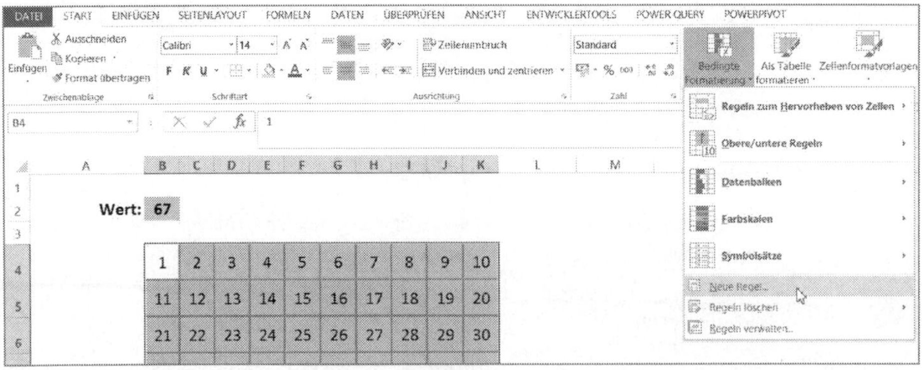

Bild 11.59: Die bedingte Formatierung starten.

10. Stellen Sie die Option *Nur Zellen formatieren, die enthalten* ein.

11. Wählen Sie im zweiten Listenfeld im Bereich *Regelbeschreibung bearbeiten* den Eintrag *kleiner oder gleich*, klicken Sie dann ins Feld daneben und anschließend auf die Zelle *B2*.

12. Klicken Sie auf die Schaltfläche *Formatieren* und wählen Sie im Register *Ausfüllen* die gewünschte Farbe aus.

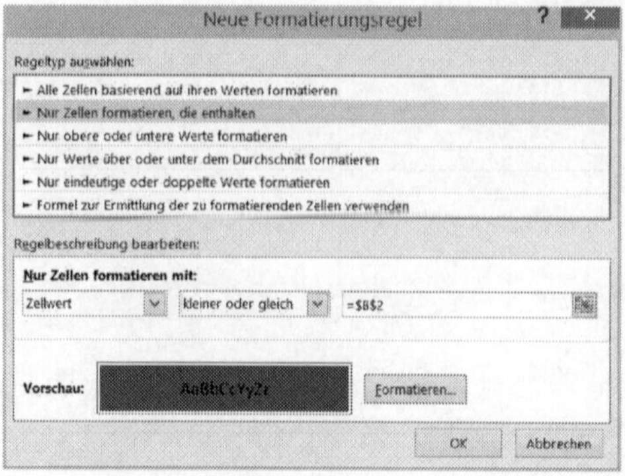

Bild 11.60: Die Regel für das Waffeldiagramm.

13. Bestätigen Sie zweimal mit *OK*.

14. Geben Sie in die Zelle *B2* einen Wert ein.

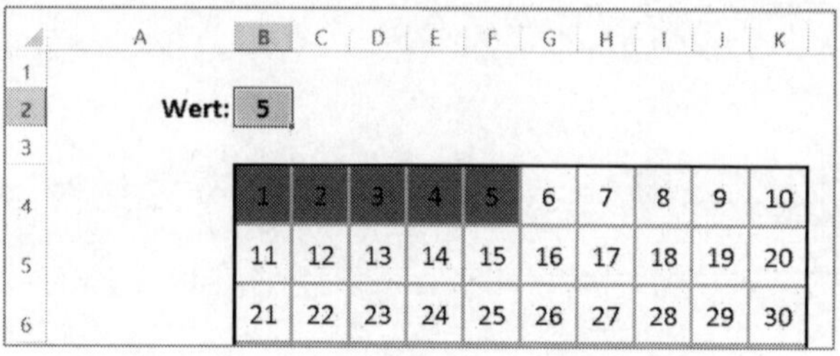

Bild 11.61: Es wird nur die Anzahl der eingegebenen Zellen eingefärbt.

Im nächsten Schritt sollen die Zahlen nicht mehr sichtbar sein.

15. Markieren Sie die Zellen *B4* bis *K13*.

16. Stellen Sie auf der Registerkarte *Start* im Feld *Schriftart* die Farbe *Weiß* ein.

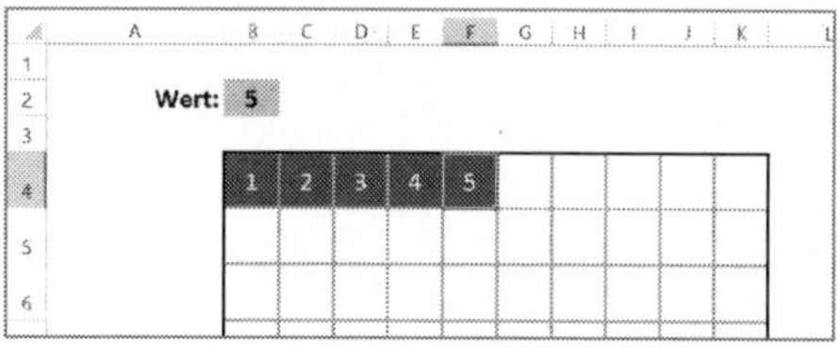

Bild 11.62: Die Schriftfarbe ändern.

In den Zellen, die durch die bedingte Formatierung eingefärbt werden, erscheint die Zahl. Das wird jetzt geändert.

❶ Markieren Sie alle Zellen Ihres Diagramms.

❷ Wählen Sie die Befehlsfolge *Start/Bedingte Formatierung/Regeln verwalten.*

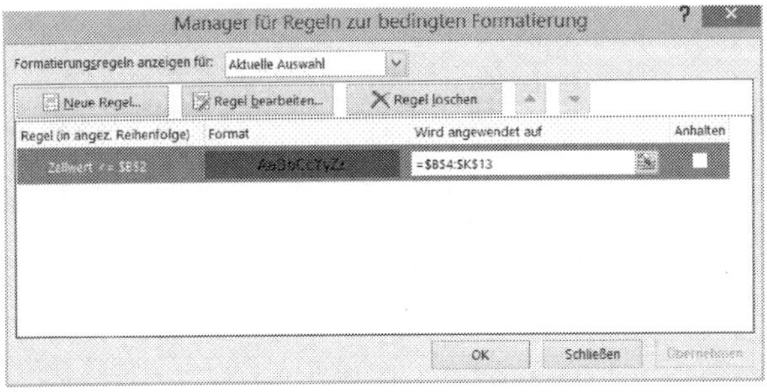

Bild 11.63: Im Fenster *Manager für Regeln zur bedingten Formatierung* stehen alle Regeln.

❸ Markieren Sie die Regel, die Sie bearbeiten möchten, und klicken Sie auf die Schaltfläche *Regel bearbeiten.*

❹ Klicken Sie auf die Schaltfläche *Formatieren.*

❺ Aktivieren Sie im Fenster *Zellen formatieren* das Register *Schrift* und stellen Sie die Schriftfarbe ein, die Sie eben als Füllfarbe gewählt haben.

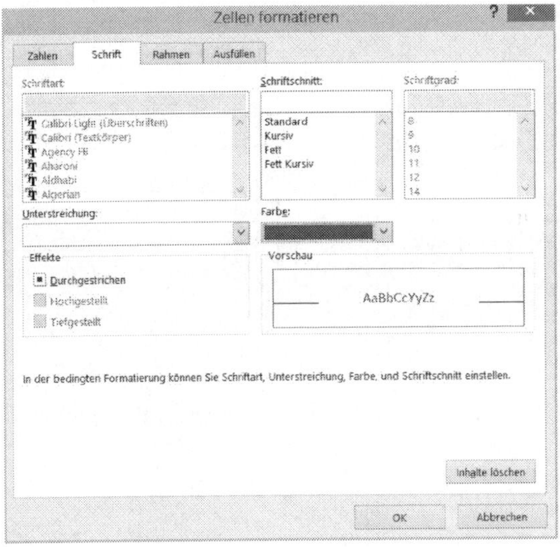

Bild 11.64: Die Schriftfarbe der Füllfarbe anpassen.

❻ Bestätigen Sie dreimal mit *OK.*

❼ Ändern Sie wieder den Wert in Zelle *B2.*

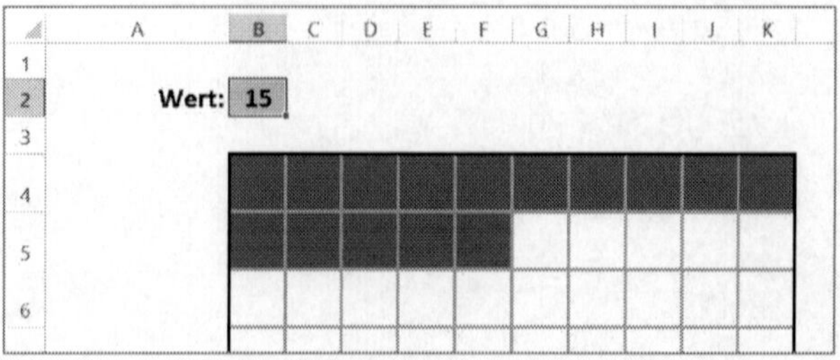

Bild 11.65: Das Ergebnis: Das Waffeldiagramm präsentiert den eingegebenen Wert.

11.3.2 Prozentuale Werte zeigen

Im ersten Beispiel wurde mit absoluten Werten gearbeitet, in diesem Beispiel sollen prozentuale Werte gezeigt werden. Der Grund dafür, dass wir das Beispiel mit Prozentwerten wiederholen, liegt darin, dass es nicht ganz so reibungslos läuft.

Bild 11.66: Zurzeit ist noch alles im grünen Bereich.

In Zelle *C4* wurde *1%* eingegeben. In Zelle *C4* wurde die Formel `=C4+1%` erfasst und bis zu Zelle *K4* kopiert. Im Prinzip sind alle Formeln identisch mit denen im ersten Beispiel, nur dass anstelle einer *1* der Wert *1%* eingegeben wird.

Im Anschluss wurde auch wieder allen Zellen die bedingte Formatierung zugewiesen, die bereits weiter oben beschrieben wurde.

Zu Beginn sieht alles gut aus – bis zu dem Zeitpunkt, an dem Sie in die Zelle *B2* einen Wert größer als 81 % eingeben.

Die folgende Abbildung zeigt das Problem.

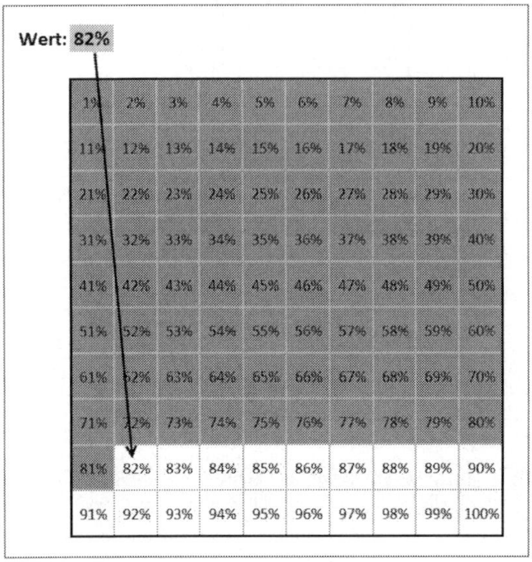

1%	2%	3%	4%	5%	6%	7%	8%	9%	10%
11%	12%	13%	14%	15%	16%	17%	18%	19%	20%
21%	22%	23%	24%	25%	26%	27%	28%	29%	30%
31%	32%	33%	34%	35%	36%	37%	38%	39%	40%
41%	42%	43%	44%	45%	46%	47%	48%	49%	50%
51%	52%	53%	54%	55%	56%	57%	58%	59%	60%
61%	62%	63%	64%	65%	66%	67%	68%	69%	70%
71%	72%	73%	74%	75%	76%	77%	78%	79%	80%
81%	82%	83%	84%	85%	86%	87%	88%	89%	90%
91%	92%	93%	94%	95%	96%	97%	98%	99%	100%

Bild 11.67: Achtung:
Bei allen Werten über 81 %
kommt es zu einem Problem.

Sie erkennen den Grund des Fehlers erst, wenn Sie 13 Nachkommastellen hinzufügen.

❶ Markieren Sie die Werte und klicken Sie mehrfach auf die Schaltfläche *Dezimalstelle hinzufügen.*

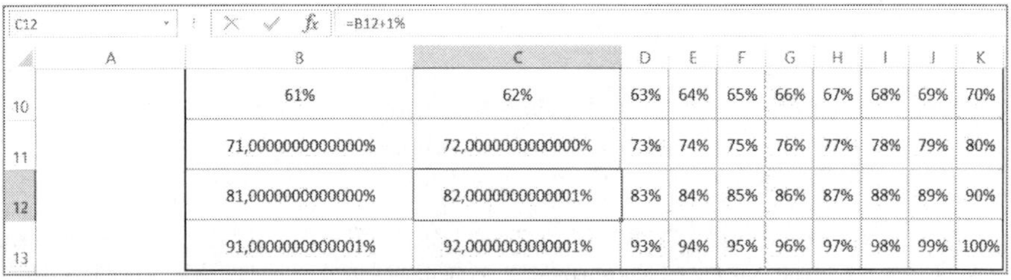

C12 =B12+1%

	A	B	C	D	E	F	G	H	I	J	K
10		61%	62%	63%	64%	65%	66%	67%	68%	69%	70%
11		71,0000000000000%	72,0000000000000%	73%	74%	75%	76%	77%	78%	79%	80%
12		81,0000000000000%	82,0000000000001%	83%	84%	85%	86%	87%	88%	89%	90%
13		91,0000000000001%	92,0000000000001%	93%	94%	95%	96%	97%	98%	99%	100%

Bild 11.68: Die Anzeige bis auf 13 Nachkommastellen genau.

Durch die Berechnung wird Excel ab 82 % ungenau. Diese Ungenauigkeit fällt erst bei der bedingten Formatierung auf.

Sie benötigen jetzt die Funktion RUNDEN.

❷ Klicken Sie in die Zelle *C4* und starten Sie den Funktionsassistenten.

❸ Stellen Sie im Feld *Kategorie auswählen* den Eintrag *Alle* ein.

❹ Markieren Sie die Funktion *RUNDEN.*

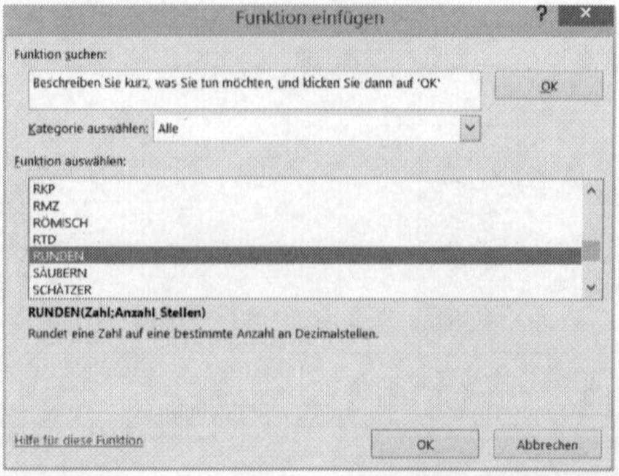

Bild 11.69: Die Funktion RUNDEN im Fenster Funktion einfügen.

5. Klicken Sie ins Feld *Zahl* und erfassen Sie die folgende Formel:

```
B4+1%
```

6. Klicken Sie ins Feld *Anzahl_Stellen* und geben Sie hier eine *2* ein.

   Die Formel ist identisch mit der im ersten Schritt. Allerdings wird durch das zweite Argument *Anzahl_Stellen* das Ergebnis auf zwei Nachkommastellen gerundet.

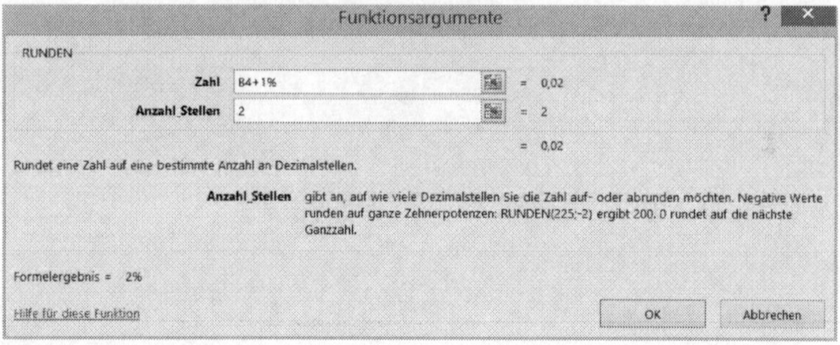

Bild 11.70: Die Funktion RUNDEN rundet das Ergebnis auf die gewünschte Anzahl Stellen.

7. Bestätigen Sie mit *OK*.
8. Kopieren Sie die Formel nach rechts bis zur Zelle *K4*.
9. Kopieren Sie die Formel aus der Zelle *C4* in die Zelle *B5*.
10. Markieren Sie die Zelle *B5*, klicken Sie in die Bearbeitungsleiste und ändern Sie in der Formel die Zelladresse *B4* um in *K4*. Drücken Sie [Enter] zur Bestätigung.
11. Kopieren Sie die Formel aus Zelle *C4* erneut und fügen Sie sie in Zelle *C5* ein. Ziehen Sie diese Formel am Ausfüllkästchen nach rechts.
12. Markieren Sie die Zellen *B5* bis *K5* und ziehen Sie sie am Ausfüllkästchen nach unten.

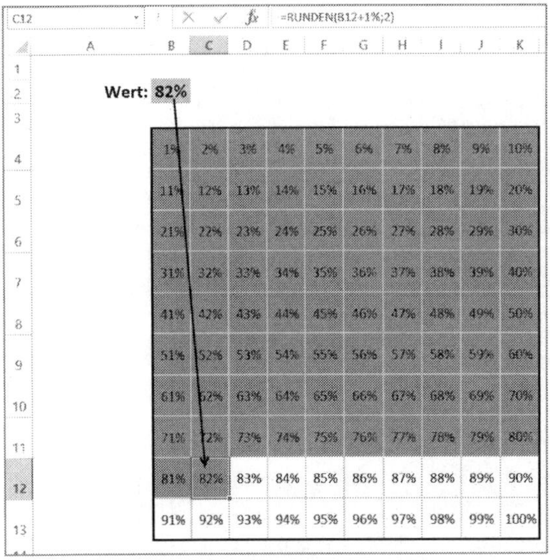

Bild 11.71: Jetzt werden die richtigen Zellen eingefärbt.

Dank der Funktion RUNDEN werden die korrekten Zellen eingefärbt.

12 Schwer angesagt: Dashboards

Dashboards bzw. Cockpits sind schwer angesagt. Wichtige Unternehmensdaten können übersichtlich zusammengefasst werden und bieten damit einen guten Überblick. Für die Darstellung gibt es keine Regeln. Sie können sich frei entfalten. Entscheiden Sie, wie Sie welche Daten präsentieren. Der Vorteil eines Dashboards in Excel liegt darin, dass Sie die Daten jederzeit ändern und aktualisieren können. In diesem Kapitel erfahren Sie, wie Sie ein Dashboard zusammensetzen.

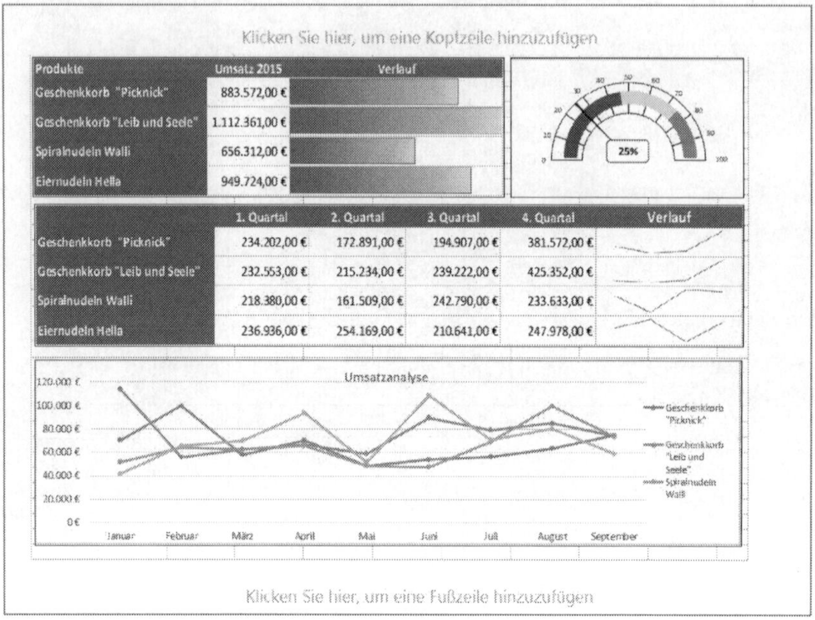

Bild 12.1: Das ist das Ziel: ein Dashboard erstellen.

Öffnen Sie die Excel-Mappe *Dashboard.xlsx*.

12.1 LiveFotos erstellen

Stellen Sie sich vor, Sie hätten eine Tabelle erstellt und wollten diese Tabelle genau so auch auf einem anderen Blatt anzeigen. Excel bietet Ihnen zwei Lösungen an: den Befehl *Kamera* und den Befehl *Verknüpfte Grafik.*

Anhand der folgenden Tabelle auf dem Tabellenblatt *LiveFoto* werden beide Befehle beschrieben.

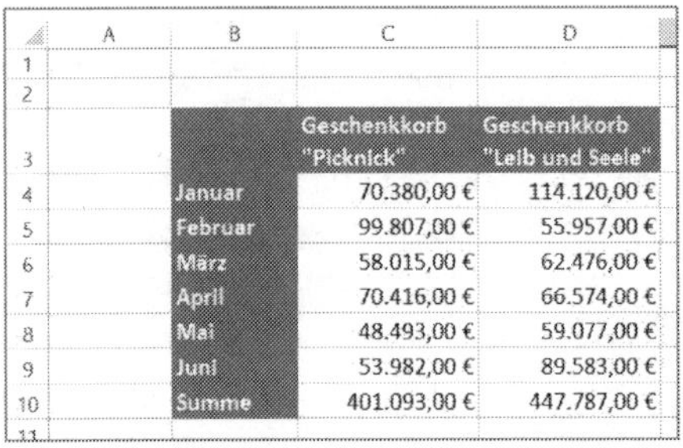

	A	B	C	D
1				
2				
3			Geschenkkorb "Picknick"	Geschenkkorb "Leib und Seele"
4		Januar	70.380,00 €	114.120,00 €
5		Februar	99.807,00 €	55.957,00 €
6		März	58.015,00 €	62.476,00 €
7		April	70.416,00 €	66.574,00 €
8		Mai	48.493,00 €	59.077,00 €
9		Juni	53.982,00 €	89.583,00 €
10		Summe	401.093,00 €	447.787,00 €

Bild 12.2: Die Beispieltabelle.

12.1.1 Der Befehl Kamera

Um die Kamera einzusetzen, muss sie in die Symbolleiste für den Schnellzugriff eingefügt werden.

❶ Wählen Sie die Befehlsfolge *Datei/Optionen/Symbolleiste für den Schnellzugriff.*

❷ Wählen Sie im Feld *Häufig verwendete Befehle* den Eintrag *Alle Befehle.*

❸ Suchen Sie den Befehl *Kamera,* markieren Sie ihn und klicken Sie auf die Schaltfläche *Hinzufügen.*

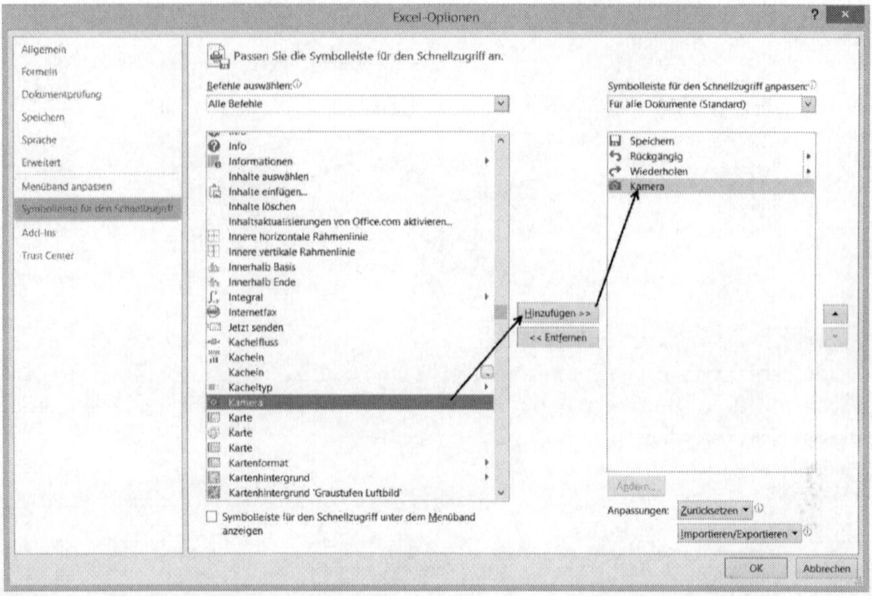

Bild 12.3: Den Befehl *Kamera* in die Symbolleiste für den Schnellzugriff einfügen.

❹ Bestätigen Sie mit *OK*.

Damit haben Sie das Icon in Ihrer Symbolleiste für den Schnellzugriff. Bei jedem Start von Excel ist es nun mit dabei.

❶ Markieren Sie die Tabelle, die Sie abfotografieren möchten, und klicken Sie auf die Schaltfläche *Kamera* in der Symbolleiste für den Schnellzugriff.

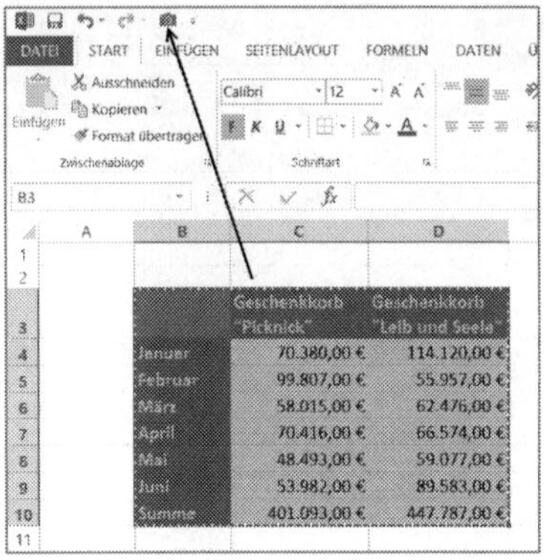

Bild 12.4: Den Befehl *Kamera* starten.

❷ Wenn der Markierungsrahmen um die gewünschten Zellen herumgeht, klicken Sie einmal auf das Tabellenblatt.

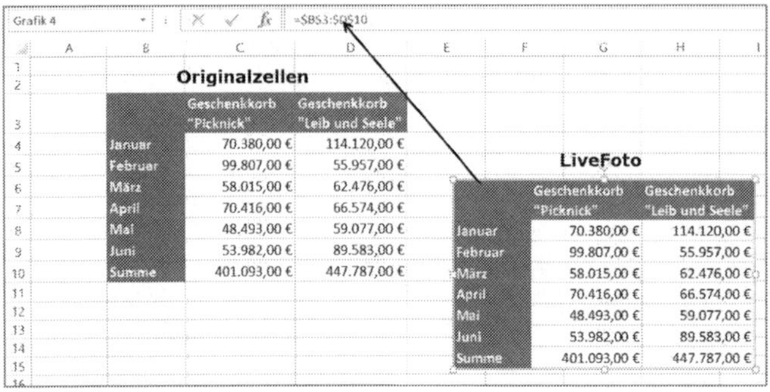

Bild 12.5: Das LiveFoto der eben markierten Zellen.

Damit haben Sie das LiveFoto erstellt. Es ist eine Grafik, und Sie können sie frei auf dem Tabellenblatt positionieren. In der Bearbeitungsleiste erkennen Sie die Zellen, die aktuell »fotografiert« werden.

Hinweis
Sie können die Größe des LiveFotos verändern. Allerdings kann es dann zu unschönen Ergebnissen kommen.

Sie erkennen das ganze Potenzial erst, wenn Sie Änderungen an den Originalzellen vornehmen. In diesem Beispiel wurde ein Wert in Zelle *D6* geändert. Dadurch ändert sich auch die Summe in *D10*. Sofort passt sich der Inhalt des LiveFotos ebenfalls an.

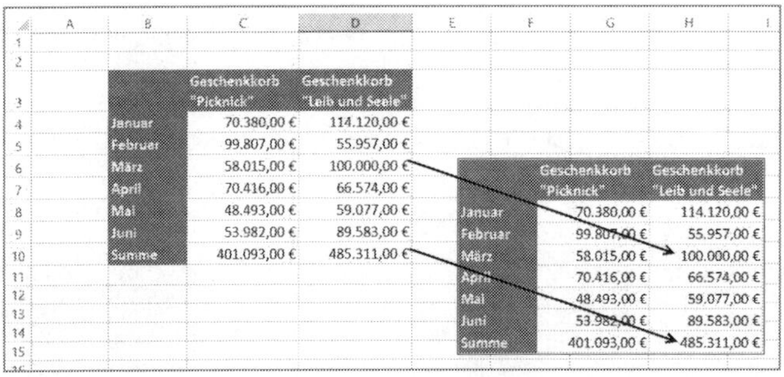

Bild 12.6: Änderungen an den Originaldaten werden sofort in das LiveFoto übergeben.

Wenn Sie die Markierung des LiveFotos aufheben, indem Sie auf eine Zelle klicken, erkennen Sie, dass Excel automatisch einen Rahmen um das Element gezogen hat. Sollte Ihnen der Rahmen nicht gefallen oder wünschen Sie sich einen anderen Rahmen, führen Sie die folgenden Schritte durch.

❶ Wählen Sie die Befehlsfolge *Format/Bildrahmen.*

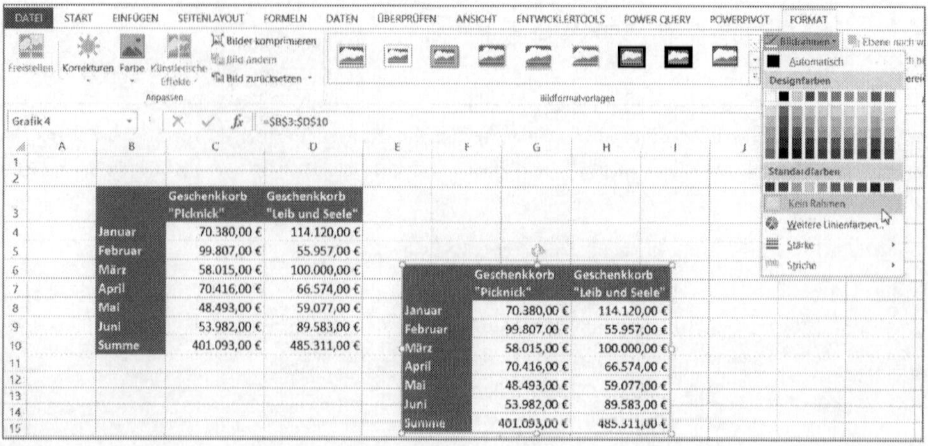

Bild 12.7: Den Rahmen entfernen.

❷ Entscheiden Sie, ob Ihnen gar kein Rahmen lieber ist, oder stellen Sie die Rahmenfarbe und die Stärke ein.

Wenn Sie die Gitternetzlinien entfernen, erkennen Sie, dass der Rahmen tatsächlich entfernt wurde.

❸ Wählen Sie die Befehlsfolge *Ansicht/Gitternetzlinien*. Das LiveFoto zeigt jetzt auch keine Gitternetzlinien an.

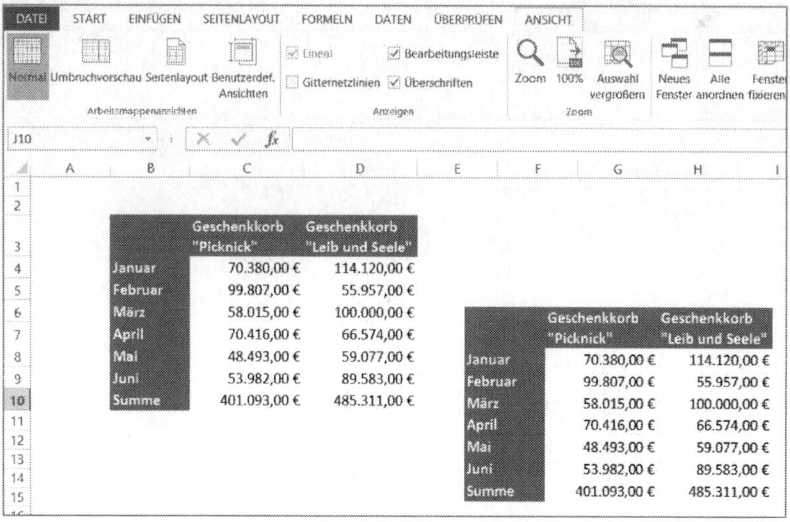

Bild 12.8: Kein Rahmen und keine Gitternetzlinien.

Im nächsten Abschnitt wird der ähnliche Befehl *Verknüpfte Grafik* vorgestellt. Im übernächsten Abschnitt erhalten Sie Tipps zur Arbeit mit den Fotoelementen.

12.1.2 Der Befehl Verknüpfte Grafik

Der Befehl *Verknüpfte Grafik* macht im Prinzip genau dasselbe wie die Kamera. Er zeigt das LiveFoto der zuvor markierten Zellen. Das Ergebnis weist allerdings zwei Unterschiede auf: Das eingefügte Element hat keinen Rahmen, und es ist durchsichtig. Das bedeutet, Sie sehen die fotografierten Gitternetzlinien und die, auf denen das Element liegt.

❶ Markieren Sie die Zellen *B3* bis *D10* und kopieren Sie sie mit [Strg]+[C].

❷ Aktivieren Sie das Register *Start*, klicken Sie auf den unteren Teil der ersten Schaltfläche *Einfügen* und starten Sie den letzten Befehl *Verknüpfte Grafik*.

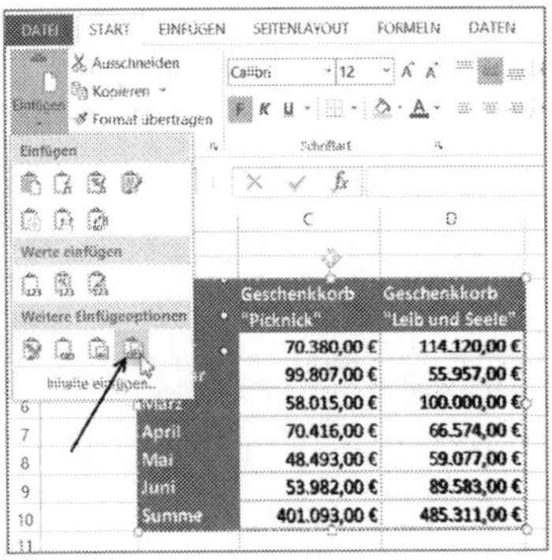

Bild 12.9: Eine verknüpfte Grafik erstellen.

Excel legt das LiveFoto auch hier als Grafik über die markierten Zellen.

❸ Ziehen Sie die Grafik an die gewünschte Position.

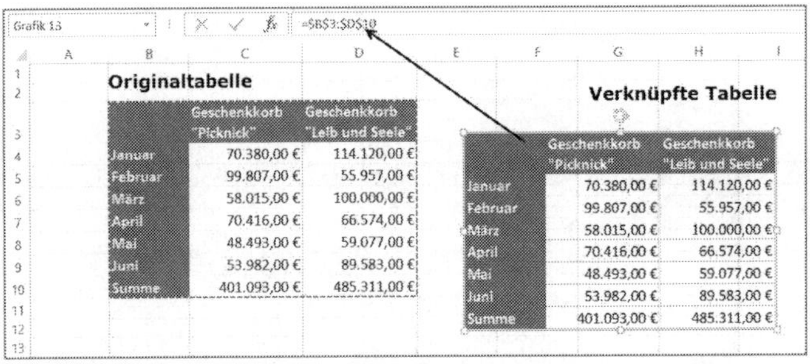

Bild 12.10: Die verknüpfte Grafik greift auch auf die Zellen zu und ist durchsichtig.

Sie erkennen jetzt sowohl die fotografierten Gitternetzlinien der Originaltabelle als auch die Gitternetzlinien, auf denen das Element liegt. Auch hier werden, wie mit dem Befehl *Kamera*, Änderungen in der Originaltabelle sofort in die verknüpfte Grafik übernommen.

12.1.3 Elemente auf einem anderen Tabellenblatt einfügen

Sie können beide Elemente auch auf einem anderen Tabellenblatt einfügen. Die Befehle sind unterschiedlich, das Ergebnis gleich. Im Folgenden werden beide Wege beschrieben.

1. Markieren Sie die Zellen, die Sie auf einem anderen Tabellenblatt zeigen möchten. Im aktuellen Beispiel sind das die Zellen *B3* bis *D10* auf dem Tabellenblatt *LiveFoto.*
2. Starten Sie den Befehl *Kamera.*
3. Aktivieren Sie das gewünschte Tabellenblatt und klicken Sie einmal auf eine Zelle – sofort wird das LiveFoto eingefügt.

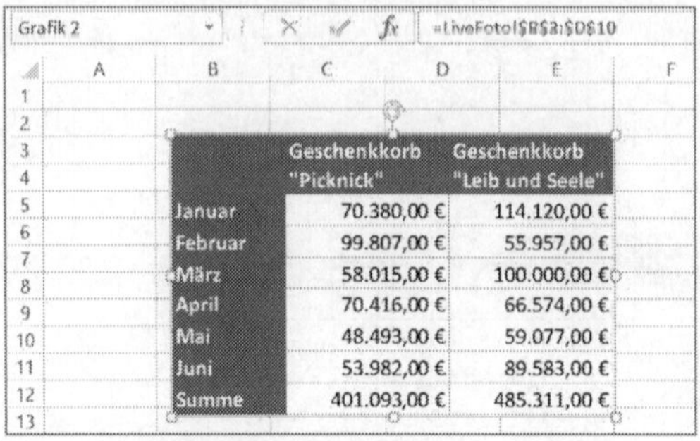

	Geschenkkorb "Picknick"	Geschenkkorb "Leib und Seele"
Januar	70.380,00 €	114.120,00 €
Februar	99.807,00 €	55.957,00 €
März	58.015,00 €	100.000,00 €
April	70.416,00 €	66.574,00 €
Mai	48.493,00 €	59.077,00 €
Juni	53.982,00 €	89.583,00 €
Summe	401.093,00 €	485.311,00 €

Bild 12.11: Ein LiveFoto auf einem anderen Tabellenblatt.

Wenn Sie lieber mit dem Befehl *Verknüpfte Grafik* arbeiten, führen Sie die diese Schritte durch:

1. Markieren Sie die Zellen *B3* bis *D10* auf dem Tabellenblatt *LiveFoto.*
2. Kopieren Sie die Zellen mit [Strg]+[C].
3. Wechseln Sie auf das gewünschte Tabellenblatt.
4. Aktivieren Sie das Register *Start*, klicken Sie auf den unteren Teil der ersten Schaltfläche *Einfügen* und starten Sie den letzten Befehl *Verknüpfte Grafik.*

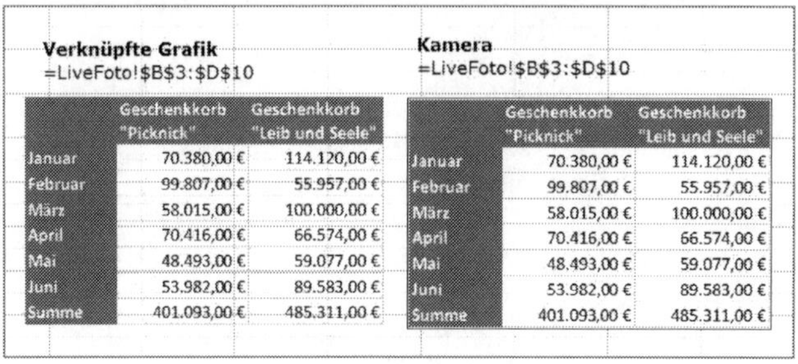

	Geschenkkorb "Picknick"	Geschenkkorb "Leib und Seele"
Januar	70.380,00 €	114.120,00 €
Februar	99.807,00 €	55.957,00 €
März	58.015,00 €	100.000,00 €
April	70.416,00 €	66.574,00 €
Mai	48.493,00 €	59.077,00 €
Juni	53.982,00 €	89.583,00 €
Summe	401.093,00 €	485.311,00 €

	Geschenkkorb "Picknick"	Geschenkkorb "Leib und Seele"
Januar	70.380,00 €	114.120,00 €
Februar	99.807,00 €	55.957,00 €
März	58.015,00 €	100.000,00 €
April	70.416,00 €	66.574,00 €
Mai	48.493,00 €	59.077,00 €
Juni	53.982,00 €	89.583,00 €
Summe	401.093,00 €	485.311,00 €

Bild 12.12: Der Unterschied zwischen den Befehlen *Verknüpfte Grafik* und *Kamera.*

Hinweis
Wenn Sie ein LiveFoto auf dem Tabellenblatt eingefügt haben, auf dem sich auch die Originaldaten befinden, und Sie es doch lieber auf einem anderen Tabellenblatt sehen möchten, müssen Sie Folgendes beachten: Nach dem Kopieren und Einfügen ändert sich nicht automatisch der Zellbezug. Das bedeutet, das LiveFoto zeigt zu Beginn den Inhalt der Zellen der aktuellen Tabelle. Sie müssen über die Bearbeitungsleiste den Tabellenblattnamen, auf den Sie zugreifen möchten, gefolgt von einem Ausrufezeichen erfassen.

12.1.4 Größe eines LiveFotos beliebig verändern

Sie können die Größe Ihres LiveFotos beliebig verändern, wie es die folgende Abbildung zeigt.

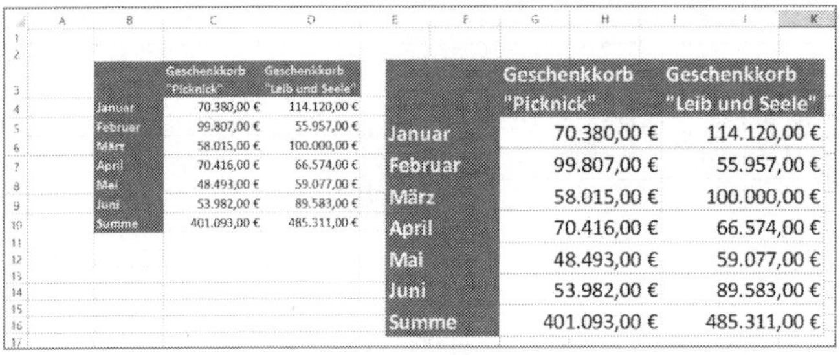

	Geschenkkorb "Picknick"	Geschenkkorb "Leib und Seele"
Januar	70.380,00 €	114.120,00 €
Februar	99.807,00 €	55.957,00 €
März	58.015,00 €	100.000,00 €
April	70.416,00 €	66.574,00 €
Mai	48.493,00 €	59.077,00 €
Juni	53.982,00 €	89.583,00 €
Summe	401.093,00 €	485.311,00 €

Bild 12.13: Die Größe des LiveFotos kann verändert werden.

Allerdings dürfen Sie nicht die Spaltenbreite oder die Zeilenhöhe der Originalzellen ändern, da sonst das Bild verzerrt wird.

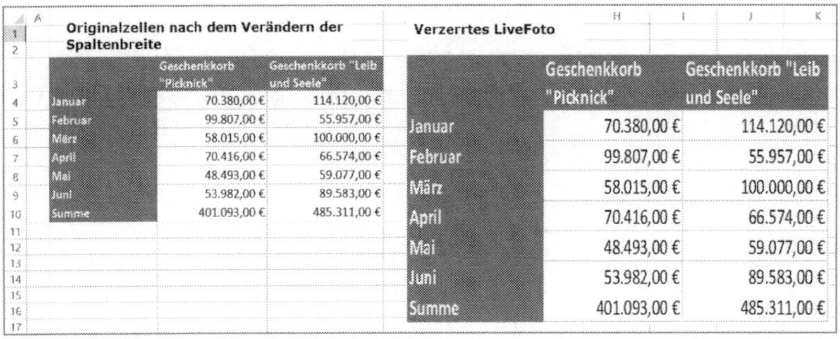

	Geschenkkorb "Picknick"	Geschenkkorb "Leib und Seele"
Januar	70.380,00 €	114.120,00 €
Februar	99.807,00 €	55.957,00 €
März	58.015,00 €	100.000,00 €
April	70.416,00 €	66.574,00 €
Mai	48.493,00 €	59.077,00 €
Juni	53.982,00 €	89.583,00 €
Summe	401.093,00 €	485.311,00 €

Bild 12.14: Das Bild kann verzerrt werden.

Für die vorherige Abbildung wurde zuerst die Grafik mit dem LiveFoto vergrößert. Anschließend wurde die Spaltenbreite der Originalzellen verändert. Wenn Sie die Größe der Grafik mit dem LiveFoto geändert haben, ändern Sie nicht mehr die Spaltenbreite und die Zeilenhöhe der Originalzellen. Oder Sie erstellen einfach ein neues LiveFoto.

Ein Hinweis, der nur dann praktikabel ist, wenn Sie das LiveFoto als *Verknüpfte Grafik* eingefügt haben:

1. Markieren Sie die verzerrte Grafik.
2. Aktivieren Sie das Register *Format* und klicken Sie auf den Listenpfeil der Schaltfläche *Bild zurücksetzen.*
3. Wählen Sie den Befehl *Bild und Größe zurücksetzen.* Jetzt passen die Proportionen wieder.

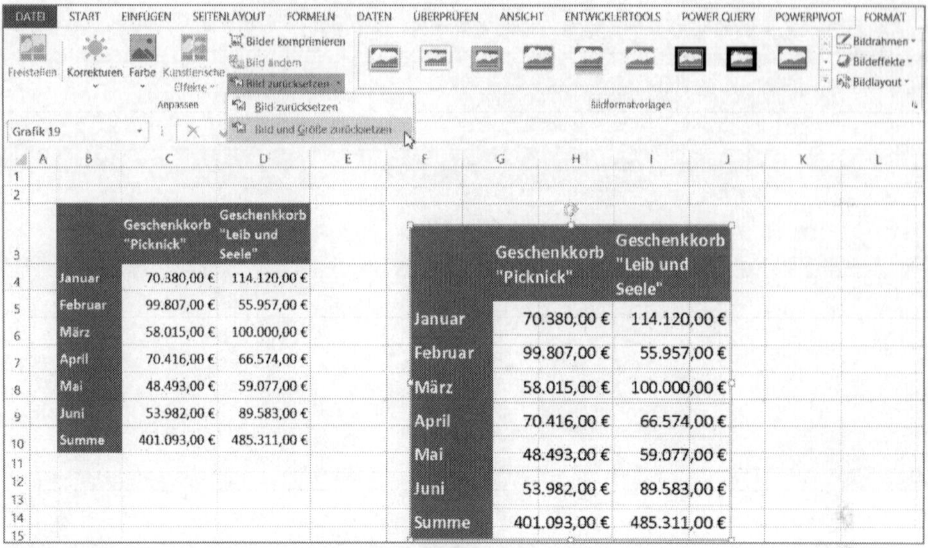

Bild 12.15: Der Inhalt wird der Größe der Grafik angepasst.

Hinweis
Wenn Sie die oben beschriebene Befehlsfolge für ein Element durchführen, das Sie mit dem Befehl *Kamera* erstellt haben, wird der Hintergrund durchsichtig.

12.2 Dashboard mit LiveFotos erstellen

In diesem Beispiel soll ein Dashboard erstellt werden. Alle notwendigen Informationen haben Sie bereits zusammengetragen. Sie müssen nur noch alles auf einem Tabellenblatt zusammenbringen.

12.2.1 Seite für das Dashboard vorbereiten

Damit Sie später weniger Arbeit haben, sollten Sie zu Beginn das Tabellenblatt, auf dem Sie Ihr Dashboard erstellen möchten, vorbereiten. Definieren Sie die Ausrichtung des Blatts und die Ränder.

❶ Wechseln Sie zu Beginn mit der Befehlsfolge *Ansicht/Seitenlayout* in die Seitenlayoutansicht.

❷ Stellen Sie anschließend mit der Befehlsfolge *Seitenlayout/Ausrichtung/Querformat* das Querformat für die Seite ein.

❸ Wenn Sie auch die Ränder ändern möchten, wählen Sie die Befehlsfolge *Seitenlayout/Seitenränder/Benutzerdefinierte Seitenränder.* Geben Sie die gewünschten Einstellungen ein und bestätigen Sie mit *OK*.

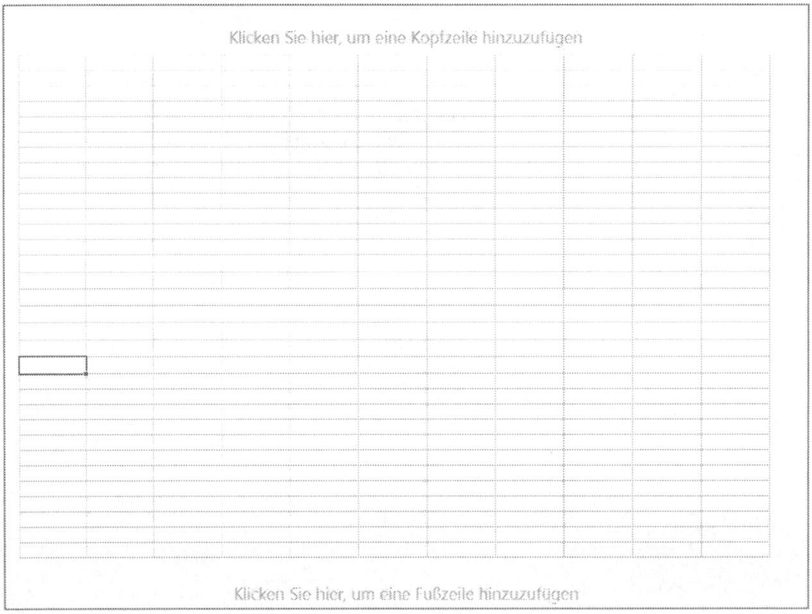

Bild 12.16: Die Seitenlayoutansicht zum Erstellen eines Dashboards nutzen.

Wenn Sie gleich ein Element auf Ihr Tabellenblatt bringen, können Sie dank der Seitenlayoutansicht sofort erkennen, ob es an der richtigen Stelle sitzt.

❶ Wechseln Sie auf das Tabellenblatt *Daten für Dashboard1*.

❷ Markieren Sie die Zellen, auf denen das Diagramm liegt. Es sind die Zellen von *B15* bis *J26*. Da das Diagramm passgenau auf den Zellen liegt, können Sie sie nicht mit der Maus markieren. Klicken Sie in die Zelle *B14* und drücken Sie einmal [↓]. Damit haben Sie die Zelle *B15* markiert. Halten Sie nun die [Umschalt]-Taste gedrückt und markieren Sie mit den Pfeiltasten bis Spalte *J* und Zeile *26*. Orientieren Sie sich am besten an den Zeilen- und Spaltentiteln.

❸ Wenn die richtigen Zellen markiert sind, klicken Sie auf den Befehl *Kamera* in Ihrer Symbolleiste für den Schnellzugriff. Im vorherigen Abschnitt wurde beschrieben, woher Sie das Icon bekommen.

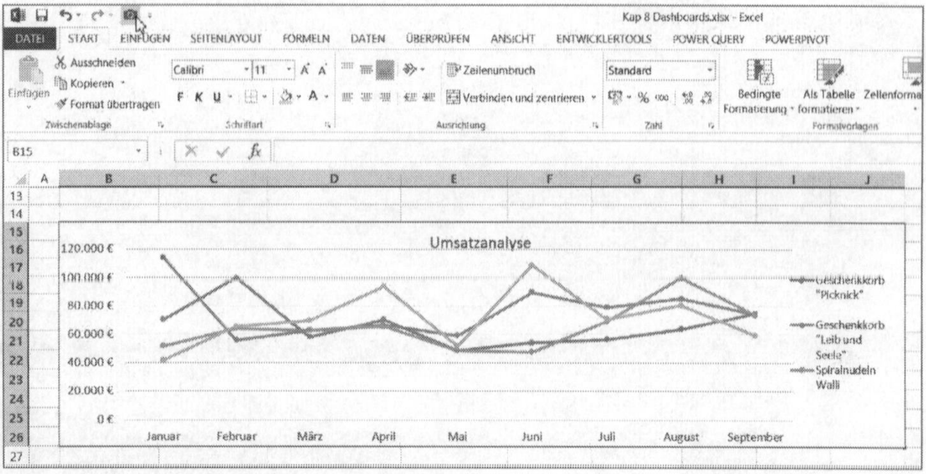

Bild 12.17: Das Liniendiagramm wird abfotografiert.

❹ Wechseln Sie auf das Tabellenblatt *Dashboard* und klicken Sie auf eine Zelle. Damit wird das LiveFoto des Diagramms eingefügt.

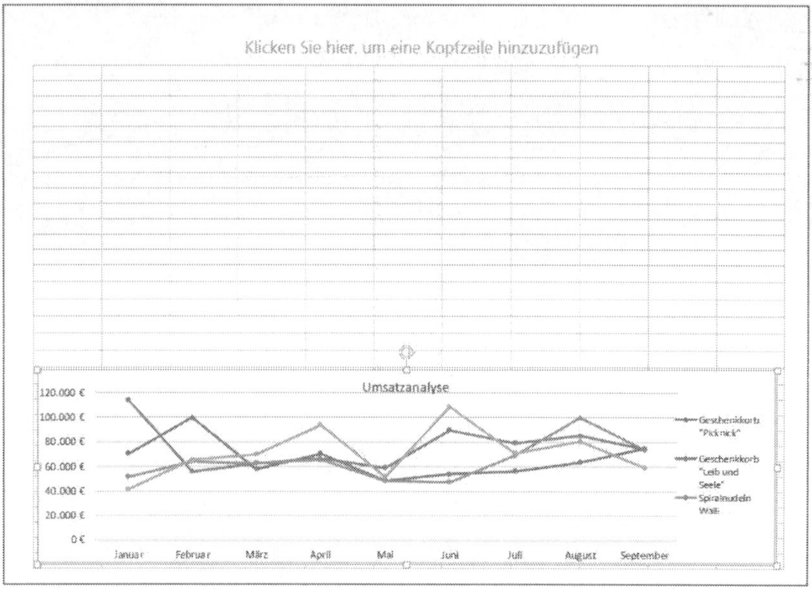

Bild 12.18: Das LiveFoto des Diagramms.

Jetzt haben Sie das erste Element in Ihr Dashboard eingefügt.

1. Wechseln Sie auf das Tabellenblatt *Daten für Dashboard2.*
2. Markieren Sie die Zellen *B3* bis *G7.*
3. Klicken Sie wieder auf die Schaltfläche *Kamera* in der Symbolleiste für den Schnellzugriff.

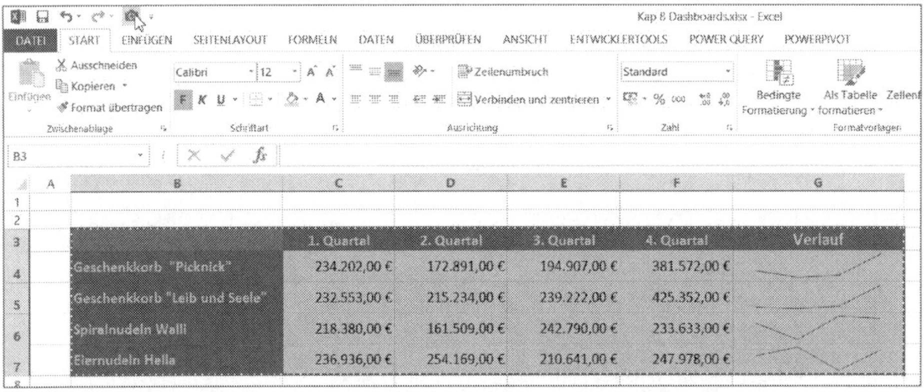

Bild 12.19: Die Tabelle mit den Sparklines soll auch im Dashboard gezeigt werden.

4. Wechseln Sie auf das Tabellenblatt *Dashboard* und klicken Sie auf eine Zelle. Damit wird das LiveFoto der Zellen eingefügt.
5. Wechseln Sie auf das Tabellenblatt *Daten für Dashboard3.*
6. Markieren Sie die Zellen *B3* bis *D7.*
7. Klicken Sie wieder auf die Schaltfläche *Kamera* in der Symbolleiste für den Schnellzugriff.

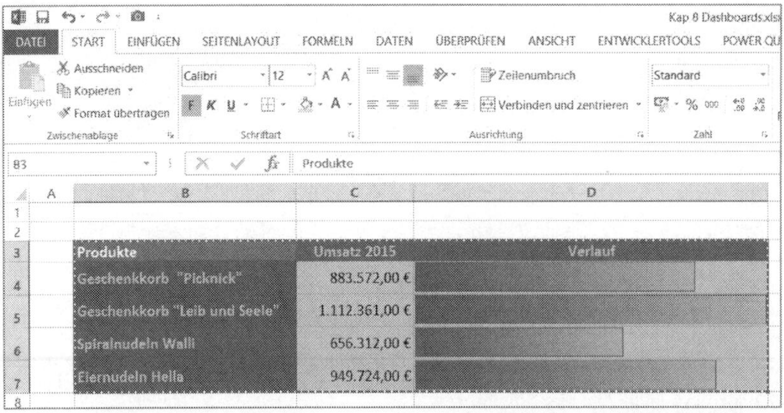

Bild 12.20: Die Tabelle mit der bedingten Formatierung soll ebenfalls ins Dashboard.

❽ Wechseln Sie auf das Tabellenblatt *Dashboard* und klicken Sie auf eine Zelle. Damit wird das LiveFoto der Zellen eingefügt.

Positionieren Sie die drei Elemente nach Ihren Wünschen.

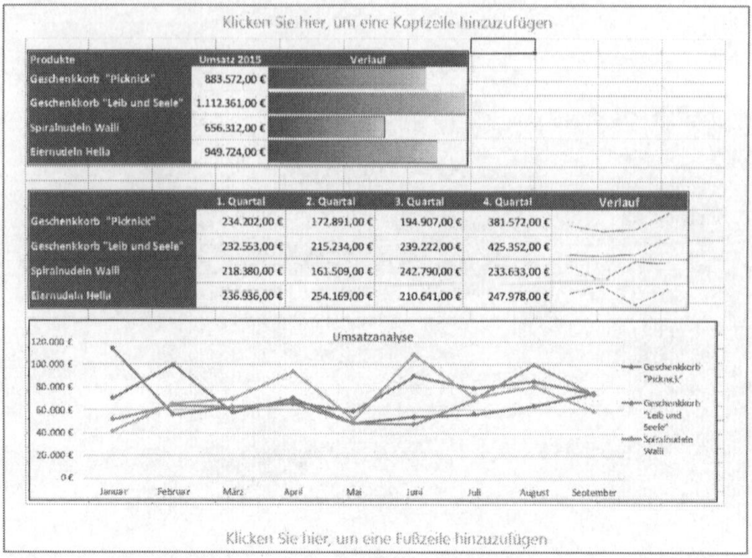

Bild 12.21: Ihr Dashboard kann im Moment so aussehen.

Im nächsten Abschnitt soll das Tachometerdiagramm, das Sie im vorherigen Kapitel erstellt haben, als LiveFoto eingefügt werden.

❶ Wechseln Sie auf das Tabellenblatt *Daten für Dashboard4.*

❷ Markieren Sie die Zellen *G1* bis *J8.* Auch hier müssen Sie, wie für das erste Element, die Zellen mit der Tastatur markieren.

❸ Klicken Sie wieder auf die Schaltfläche *Kamera.*

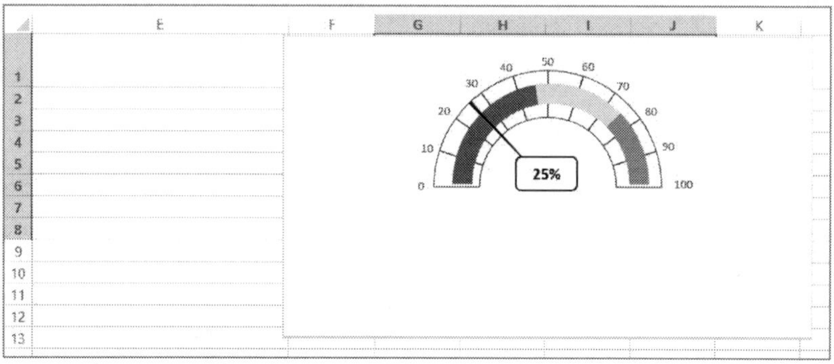

Bild 12.22: Nur einen Teil des Diagramms markieren.

❹ Wechseln Sie auf das Tabellenblatt *Dashboard* und klicken Sie auf eine Zelle. Damit wird das LiveFoto des Diagramms eingefügt.

Über diesen Weg zeigen Sie nur einen Teil des Diagramms. Der untere, leere Bereich wird nicht gezeigt.

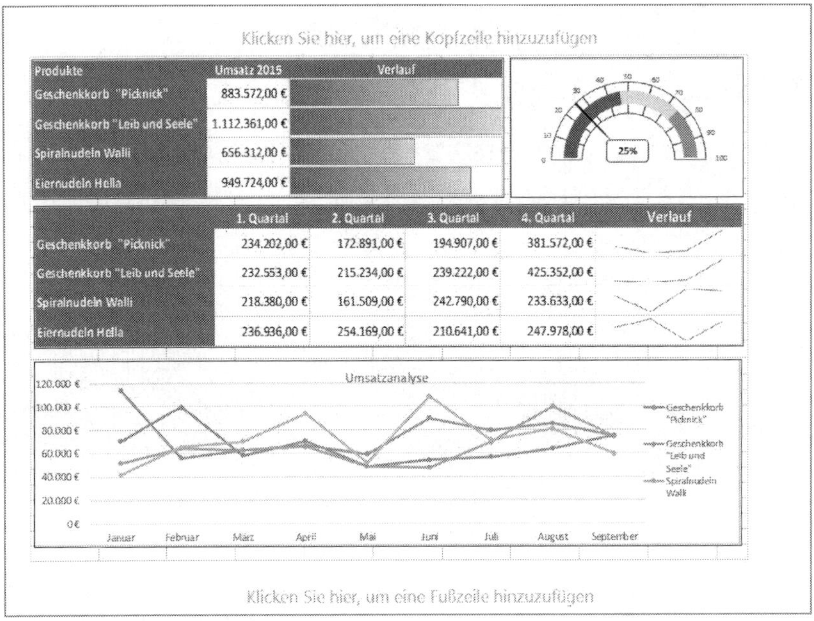

Bild 12.23: Ihr Dashboard ist fertig.

Wenn Sie die Ursprungsdaten ändern, führen Sie die Änderungen auf dem Tabellenblatt durch. Dank des LiveFotos wird das entsprechende Element auf Ihren Dashboard automatisch aktualisiert.

13 Datenaustausch mit anderen Office-Anwendungen

Der Vorteil der Office-Familie besteht darin, dass sie Beziehungen zwischen den Anwendungen zulässt. So können Sie mit wenigen Schritten Ihre Excel-Tabelle in eine PowerPoint-Präsentation bringen oder Ihre Excel-Adressliste in einem Seriendruck in Word nutzen.

13.1 Excel-Tabellen in PowerPoint präsentieren

In diesem Abschnitt werden fünf Varianten vorgestellt, wie Sie eine Excel-Tabelle in eine PowerPoint-Folie bringen. Die folgende Excel-Tabelle dient dabei als Muster:

	1 Quartal	2 Quartal	3 Quartal	4 Quartal
Ottas	949.725,00 €	838.783,00 €	827.811,00 €	1.000.472,00 €
Gustall	759.780,00 €	715.859,00 €	618.734,00 €	813.934,00 €
Bach	741.162,50 €	685.414,50 €	629.620,50 €	796.866,50 €
Dollert	422.100,00 €	375.169,00 €	313.717,00 €	494.168,00 €
Waldert	329.615,00 €	238.834,00 €	225.087,00 €	404.540,00 €
Schneider	379.890,00 €	263.344,00 €	254.636,00 €	457.965,00 €
Adam	545.212,50 €	503.380,50 €	423.553,50 €	605.911,50 €
Maier	216.025,00 €	104.391,00 €	105.705,00 €	273.756,00 €
Justel	763.297,50 €	707.814,50 €	656.472,50 €	822.566,50 €
Niebers	654.255,00 €	538.291,00 €	523.269,00 €	715.935,00 €
Züllick	257.737,50 €	181.493,50 €	140.050,50 €	326.495,50 €
Igas	763.297,50 €	646.250,50 €	640.907,50 €	823.652,50 €
Huber	817.375,00 €	699.143,00 €	712.053,00 €	869.600,00 €

Bild 13.1: Diese Tabelle soll von Excel nach PowerPoint übertragen werden.

13.1.1 Zielformatvorlage von PowerPoint verwenden

Zunächst soll die Excel-Tabelle ohne Formate als PowerPoint-Tabelle übergeben werden.

1. Markieren Sie die Tabelle, beispielsweise mit Strg+Umschalt+*, und kopieren Sie sie mit Strg+C.
2. Wechseln Sie nach PowerPoint, aktivieren Sie das Register *Start*, wählen Sie über die Schaltfläche *Neue Folie* das Layout *Nur Titel* und drücken Sie die Tastenkombination Strg+V.

Hinweis
Die Tabelle ist nun eine PowerPoint-Tabelle. Es besteht keine Verbindung zu Excel.

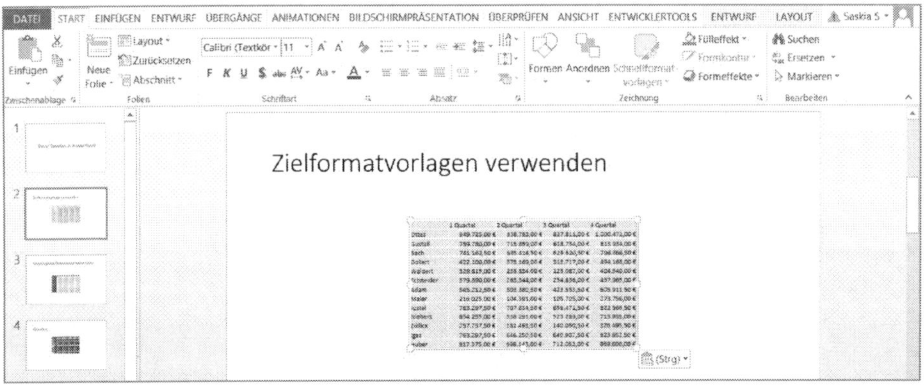

Bild 13.2: Die Tabelle wird ohne Formatierung eingefügt.

❸ Jetzt können Sie, wie es der Name schon verrät, die Tabellenformatvorlagen verwenden, die PowerPoint Ihnen anbietet.

❹ Klicken Sie in die Tabelle und aktivieren Sie das Register *Entwurf* in der Gruppe *Tabellentools.*

❺ Im Feld *Tabellenformatvorlagen* können Sie Farbmuster wählen.

❻ Über die Felder im Bereich *Optionen für Tabellenformat* steuern Sie, ob beispielsweise die erste Zeile und/oder die erste Spalte hervorgehoben werden sollen.

❼ Zusätzlich wurde die Schriftgröße auf 20 Punkt vergrößert.

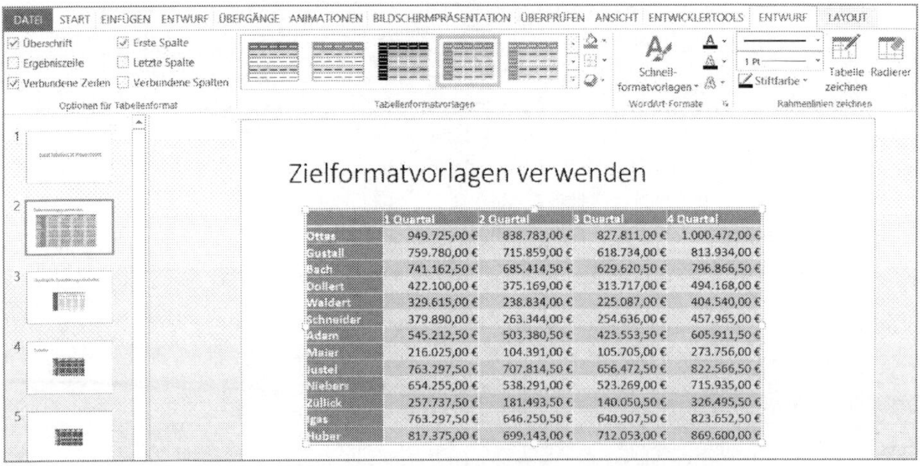

Bild 13.3: Die eingefügte Tabelle wurde mit PowerPoint-Befehlen gestaltet.

Wenn Ihnen die Farben und Muster nicht gefallen, nutzen Sie die Felder *Schattierung* und *Rahmen*, um eine individuelle Gestaltung vorzunehmen.

13.1.2 Ursprüngliche Formatierung von Excel beibehalten

Wenn Sie keine Zeit für eine aufwendige Gestaltung haben, nutzen Sie doch das Format, das Sie der Tabelle in Excel zugewiesen haben.

❶ Aktivieren Sie das Register *Start*, wählen Sie über die Schaltfläche *Neue Folie* das Layout *Nur Titel* und drücken Sie die Tastenkombination [Strg]+[V].

❷ Klicken Sie auf die Schaltfläche *Einfügeoptionen* und wählen Sie den zweiten Befehl *Ursprüngliche Formatierung beibehalten.*

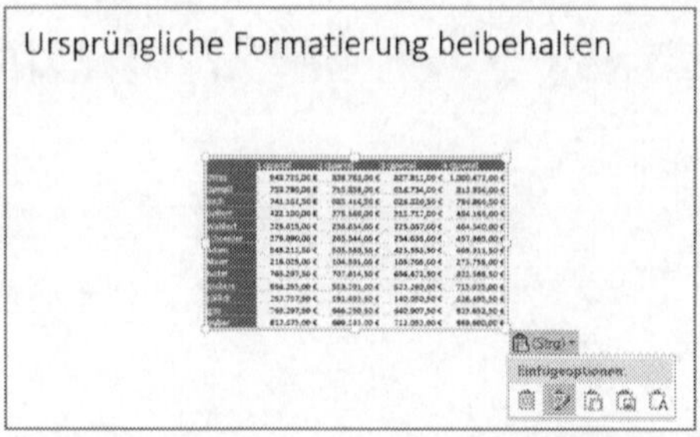

Bild 13.4: Das Format von Excel wird übernommen.

❸ Die Schriftgröße ist allerdings für PowerPoint zu klein. Klicken Sie auf den Rand der Tabelle und vergrößern Sie die Schrift.

❹ Gegebenenfalls müssen Sie die Größe der Tabelle anpassen.

Auch diese Tabelle ist jetzt eine PowerPoint-Tabelle und kann über die Register *Entwurf* und *Layout* in der Gruppe *Tabellentools* gestaltet werden.

13.1.3 Excel-Tabelle in PowerPoint einbetten

Wenn Sie wissen, dass Sie noch Änderungen an der Excel-Tabelle vornehmen müssen, aber unterwegs sind, betten Sie die ganze Excel-Mappe in Ihre Folie ein.

❶ Aktivieren Sie das Register *Start*, wählen Sie über die Schaltfläche *Neue Folie* das Layout *Nur Titel* und drücken Sie die Tastenkombination [Strg]+[V].

❷ Klicken Sie auf die Schaltfläche *Einfügeoptionen* und wählen Sie den dritten Befehl *Einbetten.*

Damit wird die ganze Excel-Mappe eingefügt, auch wenn Sie zu Beginn nur die Zellen sehen, die Sie kopiert haben. Es besteht keine Verbindung mehr zur ursprünglichen Excel-Tabelle.

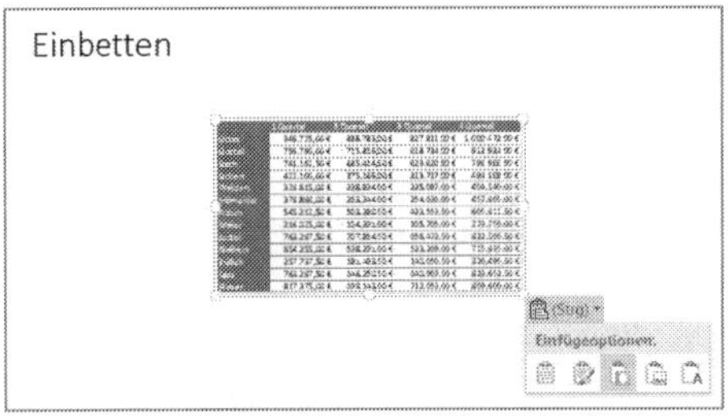

Bild 13.5: Die ganze Excel-Mappe in die Folie einbetten.

Wenn Sie einmal auf das neue Objekt klicken, zeigt Ihnen Excel das Register *Format* in der Gruppe *Zeichentools*. Hier können Sie unter anderem die Rahmenfarbe ändern.

Tipp
Diesem Objekt sehen Sie zu Beginn nicht an, dass es ein eingebettetes Objekt ist. Um zu erfahren, ob es sich um ein Bild oder um ein eingebettetes Objekt handelt, klicken Sie mit der rechten Maustaste auf dieses Objekt. Wenn Sie den Befehl *Arbeitsblatt-Objekt* sehen, ist dieses Objekt eine Excel-Tabelle.

Wenn Sie Änderungen am Inhalt dieses Objekts vornehmen möchten, doppelklicken Sie auf die Tabelle.

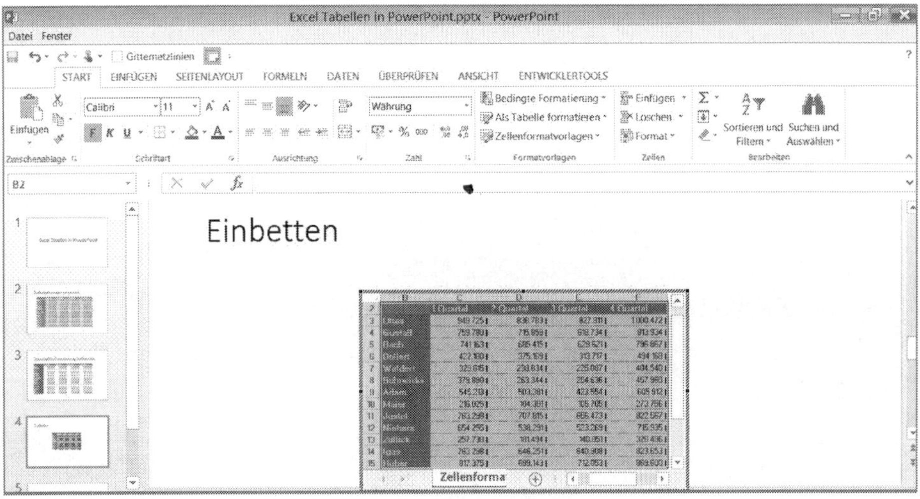

Bild 13.6: Die Excel-Befehle in PowerPoint.

Sie bleiben in PowerPoint – das erkennen Sie oben in der Titelleiste –, und trotzdem stehen Ihnen jetzt viele Excel-Befehle zur Verfügung. Jede Änderung, die Sie hier durchführen, wird in diese Tabelle übernommen.

Mit einem Klick auf den Folienhintergrund gelangen Sie zurück in die Darstellung von PowerPoint.

Wenn Sie diese Tabelle lieber in Excel bearbeiten möchten, klicken Sie mit der rechten Maustaste auf die Tabelle und wählen die Befehlsfolge *Arbeitsblatt-Objekt/Öffnen.* In der Titelzeile von Excel erkennen Sie am Dateinamen, dass Sie ein PowerPoint-Objekt bearbeiten. Jede Änderung wird automatisch ins Tabellenobjekt auf der Folie übernommen.

WICHTIG
Hier noch einmal der Hinweis, dass Sie mit diesem Befehl die komplette Excel-Mappe einbetten. Das bedeutet: Wenn Sie die PowerPoint-Datei an eine andere Person weitergeben, hat diese alle Daten der Excel-Mappe.

13.1.4 Excel-Tabelle als Grafik einfügen

Sind Sie sich ganz sicher, dass Sie keine Änderungen mehr an der Tabelle durchführen müssen, fügen Sie die Tabelle als Grafik ein.

Das Format dieser Grafik ist EMF (*Windows Enhanced Metafile,* erweitertes Windows-Metafile). Der Vorteil dieses Dateiformats liegt darin, dass Sie das Bild aufbrechen können, wenn Sie doch noch eine kleine Änderung durchführen möchten.

❶ Fügen Sie die Tabelle wie oben beschrieben auf einer neuen Folie ein und wählen Sie den vierten Befehl *Grafik.*

❷ Klicken Sie mit der rechten Maustaste auf die Grafik und wählen Sie den Befehl *Grafik bearbeiten.* Bestätigen Sie die Sicherheitsabfrage mit *Ja.* Jetzt können Sie den Text korrigieren und jeden einzelnen Rahmen der Tabelle bearbeiten.

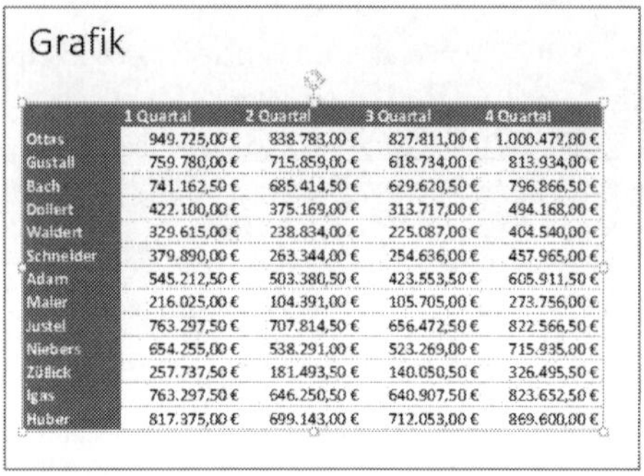
Grafik

	1 Quartal	2 Quartal	3 Quartal	4 Quartal
Ottas	949.725,00 €	838.783,00 €	827.811,00 €	1.000.472,00 €
Gustall	759.780,00 €	715.859,00 €	618.734,00 €	813.934,00 €
Bach	741.162,50 €	685.414,50 €	629.620,50 €	796.866,50 €
Dollert	422.100,00 €	375.169,00 €	313.717,00 €	494.168,00 €
Waldert	329.615,00 €	238.834,00 €	225.087,00 €	404.540,00 €
Schneider	379.890,00 €	263.344,00 €	254.636,00 €	457.965,00 €
Adam	545.212,50 €	503.380,50 €	423.553,50 €	605.911,50 €
Maier	216.025,00 €	104.391,00 €	105.705,00 €	273.756,00 €
Justel	763.297,50 €	707.814,50 €	656.472,50 €	822.566,50 €
Niebers	654.255,00 €	538.291,00 €	523.269,00 €	715.935,00 €
Züllick	257.737,50 €	181.493,50 €	140.050,50 €	326.495,50 €
Igas	763.297,50 €	646.250,50 €	640.907,50 €	823.652,50 €
Huber	817.375,00 €	699.143,00 €	712.053,00 €	869.600,00 €

Bild 13.7: Die Excel-Tabelle in PowerPoint als Grafik einfügen.

Hinweis
Der letzte der fünf Befehle in der Schaltfläche *Einfügeoptionen* fügt Ihre Tabelle als Text ein. Alle Farben und Formate gehen dabei verloren.

13.1.5 Verknüpfung mit Excel erstellen

Sie können zwischen PowerPoint und Excel eine Verbindung einrichten. Die Excel-Tabelle wird in PowerPoint als Grafik eingefügt, zeigt aber bei jeder Änderung der Tabelle in Excel die geänderte Darstellung.

❶ Aktivieren Sie die Folie, auf der Sie die Verknüpfung erstellen möchten.

❷ Aktivieren Sie das Register *Start*, klicken Sie auf den unteren Teil der Schaltfläche *Einfügen* und wählen Sie den Befehl *Inhalte einfügen.*

❸ Aktivieren Sie die Option *Verknüpfung einfügen* und markieren Sie im Feld *Als* den Eintrag *Microsoft Excel-Arbeitsmappe-Objekt.*

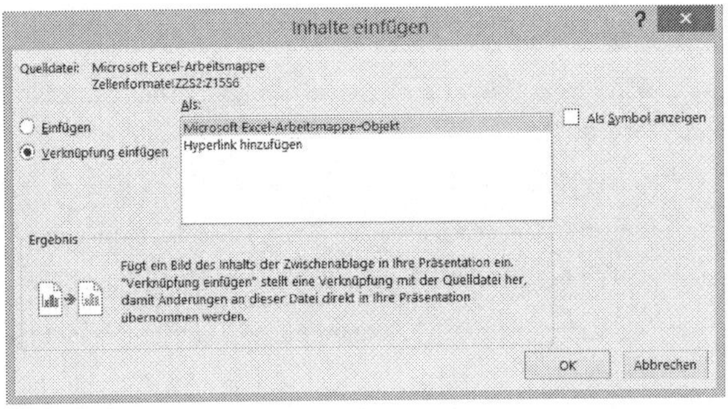

Bild 13.8: Das Fenster *Inhalte einfügen.*

❹ Bestätigen Sie mit *OK.*

Diese Tabelle liegt als Bild auf der Folie. Über das Register *Format* in der Gruppe *Zeichentools* können Sie den Rahmen der Tabelle bearbeiten.

Mit einem Doppelklick auf das Bild starten Sie Excel und öffnen gleichzeitig die Arbeitsmappe, in der die Tabelle liegt. Jede Änderung in Excel an der Tabelle wird in das Tabellenobjekt in PowerPoint übernommen. Sollte einmal eine Änderung nicht angezeigt werden, klicken Sie mit der rechten Maustaste auf das Objekt und wählen den Befehl *Verknüpfung aktualisieren.*

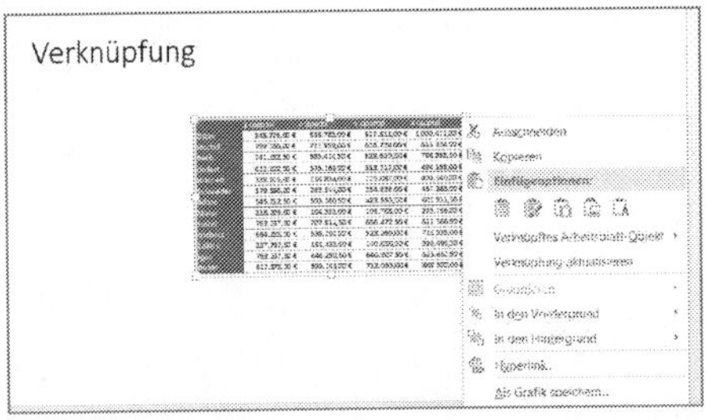

Bild 13.9: Der Hinweis, dass dieses Objekt mit Excel verknüpft ist.

Wenn Sie Informationen zu der Verknüpfung wünschen, wählen Sie die Befehlsfolge *Datei/Informationen.* Unten rechts in der Ecke sehen Sie den Link *Verknüpfungen mit Datei bearbeiten.* Er ist nur sichtbar, wenn es eine Verknüpfung in der Präsentation gibt.

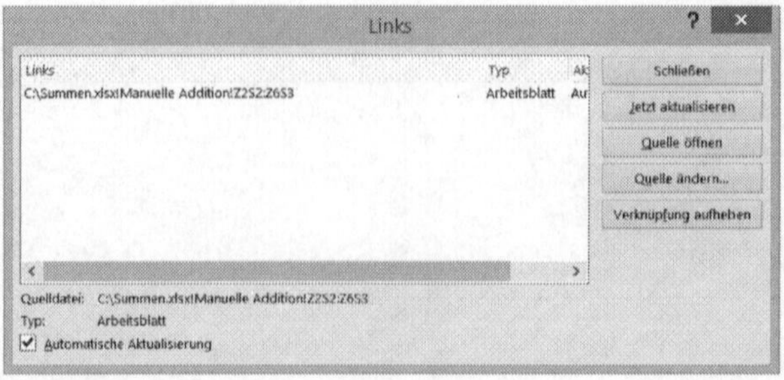
Links
Links
Typ
C:\Summen.xlsx!Manuelle Addition!Z2S2:Z6S3
Arbeitsblatt
Schließen
Jetzt aktualisieren
Quelle öffnen
Quelle ändern...
Verknüpfung aufheben
Quelldatei: C:\Summen.xlsx!Manuelle Addition!Z2S2:Z6S3
Typ: Arbeitsblatt
Automatische Aktualisierung

Bild 13.10: Die Liste der Verknüpfungen in dieser Präsentation.

In diesem Fenster können Sie unter anderem die Verknüpfung zur Excel-Arbeitsmappe aufheben. Das Objekt wird dann zur Grafik. Wenn Sie eine Präsentation mit einer Verknüpfung öffnen, erscheint das folgende Fenster als Hinweis für Sie, dass in Ihrer Prasentation eine Verknüpfung existiert.

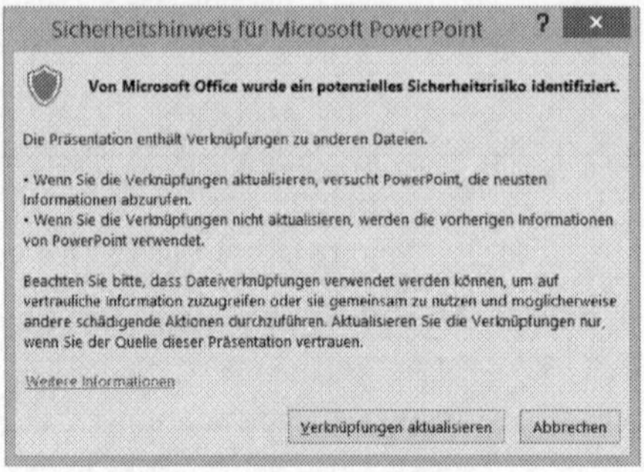
Sicherheitshinweis für Microsoft PowerPoint
Von Microsoft Office wurde ein potenzielles Sicherheitsrisiko identifiziert.
Die Präsentation enthält Verknüpfungen zu anderen Dateien.
• Wenn Sie die Verknüpfungen aktualisieren, versucht PowerPoint, die neusten Informationen abzurufen.
• Wenn Sie die Verknüpfungen nicht aktualisieren, werden die vorherigen Informationen von PowerPoint verwendet.
Beachten Sie bitte, dass Dateiverknüpfungen verwendet werden können, um auf vertrauliche Information zuzugreifen oder sie gemeinsam zu nutzen und möglicherweise andere schädigende Aktionen durchzuführen. Aktualisieren Sie die Verknüpfungen nur, wenn Sie der Quelle dieser Präsentation vertrauen.
Weitere Informationen
Verknüpfungen aktualisieren
Abbrechen

Bild 13.11: Der Hinweis auf die Verknüpfung in der Präsentation.

Mit einem Klick auf die Schaltfläche *Verknüpfungen aktualisieren* werden alle Änderungen, die an dieser Tabelle in Excel vorgenommen wurden, in PowerPoint angezeigt.

13.2 Excel-Diagramme in PowerPoint präsentieren

Wenn Sie in Excel ein Diagramm erstellt haben und es in PowerPoint präsentieren möchten, stehen Ihnen wieder verschiedene Varianten zur Verfügung.

Das folgende Diagramm soll in die Präsentation übernommen werden.

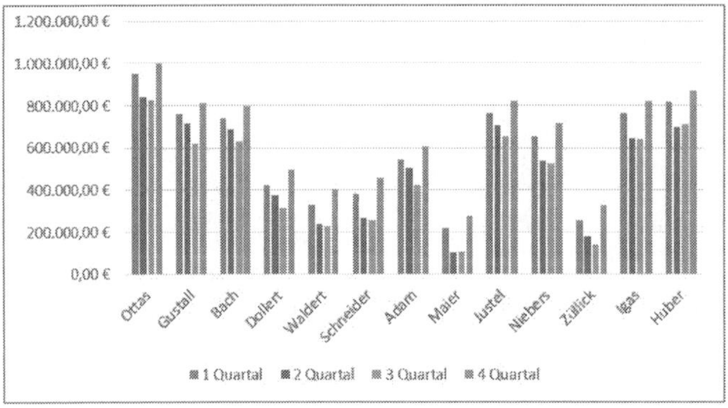

Bild 13.12: Das Diagramm aus Excel soll PowerPoint gleich übergeben werden.

Markieren Sie das Diagramm in Excel und drücken Sie die Tastenkombination [Strg]+[C].

13.2.1 Zieldesign verwenden und Arbeitsmappe einbetten

Sie können ein Excel-Diagramm in jedes PowerPoint-Folienlayout einbetten. In diesem Beispiel haben wir es uns recht leicht gemacht: Wir haben das Folienlayout *Titel und Inhalt* gewählt und vor dem Einfügen des Diagramms den Inhaltsplatzhalter markiert. Wenn Sie dann mit [Strg]+[V] das Diagramm einfügen, hat es schon die Größe des Platzhalterfelds.

Direkt nach dem Einfügen erscheint die Schaltfläche *Einfügeoptionen.* Mit einem Klick auf diese Schaltfläche bietet Ihnen Excel fünf Varianten an, das Diagramm auf der Folie darzustellen.

Im ersten Beispiel wird der erste Befehl *Zieldesign verwenden und Arbeitsmappe einbetten* gewählt.

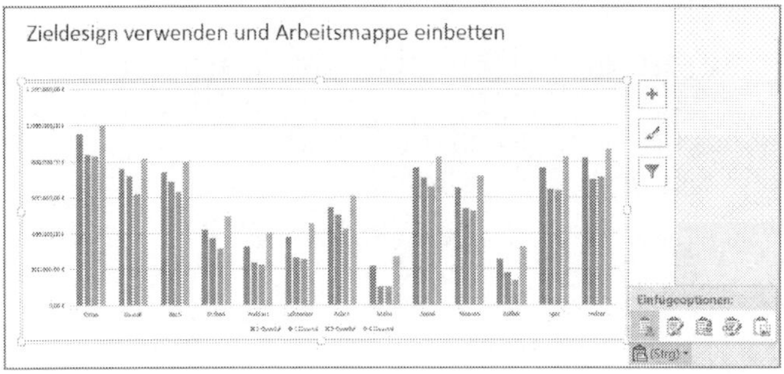

Bild 13.13: Das eingebettete Diagramm mit den Farben von PowerPoint.

Die gesamte Excel-Mappe wird in die Folie eingebettet, obwohl Sie nur ein Diagramm kopiert haben. Es besteht keine Verbindung mehr zur Originalmappe in Excel. Die Farben im Diagramm kommen von PowerPoint.

Änderungen am Diagramm führen Sie über die Register *Entwurf* und *Format* durch. In Excel 2010 steht Ihnen auch das Register *Layout* in der Gruppe *Tabellentools* zur Verfügung. In Excel 2013/2016 steht stattdessen die Schaltfläche *Layout* bereit.

Wenn Sie Änderungen an den Daten vornehmen möchten, aktivieren Sie das Register *Entwurf* in der Gruppe *Diagrammtools*. Klicken Sie auf die Schaltfläche *Daten bearbeiten*. Je nach Excel-Version können Sie entscheiden, ob Sie die Änderungen in einem kleinen Fenster oder in Excel bearbeiten möchten.

13.2.2 Ursprüngliche Formatierung beibehalten und Arbeitsmappe einbetten

Wenn Sie beim Einfügen des Diagramms den Befehl *Ursprüngliche Formatierung beibehalten und Arbeitsmappe einbetten* gewählt haben, gelten alle Aussagen des vorherigen Abschnitts bis auf die zu den Farben.

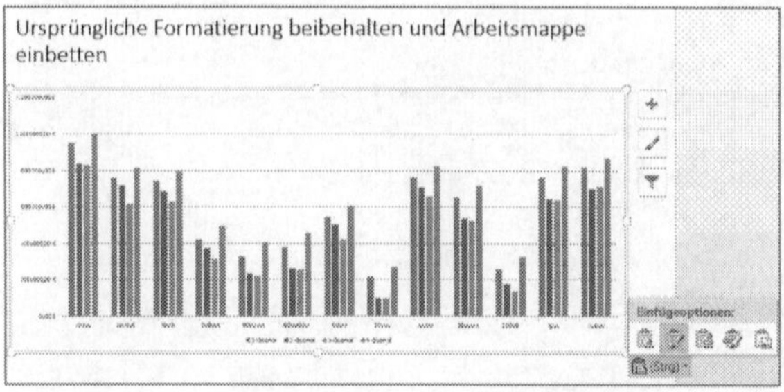

Bild 13.14: Das Diagramm wird mit dem Excel-Format eingefügt.

Es wird das Originalformat aus Excel genommen.

13.2.3 Zieldesign verwenden und Daten verknüpfen

Wenn Sie während des Einfügens den Befehl *Zieldesign verwenden und Daten verknüpfen* wählen, werden die Farben aus PowerPoint genommen.

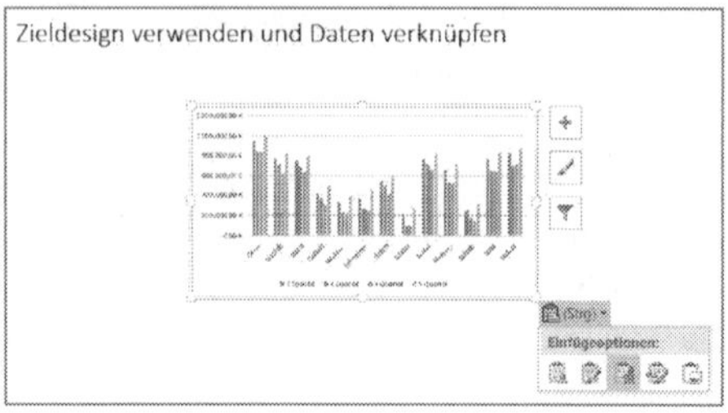

Bild 13.15: Das Diagramm wird in PowerPoint, die Daten werden in Excel gespeichert.

Die Daten, aus denen das Diagramm besteht, bleiben in Excel. Änderungen am Aussehen des Diagramms führen Sie in PowerPoint durch.

Sie bearbeiten die Verknüpfung im Fenster *Links*. Aktivieren Sie das Register *Datei* und wählen Sie die Kategorie *Information*. Unten rechts in der Ecke finden Sie den Link *Verknüpfung mit Dateien bearbeiten*.

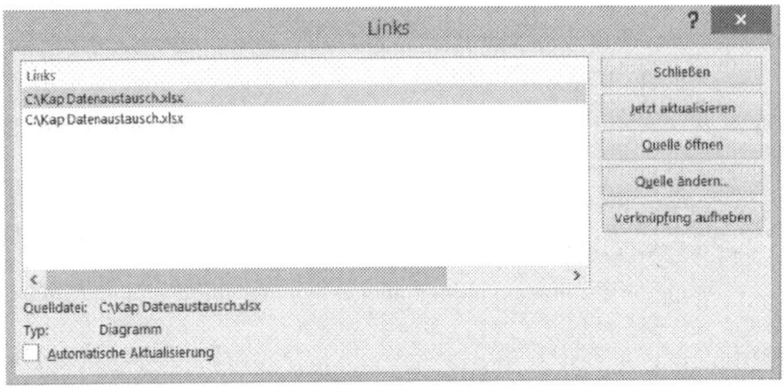

Bild 13.16: Die Verknüpfungen mit anderen Dateien bearbeiten.

Mit einem Klick auf die Schaltfläche *Jetzt aktualisieren* wird die markierte Verknüpfung aktualisiert. Wenn Sie den Befehl *Verknüpfung aufheben* wählen, bleibt Ihnen das Diagramm in PowerPoint mit allen Gestaltungsmöglichkeiten erhalten. Sie können allerdings keine Änderungen an den Daten vornehmen.

Mit dem vierten Befehl *Ursprüngliche Formatierung beibehalten und Daten verknüpfen* werden die Farben aus Excel genommen. Auch hier bleiben die Daten in Excel.

13.2.4 Das Diagramm als Grafik einfügen

Wenn Sie genau wissen, dass keine Änderungen mehr am Diagramm vorgenommen werden müssen, fügen Sie es als Grafik ein.

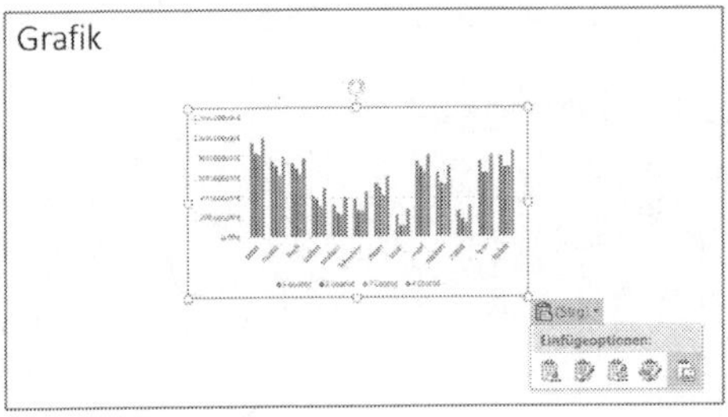

Bild 13.17: Das Excel-Diagramm als Grafik in PowerPoint.

Nachdem Sie den Befehl *Grafik* gewählt haben, zeigt PowerPoint das Diagramm ungefähr in der Größe an, in der es in Excel dargestellt wird. Sie können jetzt durch Ziehen an einem der Eckpunkte die gewünschte Größe einstellen.

13.3 Seriendruck mit Word und Adressen aus Excel

In diesem Beispiel haben Sie Ihren Brief in Word bereits geschrieben. In Excel sind die Adressen gespeichert. Ziel ist es, dass jede Person in der Excel-Tabelle einen individuellen Brief erhält.

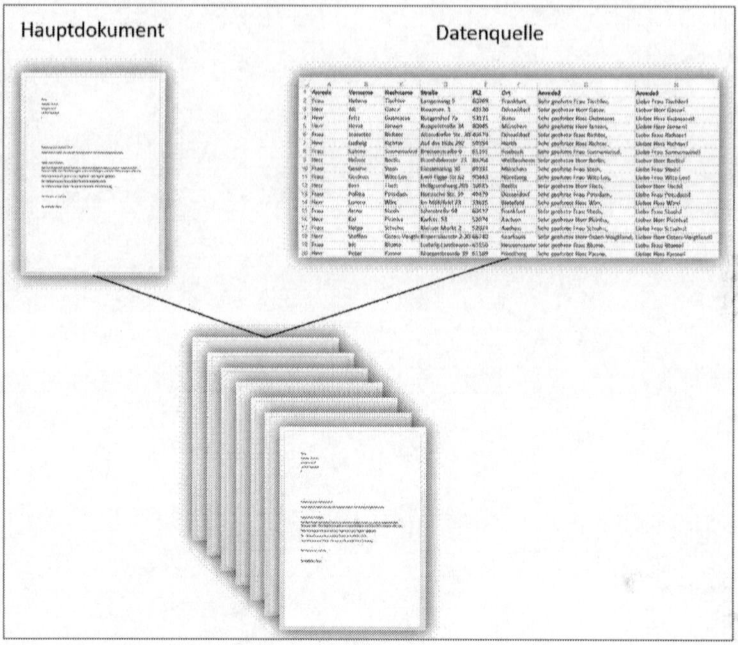

Bild 13.18: Das Ziel: Aus einem Brief und vielen Adressen individuelle Briefe erstellen.

13.3.1 Daten für den Seriendruck

Der Brief in Word ist bereits fertig. Er heißt *Einladung.docx*. Es fehlen nur noch die Anschrift und die Anrede.

In Excel sind die Adressen auch schon fertig. Sie liegen in der Datei *Adressen.xlsx*. Da Sie sich noch nicht ganz sicher sind, wie Sie Ihre Gäste anreden sollen, haben Sie zwei Anreden vorbereitet. So können Sie beim Erstellen des Seriendrucks spontan eine auswählen.

Einladung zum Hoffest 2017

Unser Motto: Lasst uns wie die Spanier feiern! Mit Musik und gutem Essen.

Das Fest findet bei jedem Wetter in unserem Hofgarten und in unserer urgemütlichen Scheune statt. Zum Spanferkel gibt es leckere Beilagen und kühle Erfrischungen aller Art.

Natürlich haben wir auch an alle Vegetarier und Veganer gedacht!

Der Verkauf unserer Bioprodukte findet im Hofladen statt.

Alle Informationen finden Sie auf der Rückseite Ihrer Einladung.

Wir freuen uns auf Sie

Ihr Hofladen Team

Bild 13.19: Der Brief in Word.

	A	B	C	D	E	F	G	H
1	**Anrede**	**Vorname**	**Nachname**	**Straße**	**PLZ**	**Ort**	**Anrede2**	**Anrede3**
2	Frau	Helene	Tischler	Langenweg 5	60769	Frankfurt	Sehr geehrte Frau Tischler,	Liebe Frau Tischler!
3	Herr	Ali	Gator	Hauptstr. 3	43120	Düsseldorf	Sehr geehrter Herr Gator,	Lieber Herr Gator!
4	Herr	Fritz	Gutmann	Bürgershof 7a	53171	Bonn	Sehr geehrter Herr Gutmann,	Lieber Herr Gutmann!
5	Herr	Horst	Jansen	Kuppelstraße 34	80945	München	Sehr geehrter Herr Jansen,	Lieber Herr Jansen!
6	Frau	Jeanette	Richter	Altendorfer Str. 20	40479	Düsseldorf	Sehr geehrte Frau Richter,	Liebe Frau Richter!
7	Herr	Ludwig	Richter	Auf der Hüls 292	50354	Hürth	Sehr geehrter Herr Richter,	Lieber Herr Richter!
8	Frau	Sabine	Sonnenwind	Breitenstraße 9	61191	Rosbach	Sehr geehrte Frau Sonnenwind,	Liebe Frau Sonnenwind!
9	Herr	Heiner	Berlin	Brunhildenstr. 23	89264	Weißenhorn	Sehr geehrter Herr Berlin,	Lieber Herr Berlin!

Bild 13.20: Die Adressen in Excel mit zwei Anreden.

13.3.2 Seriendruck vorbereiten

Sie erledigen die ganze Arbeit in Word.

❶ Öffnen Sie das Dokument *Einladung.docx.*

❷ Aktivieren Sie das Register *Sendung,* klicken Sie auf die Schaltfläche *Seriendruck starten* und wählen Sie den Befehl *Seriendruck-Assistent mit Schritt-für-Schritt-Anweisung.*

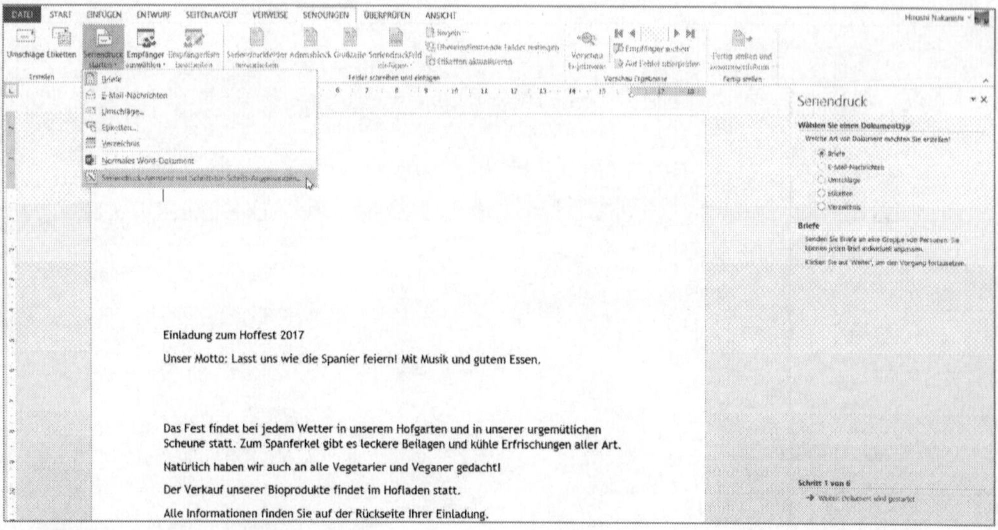
DATEI
START
EINFÜGEN
ENTWURF
SEITENLAYOUT
VERWEISE
SENDUNGEN
ÜBERPRÜFEN
ANSICHT
Seriendruck
Briefe
Einladung zum Hoffest 2017
Unser Motto: Lasst uns wie die Spanier feiern! Mit Musik und gutem Essen.
Das Fest findet bei jedem Wetter in unserem Hofgarten und in unserer urgemütlichen
Scheune statt. Zum Spanferkel gibt es leckere Beilagen und kühle Erfrischungen aller Art.
Natürlich haben wir auch an alle Vegetarier und Veganer gedacht!
Der Verkauf unserer Bioprodukte findet im Hofladen statt.
Alle Informationen finden Sie auf der Rückseite Ihrer Einladung.

Bild 13.21: Den Seriendruck starten.

Sofort öffnet sich rechts der Aufgabenbereich. Hier können Sie entscheiden, welche Art Seriendruck Sie erstellen.

Mit diesem Schritt befördern Sie Ihr Word-Dokument zu einem *Hauptdokument.* Das ist das Basisdokument für Ihren Seriendruck.

❸ Lassen Sie die Option *Briefe* aktiviert und klicken Sie unten auf den Link *Weiter: Dokument wird gestartet.*

❹ Im zweiten Schritt des Assistenten können Sie das Dokument öffnen. Da das Dokument bereits offen ist, lassen Sie die erste Option *Aktuelles Dokument verwenden* aktiviert.

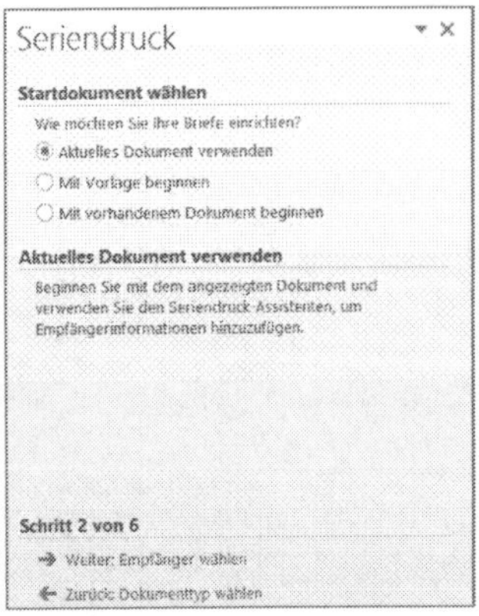

Bild 13.22: Der zweite Schritt des Seriendruck-Assistenten.

5. Klicken Sie auf den Link *Weiter: Empfänger wählen.*
6. Im dritten Schritt des Seriendruck-Assistenten geben Sie die Datenquelle an. Klicken Sie auf den Link *Durchsuchen.*

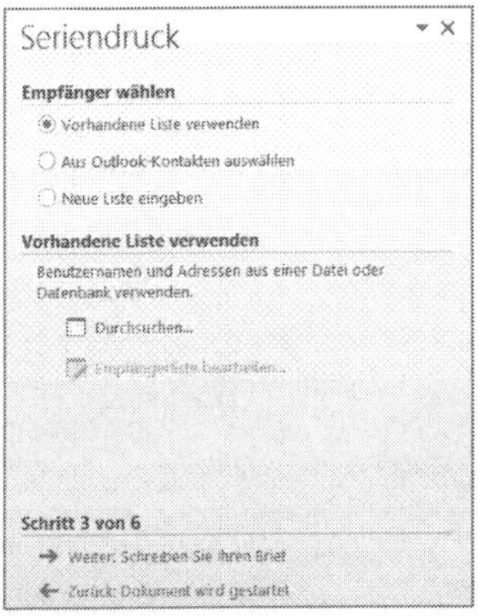

Bild 13.23: Die Datenquelle auswählen.

7. Wählen Sie die Datei aus, in der die Adressen liegen. In diesem Beispiel heißt die Datei *Adressen.xlsx.*
8. In der Excel-Datei gibt es zwei Tabellen. Wählen Sie die gewünschte Tabelle aus. Markieren Sie die Tabelle *Adressen* und bestätigen Sie mit *OK.*

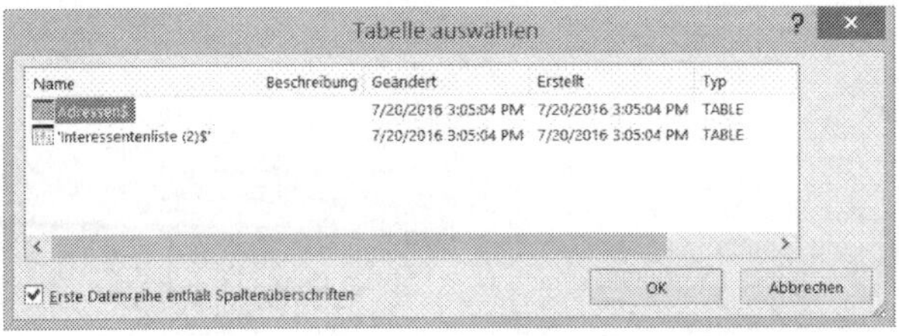

Bild 13.24: Die Daten auswählen.

❾ Jetzt sehen Sie die Adressen aus der Excel-Tabelle.

Sollten Sie beispielsweise einen Schreibfehler entdecken, können Sie ihn hier beheben. Markieren Sie im Feld *Datenquelle* den Dateinamen und klicken Sie auf *Bearbeiten.* Korrigieren Sie den Fehler und bestätigen Sie alle Fenster, die gegebenenfalls erscheinen, mit *OK.* Beantworten Sie die Frage, ob Ihre Änderungen gespeichert werden sollen, mit *Ja.* Jetzt ist die Änderung auch in Ihrer Excel-Tabelle angekommen.

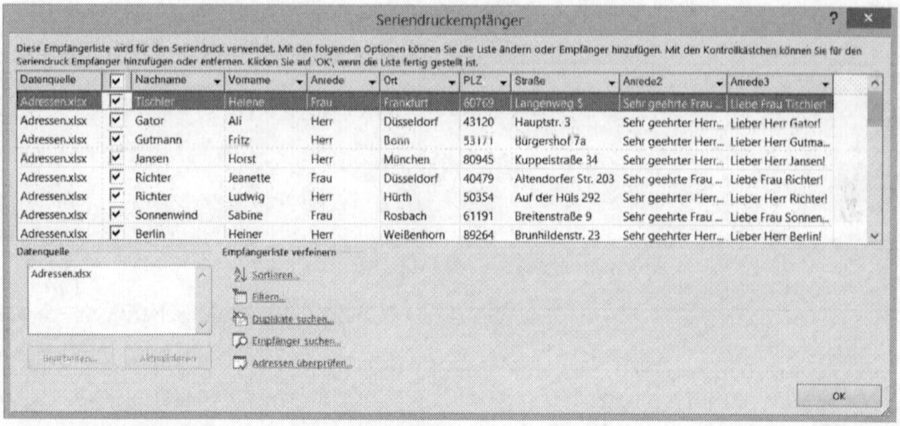

Bild 13.25: Die Daten aus der Excel-Tabelle.

> **Tipp**
> Wenn Sie diesen Brief nicht allen Empfängern schreiben möchten, können Sie hier die gewünschten Adressen über den Befehl *Filtern* selektieren.

❿ Bestätigen Sie das Fenster *Seriendruckempfänger* mit *OK.*

Jetzt sehen Sie wieder Ihr Dokument und den Seriendruck-Assistenten. Außerdem erkennen Sie die aktuell gewählte Datenquelle.

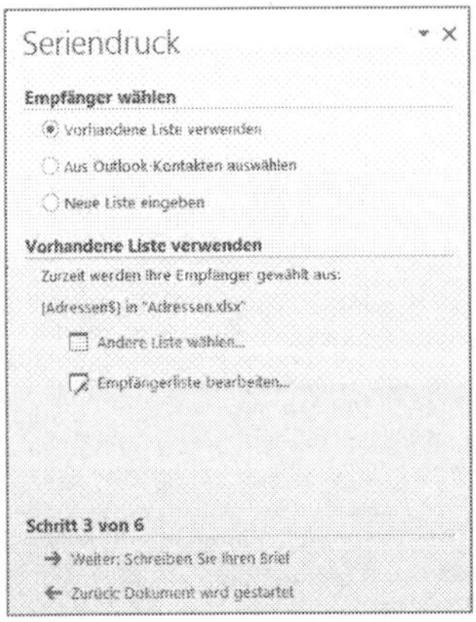

Bild 13.26: Die Empfängerliste ist ausgewählt.

⓫ Klicken Sie auf den Link *Weiter: Empfänger wählen.*

Erstellen Sie die Anschrift.

⓬ Setzen Sie den Cursor an die Stelle, an der die Adresse erscheinen soll.

⓭ Aktivieren Sie das Register *Sendungen* und klicken Sie auf die Schaltfläche *Seriendruckfelder einfügen.*

In der Liste finden Sie die Überschriften aus Ihrer Excel-Tabelle. Hinter den Überschriften verbergen sich die einzelnen Daten.

⓮ Fügen Sie die Seriendruckfelder an den passenden Stellen ein.

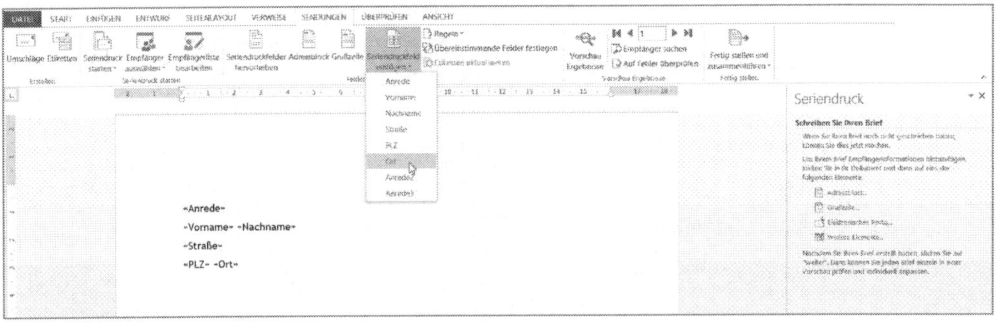

Bild 13.27: Die Seriendruckfelder beinhalten die Excel-Daten.

Tipp
Wenn Ihnen der Zeilenabstand beispielsweise zu groß ist, markieren Sie alle Zeilen mit den Seriendruckfeldern. Klicken Sie mit der rechten Maustaste in die Markierung und wählen Sie den Befehl *Absatz.* Stellen Sie im Feld *Nach* den Eintrag *0 Pt.* ein und wählen Sie im Listenfeld *Zeilenabstand* den Eintrag *1,15* oder *1,5* aus.

⓯ Klicken Sie im Dokument an die Stelle, an der die Anrede erscheinen soll. In diesem Beispiel haben wir uns für die persönliche Anrede im Feld *Anrede3* entschieden.

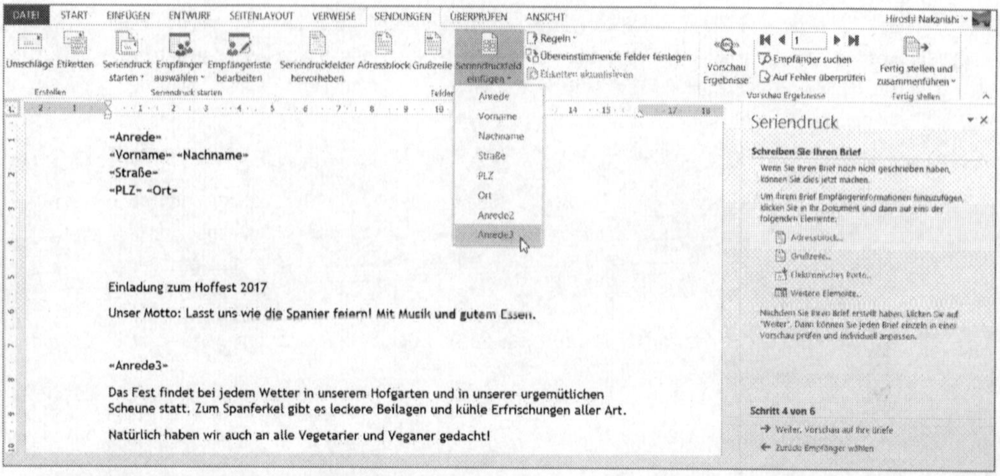

Bild 13.28: Die Position der Anrede.

Wenn alle Seriendruckfelder an den gewünschten Positionen sind, sollten Sie die Felder kontrollieren.

⓰ Klicken Sie auf den Link *Weiter: Vorschau auf Ihre Briefe.*

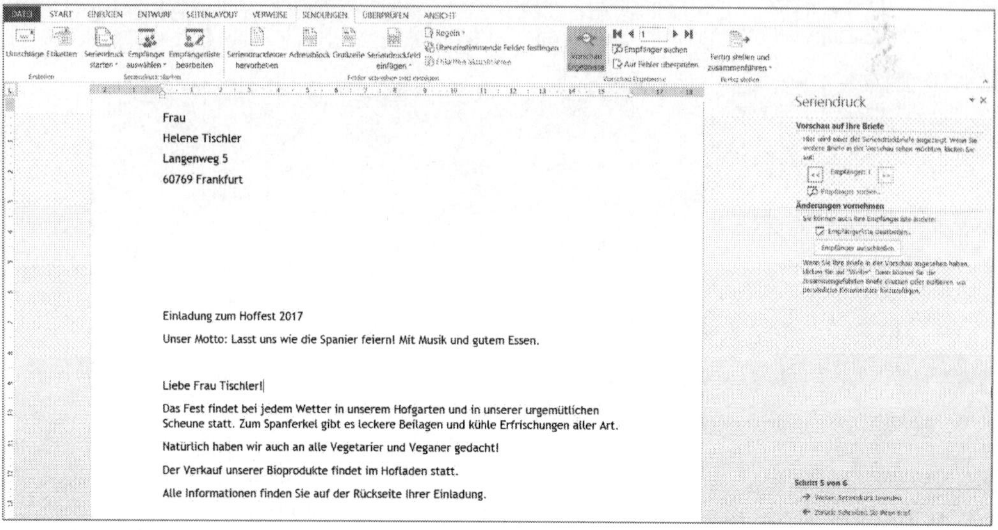

Bild 13.29: Die Vorschau auf Ihre Briefe.

Sie sehen bereits die erste Anschrift und die erste Anrede. Mit den Schaltern im Aufgabenbereich blättern Sie durch Ihre Empfänger und können bestimmte Personen ausschließen.

Bis jetzt hat der eigentliche Seriendruck nicht stattgefunden. Sie befinden sich noch immer im Hauptdokument. Sie erkennen das an der Statusleiste am unteren Rand des Word-Dokuments. Dort steht *Seite 1 von 1.*

Tipp
Wenn jetzt zufälligerweise einer Ihrer Empfänger zur Tür hineinkommt, können Sie sich seine Adresse im Hauptdokument anzeigen lassen, dann den Brief drucken und ihn persönlich überreichen. Diesen Empfänger können Sie direkt ausschließen.

⓱ Sobald alles zu Ihrer Zufriedenheit aussieht, klicken Sie auf den Link *Weiter: Seriendruck beenden.*

Den Seriendruck erstellen

Im letzten Abschnitt des Seriendruck-Assistenten entscheiden Sie, ob die Briefe sofort gedruckt oder in ein neues Dokument ausgegeben werden sollen.

❶ Klicken Sie vorher unbedingt auf die Schaltfläche *Speichern*, um Ihr Hauptdokument zu sichern.

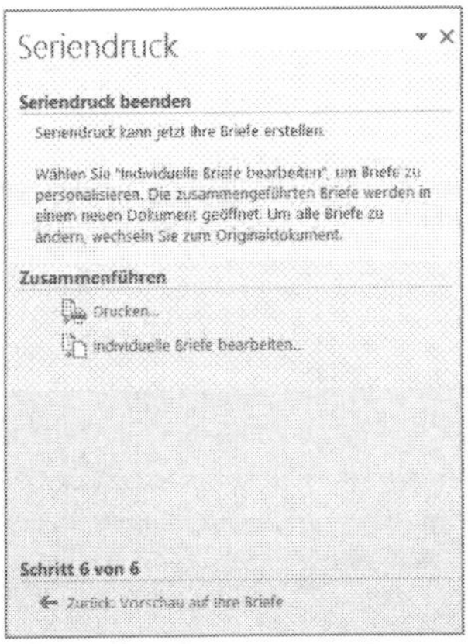
Seriendruck
Seriendruck beenden
Seriendruck kann jetzt Ihre Briefe erstellen.
Wählen Sie "Individuelle Briefe bearbeiten", um Briefe zu personalisieren. Die zusammengeführten Briefe werden in einem neuen Dokument geöffnet. Um alle Briefe zu ändern, wechseln Sie zum Originaldokument.
Zusammenführen
Drucken...
Individuelle Briefe bearbeiten...
Schritt 6 von 6
Zurück: Vorschau auf Ihre Briefe

Bild 13.30: Der letzte Schritt des Seriendruck-Assistenten.

❷ Klicken Sie auf den Link *Individuelle Briefe bearbeiten.*

Im Fenster *Seriendruck in neues Dokument* können Sie die Ausgabe stückeln.

❸ Lassen Sie für dieses Beispiel die Option *Alle* aktiviert und bestätigen Sie mit *OK.*

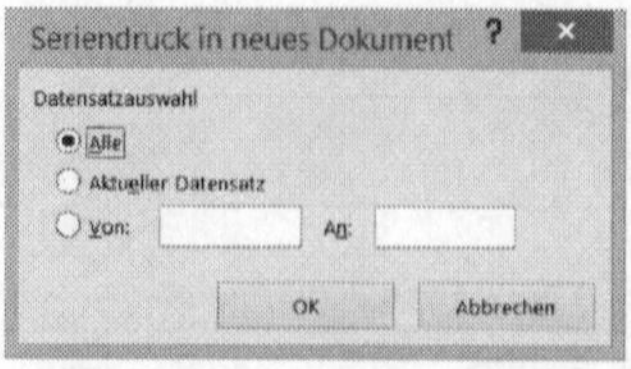

Bild 13.31: Die Daten zusammenbringen.

Als Ergebnis erhalten Sie ein neues Dokument mit exakt der Anzahl von Seiten, wie Sie Empfänger in Ihrer Excel-Tabelle haben. Dieses Dokument können Sie speichern und schließen.

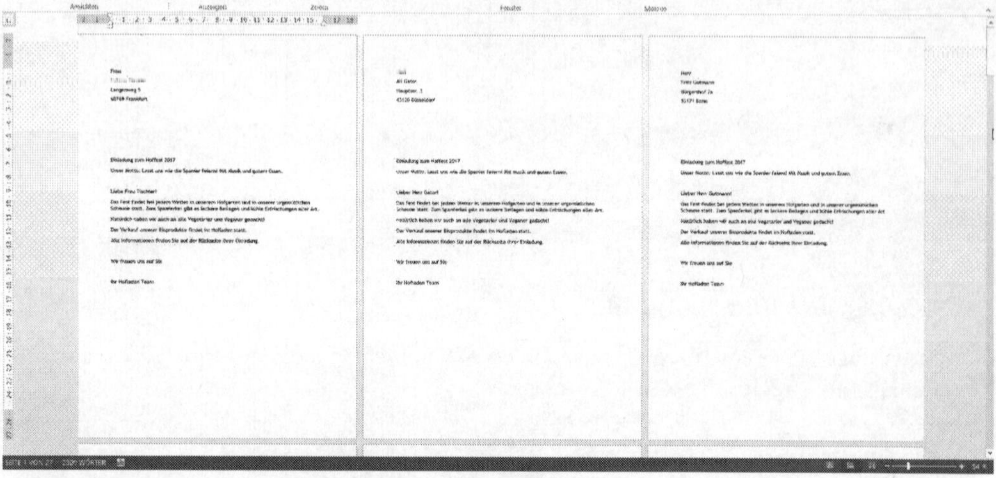

Bild 13.32: Das Ergebnis: das Seriendruck-Dokument.

Sie können in jedem Brief individuelle Änderungen vornehmen und schließlich drucken.

13.4 Fünf Wege, eine Excel-Tabelle in Word zu zeigen

In diesem Kapitel werden einige Wege vorgestellt, wie Sie eine Excel-Tabelle in ein Word-Dokument bringen. Wir stellen Ihnen fünf Alternativen vor. Im aktuellen Beispiel möchten Sie Ferienwohnungen vermieten.

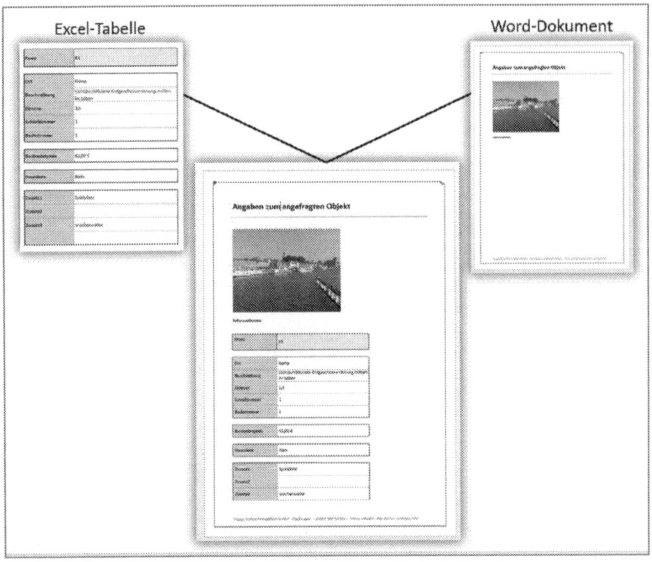

Bild 13.33: Das Ziel: eine Excel-Tabelle in einem Word-Dokument.

13.4.1 Die Informationen

Sie verfügen über eine Excel-Tabelle mit den Mietobjekten und ein Word-Dokument, in dem das angefragte Objekt angezeigt wird.

Die Excel-Tabelle

Die Excel-Mappe *Ferienwohnungen.xlsx* enthält zwei Tabellenblätter. Auf dem Tabellenblatt *Objektliste* finden Sie die Aufstellungen aller Ferienhäuser/Wohnungen.

Liste der verfügbaren Ferienhäuser

Nr.	Ort	Beschreibung	Zimmer	Schlafzimmer	Badezimmer	Haustiere	Fläche	Mietpreis / Tag	Zusatz 1 Auto	Zusatz 2 Außen	Zusatz 3 Innen	Buchungsart
E01	Kappeln	Helle Ferienwohnung mit Hafenblick	2	1	1	Ja	49	63,00 €	Stellplatz	Spielplatz	Trockner	wochenweise
E12	Waabs	3 Zimmer Fewo mit Gartenlaube und Schaukel für Kinder	3	1	1	Ja	47	62,00 €	Stellplatz	Schaukel	Waschmaschine	wochenweise
E22	Langholz	Ferienwohnung 1.OG mit Meerblick	3	1	1	Ja	70	86,00 €	Garage	Spielplatz	Spülmaschine	wochenweise
E23	Osterby	Zuhause fühlen: Erdgeschosswohnung-Fewo mit Garten	3	1	1	Ja	67	82,00 €	Stellplatz	Sandkasten	Waschmaschine / Trockner	wochenweise

Bild 13.34: Die Liste der Ferienobjekte.

Auf dem zweiten Tabellenblatt *Beschreibung* werden die Daten des gewählten Objekts angezeigt.

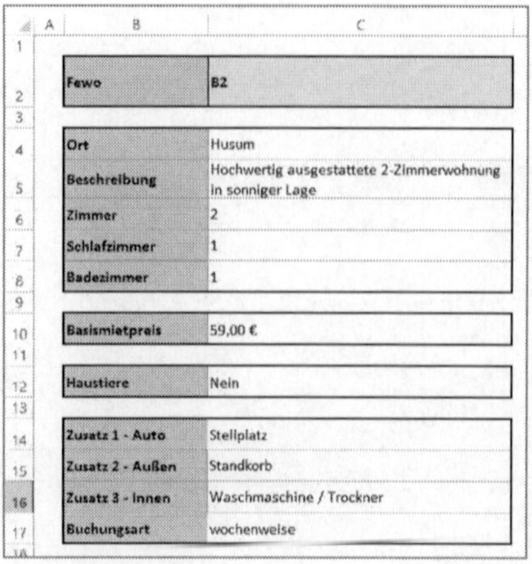

Bild 13.35: Das gewählte Objekt.

In Zelle *C2* finden Sie ein Listenfeld, über das Sie das Objekt auswählen.

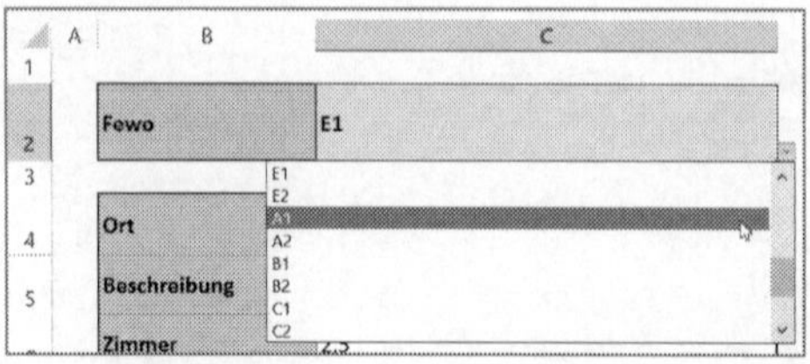

Bild 13.36: Die Auswahl des Objekts.

Das Listenfeld zur Auswahl erstellen

Dieses Listenfeld können Sie selbst erstellen.

❶ Wählen Sie die Befehlsfolge *Daten/Datenüberprüfung.*

❷ Wählen Sie im Feld *Zulassen* den Eintrag *Liste.*

❸ Klicken Sie ins Feld *Quelle* und markieren Sie die Zellen *A6* bis *A31* auf dem Tabellenblatt *Objektliste.*

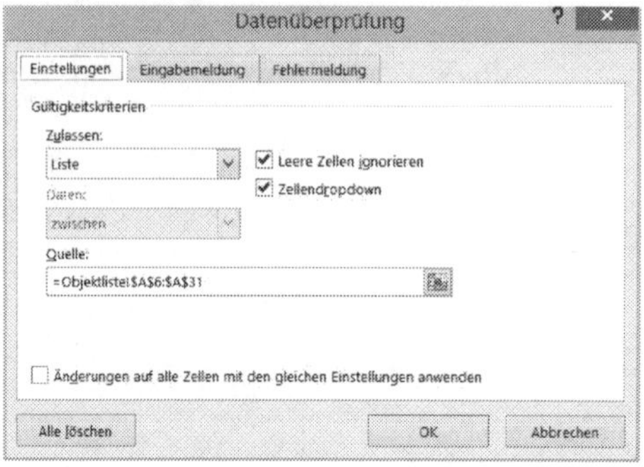

Bild 13.37: Die Auswahlliste erstellen.

❹ Bestätigen Sie mit *OK*.

> **Hinweis**
> Wenn später vielleicht noch mehr Elemente hinzukommen, können Sie die Liste mit dieser Befehlsfolge jederzeit erweitern.

Die Informationen zum gewählten Objekt werden mit dem `SVERWEIS` geholt. Diese Funktion wurde in Kapitel 8 beschrieben.

Das Word-Dokument

Im Dokument *Angaben zum Objekt.docx* ist ausreichend Platz für die Excel-Tabelle vom Tabellenblatt *Beschreibung*.

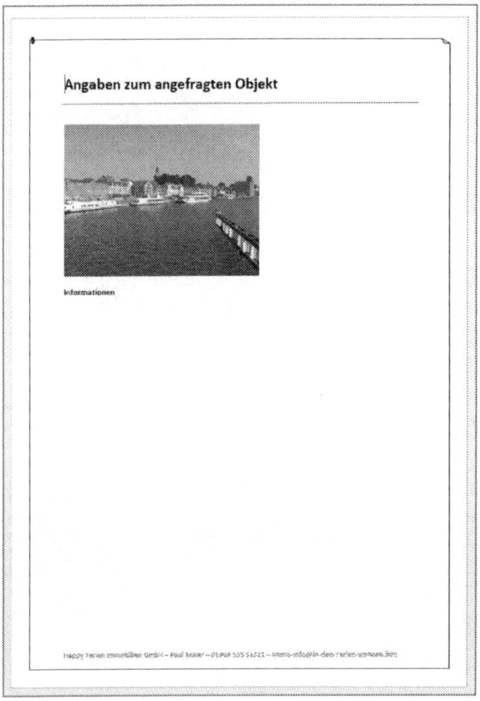

Bild 13.38: Das Word-Dokument.

Wenn Sie alle Informationen und Elemente haben, können Sie damit beginnen, sie zusammenzubringen.

13.4.2 Excel-Tabelle als Word-Tabelle einfügen

Im ersten Beispiel werden die Excel-Daten als Word-Tabelle in das Dokument eingefügt.

1. Markieren Sie die Tabelle von *B2* bis *C17* in Excel auf dem Tabellenblatt *Beschreibung*.

2. Kopieren Sie die Zellen, aktivieren Sie Word mit dem Dokument *Angaben zum Objekt.docx* und drücken Sie zum Einfügen die Tastenkombination [Strg]+[V].

3. Nachdem Sie das Objekt eingefügt haben, sehen Sie unten rechts die Schaltfläche *Einfügeoptionen*. Klicken Sie einmal darauf.

   Word bietet Ihnen sechs Möglichkeiten, die Excel-Zellen einzufügen.

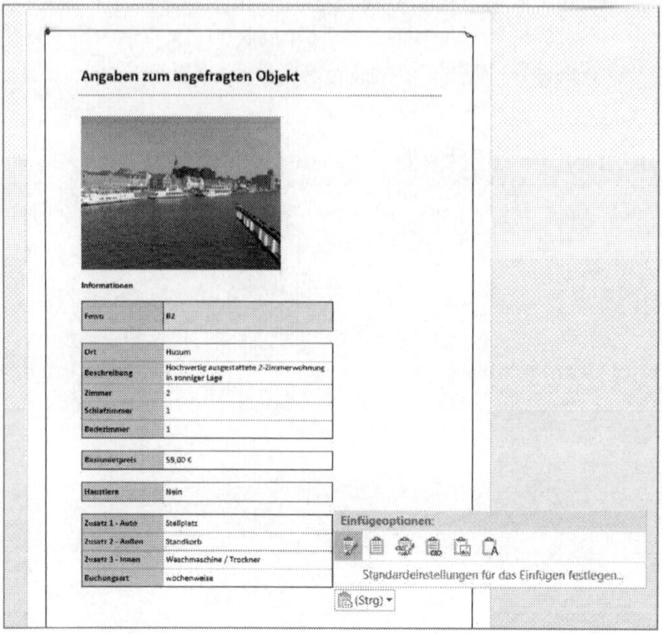

Bild 13.39: Als Word-Tabelle einfügen.

Mit den ersten beiden Alternativen *Ursprüngliche Formatierung beibehalten* und *Zielformatierung verwenden* fügen Sie die Zellen als Word-Tabelle ein. Es besteht keine Verbindung zu Excel. Jetzt stehen Ihnen alle Word-Gestaltungsoptionen zur Verfügung. Der Befehl *Ursprüngliche Formatierung beibehalten* übernimmt alle Zellenformate aus Excel. Der Befehl *Zielformatvorlagen verwenden* fügt nur die Daten mit Rahmenlinien ein.

Egal mit welchem Befehl Sie die Excel-Tabelle eingefügt haben, jetzt können Sie sowohl die Inhalte als auch die Gestaltung ändern. Klicken Sie einmal auf die Tabelle. Damit erhalten Sie die beiden Register *Entwurf* und *Layout* in der Gruppe *Tabellentools*.

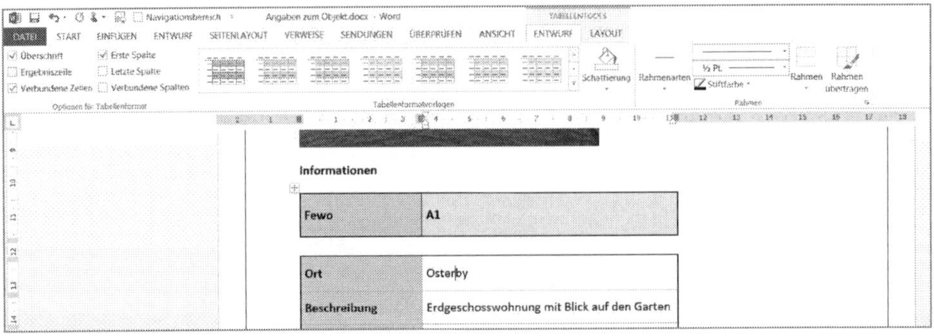

Bild 13.40: Die Word-Tabelle bearbeiten.

Das Register *Entwurf* bietet Ihnen viele Befehle zur Gestaltung Ihrer Word-Tabelle. Über das Register *Layout* können Sie den Aufbau der Tabelle anpassen. Egal was Sie an der Tabelle ändern, die Original-Excel-Daten bekommen davon nichts mit.

13.4.3 Die Daten bleiben in Excel, die Tabelle in Word

Im zweiten Beispiel fügen Sie auch die Tabelle in Word ein. Allerdings bleiben die Daten in Excel.

❶ Markieren Sie die Tabelle in Excel auf dem Tabellenblatt *Beschreibung* und kopieren Sie die Zellen mit Strg+V.

❷ Aktivieren Sie Word mit dem Dokument *Angaben zum Objekt.docx* und drücken Sie zum Einfügen die Tasten Strg+V. Klicken Sie auf Schaltfläche *Einfügeoptionen.*

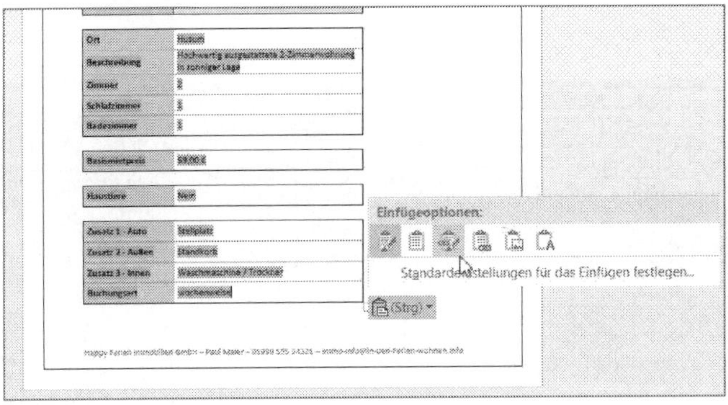

Bild 13.41: Die Tabelle in Word, die Daten in Excel.

Mit den Befehlen *Verknüpfen und ursprüngliche Formatierung beibehalten* und *Verknüpfung und Zielformatvorlagen verwenden* erscheint die Tabelle in Word. Die Daten werden allerdings in Excel gespeichert.

Sie erkennen dies an der grauen Darstellung der Inhalte, wenn Sie einmal auf einen Zellinhalt klicken.

Tipp
Sollten Sie die graue Farbe nicht sehen, wählen Sie in Word die Befehlsfolge *Daten/Optionen/Erweitert* und dann im Feld *Feldschattierung* den Eintrag *Wenn ausgewählt.*

Jede Änderung in Excel wird automatisch in das Dokument übernommen.

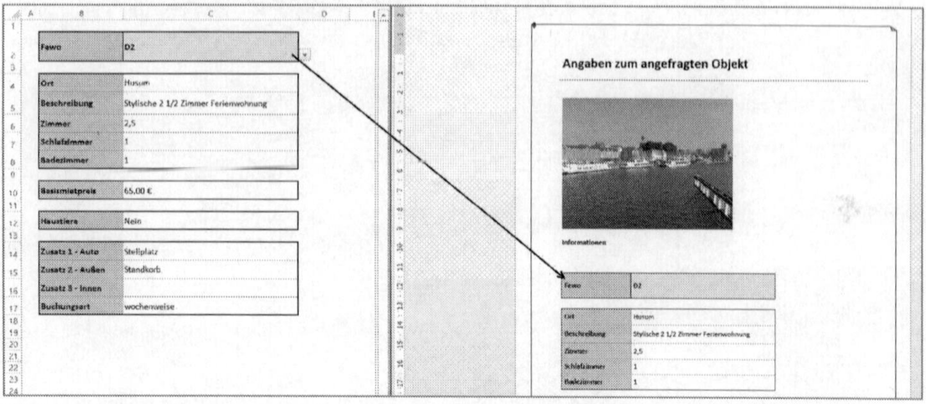

Bild 13.42: Jede Änderung in Excel wirkt sich automatisch auf das Word-Dokument aus.

Die Änderungen am Aussehen nehmen Sie in Word vor.

Die ganze Tabelle ist eine Verknüpfung. Wenn Sie die Tastenkombination [Umschalt]+[F9] drücken, erkennen Sie den Ort, zu dem die Verknüpfung geht.

Bild 13.43: Die ganze Tabelle ist eine Feldfunktion.

Wenn Sie noch einmal [Umschalt]+[F9] drücken, erhalten Sie wieder die Tabelle. Im Abschnitt »Verknüpfungen in Word-Dokumenten« erhalten Sie weitere Informationen zu den Verknüpfungen.

Tipp
Sollte es die Tastenkombination `Umschalt`+`F9` nicht tun, drücken Sie `Alt`+`F9`. Ein erneutes Drücken dieser Tastenkombination hebt die Anzeige wieder auf.

13.4.4 Excel-Tabelle als Grafik einfügen

Wenn Sie sicher sind, dass Sie nichts mehr an der Tabelle ändern möchten, verwenden Sie die Grafik. Ein Klick auf den fünften Schalter fügt die kopierten Zellen als Grafik ein.

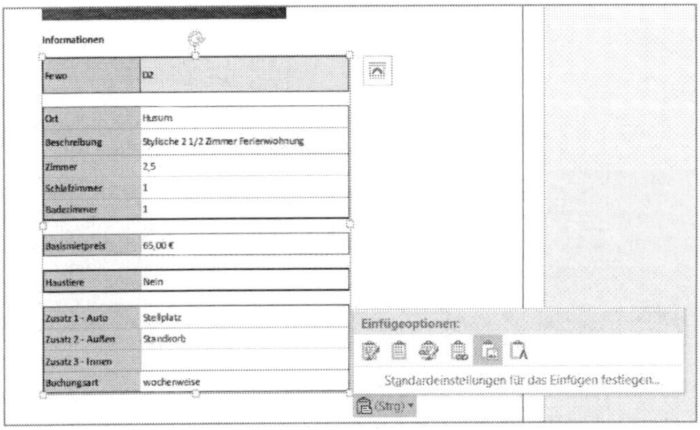

Bild 13.44: Die Excel-Tabelle als Grafik einfügen.

Immer wenn Sie die Grafik markiert haben, erscheint am oberen Rand die Schaltfläche *Layoutoptionen*. Über die Befehle entscheiden Sie, wie der Text um die Grafik herumfließen soll.

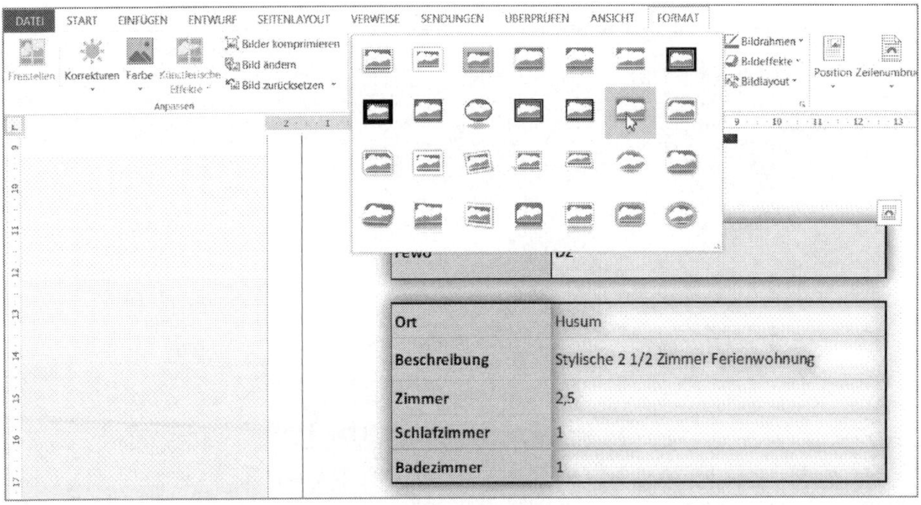

Bild 13.45: Einen Rahmen um das grafische Objekt ziehen.

Über das Register *Format* können Sie das Aussehen Ihrer Grafik verändern. Die Befehle in der Gruppe *Bildformatvorlagen* bieten eine reichhaltige Auswahl. So können Sie beispielsweise einen Rahmen um Ihre Grafik ziehen.

13.4.5 Excel-Tabelle ins Dokument einbetten

Sie können eine Excel-Tabelle auch in ein Word-Dokument einbetten. Somit steht Ihnen der größte Teil der Excel-Funktionalität in Word zur Verfügung. Es besteht keine Verbindung mehr zur Original-Excel-Tabelle. Beachten Sie dabei: Auch wenn Sie nur ein paar Zellen einbetten, wird immer die ganze Excel-Arbeitsmappe mit allen Tabellenblättern eingefügt.

1. Kopieren Sie die Zellen, die Sie ins Word-Dokument übernehmen möchten.
2. Wechseln Sie ins Word-Dokument und aktivieren Sie das Register *Start.*
3. Klicken Sie auf den unteren Teil der Schaltfläche *Einfügen* und wählen Sie den Befehl *Inhalte einfügen.*
4. Aktivieren Sie die Option *Einfügen* und den Eintrag *Microsoft Excel-Arbeitsmappe-Objekt.*

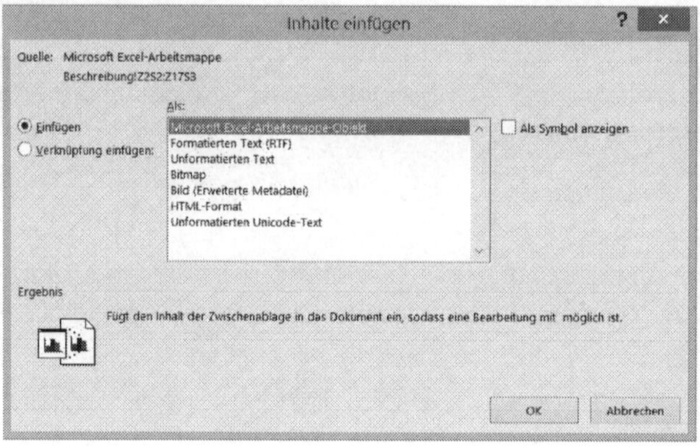

Bild 13.46: Die Excel-Mappe ins Dokument einfügen.

5. Bestätigen Sie mit *OK.*

   Wenn Sie jetzt Änderungen an der Tabelle vornehmen möchten, doppelklicken Sie auf das Objekt. In der Titelzeile erkennen Sie, dass Word die aktuelle Anwendung ist. Allerdings weisen die Befehle im Menüband auf Excel hin.

   Wenn Sie Ihre Änderungen durchgeführt haben, klicken Sie einmal ins Dokument. Ihre Original-Excel-Tabelle wird dadurch nicht verändert.

> **WICHTIG**
> Auch wenn Sie nur drei Zellen eingebettet haben, fügt Word immer die ganze Excel-Arbeitsmappe ein.

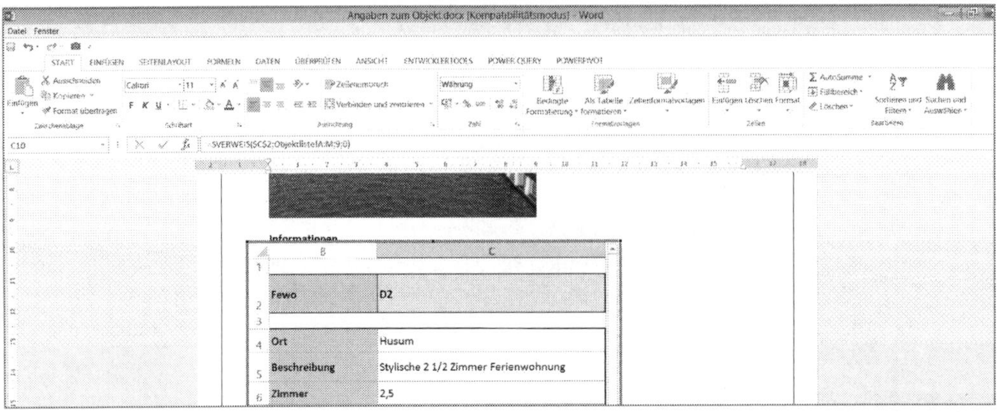

Bild 13.47: Viele Excel-Funktionen im Word-Dokument.

13.4.6 Excel-Tabelle im Dokument verknüpfen

Die fünfte Variante ist die komplette Verknüpfung mit Excel. In der zweiten Variante wurden nur die Daten mit Excel verknüpft. Das Aussehen der Tabelle konnte in Word verändert werden.

Über den Befehl *Verknüpfung* wird eine Verbindung zu Excel erstellt.

❶ Kopieren Sie die Zellen, die Sie ins Word-Dokument übernehmen möchten. Wechseln Sie ins Word-Dokument und aktivieren Sie das Register *Start*.

❷ Klicken Sie auf den unteren Teil der Schaltfläche *Einfügen* und wählen Sie den Befehl *Inhalte einfügen*.

❸ Aktivieren Sie die Option *Verknüpfung einfügen* und den Eintrag *Microsoft Excel-Arbeitsmappe-Objekt*.

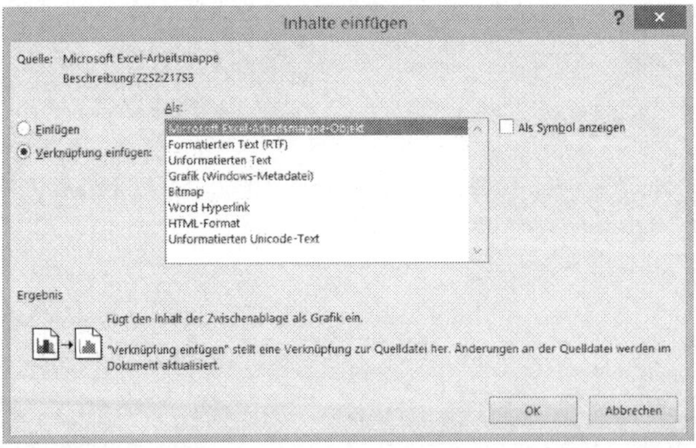

Bild 13.48: Die markierten Zellen mit Excel verknüpfen.

❹ Bestätigen Sie mit *OK*.

❺ Mit einem Doppelklick auf das Tabellenobjekt in Word startet Excel und zeigt die Tabelle. Änderungen in Excel werden sofort ins Tabellenobjekt in Word übernommen. Jede Änderung in Excel wird in Word angezeigt.

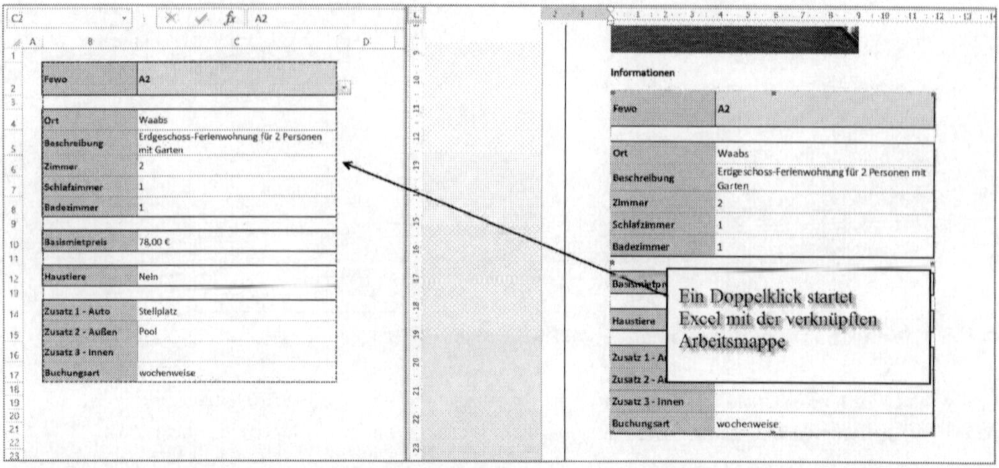
Ein Doppelklick startet Excel mit der verknüpften Arbeitsmappe

Bild 13.49: Es besteht eine Verbindung zwischen dem Objekt in Word und der Mappe in Excel.

Lesen Sie unbedingt den folgenden Abschnitt »Verknüpfungen in Word-Dokumenten«.

13.4.7 Verknüpfungen in Word-Dokumenten

Im zweiten und im fünften Beispiel wurden Verknüpfungen mit Excel erstellt. Beim Öffnen eines Dokuments mit einer Verknüpfung erscheint der folgende Hinweis.

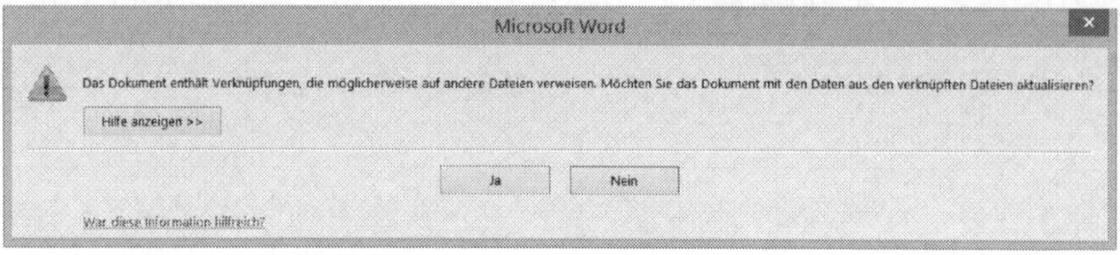
Microsoft Word
Das Dokument enthält Verknüpfungen, die möglicherweise auf andere Dateien verweisen. Möchten Sie das Dokument mit den Daten aus den verknüpften Dateien aktualisieren?
Hilfe anzeigen >>
Ja
Nein
War diese Information hilfreich?

Bild 13.50: Beim Öffnen des Dokuments erscheint der Hinweis auf die Verknüpfung.

Wenn Sie auf *Ja* klicken, werden im Hintergrund Excel und die Arbeitsmappe geöffnet, und die Daten werden in Word aktualisiert.

Hin und wieder kann es passieren, dass Ihre Änderungen in Excel nicht nach Word übergeben werden. Dann klicken Sie in Word auf das Objekt und drücken die Taste F9. Alternativ können Sie mit einem Klick mit der rechten Maustaste auf das Objekt und den Befehl *Verknüpfungen aktualisieren* die aktuellen Daten aus Excel abrufen.

❶ Mit der Befehlsfolge *Datei/Informationen/Verknüpfungen mit Dateien bearbeiten* können Sie sich die Verknüpfungen anzeigen lassen.

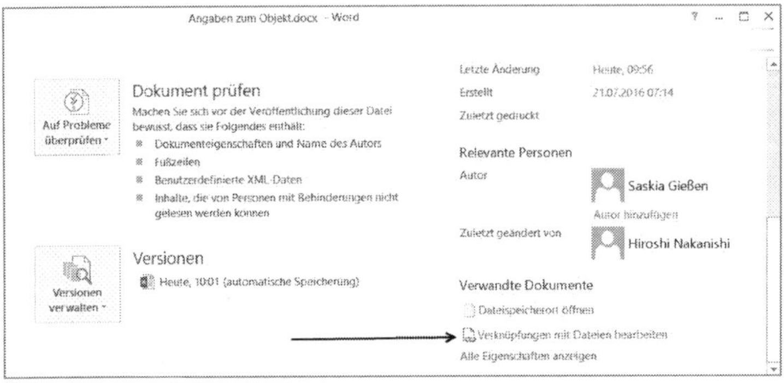

Bild 13.51: Der Hinweis auf Verknüpfungen im Dokument.

Dieser Hinweis ist nur da, wenn es mindestens eine Verknüpfung im Dokument gibt. Im Fenster *Links* sehen Sie alle Verbindungen, die Sie auch bearbeiten können.

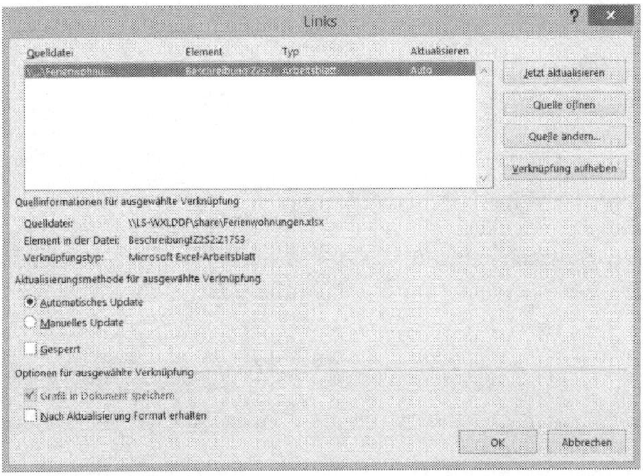

Bild 13.52: Das Fenster *Links* listet alle Verknüpfungen im Dokument auf.

❷ Wenn sich der Speicherort der Excel-Tabelle ändert, klicken Sie auf die Schaltfläche *Quelle ändern* und geben den neuen Speicherort oder den neuen Dateinamen ein.

Diese Meldung erscheint, wenn die Excel-Mappe nicht mehr existiert. Innerhalb des Word-Dokuments bleibt die letzte Darstellung der Tabelle erhalten.

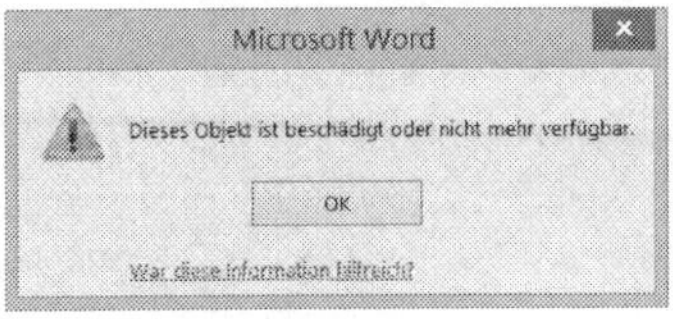

Bild 13.53: Die Excel-Mappe ist weg.

13.5 Ausgabe einer Tabelle in PDF

Wenn Sie eine Excel-Tabelle ins PDF-Format ausgeben möchten, führen Sie die folgenden Schritte durch.

❶ Wählen Sie die Befehlsfolge *Datei/Exportieren.*

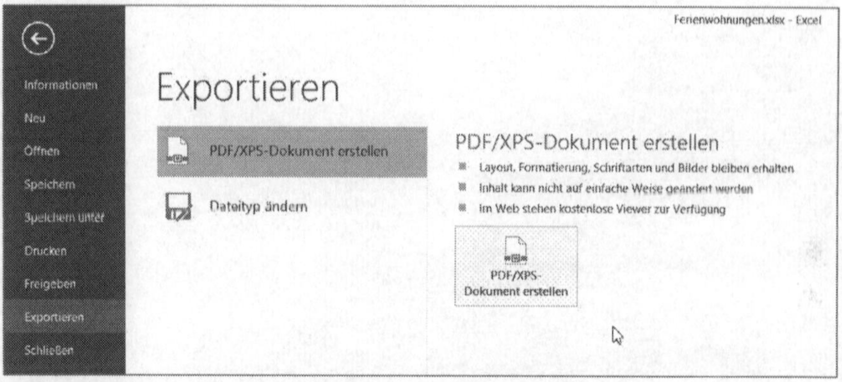

Bild 13.54: Excel-Tabelle im PDF-Format ausgeben.

❷ Klicken Sie auf die Schaltfläche *PDF/XPS-Dokument erstellen.*

❸ Wählen Sie den Speicherort aus und klicken Sie auf die Schaltfläche *Veröffentlichen.*

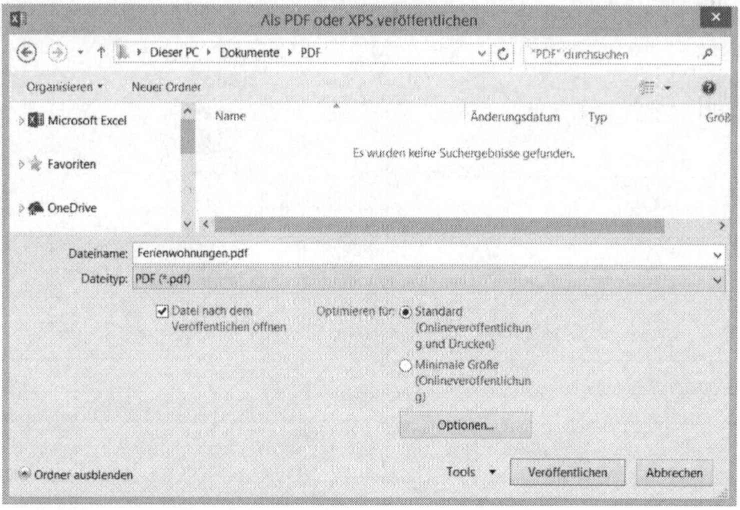

Bild 13.55: Die PDF-Datei speichern.

❹ Wenn Sie weitere Einstellungen vornehmen möchten, klicken Sie, bevor Sie auf die Schaltfläche *Veröffentlichen* klicken, auf die Schaltfläche *Optionen.* Im Fenster *Optio-*

nen entscheiden Sie, ob beispielsweise die ganze Arbeitsmappe oder nur die markierten Zellen ausgegeben werden sollen.

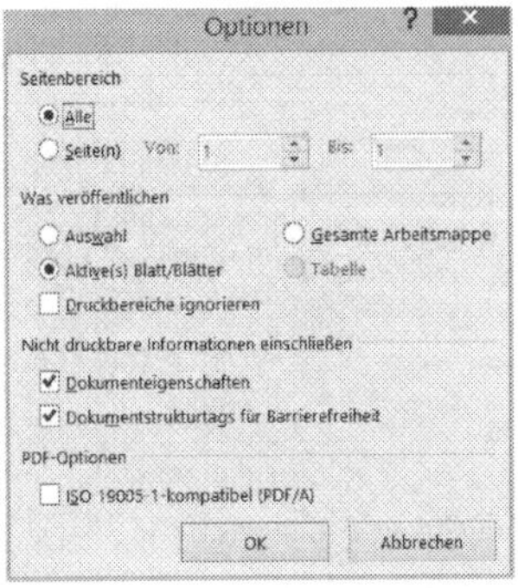

Bild 13.56: Die Einstellungen für die Ausgabe ins PDF-Format.

14 Mobil arbeiten mit Excel

»Modernes Arbeiten« bedeutet, seine Excel-Dateien, überall und mit allen Geräten bearbeiten zu können. Heute sind die Voraussetzungen in vielen Teilen der Welt gegeben, sofern man ein Smartphone oder einen Laptop dabei und Zugriff auf das Web hat. Internetzugang ist fast auf der ganzen Welt möglich. Sogar das Angebot eines Straßenrestaurants in einer fernen Großstadt, das mit *Free Wifi, Big Fan and Cold beer* auf einem Aufsteller wirbt, zeigt den Stellenwert, den das Internet heute für Reisende hat.

14.1 Einfach überall arbeiten

Heute können Sie Excel-Dateien auf den folgenden Systemen öffnen und bearbeiten:

- Excel-Vollversion auf einem PC mit Windows-Betriebssystem.
- Excel in Office 365 auf einem PC mit Windows-Betriebssystem.
- Excel-App in einem Browser auf einem PC mit Windows-Betriebssystem.
- Excel-Vollversion auf einem Mac.
- Excel-App auf einem Windows Phone oder auf mobilen Windows 10-Geräten.
- Excel-App auf einem iPad oder iPhone.
- Excel-App auf mobilen Android-Geräten.

Hinweis
Auf den Microsoft-Webseiten finden Sie eine Übersicht über die Einsatzmöglichkeiten von Office bzw. Excel und Hinweise zur Installation der Office-Apps auf den verschiedenen mobilen Geräten.

In diesem Kapitel zeigen wir Ihnen die Schritte von der Erstellung einer Excel-Arbeitsmappe auf einem Büro-PC und der Speicherung der Datei in der Cloud bis zur anschließenden Nutzung auf einem Smartphone.

14.2 Arbeitsmappe auf einem Desktop-PC anlegen

Auf die bewährte Arbeitsweise mit einer Excel-Vollversion auf einem Desktop-PC oder einem Notebook kann kein Unternehmen, ob klein oder groß, verzichten.

Öffnen Sie die Excel-Mappe *Kundenbetreuung.xlsx.*

Im nachfolgenden Beispiel wird eine Excel-Vorlage zur Erfassung von Kundendaten vorbereitet. Das einfache Layout sieht folgendermaßen aus:

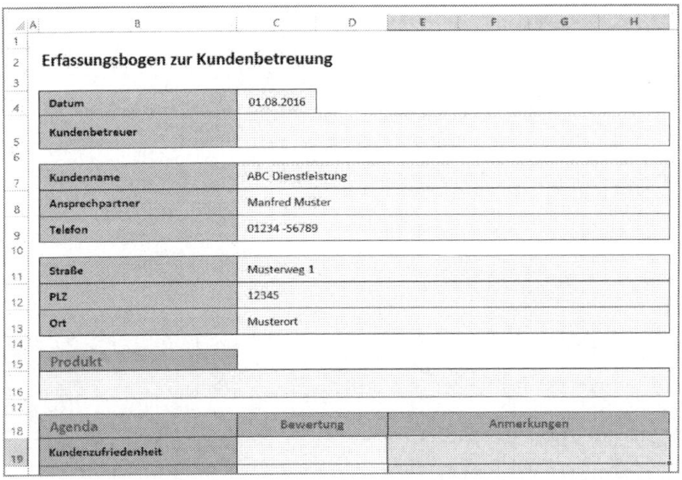

Bild 14.1: Erfassungsformular mit Eingabefeldern.

In den hellgelb hinterlegten Zellen soll der Benutzer später seine Eingaben vornehmen.

Alle notwendigen Merkmale zu den Excel-Zellen, wie Inhalte, Funktionen und Formatierungen, lassen sich mit den Befehlen erstellen und anpassen, die in diesem Buch beschrieben sind.

Um die Bedienung auf dem mobilen Gerät zu vereinfachen, werden die möglichen Antworten in den Zellen *C19* bis *C28* als Listenfeld angeboten.

Diese Listeneinträge sind auf dem Blatt *Antwortoptionen* hinterlegt.

Führen Sie die folgenden Schritte durch, um ein Listenfeld anzulegen:

❶ Geben Sie dem Zellbereich *B2* bis *B6* den Namen *lst_Wichtig*, indem Sie den Bereich markieren, im Namenfeld über der Spaltenbeschriftung *A* den gewünschten Bereichsnamen eingeben und dort die Enter-Taste drücken.

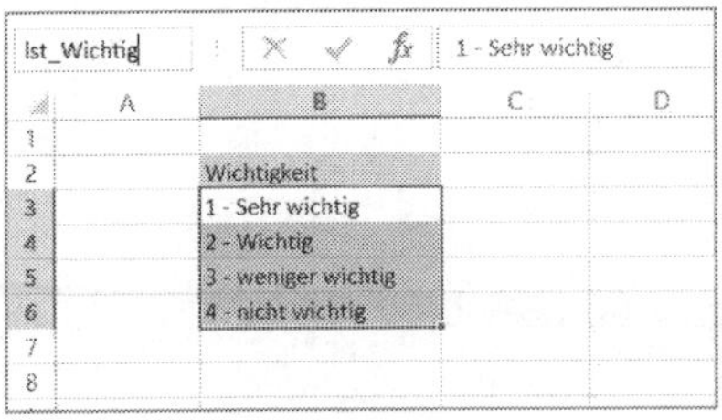

Bild 14.2: Benannter Zellbereich für das Listenfeld.

❷ Markieren Sie auf dem Blatt *Befragung* die Zelle *C19* und starten Sie den Befehl *Daten/Datenüberprüfung*.

❸ Stellen Sie im Feld *Zulassen* die Option *Liste* ein.

❹ Geben Sie im Feld *Quelle* den Bereichsnamen `=lst_Wichtig` ein.

Bild 14.3: Die Quelle für das Listenfeld festlegen.

❺ Bestätigen Sie mit *OK* und testen Sie das neue Listenfeld.

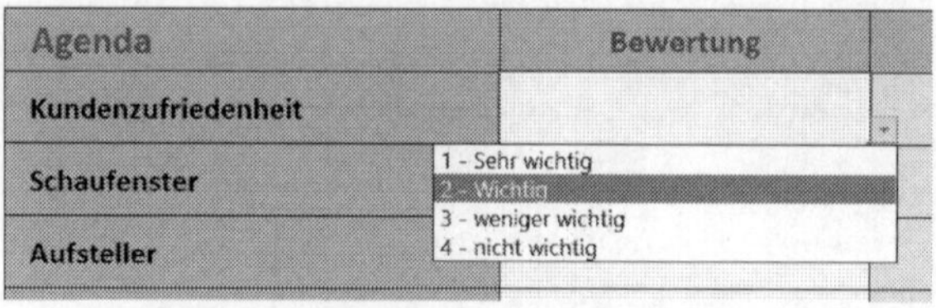

Bild 14.4: Über ein Listenfeld lassen sich Eingabefehler minimieren.

❻ Den anderen Zellen *C20* bis *C28* können Sie diese Auswahlliste zuweisen, indem Sie den Formatpinsel anwenden.

Diese Datei soll in einem Bereich gespeichert werden, auf den auch mobile Geräte zugreifen können. Dort soll die Excel-Datei geöffnet und über das Touchpad bearbeitet werden.

14.3 Excel-Daten auf OneDrive speichern und bearbeiten

Wenn Sie einen PC mit Zugriff auf ein OneDrive haben, können Sie die Excel-Datei dort speichern.

Tipp
Als mobile Ablageorte zu OneDrive sind auch andere Speicherorte, beispielsweise SharePoint, iCloud oder Dropbox, möglich.

Diese Speicherorte befinden sich nicht lokal auf dem Rechner oder in einem lokalen Netzwerk, sondern es sind Ordner, die auf einem entfernten Rechnersystem bzw. in der Cloud liegen. Nach dem Befehl zum Speichern können Sie das OneDrive als Speicherort wählen.

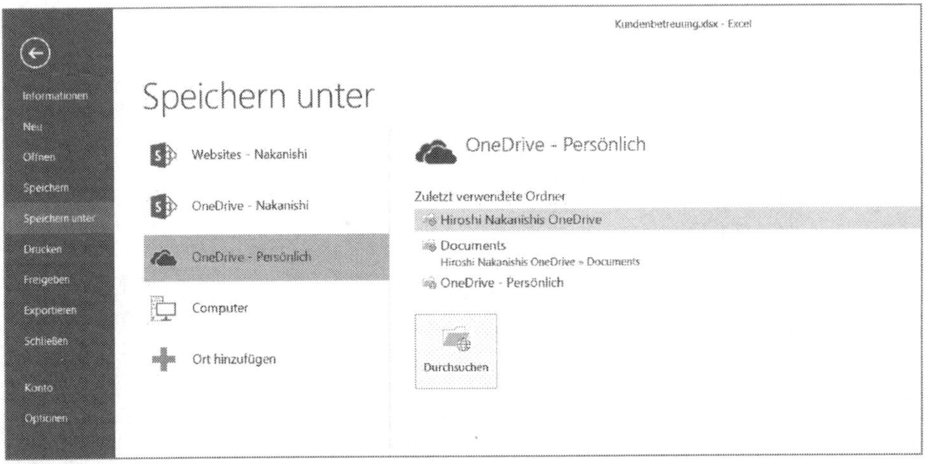

Bild 14.5: Excel-Datei auf einem OneDrive speichern.

Das OneDrive ist ein Speicherort in der Cloud. Das Wolkensymbol vor dem Eintrag deutet das an. Es verhält sich wie ein normales Laufwerk, nur dass es sich um eine Speicherumgebung auf einem fernen Rechner handelt.

Damit Sie dort speichern und später darauf zugreifen können, benötigen Sie einen Anmeldenamen (Windows Live-ID, E-Mail-Adresse) sowie das passende Kennwort.

Hinweis
Falls Sie noch keine Windows-Live-ID haben, können Sie sich kostenlos über die Webseite *https://login.live.com/de* anmelden. Auch bei der Windows-Installation wird nach dieser Live-ID gefragt.

Nach der erfolgreichen Anmeldung erhalten Sie Zugriff auf den Ordner. Der Ordnername und die Ordnerstrukturen erscheinen wie auf einem normalen Laufwerk. Lesen Sie weiter unten, wie Sie die Berechtigungen festlegen, wenn andere Anwender Zugriff auf den Ordner erhalten sollen.

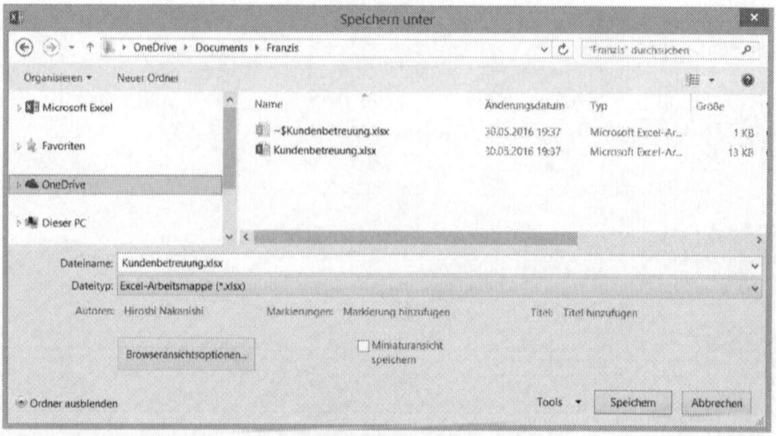

Bild 14.6: Der Ordner *Franzis* auf dem OneDrive.

Geben Sie der Excel-Datei einen Namen und klicken Sie auf die Schaltfläche *Speichern*. Damit steht Ihnen diese Datei via Internet weltweit auf allen Geräten zur Verfügung.

14.4 Dateneingaben über ein iPad oder iPhone

Für iPad und iPhone gibt es eine Excel-App, die auf dem mobilen Gerät aus dem App Store heruntergeladen werden kann. Falls Sie auf Ihrem iPad oder iPhone noch kein Excel installiert haben, öffnen Sie den App Store, suchen nach dem Begriff *Excel* und tippen auf den Link *Laden*.

Hinweis
Zum Herunterladen müssen Sie sich gegebenenfalls mit Ihrer Apple-ID am App Store identifizieren.

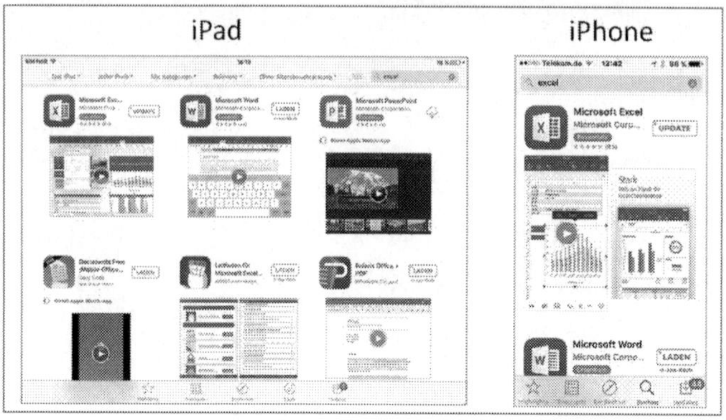

Bild 14.7: Excel-App aus dem App Store herunterladen.

Nach der Installation müssen Sie sich mit einem Microsoft-Konto anmelden. Danach können Sie auf Ihre Excel-Dateien zugreifen.

❶ Öffnen Sie den Ordner, in dem die Excel-Datei liegt. Die Anzeige auf den Geräten variiert aufgrund der jeweiligen Auflösungen.

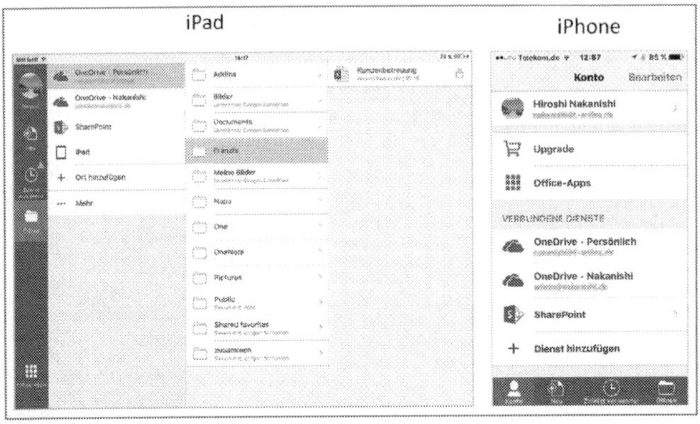

Bild 14.8: Pfad zum Öffnen der Datei auf iPad und iPhone.

❷ Tippen Sie auf das Symbol *Öffnen* und wählen Sie in drei Schritten den Pfad bis zur Dateiauswahl.

Die Excel-Arbeitsmappe sieht auf dem kleineren Bildschirm etwas anders aus. Sie können die Zellen trotzdem bearbeiten. Das Listenfeld ist trotz abweichender Darstellung gut nutzbar.

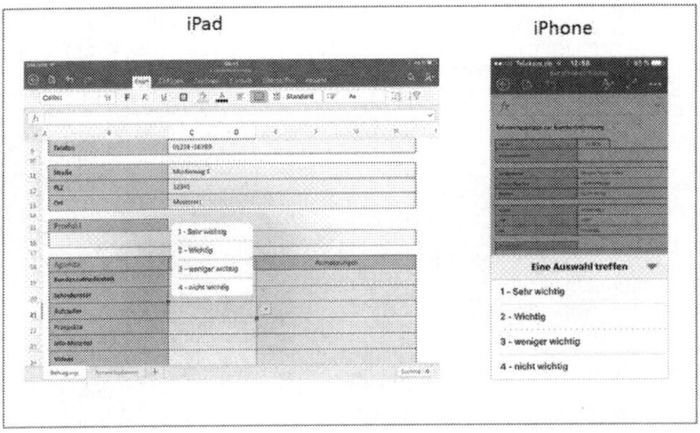

Bild 14.9: Aufgeklapptes Listenfeld zur Bearbeitung auf iPad und iPhone.

Eine Stärke der mobilen Geräte ist beispielsweise die Spracheingabe oder das Aufnehmen von Fotos. Statt Text in eine Zelle einzugeben, können Sie auch bequem die Spracheingabe nutzen.

❸ Markieren Sie die Zelle, tippen Sie in die Bearbeitungsleiste und drücken Sie das Mikrofonsymbol.

Die folgende Abbildung zeigt die direkt über das Mikrofon des iPads erfolgte Eingabe im Feld *Kundenname.*

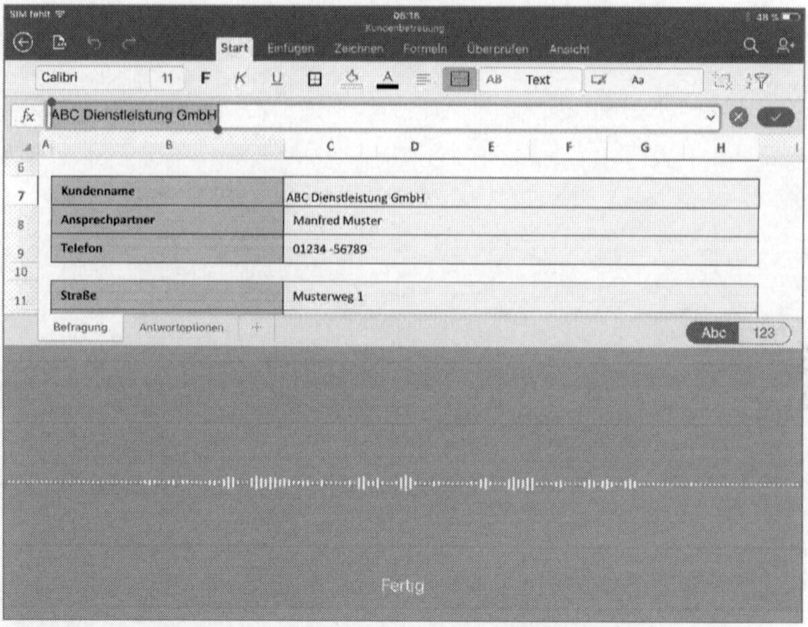

Bild 14.10: Alternative Eingabemöglichkeiten auf mobilen Geräten nutzen.

❹ Nachdem alle Daten erfasst sind, speichern Sie Ihre Änderungen, indem Sie auf den Schalter *Pfeil links* tippen. Die Datei wird automatisch in der Cloud aktualisiert und steht Sekunden später zur Verfügung.

Tipp
Ist die Excel-Datei bereits auf einem anderen Gerät geöffnet, kann sie nur im schreibgeschützten Modus angezeigt werden.

14.5 Arbeitsmappe über SharePoint bearbeiten

Für Teams und Unternehmen ist die Nutzung von SharePoint eine interessante Alternative. Ein SharePoint hält nicht nur Ordner bereit, sondern bietet auch verschiedene Arbeitsbereiche mit speziellen Möglichkeiten, wie eine Teamwebsite, Formularvorlagen oder SharePoint-Listen. Die Arbeit findet über den Browser statt.

Die vorliegenden Beschreibungen beziehen sich auf ein Office 365-Konto mit Arbeitsbereichen für Notizbücher, Dokumente, Aufgaben, Kalender und für Teamwebsites.

Tipp
SharePoint-Seiten werden in Unternehmen auch für die Kommunikation mit externen Benutzern eingerichtet. Das Hin- und Hersenden von Dateien per E-Mail entfällt, und Dienstleister können gemeinsam mit den bereitgestellten Dateien arbeiten, müssen aber nicht im Unternehmen sitzen und auch nicht im Unternehmensnetzwerk eingerichtet werden.

Der Ordner wird nicht in Form eines Windows-Explorer-Fensters dargestellt, sondern als Webseiteninhalt. Dateien können Sie beispielsweise im Ordner *Dokumente* ablegen.

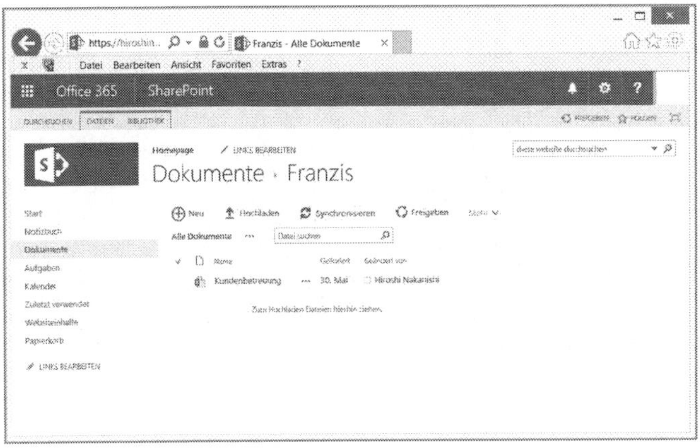

Bild 14.11: Der Unterordner *Dokumente/Franzis* auf SharePoint.

Dateien können Sie in den SharePoint legen, indem Sie sie von einem Windows-Ordner auf die SharePoint-Seite ziehen.

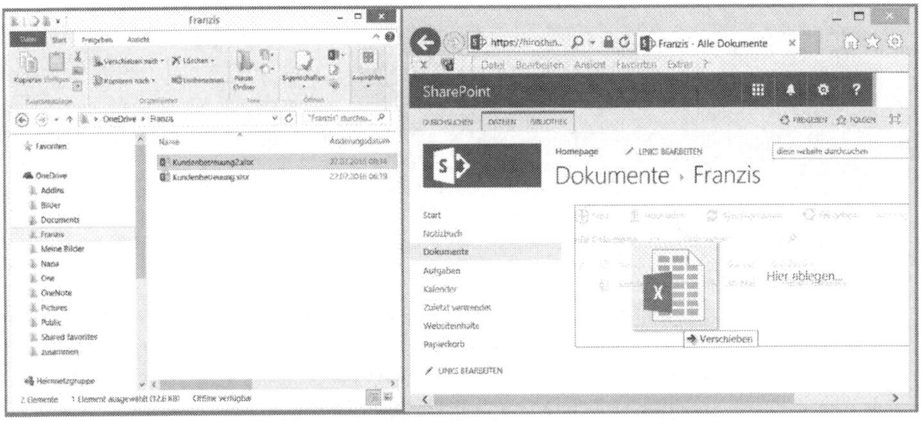

Bild 14.12: Dateien können per Drag-and-drop auf SharePoint abgelegt werden.

Die Datei kann nun überall dort bearbeitet werden, wo man Zugriff auf die SharePoint-Seite hat.

Wenn Sie nun an einem anderen Computer sitzen und die Datei bearbeiten möchten, öffnen Sie die SharePoint-Seite. Auch hier ist eine Anmeldung erforderlich.

❶ Schalten Sie zum gewünschten Ordner.

Die Dateien werden aufgelistet.

❷ Klicken Sie auf den Link *Kundenbetreuung2*, um die Datei zu öffnen.

Die Arbeitsmappe wird in Excel Online in der Vorschau geöffnet.

Tipp
Die folgenden Abbildungen wurden in Windows 10 und dem Browser Edge erstellt.

Am Listenfeld *Arbeitsmappe bearbeiten* können Sie wählen, ob Sie die Datei in Ihrem Excel oder direkt auf der Seite im Browser bearbeiten möchten.

Lesen Sie nun, wie die Oberfläche im Browser aussieht.

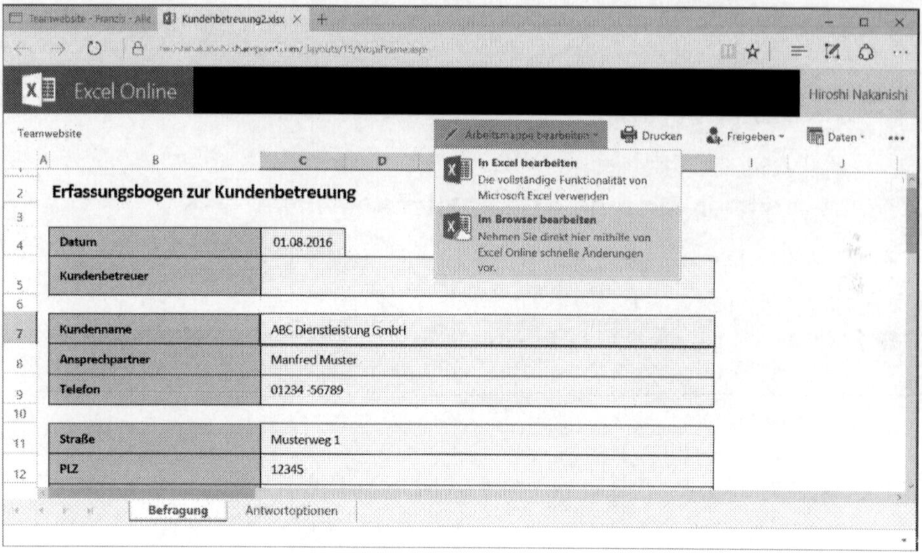

Bild 14.13: Excel im Browser bearbeiten.

Wählen Sie die Option *In Browser bearbeiten.*

Die Datei wird in Excel Online zur Bearbeitung geöffnet. Sie erhalten im Browser ein kompaktes Excel mit einem Menüband, der Bearbeitungsleiste und dem Tabellenblatt.

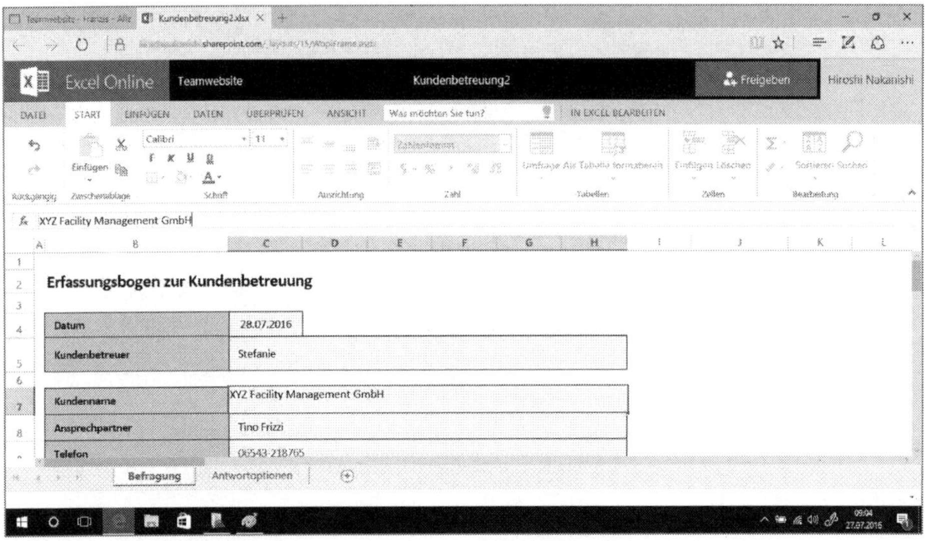

Bild 14.14: Arbeitsmappe in Excel Online mit Register und Bearbeitungszeile.

Sie brauchen nicht nach dem Befehl *Datei/Speichern* zu suchen, denn dieser Befehl wird hier nicht gebraucht. Sie müssen nur zurück auf Ihre Teamwebsite. Die Änderungen werden automatisch gesichert.

14.5.1 Dateien für andere Bearbeiter freigeben

Wenn weitere Personen an den Dateien arbeiten sollen, können Sie den Ordner oder eine Datei zur Bearbeitung freigeben.

❶ Klicken Sie oben rechts auf der Seite auf den Link *Freigeben.* In diesem Fenster wird die gesamte Teamwebsite für andere Benutzer freigegeben.

Bild 14.15: Dateien für andere Benutzer freigeben.

❷ Tragen Sie dazu die Namen oder die E-Mail-Adressen und eine Einladung ein.

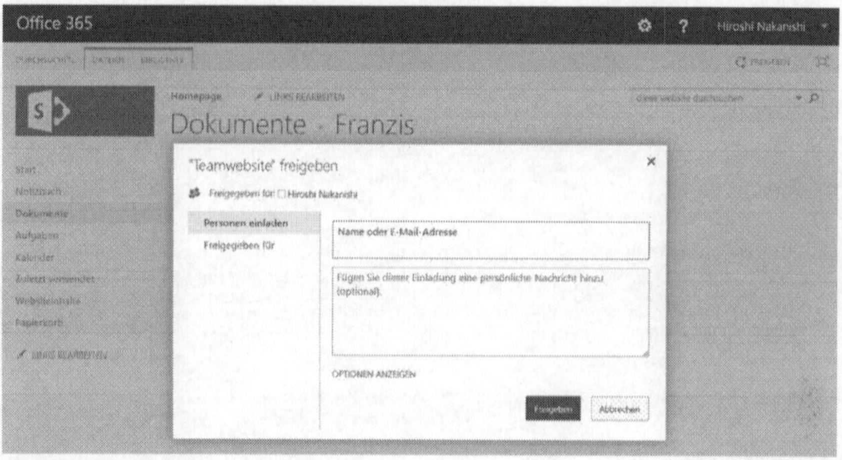

Bild 14.16: Freigabe definieren.

❸ Klicken Sie auf den Link *Freigeben*. Der Empfänger erhält eine Nachricht mit einem Link, über den er wiederum die Arbeitsmappe öffnen und bearbeiten kann.

Bild 14.17: Einladung zur Bearbeitung der Excel-Arbeitsmappe.

Der Empfänger klickt in der Einladung auf den Link und meldet sich gegebenenfalls an.

- Er gelangt zur Seite, um die Excel-Mappe von der SharePoint-Seite zu öffnen. Er kann wählen, ob er die freigegebene Datei in Excel Online oder in seinem Desktop-Excel bearbeiten möchte.
- Sollte er sich für die Option *In Excel bearbeiten* entscheiden, wird die Datei zunächst im Modus *Schreibgeschützt* geöffnet.

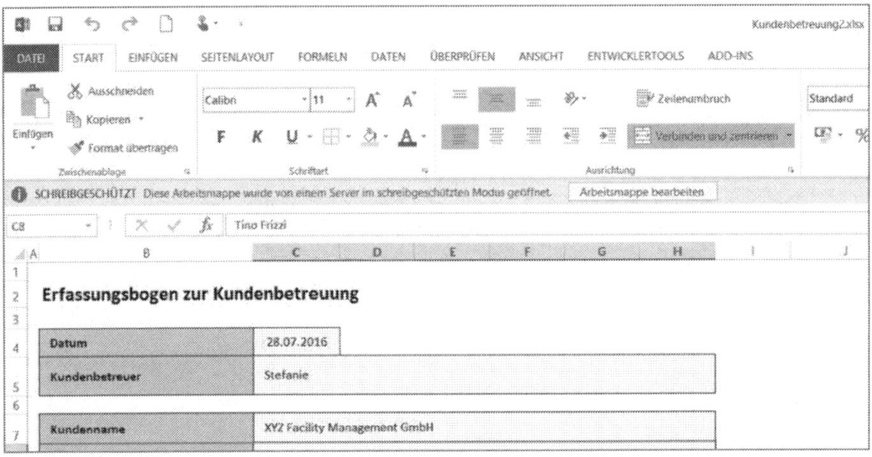

Bild 14.18: Die Bearbeitung der Excel-Arbeitsmappe aktivieren.

● Um Änderungen vorzunehmen, muss der Empfänger in der gelben Infozeile auf den Schalter *Arbeitsmappe bearbeiten* klicken.

Er kann nun wie gewohnt mit der Excel-Datei arbeiten und Änderungen vornehmen.

14.5.2 Mappenversionen automatisch sichern

Ein weiterer Vorteil von SharePoint ist die Versionsverwaltung. Ist die Option eingerichtet, können Sie auf eine ältere Version der Arbeitsmappe zurückgreifen, wenn Kollegen aus Versehen Inhalte geändert oder gelöscht haben.

❶ Schalten Sie dazu zu der Seite mit dem Ordner und markieren Sie den Dateinamen.

❷ Klicken Sie auf die Schaltfläche mit den drei Punkten neben dem Dateinamen. Im Vorschaufenster werden weitere Befehle zu dieser Datei angeboten.

❸ Klicken Sie wieder auf die Schaltfläche mit den drei Punkten, um weitere Befehle einzublenden.

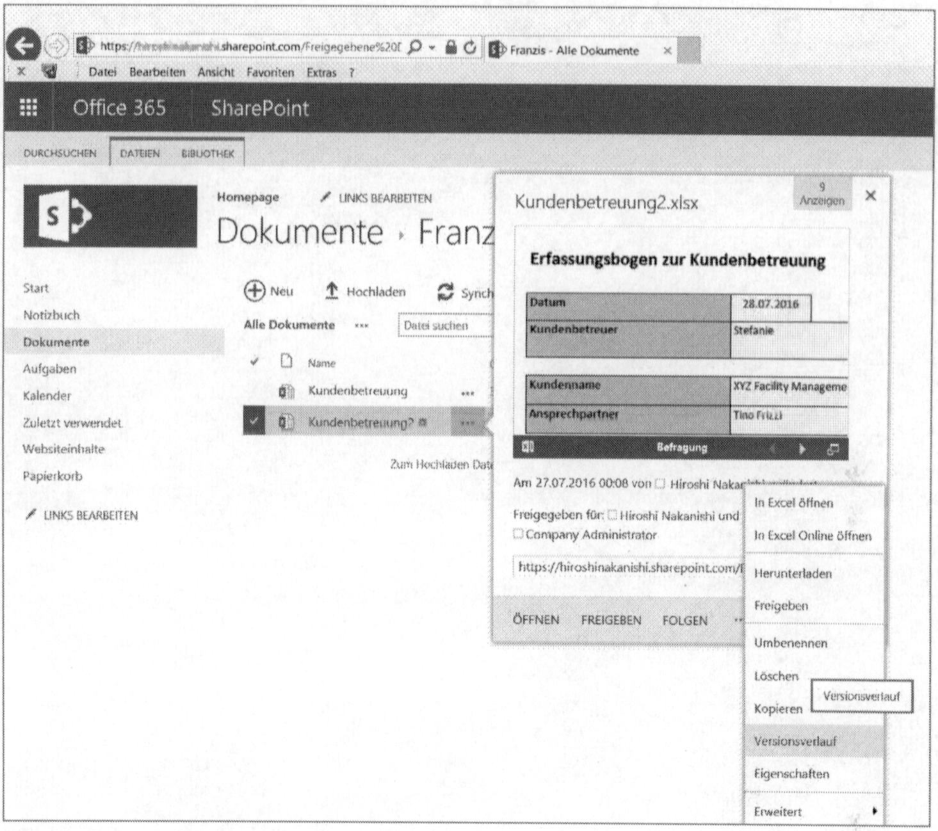

Bild 14.19: Versionsverlauf auf dem SharePoint.

❹ Starten Sie den Befehl *Versionsverlauf*. In einem Fenster werden die älteren Dateistände angezeigt.

Sie können nun den Bearbeitungsstand öffnen, indem Sie auf den Link *Geändert* klicken.

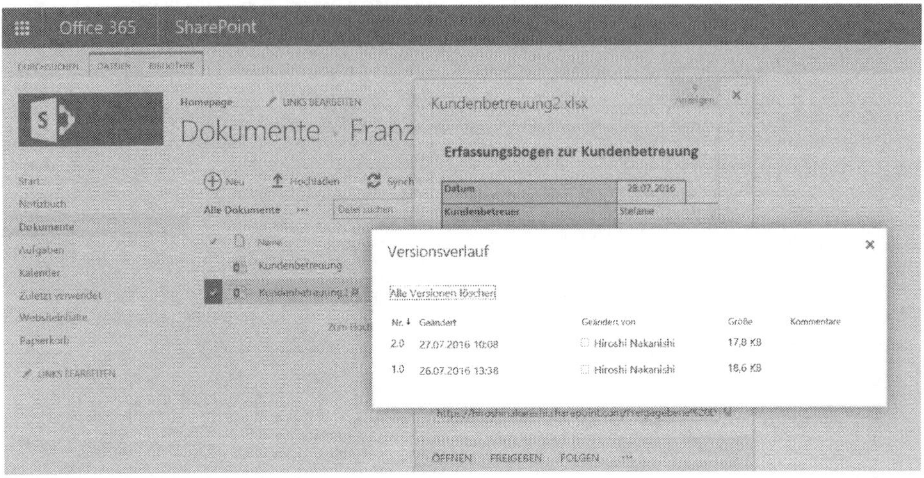

Bild 14.20: Die Versionen dieser Datei.

15 Besondere Funktionen liefern besondere Ergebnisse

Excel bietet Ihnen über 300 Funktionen an. Auch wenn wir Ihnen in diesem Buch nicht alle Funktionen vorstellen können, möchten wir Ihnen in diesem Kapitel unsere persönlichen Highlights näherbringen.

15.1 BEREICH.VERSCHIEBEN – häufig unterschätzt

Die Funktion `BEREICH.VERSCHIEBEN` zeigt einen Zellinhalt.

Öffnen Sie die Excel-Mappe *Bereich.verschieben.xlsx.*

15.1.1 Inhalte von bestimmten Zellen zeigen

Das erste Beispiel zeigt die Arbeitsweise der Funktion `BEREICH.VERSCHIEBEN`. Sie haben eine ganz kleine Tabelle und möchten wissen, welcher Inhalt in einer bestimmten Zelle steht. Dabei ist der Startwert – also ab welcher Zelle gezählt werden soll – besonders wichtig.

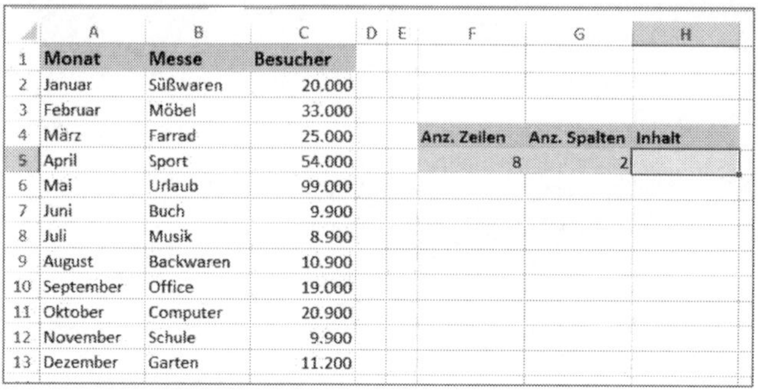

	A	B	C	D	E	F	G	H
1	Monat	Messe	Besucher					
2	Januar	Süßwaren	20.000					
3	Februar	Möbel	33.000					
4	März	Farrad	25.000			Anz. Zeilen	Anz. Spalten	Inhalt
5	April	Sport	54.000			8	2	
6	Mai	Urlaub	99.000					
7	Juni	Buch	9.900					
8	Juli	Musik	8.900					
9	August	Backwaren	10.900					
10	September	Office	19.000					
11	Oktober	Computer	20.900					
12	November	Schule	9.900					
13	Dezember	Garten	11.200					

Bild 15.1: Die kleine Beispieltabelle.

❶ Klicken Sie in die Zelle *H5* und anschließend in der Bearbeitungsleiste auf die *fx*-Schaltfläche.

❷ Wählen Sie im Feld *Kategorie auswählen* den Eintrag *Alle* aus und öffnen Sie die Funktion `BEREICH.VERSCHIEBEN`.

❸ Im Feld *Bezug* geben Sie die Startzelle ein. Im aktuellen Beispiel ist es die Zelle *A1*.

❹ Ins Feld *Zeilen* kommt die Anzahl der Zeilen, die die Funktion ab der Startzelle nach unten gehen soll. Im aktuellen Beispiel steht die Anzahl der Zeilen in der Zelle *F5*.

❺ In das Feld *Spalten* geben Sie die Anzahl der Spalten ein, ab der die Suche nach rechts gehen soll. Die Anzahl der Spalten steht in Zelle *G5*.

❻ Die beiden restlichen Felder *Höhe* und *Breite* werden nicht gebraucht.

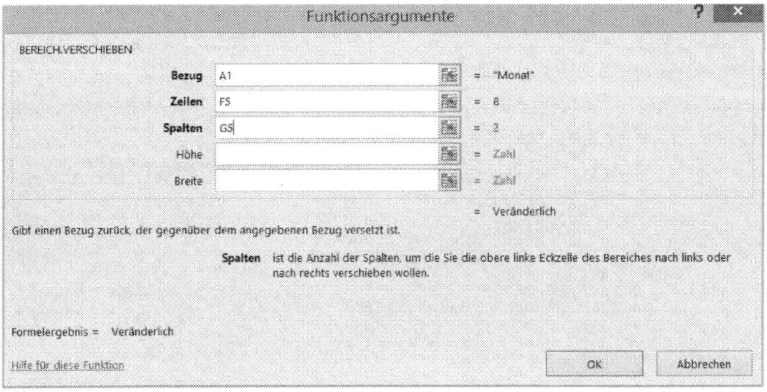

Bild 15.2: Die Syntax der Funktion BEREICH.VERSCHIEBEN.

❼ Bestätigen Sie mit *OK*. Der Inhalt der achten Zeile und der zweiten Spalte ab Zelle *A1* ist der Inhalt der Zelle *C9*.

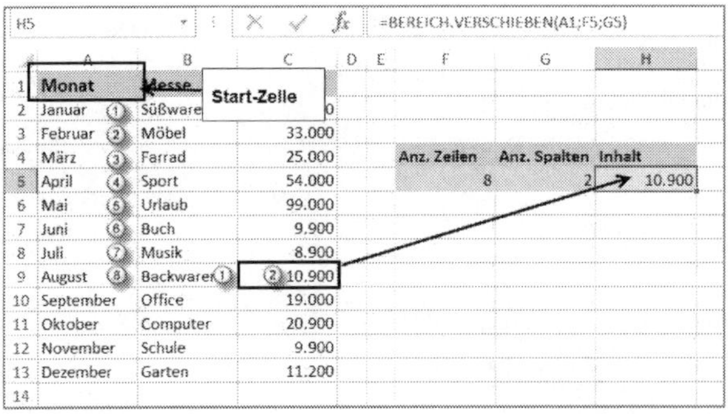

Bild 15.3: Die Arbeitsweise der Funktion BEREICH.VERSCHIEBEN.

Wenn Sie jetzt die Werte in den Zellen *F5* und *G5* ändern, ändert sich auch der Wert in *H5*.

15.1.2 Rollierende Umsätze anzeigen

Die Funktion BEREICH.VERSCHIEBEN liefert Ihnen im nächsten Beispiel einen Blick auf die Umsätze vergangener Monate. Sie möchten sich immer nur fünf Monate gleichzeitig anzeigen lassen, die mit einem Datenbalken bewertet werden.

Die Auswahl der Monate erfolgt über das Steuerelement *Bildlaufleiste*. Wenn Sie darüber nach unten blättern, ändern sich in Spalte *E* die Monate und in Spalte *F* die Umsätze. Der Datenbalken in Spalte *G* analysiert die Werte.

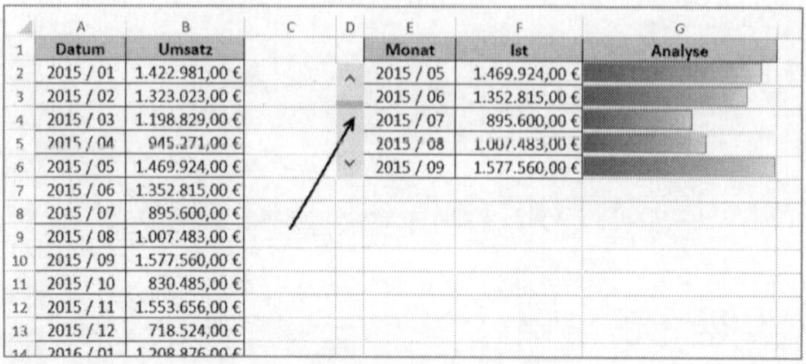

	A	B	C	D	E	F	G
1	Datum	Umsatz			Monat	Ist	Analyse
2	2015 / 01	1.422.981,00 €			2015 / 05	1.469.924,00 €	
3	2015 / 02	1.323.023,00 €			2015 / 06	1.352.815,00 €	
4	2015 / 03	1.198.829,00 €			2015 / 07	895.600,00 €	
5	2015 / 04	945.271,00 €			2015 / 08	1.007.483,00 €	
6	2015 / 05	1.469.924,00 €			2015 / 09	1.577.560,00 €	
7	2015 / 06	1.352.815,00 €					
8	2015 / 07	895.600,00 €					
9	2015 / 08	1.007.483,00 €					
10	2015 / 09	1.577.560,00 €					
11	2015 / 10	830.485,00 €					
12	2015 / 11	1.553.656,00 €					
13	2015 / 12	718.524,00 €					

Bild 15.4: Das Ziel: eine rollierende Anzeige der Umsätze über ein Steuerelement.

1. Aktivieren Sie das Register *Rollierende Auswertung.*
2. Geben Sie in Zelle *D2* eine *1* ein.
3. Klicken Sie in die Zelle *D3* und geben Sie dort folgende Formel ein:

```
=D2+1
```

4. Kopieren Sie diese Formel nach unten bis zur Zelle *E6.*

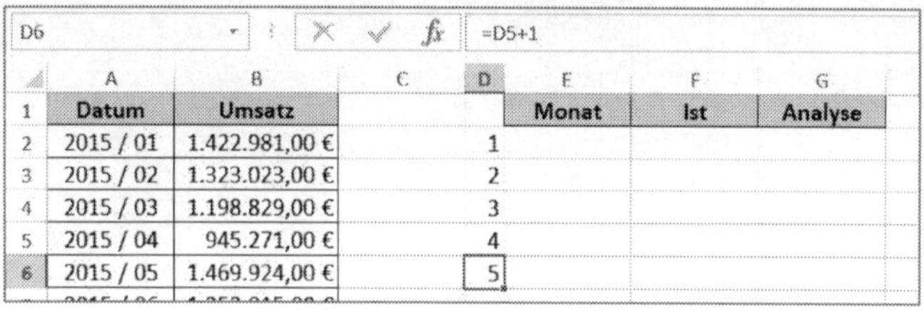

D6 =D5+1

	A	B	C	D	E	F	G
1	Datum	Umsatz			Monat	Ist	Analyse
2	2015 / 01	1.422.981,00 €		1			
3	2015 / 02	1.323.023,00 €		2			
4	2015 / 03	1.198.829,00 €		3			
5	2015 / 04	945.271,00 €		4			
6	2015 / 05	1.469.924,00 €		5			

Bild 15.5: Der erste Schritt zur rollierenden Auswertung.

5. Klicken Sie in die Zelle *E2* und anschließend in der Bearbeitungsleiste auf die *fx*-Schaltfläche.
6. Wählen Sie im Feld *Kategorie auswählen* den Eintrag *Alle* und öffnen Sie die Funktion BEREICH.VERSCHIEBEN.
7. Im Feld *Bezug* geben Sie die Startzelle ein. Im aktuellen Beispiel ist es die Zelle *A1*. Da Sie die Formel gleich nach unten kopieren, drücken Sie die Taste F4.
8. Ins Feld *Zeilen* kommt die Anzahl der Zeilen, die die Funktion ab der Startzelle nach unten gehen soll. Im aktuellen Beispiel steht die Anzahl der Zeilen in Zelle *D2.*

❾ Da die Funktion den Wert aus der aktuellen Spalte holen soll, geben Sie ins Feld *Spalten* eine *0* ein.

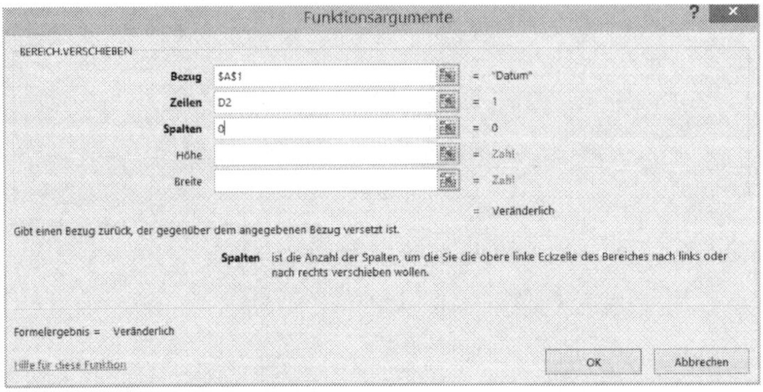

Bild 15.6: Die Funktionsargumente für die Spalte E.

❿ Bestätigen Sie mit *OK*.

Tipp
Übertragen Sie das Datumsformat von Zelle *A2* in die Zelle *E2*. Markieren Sie dazu die Zelle *A2*, klicken Sie auf die unten abgebildete Schaltfläche *Format übertragen* im Register *Start* und klicken Sie dann auf die Zelle *E2*.

⓫ Kopieren Sie die Formel durch Ziehen am Ausfüllkästchen nach unten.

⓬ Ändern Sie den Wert in Zelle *D2* beispielsweise in *5*.

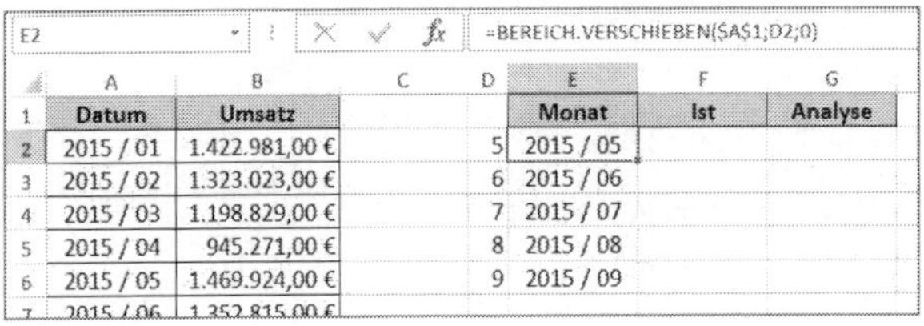

Bild 15.7: Der erste Teil ist fertig.

⓭ Die Formel für die Spalte *F* ist ähnlich. Aber der erste Wert, also die Startzelle, ist *B1*. Markieren Sie die Zelle *E2*.

⓮ Klicken Sie in die Bearbeitungsleiste und markieren Sie den ganzen Text. Kopieren Sie den Inhalt mit `Strg`+`C`. Bestätigen Sie das durch Drücken von `Enter`.

⓯ Klicken Sie in die Zelle *F2* und fügen Sie den Inhalt der Zwischenablage mit `Strg`+`V` ein.

⓰ Klicken Sie in die Bearbeitungsleiste und ändern Sie den ersten Parameter `$A$1` in `$B$1`.

⓱ Bestätigen Sie mit [Enter]. Übertragen Sie das Format der Zelle *B2* wie oben beschrieben auf die Zelle *F2* und ziehen Sie die Formel am Ausfüllkästchen nach unten.

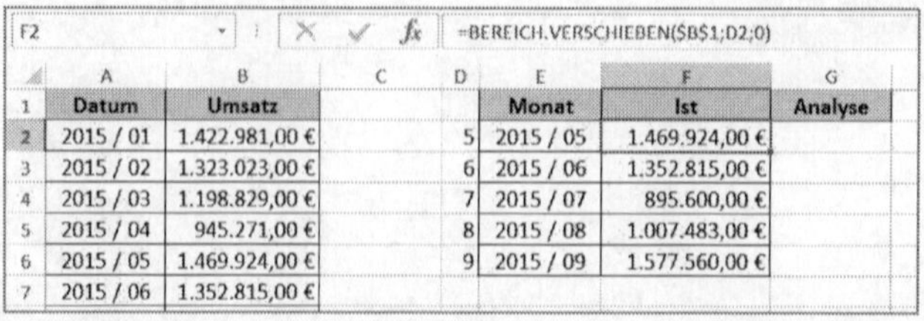
F2 =BEREICH.VERSCHIEBEN($B$1;D2;0)

	A	B	C	D	E	F	G
1	Datum	Umsatz			Monat	Ist	Analyse
2	2015 / 01	1.422.981,00 €		5	2015 / 05	1.469.924,00 €	
3	2015 / 02	1.323.023,00 €		6	2015 / 06	1.352.815,00 €	
4	2015 / 03	1.198.829,00 €		7	2015 / 07	895.600,00 €	
5	2015 / 04	945.271,00 €		8	2015 / 08	1.007.483,00 €	
6	2015 / 05	1.469.924,00 €		9	2015 / 09	1.577.560,00 €	
7	2015 / 06	1.352.815,00 €					

Bild 15.8: Die zweite Funktion holt die Umsätze.

Jetzt fehlt noch die bedingte Formatierung in Spalte *G*.

❶ Klicken Sie in die Zelle *G2*, geben Sie folgende Formel ein und ziehen Sie am Ausfüllkästchen nach unten:

```
=F2
```

❷ Lassen Sie die Markierung stehen und wählen Sie die Befehlsfolge *Start/Bedingte Formatierung/Datenbalken.*

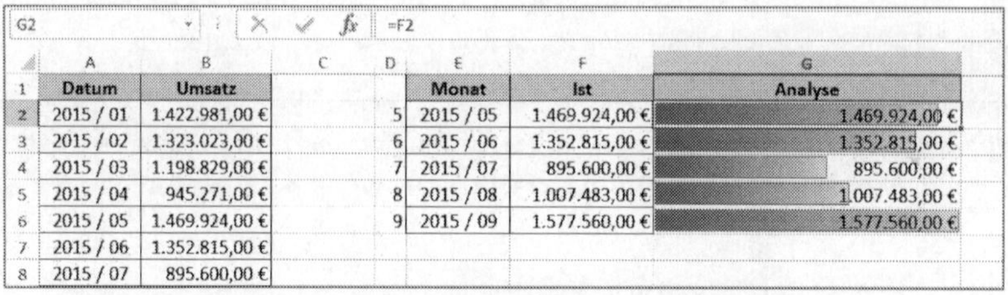
G2 =F2

	A	B	C	D	E	F	G
1	Datum	Umsatz			Monat	Ist	Analyse
2	2015 / 01	1.422.981,00 €		5	2015 / 05	1.469.924,00 €	1.469.924,00 €
3	2015 / 02	1.323.023,00 €		6	2015 / 06	1.352.815,00 €	1.352.815,00 €
4	2015 / 03	1.198.829,00 €		7	2015 / 07	895.600,00 €	895.600,00 €
5	2015 / 04	945.271,00 €		8	2015 / 08	1.007.483,00 €	1.007.483,00 €
6	2015 / 05	1.469.924,00 €		9	2015 / 09	1.577.560,00 €	1.577.560,00 €
7	2015 / 06	1.352.815,00 €					
8	2015 / 07	895.600,00 €					

Bild 15.9: Der Datenbalken zeigt die Wertigkeit des Umsatzes.

Jetzt müssen noch die Werte in Spalte *G* ausgeblendet werden.

❶ Markieren Sie die Zellen mit den Datenbalken und wählen Sie die Befehlsfolge *Start/Bedingte Formatierung/Regeln verwalten.*

❷ Markieren Sie die Regel und klicken Sie auf die Schaltfläche *Regel bearbeiten.*

❸ Aktivieren Sie den Haken bei *Nur Balken anzeigen* und bestätigen Sie mit *OK.*

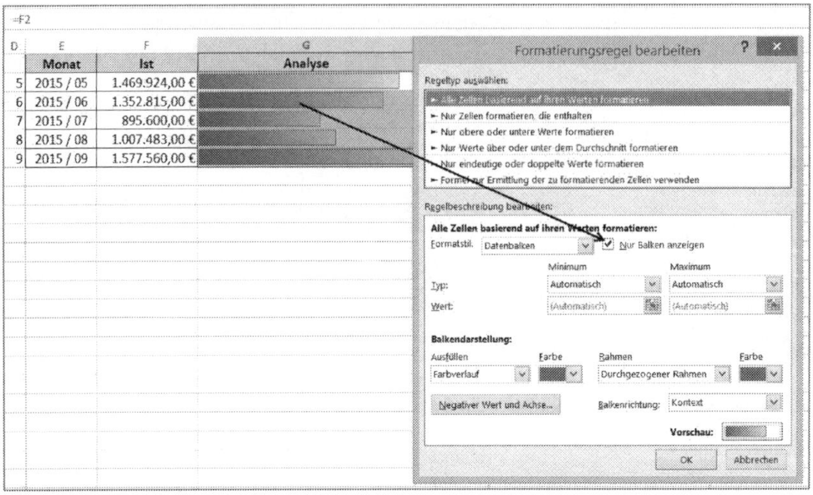

Bild 15.10: Die Datenbalken.

Das Steuerelement Bildlaufleiste

Damit Sie in Zelle *D2* die Werte nicht manuell ändern müssen, fügen Sie ein Steuerelement ein. Sie brauchen das Register *Entwicklertools*. In Kapitel 2 dieses Buchs wurde bereits empfohlen, sich das Register *Entwicklertools* dauerhaft einzublenden.

Sollten Sie das Register nicht sehen, wählen Sie die Befehlsfolge *Datei/Optionen/Menüband anpassen*. Aktivieren Sie den Haken bei *Entwicklertools* und bestätigen Sie mit *OK*. Um das Steuerelement einzufügen, führen Sie die folgenden Schritte durch:

❶ Wählen Sie die Befehlsfolge *Entwicklertools/Einfügen/Bildlaufleiste* (*Liste zum Verschieben von Fensterinhalten* in Excel 2010).

Bild 15.11: Das Steuerelement wählen.

❷ Halten Sie jetzt die `Alt`-Taste gedrückt und ziehen Sie das Element über die Zellen *D2* bis *D6*. Durch die `Alt`-Taste zwingen Sie das Element genau in diese Zellen.

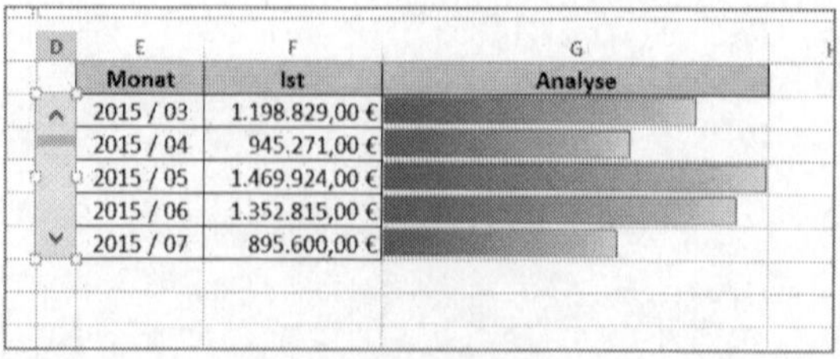

Bild 15.12: Das Steuerelement passt genau in die Zellen D2 bis D6.

❸ Klicken Sie mit der rechten Maustaste auf das Steuerelement und wählen Sie den Befehl *Steuerelement formatieren.*

❹ Der *Minimalwert* ist *1.*

❺ Der *Maximalwert* ist die Anzahl der Werte in Spalte *A* abzüglich der angezeigten Werte. Für dieses Beispiel ist es der Wert *19.*

❻ Die *Zellverknüpfung* geht nach *D2.*

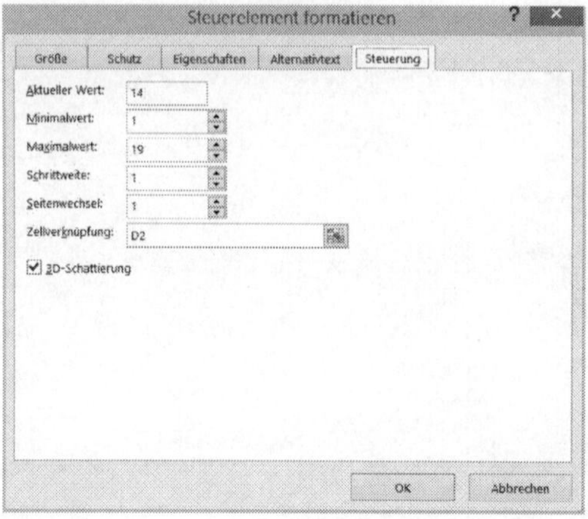

Bild 15.13: Die Einstellungen für das Steuerelement.

❼ Bestätigen Sie mit *OK.* Klicken Sie in eine Zelle, um die Markierung des Steuerelements aufzuheben.

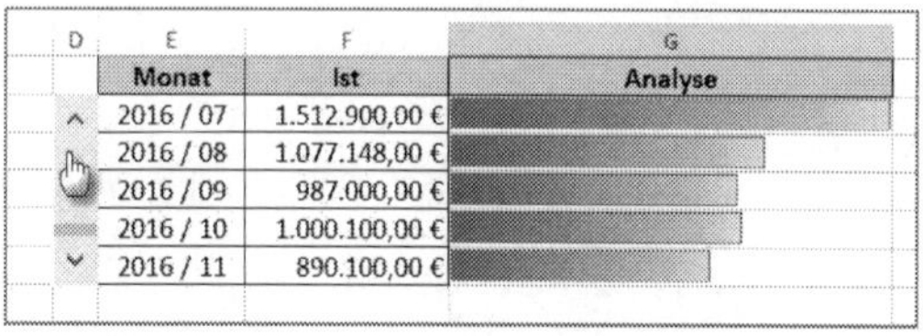

Bild 15.14: Über das Steuerelement die Monate auswählen.

Dieses Beispiel lässt sich auch für zwölf Monate einsetzen. Anstelle der Datenbalken kann zur Präsentation auch ein Diagramm eingesetzt werden.

15.2 WIEDERHOLEN – das Allroundgenie

Die Funktion `WIEDERHOLEN` macht genau das, was Sie bei diesem Namen erwarten: Sie wiederholt etwas.

Öffnen Sie die Excel-Mappe *Wiederholen.xlsx.*

Im ersten Beispiel soll das Wort *Hallo* in Zelle *B3* viermal wiederholt und das Ergebnis in Zelle *B4* angezeigt werden.

1. Markieren Sie die Zelle *B4*, starten Sie den Funktions-Assistenten mit einem Klick auf die *fx*-Schaltfläche in der Bearbeitungsleiste und suchen Sie in der Kategorie *Alle* die Funktion *Wiederholen.*
2. Der zu wiederholende Wert steht in diesem Beispiel in Zelle *B3*. Geben Sie ins Feld *Text* diese Zelladresse ein.
3. Im Feld *Multiplikator* geben Sie ein, wie oft der Wert wiederholt werden soll. Im Feld *Formelergebnis* sehen Sie das erwartete Ergebnis.

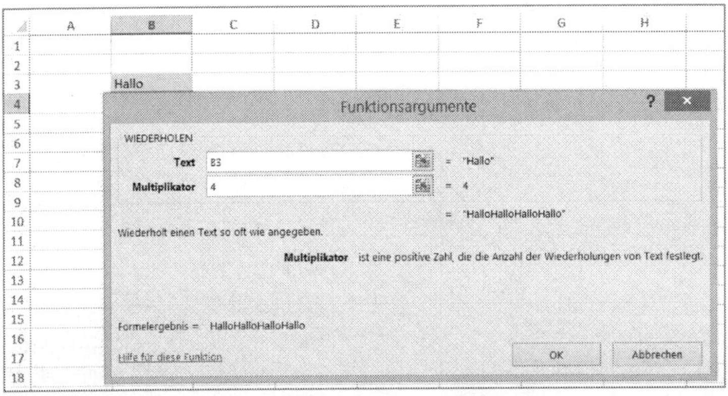

Bild 15.15: Die Argumente der Funktion WIEDERHOLEN.

4. Bestätigen Sie mit *OK.*

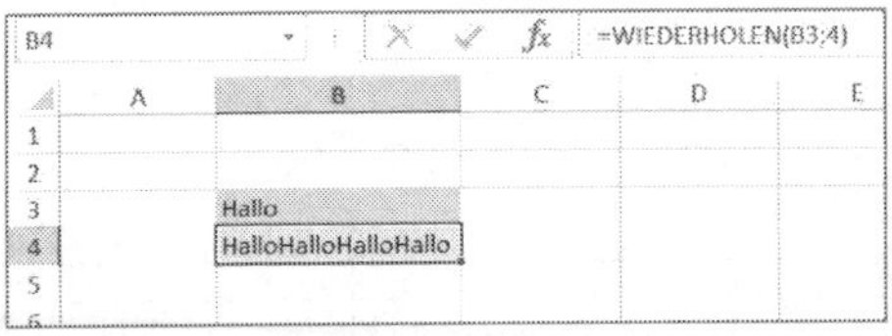

Bild 15.16: Die Funktion WIEDERHOLEN wiederholt einen Wert.

15.2.1 Aufgabenbewältigung mit Sternen bewerten

Angenommen, Sie möchten eine Bewertung mit Sternchen, ähnlich wie im Internet, erstellen. In diesem Beispiel sollen auf einem Fest die Teilnehmer zehn rohe Eier durch einen Parcours unfallfrei und unbeschädigt ans Ziel bringen. Am Ende wird gezählt. Die Zahl wird in Excel eingetragen. Für jedes ganze Ei erhält der Teilnehmer einen Stern.

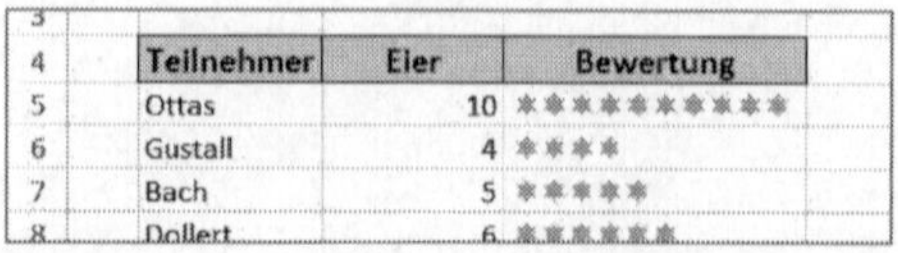

Bild 15.17: Das Ziel: Die Anzahl der ganzen Eier wird durch die Sterne hervorgehoben.

Das Symbol finden

In diesem Beispiel soll das Zeichen ✸ einsetzt werden. Es wird in Zelle *D2* eingetragen.

❶ Markieren Sie die Zelle *D2* und wählen Sie die Befehlsfolge *Einfügen/Symbol.*

❷ Stellen Sie im Feld *Schriftart* die gewünschte Schriftart ein, in diesem Beispiel *Wingdings 2.*

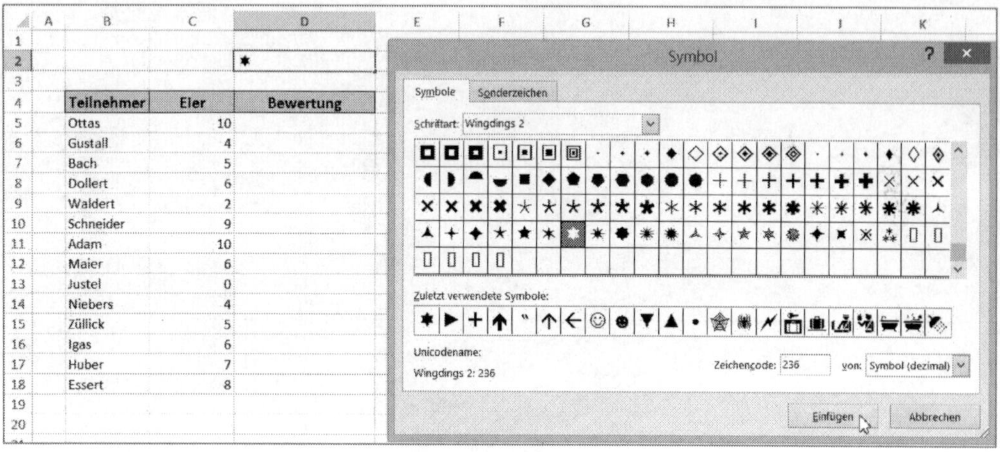

Bild 15.18: Das Zeichen zur Bewertung auswählen.

❸ Markieren Sie das gewünschte Zeichen und klicken Sie auf *Einfügen.* Schließen Sie anschließend das Fenster.

Die Bewertung erstellen

Jetzt haben Sie alle Elemente, das ✸ und die Anzahl, wie oft es wiederholt werden soll.

❶ Klicken Sie in die Zelle *D5* und öffnen Sie über den Funktions-Assistenten die Funktion `WIEDERHOLEN`.

❷ Für das Feld *Text* klicken Sie einmal in die Zelle *D2*. Da Sie die Formel gleich nach unten kopieren, drücken Sie die Taste [F4], um diese Zelle festzusetzen.

❸ Klicken Sie ins Feld *Multiplikator* und anschließend auf die Zelle *C5*.

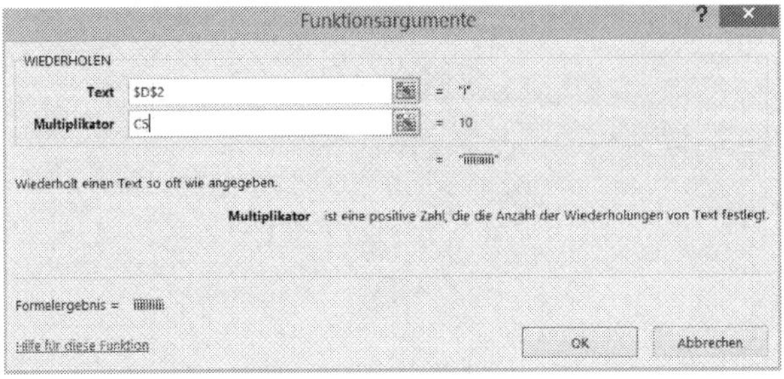

Bild 15.19: Die Argumente der Funktion WIEDERHOLEN.

❹ Bestätigen Sie mit *OK*.

Lassen Sie sich nicht davon beirren, dass Sie das gewünschte Zeichen noch nicht sehen.

❺ Weisen Sie der Zelle *D5* jetzt die Schriftart *Wingdings 2* und eine passende Schriftfarbe zu.

❻ Ziehen Sie den Inhalt von Zelle *D5* am Ausfüllkästchen nach unten.

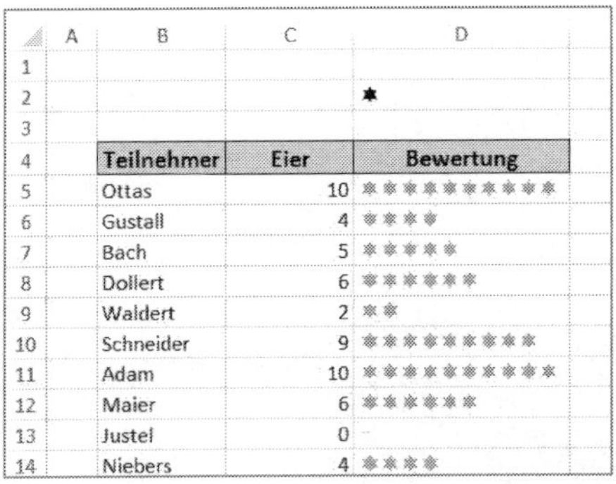

Bild 15.20: Die Bewertung durch die Sterne.

Wenn Sie jetzt ein anderes Symbol möchten, entfernen Sie das Sternchen aus der Zelle *D2* und fügen über *Einfügen/Symbol* das gewünschte Zeichen ein. Sollte dieses Zeichen aus einer anderen Schriftart stammen, müssen Sie den Zellen *D5* bis *D18* diese Schriftart zuweisen.

15.2.2 Ein Diagramm in einer Zelle erstellen

Mit der Funktion `WIEDERHOLEN` können Sie auch Diagramme direkt in den Zellen erstellen.

Das Balkendiagramm

Im ersten Beispiel soll mit dem Symbol ■ ein Balkendiagramm erzeugt werden.

❶ Aktivieren Sie das Tabellenblatt *Balkendiagramm.*

Teilnehmer	Note	Bewertung
Ottas	10	■■■■■■■■■■
Gustall	4	■■■■
Bach	5	■■■■■
Dollert	6	■■■■■■
Waldert	2	■■
Schneider	9	■■■■■■■■■
Adam	10	■■■■■■■■■■
Maier	6	■■■■■■
Justel	0	
Niebers	4	■■■■
Züllick	5	■■■■■
Igas	6	■■■■■■
Huber	7	■■■■■■■
Essert	8	■■■■■■■■

Bild 15.21: Das Ziel: ein alternatives Balkendiagramm.

Zuerst benötigen Sie die Zeichennummer des Quadrats.

❶ Markieren Sie eine Zelle und wählen Sie die Befehlsfolge *Einfügen/Symbol.*

❷ Markieren Sie das gewünschte Zeichen und merken Sie sich die Nummer im Feld *Zeichencode.*

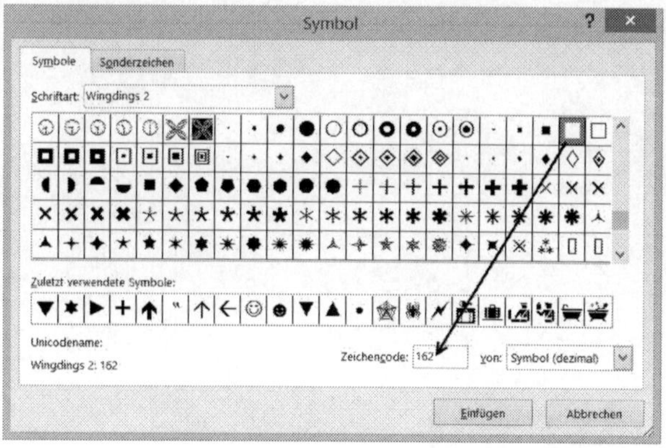

Bild 15.22: Das Symbol auswählen und den Zeichencode ermitteln.

❸ Schließen Sie das Fenster *Symbol* mit einem Klick auf *Abbrechen.*

Jetzt können Sie das Balkendiagramm erstellen.

❶ Klicken Sie in die Zelle *D5* und öffnen Sie über den Funktions-Assistenten die Funktion `WIEDERHOLEN`.

❷ Geben Sie ins Feld *Text* die folgende Formel ein:

```
=Zeichen(162)
```

Die Nummer `162` haben Sie im vorherigen Schritt im Fenster *Symbol* ermittelt. Sie können selbstverständlich auch eine andere Nummer eingeben.

3. Klicken Sie ins Feld *Multiplikator* und klicken Sie in die Zelle *C5*.

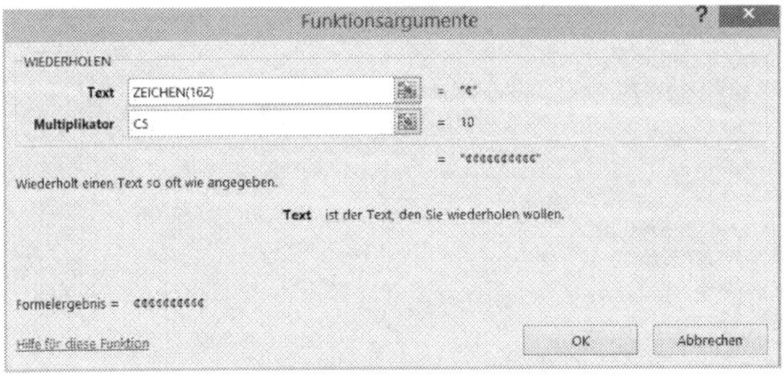

Bild 15.23: Die Funktion ZEICHEN fügt das gewünschte Zeichen ein.

4. Weisen Sie der Zelle *D5* die Schriftart *Wingdings 2* und eine passende Schriftfarbe zu.
5. Ziehen Sie den Inhalt der Zelle *D5* am Ausfüllkästchen nach unten.

> **Hinweis**
> In Kapitel 7 wurde die Funktion `ZEICHEN` bereits erläutert.

Das Säulendiagramm

Im letzten Beispiel möchten Sie ein Säulendiagramm in einer Zelle erstellen, das aus mehreren Rauten (◆) besteht.

1. Aktivieren Sie das Tabellenblatt *Säulendiagramm.*

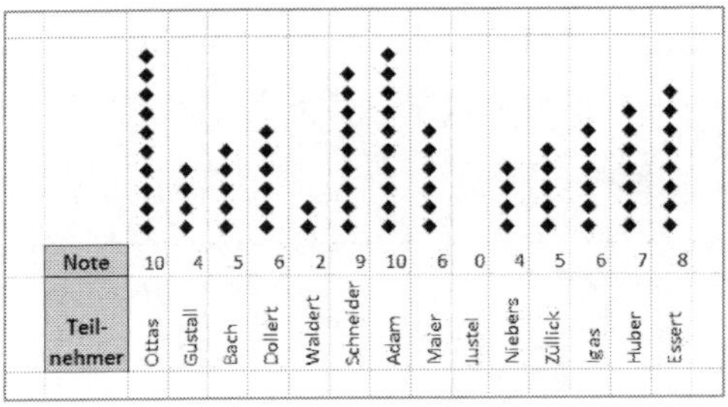

Bild 15.24: Das Ziel: ein Säulendiagramm, bestehend aus Rauten ◆.

Der Zeichencode für die Raute ◆ ist `191`, wieder in der Schriftart *Wingdings 2.*

1. Aktivieren Sie das Register *Säulendiagramm,* klicken Sie in die Zelle *C3* und öffnen Sie über den Funktions-Assistenten die Funktion `WIEDERHOLEN`.
2. Geben Sie ins Feld *Text* die folgende Formel ein:

```
=Zeichen(191)
```

❸ Klicken Sie ins Feld *Multiplikator* und dann in die Zelle *C4*.

❹ Bestätigen Sie mit *OK*.

❺ Weisen Sie der Zelle *C3* die Schriftart *Wingdings 2* zu.

❻ Drehen Sie den Inhalt von Zelle *C3* über die Befehlsfolge *Start/Ausrichtung/Text nach oben drehen*. Durch diesen Befehl vergrößert sich Zeile *3* automatisch.

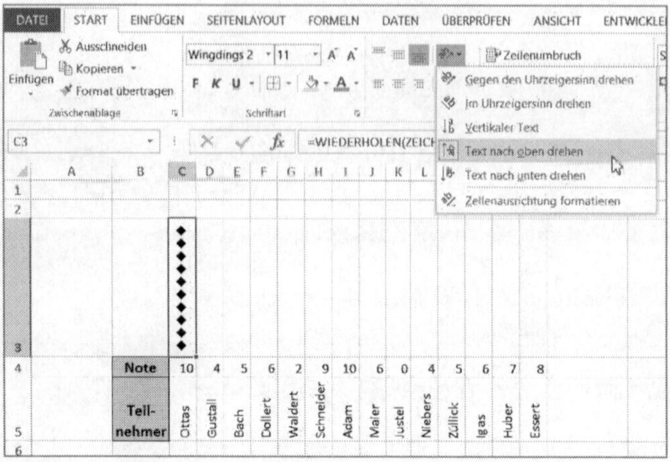

Bild 15.25: Den Zellinhalt nach oben drehen.

❼ Ziehen Sie den Inhalt von Zelle *C3* am Ausfüllkästchen nach rechts.

Hinweis
Die Namen der Teilnehmer in den Zellen *C5* bis *P5* wurden auch mit der Befehlsfolge *Start/Ausrichtung/Text nach oben drehen* in die dargestellte Position gebracht.

15.3 ZELLE – universelle Arbeitszeitenblätter

Durch den geschickten Einsatz einiger Funktionen wie `ZELLE`, `DATWERT`, `INDIREKT`, `WENN` und einiger Textfunktionen können Sie komfortabel eine Datei für die Erfassung von Arbeitszeiten erstellen.

Ist das erste Januar-Blatt mit dem Namen *Jan* fertiggestellt, muss anschließend nur das Blatt kopiert und in *Feb* umbenannt werden. Der Rest erledigt sich durch die eingetragenen Formeln von allein.

❶ Öffnen Sie die Ausgangsdatei *Arbeitszeiten_Vorlage.xlsx*.

Die Datei enthält bereits zwei Arbeitsblätter. Auf dem Blatt *Jahr* wird später der Saldo der geleisteten Zeiten aus den Monatsblättern zusammengefasst.

Bild 15.26: Das Tabellenblatt *Jahr* fasst die Monate zusammen.

❷ Markieren Sie die Zelle *C2*, in der das Jahr *2017* eingetragen ist. Diese Zelle wird später auf den anderen Blättern benutzt und soll daher einen Zellnamen erhalten.

❸ Starten Sie den Befehl *Formeln/Namens-Manager* und erstellen Sie für die Zelle den Namen *cJahr*. Sie können auch einen anderen Namen verwenden. Der Name *Jahr* birgt die Gefahr, dass er mit der Funktion `JAHR` verwechselt wird.

15.3.1 Tabellenblattnamen in eine Zelle übernehmen

Auf dem Tabellenblatt *Jan* sind bereits der Rahmen sowie die Zellenformatierung für die Eingabe der Arbeitszeiten im Zellbereich *D5* bis *F35* definiert, und die Summenformel ist in Zelle *F37* eingetragen.

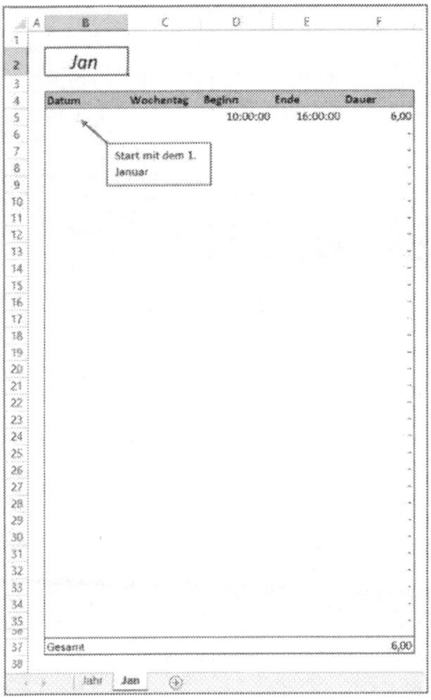

Bild 15.27: Das Tabellenblatt *Jan* für die Erfassung der Zeiten in einem Monat.

Ziel ist es, dass Excel auf Basis einer Formel in Zelle *B2* den Blattnamen automatisch einträgt. Die Funktion, die uns die gewünschten Informationen liefert, ist die Funktion `ZELLE`.

1. Starten Sie in Zelle *B2* die Eingabe der Formel

```
=ZELLE(
```

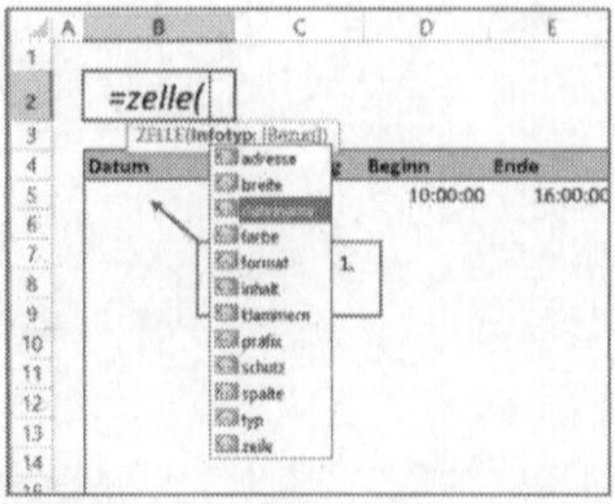

Bild 15.28: Die Funktion ZELLE kann diverse Informationen zu der Datei abrufen.

2. Wählen Sie in der Auswahlliste den Parameter *dateiname*. Übernehmen Sie Ihre Auswahl mit der Tab-Taste.

   Der zweite Parameter ist für unsere Zwecke nicht relevant und kann weggelassen werden.

> **Hinweis**
> Die Funktion liefert kein Ergebnis, wenn die Datei noch nicht gespeichert.

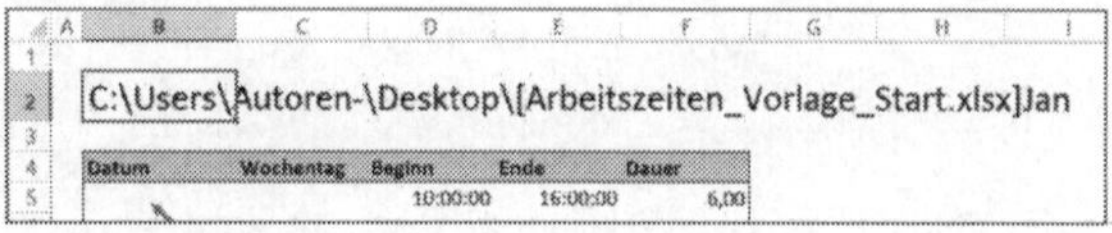

Bild 15.29: Die Funktion ZELLE kann diverse Informationen zu der Datei abrufen.

Die Funktion liefert Ihnen nicht nur den Blattnamen, sondern auch den Pfad und den Dateinamen. Um nur den Blattnamen aus dem Gesamtergebnis zu extrahieren, suchen Sie das]-Zeichen, das das Ende des Dateinamens markiert. Hinter diesem Zeichen steht der Tabellenblattname, der extrahiert wird.

3. Für die Suche nach dem Sonderzeichen bietet Excel zwei Funktionen an: `SUCHEN` und `FINDEN`. Der Unterschied liegt darin, dass `FINDEN` bei der Prüfung die Groß-/Kleinschreibung unterscheidet. Für das Sonderzeichen spielt es im vorliegenden Fall keine Rolle. Es funktioniert mit beiden Funktionen.

   Die Formel `FINDEN("]";Zelle("dateiname"))` findet die Position des Trennzeichens, sodass sich der Rest über die folgende Formel ermitteln lässt.

```
=TEIL(ZELLE("dateiname");FINDEN("]";ZELLE("dateiname"))+1;32)
```

Die `32` am Ende extrahiert die restlichen 31 Zeichen aus dem Ergebnis. Das ist ausreichend, da ein Blattname maximal 31 Zeichen lang sein kann.

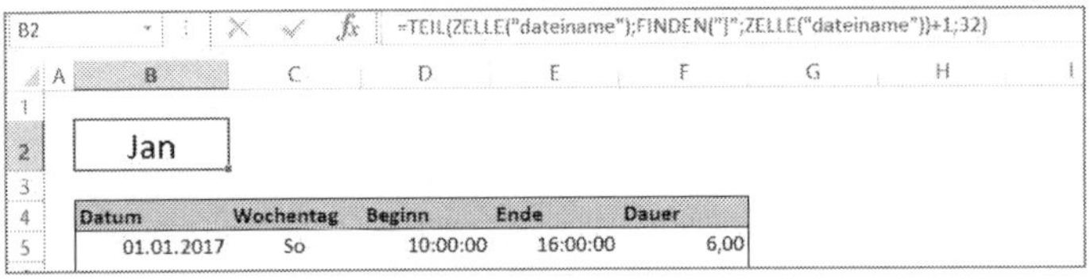

Bild 15.30: Berechnung des Blattnamens.

❹ Im nächsten Schritt soll in Zelle *B5* daraus der *01.01.2017* werden, wobei der Monat aus dem gerade berechneten Monatsnamen und die Jahreszahl aus der benannten Zelle aus dem Jahresblatt verwendet werden sollen.

Welche Formel hilft uns? Es ist die Funktion `DATWERT`, die aus Texten ein echtes Datum ermittelt. Die Formel in *B5* lautet:

```
=DATWERT("1." & B2 & "." & cJahr)
```

`B2` enthält den kurzen Monatsnamen aus dem Blattnamen, und `cJahr` stellt die benannte Zelle dar. Dies ist erforderlich, da nun das Datum für die nächsten Tage einfach durch Hochzählen berechnet werden kann.

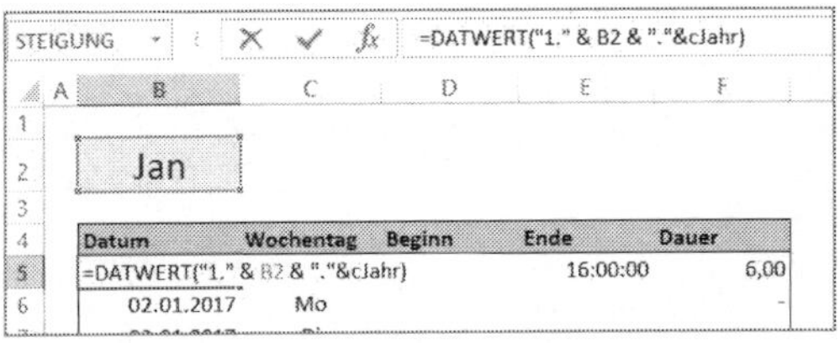

Bild 15.31: Den Ersten des Monats berechnen.

❺ Die Formel in *C5* für die Darstellung des Datums als kurzen Wochentag lautet

```
=B5
```

und kann einfach über die Zahlenformatierung `TTT` dargestellt werden.

Ziehen Sie die Zelle *C5* nach unten bis zur Zelle *C35*.

❻ Die restlichen Tage bis zum Monatsende in den Zellen *B6* bis *B35* lassen sich über eine äußerst einfache Formel ermitteln. In *B6* lautet die Formel

```
=B5 + 1
```

Die Formel können Sie durch Ziehen mit der Maustaste nach unten ziehen.

15.3.2 Die letzten Tage im Monat

Für den Monat *Januar* ist jetzt alles klar. Es ist aber schon seit Jahrhunderten so, dass die Monate unterschiedlich lang sind. Es geht also um die letzten Tage zwischen dem 29. und dem 31. des Monats.

Im vorliegenden Beispiel sollen die Datumsangaben leer sein, wenn der Monat zu Ende ist. Dies lässt sich durch Überprüfung mit der `WENN`-Funktion ermitteln.

Die Formel prüft, ob entweder der Vortag bereits eine leere Zelle angezeigt hat oder der Monat zwischen der vorherigen und der aktuellen Zeile wechselt.

❶ Markieren Sie die Zelle *B33* mit dem 29. des Monats. Die Formel lautet:

```
=WENN(B32="";"";WENN(MONAT(B32)<>MONAT(B32+1);"";B32+1))
```

❷ Ziehen Sie diese Formel bis zur Zelle *B35*.

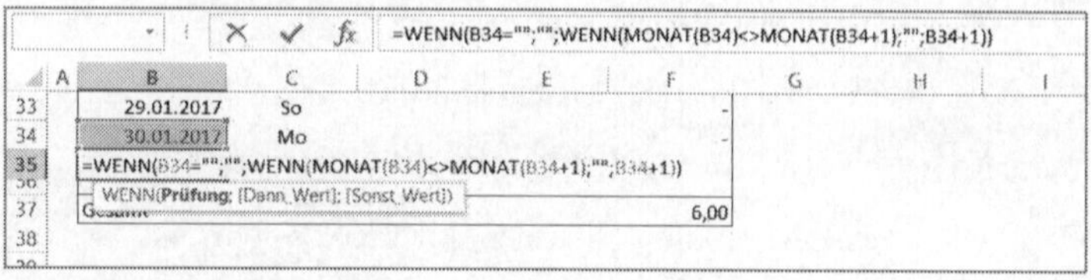

Bild 15.32: Die Tage, die im nächsten Monat liegen, werden ausgeblendet.

Damit ist das Monatsblatt fertig. Lassen Sie uns die Vorlage testen.

❸ Kopieren Sie das Blatt *Jan*, indem Sie den Blattnamen mit gedrückter Maustaste etwas nach rechts schieben.

Am Mauszeiger wird ein Blatt mit einem Plussymbol angezeigt.

Bild 15.33: Das Arbeitsblatt mit der Taste-Maus-Kombination kopieren.

❹ Lassen Sie dann die Maustaste los. Die Strg-Taste muss dabei bis zuletzt gedrückt bleiben.

Die Zellen mit den Formeln zeigen nun eine Fehlermeldung, da aus den Monatsnamen *Jan (2)* kein gültiger Datumswert berechnet werden kann.

❺ Nennen Sie den Blattnamen in *Feb* um.

Sobald die Formeln die Datumswerte wieder sauber berechnen können, wird das Monatsblatt korrekt angezeigt.

Die `WENN`-Funktionen am Monatsende blenden die nicht benötigten Datumsangaben aus dem Folgemonat weg.

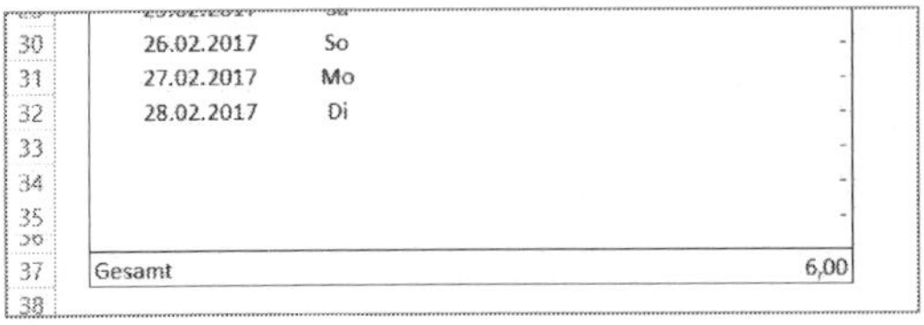

Bild 15.34: Die Tage, die im nächsten Monat liegen, werden ausgeblendet.

6. Erstellen Sie die Blätter *Mrz* bis *Dez* durch Kopieren und Umbenennen der Arbeitsblätter.

Tipp
Das Beispiel funktioniert auch mit langen Monatsangaben als Blattnamen

15.3.3 Die Monatssalden abrufen

Im letzten Schritt gilt es, die Summe aus dem Monatsblättern abzurufen.

1. Schalten Sie zum Arbeitsblatt *Jahr.*

   Die normale Vorgehensweise ist, in die Zelle *C6* zu klicken, die Formel

   ```
   =Jan!F37
   ```

   einzutragen und dies weitere elf Male für die anderen Blätter durchzuführen.

2. Mit der `INDIREKT`-Funktion können Sie auch eine Formel eingeben und sie nach unten kopieren.

   Voraussetzung ist, dass als Bezeichnung in Spalte *B* genau die Blattnamen verwendet werden. Diese sind bereits eingetragen worden, indem in die Zelle *B6* das Wort *Jan* eingegeben und mit der Auto-Ausfülloption nach unten gezogen wurde.

   Die Zelle mit der Summe pro Monat befindet sich immer in Zelle *F37.* Es ändert sich nur der Monats- bzw. der Blattname.

   Für die Zelle *F6* lautet die Formel:

   ```
   =INDIREKT( B6 & "!F37";WAHR)
   ```

   Die Funktion `INDIREKT` benötigt die Angabe der Zelladresse. In unserem Beispiel wird die Adresse aus dem Blattnamen und dem Text `!F37` zusammengesetzt.

   Der zweite Parameter, `WAHR`, legt fest, dass die Zellangabe in der absoluten Adressierung mit Spaltenbuchstabe und Zeilennummer angegeben wird.

3. Falls Sie Fehler abfangen möchten, können Sie noch die `WENNFEHLER`-Funktion um die bereits eingetragene Funktion herumsetzen.

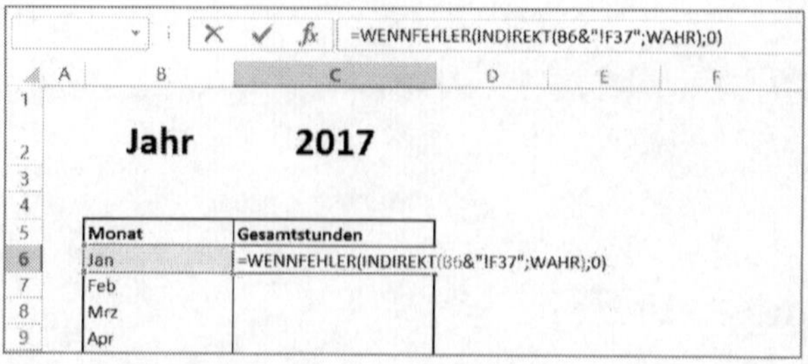

Bild 15.35: Bei indirekter Adressierung ist nur eine Formel erforderlich.

Hinweis
Wenn Sie die Zelladressierung in der Schreibweise `Z6S2` für *B6* verwenden, setzen Sie den Parameter auf `FALSCH`.

❹ Ziehen Sie die Formel von *C6* bis zur Zelle *C17* nach unten.

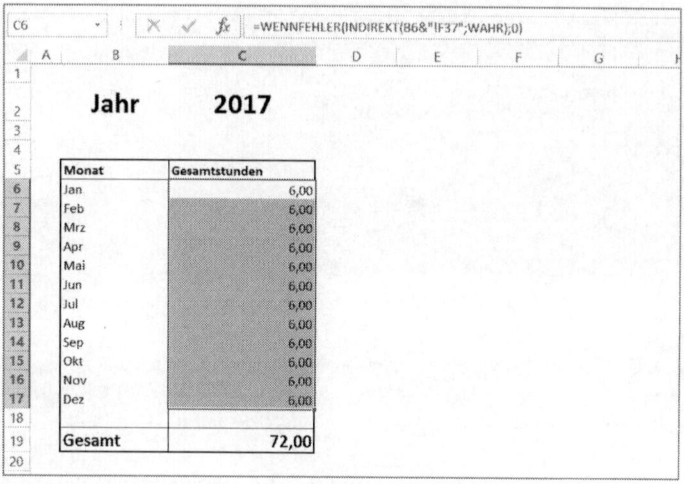

Bild 15.36: Das Übersichtsblatt für das ganze Jahr.

Tipp
Sind Summen immer in der gleichen Zelle auf mehreren Blättern, können Sie sie mit der `INDIREKT`-Funktion abrufen. Sie müssen dann nur noch die Blattnamen angeben.

Der Vorteil der Lösung ist, dass sie universell über viele Jahre eingesetzt werden kann. Sie brauchen nur die Jahreszahl auf dem Blatt *Jahr* zu ändern. Führen Sie in der Datei danach eine Neuberechnung mit [F9] durch.

Hinweis
In Kapitel 5 wurde eine weitere schnelle Variante zur Addition über mehrere Tabellenblätter beschrieben.

15.4 INDIREKT – Bilder abrufen

Diese Frage wird ab und zu in unseren Seminaren von den Teilnehmern gestellt: Gibt es in Excel nicht etwas, wo man Bilder über ein Listenfeld auswählen kann?

Die Antwort lautet: Ja, man kann durch den geschickten Einsatz einiger Funktionen ein Bild über eine Auswahl abrufen.

Die folgende Abbildung zeigt das Ziel.

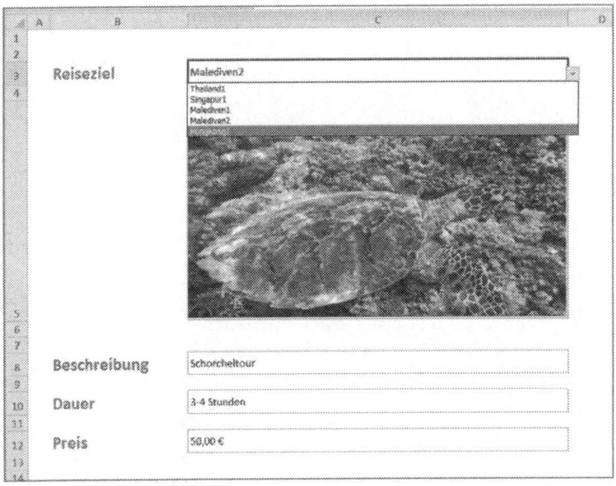

Bild 15.37: Abruf von Bildern über ein Listenfeld.

In diesem Beispiel geht es um unser Lieblingsthema Reisen. Der Name des Reiseziels soll in einem Listenfeld auswählbar sein. Nach Auswahl des Namens soll ein dazu hinterlegtes Bild angezeigt werden.

15.4.1 Liste mit Bildern anlegen

Im ersten Schritt wird eine Galerie mit den Bildern erstellt. Die Ausgangsdaten zu diesem Beispiel finden Sie in der Datei *Listenfeld_Bild.xlsx*.

Auf dem Blatt *Galerie* befindet sich eine Überschriftenzeile.

	A	B	C	D	E
1	Reiseziel	Abbildung	Beschreibung	Dauer	Preis

Bild 15.38: Überschriftenzeile für die Galerie.

In Spalte *A* ist das Reiseziel eingetragen, in Spalte *C* eine Beschreibung, und daneben sind Angaben zur Dauer und der zugehörige Preis hinterlegt. In Spalte *B* sollen die Galeriebilder gut sichtbar angezeigt werden.

❶ Markieren Sie die Zeilen *2* bis *6* und setzen Sie alle Zeilen über die Befehlsfolge *Start/Format/Zeilenhöhe* auf eine *Zeilenhöhe* von *200*.

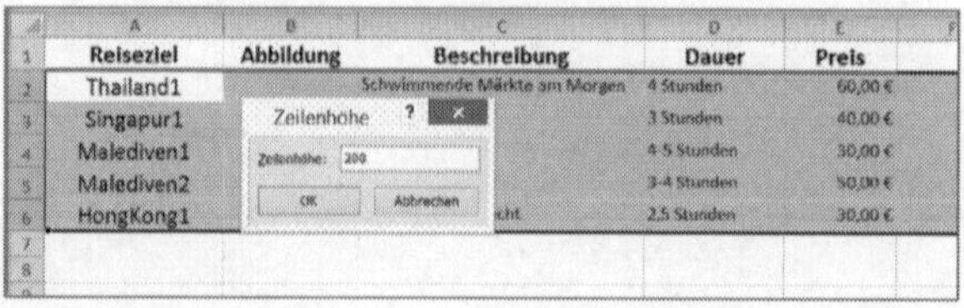

Bild 15.39: Zeilenhöhe einstellen.

❷ Markieren Sie die Spalte *B* und stellen Sie die Spaltenbreite über den Befehl *Start/Format/Spaltenbreite* auf *65* ein.

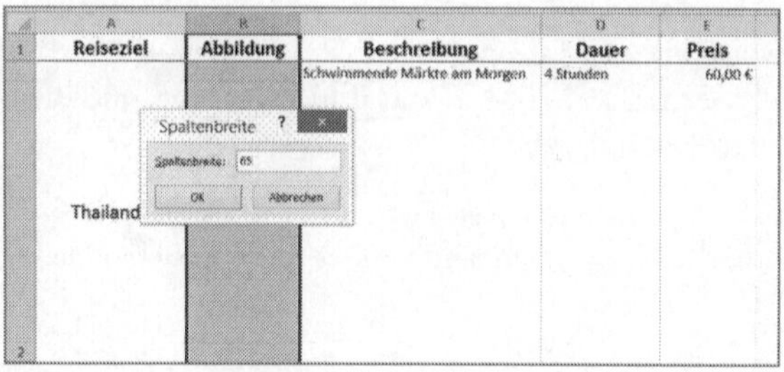

Bild 15.40: Spaltenbreite für die Bilder einstellen.

❸ Markieren Sie die Zelle *B2*.

❹ Nennen Sie diese Zelle *Thailand1*, indem Sie im Namenfeld den Namen eintippen und die [Enter]-Taste drücken.

Tipp
Die Zelle *B2* wurde in *Thailand1* umbenannt. Sie können die erfolgreiche Vergabe des Aliasnamens kontrollieren, indem Sie das Listenfeld am Namenfeld aufklappen und den Namen auswählen. Excel markiert dann die benannte Zelle.

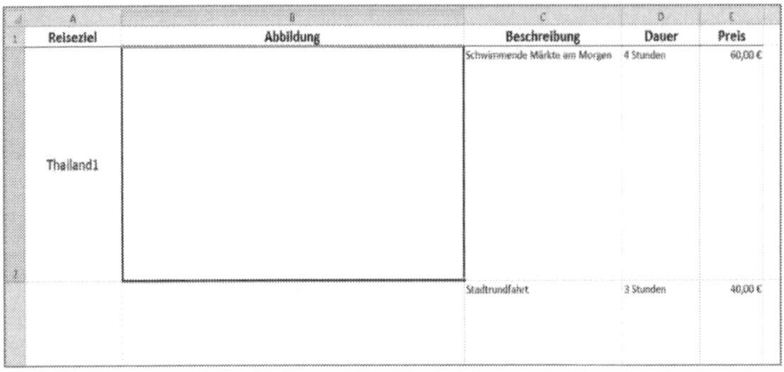

Bild 15.41: Die Zelle mit dem Bild benennen.

❺ Starten Sie den Befehl *Einfügen/Bilder.*

❻ Wählen Sie für die Zelle *B2* das Bild *TH1.JPG* aus und fügen Sie es an der Cursorposition mit einem Doppelklick auf den Dateinamen oder einem Klick auf die Schaltfläche *Einfügen* ein.

❼ Im nächsten Schritt geht es darum, das Bild passgenau in die Zelle *B2* einzufügen. Das funktioniert sicher und zuverlässig, indem Sie das Bild markieren und die Größe erst einmal fast auf die Zellengröße anpassen.

Die Feinarbeit leisten Sie anschließend durch das Ziehen der Bildgröße mit gedrückter [Alt]-Taste. Der Bildrahmen scheint magnetisch zu werden und passt sich genau der Zellgröße an.

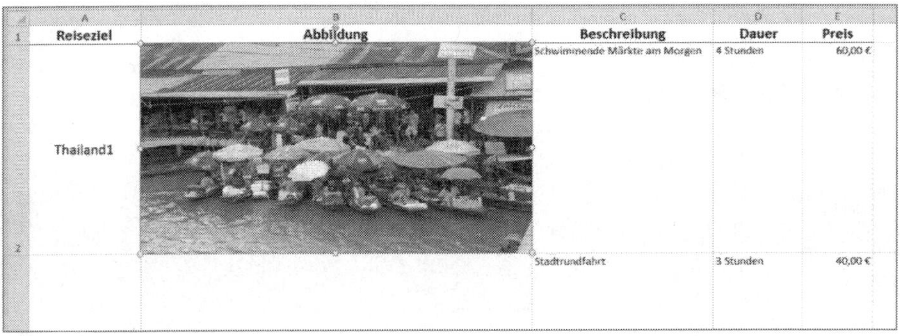

Bild 15.42: Das Bild an die Zellgröße anpassen.

❽ Führen Sie die Schritte für die anderen Zeilen durch. Die folgende Tabelle zeigt, welche Zellen umbenannt und welche Bilder in die Zellen eingefügt werden.

Zelle	*Zellenname*	*Bilddatei*
B2	Thailand1	TH1.JPG
B3	Singapur1	SGN1.JPG
B4	Malediven1	MLE1.JPG
B5	Malediven2	MLE2.JPG
B6	HongKong1	HK1.JPG

Die Bilder zu den Reisezielen

Nach Abschluss der Schritte sieht Ihre Tabelle mit den Bildern folgendermaßen aus:

Bild 15.43: Die Tabelle mit Bildern in den benannten Zellen.

❾ Die Bearbeitung auf dem Blatt ist damit abgeschlossen. Schalten Sie auf das Tabellenblatt *Tourinfos.*

15.4.2 Ein Listenfeld erstellen

Auf dem Arbeitsblatt *Tourinfos* ist das Layout bereits vorbereitet.

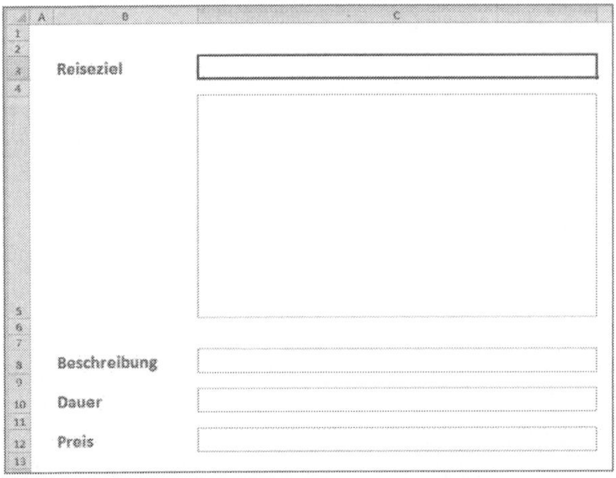

Bild 15.44: Das Blatt mit den Informationen zur Tour.

In Zelle *C3* soll ein Listenfeld angelegt werden.

❶ Markieren Sie dazu die Zelle.

❷ Starten Sie den Befehl *Daten/Datenüberprüfung*.

❸ Stellen Sie im Feld *Zulassen* die Option *Liste* ein.

❹ Wählen Sie als Quelle für die Listeneinträge den Zellbereich *A2* bis *A6* auf dem Blatt *Galerie*.

❺ Klicken Sie im Dialogfenster auf *OK*, um die Einstellungen zu übernehmen.

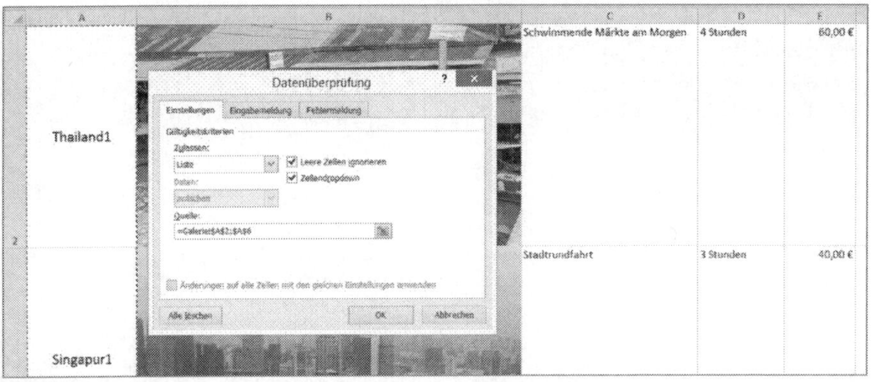

Bild 15.45: Einstellungen zum Listenfeld.

Jetzt kommt der letzte Abschnitt.

15.4.3 Einen Namen für den Abruf des Bilds definieren

In diesem Abschnitt legen Sie einen Namen für den Abruf des Bilds fest.

❶ Starten Sie dazu den Befehl *Formeln/Namens-Manager*. In der Liste befinden sich bereits die Namen, in denen die Bilder abgelegt sind.

❷ Klicken Sie auf den Befehl *Neu*.

❸ Geben Sie als Name *Tourname* ein.

❹ Im Feld *Bezieht sich auf* definieren Sie die Formel:

```
=INDIREKT(Tourinfos!$C$3)
```

Mit dieser Funktion erreichen Sie den Abruf des Inhalts der Zelle mit dem Namen der Zelle.

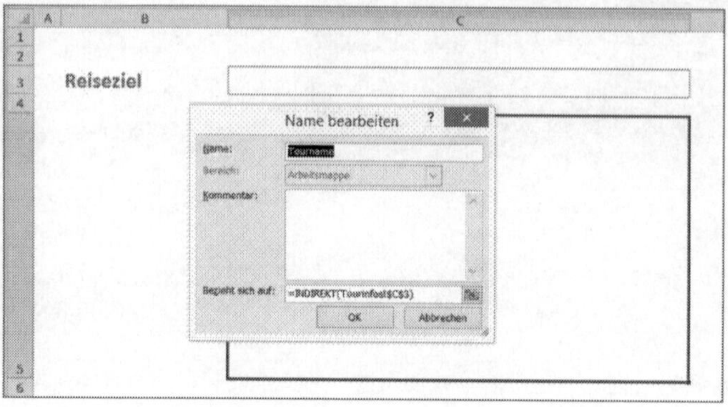

Bild 15.46: Der Name, um den Inhalt einer Zelle abzurufen.

Ja, das klingt wie durch die Brust ins Auge, und so ist es auch. Wenn Sie in Zelle *C3* den Eintrag *Singapur1* wählen, wird über die Funktion `INDIREKT` die Zelle mit dem Namen *Singapur1* gesucht. Excel holt sich den sichtbaren Teil der Zelle.

Jetzt muss der Inhalt der Zelle noch in ein Bildelement gebracht werden. Das führen Sie im letzten Arbeitsabschnitt durch.

15.4.4 Bild einfügen und Quelle definieren

Im letzten Schritt benötigen wir ein Bildelement und die Information, welches Bild abgerufen werden soll. Das Bild soll in Zelle *C5* gezeigt werden. Es hat, entsprechend den Eingaben, die in der Galerie vorgenommen wurden, die Maße *Zeilenhöhe 200* und *Spaltenbreite 65*.

❶ Fügen Sie für Zelle *C5* über den Befehl *Einfügen/Bilder* ein beliebiges Bild ein.

❷ Positionieren Sie das Bild und passen Sie die Bildgröße an die Zelle *C5* an. Verwenden Sie dazu auch die `Alt`-Taste beim Anpassen der Größe an die Zellumrahmung.

❸ Markieren Sie das Bild.

4. Setzen Sie den Cursor in die Bearbeitungsleiste.
5. Geben Sie die Formel `=Tourname` ein.

Tipp
Nach Eintippen der ersten Zeichen wird der Name angeboten. Den kompletten Namen können Sie dann mit der [Tab]-Taste in die Bearbeitungsleiste übernehmen.

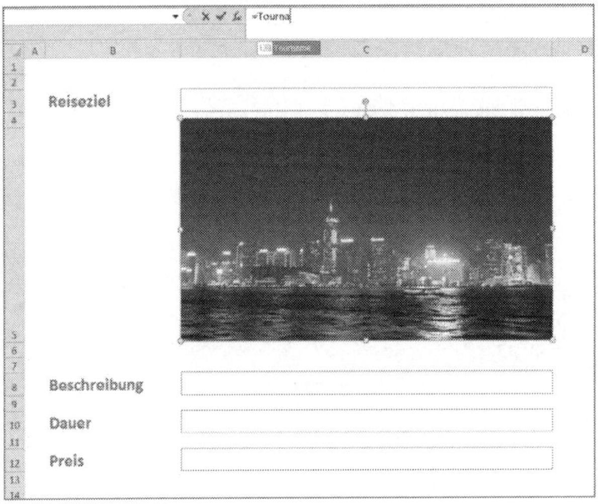

Bild 15.47: Den Namen der Bildquelle definieren.

6. Bestätigen Sie die Formel mit der [Enter]-Taste.

Das Foto wird angezeigt. Wenn Sie nun ein anderes Reiseziel auswählen, wird das dazugehörige Bild abgerufen.

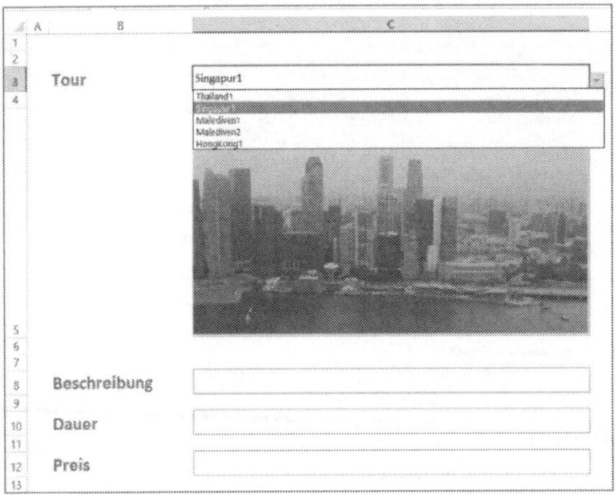

Bild 15.48: Das Bild lässt sich über das Listenfeld auswählen.

15.4.5 Weitere Infos aus der Tabelle abrufen

Für die restlichen Felder ab Zeile *8* setzen wir die `SVERWEIS`-Funktion ein, die Sie in Kapitel 8 kennengelernt haben.

Um die Reisebeschreibung abzurufen, geben Sie in die Zelle *C8* die Formel

```
=SVERWEIS($C$3;Galerie!$A$1:$E$6;3;FALSCH)
```

ein. Da die Zellen mit dem `$`-Zeichen festgesetzt wurden, können Sie die Formel bequem nach unten kopieren und müssen lediglich die Spaltennummer ausstellen. Für die Informationen zur *Dauer* und zum *Preis* lauten die Formeln:

Dauer aus Spalte *4*: `=SVERWEIS($C$3;Galerie!$A$1:$E$6;4;FALSCH)`

Preis aus Spalte *5*: `=SVERWEIS($C$3;Galerie!$A$1:$E$6;5;FALSCH)`

Das vollständige Ergebnis sieht nun folgendermaßen aus:

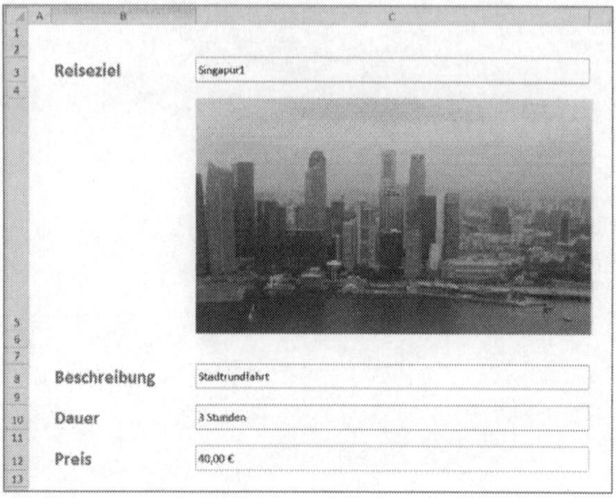

Bild 15.49: Bilder und Informationen werden aus der hinterlegten Tabelle abgerufen.

Durch den geschickten Einsatz von Excel-Funktionen ersparen Sie sich oft die aufwendige und zeitraubende Programmierung.

16 Mit Makros Arbeitsabläufe optimieren

Im Job gibt es häufig Arbeitsschritte, die in einem bestimmten Rhythmus durchgeführt werden müssen. Mit Makros lassen sich Routineaufgaben in Excel schnell und sicher erledigen. Mit dem Excel-Befehl *Makro aufzeichnen* müssen Sie keine Zeile programmieren. Sie zeigen dem Makro die Schritte, und das Makro macht sie immer wieder nach. Im folgenden Kapitel zeigen wir Ihnen Schritt für Schritt den Weg von der Makroaufzeichnung bis zum Start des Makros mithilfe von Schaltflächen. Folgen Sie dem Sprichwort »Probieren geht über Studieren« und setzen Sie Ihre Ideen in eigenen Makros um.

16.1 Grundlagen zum Einsatz von Makros

Der Gründe zum Einsatz von Makros sind vielfältig. Die einen wollen langweilige Routineaufgaben abgeben, die anderen möchten Flüchtigkeitsfehler vermeiden.

16.1.1 Was ist ein Makro?

Ein Makro ist die Zusammenfassung mehrerer Arbeitsschritte, die mit einem Befehl gestartet werden.

Stellen Sie sich vor, Sie müssten jeden Tag immer wieder bestimmte Arbeitsschritte durchführen:

❶ Ein bestimmtes Tabellenblatt kopieren.

❷ Die Spalte *F* löschen.

❸ Die Spalte *E* nach links vor die Spalte *B* schieben.

❹ Die Spalten *B* und *C* im Datumsformat gestalten.

❺ Den Druckbereich einstellen.

Dann machen diese Arbeitsschritte nach dem vierten oder fünften Mal keinen Spaß mehr. Dann wird es Zeit, ein Makro aufzuzeichnen.

16.1.2 Das Register Entwicklertools

In Excel gibt es ein Register mit dem Namen *Entwicklertools*. Es ist standardmäßig ausgeblendet. Sie benötigen es allerdings für den professionellen Einsatz Ihrer Makros.

1. Um das Register *Entwicklertools* zu aktivieren, wählen Sie *Datei/Optionen* und aktivieren die Kategorie *Menüband anpassen*.
2. Setzen Sie im rechten Teil des Fensters bei den *Hauptregisterkarten* das Häkchen bei *Entwicklertools*.

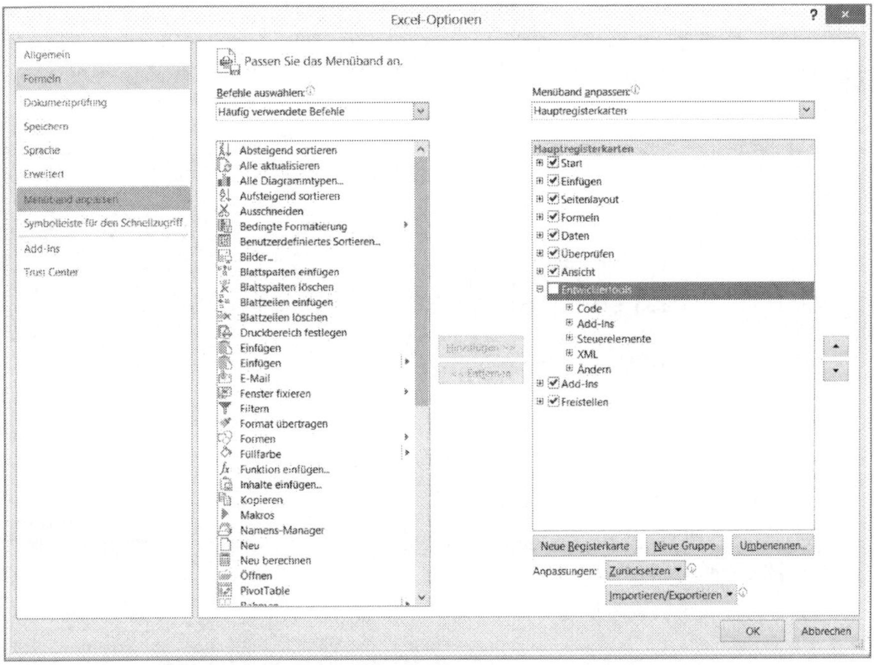

Bild 16.1: Das Register *Entwicklertools* einblenden.

3. Bestätigen Sie mit *OK*.

Diese Einstellung müssen Sie nur einmal festlegen. Dann wird das Register *Entwicklertools* bei jedem Start von Excel angezeigt.

Alle Befehle rund um Makros finden Sie in der Gruppe *Code*.

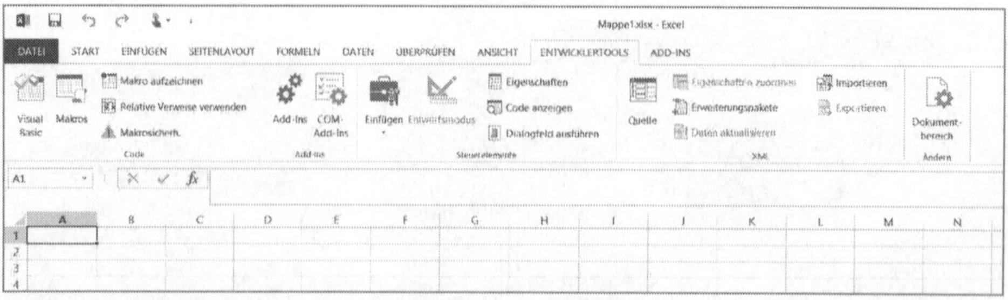

Bild 16.2: Die Gruppe *Code* auf der Registerkarte *Entwicklertools.*

❹ Mit einem Klick auf die Schaltfläche *Visual Basic* öffnen Sie den VBA-Editor, in dem Sie Ihre Makros ansehen und auch ändern können. Er läuft in einem separaten Fenster und wird weiter unten in diesem Kapitel beschrieben.

Der Befehl *Makros* öffnet das gleichnamige Fenster, in dem Sie alle Makros, die Ihnen aktuell zur Verfügung stehen, sehen. In diesem Fenster können Sie Ihre Makros auch bearbeiten.

❺ Wenn Sie ein Makro erstellen, nutzen Sie die Schaltfläche *Makro aufzchn.* Die Schaltfläche zur relativen Aufzeichnung zeichnet Ihre Schritte in Abhängigkeit von der Zelle auf, die zu Beginn markiert ist. Diese Aufzeichnungsart ist in einem separaten Kapitel beschrieben.

❻ Mit einem Klick auf die Schaltfläche *Makrosicherh* öffnen Sie das Fenster *Sicherheitscenter.* Dort können Sie Einstellungen für das Öffnen von Mappen mit Makros vornehmen.

Tipp
In vielen Unternehmen sind die Sicherheitseinstellungen fest vorgegeben und können vom Benutzer nicht geändert werden.

Wenn Sie häufiger Makros aufzeichnen, empfehlen wir Ihnen den Einsatz der unten abgebildeten Schaltfläche in der Statusleiste.

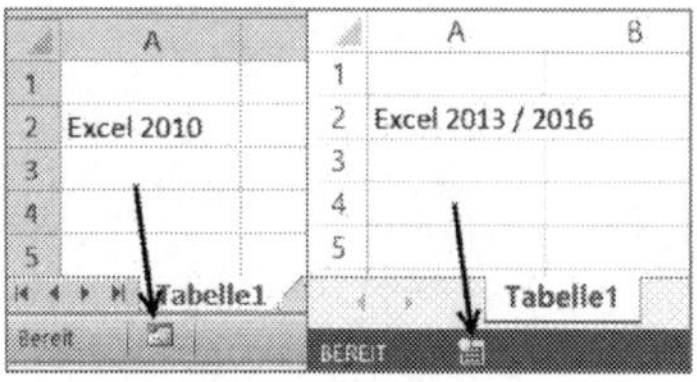

Bild 16.3: Der Schalter in der Statusleiste, um Makros aufzuzeichnen.

Sollten Sie die Schaltfläche nicht im linken Bereich Ihrer Statusleiste sehen, führen Sie den folgenden Schritt durch:

❶ Klicken Sie mit der rechten Maustaste auf Ihre Statusleiste und wählen Sie den Befehl *Makroaufzeichnung.*

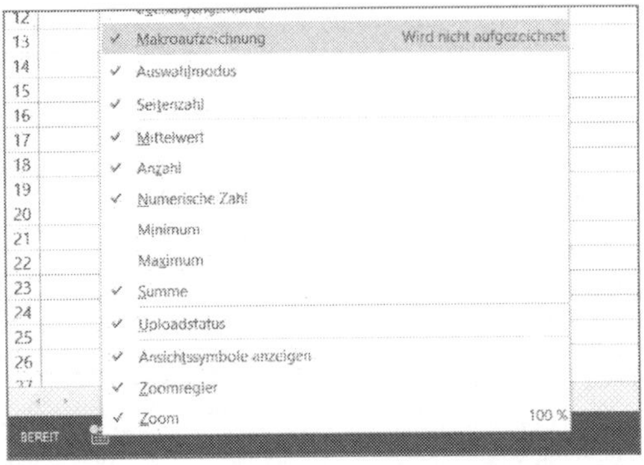

Bild 16.4: Befehle für die Statusleiste im Kontextmenü.

Ab jetzt ist sie immer in der Statusleiste sichtbar. Über diese Schaltfläche starten Sie nicht nur das Aufzeichnen eines Makros, Sie können die Aufzeichnung darüber auch beenden.

16.2 Schritt für Schritt zum ersten Makro

Bevor Sie die Aufzeichnung starten, müssen Sie überlegen, ob der erste Schritt im Makro das Markieren einer bestimmten Zelle sein soll oder nicht. Davon hängt es ab, wohin der Cursor gesetzt wird bzw. welche Zellen markiert sind.

16.2.1 Aufzeichnung starten

Wenn Sie beispielsweise immer in eine bestimmte Zelle etwas per Makro eingeben möchten, darf beim Starten des Makros diese Zelle nicht markiert sein, da Sie den Klick in die entsprechende Zelle mit aufzeichnen müssen.

❶ Klicken Sie in die Zelle *A1*.

❷ Wählen Sie den Befehl *Entwicklertools/Makro aufzchn* oder klicken Sie auf die Schaltfläche in Ihrer Statusleiste.

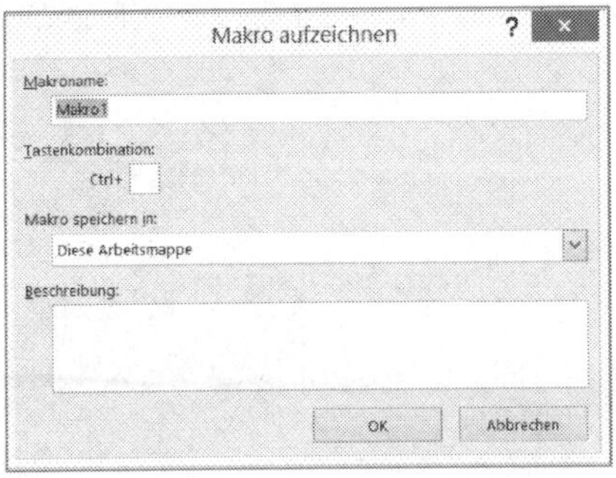

Bild 16.5: Das Fenster zum Aufzeichnen von Makros.

16.2.2 Makronamen vergeben

Zuerst müssen Sie Ihrem Makro einen Namen geben.

❸ In diesem Beispiel soll das Makro *Hofladen1* heißen.

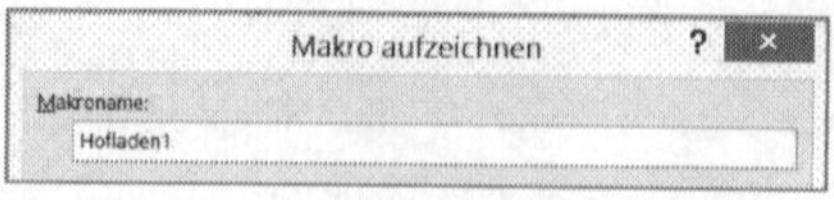

Bild 16.6: Das Feld für den Makronamen.

Für den Makronamen gelten einige Regeln:

- Das erste Zeichen darf keine Ziffer sein.
- Er darf maximal 64 Zeichen haben.
- Leerzeichen, Punkte und Sonderzeichen sind nicht erlaubt.
- Der Unterstrich _ ist erlaubt.

Wenn Sie das Makro später über eine Tastenkombination in Verbindung mit der Strg-Taste starten möchten, klicken Sie in das kleine Feld neben dem Wort *Ctrl* und geben den gewünschten Buchstaben ein.

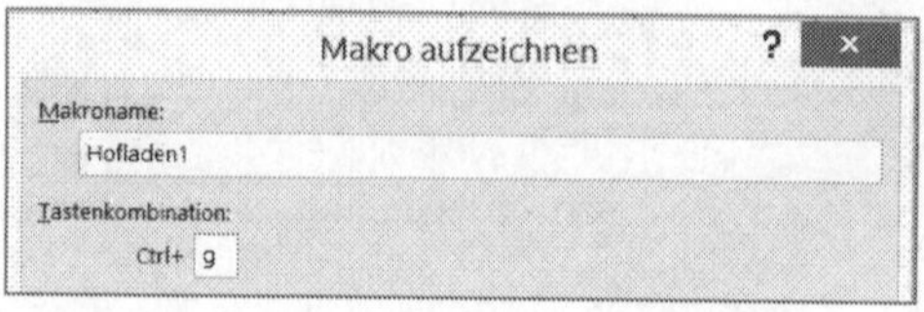

Bild 16.7: Das Feld für die Tastenkombination.

Wenn Sie die Umschalt-Taste festhalten, stehen Ihnen weitere Kombinationen zur Verfügung.

> **Tipp**
> Es erscheint keine Warnung, wenn Sie eine bereits bestehende Tastenkombination, wie beispielsweise Strg+C, verwenden.
> Mit der Tastenkombination Strg+C kopieren Sie Zellinhalte. Wenn Sie diese Tastenkombination mit dem Starten Ihres Makros belegen, ist die Tastenkombination für die Mappe, in der das Makro gespeichert ist, und in allen derzeit geöffneten Mappen »umprogrammiert«.

16.2.3 Speicherort festlegen

Im nächsten Feld entscheiden Sie, wo das Makro gespeichert werden soll. Bei der Wahl *Neue Arbeitsmappe* startet Excel eine neue leere Mappe. Das Makro wird dort gespeichert. Der Speicherort *Persönliche Makroarbeitsmappe* wird in einem gesonderten Kapitel beschrieben.

4. In diesem Beispiel soll das Makro in der aktuellen Arbeitsmappe gespeichert werden. Wählen Sie daher den Eintrag *Diese Arbeitsmappe.*

   Im Feld *Beschreibung* können Sie Hinweise und Bemerkungen erfassen, etwa wer das Makro aufgezeichnet hat oder zu welchem Zweck es aufgezeichnet wird.

5. Klicken Sie auf die Schaltfläche *OK.*

   Alles, was Sie jetzt in Excel machen, wird aufgezeichnet – allerdings nicht die Zeit, die Sie dafür benötigen.

16.2.4 Makrobefehle während der Aufzeichnung

In der Statusleiste erscheint ein Symbol als optischer Hinweis darauf, dass die Makroaufzeichnung läuft. Führen Sie jetzt die folgenden Schritte durch:

1. Klicken Sie in die Zelle *A1.*
2. Geben Sie den Text *Hofladen Rapsfeld* ein.
3. Drücken Sie [Enter]. Jetzt ist *A2* markiert.
4. Erfassen Sie den Text *Genießen Sie frische Bio-Produkte direkt vom Bauern.*
5. Drücken Sie [Enter]. Jetzt ist *A3* markiert.
6. Markieren Sie die Zelle *A1.*
7. Gestalten Sie die Zelle in der Schriftart *Arial* und vergrößern Sie die Schriftgröße auf *26* Punkt.
8. Markieren Sie die Zelle *A2* und formatieren Sie den Zellinhalt in der Schrift *Arial 10.*
9. Markieren Sie die Zelle *A3.*

16.2.5 Aufzeichnung beenden

Wenn Sie alle Schritte durchgeführt haben, müssen Sie die Aufzeichnung beenden.

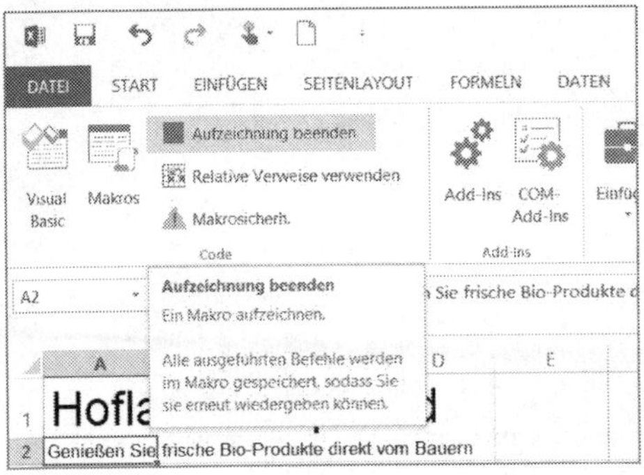

Bild 16.8: Die Makroaufzeichnung beenden.

⑩ Klicken Sie auf die rechteckige Schaltfläche in der Statusleiste oder klicken Sie auf die Schaltfläche *Aufzeichnung beenden* im Register *Entwicklertools*.

Danach wechselt auch die Schaltfläche in der Statusleiste.

16.2.6 Makro testen

Wechseln Sie auf ein leeres Tabellenblatt oder fügen Sie ein neues ein. Um Ihr erstes Makro zu testen, führen Sie eine der folgenden Aktionen durch:

❶ Drücken Sie die Tastenkombination [Strg]+[G].

❷ Wenn Sie keine Tastenkombination zugewiesen haben, wählen Sie die Befehlsfolge *Entwicklertools/Makros* oder drücken die Tastenkombination [Alt]+[F8].

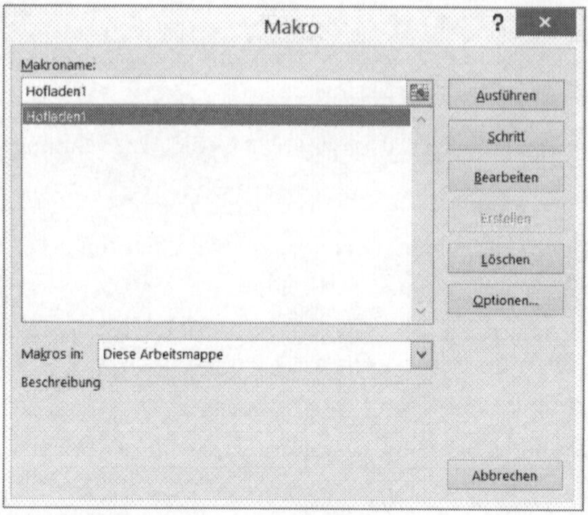

Bild 16.9: Im Makrofenster sehen Sie die Liste aller verfügbaren Makros.

❸ Markieren Sie im Fenster *Makros* Ihr gerade erstelltes Makro und klicken Sie auf die Schaltfläche *Ausführen*.

Das Fenster wird geschlossen, und das Makro wird ausgeführt.

16.3 Makro für die Formatierung aufzeichnen

Im zweiten Makro sollen die Schritte zu einer Liste, die jede Woche im gleichen Format geliefert wird, als Makro aufgezeichnet werden.

❶ Öffnen Sie die Beispieldatei *Aktionsstand1.xlsx* und aktivieren Sie das Tabellenblatt *Kassel*.

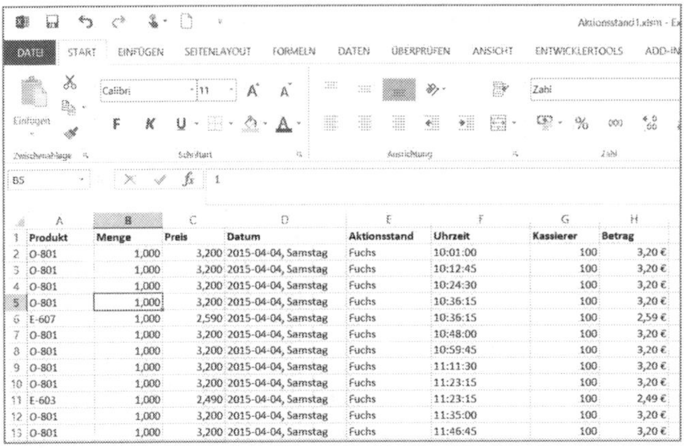

Bild 16.10: Die Tabelle, die per Makro formatiert werden soll.

❷ Starten Sie die Makroaufzeichnung.

❸ Geben Sie dem Makro den Namen *Aktionsstand1* und legen Sie als Speicherort des Makros *Diese Arbeitsmappe* fest.

In der Statusleiste zeigt Ihnen anschließend das Symbol, dass die Aufzeichnung läuft.

Im vorliegenden Beispiel werden die Informationen in Spalte *G* nicht benötigt.

❹ Löschen Sie die Spalte *G*, indem Sie sie markieren und mit dem Befehl *Zellen löschen* oder über die Tastenkombination [Strg]+[-] entfernen.

❺ Markieren Sie die Spalte *E*, halten Sie die [Umschalt]-Taste fest und bewegen Sie Spalte *E* mit gedrückter linker Maustaste nach links vor Spalte *A*, sodass sie zur Spalte *A* wird.

❻ Markieren Sie die Spalte *E* und stellen Sie das Datumsformat in der Form *Datum kurz* ein.

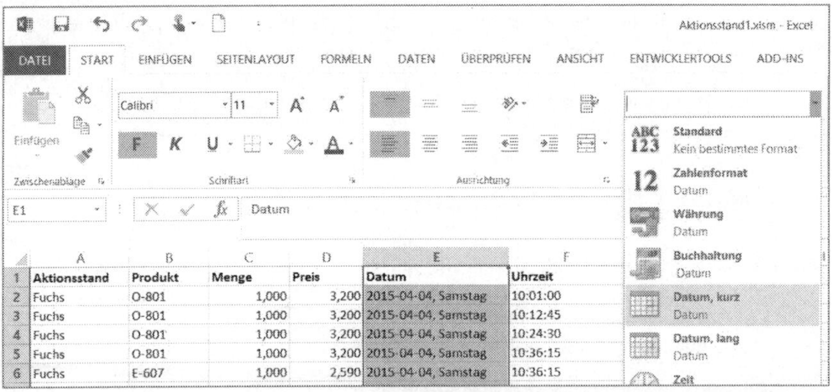

Bild 16.11: Während der Makroaufzeichnung können Sie die Befehle einfach anklicken.

❼ Markieren Sie die Zelle *A1*.

Vergessen Sie nicht, im letzten Schritt Ihre Aufzeichnung zu beenden.

❽ Beenden Sie die Aufzeichnung mit einem Klick auf die Schaltfläche *Aufzeichnung beenden* in der Statusleiste.

❾ Sie können Ihr Makro jetzt testen. Aktivieren Sie das Tabellenblatt *Kasse2* und starten Sie den Befehl *Entwicklertools/Makros.*

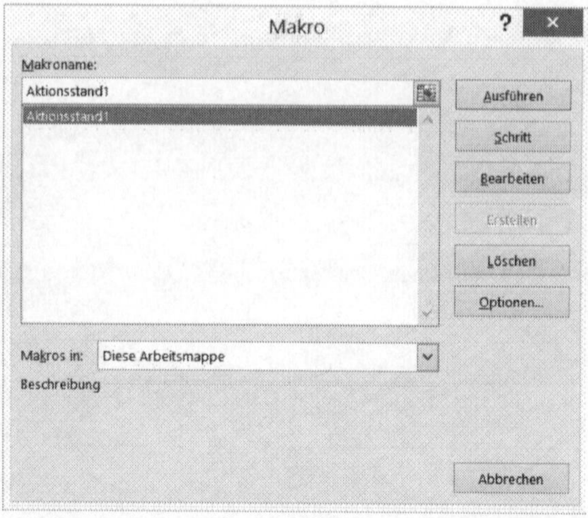

Bild 16.12: Makro über das Makrofenster starten.

Klicken Sie auf die Schaltfläche *Ausführen.* Das Makro läuft auf dem aktuellen Blatt und formatiert die Tabelle mit den zuvor aufgezeichneten Schritten.

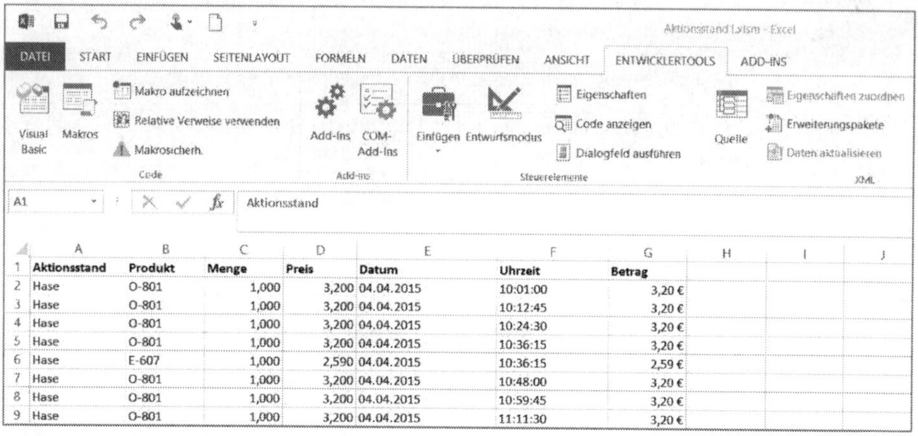

	A	B	C	D	E	F	G
1	Aktionsstand	Produkt	Menge	Preis	Datum	Uhrzeit	Betrag
2	Hase	O-801	1,000	3,200	04.04.2015	10:01:00	3,20 €
3	Hase	O-801	1,000	3,200	04.04.2015	10:12:45	3,20 €
4	Hase	O-801	1,000	3,200	04.04.2015	10:24:30	3,20 €
5	Hase	O-801	1,000	3,200	04.04.2015	10:36:15	3,20 €
6	Hase	E-607	1,000	2,590	04.04.2015	10:36:15	2,59 €
7	Hase	O-801	1,000	3,200	04.04.2015	10:48:00	3,20 €
8	Hase	O-801	1,000	3,200	04.04.2015	10:59:45	3,20 €
9	Hase	O-801	1,000	3,200	04.04.2015	11:11:30	3,20 €

Bild 16.13: Die Tabelle ist mit dem Makro ruck, zuck formatiert.

Tipp
Ein wichtiger Hinweis an dieser Stelle ist, dass Schritte, die von einem Makro durchgeführt wurden, nicht rückgängig gemacht werden können.

16.3.1 Eine Mappe mit Makros speichern

Wenn Sie eine Mappe speichern, die ein Makro enthält, müssen Sie sie als *.xlsm*-Datei speichern. Das *m* steht für *Makro*.

1. Wählen Sie die Befehlsfolge *Datei/Speichern unter*.
2. Geben Sie Ihrer Arbeitsmappe einen Dateinamen.
3. Wählen Sie im Feld *Dateityp* den Eintrag *Excel Arbeitsmappe mit Makros (*.xlsm)*.

   Wenn Sie die Datei im *.xlsx*-Format speichern, erscheint die folgende Meldung:

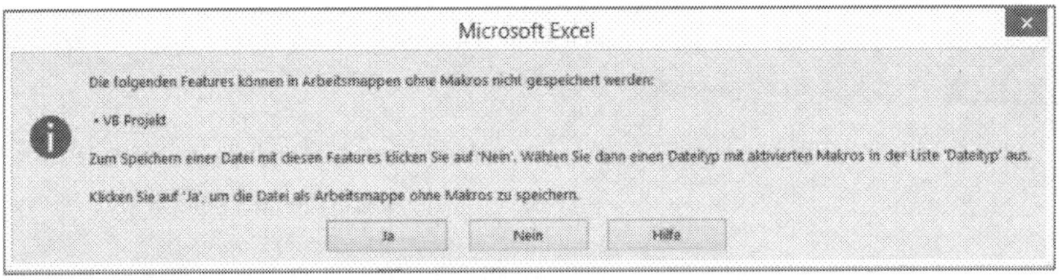
Microsoft Excel
Die folgenden Features können in Arbeitsmappen ohne Makros nicht gespeichert werden:
• VB Projekt
Zum Speichern einer Datei mit diesen Features klicken Sie auf 'Nein'. Wählen Sie dann einen Dateityp mit aktivierten Makros in der Liste 'Dateityp' aus.
Klicken Sie auf 'Ja', um die Datei als Arbeitsmappe ohne Makros zu speichern.
Ja
Nein
Hilfe

Bild 16.14: Der Hinweis auf den möglichen Verlust der Makros.

   Wenn Sie auf *Ja* klicken, können Sie das Makro immer noch starten. Sobald Sie die Mappe schließen und erneut öffnen, ist das Makro allerdings gelöscht.

4. Wenn Sie auf *Nein* klicken, geht das Fenster *Speichern unter* erneut auf.
5. Wählen Sie jetzt im Feld *Dateityp* unbedingt den Eintrag *Excel Arbeitsmappe mit Makros (*.xlsm)* aus!

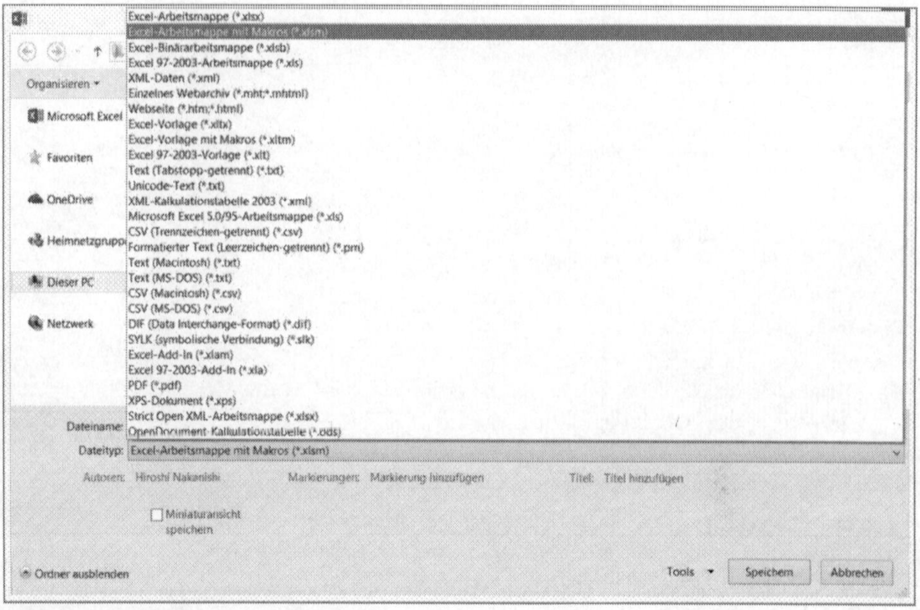

Bild 16.15: Die Wahl des Dateityps.

❻ Klicken Sie auf die Schaltfläche *Speichern.*

Nun werden die Makros in der Mappe gespeichert.

Hinweis
Excel-Dateien mit Makros müssen mit der Dateiendung *.xlsm* vorliegen, da sonst beim Speichern alle Makrobefehle aus der Datei entfernt werden. Wenn Sie Ihre Arbeitsmappe im alten Dateiformat (**.xls*) speichern, werden automatisch alle Makros gespeichert. Das Dateiformat *.xlsb* speichert Ihre Makros auch.

16.3.2 Eine Mappe mit Makros öffnen

Öffnen Sie eine Arbeitsmappe mit Makros zum ersten Mal, erscheint eine gelbe Meldungszeile, die Sie bestätigen müssen, damit das Makro aktiviert wird.

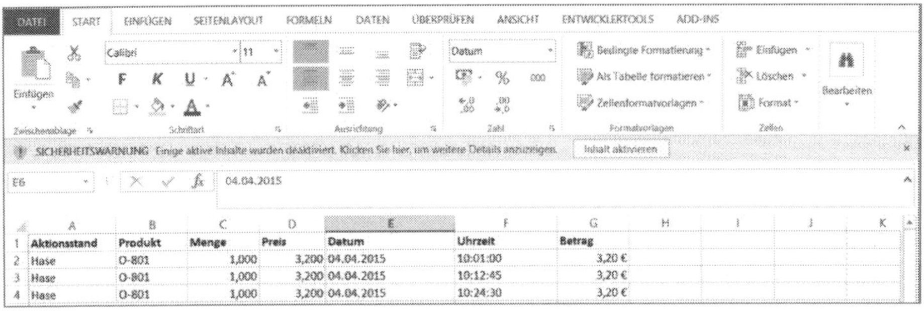

Bild 16.16: Der Hinweis auf Makros in der Mappe.

❶ Klicken Sie auf die Schaltfläche *Inhalt aktivieren*. Jetzt ist die Mappe geöffnet, und Sie können mit der Arbeit beginnen.

16.4 Methoden, ein Makro zu starten

Wenn Sie ein Makro starten möchten, dem keine Tastenkombination zugeordnet wurde, können Sie das Makrofenster öffnen.

❶ Wählen Sie *Entwicklertools/Makros* oder drücken Sie die Tastenkombination [Alt]+[F8].

❷ In diesem Fenster sehen Sie alle Makros, die Ihnen aktuell zur Verfügung stehen. Sind weitere Arbeitsmappen mit Makros geöffnet, erscheinen diese Makros auch in diesem Fenster.

16.4.1 Über das Steuerelement Schaltfläche

Wenn ein Makro vom aktuellen Arbeitsblatt gestartet wird, können Sie zum Starten des Makros eine Schaltfläche auf Ihrem Tabellenblatt einrichten.

❶ Aktivieren Sie das Register *Entwicklertools*, klicken Sie auf die Schaltfläche *Einfügen* und starten Sie den Befehl *Schaltfläche*.

❷ Ihr Mauszeiger wird zu einem kleinen Kreuz. Ziehen Sie die Schaltfläche an der gewünschten Stelle in Ihrem Tabellenblatt auf.

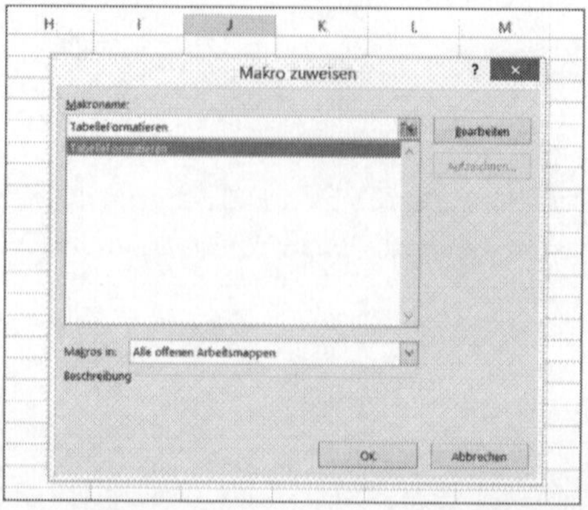

Bild 16.17: Der Schaltfläche ein Makro zuweisen.

❸ Nachdem Sie die Maustaste losgelassen haben, erscheint das Fenster *Makro zuweisen.*

❹ Wählen Sie das gewünschte Makro aus und bestätigen Sie mit *OK.*

❺ Klicken Sie einmal auf eine Zelle und anschließend auf die neue Schaltfläche.

Wenn Sie nun mit der Maus auf die Schaltfläche zeigen, wechselt der Mauszeiger zu einem Handsymbol. Mit einem Klick auf die Schaltfläche wird das Makro ausgeführt.

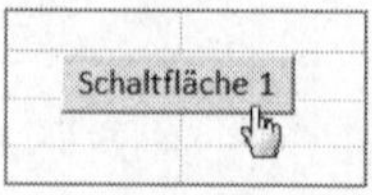

Bild 16.18: Das Makro über die Schaltfläche starten.

16.4.2 Eine Schaltfläche bearbeiten

Es gibt mehrere Gründe, eine Schaltfläche zu bearbeiten:

- Wenn Sie die Beschriftung ändern möchten, klicken Sie mit der rechten Maustaste auf die Schaltfläche und wählen den Befehl *Text bearbeiten.*
- Um ein anderes Makro zuzuweisen, klicken Sie mit der rechten Maustaste auf die Schaltfläche und wählen den Befehl *Makro zuweisen.*
- Wenn Sie den Text gestalten möchten, wählen Sie ebenfalls im Kontextmenü der rechten Maustaste den Befehl *Steuerelement formatieren.*
- Um die Position oder die Größe zu verändern, müssen Sie die Schaltfläche mit einem Rechtsklick markieren.

Jetzt können Sie durch Ziehen an den acht Punkten die Größe ändern. Um zu testen, ob die Schaltfläche noch funktioniert, klicken Sie einmal in eine Zelle, um die Markierung aufzuheben.

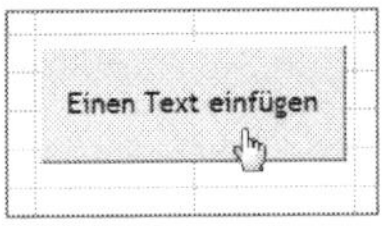

Bild 16.19: Das Makro über die geänderte Schaltfläche starten.

Klicken Sie auf die Schaltfläche *Einen Text einfügen*. Sie können eine Schaltfläche auch wieder entfernen, indem Sie mit der rechten Maustaste darauf klicken und im Kontextmenü den Befehl *Ausschneiden* wählen.

16.4.3 Makros über Bilder oder Formen starten

Makros können auch durch einen Klick auf ein Bild, ein ClipArt oder ein AutoForm-Symbol gestartet werden. Im folgenden Schritt wird ein Makro über ein Foto gestartet. Das Starten über ein ClipArt oder eine AutoForm funktioniert analog.

❶ Wählen Sie *Einfügen/Bilder*.

❷ Nachdem Sie das Foto eingefügt haben, klicken Sie mit der rechten Maustaste darauf und wählen den Befehl *Makro zuweisen*.

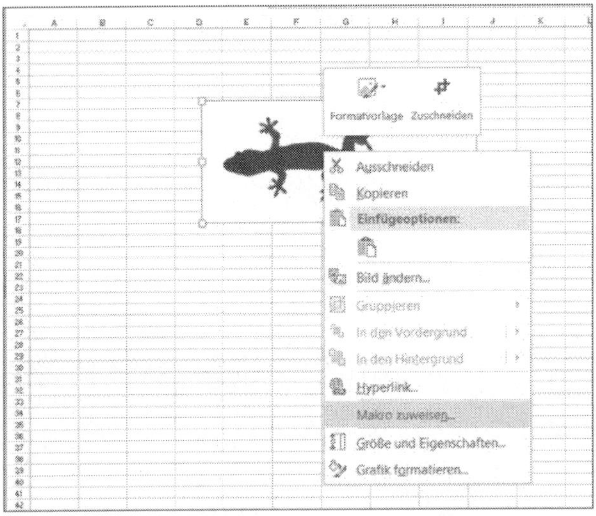

Bild 16.20: Einem Bild ein Makro zuweisen.

❸ Markieren Sie das gewünschte Makro und bestätigen Sie mit *OK*. Wenn Sie nun mit der Maus auf das Bild zeigen, wechselt der Mauszeiger zu einem Handsymbol. Mit einem Klick auf das Bild starten Sie das Makro.

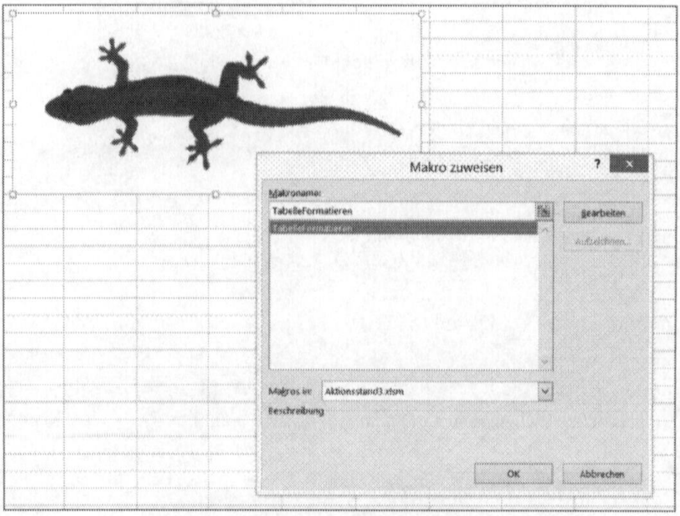

Bild 16.21: Das Makro auswählen.

16.4.4 Makro über die Symbolleiste für den Schnellzugriff starten

Es ist auch möglich, ein Makro über die Symbolleiste für den Schnellzugriff zu starten. Diese Variante hat den Vorteil, dass die Schaltfläche für die gesamte Excel-Arbeitsmappe sichtbar ist. Bei den zuvor genannten Varianten sind die Schaltflächen nur sichtbar, wenn Sie sich auf dem Arbeitsblatt befinden.

❶ Wählen Sie *Datei/Optionen* und aktivieren Sie die Kategorie *Symbolleiste für den Schnellzugriff.*

❷ Stellen Sie anschließend im Listenfeld *Befehle auswählen* den Eintrag *Makros* ein.

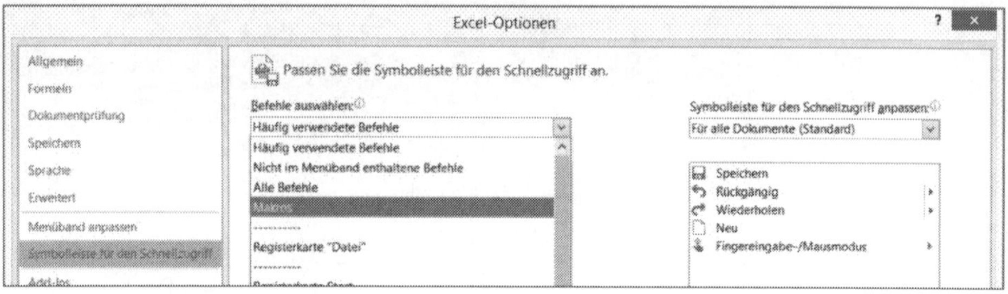

Bild 16.22: Alle Makros anzeigen.

❸ Wählen Sie im Listenfeld *Symbolleiste für den Schnellzugriff anpassen* die Mappe aus, in der das Icon zum Start des Makros gezeigt werden soll.

❹ Markieren Sie das gewünschte Makro und klicken Sie auf die Schaltfläche *Hinzufügen.*

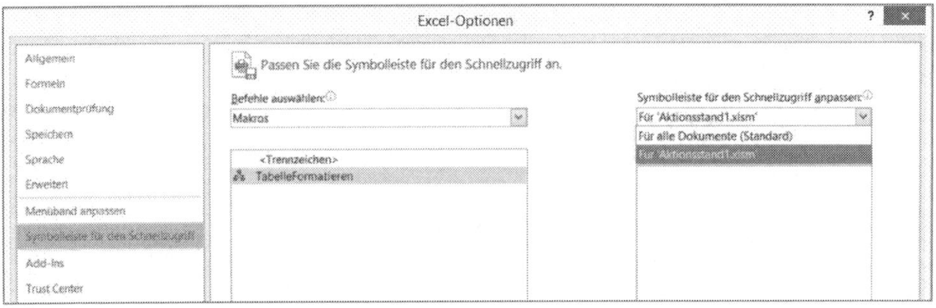

Bild 16.23: Makro als Schalter in die Symbolleiste für den Schnellzugriff bringen.

Führen Sie diese Schritte für alle Makros durch, die Sie gleich in der Symbolleiste für den Schnellzugriff sehen möchten. Sie können den Text und das Symbol des Makros ändern.

5. Markieren Sie das Makro und klicken Sie auf die Schaltfläche *Ändern*.

6. Wählen Sie das Symbol aus und ändern Sie, wenn gewünscht, den Text.

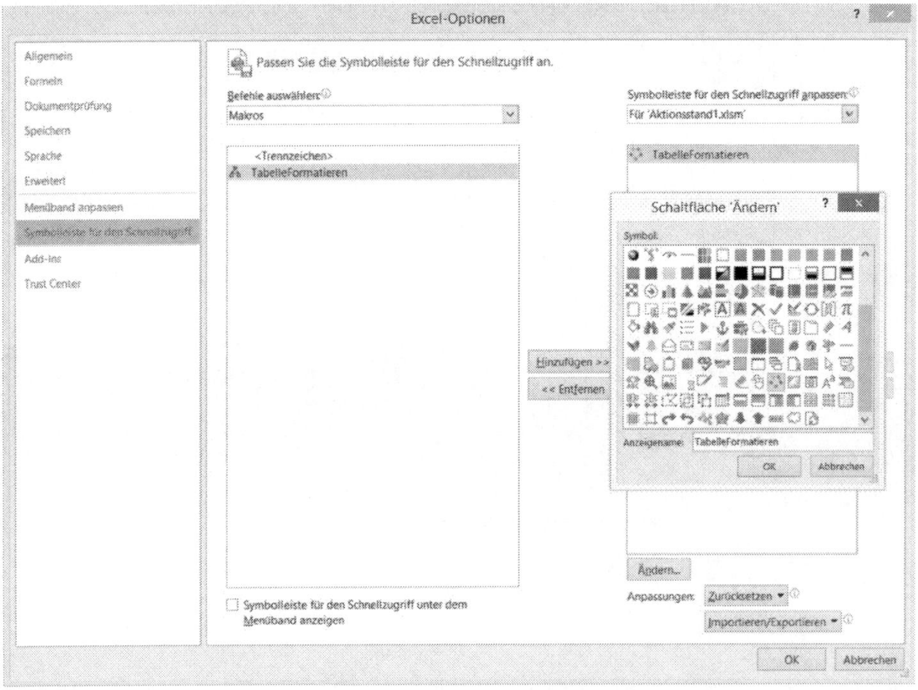

Bild 16.24: Einem Makro ein Symbol und eine neue Bezeichnung zuweisen.

7. Bestätigen Sie mit *OK*. Jetzt können Sie Ihre Makros über die Symbolleiste für den Schnellzugriff ausführen.

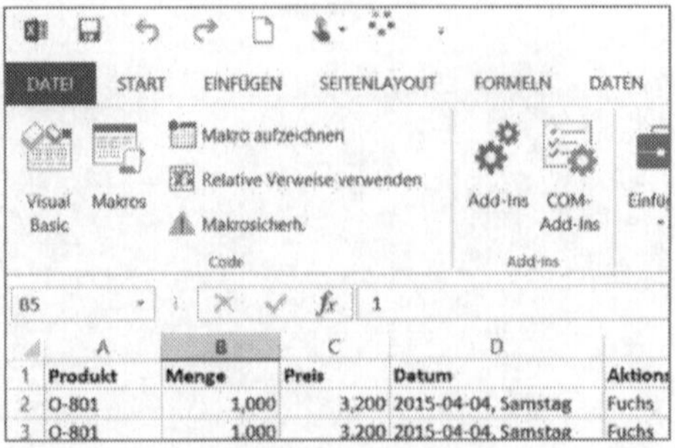

Bild 16.25: Die angepasste Symbolleiste für den Schnellzugriff.

Wenn Sie ein Makro für alle Mappen einsetzen möchten, lassen Sie im Listenfeld *Symbolleiste für den Schnellzugriff anpassen* den Eintrag *Für alle Dokumente (Standard)* stehen.

16.5 Wo soll das neue Makro gespeichert werden?

Der Speicherort eines Makros ist sehr wichtig. Beim Erstellen eines Makros können Sie individuell entscheiden, wo es gespeichert werden soll.

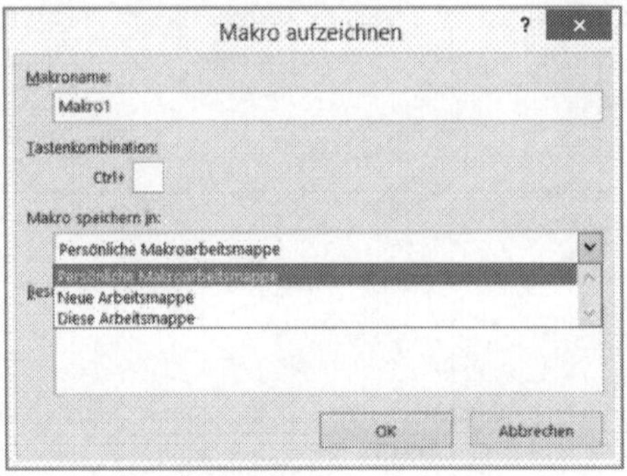

Bild 16.26: Beim Aufzeichnen den Speicherort des Makros wählen.

Im vorherigen Beispiel wurden die Makros in der aktuellen Arbeitsmappe gespeichert. Diese Makros werden nur dann ausgeführt, wenn die Mappe geöffnet ist. Deshalb empfiehlt es sich, Makros, von denen Sie wissen, dass sie immer benötigt werden, in einer besonderen Mappe zu speichern. Die persönliche Makroarbeitsmappe steht Ihnen bei der Arbeit mit Excel immer zur Verfügung. Sie wird beim Starten von Excel im Hintergrund geöffnet und heißt *PERSONAL.XLSB*. Nach der Standardinstallation von Office wird die Datei im Ordner *C:\Users\IHR_NAME\AppData\Roaming\Microsoft\Excel* abgelegt.

Tipp

Wenn Sie den Ordner *AppData* nicht sehen, klicken Sie auf die Schaltfläche *Organisieren* und wählen den Befehl *Ordner- und Suchoptionen*. Aktivieren Sie das Register *Ansicht* und dort die Option *Ausgeblendete Dateien, Ordner und Laufwerke anzeigen*.

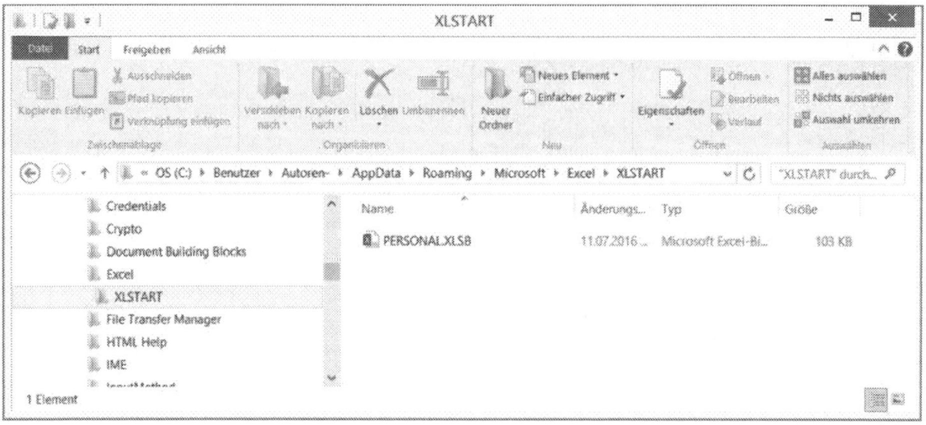

Bild 16.27: In diesem Ordner liegt die PERSONAL.XLSB.

16.6 Makroaufzeichnung mit relativen Verweisen

Während der Aufzeichnung steht Ihnen im Register *Entwicklertools* eine weitere Schaltfläche mit dem Namen *Relative Verweise verwenden* zur Verfügung.

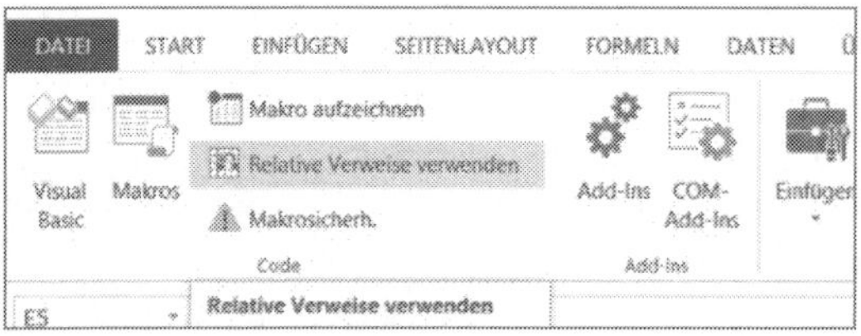

Bild 16.28: Makroaufzeichnung mit relativem Zellbezug.

Wenn diese Schaltfläche während der Aufzeichnung nicht aktiviert ist, merkt sich Excel die Zelladressen, die Sie während der Aufzeichnung anklicken. Das folgende Beispiel verdeutlicht es:

Die Zelle *A1* ist zu Beginn markiert.

1. Starten Sie die Aufzeichnung.
2. Aktivieren Sie die Schaltfläche *Relative Aufzeichnung* auf der Registerkarte *Entwicklertools.*
3. Klicken Sie in die Zelle *C2* und geben Sie einen Text ein. Das Makro merkt sich eine Zeile nach unten und zwei Spalten nach rechts. 
4. Klicken Sie in die Zelle *C4*. Das Makro merkt sich zwei Zeilen nach unten in derselben Spalte.
5. Geben Sie einen Text ein. Drücken Sie `Enter`. Das Makro merkt sich den Schritt, dass der Cursor in derselben Spalte eine Zeile nach unten gesetzt wird.
6. Beenden Sie die Aufzeichnung.

Wenn Sie dieses Makro starten und der Cursor zu Beginn in Zelle *B2* steht, wird der Text in die Zellen *D3* und *D5* geschrieben.

Beim Aufzeichnen werden alle Bezüge in Abhängigkeit zur vorherigen Zelladresse ermittelt. Es ist also wichtig, welche Zelle markiert ist, bevor Sie die Aufzeichnung starten.

Hinweis
Beachten Sie, dass die Schaltfläche *Relative Aufzeichnung* beim nächsten Starten der Aufzeichnung aktiviert ist und Sie sie gegebenenfalls wieder deaktivieren müssen.

16.7 Erstellen eines Zahlenformats als Makro

Im folgenden Abschnitt wird ein Makro für den Praxiseinsatz geschrieben. In Kapitel 2 wurden einige Zahlenformate vorgestellt. Beim Erstellen eines Zahlenformats können Sie die Makroaufzeichnung mitlaufen lassen. Somit merkt sich Excel das Zahlenformat, und wenn Sie das Makro in der persönlichen Makroarbeitsmappe speichern, steht es Ihnen in allen Arbeitsmappen zur Verfügung.

Für das Beispiel wird diese Tabelle genommen:

	A	B	C	D	E	F	G
1							
2							
3							
4		**Produktgruppe**	**1. Quartal**	**2. Quartal**	**3. Quartal**	**4. Quartal**	**Gesamt**
5		Cafe	3920	2862	2153	2842	11777
6		Eier	13354	10084	6520	7547	37504
7		Eingemachtes	17471	13426	11871	10941	53709
8		Gemüse	15032	13235	9823	10133	48223
9		Geschenkkörbe	9131	8685	2829	4827	25472
10		Gewürze	14061	11210	10021	9203	44494
11		Kolrabi	3881	3264	2610	2775	12529
12		Milchprodukte	9338	6761	5590	5209	26897
13		Nudeln	10788	8695	7129	6519	33130
14		Obst	45272	38438	30829	29406	143946
15							
16		Gesamt	142248	116659	89375	89401	437683
17							
18							

Bild 16.29: Die Zahlen für das folgende Beispiel.

Sie möchten Ihre Zahlen gern verkürzt darstellen lassen. Anstelle von *437.683* soll nur *437,6 TEUR* (Tausend Euro) erscheinen. Wenn Sie mit dem Makro fertig sind, soll der Befehl in allen Mappen zur Verfügung stehen.

Führen Sie die folgenden Schritte durch:

❶ Markieren Sie eine Zelle mit einer großen Zahl, beispielsweise die Zelle *G16*, die die Gesamtsumme enthält.

❷ Starten Sie die Makroaufzeichnung und geben Sie dem Makro einen Namen, beispielsweise *TEUR*. Wählen Sie als Speicherort unbedingt die *persönliche Makroarbeitsmappe*, damit das Zahlenformat später für alle Mappen zur Verfügung steht.

Nachdem die Aufzeichnung läuft, dürfen Sie nicht mehr in eine Zelle klicken.

❸ Öffnen Sie das Fenster *Zellen formatieren* z. B. mit `Strg`+`1` und aktivieren Sie das Register *Zahlen* und die Kategorie *Benutzerdefiniert*.

❹ Leeren Sie das Feld *Typ* und geben Sie das folgende Muster ein: `0,0. "TEUR"`

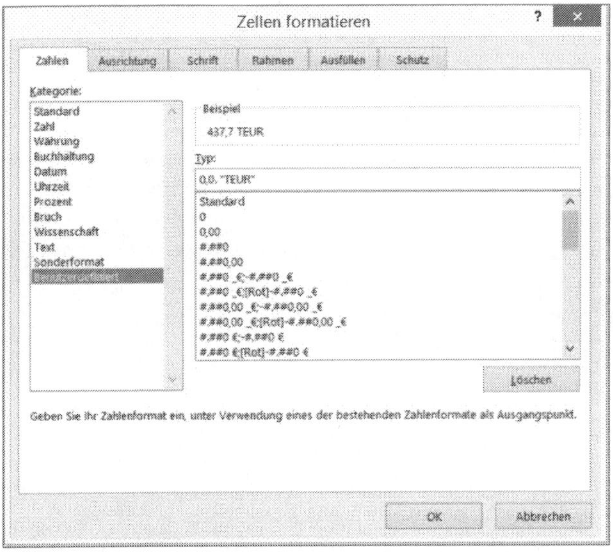

Bild 16.30: Das Zahlenformat erstellen.

❺ Schließen Sie das Fenster *Zellen formatieren* mit *OK*.

❻ Beenden Sie die Aufzeichnung.

❼ Testen Sie das Makro.

❽ Markieren Sie den Zellbereich *C5* bis *G16*.

❾ Öffnen Sie das Fenster *Makros* über `Alt`+`F8` und starten Sie das Makro *TEUR*.

Das Zahlenformat wird immer den markierten Zellen zugewiesen. Da Sie während der Aufzeichnung keine Zelle markiert haben, wirkt es auf der aktuellen Markierung.

Tipp
Um das Makro schneller zu starten, können Sie einen Schalter in die Symbolleiste für den Schnellzugriff einfügen. Die Schritte wurden weiter oben in diesem Buch bereits beschrieben.

A Anhang

A.1 Tastenkombinationen

Im Buch werden häufig Tasten oder Maus-Tastenkombinationen eingesetzt. In der folgenden Tabelle finden Sie die Tasten entsprechend Ihrem Einsatz im jeweiligen Kapitel.

A.1.1 Tastenkombinationen nach Kapitel

Taste(n)	*Beschreibung*	*Kapitel*
Strg + .	Aktuelles Datum.	1
Strg + U	Den Wert aus der Zelle darüber abrufen.	1
Strg + Enter	Markierten Zellbereich füllen.	1
Strg + Markieren	Mehrere Zellen markieren.	1
Strg + Umschalt + ↓	Zellbereich bis zur ersten Leerzelle nach unten markieren.	1
Strg + Umschalt + →	Zellbereich bis zur ersten Leerzelle nach rechts markieren.	1
Strg + Umschalt + *	Tabellenbereich markieren.	1
Strg + A	Alles markieren.	1
AltGr + +	Das Tilde-Zeichen erzeugen (~).	1
Strg + N	Neue Arbeitsmappe anlegen.	2
Strg + 1	Das Dialogfenster *Zellen formatieren* anzeigen.	2
Strg + Umschalt + !	Das Zahlenformat 1.234,56.	2
Strg + Umschalt + &	Das Zahlenformat auf *Standard* setzen.	2
Strg + Umschalt + $	Das Währungsformat setzen. In Deutschland ist es das Format 1.234,56 €.	2
Umschalt + Maus	Zeilen/Spalten verschieben.	3
Strg + +	Zeilen/Spalten einfügen.	3
Strg + -	Zeilen/Spalten löschen.	3
Umschalt + F11	Neues Tabellenblatt einfügen.	3

Taste(n)	Beschreibung	Kapitel
[Alt] + Maus	Objekte an den Zellenrand platzieren.	3
[Strg]+[T]	Dynamische Tabelle erstellen.	4
[Strg]+[Umschalt]+[L]	Filter setzen.	4
[Alt]+[↓]	Filterliste öffnen.	4
[F4]	Absolute/relative Zelladressierung.	5, 8, 9, 10, 15
[Strg]+[Umschalt]+[$]	Währungsformat (12.345,67 €) zuweisen.	5, 6, 7
[Strg]+[Umschalt]+[Enter]	Matrixformel erstellen.	5
[Strg]+[Umschalt]+[L]	Filter setzen.	6, 8
[Alt]+[Umschalt]+[=]	Summenformel auf den markierten Zellen anlegen.	6
[Alt], [N], [P]	PivotTable- und PivotChart-Assistent starten.	6
[Strg]+[Umschalt]+[!]	Zahlenformat mit Tausenderpunkt und zwei Nachkommastellen (12.345,67) zuweisen.	6
[Alt]+[Enter]	Zeilenumbruch innerhalb einer Zelle.	10
[Umschalt]+[F3]	Dialogfenster *Funktion einfügen* anzeigen.	10
[Strg]+[+]	Markierte Zellen einfügen.	11
[Strg]+[Umschalt]+[*]	Zusammenhängenden Tabellenbereich markieren.	13
[Umschalt]+[F9]	Word: Feldfunktion unter dem Cursor anzeigen.	13
[Umschalt]+[F9]	Word: Alle Feldfunktionen anzeigen.	13
[F9]	Neu berechnen: Alle Formeln und Felder werden neu berechnet und aktualisiert.	13
[Alt]+[F8]	Dialogfenster *Makro* anzeigen.	16
[Strg]+[-]	Markierte Zellen löschen.	16
[Strg]+[1]	Diaglogfenster *Zellen formatieren* anzeigen.	16

Stichwortverzeichnis

Made in United States
Orlando, FL
04 November 2026

90206682R00238